中國经济增长密码

神奇中国梦

智慧浓缩 规律探索 精品力作 人民梦想

《求是》杂志原总编辑 王天玺 著

五洲传播出版社

图书在版编目(CIP)数据

中国经济增长密码 / 王天玺著. 一北京：五洲传播出版社，2016.1

ISBN 978-7-5085-3087-1

Ⅰ. ①中… Ⅱ. ①王… Ⅲ. ①中国经济一经济增长一研究 Ⅳ. ①F124.1

中国版本图书馆 CIP 数据核字(2016)第 006234 号

中国经济增长密码

本书作者： 王天玺
责任编辑： 苏　谦
装帧设计： 杨　光

出版发行： 五洲传播出版社
地　　址： 北京市海淀区北三环中路 31 号生产力大楼 B 座 7 层
邮　　编： 100088
电　　话： 8610－82005927　8610－82007837
网　　址： www.cicc.org.cn
印　　刷： 北京富生印刷厂
字　　数： 480 千字
开　　本： 710mm×1000mm　1/16
印　　张： 37
版　　次： 2016 年 2 月第 1 版
印　　次： 2016 年 2 月第 1 次印刷
定　　价： 98.00 元

前　言

鸦片战争之后170多年来，一代又一代的中国人为实现中华民族的伟大复兴而奋斗，什么时候我们最接近实现这个伟大梦想呢？就在21世纪上半期。

当今时代，什么口号最能凝聚十三亿中国人民的力量，最能实现整个中华民族的大团结、大联合、大统一呢？就是为国家富强、民族振兴、人民幸福而奋斗，为实现中华民族伟大复兴的中国梦而奋斗。

中国共产党第十八次全国代表大会闭幕之后，以习近平为总书记的中央领导集体立即发出了实现中国梦的最强音。

2012年11月29日，党中央政治局常委和中央各部门负责人一同来到国家博物馆，参观《复兴之路》展览。在参观过程中，习近平指出：

每个人都有理想和追求，都有自己的梦想。现在，大家都在讨论中国梦，我以为，实现中华民族伟大复兴，就是中华民族近代以来最伟大的梦想。这个梦想，凝聚了几代中国人的夙愿，体现了中华民族和中国人民的整体利益，是每一个中华儿女的共同期盼。历史告诉我们，每个人的前途命运都与国家和民族的前途紧密相连。国家好，民族好，大家才会好。

第十二届全国人民代表大会第一次会议上，习近平又系统地论述了中国梦，他强调指出：

实现全面建成小康社会，建成富强、民主、文明、和谐的社会主义现代化国家的奋斗目标，实现中华民族伟大复兴的中国梦，就是要实现国家富强、民族振兴、人民幸福，既深深体现了今天中国人的理想，也深深反映了我们先人们不懈追求进步的光荣传统。

中国梦归根到底是人民的梦，必须紧紧依靠人民来实现，必须不断为人民造福。

十八大之后，如此高扬“中国梦”的鲜明旗帜，充分显示了以习近平为总书记的中央领导集体进行理论创新和实践创新的勇气和决心。

真正能打开历史之门的理论创新和实践创新，就是善于把远大而崇高的奋斗纲领变为亿万人民当下共同的实践活动。高扬“中国梦”的鲜明旗帜就具有这样的神奇效果。

“中国梦”实现了中国特色社会主义奋斗纲领的简明性；

“中国梦”实现了中国特色社会主义奋斗纲领的群众性；

“中国梦”实现了中国特色社会主义奋斗纲领的实践性。

简明性、群众性、实践性是融为一体的。真理的伟大不在于高深，而在于简明。简明的真理，最能贴近人心，最能打动群众，最能转化为实践活动。全世界都在见证这样一个情景：国家富强、民族振兴、人民幸福的中国梦正在激发每一个中华儿女的创造力，正在推动整个中华民族的大团结、大联合、大统一。

实现中国梦，展现了中华民族壮伟的历史感

中华民族的伟大复兴，是一个东方伟大民族的百年梦想。这个梦想生发于辉煌的历史和深重的灾难。

中华民族是一个伟大的民族，在欧美资本主义出现以前的几千年中，一直自豪地走在人类进步的前列。

中国古语说：“旁观者清。”在中国沦落为半殖民地半封建社会之前，西方国家许多大思想家对中华文明的博大精深甚至有着比中国人自己更清晰的认识。

历史学家肯尼迪认为：“在近代以前的所有文明中，没有一个国家的文明比中国文明更发达、更先进。”

亚当·斯密在《国民财富的性质和原因的研究》一书中写道：“中国一向是世界上最富有的国家，就是说，土地最肥沃，耕作最精细，人民最富而且最勤勉

的国家。”

歌德认为中国是“静态的文明的民族”。他在《中德季日即景》诗中吟咏道：“在那可爱的东方，我感到月亮的光辉。”

黑格尔在《历史哲学》中谈到，“太阳——光明——从东方升起来，”而“中国是特别东方的”，所以“历史开始于中国人。”

莱布尼茨与中国有着深厚的情缘。从青年时代起，他就致力于中国文化的研究。当他看到《易经》卦爻的二进制与他发明的二元算术在思维建构上存在着相似性时，非常激动，惊呼“这其中一定有天意！”要知道这种二进制，正是现代计算机逻辑演算的基础。

莱布尼茨还对中华文明同西方文明进行了比较研究。他写道：“中国是一个大国，它在版图上不次于文明的欧洲，并且在人口和国家治理上远胜于文明的欧洲。”他认为，中国有极其令人赞佩的道德，有古老而受到尊敬的哲学学说，“这种哲学学说或自然神论是自从约三千年前建立起来的，并且富有权威，远在希腊人的哲学以前很久。”“在实践哲学方面，换言之，即生活与人类实际方面之伦理及政治的纲领方面，我们实在相形见绌了（这是必须忍受的屈辱）。”

中华文明通过中世纪传教士的介绍和学者们的研究，在西方社会激起了仰慕之情。一些西方人把中国当作学习的对象。18 世纪第一个元旦，法国王室举办化妆舞会，所有参加的王公贵族都不约而同地化妆成中国人，以显示自己的文明高雅。1756 年春分那一天，法国国王路易十四仿照中国皇帝，扶犁扬鞭，下地耕种，昭示人民勤奋耕作，以求民富国强。

法国启蒙思想家伏尔泰由衷赞叹中国“是世界上最古老的民族，它在伦理道德和治国经验方面，堪称首屈一指。”他甚至提出，“全盘中国化”以拯救欧洲的社会危机。

富有智慧的西方哲人对中华文明的尊重，当然不是盲目的，也不是出于礼貌的恭维，而是因为他们真实地感受到了中华文明的无限魅力，因为当时他们看到的中国确实是世界上最富强的国家，最先进的社会。

当时中国的富强、中国的先进，当然不仅在人文伦理和治国经验方面，更重要的是在科技创新和社会生产力方面。从《世界自然科学大事年表》可以看到，16 世纪之前，影响人类生活的重大科技发明约有 300 项，其中 175 项是中国人发明的，剩下 125 项由世界其他国家发明。正是这些重大的科技发明和发现，使中国的农业技术和冶金、织造、手工制造等工业技术长期处于世界先进水平，创造了令世界羡慕的物质财富和精神财富。直到 18 世纪末期，中国经济规模仍然是世界上最大的，在世界总产值中的比重超过美国后来所占有的比重。而且对外贸易长期出超，当时西方国家中最富强的是英国，它销往中国的商品总值，尚不足于抵消中国卖给英国的茶叶一项。当时全世界共有 10 个 50 万以上人口的大城市，其中 6 个在中国。

伏尔泰等西方思想家看到的中国，已经是盛世晚景。这种落日的余辉仍然是灿烂的，映射出中华文明的伟大和辉煌，但也掩盖不了封建帝国的腐朽和没落。

1840 年的鸦片战争在人类历史上是一场奇异的战争。自视“文明的英国”发动战争，是为了获得向被称为“野蛮的中国”贩卖毒品的自由，这是最无耻的强盗逻辑。拥有百万大军的中华帝国在本土作战，居然败给了 1 万多人的英国远征军，这就是可悲的战争逻辑。

对于西方资本帝国和东方封建帝国之间这场大决战的历史走向，马克思看到很清楚。他说：“一个人口几乎占人类三分之一的大帝国，不顾时势，安于现状，人为地隔绝于世并因此竭力以天朝尽善尽美的幻想自欺。这样一个帝国注定最后要在一场殊死的决斗中被打垮：在这场决斗中，陈腐世界的代表是基于道义，而最现代化的社会的代表却是为了获得贱买贵卖的特权——这真是任何诗人想也不敢想的一种奇异的对联式的悲歌。”

这个“悲歌”是西方帝国主义强加给中国的，但也是中国当时落后的政治和经济制度自己谱写而成的。衰朽的封建制度在苟延残喘，腐败的皇帝和官僚执政误国，落后的经济满身创伤，这就是遭遇鸦片战争时的中国。

从此之后，中国长期大病不起。鸦片战争、甲午战争、八国联军侵略战争的炮火谱成了中国悲歌大协奏。大片国土被侵占和割让，民族尊严尽失，国家主权沦丧，还有重如大山的赔款。

据统计，从鸦片战争爆发到辛亥革命推翻清朝统治，中国给侵略者的赔款总额达 9.65 亿两白银，仅庚子赔款就有 4.5 亿两，当时每个中国人都要负担一两以上！

日本索要的赔款最多，按《马关条约》，中国给日本赔款 2.35 亿两白银，三年全部付清，这笔数达 3.47 亿日元的不义之财使岛国日本一夜之间就暴富了。当时的日本内阁大臣井上馨说："在这笔赔款以前，日本财政部门根本料想不到会有好几亿日元，日本一年全部收入只有 8000 万日元。所以，一想到现在有 3.5 亿日元滚滚而来，无论政府或私人都顿觉无比的富裕。"日本就是依靠从中国掠夺这笔巨额款项，确立了金本位制，打下了资本主义经济发展的基础，促使其国力强盛起来。

巨额的赔款，不平等贸易和海关税、盐税、烟酒税被外国列强控制，使中国民穷国弱，中华民族的灾难日益深重。

鸦片战争的炮火所谱写的奇异悲歌催生了中华民族伟大振兴的种子。

1851 年爆发的太平天国起义虽被中外反动势力的联合镇压而遭到失败，但毕竟是中国人民救亡图存的一个壮举，它给中国社会和国际社会都敲响了警钟。正如马克思所说："这次中国革命对欧洲的影响一定比俄国所有的战争、意大利的宣言和欧洲大陆上的秘密社团所起的影响大得多。"

太平天国革命失败之后，由上层知识精英发起的戊戌变法和由底层民众发起的义和团运动也相继失败了。

1911 年 10 月 10 日，一批满腔热血的青年军人在孙中山革命思想的影响下在武昌发动起义，史称"辛亥革命"。两个半月后，孙中山回国，于 1912 年 1 月 1 日在南京就任中华民国临时大总统。但仅仅过了一个月，孙中山就被迫辞职，让位给军阀头子袁世凯。辛亥革命把皇帝拉下了宝座，但未能触动中国半殖民地半封建的社会性质，未能改变中国人民被压迫被奴役的命运。

从 19 世纪中期到 20 世纪中期，为了摆脱半殖民地半封建社会的沉重灾难，中华民族前仆后继地整整奋斗了一百年。这是大浪淘沙的一百年，千千万万的志士仁人，为挽救民族危亡而呐喊，而抗争，而牺牲，前仆后继，气壮山河。但是，从太平天国起义以来，包括戊戌变法、义和团运动和辛亥革命，都没有解除人民的苦难，没有改变民族和国家的命运。中华民族的复兴始终只是一个美好的梦想。

只有中国共产党打开了梦想成真的广阔道路。

鸦片战争之后108年，一个注定要走社会主义道路的人民共和国在东方地平线上出现了。这是一个古老而年轻的国家的诞生，是一种最古老的传统和最崭新的精神融而为一的社会主义文明的诞生。如果说108年前的鸦片战争标志着中华文明的过去的太阳沉落下去，那么108年之后新中国的诞生则预示着中华文明现代的太阳又升起来了！

进到21世纪初期，有志向的中国人都会感受到中华民族已经迎来全面振兴的战略机遇期。这是在社会主义胜利前进和中华民族全面振兴基础上实现中国梦的关键时期。

综观历史，人类社会在古代一直演进得非常缓慢。铁锄挖地，牛拉耕犁，几千年不变。秦砖汉瓦，用了无数世代。封建社会的皇帝独裁，长期被尊崇为不可易移的“天道”。中国如此，外国也大同小异。还是历史唯物论说得明白，生产力不变，社会也不变；生产力有了重大发展，社会就会发生快速的质的变化。所谓重大战略机遇期，就是社会生产力发生重大发展的时期。

社会生产力的重大发展，往往同科学技术的重大突破有关。马克思认为，科学是最高意义上的革命力量。邓小平论定，科学技术是第一生产力。这是我们分析战略机遇期，正确认识历史，有效改造社会必须牢记的至理名言。君不见，正是近代以来的科学技术革命，创造了巨大的生产力，使人类社会的面貌发生了日新月异的变化。

客观地说，资产阶级对科学技术的革命力量，对科学技术转化为生产力的无限潜力领悟得相当早。现代科学技术向生产力转化的第一个标志性产物是1765年发明的蒸汽机。随着蒸汽轮子的转动，在早期资本家的工厂里，许多新技术、新产品都出来了。《共产党宣言》对此有高度评价：“资产阶级在它不到一百年的阶级统治中所创造的生产力，比过去一切世代创造的全部生产力还要多，还要大。”

最先使用蒸汽机的英国，抓住了历史机遇，开始了第一次工业革命，成为称霸世界的“日不落帝国”。就是这一次工业革命,使人类社会发生了从封建社会到资本主义的革命性变化,世界文明的格局也发生了西方超越东方的重大变化。

19 世纪 70 年代之后,以电力革命为中心的新的产业革命又创造了奇迹。美国、德国、日本都抓住历史机遇,实现了跨越式的发展。与此同时,自由资本主义演变为垄断资本主义,帝国主义战争把社会矛盾推向白热化,爆发了工人阶级革命,建立了社会主义国家,人类历史又发生了重大的变化。

以计算机和互联网为中心的社会生产力,是在现代科技革命大潮中形成的。它推动了经济全球化,并迫使资本主义国家和社会主义国家进入了广泛和深刻的变革时期。人类社会由此出现新的阶段性质变。被列宁称为“腐朽的垂死的资本主义”,抓住了现代科技革命这个“灵丹妙药”而一时间起死回生,获得了新的发展。苏联僵化的体制不能适应现代科技革命而被淘汰出局。警醒过来的中国通过改革开放,形成了最能适应现代科技革命的社会主义发展模式,创造了生产力飞跃发展的奇迹。

进入 21 世纪,现代科技革命浪潮更加汹涌澎湃,人的创造力得到淋漓尽致的发挥,物质变精神,精神变物质的辩证法力量,正在使人类社会发生难以想象的大变化。在这样的大变化面前,对于任何国家、任何民族、任何政党和各种社会团体,乃至对每一个人,挑战和机遇都是同样并存的,就看你能不能把握住。

中华民族追悔莫及的,是近代以来我们丧失了许多机遇。中华民族值得庆幸的,是我们终于赢来了属于自己的千载难逢的战略机遇期。

这样的战略机遇期说它千载难逢,是因为外部环境和内部潜力配合起来了,客观条件和主观条件同时齐备了。在现代科技革命大潮和经济全球化大潮的共同作用下,世界上形成了两个重大的发展趋势。一是人们的生产生活方式高度社会化,乃至世界化,经济利益之网把所有国家和所有民族都联在一起,尤其是大国之间经济文化的纽带日益多样和强固,灾难性的世界大战在相当长的时间之内很难打得起来,局部的战争与革命不影响和平与发展的世界主题,中国已经赢得并将继续赢得长期的和平发展时期。

第二个重大发展趋势是世界政治、经济、文化重心正在东移,即从大西洋地区向太平洋地区转移,水涨船高,身处太平洋西岸中枢地带的中国有着明显的区位优势。这种区位优势同中国优越的社会制度、强大的发展潜力结合起来,已经成为吸引国际人才、资金和技术的巨大磁场,使中国成为世界经济成长的火车头。

真正的战略机遇期,是主客观条件天然搭配而成的重大的发展机遇和关键的发展阶段。

当代有志向的中国人,或隐或显地都怀抱中华民族全面振兴的伟大理想,这种理想是同作为大国国民的精神、尊严和生活幸福联系在一起的。一个大国的十几亿人民,怀抱着一个共同的崇高理想,其中蕴藏的创造奇迹的力量,是火山的爆发、大地的震动都难以比拟的。

蕴藏在亿万人民身上的创造力,只有按照正确的方向组织起来,奇迹才会发生。中华民族现在最值得自豪的是在近百年的风浪中锤炼成了一个伟大的先锋队——中国共产党。正是中国共产党,缔造了人民当家做主的社会主义国家,创造了生机蓬勃的社会主义市场经济体制,领导人民经过艰苦劳动,建立了强大的物质技术基础,弘扬了民族精神,创新了中华文明,使中华民族登上了书写历史最华美篇章的广大舞台。

中华民族千载难逢的战略机遇期,可以从近期和远期来把握。近期是指两个世纪之交的 40 年左右,即从全面实施改革开放的 1979 年到建国 70 周年的 2019 年。我们知道,美国抓住了前一个世纪之交的 40 年机遇期,即从南北战争结束到第一次世界大战爆发,用 40 年左右的时间实现跨越式发展,一举成为世界头号经济大国。中国也抓住了现在这个世纪之交的 40 年机遇期,从文化大革命结束到新中国成立 70 周年时,也用 40 年左右的时间实现跨越式发展,重新登上世界第一经济大国的宝座。

远期的机遇期约有 100 年,即从 20 世纪中期到 21 世纪中期。届时,中华人民共和国成立已经有 100 周年,中国不仅完成了人们传统认识中的现代化,而且建成了人类历史上前所未有的社会主义的文明社会。社会主义民主政治、社会主义市场经济、社会主义精神文化和社会主义伦理道德正走向成熟和完善，足以引领世界的潮流。那时候我们才可以说，神奇的中国梦实现了。

实现中国梦，展现了中国道路雄厚的现实感

中国梦是神奇的梦想，但更是直接的实践。从中国梦诞生之日起，它就经受了血与火的考验，并经受了胜利和挫折、经验和教训的反复洗礼。其中的每一步，都为后来的发展拓宽了道路，夯实了基础。中国共产党第十八次全国代表大会集中了全党和全国人民的智慧，全面总结了过去的奋斗经验，科学规划了今后的奋斗目标，形成了实现中国梦的宏伟路线图。

笔者认为，实现中国梦的路线图，可以用“一、二、三、四、五”这样五个中国数字来标志、来概括：

“一”是坚持一条道路，即中国特色社会主义科学发展之路。

“二”是实现两大任务，即中华民族伟大复兴和社会主义胜利发展。

“三”是注重三个有机统一，即党的领导、依法治国和人民当家做主三者有机统一，中国道路、中国精神和中国力量三者有机统一，先进生产力、先进文化和人民利益三者有机统一。

“四”是完善四大制度，即人民代表大会制、共产党领导的多党合作和政治协商制、民族区域自治和基层民主自治。

“五”是建设五大文明，即政治文明、经济文明、精神文明、社会文明和生态文明。

这个“一、二、三、四、五”的路线图是全部中国历史凝炼而成的。只要在这条道路上一步一步走下去，中华民族伟大复兴必将从梦想变为现实。

实现中国梦，增强了中国人民深沉的自豪感

实现中国梦过程中建设的五大文明，归结起来就是一个文明，即社会主义文明。这是人类历史上前所未有的崭新的文明。

马克思认为，历史上的文明形态都是以对抗为基础的。他说：“当文明一开始的时候，生产就开始建立在级别、等级和阶级的对抗上，最后建立在积累的劳动和直接的劳动的对抗上。没有对抗就没有进步。这是文明直到今天所遵循的规律。”

马克思对文明历程的观察是深刻的，人类经历过的奴隶社会文明和封建社会文明，都是建立在“级别、等级和阶级的对抗上”。人类正在经历的资本主义文明则是“建立在积累的劳动和直接的劳动的对抗上。”

中国梦所承载的社会主义文明不是建立在对抗的基础上，而是建立在和谐的基础上。这是区别于以往各种文明的崭新的文明，这是引领人类进步潮流的崭新的文明。中国人民正豪迈地走在创造崭新文明的大道上，对自己选择的道路，对自己创造的制度，对自己信奉的理论，充满着无比的自信。

在我们这个小小的地球上，占人类五分之一的中国人的梦想和实践，不仅关乎中国人自己，也关乎人类的未来。世界各国人民对中国人民是友好的，对中国的发展进步是欢迎的。我们的理论家、思想家有一项崇高的责任，那就是有效地向各国人民介绍中国梦是和平之梦、发展之梦、合作之梦，中国人民在逐梦之旅中，必定与世界人民携手同行。

当然，世界上也存在着害怕实现中国梦的势力。人们早已看到，新中国在地球的东方站立起来之后，来自西方资本主义世界的不是掌声和喝彩，更多是批判和制裁。由于西方国家控制着国际话语权，几十年下来，中国发展的真情被严重扭曲，社会主义中国的形象遭恶意贬损。为了让世人看清实现中国梦的真实历程，本书在研究过程中运用了比较的方法，就是把中国和西方的现代化道路放在一起比较，并且立足于用事实说话，让实践来检验中国的发展模式和西方的发展模式，最后让读者自然得出中国人民必将实现神奇中国梦、社会主义文明必将代替资本主义文明的科学结论。

目 录

CONTENTS

第四章 政治文明建设

第五章 经济文明建设

第六章 精神文明建设

第七章 社会文明建设

第八章 生态文明建设

第九章 中国梦与人民幸福

第十章 中国梦与国家统一

第十一章 中国梦会破灭吗?

第十二章　中国共产党和中国梦

第十三章　创新托起中国梦

第十四章　中国梦与人类文明

第一章 梦想催生大革命

世界近代史表明，国家富强的梦想催生了欧美许多国家的革命。中国梦也催生了中国大革命。但是，这里有一个重大的差别：中国梦不单纯是国家富强，还内含着民族振兴和人民幸福的远大目标。因此，中国的革命模式与欧美各国的革命模式完全不同。

中国共产党领导的中国革命，无疑是人类历史上最伟大的革命之一。就革命的规模之大、时间之长、革命战争之激烈、对旧世界扫荡之彻底来说，中国革命是无与伦比的。

欧美各国大革命与中国大革命的本质区别在于，前者是资产阶级领导的，革命的目标是建立资本主义社会；后者是工人阶级领导的，革命的目标是建立社会主义社会。

革命的模式不同，革命之后建立的社会发展模式也会不一样。因此，对中国大革命做一个简要的回顾，有利于我们从源头上认识中国的前进道路和发展模式，也有利于我们体悟中国梦的神奇之处。

一、中国之大革命

中国之大革命，开始的时候是效仿西方国家的，由资产阶级政党领导，希望在推翻封建王朝后，建立三权分立的资产阶级共和国，但陷入了军阀混战的泥坑，人民的灾难更加深重。所幸中国有了共产党，领导人民进行新民主主义革命，创造了建设社会主义社会的历史条件。

辛亥革命

俄国革命之后，世界主要大国中，只有中国还没有经历大革命。统治中国的大清朝廷腐朽而残暴，如美国《纽约时报》当时的报道所说："大清国是一个既污秽又丑恶的国度，它的存在是一种时代错误。"

怎样消除这种"时代错误"呢？当时中国社会精英们首先想到的是改革而不是革命。于是，大名鼎鼎的康有为和梁启超，策划了"戊戌变法"。

戊戌变法只是君主立宪制的温和改革，而且是皇帝领导的，但在中国行不通。

1898 年 6 月 11 日，光绪皇帝颁布"明定国是"诏书，宣布开始变法，但变法仅仅进行了 103 天就夭折了。

以慈禧太后为首的守旧派囚禁了光绪皇帝，并于 9 月 28 日在北京宣武门外的菜市口杀死了改革义士谭嗣同、杨锐、林旭、刘光第、杨深秀、康广仁 6 人。

中国革命的先行者孙中山从康有为、梁启超的失败中得出一个结论：面对拿着屠刀的反动政府，革命者除了武装起义，没有其他可行之路。在 20 世纪头 10 年中，孙中山及其追随者在中国南方各地发动了多次小规模的武装起义，但都被清朝政府镇压了。

1911年10月10日，革命党人在武昌发动起义，经过一昼夜的激战，起义军占领武昌全城。10月11日，汉阳和汉口的驻军也宣布起义，长江中游的这座大城市成了革命的中心。起义军宣布改国号为中华民国，废除清朝纪年，并发出《布告全国电》和《通告各省文》。随后几个月，全国各省先后宣布起义，加入革命阵营。12月25日，各省代表在南京开会，选举孙中山为临时大总统，中华民国就此诞生。

1911年是中国农历的辛亥年，这次革命被历史记载为“辛亥革命”。

辛亥革命推翻了腐朽黑暗的清王朝，终结了中国两千多年的封建帝制，创建了亚洲第一个共和国，具有重大历史意义。但革命之后，中国半殖民地半封建的社会根基没有改变，中国人民仍然处在帝国主义、封建主义和官僚资本主义的压迫之下，生活非常痛苦。因此，孙中山临终时留下了这样的遗言：“革命尚未成功，同志仍须努力。”

中国革命的历史进程已经表明，“辛亥革命”只是中国大革命的序幕和前奏，主角尚未登场，气势恢宏的高潮还在后面。

辛亥革命废除了只有6岁的宣统皇帝，却为袁世凯披上龙袍打开了方便之门。一个皇帝倒下了，一大批军阀冒出来，他们都是大大小小的“皇帝”。为什么会出现这样的悲剧呢？因为中国革命的根本任务是要推翻帝国主义、封建主义和官僚资本主义这三座大山，而辛亥革命对此毫无能力。

对于当今的中国人来说，帝国主义、封建主义和官僚资本主义已成遥远的模糊的概念。但在60多年前，它们却是实实在在压在中国人民头上的三座大山：

帝国主义是中国革命最凶恶的敌人。日本帝国主义曾经侵占大半个中国，屠杀了几千万中国人；沙俄霸占了中国100多万平方公里的土地；美国曾经出钱出枪支持中国反动政府发动内战，把中国人民推进战争的火海；英国、法国、德国、意大利、西班牙、葡萄牙等大大小小的帝国主义者都对中国发动过侵略战争，霸占过中国土地，屠杀过中国人民，抢掠过中国财富。实际上，帝国主义完全控制了中国的政府、军队和经济命脉。不打倒帝国主义，中华民族永无出头之日。

封建主义是中国革命最顽固的敌人。地主土地所有制是封建主义最深厚的政治和经济基础,中国封建社会能延续两千多年,就是因为政治上有地主阶级的支持,经济上有封建地租的滋养。在旧时代,中国人民绝大多数生活在农村,他们直接面对的压迫者就是大大小小的地主,这些地主不但控制着人们赖以为生的土地,而且垄断了乡村的政治和社会事务,他们以上层高官为靠山,以黑帮、土匪为帮手,成为无数个"南霸天""北霸天"。他们的统治手法各有不同,但黑暗和残暴是共同的特征。他们可能并不在乎谁在北京做皇帝,但对任何可能危害他们利益的人和事都非常警觉,如有革命的火星在他们面前闪现,他们会拼了老命去扑灭。不彻底扫除封建地主阶级,哪怕再有 10 次辛亥革命也无济于事。

官僚资产阶级是中国革命最直接的敌人。旧中国的官僚资产阶级是官僚和资本的结合体,也是封建主义和帝国主义的结合体。他们从地主阶级中生长出来,与封建主义有血脉联系;他们接受外部强国的财政和军事援助,并以帝国主义列强为靠山;他们掌握了国家的经济大权、政治大权和军事大权。袁世凯、蒋介石等官僚资产阶级的代表,先后夺得中央政权,对全国实行最黑暗的独裁统治。袁世凯、蒋介石等人都是军阀出身,他们的统治完全靠军警维持。他们统领着当时世界上最庞大的军队,一有革命的风吹草动,他们就会派出大军进行血腥镇压。

中国共产党诞生

中国革命的敌人非常强大,革命的任务非常艰巨。中国革命要获得成功,必须要有一个善于领导革命战争的政党,必须要有一支强大的人民军队,必须要有一个广大的革命统一战线。历史一旦提出这样的要求,也就已经创造了实现这个要求的社会历史条件。中国共产党于是应运而生。

1921 年 7 月 23 日,中国共产党在上海市兴业路一座石库门房子里召开第一次全国代表会议。参会代表有李达、李汉俊、毛泽东、何叔衡、董必武、陈潭秋、王尽美、邓恩铭、张国焘、刘仁静、陈公博、周佛海和包惠僧。包惠僧代表陈独秀。

参会的 13 人中,年龄最大的 45 岁,最小的才 19 岁。毛泽东 28 岁,正好是参会人员的平均年龄。

中国共产党成立时,全部党员只有50多人。

中国共产党成立时就是共产国际的一部分。共产国际的代表马林和尼克尔斯基出席了中国共产党的建党会议。

7月30日晚,当会议正在进行时,一名陌生的中年男子突然闯入会场,环视一周后又匆忙离去。共产国际代表马林有秘密工作经验,他判定此人是密探,建议立即终止会议,转移会场。果然不长时间,法租界巡捕便包围了会场并进行搜查,但他们一无所获。

代表们机警地离开上海,转移到浙江嘉兴南湖,在一艘游船上继续开会,通过了定名为“中国共产党”的党的纲领,完成了建党任务。诞生了中国共产党的南湖游船是一个很好的象征:中国大革命的航船就此扬帆起航。

土地革命战争

中国共产党的早期领导者都熟悉英国革命、美国独立战争和法国大革命的情况,并直接受到俄国十月革命的影响。他们认定,只要像俄国共产党人那样,发动城市起义,夺取中心城市,就可以取得全国革命的胜利。他们发动1927年的南昌起义、广州起义,并命令秋收起义的革命军进攻长沙,都是在效仿俄国十月革命,走列宁开创的从城市到农村的社会主义革命之路。

严酷的现实是,中国的情况与俄国的情况完全不同,从城市到农村的革命之路走不通,南昌起义失败了,广州起义失败了,攻打长沙也失败了。

茫茫黑夜,星光何在,出路何在?

此时,一位天才的革命家在中华大地上走出来了,他就是毛泽东。

青年毛泽东对中国社会开展过深入的调查,对中国革命之路进行了透彻的思考。他指出,广大农村是敌人力量薄弱的地方,中国革命应当建立农村革命根据地,走农村包围城市,最后夺取全国胜利的道路。他不仅这样说,而且带头这样做。1927年10月,毛泽东率领秋收起义部队上了井冈山,创建了著名的井冈山革命根据地。随后,朱德率领的南昌起义军保存下来的部分部队也来到井冈山。

两军会合，形成了中国工农红军的核心力量，井冈山革命根据地更加壮大。到1930年10月，井冈山地区的红军发展到4万人，形成了以林彪为军团长的第一军团和以彭德怀为军团长的第三军团两大红军主力军团，根据地扩大到湖南、江西两省交界的广大农村地区。

建立农村革命根据地，关键是要帮助农民获得土地，使贫苦农民成为革命者。这就等于挖掉了反动派的统治根基，他们必然要对农村革命根据地发动疯狂的进攻。一场以土地为核心的战争就此展开，史称“土地革命战争”。

井冈山革命根据地的发展和红军的壮大，给黑暗的中国以极大的震动。以蒋介石为首的反动政府从1930年开始，发动了多次大规模的对红色根据地的“围剿战争”。

1930年10月，第一次“围剿战争”打响，蒋介石派10万大军围攻红军。毛泽东、朱德率4万红军迎战，以灵活机动的战略战术与敌军周旋，每战必胜，共歼敌2.3万人，还活捉了敌主力师师长张辉瓒，粉碎了敌人的第一次“围剿”。

1931年2月，蒋介石调派20万大军围攻红军。毛泽东和朱德诱敌深入，从5月16日到31日，红军连打五次胜仗，自西向东横扫700里，歼敌3万余人，粉碎了敌人的第二次“围剿”。

1931年7月，蒋介石亲率30万大军，聘用英、日、德等国军事顾问，前来进攻革命根据地。经过两次反“围剿战争”，红军此时仅有3万余人。但在毛泽东和朱德的统帅下，运用“避其主力，打其虚弱”的战术，先后消灭敌军4万余人，取得了第三次反“围剿战争”的胜利。

1932年底到1933年初，第四次反“围剿战争”也取得了胜利。

1933年7月，蒋介石自任总司令，调集100万大军，对共产党领导的红军发动第五次大围剿。

此时，中国共产党临时中央以博古为首，他只听命于共产国际，并把红军的指挥权也交给了共产国际派出的军事顾问奥托·布劳恩(李德)，完全剥夺了毛泽东对红军的领导权。博古和李德抛弃了红军战胜强敌的战略战术，照搬苏联红军的作战方法，使红军陷入被动挨打的危险境地，遭到空前的损失，最后连革命根据地也丢了。红军被迫实行战略转移，于1934年10月17日开始了举世闻名的两万五千里长征。

长征初期,博古和李德的指挥更加混乱。从10月17日离开瑞金,到11月25日渡过湘江,仅仅一个多月,红军就从8.6万人锐减至3万余人。虽然牺牲了几万红军战士之后突破了敌人的四道封锁线,但只有少量战斗部队的共产党临时中央和红军总部仍然处在几十万敌军的包围堵截之中。蒋介石飞临贵阳督战,调动其中央军和滇川黔湘桂五省地方军,妄图一举歼灭共产党和红军于贵州的崇山峻岭之中。可以毫不夸张地说,此时的共产党和红军真是命悬一线,中国革命几乎陷入绝境。

虽说天无绝人之路,但共产党和红军的命运还是必须由自己来把握。在最困难的时候,广大共产党员和红军战士更加怀念毛泽东。1935年1月15日至17日,中央政治局在遵义召开扩大会议。出席会议的政治局委员有毛泽东、张闻天、周恩来、朱德、陈云、博古,候补委员有王稼祥、刘少奇、邓发、何克全,还有红军高级指挥员刘伯承、李富春、林彪、聂荣臻、彭德怀、杨尚昆、李卓然,以及中央秘书长邓小平。李德及其翻译伍修权列席了会议。

遵义会议和随后召开的扎西会议是在紧张的战争环境中,在中断了与共产国际联系的情况下,中国共产党独立自主地决定重大革命问题的会议。会议改组了中央领导机构,改变了错误的政治军事指导方针,确立了毛泽东在中共中央和红军的领导地位。在极端危急的历史关头,遵义会议挽救了党,挽救了红军,挽救了中国革命。

遵义会议之后,红军重整旗鼓、精神振奋,在新的党中央和毛泽东的正确指挥下,四渡赤水,佯攻贵阳,以灵活机动的战略战术,让几十万敌军盲目乱转、疲于奔命,红军则巧妙地甩掉了敌人,跳出了重围。这是一个非凡的胜利,也是一个具有重大历史意义的转折,不仅共产党和红军获得了新生,中国革命也从此走上了胜利的道路。

1935年11月,红一方面军到达陕北根据地。1936年10月,红二方面军和红四方面军也先后到达陕北。三大红军主力实现会师,宣告长征胜利结束,中国革命进入新的阶段。

毛泽东曾这样论述过红军长征在中国革命史上的特殊意义:

“我们说，长征是历史纪录上的第一次，长征是宣言书，长征是宣传队，长征是播种机。自从盘古开天地，三皇五帝到于今，历史上曾经有过我们这样的长征吗？十二个月光阴中间，天上每日几十架飞机侦察轰炸，地下几十万大军围追堵截，路上遇着了说不尽的艰难险阻，我们却开动了每人的两只脚，长驱二万余里，纵横十一个省。请问历史上曾有过我们这样的长征吗？没有，从来没有的！长征又是宣言书。它向全世界宣告，红军是英雄好汉，帝国主义者和他们的走狗蒋介石等辈则是完全无用的。长征宣告了帝国主义和蒋介石围追堵截的破产。长征又是宣传队。它向十一个省内大约两万万人民宣布，只有红军的道路，才是解放他们的道路。不因此一举，那么广大的民众怎会如此迅速地知道世界上还有红军这样一篇大道理呢？长征又是播种机。它散布了许多种子在十一个省内，发芽、长叶、开花、结果，将来是会有收获的。总而言之，长征是以我们胜利、敌人失败的结果而告结束。谁使长征胜利的呢？是共产党。没有共产党，这样的长征是不可能设想的。中国共产党，它的领导机关，它的干部，它的党员，是不怕任何艰难困苦的。”①

抗日战争

红军长征到达陕北，巩固了以延安为中心的革命根据地，中国革命即进入抗日战争时期。

反对帝国主义，是中国革命的三大主题之一。抗日战争是中华民族反对日本帝国主义侵略的伟大的卫国战争。

面对企图灭亡中国的凶残的日本侵略者，中国共产党高举抗日民族统一战线的旗帜。在西北地区，共产党同张学良的东北军和杨虎城的西北军谈判，要他们同红军一起枪口对外，共同抗日，得到良好回应。

蒋介石于 1936 年 12 月飞赴西安，强迫东北军和西北军全力攻击红军，继续打内战。这种逆民族大义的反动作为，激起广大国民党军爱国将士的愤慨。张学

① 《毛泽东选集》第 1 卷，人民出版社 1991 年版，第 149－150 页。

良和杨虎城发动“兵谏”，把蒋介石拘留起来，迫使其接受停止内战、共同抗日的主张。这就是著名的“西安事变”。

“西安事变”的和平解决，是时局转换的枢纽。国共合作、共同抗日的大局面遂告形成。从此时起，国民党领导的政府军在正面战场上抗击日军，共产党领导的红军则改编为八路军和新四军，在敌后战场上打击日军。

国共两党联合抗日，展开了中华民族争生存、求解放的最壮烈的民族革命战争画卷。从 1937 年到 1945 年，经过八年艰苦卓绝的奋战，迫使日本侵略者无条件投降，抗日战争获得完全的胜利。这是鸦片战争以来中国在反帝战争中取得的第一个伟大胜利。3500 万中国军民为之献出了他们宝贵的生命。

中国战场，是世界反法西斯战争的东方主战场。不怕牺牲的中国军民紧紧地扭住了日本法西斯军队的主力，使其难以动弹。在北线，粉碎了德日法西斯从东西两面夹击苏联的战略企图，极大地支援了苏联红军。在南线，粉碎了日本和德国、意大利东西相互连接的战略企图，极大地支援了美英联军。中国人民对世界反法西斯战争的贡献是非常巨大的。

抗日战争时期，千百万共产党员、国民党员、爱国民主人士，共同巩固抗日民族统一战线，壮大抗日革命队伍，并在战场上英勇战斗，抛洒热血，为民族解放事业作出了伟大的贡献。

抗日战争是中国共产党领导的革命力量发展壮大的重要时期。抗日战争胜利时，共产党员已发展到 120 万人。此时，党的状况已经发生了根本性的变化，以毛泽东为核心的中央领导集体已经形成，毛泽东思想在全党的指导地位已经确立。由于有了正确的革命路线，全党实现了在思想上、政治上、组织上的空前团结和高度统一。

中国共产党坚定地高举抗日民族统一战线的旗帜，并以党领导的抗日军民的英勇奋战和巨大牺牲，形成了整个中华民族的向心力，成为中国人民团结抗日的中流砥柱。

人民解放战争

抗日战争一结束，中国革命就进入解放战争时期。

抗日战争时期一度合作的中国两大政党——中国共产党和中国国民党,代表中国的两种命运、两个前途,进行了最后的决战。

中国共产党主张团结一切爱国民主力量,把取得抗日战争胜利的中国建设成为独立、自由、民主、统一、富强的新国家。这是一个光明的前途。

中国国民党统治集团则代表帝国主义、封建主义和官僚资本主义利益,企图依靠美国的支持,在中国实行国民党一党专制,使中国继续处于半殖民地半封建的社会中。这是一个黑暗的前途。

军事上的大战展开之前,政治上的大战进行得非常激烈。

日本政府宣布无条件投降后,全中国人民热烈欢庆抗战胜利,强烈要求国共两党就和平建国进行谈判,世界各国也支持通过谈判解决内部争端。在国内外的压力下,蒋介石于 1945 年 8 月 14 日、20 日、23 日接连发出三封电报,邀请中共中央主席毛泽东到重庆进行和平谈判,共同商讨"国际国内各种重要问题"。

8 月 28 日,毛泽东、周恩来、王若飞在张治中、赫尔利陪同下乘专机抵达重庆。毛泽东不顾个人安危亲赴重庆谈判的行动,向世人宣告:中国共产党是真诚地谋求和平的,是真正地代表全国人民的利益和愿望的。

著名诗人柳亚子赋诗称颂毛泽东有"弥天大勇"。

重庆《大公报》发表社评说:"毛先生能够惠然肯来,其本身就是一件大喜事",抗战胜利后,"我们再能做到和平、民主与团结,这岂不是国家喜上加喜的大喜事!"

重庆谈判进行得非常艰苦。为了实现和平建国的大目标,共产党方面做出了许多让步。到 10 月 10 日,国共双方代表签订了《政府与中共代表会谈纪要》,并公开发表。协议载明:双方"必须共同努力,以和平、民主、团结、统一为基础","长期合作,坚决避免内战,建设独立、自由和富强的新中国"。

"会谈纪要"签订后,10 月 11 日,毛泽东返回延安,周恩来等留在重庆就悬而未决的问题继续同国民党方面商谈。

"会谈纪要"的发表,表明国民党政府接受了中共提出的和平建国的基本方针。毛泽东就此指出:"谈判的结果,国民党承认了和平团结的方针。这样很好。国民党再发动内战,他们就在全国和全世界面前输了理,我们就更有理由采取自卫战争,粉碎他们的进攻。”

国民党政府承认“和平建国”的方针,一方面是迫于国内外的压力,更重要的是为准备内战拖延时间。重庆谈判期间,蒋介石就曾给各战区司令秘密下达指示:目前与中共谈判,“乃系窥测其要求与目的,以拖延时间,缓和国际视线,俾国军抓紧时机,迅速收复沦陷区中心城市。待国军控制所有战略据点、交通线,将寇军完全受降后,再以有利之优越军事形势与奸党作具体谈判。彼如不能在军令政令统一原则下屈服,即以土匪清剿之。”“会谈纪要”刚刚签订,10 月 13 日,蒋介石即密令国民党军将领遵照《剿匪手册》,“督励所属,努力进剿,迅速完成任务”。

不难看出,在迎来抗日战争胜利的时候,共产党一心争取和平建国的前途,蒋介石的国民党则是一心要打内战,急于消灭革命力量。

在两个前途、两种命运大战开始之时,国民党和共产党的力量悬殊。

国民党统治集团控制着全国政权,并拥有一支 500 多万人的庞大军队,这支军队的装备是美国援助的,并收缴了 100 多万日本投降军的武器作为补充;国民党政府掌握的外汇储备和其他经济资源超过以往任何时期;国民党政府统治着占全国 76%的土地和 3.39 亿人口,控制着几乎所有的大城市和绝大部分铁路交通线。

共产党领导的人民解放军只有 127 万人,主要作战物资是“小米加步枪”;解放区的人口只有 1.36 亿,土地面积约占全国的 24%,多是边远贫瘠之地,并且相当分散。

敌我力量如此悬殊,当蒋介石发动内战之时,共产党人敢不敢以革命战争去对抗反革命战争呢?

1946 年 8 月,毛泽东在同美国记者安娜·路易斯·斯特朗谈话时,提出了帝国主义和一切反动派都是纸老虎的著名论断。他说,“一切反动派都是纸老虎。看起来,反动派的样子是可怕的,但是实际上并没有什么了不起的力量。从长远的观点看问题,真正强大的力量不是属于反动派,而是属于人民。”“蒋介石和他的支持者美国反动派也都是纸老虎。”[①]在这里,毛泽东阐明了一个根本的战略思

① 《毛泽东文集》第 4 卷,人民出版社 1991 年版,第 1195 页。

想:革命者在战略上必须蔑视敌人,要敢于斗争,敢于胜利。

毛泽东同时指出:革命者在战术上要重视敌人,不打无准备之战,不打无把握之战。不打则已,打则必胜。

1946 年 10 月,蒋介石调动数十万大军在华北、华东和东北对解放区发动全面进攻,把中国人民推入全面内战的境地。人民解放军按照毛泽东和中央军委制定的战略战术,实行积极防御,给所有来犯之敌以沉重打击。1946 年 11 月至 1947 年 2 月经过四个月作战,人民解放军歼灭国民党军队 41 万人。

1947 年 3 月,蒋介石被迫放弃“全面进攻”,改以陕北和山东解放区为重点,实行所谓“双矛攻势”的重点进攻。

在陕北战场,以胡宗南部为主的国民党军全部兵力达 34 个师 25 万人,而彭德怀指挥的人民解放军仅有 4.2 万人。毛泽东和彭德怀主动放弃延安,在陕北的山沟里与绝对优势的敌军周旋,从 3 月底到 5 月初,寻机在青化砭、羊马河和蟠龙镇连打了三次漂亮的伏击战,歼灭了胡宗南主力军团 1.4 万余人。

在山东战场,国民党军集中 24 个师 60 个旅约 45 万人,对沂蒙山区发动进攻,陈毅、粟裕指挥的人民解放军于 5 月中旬在临沂以北的孟良崮地区,一举歼灭国民党军“五大主力之一”的第七十四师 3 万余人,击毙中将师长张灵甫。

粉碎了敌人的全面进攻和重点进攻之后,人民解放军于 1947 年开始了战略反攻。这一年,解放军共歼灭国民党军 152 万人,解放了 3700 万人和 164 座城市。

此时,敌我双方力量对比已经发生重大变化。国民党军队已从 500 万人减少到 365 万人左右,其中许多部队都是受过严重打击重新整编的,士气低落,战斗力不强。与之相反,人民解放军则从 127 万人发展到 280 万人。全军武器装备也大为改善,已经拥有重型火炮 1100 余门。解放区面积已扩展到 235 万平方公里,人口达 1.68 亿,约 1 亿人口的老解放区已经完成土地改革,广大翻身农民参军参战的热情非常高。

1948 年 9 月 8 日至 13 日,中共中央政治局扩大会议在西柏坡召开。会议分析了敌我力量变化的情况,认为人民解放军同国民党军队进行战略决战的时机已经到来,全党要从思想上、政治上、组织上做好夺取全国胜利的充分准备。

西柏坡会议后、中央军委和毛泽东先后组织了辽沈、淮海、平津三大战役。这三大战役规模宏大、气势磅礴、胜利空前，成为中国革命战争的高潮，也是人类战争史上的精彩画卷。

辽沈战役：

辽沈战役于1948年9月12日开始，至11月2日结束，历时三个月。国民党军有55万人，由卫立煌、杜聿明、郑洞国等人指挥，蒋介石还三次飞到沈阳督战。人民解放军约70万人，由林彪和罗荣桓指挥。在辽沈战役中，人民解放军共歼灭国民党精锐部队47.2万人，其中包括国民党“五大主力”中的新一军和新六军。

辽沈战役胜利后，东北全境获得解放。

淮海战役：

淮海战役是在以徐州为中心，东起海州、西至商丘、北到临城、南达淮海的广大地区进行的。参战的人民解放军共约60万人，由邓小平、刘伯承、陈毅、粟裕、谭震林指挥。国民党军由刘峙指挥的总兵力近80万人。

淮海战役从1948年11月6日发起，至1949年1月10日结束，人民解放军经过66天激战，歼灭敌军55.5万人，其中包括国民党“五大主力”中的第五军和第十八军。淮海战役的胜利使长江以北的广大中原地区获得了解放。

平津战役：

平津会战的双方总兵力达150多万人，其中，解放军约100万人，国民党军50多万人。解放军的主要对手是国民党军华北“剿总”傅作义部队，其50万人分布在西起张家口，中经北平，东到天津的500公里的狭长地带。

1948年11月29日，解放军发起平津战役，先是攻下张家口、新保安地区，切断傅作义西撤的通道，然后攻下天津，歼灭守军13万余人，切断了国民党军东逃的道路。困守孤城北平的傅作义部25万人由此陷入绝境。天津解放后，90万解放军已兵临北平城下。经过解放军和北平开明人士的工作，傅作义终于同意北平和平解放。

平津战役历时64天，共歼灭和改编国民党军52万余人，华北解放区同东北解放区已经连成一片。

辽沈、淮海、平津战役结束后，蒋介石在“和谈”的掩护下，加紧部署长江防线，从湖北宜昌到上海 1800 公里的长江沿线，部署了 70 万兵力。另以海军舰艇 120 余艘、空军飞机 280 余架支援作战，以阻止解放军渡江南进。

三大战役胜利后，毛泽东告诫全党“宜将剩勇追穷寇，不可沽名学霸王”，及时部署渡江战役。解放军于 1949 年 4 月 20 日发起大规模的渡江作战。参加渡江作战的 112 万人民解放军分东、中、西三个突击集团，在江阴至湖口间 500 公里地段上重点突破国民党的江防。

4 月 22 日，解放军突破国民党江防阵地，登上长江南岸。

4 月 23 日，解放军攻占国民党反动统治的中心南京。

5 月 14 日至 6 月 2 日，解放军先后占领武昌、汉阳、九江、南昌和上海。至此，渡江战役顺利结束。

渡江战役结束后，解放军如潮水般向全中国推进，残存的国民党军望风而逃。到 1949 年 9 月初，中国大陆大部分地区获得解放，历时 28 年的中国人民的革命战争最终取得伟大胜利。

二、中国革命的成功模式

中国共产党领导的革命战争历时之长、规模之大、革命之彻底,是先前的英国革命、美国革命、法国革命和俄国革命无法比拟的。更重要的是,中国共产党在大革命中创造了独特的革命模式,而这种模式很自然地演变为当今世人熟知和热议的“中国模式”。

中国革命的成功模式概括起来就是这样一句话:抓住一个中心,建设三大法宝。

“抓住一个中心”,就是抓住土地革命。以土地革命为中心,依靠农民,建立农村革命根据地,以革命的农村包围城市,最后夺取全国革命胜利。

“建设三大法宝”,就是建设共产党,建设人民军队,建设革命统一战线。

一个中心

第一,中国革命的中心问题是土地问题。地主土地所有制,使占人口绝大多数的农民没有土地或土地很少,这是他们被压迫被剥削的总根源。农民是多么渴望土地啊!在中国,哪个政党能解决农民的土地问题,它就会得到农民的真诚拥护。

第二,地主土地所有制是帝国主义、封建主义和官僚资本主义统治中国最广泛的社会基础,也是中国一切发展进步的最大障碍。不铲除这个基础,不扫荡这个障碍,中国革命就没有胜利的希望。

第三,贫穷落后的农村地区,是反动统治势力的薄弱环节,是革命政党容易点燃革命火种、壮大革命力量的理想天地。

中国共产党领导的中国大革命，就是从"土地革命战争"开始的。在激动人心的"打土豪、分田地"口号声中，人民的军队诞生了，革命根据地建立起来了，共产党成为得到农民真心拥护的伟大政党。到了解放战争时期，土地革命更加深入和扩大。早在1947年，就有1亿人口的解放区完成了土地改革，实现了"耕者有其田"。解放军能够取得辽沈战役、淮海战役、平津战役三大决战的胜利，国民党反动统治出人意料的快速大崩溃，最根本的原因是共产党得到中国农民的拥护，国民党遭到中国农民的唾弃。

三大法宝

毛泽东在总结中国革命经验时指出："一个有纪律的，有马克思列宁主义的理论武装的，采取自我批评方法的，联系人民群众的党。一个由这样的党领导的军队。一个由这样的党领导的各革命派别的统一战线。这三件是我们战胜敌人的主要武器。"

中国共产党是作为中国工人阶级和中华民族的先锋队登上历史舞台的。

俗话说，打铁先要自身硬。中国共产党只有始终保持工人阶级和中华民族先锋队本色，才能实现领导中国革命胜利的历史使命。保持共产党的先进性，就是要掌握科学的世界观和方法论，归根到底，就是要掌握唯物辩证法。马克思主义、列宁主义与中国革命的具体实际相结合的毛泽东思想，就是共产党在不同时空中运用唯物辩证法所创造的革命理论。自觉地运用科学的革命理论，是共产党相对于其他政党的一大优点和强点。

保持共产党的先进性，就是要坚持为人民服务，要密切联系群众。在整个大革命时期，广大共产党员不怕牺牲、前仆后继地为革命的胜利而英勇斗争，创造了无数可歌可泣的英雄业绩，在群众心中树立起全心全意为人民谋利益的光辉楷模，党也由此赢得人民群众的信赖和拥护。具有这样自我牺牲的精神和密切联系群众的作风，是共产党相对于其他政党的又一大优点和强点。

保持共产党的先进性，就是要勇于自我批评，善于纠正自己的错误。世界是无限复杂的，而人的认识能力是有限的。在复杂的社会历史条件下进行革命，个人会犯错误，政党也会犯错误。在中国共产党的早期历史上，有过陈独秀的右倾错误，也有过王明、李立三的"左"倾错误，都严重地损害了党，损害了革命事业。好在中国共产党勇于自我批评，善于纠正自己的错误，最终走上了以毛泽东思想为旗帜的正确的革命道路。这是共产党相对于其他政党的又一大优点和强点。

保持共产党的先进性，就是始终要加强党的组织性和纪律性。中国共产党一诞生就是一个目标远大的革命政党，而不是一个松散的自由俱乐部。所有党员都必须服从党章，都必须在一定的组织内活动，都必须遵守党的纪律。按照民主集中制的原则，每个党员都可以对党的大政方针发表自己的意见，进行充分的讨论，以便集思广益，民主决策。一旦组织作出决定，即使这个决定不符合自己的意愿，个人也要服从组织，按党的统一意志去工作。这种民主集中制和严密的组织性、纪律性使共产党具有强大的战斗力，这是它相对于其他政党的又一大优点和强点。

共产党领导的人民军队，是中国革命胜利的又一大法宝。

中国共产党领导的中国革命从一开始就面临着激烈的、大规模的战争。没有革命的武装力量，没有人民的军队，革命就寸步难行，人民就会遭殃。从这个意义上说，枪杆子可以推动革命，枪杆子出人民政权。

在共产党领导层中，对这个问题看得最透彻的，当归毛泽东。毛泽东最先提出，共产党员要成为革命军队的骨干和核心，要把党的支部建在连上，要实行党对军队的绝对领导。

人民军队的这个建设之道，是从著名的"三湾改编"开始的。

参加 1927 年秋收起义的军队共有 5000 多人。起义受挫后，很多人离开起义队伍，只有几百人跟随毛泽东到了江西永新县三湾村。毛泽东开始进行中国革命史上著名的"三湾改编"，主要做法是在军队中建立党的组织和实行党代表制，将党的支部建在连上。

"正是从这时开始，确立了党对军队的领导。如果不是这样，红军即使不被强大的敌人消灭，也只能变成流寇。"当年担任连党代表，后来成为共和国元帅的罗荣桓曾经这样评价"三湾改编"的历史意义。

1929 年 12 月，按照中共中央的要求，红四军在福建上杭的古田村召开党代表大会，全面总结红军诞生以来的建军经验，强调红军必须置于党的绝对领导之下，并规定了相应的原则和制度。

弱小的红军能够战胜强大的敌人，不断粉碎蒋介石对革命的围剿，并且在长征中能够突破敌人的围追堵截，根本原因是以共产党员为红军的核心和骨干，有共产党对红军的绝对领导。

红军翻越夹金山的时候，一位病弱不堪的战士突然被大雪埋住了，生命将尽之时，他奋力举起胳膊，把一张共产党员证书和一块银元交给抢救他的战友。党证上这样记着："刘袁海，中共正式党员，1933 年 3 月入党。"

曾担任中央军委副主席的老红军张震指着这张党证说："这不是普通的党证和银元，这是红军坚定的理想和信念。战争年代我军之所以能够以弱胜强，一个重要原因就是始终坚持党对军队的绝对领导。有了党的领导，我们就有了克服一切困难压倒一切敌人的必胜信心。"

张震将军这段话讲明了中国军队与世界上其他军队的本质区别，也讲明了中国军队战无不胜的根本原因。

共产党在领导革命战争的过程中，不但创建了一支革命的军队，而且创造了人民战争的理论。在敌强我弱的形势下，确立"一切反动派都是纸老虎"的战略思想，实行"在战略上我们要藐视一切敌人，在战术上我们要重视一切敌人"的战略方针。在进行土地革命战争、抗日战争和解放战争的时候，人民军队在作战时，战略上是"以一当十"，而在战术上则"以十当一"，集中优势兵力，各个歼灭敌人，积小胜为大胜，不断壮大自己。一旦条件具备，就不失时机地进行战略决战，夺取革命的完全胜利。

经过几十年革命战争考验，在共产党内，在人民军队中，锻炼出以毛泽东为杰出统帅的一大批卓越的军事家，他们不但善于把握一般的战争规律，而且能把人民战争的战略战术发挥到出神入化的地步。在他们统帅的英勇善战的人民军队面前，没有攻不破的堡垒，没有战胜不了的敌人。

革命统一战线是中国革命胜利的又一大法宝。

旧中国的社会阶级结构是两头小中间大，代表先进生产力的工人阶级人数很少，代表反动势力的大地主大资产阶级的人数也不多，最广大的人民是农民、小资产阶级和民族资产阶级。中国的民族民主革命要推翻帝国主义、封建主义和官僚资本主义的反动统治，这是符合中国最广大人民的根本利益的，因此，有可能形成最广泛的革命统一战线，中国共产党从开始革命之日起，就致力于建设革命统一战线。

统一战线的基础是工农联盟。由于共产党坚持进行彻底的土地革命，努力实现“耕者有其田”，这就极大地调动了占人口绝大多数的农民的革命积极性，使农村革命根据地得以巩固，以革命农民为主体的革命军队日益强大。

中国民族资产阶级的发展很不充分，他们有反帝反封建的革命要求，但它们力量脆弱，容易动摇。在革命的不同时期，共产党肯定各民主党派的革命精神，注意照顾民族资产阶级的利益，尊重它们在统一战线中的地位，使它们成为革命统一战线的重要力量。

中国的官僚资产阶级是帝国主义、封建主义的结合体，整体上是对抗革命的反动势力。但这个反动阶级的内部结构很复杂，有的同日本帝国主义勾结得很紧，有的则同欧美帝国主义关系更密切。抗日战争时期，中国共产党利用世界两大帝国主义集团的矛盾，为了集中力量打败日本侵略者，把国民党统治集团也纳入抗日统一战线的范畴。正是基于这样的大局，共产党积极促成西安事变和平解决，迫使蒋介石集团走上抗日的道路，就是革命统一战线政策的伟大成功。

“一个中心，三大法宝”的中国革命模式威力无比强大，中国大革命由此走向完全的胜利。这样的革命模式也就很自然地孕育出创造现代发展奇迹的“中国模式”。

第二章 梦想推动大变革

1949年到2009年，是中华人民共和国从诞生、发展到壮大的60年，是中国梦推动中国社会大变革的60年。

在中国传统文化中，60年形成一个特殊的历史周期，称为一个“甲子”。

中国古代纪年，以天干地支相配，60组干支形成一个完整的周期。

天干之首为“甲”，地支之首为“子”。按《史记》和《汉书》的解释，“甲”意为剖，即万物剖符甲而生；“子”意为萌，即万物在阳气呵护下萌动。甲子就是萌动的万物破符甲而生。

新中国挺立于世界的东方已经有一个甲子。这清楚地表明，中国已经找到了实现国家富强、民族振兴、人民幸福的前进道路和发展模式，这就是破旧世界符甲而生的中国特色社会主义。

中国特色社会主义突破旧世界的符甲而生，这是中国社会脱胎换骨的大变革过程。在这种脱胎换骨的大变革中，我们有宝贵的经验，也有沉痛的教训；有胜利和喜悦，也有磨难和痛苦。其中发生的许多历史大事件，曾经令人刻骨铭心。这些历史大事件，如果孤立地看，人们会给它们打上偶然性的印记。实际上，这些大事件是有内在逻辑联系的。我们要正视这样一个事实，这些从不同侧面推动社会变革的历史事件，在探寻、塑造、锤炼中国前进道路和发展模式时，都曾发挥各自特殊的作用，都是历史必然性中不可或缺的重要环节。

一、人民民主的新纪元

1949年初，正当人民解放战争即将取得全面胜利的时候，中国共产党就全面展开新中国的创建工作。

即将诞生的新中国将是什么样的国家呢？为了回答这个世人普遍关注的问题，毛泽东于1949年6月30日发表了《论人民民主专政》一文。他指出，总结中国近百年革命的历史经验，资产阶级领导的民主主义必然让位给工人阶级领导的人民民主主义，资产阶级共和国必然让位给实行人民民主专政的人民共和国。在中国现阶段，人民中包括工人阶级、农民阶级、城镇小资产阶级和民族资产阶级。工人阶级是领导力量，工农联盟是基础力量。“这些阶级在工人阶级和共产党的领导之下，团结起来，组成自己的国家，选举自己的政府，向着帝国主义的走狗即地主阶级和官僚资产阶级以及代表这些阶级的国民党反动派及其帮凶们实行专政”。“对人民内部的民主方面和对反动派的专政方面，互相结合起来，就是人民民主专政。”①

毛泽东还指出，人民在建立自己的国家之后，要强化人民的国家机器，以巩固国防和保护人民利益，并有步骤地解决国家工业化的问题，使中国“稳步地由农业国进到工业国，由新民主主义社会进到社会主义社会和共产主义社会，消灭阶级和实现大同。”②

毛泽东关于人民民主专政的理论，是一种崭新的国家学说，它为新中国的建立奠定了理论和政策的基础。实现中国梦之政治制度构建，也就由此起步。

1949年9月21日至30日，中国人民政治协商会议第一届全体会议在北平

① 《毛泽东文集》第4卷，人民出版社1991年版，第1475页。
② 《毛泽东文集》第4卷，人民出版社1991年版，第1476页。

召开。会议讨论通过了《中国人民政治协商会议共同纲领》和《中华人民共和国中央人民政府组织法》。会议决定:中华人民共和国的国都定为北平,将北平改为北京,采用公元纪年;以《义勇军进行曲》为代国歌;国旗为五星红旗。

会议选举毛泽东为中央人民政府主席,朱德、刘少奇、宋庆龄、李济深、张澜、高岗为副主席,周恩来等56人为委员,组成中央人民政府委员会。

10月1日,中华人民共和国成立庆典在天安门广场隆重举行,毛泽东庄严宣告:中华人民共和国中央人民政府成立了!

新中国从成立之日起,就是非同凡响的,就激起了世界的普遍关注。

10月3日,法国《费加罗报》作了如下报道:

“星期六,13时15分,在北京故宫附近召开的一次超过20万人参加的大型集会上,毛泽东宣布中华人民共和国及中央人民政府成立。在疯狂的欢呼中,新共和国的旗帜升起。在礼炮轰鸣中,奏响新国歌《义勇军进行曲》。

随后,毛泽东宣布周恩来任总理,朱德担任人民解放军总司令。

举行过包括空军在内的阅兵式后,狂热的民众又观看了焰火表演。”

同日,英国《卫报》、美国《纽约时报》、日本《朝日新闻》等世界媒体都对这个历史性的盛典作了详略不一的报道。

10月6日,苏联《消息报》发表一篇热情洋溢的社论,题为《中国人民的伟大胜利》。社论写道:

“中国上百年来饱受外国列强的蹂躏。如今中国人民在共产党的领导下,有史以来第一次将政权握到自己手中,并依靠社会主义和民主力量强大阵营的支持,开始自己决定祖国的命运。中国人民在英勇的解放战争中赢得了伟大国家的民族独立,开辟了走向繁荣的独立发展道路。中国人民推翻了腐败透顶的国民党卖国政权,推翻了封建压迫和殖民剥削制度,奠定了人民民主国家的基础。这个国家以工人阶级为领导,以工农联盟为基础。团结了中国所有民主阶层和少数民族。

……

苏联人民热烈祝贺中国人民取得的伟大胜利,并对中国人民获得解放感到由衷的高兴。苏联人民相信,全世界所有追求和平与民主的真正朋友们都会感到高兴。”

新中国宣布成立，世界各国就面对是否承认新中国的问题。

毛泽东在宣布中华人民共和国中央人民政府成立时郑重宣示："与此同时，中央人民政府决定向世界其他国家宣告，中央人民政府是代表中国各族人民的唯一合法政府。中央人民政府愿意与任何愿意遵守平等、互利和相互尊重领土完整和主权的国家建立外交关系。"

当时兼任外交部长的周恩来于 10 月 1 日向苏联政府通报了中国中央人民政府公告，建议苏联与中华人民共和国建立外交关系。10 月 2 日，应苏联政府委托，苏联外交部副部长葛罗米柯通报了苏联政府的回复："本着与中国人民建立真正友好关系的始终不渝的意愿，并确信中国中央人民政府是绝大多数中国人民意愿的代表者，苏联政府决定建立苏联与中华人民共和国之间的外交关系，并互派大使。"

苏联是最早给予新中国外交承认的世界大国，这个历史事实中国人民是会永远铭记在心的。

英、美等国也收到了中国政府的公告，但它们的表现十分不好。

美国《纽约时报》10 月 3 日文章说：

"美国发言人表示华盛顿关注承认的问题。英国代表发言人说，英国政府认为中国已经有一个合法政府，即使该政府已不复存在，伦敦也要经过仔细考量之后才能承认新政权。"

《纽约时报》10 月 5 日的文章又说：

"国务院今天透露，已经收到中国共产党希望承认新成立的中华人民共和国的要求，表示不急于行动。建立正常外交关系的要求是 10 月 1 日交到美国驻北平总领事馆的。据信，英国、法国、荷兰、比利时和意大利也收到了同样的要求。

"美国早在若干日之前就开始讨论至少事实上承认共产党中国的问题，将来还将与其他所有有意同中国政府建立外交关系的国家进行类似的磋商，但是不会带头。此时，友好的西方国家都不可能单方面承认中国政府。美国政府认为，只要中国国内战争仍在继续，只要国民党政府仍控制略少于三分之一的中国领土以及略多于三分之一的人口，美国就不会改变承认对象。而决定美国未来政策的第三个因素是中共政权自身在外交方面的表现。"

美国的态度很清楚，只要国民党政府还存在，它就不会承认新中国，而且要求“西方国家都不可能单方面承认中国政府”。

美国政府胁迫西方国家长期拒绝从外交上承认中国政府的历史事实中国人民也是不会忘记的。

不管美国为首的资本主义国家承认还是不承认，伟大的中华人民共和国已经站立在天地之间。从此刻开始，世界已经变了，有中华人民共和国的世界和没有中华人民共和国的世界是完全不一样的。

二、弘扬国威之战

新中国刚刚诞生，就面临一场突如其来的国际战争，即抗美援朝战争。

抗美援朝战争是新生的社会主义中国反对帝国主义侵略的战争，战争的胜利创造了社会主义事业在中国蓬勃发展的国际大环境，因而抗美援朝战争就成为中国社会主义革命重要的组成部分。

朝鲜是与中国山水相依的邻邦，历来同中国关系密切。1910年日本吞并朝鲜，即以之为跳板，大举侵略中国。

1945年，日本战败投降，美国和苏联强行划一条三八线，使朝鲜半岛形成南北两个国家。北朝鲜以金日成为首相，南朝鲜以李承晚为总统，北朝鲜归社会主义阵营，南朝鲜归资本主义阵营，三八线成为冷战对峙的前沿。

1950年以来，南北双方就总是三天一小打，五日一大打。6月25日夜，三八线一带狂风大作，暴雨如注，双方军队的神经都极度紧张。忽然间，不知何处一声枪响，引起双方枪炮对射。士兵们跳出堑壕，向对方冲杀。混战至天明，双方后援部队赶到参战，朝鲜战争由此爆发。

南朝鲜军队的骨干是日本统治时期的军警旧人，腐败而战力不济。北朝鲜军队的骨干则是在苏联红军和中国人民解放军中磨炼过的朝籍战士，斗志旺盛，战斗力强。交战只几个回合，南朝鲜军就大败溃逃。

朝鲜半岛是冷战对峙的前沿。朝鲜半岛的内战必然牵动世界大局。

南朝鲜军队的溃败给美国提供了一个在东北亚地区发动侵略战争的借口。这场侵略战争的矛头实际上是对着中国的。

美国早已获得情报，金日成曾经请求苏联给予军事援助，被斯大林婉拒，要他“找中国同志”。战争开始后，苏联在朝鲜的500名军事顾问撤回去了，而且苏联远东地区的兵力也未曾增加。美国已经断定，苏联不愿也不敢同美国正面交战。

美国真正需要顾忌的是中国。美国统治集团对中国成为共产党领导的社会主义国家是痛心疾首的。此时,中国新政权还未巩固,国家尚未统一,还有几十万国民党残军在各地顽抗。如果借朝鲜战争之机,美军夺占全朝鲜,把战争推到中国东北边境,并派美国海军侵入台湾海峡,形成南北夹击之势,就有可能搞垮新中国。

美国就是按这样的战略图谋行事的。

1950 年 6 月 26 日,朝鲜战争爆发。

6 月 27 日,美国总统杜鲁门发表声明,宣布美军支援南韩作战,并派遣美国第七舰队侵入台湾海峡,阻止中国军队解放台湾。

7 月 7 日,美国操纵联合国安理会通过谴责北朝鲜侵略的决议,组织以美军为首的"联合国军"开入朝鲜半岛作战。

9 月 15 日,美军在仁川登陆,切断了北朝鲜军队的后方补给线。

在仁川美军和釜山美军的夹击下,北朝鲜十万南进之军遭到惨败,仅有两三万人逃回北方,美军已占领三八线以南全部南韩土地。

危急关头,金日成请求毛泽东派中国军队给予援助。

9 月 30 日,经毛泽东决定,周恩来发出严正警告:"中国人民热爱和平,但是为了保卫和平,从不也永不害怕反抗侵略战争。中国人民决不能容忍外国的侵略,也不能听任帝国主义者对自己的邻人肆行侵略而置之不理。"①由于当时中美之间没有外交关系,周恩来还在 10 月 3 日凌晨约见印度驻华大使潘尼迦,请印度转告美英方面:如果美国军队越过三八线,扩大战争,"我们不能坐视不管,我们要管"。②

美国对中国的严正警告毫不在乎,美军总司令麦克阿瑟于 10 月 7 日挥军越过三八线,向朝鲜北方大举推进,直逼中朝边境,并派美军飞机对中国边境城镇进行侦察和轰炸,挑衅的气焰十分嚣张。

中国要不要援朝应战?这是一个极难决策的问题。

援朝应战,就是要同世界上最强大的美国决一死战。双方的力量对比太悬殊了!1950 年,美国的 GDP 是 2800 亿美元,中国工农业产值仅有 100 亿美元,相

① 《人民日报》,1950 年 10 月 1 日。
② 《周恩来外交文选》,中央文献出版社 1990 年版,第 25—26 页。

差28倍；美国的钢产量是8700万吨，中国只有几十万吨，相差140倍；美国一个师就有大炮595门，中国一个师仅有66门，相差9倍；更不要说美国有无数的飞机、军舰，还有原子弹，这些东西中国则几乎为零。

1950年10月上旬，毛泽东主持中国军政上层会议多次讨论出兵朝鲜问题，因意见分歧而迟迟不能决定。

所幸毛泽东等开国元勋多为智勇双全的爱国者和战略家，他们能透过表面的物质烟云，看清中华民族长远的根本的利益，从而作出超脱世俗之见的正确决策。

唇亡齿寒的古训是不能忘记的。日本军国主义者从霸占朝鲜起步，曾经长时间大举侵略中国，把深重的灾难和耻辱加到中华民族的头上。美国是比日本更强大的帝国主义国家，还有英国、法国这些老牌殖民国家做帮手，如果朝鲜被他们吞并，中国就会面临更大的被侵略的灾难。

美国第七舰队已经侵入台湾海峡，妄图把台湾从中国分割出去，这是对中国领土完整和主权独立的肆意侵犯。狂妄的美国侵略者，把新中国视为同北洋军阀和国民党政府一样，不敢抵抗帝国主义的任意欺凌。

是可忍，孰不可忍！

新中国的大厦刚刚奠基，一群明火执仗的强盗就打上门来，要灭掉我们的好兄弟，如果我们软弱退让，不给这些强盗以严重的教训，我们的社会主义家园就会永无宁日。

10月5日，毛泽东主持的中共中央政治局扩大会议继续在中南海颐年堂举行。会议充分发扬民主，经过深入讨论，反复权衡利弊得失，最后取得一致认识，终于作出了派遣中国人民志愿军入朝作战的决定。

毛泽东对我们能够取得抗美援朝、保家卫国斗争的胜利充满信心，但是他也提醒党和人民要做好应对极端情况的准备。他说，“敌人是不可怕的，它的装腔作势和气势汹汹是吓唬人的。但是，美帝国主义也可能在今天要乱来，它是什么都可能干出来的。假如他要那么干，我们没有准备就不好了，我们准备了就好对付他。所谓那样干，无非是打第三次世界大战。而且打原子弹，长期地打，要比第一次、第二次世界大战打的长。我们中国人民是打惯了仗的，我们的愿望是不要打仗，但你一定要打，就只好让你打。你打你的，我打我的，你打原子弹，我打手榴弹，抓住你的弱点，跟着你打，最后打败你。对战争打起来的时候，不是小打而是大打，不是短打而是长打，不是普通的打而是打原子弹，我们要有充分的准备。”①

10月8日，毛泽东发布命令，将东北边防军组成中国人民志愿军，任命彭德怀为中国人民志愿军司令员兼政治委员。毛泽东还派周恩来访问莫斯科，同斯大林、莫洛托夫等人商谈苏联给予军事援助并向志愿军提供空军掩护等问题。

10月19日，彭德怀统帅的志愿军跨过鸭绿江，进入朝鲜战场。对面等待他的，是不可一世的麦克阿瑟。这两位二战时的骁勇大将，各自率领中国军队和美国军队，将在地球东方的一个半岛上，上演一场东西方之间的战争大戏。

志愿军入朝参战后，毛泽东和彭德怀一鼓作气发动了五次大战役。

麦克阿瑟指挥联合国军大举冒进，妄图在11月23日感恩节前荡平朝鲜。彭德怀指挥志愿军于10月25日给冒进之敌出其不意的突然打击，迅速取得战场主动权。随即在云山一带给美军“王牌”部队骑兵第一师以沉重打击，并在东线成功阻击了美军的增援部队。到11月5日第一次战役结束，共歼灭联合国军1.5万余人，并将战线从鸭绿江边推进到清川江以南。

麦克阿瑟闻报，从东京飞到朝鲜，但他仍然不相信中国军队能和美军正面较量，坚持要在12月25日圣诞节时全面攻占朝鲜。毛泽东和彭德怀决定将计就计，诱敌深入，寻机将其歼灭。11月下旬，先以志愿军一部在长津湖地区且战且退，引敌人进入预设战场，然后主力部队突然发起猛烈反击，分割包围，重创美军。至12月24日，第二次战役结束，歼敌3.6万余人，收复了平壤和三八线以北的大部分地区，迫使联合国军由进攻转为防御，完全扭转了朝鲜战局。

1950年12月至1951年1月，志愿军发起第三次战役，突破了联合国军在三八线上的设防，将战线向南推进80至110公里，占领了南韩首都汉城，歼敌1.9万人，迫使联合国军后撤至北纬37度线附近地区。这一仗在国际上引起强烈的震撼。

第四次战役是在志愿军非常困难的情况下展开的。由于推进到三七度线，后方补给线很长，并遭到美国空军的狂轰滥炸，前方战士的粮弹供应不足。1951年1月下旬，联合国军集结23万大军，在200公里宽的战线上对正在休整的志愿军发动进攻。志愿军采取积极防御战略，主动撤出汉城，在运动中消灭敌人7.8万

① 《毛泽东文集》第6卷，人民出版社1999年版，第93—94页。

人，把战线稳定在三八线附近。

1951 年 4 月到 6 月展开的第五次战役是朝鲜战争期间规模最大的战役，双方投入的兵力都在百万左右。经过连续 50 多天的激烈战斗，中朝军队歼敌 8.2 万人，志愿军也损失了 7.5 万人。此战以后，战线就稳定在三八线附近，敌我双方均转入战略防御。

从 1950 年 10 月至 1951 年 6 月，装备非常落后的中国人民志愿军同占尽海空优势且装备精良的美英法等联合国军开展了五次大战，志愿军五战五胜，把以美军为主的联合国军从鸭绿江边打回到三八线。从此之后，就把他们定格在这个地方。

在朝鲜战场上，共有 17 个国家的军队与中国人民志愿军兵戎相见。这 17 个国家包括美国、英国、法国、澳大利亚、荷兰、加拿大、菲律宾、土耳其、泰国、南非、埃塞俄比亚、希腊、比利时、卢森堡、哥伦比亚、新西兰和韩国。

以下是西方主要强国的军队在朝鲜战场上的命运。

美军：朝鲜战争期间，美国损失兵力 162708 人，其中战死 54246 人，受伤 103284 人，失踪、被俘 5178 人。美军死亡人数占整个“联合国军”死亡总数的 94.916%。据联合国公布的情况，美军在朝战中平均死亡人数远远超过了第二次世界大战。

英军：参加朝鲜战争的英军是二战时蒙哥马利元帅指挥的“王牌军”，包括“皇家苏格兰团”“格洛斯特营”和“皇家重型坦克营”。

1951 年 10 月 3 日开始的马良山之战，“皇家苏格兰团”据山而守，中国人民志愿军坦克一师进攻。经过 3 小时的激战，1701 名英军被打死，存活的 46 名官兵举手投降，该营营长的尸体躺在被中国坦克摧垮的碉堡里。“皇家苏格兰团”的一个营被全部歼灭。

1951 年 4 月 24 日爆发雪马里战斗，志愿军 63 军歼灭英军 29 旅的“格洛斯特营”和一个炮兵队、一个重型坦克连，中校营长以下官兵 129 人被打死，包括副营长在内 459 名官兵被活捉。志愿军战士刘光子一人俘敌 63 人，创造了朝战期间单人俘敌的最高纪录，被志愿军总司令部授予“孤胆英雄”称号。

投入朝鲜战争的英国“皇家重型坦克营”名气很大，所装备的重型坦克“丘吉尔”性能优越，战场上锋芒毕露，被公认是“联合国军”的“装甲劲旅”。在志愿军发动的第三次战役中，“皇家重型坦克营”被志愿军五十军一四九师夜间突袭所歼灭。

在朝鲜战场上，英军的三支精锐部队全部惨败在中国人民志愿军的脚下。自1840年鸦片战争以来，这是中英两国军队在国际战场上的直接交锋。中国军队终于一雪百年前的耻辱。

澳大利亚军：澳大利亚由陆、海、空三军精锐加入“联合国军”，有两个步兵营，三艘驱逐舰，一个战斗机中队和一个空中运输队，出兵人数居“联合国军”第5位。澳军最后战死746人，伤病、失踪、被俘1112人，共计1858人。

加拿大军：加拿大出兵人数居“联合国军”第2位，1953年7月增兵到6146人。但加拿大出兵不出力，参战次数寥寥无几。规模最大的战斗是1953年5月2日在下勿闲北山与志愿军四十六军三九七团3个排交锋。这次战斗，加军动用了二十五旅3个连队，被歼220人。另一次是芝浦里战斗，加军动用了二十五旅配合美军第三师、二十五师与志愿军十五军二十九师交锋，也以失败告终。此外，加拿大海军还参加了运输美军和南朝鲜军的大逃亡。朝鲜战争中，加拿大军战死312人，伤病、失踪、被俘1244人，共计1556人。

法军：法军参战，象征性大于实战性。1950年7月22日，法国派遣一艘驱逐舰前往南朝鲜，加入“联合国军”海军行列。8月25日，又创建1个独立营，番号为“联合国军法国营”，莱米勒中校为营长。整个朝鲜战争期间，法国营战死262人，伤病、失踪、被俘1127人，共计1389人。

麦克阿瑟统领的联合国军，在朝鲜战场上屡战屡败，被迫退回他们开始发动战争的三八线。美国只好临阵换将，用李奇微代替麦克阿瑟担任联合国军总司令。曾经指挥百万美军占领日本的美军盖世英雄麦克阿瑟，就这样灰溜溜地下台了。先后代替麦克阿瑟的李奇微和克拉克日子也不好过，他们虽然拼命想挽回败局，但在中朝军队的铜墙铁壁面前，联合国军除了撞昏脑袋，实在讨不到任何便宜。

1953年7月27日，《朝鲜停战协定》在板门店签字，朝鲜战争就此结束。

代表美国签字的是克拉克，时任美国远东军和联合国军总司令。他在回忆录中沮丧地写道：“我获得了一个不值得羡慕的名声：我是美国历史上第一个在没有取得胜利的停战协定上签字的司令官。”①

与之相反，志愿军司令员彭德怀则在自己的祖国和整个社会主义阵营都受到英雄般的爱戴。

在朝鲜战场上，双方物质条件差距很大，志愿军的将士们常常要以自己的精神和血肉去同美军的飞机大炮对抗。他们当中，有像毛岸英这样的中共高干子弟，更有像黄继光、邱少云、杨根思这样来自百姓之家的战斗英雄。②

三年朝鲜战争，共有18.3万中华儿女为抗美援朝、保家卫国的正义事业献出了宝贵的生命。他们以自己有限的生命，换来了中国几十年和平建设的环境。祖国人民会永远感谢他们、纪念他们！

中国在抗日战争中打败了东洋帝国主义，又在抗美援朝战争中打败了西洋帝国主义！中华民族一扫百年萎靡不振之气，终于可以堂堂正正地站立在天地间，去建设自己美好的社会主义社会！

抗美援朝战争的胜利，为实现中国梦创造了长期和平发展的国际环境。

---

① 〔美国〕马克·克拉克：《从多瑙河到鸭绿江》，哈普公司，伦敦1954年版，第11页。

② 毛岸英，中共党员，毛泽东长子，为抢救重要设备，牺牲于朝鲜大渝洞。黄继光，中共党员在上甘岭战役中用胸膛堵住美军扫射的机枪口，壮烈牺牲。邱少云，中共党员，执行潜伏任务时，被燃烧弹烧中，为不暴露部队，一动不动，直至牺牲。杨根思，中共党员，在小高山战斗中，全连战至最后一人，他所着炸药包冲向敌群，与敌人同归于尽。

三、农村社会大变革

我们知道，世界史上早于中国的欧美国家大革命并不彻底，主要指没有真正解决土地问题，没有去改变广大农村落后的社会形态。共产党领导的中国大革命则不同，共产党在革命过程中，紧紧抓住土地问题这个中心，并把农村改造为先进的革命根据地。而在革命胜利后，立即在全国范围内开展以土地改革为中心的社会改革，全面荡涤旧社会的污泥浊水，扫除帝国主义、封建主义、官僚资本主义的社会基础和思想影响，使社会主义社会的建立有一个广大、平展、干净的地基。

实际上，废除封建地主土地所有制，实现农民土地所有制的土地改革，是中国民主革命和社会主义革命的根本联结点。它满足了广大农民“耕者有其田”的千年梦想，实现了农村社会人人平等的社会大变革。

新中国建立以前，一些革命根据地已进行过土地改革。虽然根据地比较分散，又处在紧张动荡的战争环境中，土地改革的政策措施带有临时性，很不稳定，但仍然激发了广大农民的革命积极性，也为全国土地改革创造了成功的经验。

相关的统计资料表明，旧中国农村的土地占有情况是这样的：占农户总数不到7%的地主富农，占有总耕地的50%左右，有的地方占得多些，有的地方则占得少些；占农户总数57%的贫农、雇农，仅占有耕地14%，处于无地和少地的状态；地主人均占有的土地是贫雇农的三十倍左右；中农、贫农耕种着农村90%以上的土地，但仅拥有少数土地所有权，他们承担着非常沉重的地租剥削。

1950年6月14日至23日，全国政协一届二次会议在北京召开，讨论由中共中央建议的《中华人民共和国土地改革法(草案)》，刘少奇代表中共中央作《关于土地改革问题的报告》。

刘少奇的报告指出：中国土地制度极不合理，是我们民族被侵略、被压迫、穷困及落后的根源，是我们国家民主化、工业化、独立、统一及富强的基本障碍。这种情况如果不改变，中国人民革命的胜利就不能巩固，农村生产力就不能解放，新中国的工业化就没有实现的可能，人民就不能得到革命胜利的基本的果实。而要改变这种情况，就必须废除地主阶级封建剥削的土地所有制，实行农民的土地所有制，借以解放农村生产力，发展农业生产，为新中国的工业化开辟道路。这就是我们要实行土地改革的基本理由和基本目的。这个基本理由和基本目的可以驳倒一切反对土地改革、对土地改革怀疑以及为地主阶级辩护等所根据的各种理由。

1950年冬天，一场史无前例的空前规模的土地改革运动在中华大地上展开。以解放农村生产力，巩固国家独立和统一，实现国家民主化和工业化为基本目标的这场农村大变革，是依照《土地改革法》进行的，而且是在全国范围内有领导、有步骤、分阶段地展开的。

《土地改革法》公布以后，共产党和人民政府成立了从中央到县的土地改革委员会，专门负责土地改革指导工作。同时做好两方面准备，一方面是在广大城乡广泛宣传土地改革的合理性、必要性和目的性，解释土地改革的法令和政策，做到家喻户晓、深入人心。另一方面是调派大批党政军干部，吸收社会上的各种人才，组成土地改革工作队，经过集中培训，分期分批派到广大农村开展土地改革。

共产党领导的土地改革是中国农民获得土地所有权的一次大革命。这不是一个政府恩赐的过程，而是千百万农民自我解放的过程。

土改工作队进村后，第一步是发动群众。按照依靠贫农、雇农、团结中农、中立富农、打击封建地主的工作方针，召开农民代表会议，建立由农民积极分子和各方面代表人物组成的农民协会。农民协会的建立，意味着受压迫最深重的贫苦农民获得了当家做主的权利。

第二步是划分阶级。按照有关法令和政策规定的标准，以人们对生产资料的占有状况、劳动状况和生活来源状况为依据，斟酌各地不同的情况，划分出雇农、贫农、中农、富农和地主。划分阶级最重要的是确定剥削和被剥削的情况，以团结最大多数农民，只打击少数反动的剥削者。

第三步是没收地主的土地财产。在各级农民协会领导下，专门成立没收征收委员会，召开农民代表会，根据《土地改革法》规定的没收征收范围，订出有关的纪律和公约，组织农民有秩序地没收地主的土地、牲畜、农具、多余的粮食和房屋等五大财产。同时没收富农超出规定范围以外的土地。

第四步是分配财产。田地分配的标准，依据《土地改革法》，由各地农民协会自行确定，采取贫农、雇农自报公议的办法，确定各户应分的亩数、地段及耕畜、农具等。分配工作完成之后，要召开农民大会，公开销毁封建性的旧地契，颁发新的土地证书，宣布土地改革胜利结束。

第五步是复查。由政府派出专门的土改复查工作队，对阶级成分漏划或错划、土改果实分配不公等情况进行纠正，对地主向农民的反攻倒算进行惩处。按照法律，地主也要有一份自己的田地，使他们能够通过守法劳动，从旧社会的剥削者转变为新社会自食其力的劳动者。

到 1952 年底，除了一部分少数民族地区和台湾省之外，全中国的土地改革顺利完成。

几亿中国农民，在共产党的领导下，经过土地改革，从封建地主阶级的压迫剥削下解放出来，获得了梦寐以求的土地所有权，组织了农民协会，有了当家做主的权利，自然地成为中国新社会的伟大建设者。

土地改革完成之后，共产党不失时机地引导农民走上了互助合作的道路，第一步是建立初级农业生产合作社。这种初级农业生产合作社以土地入股为特点。一方面它还是以私有为基础，农民有土地私有权和其他生产手段的私有权，农民按入股的土地分配一定的收获量，并按入股的工具和牲畜取得合理的代价；另一方面则有公有成分，在共同劳动的基础上，按劳分红，合作社可以积累一定的公共财产，这就有了社会主义的因素。初级农业生产合作社可以说是半社会主义的合作社。

半社会主义的初级农业生产合作社不进则退。1955 年之后，全国兴起社会主义改造高潮，“初级社”升级为“高级社”。“高级社”实行集体所有，集中生产、统一经营和统一经济核算，是完全社会主义性质的农业合作社。这里的关键是，农业合作社的完成，使中国农村土地由农民私有转为集体共有，土地的个体私有制改造成集体公有制，解决了农村土地公有的问题，为农村走社会主义道路奠定了坚实的基础。

农业合作社发挥了集体经济的优越性，办了许多单家独户的个体农民根本办不了的事情。大规模的农田水利建设展开了，机械耕作、机械排灌和科学种田的条件创造出来了。这是亿万农民生产生活方式的深刻变化，他们从此走上了建设社会主义新农村的广阔道路。中国模式的农村基础就此获得巩固。

四、城市社会大变革

城市社会大变革是同农村社会大变革同时展开的，中心是生产资料所有制的变革，农村主要围绕着土地进行，城市则要复杂一些，有土地问题，更多方面是围绕着资本展开的。

革命胜利，解放军进城，新政权建立，城市土地收归国有，官僚资产阶级的工厂、矿山也收归国有，成为新中国的国有资产。城市社会大变革的第一步是对没收过来的工矿企业进行民主改革。

在半殖民地半封建的历史条件下，中国近代工业畸形发展，在官僚资产阶级建立的工矿企业中，存在着一种由封建把头控制生产和管理的腐朽制度。形形色色的封建把头任意欺压工人，并对工人实行超经济的盘剥。国民党反动派政府统治时期，这些工矿企业的封建把头成为反动党团、特务系统和封建帮派的组织者和骨干。不打破这种腐朽的制度，就不能保障工人当家作主的权利。

1950 年，与农村土地改革同时，对城市的工矿企业也进行了民主改革，彻底粉碎封建把头制度，在工矿企业建立起共产党组织、共青团组织和工会组织，建立现代企业管理制度。

城市社会大变革的第二步是按照中国共产党制定的“过渡时期总路线”，全面实行对生产资料私有制的社会主义改造。

“过渡时期总路线”是这样表述的：“从中华人民共和国成立，到社会主义改造基本完成，这是一个过渡时期。党在这个过渡时期的总路线和总任务，是要在一个相当长的时期内，基本上实现国家工业化和对农业、手工业、资本主义工商业的社会主义改造。”①

资本主义工商业主要集中在城市，对资本主义工商业的社会主义改造就成为

① 《毛泽东选集》第 5 卷，人民出版社 1977 年版，第 89 页。

城市社会大变革的关键点。

对资本主义工商业的社会主义改造,就是要在一定的时期内,有步骤地把一切对国计民生有利的资本主义企业,改造为国家资本主义企业,到条件成熟时,逐步地变国家资本主义经济为社会主义经济。

新中国成立初期,国家对资本主义企业主要采取加工订货、统购包销的办法。这是一种外部合作的形式,企业仍由资本家管理,劳资矛盾、公私矛盾都难以获得有效处理。为了克服此类困难,开始实行公私合营,国家投入一定的资金帮助企业进行技术改造,选派得力干部参与企业管理。公私合营是社会主义成分同资本主义成分在企业内部的合作。企业由私有变为公私共有,公方代表和工人群众结合在一起,掌握了企业的经营管理,资本家不再处于支配地位。

资本主义工商企业实现公私合营,是生产资料所有制的重大变化。走到这一步,国家资本主义经济转化为社会主义经济就顺理成章了。

1955 年 11 月 24 日,中共中央政治局通过了毛泽东主持制定的《中共中央关于资本主义工商业改造问题的决议》。这是推动资本主义私有制过渡到完全的社会主义公有制的重大步骤。这个决议规定,中国共产党对于资产阶级的政策有三条:第一条,用赎买和国家资本主义的办法,有偿地而不是无偿地,逐步地而不是突然地改变资产阶级的所有制;第二条,对资本家要进行社会主义改造,同时给予他们以必要的工作安排;第三条,保留资产阶级的选举权,并且对他们中间积极拥护社会主义改造的代表人物给以适当的政治安排。

政策的威力很大。1956 年元旦过后,首都北京先出现全行业公私合营高潮。1 月 15 日,北京市各界 20 多万人在天安门广场举行庆祝社会主义改造胜利大会。毛泽东、刘少奇、周恩来、朱德等党和国家领导人出席大会,接受了农业合作社、手工业合作社以及公私合营企业的代表呈送的热情洋溢的喜报。北京市市长彭真在会上宣布:我们的首都已经进入了社会主义社会。

全国大中城市以北京为榜样,于 1956 年完成了对农业、手工业和资本主义工商业的社会主义改造。

资本主义经济这样和平地改造为社会主义经济,是人类历史上很有意义的一个创举。中国的资本家们为什么会突然接受这种改造呢?当然,共产党的政策起了非常重要的作用。比如,给资本家的股份支付定息,给他们安排工作,让他们享有相应的政治权利,保留他们的代表人物在各级人民政府中的地位等等。但更重要的是中国的很多资本家是爱国的,他们希望自己的国家富强,他们相信共产党指引的社会主义道路是正确的，有光明前途的。有人曾向被称为中国“纺织大王”的荣毅仁提出这样的问题：资本家为什么会接受社会主义道路？他回答说，我是一个资本家，但我首先是一个中国人。我一直梦想举办实业，救国图强，但在旧中国，受尽了帝国主义和官僚资本主义的压迫和勒索。新中国成立了，人民政府给予贷款、委托加工和收购包销，企业才摆脱窘困局面，盈利逐年增加。现在国家开始实施五年计划，全国建设蒸蒸日上，过去的梦想都实现了，非常令人鼓舞！没有共产党，不走社会主义道路，哪能有今天？①

公私合营企业中的工人，摆脱了雇佣劳动者的地位，同国营企业的工人一样，成为企业的主人，成为建设社会主义社会的先锋力量。

与工矿企业的社会主义改造同时，还进行了扫荡城市中各种社会弊病的斗争。这些社会弊病包括卖淫嫖娼、贩毒吸毒、设庄赌博等。

集中于城市的妓院娼馆，不仅是进行淫乱活动的场所，而且是社会上偷盗抢劫、吸毒贩毒、拐卖人口、敲诈勒索等犯罪活动的藏污纳垢之地，致使道德沦丧、性病蔓延、为祸社会、殃及后代。

新中国一成立，人民政府即明令废除娼妓制度。北京市人民代表大会于1949年11月21日通过决议：根据全市人民的意志，决定立即封闭一切妓院，没收妓院财产，集中所有妓院老板、领家、鸨儿等加以审讯和处理，并把妓女集中起来，改造其思想，医治其性病，有家者送其回家，有结婚对象者助其结婚，无家可归、无偶可配者组织学艺，从事生产。

继北京之后，上海、天津、武汉、南京等大中城市都陆续取缔卖淫嫖娼场所。各地民政部门和妇女联合会对饱受摧残、心灵扭曲的妓女们进行耐心细致的思想教育，启发她们控诉旧社会的罪恶，帮助她们医治性病，组织她们学文化，学生产技术，学自立的本领。这些人后来绝大多数成为自食其力的劳动者，许多人择偶成家，过上了有尊严的正常生活。

取缔贩毒吸毒、设庄赌博的斗争也全面展开。

在中国共产党领导下，经过三年的努力，古今中外被视为不治之病的娼、毒、赌等社会痼疾就基本被禁绝了。这是一个奇迹，它从一个侧面反映了中国城市社会变革之广泛和彻底。中国模式在城市的社会基础日益深厚。

---

① 《新华社新闻稿》，1956年1月21日。

五、国体政体大变革

共产党哲学的精华是矛盾的对立统一。生产力和生产关系是对立统一的，经济基础和上层建筑也是对立统一的。共产党最善于运用这样的客观规律来建设新的国家和新的社会。

我们在前面论述了农村经济基础的变化，论述了城市经济基础的变化，现在要说的是上层建筑的变化，是国体政体的大变革。只有这样，我们才能对中国社会主义革命有一个全景式的印象。

中华人民共和国的成立，标志着中国的国体和政体发生了根本性的变化，剥削阶级专政的旧国家被推翻了，人民民主专政的新国家诞生了。

1949 年 9 月 29 日，中国人民政治协商会议一致通过了《共同纲领》，这是新中国的人民大宪章。

这部人民大宪章对国体和政体作了明确的规定。

国体是标示国家性质的，即社会各阶级在国家中的地位和它们的相互关系。

《共同纲领》对国体作了明确规定：中华人民共和国为新民主主义即人民民主主义国家，实行工人阶级领导的、以工农联盟为基础的、团结各民主阶级和国内各民族的人民民主专政，反对帝国主义、封建主义和官僚资本主义，为中国的独立、民主、和平、统一和富强而奋斗。

用一句话来说，新中国的国体是工人阶级领导的以工农联盟为基础的人民民主专政。这个新国家的人民，主要是工人阶级、农民阶级和小资产阶级，还包括民族资产阶级。对人民内部的民主方面和对反动派的专政方面，互相结合起来，就是人民民主专政。

政体是指政权组织、政党制度和国家结构。

关于新中国的政权组织形式，毛泽东在《新民主主义论》中指出："中国现在可以采取全国人民代表大会、省人民代表大会、县人民代表大会、区人民代表大会直到乡人民代表大会系统,并由各级代表大会选举政府。但必须实行无男女、信仰、财产、教育等差别的真正普遍平等的选举制,才能适合于各革命阶级在国家中的地位……这种制度即是民主集中制。”毛泽东还强调指出,新中国既不采用资产阶级的议会制和立法、行政、司法三权鼎立制,也不能照搬苏联的政权形式,而应该实行基于民主集中制的人民代表大会制度,由各级人民代表大会决定大政方针,选举政府。《共同纲领》就是依据这样的构想,作出如下的政体规定:中华人民共和国的国家政权属于人民。人民行使国家政权的机关为各级人民代表大会和各级人民政府。国家最高政权机关为全国人民代表大会。

新中国的政党制度既不是一党专制,也不是多党竞争,而是共产党领导的多党合作制。为了争取新民主主义革命的胜利,中国共产党进行了长期艰苦卓绝的斗争,革命的目标最明确,革命的队伍最坚强,作出的牺牲和取得的成就也最大,在各种革命力量中威信最高,确立了领导核心地位。中国其他争取民主的政党和无党派民主人士在共同革命中经过生死考验和反复比较,郑重地选择了中国共产党的领导。在解放战争最困难的时候,这些政党和民主人士公开发表声明,愿意在中国共产党的领导下,反对国民党专制独裁统治,共同为建立新中国而奋斗。中国共产党也非常尊重这些政党和爱国民主人士,决定了同他们长期友好合作的方针。在政党关系史上,这是非常难能可贵的。1949 年举行的中国人民政治协商会议,标志着中国共产党领导的多党合作和政治协商制度正式确立为新中国的一项基本政治制度。

中国是一个疆域辽阔、民族众多的大国。光辉灿烂的中华文明,是中国各族人民共同创造的;新生的中华人民共和国,也是中国各族人民在长期的斗争中共同缔造的。新中国的政体自然涉及一个国家的民族结构问题。中国共产党历史上受苏联体制的影响,曾有过实行民族自决权,建立联邦制国家的主张。在革命的进程中,党加深了对国情的研究,看到中国与苏联的情况很不同。苏联总人口中,非俄罗斯民族几乎占人口一半,这些民族大多数是沙皇俄国扩张中硬拼进来的,时间仅有百年左右。中国少数民族仅占 6%,而且处于大分散、小聚居的状态。更重要的是中国各民族在统一国家中共同生活了几千年,互相之间政治、经济和文化的联系非常紧密。近代以来,帝国主义的侵略给汉族和少数民族都造成了深重的灾难，同时又在反侵略争解放的斗争中形成了坚强的团结。实际上，在共产党和红军队伍中有很多是来自少数民族的革命者，许多革命根据地就建立在少数民族地区。很显然，联邦制完全不适合中国的情况，新中国的国家结构不能是联邦制，而只能是实行民族区域自治的统一国家。《共同纲领》据此作出了如下规定：中华人民共和国境内各民族一律平等。各少数民族聚居的地区，应实行民族的区域自治，按照民族聚居的人口多少和区域大小，分别建立各种民族自治机关。这样的国家结构既保障了各民族的平等权利，又维护了国家的统一，不愧为国家政体建设的伟大创造。

以工人阶级为领导，以工农联盟为基础的人民民主专政，实行民主集中制的人民代表大会制度，共产党领导的多党合作和政治协商制度，统一国家内实行民族区域自治，这些就是新中国的国体和政体，它们构成了中国社会上层建筑的主体部分。

这样的国体和政体，能否保障革命胜利的成果？这样的上层建筑，能否推动经济的发展，能否促进社会的进步？全世界的人们都睁大眼睛看着中华人民共和国的一举一动。

他们看到了什么呢？

他们看到，除台湾、香港、澳门和部分海岛之外，全中国都飘扬着五星红旗，一盘散沙的局面完全改观，一个真正团结统一的新中国正昂首挺胸，站立在世界的东方。

他们看到，新生的中国不信邪，不怕鬼，更不害怕帝国主义强权，英雄的中国人民志愿军，敢于同美国为首的联合国军正面交锋，把侵略者从鸭绿江边赶回到远离中国边境的朝鲜半岛三八线以南，取得抗美援朝战争的伟大胜利。

他们看到，在短短的几年时间内，世界上最大规模的土地改革完成了，世界上最大的农民群体成为农业合作社社员，走上了社会主义道路。

他们看到，在和平的条件下，在社会生产不受破坏的情况下，中国完成了对资本主义工商业的社会主义改造，把资本主义经济改造为社会主义经济，把以剥削为生的资产阶级改造为自食其力的社会主义劳动者。

他们看到，意气风发的中国人民正在进行大规模的经济建设，一个伟大的民族开始了实现现代化的壮丽长征。

社会各项事业蓬勃发展,所有制和经济基础的社会主义化,又反过来推动上层建筑的变革。正是在这样的大背景下,1956 年召开了中国共产党第八次全国代表大会。大会《关于政治报告的决议》明确指出:由于社会主义改造已经取得决定性的胜利,我国无产阶级同资产阶级之间的矛盾已经基本上解决,几千年来的阶级剥削制度的历史已经基本上结束,社会主义制度已经基本上建立。我们国内的主要矛盾,已经是人民对于建立先进的工业国的要求同落后的农业国之间的矛盾,已经是人民对于经济文化迅速发展的需要同当前经济文化不能满足人民需要的状况之间的矛盾。这一矛盾的实质,在我国社会主义制度已经建立的情况下,也就是先进的社会主义制度同落后的社会生产力之间的矛盾。党和人民的当前的主要任务,就是要集中力量来解决这个矛盾,把我国尽快地从落后的农业国变为先进的工业国。

中国共产党第八次全国代表大会通过这个政治决议,向全世界宣告,中国的社会主义革命胜利了,中国已经是一个社会主义国家。但是,已经建立的先进的社会主义生产关系同落后的生产力之间是有矛盾的,先进的社会主义上层建筑同落后的经济基础之间也是有矛盾的。大会确定了克服这个矛盾的两步走的构想:第一步,用三个五年计划的时间初步实现工业化;第二步,再用几十年的时间赶上世界上最发达的国家。毛泽东在大会上很风趣地表述了党的这个发展构想,他说:这次大会反映了人民的希望,建设工业国。中国那么一块大地方,资源那么丰富,又搞了社会主义,如果不能赶上和超过发达资本主义国家,不能为人类作出更大的贡献,就要从地球上开除你的球籍。

六、导演“大三角”之戏

在历史上，中国共产党曾以苏联共产党为老师。苏联共产党和苏联人民曾经支持中国人民的革命斗争和社会主义建设。因此，中国人民对列宁和斯大林，对苏联人民一直怀有友好的感情。

中国和苏联两大国在20世纪50年代初曾有过一段蜜月期，其标志是《中苏友好同盟互助条约》的签订。

苏联共产党和中国共产党虽然长期保持着友好关系，但在许多重大问题上也存在着分歧，特别是斯大林对毛泽东有疑虑，担心中国走上“民族主义”道路。1949年初，斯大林派遣苏共中央政治局委员米高扬到当时中共中央所在地西柏坡探望虚实。毛泽东等利用这个机会，向苏联方面通报了中国革命的形势和夺取全国胜利的部署，介绍了新中国建立后将要实行的内政外交方针，表示要同苏联站在一条战线上，将请求苏联给予经济建设援助。通过这次内部访问，中苏两党消除了彼此之间的一些隔阂和误会，密切了相互关系。

1949年底，毛泽东主席应邀访问苏联，这是新中国国家元首第一次出国访问，引起全世界深度关注。双方需要谈判的问题很多，核心是中苏两国要不要订一个条约、订什么样的条约。分歧点很多，谈判时间很长。一段时间中苏双方对毛泽东活动的报道都不多，国际上出现种种猜测，英国通讯社甚至散布谣言，胡说毛泽东被斯大林软禁起来了。为了辟谣，1950年1月2日，苏联《真理报》在头版刊登了对毛泽东主席的访问。

毛泽东、周恩来同斯大林、莫洛托夫等经过长时间的谈判，于1950年2月14日签订了《中苏友好同盟互助条约》。签字仪式在莫斯科克里姆林宫举行，周恩来和维辛斯基代表各自政府在文件上签字，毛泽东和斯大林出席签字仪式。2月27日，毛泽东和周恩来等离开莫斯科回国。

《中苏友好同盟互助条约》共六项条款，有效期为30年，其宗旨是：加强中苏两国的友好与合作，共同防止日本帝国主义之再起及日本或其他用任何形式在侵略行为上与日本相勾结的国家之重新侵略。条约规定：一旦缔约国任何一方受到日本或与日本同盟的国家之侵袭因而处于战争状况时，缔约国另一方即尽其全力给予军事及其他援助。双方保证以友好合作精神，并遵照平等、互利、互相尊重国家主权与领土完整及不干涉对方内政的原则，发展和巩固中苏两国之间的经济与文化关系，彼此给予一切可能的经济援助，并进行必要的经济合作。双方根据巩固和平与普遍安全的利益，对有关中苏两国共同利益的一切重大国际问题，均将进行彼此协商。

与友好条约签订的同时，双方还解决了一些历史遗留问题。苏联表示愿意早日放弃从国民党政府手中获得的某些特权。中国从苏方获得为期10年、利率为1%的优惠贷款3亿美元。双方还签订了多项互利共赢的经济合作协议。

《中苏友好同盟互助条约》的签订，是新中国的一项重大外交成果。毛泽东对此作了这样的评价："这次缔结的中苏条约和协定，使我们有了一个可靠的同盟国，这样就便利我们放手进行国内的建设工作和共同对待可能的帝国主义侵略，争取世界的和平。"①

中苏友好的蜜月期并不长，到20世纪50年代中期，中苏两党之间就出现了分歧，但最初被控制在内部一定范围。

双方矛盾主要体现三个问题：一是苏方提出要在中国境内共建大功率长波电台；二是苏方提出要共建潜艇舰队；三是中印发生边境冲突时，苏联暗中支持印度。

共建长波电台和潜艇舰队，都是想在军队上控制中国，涉及国家主权问题，中国是绝对不会让步的。赫鲁晓夫以取消援助为威胁，毛泽东毫不客气地回答说："我们可以一万年不要援助！"

按照《中苏友好同盟互助条约》的规定，苏联是中国的同盟国，在中国受到外国侵略时，苏方有义务给予军事援助。但在1962年的中印边境战争中，苏联却公开指责中国，并向印度提供15亿卢布的巨额贷款，在军事和经济上援助印度。与

① 参见《建国以来毛泽东文稿》，中央文献出版社1988年版，第一册，第290页。

此同时，苏联从中国撤回了1390名专家，撕毁了两国政府签订的12项协定和343个专家合同，废除了257个科学技术合作项目。这种背信弃义的行为，不仅使中国蒙受巨大的经济损失，也极大地伤害了中国人民的感情，给中苏关系造成难以弥合的创伤。

20世纪60年代初到80年代末，中苏两大国的矛盾激化，形成苏联包围中国、中国打破苏联包围的斗争局面。

中苏矛盾有显性和隐性两方面。显性的方面是国家主权之争，是中国反对苏联在社会主义阵营中搞霸权主义。正如邓小平所说："我们关系之所以搞坏，为什么搞坏，就是因为苏联要控制我们。"中苏之间"真正的实质问题是不平等，中国人感到受屈辱"。隐性的方面是意识形态之争。苏联认为中共搞教条主义，中国认为苏共搞修正主义，而且双方都认为对方走的不是社会主义道路。

在中苏两大国的矛盾和斗争中，基本态势是苏联强中国弱，苏联是进攻的一方，中国是防守的一方。

当时的苏联是不可一世的超级大国，对中国占有经济上和军事上明显的优势。赫鲁晓夫等人企图利用自己的优势力量要把中国包围起来，直到完全压倒中国。

苏联对中国的包围不是象征性的，而是实实在在的军事包围。中苏关系好的时候，中苏和中蒙边界双方是不驻军的。但到1964年，苏联开始在中苏、中蒙边界排兵布阵，总数达到54个师100万人，并配备了核导弹部队。随后，组建远东战区司令部，统一指挥远东军区、后贝加尔军区和西伯利亚军区的部队，并不断扩充太平洋舰队，摆出在远东地区大举进攻中国的架势。

与此同时，苏联又在中国的西部和南部动手。

1971年8月，苏联同印度签订"和平友好合作条约"，在涉及第三国的条款中，双方约定，在任何一方遭到进攻或威胁时，双方进行协商并"采取有效措施来保证两国的和平与安全"。显然这是一种带有军事同盟性质的条约。

1978年11月，苏联又分别与越南和阿富汗签订了同样性质的条约。之后，苏联出兵阿富汗，对阿富汗实行军事占领，从西部对中国实行直接的军事威胁。

苏联同越南签订条约，建立军事联盟后，即大规模运送武器给越南，支持越南控制老挝，进军柬埔寨，拼凑"印支同盟"。至此，苏联已经构筑了从北面、西南和南面包围夹击中国的战略态势。

本来，社会主义中国是不惧怕任何霸权国家威胁的。但当时中国国内有些麻烦，先是经历了三年经济困难，后又忙于开展“文化大革命”，党的组织、政权组织和社会组织受到冲击，经济建设乱了套，军队训练也不正常。

如此内外交困的严峻形势足以压垮任何意志薄弱者，但毛泽东、周恩来、邓小平等当时中国领导人都是身经百战的革命家，受到人民群众的真心爱戴，他们具有战略上深远谋划、战术上精心组织的非凡能力。在他们面前，实在没有战胜不了的敌人和克服不了的困难。

毛泽东、周恩来、邓小平等人是怎样带领中国人民打破苏联包围的呢？

首先，精神主导，理论开路。

在意识形态具有重大影响力的时代，理论宣传是鼓舞自己、压倒敌人的有效方法。上世纪60年代初期，中国共产党高举马克思列宁主义旗帜，严肃批判苏联社会帝国主义，发表了九篇重要理论文章，在中国、在社会主义阵营、在国际社会中都产生了广泛的影响。此举在一定程度上激化了苏联统治集团的矛盾，导致赫鲁晓夫突然下台，在中苏争论中中国取得了道义上的胜利。

其次，联美抗苏，争取主动。

毛泽东曾说：中美关系是一把钥匙，这个问题解决了，其他的问题就迎刃而解了。

中国领导人分析，美苏争霸是冷战时期的重要矛盾，而且当时的态势是苏进美退。在这种情况下，联合美国和西方国家共同对抗苏联霸权是对我有利的，也是可能实现的。

毛泽东经过深思熟虑，提出了“一条线”的战略方针。毛泽东说：要搞一条横线，就是纬度，美国、日本、中国、巴基斯坦、伊朗、土耳其、欧洲连成一条横线。要团结这条线周围的国家，共同对付苏联的扩张。邓小平后来曾对美国方面说，毛泽东制定的这个战略方针，是从东到西建立一条反苏霸的统一战线。

毛泽东和尼克松共同推动，周恩来和基辛格具体操盘，“一条线”的反苏霸战略得到实现，不仅完全打破了苏联对中国的包围，遏止了苏联的扩张，导演了中美苏“大三角”互动的外交大戏，也在一定程度上促使苏联最后走向完全崩溃。

第三，稳定内部，增强国力。

为了稳定内部，增强国力，“文化大革命”后期，毛泽东提出要“抓革命，促生产”。周恩来、邓小平等迅速采取稳定社会秩序，推动经济建设的措施。这些措施符合人民大众的愿望，取得明显成效。国内形势的好转，为反霸权、反包围斗争取得胜利创造了有利条件。

与此同时，以“两弹一星”为标志的国防现代化建设也在不断推进。按照毛泽东提出的战略设想，周恩来、聂荣臻精心组织我国最有才能的科学家和军事工程人员，以只争朝夕的精神，在相当困难的条件下，把核弹、导弹和卫星研制出来。中国人民手里有了可以让敌人毁灭的强大武器，一切针对社会主义中国的军事的、政治的、经济的包围就变成了可以随手抹去的蜘蛛网。

1989 年 5 月，苏联共产党最后一任总书记戈尔巴乔夫访问中国，在北京同邓小平会晤。邓小平对苏联客人表示，从今以后，中苏之间要“结束过去，开辟未来”。过了不久，苏联就瓦解了。中苏两党两国的历史恩怨自然地画上了句号。

不仅如此。20 世纪 60 年代中苏两党的大论战不是无谓的意识形态之争，而是两种社会发展模式的较量。中国共产党当时已经认定，苏联的所谓社会主义模式已经变质，是没有前途的，中国必须摒弃苏联模式，开创中国自己的社会主义道路。就此意义上说，这场大论战包含着中国共产党人对社会主义革命的深刻思考和艰苦探索，也可以说是中国社会主义发展模式的理论展示。

七、改革开放的春天

中国几千年的进步,从历史学家的眼光看来,总是同革命和改革联系在一起。我们不但有“载入史册”的大革命,也有许多“载入史册”的大改革。

春秋战国时期的商鞅变法,是历史大变革时期秦国为了后来居上而进行的改革。范仲淹的“庆历新政”和王安石变法,是北宋王朝为了实现中兴的改革。清末的洋务运动和戊戌变法,是清王朝后期着力救世的改革。

但是,只有 1978 年开始的社会主义改革才会永远印在中国人民和世界人民的心里,因为它从根本上改变了中国、全面塑造了中国模式,也将对世界产生深远的影响。

任何改革,都不是对既有制度的否定,而是对既有制度的发展和完善。中国 1978 年开始的改革,其本质就是社会主义制度的发展和完善。

当然,改革总是要否定一些东西的。比如,“大跃进”“人民公社”运动的一些错误做法必须否定,特别是“文化大革命”中林彪、江青等人推行的破坏社会主义法制、搞乱共产党组织、搞乱正常的经济和文化生活、严重侵犯人权的恶劣做法必须彻底否定。真正的困难在于,改革要触及以往被视为社会主义基本特征的东西,比如,单一的公有制、单一的计划经济等等。不仅如此,改革还要触及党中央和毛泽东长期坚持的一些做法,比如,“阶级斗争为纲”“无产阶级专政下继续革命”等等。由于党和毛泽东在人民群众中享有崇高的威望,党内部分反对改革的力量就提出了一个口号:“凡是毛主席作出的决策,我们都坚决维护;凡是毛主席的指示,我们都始终不渝地遵循。”这个被称为“两个凡是”的口号,是《人民日报》《红旗》杂志和《解放军报》在 1977 年 2 月 7 日的社论中提出的,并为当时党中央主席华国锋和中央宣传部领导所坚持,压制了思想的解放,阻碍着改革的进行。

邓小平、胡耀邦等人提出,要通过学习“准确的完整的毛泽东思想”,来反对

“两个凡是”的口号。邓小平明确说：“‘两个凡是’不行，这不是马克思主义，不是毛泽东思想。毛泽东同志说，他自己也犯过错误。一个人讲的每句话都对，一个人绝对正确，没有这回事。”“毛泽东思想是个思想体系，我们要高举旗帜，就是要学习和运用这个思想体系。”

在这样一个微妙的时刻，一篇文章的发表改变了僵持的局面，它就是《实践是检验真理的唯一标准》。

1978 年 4 月，《光明日报》准备发表一篇文章，专门论述实践是检验真理的标准。报社负责人感到这样的文章在当时很有现实针对性，就请中央党校理论研究室的同志帮助斟酌。时任中央党校校长的胡耀邦很看重这篇文章，并把文章题目定为《实践是检验真理的唯一标准》。1978 年 5 月 11 日，文章以“本报特约评论员”名义在《光明日报》头版发表，新华社当天发了通稿。随后《人民日报》等中央和地方报纸相继转载，在全国激起了一场真理标准问题的大讨论。

《实践是检验真理的唯一标准》并没有什么大不了的理论创新，而只是重申了共产党人熟知的一个认识论的基本原理：社会实践不仅是检验真理的标准，而且是唯一标准。这样的观点，毛泽东是讲得最多的。整部《实践论》，就是论述这个基本原理。1963 年 11 月 18 日，他在修改一篇文章时，亲笔加上了“社会实践是检验真理的唯一标准”这句话。①

这样一篇论述认识论基本原理的文章，为什么会引起一些人的反对从而激起一场社会大讨论呢？因为这篇文章在一个关键时刻说了以下这些观点鲜明的话：

现在，无论在理论上或实际工作中，“四人帮”设置的不少禁锢人们思想的禁区，还没有被完全打破。对于这些禁区，我们要敢于去触及，敢于去弄清是非。凡有超越于实践并自奉为禁区的地方，就没有科学，就没有真正的马列主义、毛泽东思想，而只有蒙昧主义、唯心主义、文化专制主义。共产党人不能拿现成的公式去限制、宰割、剪裁无限丰富的生动的现实生活，应该勇于研究新的实践中提出的新问题。只有这样，才是对待马克思主义的正确态度。

当时，正在展开“文化大革命”之后的拨乱反正。在这样的关键时刻，党领导机关中有人说，“凡是毛主席、华主席说过的话，都不能改动”。这就是设置禁区，

① 毛泽东在修改《在战争与和平问题上的两条路线——五评苏共中央的公开信》一文时，加写了这句话。参见《建国以来毛泽东文稿》，中央文献出版社 1998 年版，第十册，第414 页。

不打破这样的禁区，就没有思想解放，就没有改革开放。

邓小平十分关注这场改革开放的大讨论。当他知道有些报刊因发表这篇文章而承受了压力时，特地找到中央宣传部负责人谈话，就真理标准问题的讨论指出："不要再下禁令、设禁区了，不要再把刚刚开始的生动活泼的政治局面向后拉。"他还说："《实践是检验真理的唯一标准》这篇文章是马克思主义的。争论不可避免，争得好。引起争论的根源就是'两个凡是'。"1978年5月30日，邓小平在中国人民解放军全军政治工作会议上讲话时指出："实事求是是毛泽东思想的根本态度、根本观点、根本方法。这是毛主席经常讲的道理，也是他讲得最多的道理，列宁也讲得很多。我们讲要继承和发扬毛主席为我们培育的优良传统，第一个就是实事求是。归根到底，就是涉及什么是马克思列宁主义、什么是毛泽东思想的问题。毛泽东思想最根本的最重要的东西就是实事求是。现在发生了一个问题，连实践是检验真理的标准都成了问题，简直是莫名其妙！""我们的脑子里还都是些老东西，不会研究现在的问题，不从现在的实际出发来提出问题，解决问题。这样天天讲四个现代化，讲来讲去都会是空的"。① 邓小平还说："按照实际情况决定工作方针，这是一切共产党员所必须牢牢记住的最基本的思想方法、工作方法。实事求是，是毛泽东思想的出发点、根本点。"他大声疾呼："我们一定要肃清林彪、'四人帮'的流毒，拨乱反正，打破精神枷锁，使我们的思想来个大解放。"②

邓小平所说的"思想大解放"，是为改革开放开路的，而且直接就是改革开放本身。

把党的工作从以阶级斗争为纲转变为以经济建设为中心，这就是第一个大解放，第一个大改革。

早在1956年，我们国家就完成了对农业、手工业和资本主义工商业的社会主义改造，就基本实现了建立社会主义政治制度和经济制度的历史任务。党的第八次全国代表大会肯定了社会主义革命的伟大胜利，确立了发展社会生产力，实现国家现代化的奋斗目标。全党和全国人民本应按此目标奋进，只可惜1957年夏天以后，在毛泽东主导之下，党中央的指导方针发生了重大改变，坚持以阶级斗争

---

① 《邓小平年谱(1957—1997)》上，中央文献出版社2004年版，第319—320页。
② 《邓小平文选》第2卷，人民出版社1994年版，第114、119页。

为纲，而且不断加以强化，直到发动“文化大革命”，使社会主义事业遭受了重大损失，这个教训非常深刻。

经过真理标准的大讨论，党的十一届三中全会正式确立了以经济建设为中心的路线，完全改变了以阶级斗争为纲的错误做法。这个英明的决策，不仅真正解放了人们的思想，而且真正激发了一个伟大民族非凡的创造力。正是这样的思想大解放，十几亿人民脱贫致富的热情像火山一样爆发出来了，全世界都见证了中国大地上涌起了前所未有的改革开放的大潮。

中国改革开放的大潮，不是盲目的涌动，而是按照完善社会主义的大方向前进。其中，精彩之处、神来之笔是创造了一个生机旺盛的现代经济运行机制——社会主义市场经济。

社会主义市场经济的创造，得益于对一个理论教条的大突破，这个理论教条是：市场经济等于资本主义，计划经济等于社会主义。这个教条的形成，既与一种理论设想有关，又与多种社会实践有关。马克思论证过资本主义私有制和市场经济必然导致生产的无政府状态和不断的经济危机，因此他设想社会主义应当实行公有制和计划经济。而在社会实践中，在相当长的历史时期内，包括苏联和中国在内，所有的社会主义国家都实行计划经济；而包括美国、英国、日本、德国、法国在内，所有的资本主义国家则都实行市场经济。这种实际情况被经济学家们理论化、格式化，在一定程度上塑造了社会大众的观念，使市场经济等于资本主义、计划经济等于社会主义成为一种举世皆信的理论教条。

最早打破这个教条的是毛泽东。早在1958年，毛泽东就明确指出，“商品生产不能与资本主义混为一谈”，“商品生产，要看它是同什么经济制度相联系，同资本主义制度相联系就是资本主义的商品生产，同社会主义制度相联系就是社会主义的商品生产”。[①] 毛泽东的这个论断是深刻的，但只能说是一个思想的火花，因为从1958年之后的社会实践看，毛泽东并没有坚持这个观点，没有形成制定政策的理论依据。但有一个情况很重要，鉴于当时党内许多人搞不清楚社会主义与共产主义的区别，甚至在社会主义的初级阶段，就贸然主张取消商品和货币，完全否

① 《毛泽东文集》第7卷，人民出版社1999年版，第439页。

定市场经济，毛泽东指示邓小平深入研究这些问题，并组织党内高层进行讨论。①

邓小平是致力于完善社会主义的伟大的改革家。虽然在1958年那样的政治环境中，很难去打破前述的理论教条，但他记住了毛泽东的嘱托，记住了毛泽东关于商品经济的深刻论断。他抓住这个思想的火花不放，在反复的思考中不断深化，在实践的比较中不断鉴别，终于形成了打破前述理论教条的光辉思想。1992年，邓小平在“南方谈话”中指出，计划和市场都是发展生产力的方法，资本主义可以有计划，社会主义也可以有市场，计划多一点还是市场多一点，不是社会主义与资本主义的本质区别。计划经济不等于社会主义，资本主义也有计划；市场经济不等于资本主义，社会主义也有市场。

邓小平思想的特点就是简明而深刻，别人用几大本著作还说不清的道理，他讲几句话就可以让人心明眼亮。他在这里好像信口讲来的几句话，不仅粉碎了市场经济等于资本主义、计划经济等于社会主义的理论教条，而且打开了创立社会主义市场经济的广阔道路。而这条道路的打开，使中华民族的伟大振兴成为现实，也深刻地影响了人类发展的进程。

实现从计划经济向社会主义市场经济的转变，这是一个前无古人的极其艰巨的事业，不能不经历一个长期的艰苦的探索过程。回过头去看，中国建立社会主义市场经济大体经历了以下五个发展阶段：

第一阶段是实施权力下放，重视价值规律。1978年12月，党的十一届三中全会指出，我国经济管理体制的一个严重缺点是权力过于集中，应该有领导地大胆下放权力，让企业在国家统一计划的指导下有更多的经营管理自主权；应当坚决按照经济规律办事，重视价值规律的作用。这些规定掘开了我国创建社会主义市场经济的改革先河。

第二阶段是实行计划经济为主、市场调节为辅的经济体制。1979年以后的党内文件，尤其是1982年9月党的十二大报告指出，正确贯彻计划经济为主、市场调节为辅的原则，是经济体制改革中一个根本性问题。这个规定把计划与市场相协调的问题提了出来，有力地推进了创立社会主义市场经济的改革进程。

第三个阶段是实行有计划的商品经济。1984年10月，党的十二届三中全会

---

① 参见中共中央党史研究室著：《中国共产党历史》第2卷，中共党史出版社2011年版，第512页。

指出,我国实行的是有计划的商品经济。这个规定确认商品经济是现代化进程中一个不可逾越的历史阶段,但中国实行的不是自由放任的商品经济,而是有计划的商品经济。

第四阶段是推动"国家调节市场,市场引导企业"的改革。1988 年 10 月,党的十三大报告指出,国家对企业的管理应逐步转向以间接管理为主。计划和市场的作用范围都是覆盖全社会的。新的经济运行机制,总体上说应当是"国家调节市场,市场引导企业"。这个规定对于市场取向的改革,具有决定性的意义。

第五阶段是确立社会主义市场经济的基本框架。1992 年 10 月,江泽民在党的十四大报告中明确宣布:"我国经济体制改革的目标是建立社会主义市场经济体制。"此后不久,党的十四届三中全会勾画了社会主义市场经济体制的基本框架。

社会主义市场经济体制的基本框架可以简化为"一个基础、五大支柱"。

一个基础是:公有制为主体,多种所有制经济共同发展的社会主义初级阶段的基本经济制度。

五大支柱是:由以公司制为主要组织形式的现代企业制度;以商品市场和要素市场共同发展的、价格机制合理的、全国统一的、平等竞争充分展开的市场体系;以间接调控为主的、健全的宏观经济调控体系;以按劳分配为主、并与按要素分配相结合的分配制度;以人为本的多层次、多形式的社会保障体系。

"一个基础、五大支柱"构成了社会主义市场经济的坚实框架,构成了中国经济模式的宏伟大厦。

1978 年中国大地上展开的改革开放大潮,迎来了社会主义制度自我完善的伟大时代。从此,10 多亿中国人民开始解放思想,万众一心,共同编撰把梦想变为现实的"春天的故事"。

第三章 梦想加速现代化

梦想的美好，是因为有现实的基础。中国梦的神奇，是中国现代化奇迹演绎出来的。

现代化不仅仅是生产方式的转变或科学技术的进步，它是一个民族经济、社会、政治、文化的全方位转型。这样的转型能否成功，关键在于能否选择正确的发展道路。

中国共产党人从中华民族历经百年的苦难中得出一个结论：只有社会主义才能救中国。邓小平说得好："中国搞现代化，只能靠社会主义，不能靠资本主义。"我们的总任务，就是建设一个伟大的社会主义国家。

60 多年前新中国的成立，完成了由半殖民地、半封建社会到社会主义社会的历史性转变，彻底扫清了中国走向现代化的制度障碍，为当代中国一切发展进步奠定了根本政治前提和制度基础。

新中国的诞生，社会主义道路的确立，使中国人的现代化梦想有了清晰的时间表：用 100 年左右的时间实现现代化。

再有一两代人的时间，中国就会成为世界上最强大的现代化国家。欧美发达国家用了将近 300 年的时间，才使 10 亿左右人口进入工业社会；社会主义中国仅仅用了 60 多年，就将 13 亿人带入工业社会。一切正视现实的人都不能不承认：中国已经并且还在创造现代化奇迹！

一、现代化的良好开端

近代中国志士仁人有一个共同的理想，那就是实现中国工业化。但是在晚清朝廷、北洋军阀及国民党政府统治时代，这些美好的梦想都完全破灭了。

新中国的缔造者们决心把这个梦想变为现实。他们开始这样做的时候，很注意借鉴前人创造的经验。他们看到，实现工业化，可以走不同的路径。英、美等早期工业化国家，以发展轻工业起步，待积累了大量资本后，再发展重工业。这样的工业化模式不能说不成功，但发展缓慢，费时太长。19 世纪中后期开始工业化的德国和日本，很注意运用早期工业化发展所创造的科学技术成果，由政府投资发展重工业，由民间资本发展轻工业。这种做法加快了工业化的步伐，但国家资金主要靠帝国主义方式掠夺而来，而且重工业的核心是军事工业，这就给国家和民族未来的悲惨命运埋下了深深的隐患。无论是英美模式还是德日模式，虽然方法有异，但本质上都是资本主义的工业化道路。中国不能走这样的道路。

苏联是世界上第一个社会主义国家，从 20 世纪 20 年代开始，实行计划经济，集中国家财力物力人力，优先发展重工业，在很短时间内建成独立完整的工业体系，成为欧洲第一工业强国，并为战胜德国法西斯奠定了必要的物质基础。对于一开始就遭受资本主义世界封锁的社会主义中国来说，现实的选择是“先图强，后致富”，走苏联式的工业化道路。

毛泽东曾经用非常简明的语言概括了这个现实的选择，他说：“重点是用一切方法挤出钱来建设重工业和国防工业。”他进一步说道：“从一九五三年起，我们就要进入大规模经济建设了，准备以二十年时间完成中国的工业化。完成工业化当然不只是重工业和国防工业，一切必要的轻工业都应建设起来。为了完成国家的工业化，必须发展农业，并逐步完成农业社会化。但是首先重要并能带动轻工业和农业向前发展的是建设重工业和国防工业。”①

从国际范围看，所有新兴的民族国家，都面临着能否实现工业化的战略难题，因为它关系到民族的独立和国家的主权。新中国尤其需要尽快解决这个战略难题，因为当时美国正纠集所有的资本主义大国打压社会主义中国，不仅是经济封锁、武器禁运，还挑动社会动乱和民族分裂，乃至侵占台湾，发动朝鲜战争，妄图扼杀刚刚诞生的新中国。由于中国的重工业和国防工业不及美国的一点零头，在朝鲜战场上，尽管志愿军将士具有非凡的战斗精神，尽管毛泽东、彭德怀的军事指挥非常高超，打得美国为首的联合国军节节败退，但我们的英雄儿女还是牺牲得太多了。顾念及此，毛泽东、周恩来、朱德、刘少奇等开国领袖们遂决计勒紧裤腰带，集中国家的财力、物力、人力，优先发展重工业和国防工业。

对于一个经济基础非常薄弱，人民还很贫困的国家来说，作出集中力量发展重工业和国防工业的决策是很不容易的。当时社会上一些很有影响的人就说，国家新立，贫穷落后，要行仁政，予民休息，不宜搞重工业，应多发展轻工业。针对这种呼声，毛泽东在一次重要会议上解释说，人民的国家当然要行仁政，但所谓仁政有两种，一种是人民当前利益，这是小仁政；一种是着眼于人民的长远利益，这是大仁政。人民的生活要改善，但一下子要有大改善不可能。要建设，就要有资金。要发展重工业，就要集中资金。我们要照顾小仁政，但不能妨碍大仁政。② 中国人民是非常顾大局的人民，能够牺牲局部的、暂时的利益，以实现社会主义工业化这个长远的最高的利益。从实际情况看，当时国家发展重工业和国防工业的方针得到全国人民热情的支持和拥护。

工业化的发展方针确定之后，国家即开始编制和实施第一个五年计划。由于旧中国留下的统计资料很少，国内资源状况不明，很难掌握各类企业的生产能力，同时从中央到地方的各级政府都没有编制经济发展计划的经验，因此，第一个五年计划从 1951 年开始筹备，历时 4 年，五易其稿，采取了边制定、边执行的办法，不断进行修订、调整、充实。1955 年 3 月 31 日，中国共产党全国代表会议原则通过五年计划草案。同年 7 月 31 日，全国人民代表大会一届二次会议审议并通过了《中华人民

---

① 参见《建国以来毛泽东文稿》，中央文献出版社 1988 年版，第二册，第 534 页。

② 参见《毛泽东选集》第 5 卷，人民出版社 1977 年版，第 105 页。

共和国发展国民经济的第一个五年计划(1953—1957)》。

回顾这一段历史,我们必须记住这样一个事实:中国的计划经济是从苏联移植过来的,中国开始和平经济建设的初期,苏联曾给予多方面的援助。

1952年7月,第一个五年计划草案形成第二稿。8月,以周恩来为首的中国政府代表团即带着计划草案访问苏联,代表团成员包括陈云、李富春、张闻天、粟裕等重量级人物。访问期间,斯大林会见了代表团,对中国的计划草案提出了他的建议,并表示苏联愿意对中国的五年计划建设在资源勘探、企业设计、设备供应、提供技术资料、派遣专家及提供贷款等方面尽力给予帮助。

按照斯大林的要求,苏联政府对中国"一五"计划援助项目进行了认真研究。1953年4月,苏联正式向中方通报了拟援助的项目清单。5月15日,中苏两国政府在莫斯科签署了《关于苏维埃社会主义共和国联盟政府援助中华人民共和国中央人民政府发展中国国民经济的协定》。总体计算,"一五"时期苏联援助的重点项目共有156项,其中包括钢铁、有色冶金、煤矿、石油炼油企业、重型机器、汽车、拖拉机制造厂、动力机器以及电力机器制造厂、化工厂、火力发电站,还有若干国防企业。这些项目的建设,构成了中国现代化起步时期工业建设的核心和骨干,许多苏联专家为之辛劳,作出了不可磨灭的贡献。所有这一切,重情义的中国人民都是铭记在心的。

回顾这一段历史,我们还要看到这样一个事实:虽然中国移植了苏联创造的计划经济,虽然中国"一五"计划接受了苏联的各方面援助,但中国不是照搬照抄,而是有自己的取舍和创造,并且旗帜鲜明地坚持了实事求是和自力更生的原则。

"一五"计划的编制和实施,非常重视解决好我国经济建设中以下几个重大关系问题。

一是经济发展的综合平衡问题。虽然确定"一五"期间要集中力量发展重工业,但同时强调要相应发展交通运输业、轻工业、农业和商业。在基本建设投资总额中,对农林水利、交通运输邮电、银行贸易、文化教育都安排了适当比例的投资,使国民经济能够有计划按比例地协调发展。

二是经济发展的地区布局问题。为了改变旧中国70%的工业都在沿海地区的情况,"一五"期间,国家在内地安排的基本建设占全国投资总额的一半左右,一大批重工业项目放到了武汉、太原、西安、包头、兰州等内地城市，使我国经济发展的地区布局更加合理。

三是经济发展的速度和效益问题。新国家、新经济、新社会一齐展现在人们面前，大家都希望发展快一些，因此，原来的安排是工业生产平均每年增长20.4%。但经过认真测算，认识到速度太高将打破平衡，损害整体经济效益，所以“一五”计划最后确定的工业增长速度是14.7%，农业生产的年均增长速度也由7%调整为4.3%。事实证明，调整后的指标既积极，又稳妥，效益也好。

四是自力更生和争取外援问题。像中国这样大而贫穷的国家，要实现工业化，没有国际援助是不行的，但根基必须放在自力更生上，国家独立自主的权利不能受到丝毫损害。“一五”时期，美国等西方国家对中国实行封锁打压，我们接受了苏联的援助，但来自国外的贷款仅占总投资的2.7%，国家财政收入中69%以上来自国营经济上缴的利润，建设资金主要靠国内的积累，相当一部分是全国各族人民踊跃认购的国家建设公债。在建的工业项目和国防工程，尽量自己解决，减少对外援的依赖。正因如此，中苏关系破裂后，赫鲁晓夫一夜之间撕毁合同，撤回专家，对中国的损害很有限。

五是关于积累和消费的问题。从“一五”时期开始，中国政府就高度重视生产和生活、积累和消费的协调问题。当时，百废待兴、百业待举，生产是第一位的。为了维持和扩大生产，积累是非常重要的，政府和人民都高度重视生产和积累。与此同时，也不忽视生活和消费。实际情况是5年平均积累为24.2%，全国人民的消费水平比计划开始前有了明显的提高。

今天回过头去看，中国社会主义建设的起步稳妥而扎实，第一个五年计划的建设效果非常好。

新中国成立之初，现代工业几乎是一张白纸。正如毛泽东所说：“现在我们能造什么？能造桌子椅子，能造茶碗茶壶，能种粮食，还能磨成面粉，还能造纸。但是，一辆汽车、一架飞机、一辆拖拉机都不能造。”

经过全党全国人民五年的艰苦奋斗，到1957年，第一个五年计划的各项指标大幅度地超额完成，工业生产能力和技术水平前进了一大步，为后来的工业化奠定了基础。

重工业建设的成就最明显。1957 年,钢产量达到 535 万吨,为旧中国最高年产量的 5.8 倍;原煤产量达到 1.31 亿吨,为旧中国最高年产量的 2.1 倍;发电量达到 193 亿度,为旧中国最高年产量的 3.2 倍;金属切削机床达到 2.8 万台,为旧中国最高年产量的 5.2 倍。飞机、汽车、发电设备、重型机器、新式机床、精密仪表、电解铝、无缝钢管、合金钢、塑料、无线电和有线电设备都自行制造出来了,建成了工厂,形成了产业,为我国建立独立的比较完整的工业体系创造了条件。由于基本建设投资一半以上投放内地,使中国的工业布局得到初步改善。“一五”期间工业化的进展远远超过了旧中国的 100 年。

二、意义深远的探索

1956年2月，苏联共产党召开第二十次代表大会。会议闭幕前一天，苏共中央第一书记赫鲁晓夫作了题为《关于个人崇拜及其后果》的秘密报告。说它是“秘密报告”，是因为这个报告不同寻常地安排在深夜进行，而且不邀请外国共产党代表团参加，即使对本国老百姓也是严格保密的。这是一个什么样的报告呢？这个报告尖锐地揭露和批判了斯大林的错误，以及对他的个人崇拜所造成的严重后果，触及了当时苏联党和国家生活中敏感的神经。西方资本主义世界恨透了斯大林和社会主义运动，他们从赫鲁晓夫的报告中看到了打击社会主义的绝好机会，立刻就抓住了。不久之后，西方媒体首先披露了秘密报告的内容，果然在社会主义阵营内部引起极大震动，并在世界范围内掀起了反社会主义的浪潮。

中共中央政治局和书记处多次讨论了赫鲁晓夫秘密报告给国际共产主义运动带来的极大困难。毛泽东说，关于赫鲁晓夫的报告，全世界都在议论，我们也要议论。至少可以指出两点：一是揭了盖子，二是捅了娄子。一方面，秘密报告表明，苏联、苏共、斯大林不是一切都正确，这就破除了迷信，不要再硬搬苏联的一切了，有利于反对教条主义。另一方面，秘密报告无论在内容上或方法上都有严重错误，主要是不恰当地全盘否定斯大林。对这一错误，应当通过对斯大林问题的正面阐述加以补救。斯大林犯错误是难免的，因为实现共产主义是空前伟大又空前艰巨的事业，在这个艰巨斗争过程中，不犯错误是不可能的，因为我们走的是前无古人的道路。苏联犯了错误，我们也会犯错误。问题在于共产党能够通过批评与自我批评克服自己的错误。①

当时的世界，帝国主义想抓住赫鲁晓夫全盘否定斯大林的秘密报告搞垮社会

① 参见吴冷西：《忆毛主席——我亲身经历的若干重大历史事件片段》，新华社1995年版，第6页。

主义国家，中国共产党和毛泽东则是要借苏联共产党揭露斯大林错误的机会，探索建设社会主义的崭新道路。毛泽东在中央政治局讨论《关于无产阶级专政的历史经验》这篇文章时曾着重指出：对苏共二十大，重要的问题在于我们从中得到什么教益，最重要的是要把马列主义的基本原理同中国革命和建设的具体实际相结合，民主革命时期我们在吃了大亏之后才成功地实现了这种结合，取得了中国新民主主义革命的胜利。现在是社会主义革命和建设时期，我们要进行第二次结合，找出在中国怎样建设社会主义的道路。这个问题我几年前就开始考虑。现在感谢赫鲁晓夫揭开了盖子，我们应从各方面考虑如何按照中国的情况办事，不要再像过去那样迷信了。其实过去我们也不是完全迷信，有自己的独创。现在更要努力找到中国建设社会主义的道路。①

"努力找到中国建设社会主义的道路"，一项具有深远意义的探索就此全面展开了。

1956 年春天，毛泽东到了湖北、广东两省进行调查，又听取了党中央和国务院 34 个部委的工作汇报，跟武汉、广州等一些城市的负责人进行座谈。毛泽东经过缜密的思考，逐步形成了一些对中国社会主义建设有长远指导意义的思想，这些思想集中表现在《论十大关系》的讲话中。

《论十大关系》毛泽东讲了两次，先是 4 月 25 日在中央政治局扩大会议上讲。得到政治局赞同后，5 月 2 日又向最高国务会议作了报告。

《论十大关系》确定了一个基本方针，就是"尽量争取化消极因素为积极因素"，"努力把党内党外、国内国外的一切积极因素，直接的间接的积极因素，全部调动起来，把我国建设成为一个强大的社会主义国家"。

怎样调动一切积极因素？最重要的是要处理好社会主义建设中的十大关系。

《论十大关系》前三条讲重工业和轻工业、农业的关系，沿海工业同内地工业的关系，经济建设和国防建设的关系，实际上就是强调要走出不同于苏联的工业化道路。苏联的做法是重工业太重，轻工业太轻，造成农、轻、重发展的不平衡，粮食产量长期达不到十月革命前的最高水平。这些关系中国比苏联处理得好。第四、第五条讲国家、生产单位和生产者个人的关系，中央和地方的关系。这些关系涉及政治经济体制改革问题。苏联的做法是把农民挖得很苦，把农民生产的东西

---

① 参见吴冷西：《忆毛主席——我亲身经历的若干重大历史事件片段》，新华社 1995 年版，第 9—10 页。

拿走太多,使农民的生产积极性受到极大的损害;苏联还把什么都集中到中央,把地方卡得死死的,一点机动权也没有。报告指出,鉴于苏联的教训和我们的经验,必须处理好国家和工厂、合作社的关系,处理好工厂、合作社和生产者个人的关系,处理好中央和地方的关系,照顾各方面的利益,使各方面都有主动权,有积极性。

《论十大关系》后五条主要讲政治关系。关于共产党同其他党派的关系,报告提出,还是几个党好,不但现在可以如此,而且将来也可以长期如此,就是长期共存,互相监督。关于汉族和少数民族的关系,报告指出,在苏联,俄罗斯民族同少数民族的关系很不正常,我们应当吸取这个教训,着重反对大汉族主义,同时也要反对地方民族主义。关于革命和反革命的关系,毛泽东在肯定过去肃清反革命必要性的前提下,指出"还有反革命,但是已经大为减少",要求会后对反革命要少捉少杀,在机关内部,可以"一个不杀,大部不抓",而且要给反革命分子生活出路,使他们有改过自新的机会。在是非关系中,毛泽东强调处理党内党外矛盾都要分清是非,对犯错误的人采取"惩前毖后,治病救人"的方针。在中国与外国关系中,毛泽东提出"向外国学习"的口号。他说:"我们的方针是,一切民族、一切国家的长处都要学,政治、经济、科学、技术、文学、艺术的一切好的东西都要学",包括"学习资本主义国家的先进的科学技术和企业管理方法中合乎科学的方面"。同时也指出,必须有分别有批判地学,不能盲目地学,不能一切照抄,机械搬运。要坚决抵制和批判资产阶级的一切腐败制度和思想作风。

《论十大关系》的讲话对开辟中国特色的社会主义道路,对中国模式的形成具有不可估量的推动作用。邓小平深知这一点,他曾这样评价说,"这篇东西太重要了,对当前和以后,都有很大的针对性和理论指导意义"。①

关于中国特色社会主义道路的探索,是全党同志和全国各族人民共同进行的。毛泽东的《论十大关系》是这种探索的集中体现,是全党和全国各族人民智慧的结晶。1956 年 9 月,召开了中国共产党第八次全国代表大会。毛泽东领导并参加了政治报告的起草和党章修改草案的拟定,其中的核心精神,就是《论十大关系》中提出的思想。

大会《关于政治报告的决议》指出:由于社会主义改造已经取得决定性的胜

① 《邓小平年谱(1975 年—1997 年)》上,中央文献出版社 2004 年版,第 68 页。

利，我国无产阶级同资产阶级的矛盾已经基本上解决，几千年来的阶级剥削制度的历史已经基本上结束，社会主义制度已经基本上建立。我们国内的主要矛盾，已经是人民对于建立先进的工业国的要求同落后的农业国的现实之间的矛盾，已经是人民对于经济文化迅速发展的需要同当前经济文化不能满足人民需要的状况之间的矛盾。这一矛盾的实质，在我国社会主义制度已经建立的情况下，也就是先进的社会主义制度同落后的生产力之间的矛盾。党和人民的当前的主要任务，就是要集中力量来解决这个主要矛盾，把我国尽快地从落后的农业国变为先进的工业国。

八大的这个决议以共产党全国代表大会的权威和名义正式确认，中国的社会主义制度已经建立起来，这个新社会的主要矛盾是先进的社会主义制度同落后的社会生产力之间的矛盾。

正确认识和处理社会主义社会的矛盾，是一个十分重大的理论问题和实践问题。毛泽东探索社会主义道路的一个重大成果和一项重大贡献，就是他创立了正确处理人民内部矛盾的学说。

毛泽东认为，在革命时期，大家集中力量去对付阶级敌人了，人民内部矛盾不突出。建设时期剩下一部分阶级斗争，大量表现的是人民内部的斗争，对于这个东西，我们的经验不足，值得好好研究一下，这是一种科学。①

1957 年 2 月 27 日，毛泽东在最高国务会议上发表讲话，集中讲如何处理人民内部矛盾问题。这篇讲话经过整理，作了若干修改和补充，以《关于正确处理人民内部矛盾的问题》为题发表。

社会主义制度是否存在矛盾，这是一个长期被回避的问题。苏联共产党和斯大林不承认社会主义制度下生产关系和生产力之间的矛盾、上层建筑和经济基础之间的矛盾。苏联肃反扩大化，就是因为没有处理好社会主义社会的矛盾。在我国，也有许多人不承认社会主义社会有矛盾，在面临种种社会矛盾时心慌意乱，无所适从。毛泽东在社会主义发展史上第一次鲜明地提出这个问题，并且深刻分析了社会主义社会的矛盾及其解决办法，使社会主义建设者顿时感到心明眼亮。

《关于正确处理人民内部矛盾的问题》，是一篇闪耀着理论光辉、蕴藏着实践智慧的好文章，至今仍然显现出其旺盛的生命力。限于篇幅，本书不能述及具体

① 参见《毛泽东选集》第 5 卷，人民出版社 1977 年版，第 357 页。

内容和主要观点，相信有心的读者自会找原文仔细研究。

从 1956 年起步，中国共产党关于社会主义中国模式的探索，是多方面进行的。关于知识分子与科技革命就是一个很重要的方面。

1956 年 1 月，召开全国知识分子工作会议。周恩来在会上讲话说，我国知识界的面貌已经发生根本变化，知识分子中间的绝大多数已经是工人阶级的一部分。他还表示，要调整知识分子待遇，有特殊贡献的知识分子的工资可以超过国家主席。当年 6 月，这个承诺兑现了。教授和研究员的工资从 253 元提高到 345 元。

毛泽东也专门到会讲话。他说，现在叫技术革命，文化革命，革愚蠢无知的命，没有知识分子是不行的，单靠老粗是不行的。中国应该有宏大的知识分子队伍。毛泽东以一个大党大国领袖的眼光和气概，号召全党努力学习科学知识，同党外知识分子团结一致，为迅速赶上世界先进科学水平而奋斗。

知识分子工作会议以后，根据科学家们的建议，国务院成立了科学规划委员会，编制了新中国第一个科学技术远景发展规划纲要。这个规划提出了国家建设所急需的 57 项重大科学技术任务和 616 个中心课题，确定了各门科学基础研究和应用研究的主要方向。

三、“三面红旗”的教训

中国现代化建设的道路是曲折的，有凯歌行进的时候，也有艰难困苦的时候；有宝贵的经验，也有深刻的教训。1958 年开始推动的“总路线”“大跃进”和“人民公社”，是中国社会主义建设曾经走过的一个复杂阶段，有成果，但更多的是教训。

“社会主义建设总路线”“大跃进”和“人民公社”这“三面红旗”在中国的出现，是有着深刻的国际和国内背景的。

20 世纪 50 年代，世界上社会主义和资本主义形成了激烈的竞争格局，而社会主义的发展态势强于资本主义。当时，全世界有 120 多个共产党，共 2000 多万党员。其中，包括苏联和中国，有 13 个共产党执政的社会主义国家，形成一个庞大的社会主义阵营。社会主义国家人口占世界的三分之一，土地占全世界的四分之一。而且他们拥有强大的经济和军事力量。科学技术进步也很快，苏联把第一颗人造卫星送上天，震惊了整个世界。在欧美资本主义世界中，活跃着 70 多个社会民主党，他们在 20 多个国家执政，实行某些社会主义政策。在亚洲、非洲和拉丁美洲，还有 100 多个民族主义政党把社会主义作为奋斗目标，社会主义对世界人民的感召力越来越大。

与之相反，许多资本主义国家内部面临阶级斗争和经济危机，外部陷入集团之间的激烈争夺。1956 年底爆发的苏伊士运河战争，把美国同英、法之间难以调和的矛盾暴露于天下，加重了整个资本主义世界的颓势。

1957 年 11 月，有 64 个共产党和工人党在莫斯科召开会议，对当时的国际形势形成了“社会主义在向上发展，而帝国主义却在衰退”的乐观估计。[①] 毛泽东在会上发表讲话，他说：“国际形势到了一个新的转折点”，“目前形势的特点是东风

① 《1957 年 11 月 14 日至 16 日在莫斯科召开的社会主义国家共产党和工人党代表会议宣言》，《人民日报》，1957 年 11 月 22 日。

压倒西风”，社会主义在人心归向、人口众多和最重要的科学技术等方面已经“占了压倒的优势”。[①] 会议强调，世界的发展取决于两个对立的社会制度竞赛的进程和结果，只有社会主义阵营的经济实力赶上和超过资本主义阵营，才可能防止战争，保障世界持久和平。

为了在世界两大制度的竞争中取得先机，苏联共产党领导人赫鲁晓夫提出，苏联要在15年之内，在工农业最重要产品的产量方面赶上和超过美国。中国共产党领导人毛泽东也在会上表示，中国在15年后可能赶上或者超过英国。他说：中国从政治上、人口上说是个大国，从经济上说，现在还是个小国。我们要把中国变成一个真正的大国。15年后，苏联超过美国，中国超过英国，到那个时候，我们就无敌于天下了，没有人敢同我们打仗了，世界也就可以得到和平了。

毛泽东从苏联回国后，立即找有关部门进一步了解英国工业和经济情况，研究赶超英国的问题。他还同民主党派负责人座谈，向他们通报了在15年内赶超英国的设想。刘少奇代表党中央，在中国工会全国代表大会上致辞时公开宣布，在15年后，“苏联的工农业在最重要的产品的产量方面可能赶上和超过美国，我们应当争取在同一时期，在钢铁和其他重要工业产品的产量方面赶上或者超过英国”。领导经济工作的国务院副总理李富春在大会报告中，论证了15年赶上和超过英国的现实可能性，并提出了第二个五年计划使重工业的总产量增长1倍以上的指标。

毛泽东、刘少奇等中央领导一致确定15年赶上和超过英国的设想表明，对于尽快改变中国贫穷落后面貌，堂堂正正地跻身为社会主义的世界大国，党中央领导集体有着巨大的雄心和急切的愿望。这样的雄心和愿望其实也是当时全国人民都有的。正是在这样的大背景下，在这样热烈的氛围中，出现了“总路线”“大跃进”“人民公社”这样“三面红旗”。

第一面红旗是“社会主义建设总路线”。

我们在前面论述过，中国共产党从1956年起就对怎样建设社会主义进行了意义深远的探索。基本思路是不走苏联的弯路，要走符合中国情况的更快更好的社会主义建设道路。这里暗含着中国可以更快地更好地建成社会主义，并向共产主义过渡的意蕴。这里，不仅有社会主义和资本主义竞赛的问题，也有社会主义

---

① 《毛泽东文集》第7卷，人民出版社1999年版，第321、325页。

阵营内部中国模式和苏联模式竞赛的问题。当然，前者是两种社会制度的竞争，后者是不同社会主义模式的竞争。无论如何，毛泽东和其他中国共产党领导人确信，中国的社会主义建设应当也可以比苏联搞得更快更好。

社会主义建设应当有一条总路线，怎样表述呢？毛泽东很注意观察和思考，他从当时会议讨论和报刊文章中筛选了“多、快、好、省”和“鼓足干劲、力争上游”这样一些概念，尽可能把它们连贯为一个整体。

1958 年 3 月，党中央在成都召开有关部门负责人和部分省、自治区、直辖市党委第一书记参加的会议，开始讨论社会主义建设总路线问题。毛泽东在会上有讲话，有插话，都围绕着总路线的问题。他说，社会主义建设有两条路线，一条多、快、好、省，一条少、慢、差、费。社会主义建设有两种办法，一种是干劲十足，轰轰烈烈，坚持群众路线；另一种是“寻寻觅觅，冷冷清清，凄凄惨惨戚戚”。① 他把“多快好省，干劲十足，力争上游”并提，称之为“总路线”，强调说，凡是根据主观条件和客观条件能办到的，就应该多快好省，鼓足干劲，力争上游。经过成都会议讨论的中共八届二次会议报告草稿对总路线作了这样的表述：“我们今后的任务，是贯彻执行党中央和毛泽东同志提出的调动一切积极因素，正确地处理人民内部矛盾，鼓足干劲、力争上游、多快好省地建设社会主义的总路线，为技术革命和文化革命而奋斗。”

1958 年 5 月在北京召开的中国共产党八届二次会议正式制定了“鼓足干劲、力争上游、多快好省地建设社会主义”的总路线。刘少奇代表中央委员会向会议所作的工作报告，着重阐述社会主义总路线的基本点：调动一切积极因素，正确处理人民内部矛盾；巩固和发展社会主义的全民所有制和集体所有制，巩固无产阶级专政和无产阶级的国际团结；在继续完成经济战线、政治战线和思想战线上的社会主义革命的同时，逐步实现技术革命和文化革命；在重工业优先发展的条件下，工业和农业同时并举，中央工业和地方工业同时并举，大型企业和中小型企业同时并举；通过这些，尽快地把我国建设成为一个具有现代工业、现代农业和现代科学技术文化的伟大的社会主义国家。

中国共产党八届二次会议制定的社会主义建设总路线，反映了中国共产党和中国人民迫切要求改变中国经济文化落后状况的愿望，体现了以毛泽东为核心的

---

① 出自李清照《声声慢》，见《李清照集校注》，人民文学出版社 1979 年版，第 64 页。

党中央关于社会主义建设的探索和思考。在社会主义建设中，保持鼓足干劲、力争上游这样一种精神状态，把多、快、好、省辩证地统一起来，理顺各种关系，调动各种积极因素，是可以加快社会主义建设事业的。但在急于求成的思想指导下，片面强调经济建设的发展速度，过分夸大人的主观意志的作用，忽视经济建设必须遵循的客观规律，这里隐伏着明显的缺陷。当时的舆论宣传突出了这种缺陷。如《人民日报》社论强调“用最高的速度来发展我国的社会生产力”是“总路线的基本精神”，说“速度是总路线的灵魂”，“快，是多快好省的中心环节”。[①] 在舆论引导发挥巨大作用的社会环境中，这种片面强调“速度”的宣传必然在实践中造成很大的偏差。

第二面红旗是“大跃进”。

高速度和快的极致就是大跃进。1958 年的“大跃进”是 15 年赶超英国的设想和所谓以“快”为灵魂的总路线的宣传催生出来的。

1957 年 10 月 25 日，中共中央公布了党的八届二次全会通过的《一九五六年到一九六七年全国农业发展纲要〈修正草案〉》，要求组织全面讨论，并掀起一个生产高潮。10 月 27 日，《人民日报》为此发表题为《建设社会主义农村的伟大纲领》的社论，要求“有关农业和农村的各方面工作在十二年内都按照必要和可能，实现一个巨大的跃进”。党中央机关报提出“跃进”口号后，各地区各部门纷纷召开会议，批判“右倾保守思想”，制定各自的“跃进”计划。1957 年冬和 1958 年春，广大干部群众不避风雪，挑灯夜战，在农田水利建设中拉开了“大跃进”的序幕。

毛泽东是“大跃进”的真正推动者。他在许多会议上严肃批评了“右倾保守思想”之后，又在成都会议上发表讲话说，要在 15 年赶超英国的基础上，20 年赶上美国。虽然这不是作为正式口号提出，但努力方向是明确的。按照这一精神，成都会议批准了根据各地区、各部门跃进计划制定的 1958 年经济发展计划。其中，工业总产值比 1957 年增长 33％，农业总产值增长 16.2％，财政收入增长 20.7％，基本建设投资增长 20.7％，钢增长 33.5％，生铁增长 35.5％，粮食增长 16.6％，棉花增长 24.8％。很明显，这些指标，大大超过正常发展所能达到的幅度。

看到这种情况，毛泽东的心情是矛盾的，他预感到“大跃进”运动可能出现头脑发热的情况。他警告说，凡是根据主观条件和客观条件能办到的，就应当多快

① 《人民日报》，1958 年 5 月 9 日、5 月 29 日和 6 月 21 日社论。

好省，鼓足干劲，力争上游，但办不到的不勉强。现在有股风，十级台风，不要公开去挡，要在内部讲清楚，把空气压缩一下。要去掉虚报、浮夸，不要争名，而要务实。有些高指标，没有措施，那就不好。毛泽东建议把过高的指标压缩一下，要确实可靠。过高的指标不要登报。给群众留点余地，也要给自己和下级留有余地。对于“大跃进”这样一件从来没有干过又毫无经验的事，毛泽东甚至预感到可能会出什么乱子。他说，“是好，还是天下大乱，我现在没有把握。所以，现在要开会，要每年抓四次，看到有问题就调节一下”。总之，毛泽东觉得对“大跃进”无太大把握，但还是主张试试看。成都会议结束时，毛泽东再次强调“每年抓四次”，要及时地掌握群众的情绪，把建设的速度掌握得稳一点。在后来召开的武汉会议和南宁会议上，毛泽东在为各地的“大跃进”鼓劲的同时，也明确要求把空气压缩一下，报纸宣传不要只强调多快，忽略好省。他特别提醒地方领导人不要浮而不深，粗而不细，华而不实。我们从中可以看到，“大跃进”期间，毛泽东在指导思想上是清醒有度的。

然而，当时许多领导人头脑已经发热，毛泽东的提醒似乎没有起到多大作用。

1958 年 5 月，党的八届二次会议在北京召开。刘少奇代表中央委员会作工作报告，确定了以社会主义建设总路线为核心的技术革命和文化革命的发展目标，得到与会者的一致赞成和拥护。值得注意的是，这次会议充分肯定已经出现的“大跃进”形势，认为我国正在经历马克思所预言的“一天等于二十年”的伟大时期，经济文化事业完全能够以远远超过西方发达国家的速度发展。会上有 117 人口头发言，140 人提交书面发言，中央 28 个部委提出了报告，都是支持“大跃进”，提出高指标的。会议通过的第二个五年计划指标，都比原先提出的建议大为提高。其中，计划到 1962 年第二个五年计划完成时，钢的年产量要提高到 2500 万吨，粮食提高到 6000 亿斤。按照这样的要求，工业总产值年均增长不能低于 26%，农业总产值年均增长不能低于 12%。这样，八届二次会议就把国民经济发展的第二个五年计划完全推上了“大跃进”的轨道。

“大跃进”在工业上的表现是“全民大办钢铁”。1958 年 6 月 6 日，冶金部长王鹤寿给毛泽东写报告，说他与华北协作区主任林铁商议认为，华北地区钢的生产能力，1959 年底达到 800 万吨是可能的。毛泽东将此报告批给邓小平，并写道：“1962 年，可产 6000 万吨钢。”同一时期，国家计委向中央报送新的《第二个五年计划要点》，认为 1959 年钢产量可以超过 2000 万吨，争取达到 2500 万吨，这就可以超过日本，超过英国。毛泽东将这个《要点》批给军委扩大会议，并写下这样的批语："很好一个文件，值得认真一读，可以大开眼界。"

这样的高指标，实际上根本无法做到。例如，1958 年钢产量定为 1070 万吨，但前 8 个月只完成 400 万吨。为了完成钢的生产任务，中央北戴河会议决定由第一书记挂帅，全党全民大办钢铁。9 月底，全国投入大炼钢铁的劳动力达到 5000 万人，年底则达到 9000 多万人。小高炉、小土灶遍地开花。没有焦煤用普通煤，没有煤炭烧木炭；没有高品位的矿石，就用低品位的矿石，甚至砸碎群众生活中的铁器作为炼钢的原料；正规的钢铁企业也打破旧的规章制度，追求产量，不顾质量，硬拼设备，导致生产秩序混乱，引发不少事故。

"大跃进"在农业上的主要特征是农业产量上的严重浮夸。这种浮夸风的突出表现是各地竞相放出"高产卫星"。据《人民日报》报道，1958 年 6 月 8 日，河南省遂平县卫星农业社宣称小麦亩产达到 2105 斤。7 月 23 日，河南西平县和平农业社小麦亩产达到 7320 斤。8 月 13 日，湖北省麻城县麻溪河乡和福建省南安县胜利乡早稻亩产分别达到 3.69 万斤和 1 万多斤。广西环江县红旗农业社放的高产卫星更吓人，竟然宣称水稻亩产高达 13 万多斤。这些离奇的农作物高产卫星是怎么放出来的呢？一种办法是"并田"，将多块田地里已经成熟的庄稼并到一起；一种办法是"典型推算"，即找出一两株特别好的农作物，用它们的收获量乘以大田的密植株数进行推算。无论如何，都是大浮夸，都是明目张胆地造假。

"大跃进"，尤其是"以钢为纲"的工业大跃进给国家经济造成了极大的混乱。

首先是国家资源的惊人浪费。1958 年炼出的 1108 万吨钢，合格的只有 800 万吨；1369 万吨生铁，合格的只有 900 多万吨。在全民性的大炼钢铁运动中，多少矿藏被滥采，多少森林被乱伐！四川境内长江上游的森林被毁十几万亩，加剧了水土流失，造成了严重的生态后患。

其次是机构和人员的急剧膨胀。为了完成钢铁产量的高指标，与钢铁工业有关的煤炭、采掘、电力、运输等部门的建设都"大干快干"，单位和人员都迅速增加。

最严重的是全社会刮起一股浮夸风。前面说过通过做假，搞农业产量"放卫星"。工业产量也大搞"放卫星"，例如，河南省委宣布，仅 9 月 15 日一天，全省就生产生铁 1.8 万多吨，日产生铁千吨以上的县出现 8 个，其中禹县日产生铁高达 4396 吨。在 10 月 15 日至 21 日的"钢铁生产高产周"中，工业基础薄弱的广西竟然连放几颗大"卫星"，宣称环江县日产生铁 6300 多吨，鹿寨县日产生铁 20 万吨。

如此的浮夸,如此的造假,是社会主义建设史上的耻辱。

第三面“红旗”是人民公社。

人民公社是通过农业合作社“并社”发展起来的。

在1957年冬和1958年春开展的农田水利建设中,许多地方要求突破原有较小的农业合作社规模,试图把几个相关的农业合作社并在一起,解决统一和集中劳力、物资、资金等问题。1958年4月23日,《人民日报》作了如下报道:四川省泸县“兴修水利、积造肥料和改良土壤的任务很大,而全县平均每个农业社只有六十多户,人力物力都感不足;在土地方面,也由于小社分布零散,不便统一规划;特别是不少农业社领导骨干薄弱,财务制度混乱,严重地阻碍着生产力的发展。广大农民纷纷要求并小社为大社”。于是中共泸县县委决定进行并社工作,在春耕前夕,把全县3000多个中小型农业社合并成700多个大社,规模平均在250户左右。这样小社并大社,增强了集体协作的力量,办了许多以前办不到的事情,尤其是对农田水利建设发挥了重要作用。

毛泽东很重视四川泸县的经验,他在成都会议上说,为了水利综合利用,使用大型机械,合并一些合作社,除了地广人稀的地区外,可在五年之内逐步合并。平原地区的合作社规模大一些好,可以办小学、办工厂。经过毛泽东这样肯定,并社工作便在全国开展起来。

并社之后的名称五花八门,有的仍叫农业合作社,有的叫农场,有的叫集体农庄。此时,毛泽东、刘少奇等人正酝酿改变农村基层组织机构问题,开始有乡社合一的构想。1958年4月下旬,毛泽东、刘少奇等人在广州座谈农村基层组织问题。毛泽东在谈到中国未来农村组织形式时曾经这样说:那时我国的乡村中,将是许多共产主义的公社,每个公社有自己的农业、工业,有大学、中学、小学,有医院,有科学研究机关,有商店和服务行业,有交通事业,有托儿所和公共食堂,有俱乐部,也有维持治安的民警等等。若干乡村公社围绕着城市,又成为更大的共产主义公社。我们的教育方针和其他文化事业,也将朝着这个目标去发展。刘少奇也明确提出:对共产主义社会的基础组织,现在就要开始试验。

毛泽东、刘少奇的这些设想,已在党内传播开来。陈伯达于1958年7月在《红旗》杂志上曾经就此连续发表了两篇文章,其中写道:“毛泽东同志说,我们的方向,应该逐步地有秩序地把‘工(工业)、农(农业)、商(商业)、学(文化教育)、兵(民兵、即全民武装)组成为一个大公社,从而构成我国社会的基本单位。”文章还说,“把一个合作社变成一个既有农业合作社又有工业合作社的基层组织单位,实际上是农业和工业相结合的人民公社。”

陈伯达是党内著名理论家,他的文章传达了毛泽东的设想,讲到“人民公社”在社会上影响很大,许多地方开始办人民公社。1958 年 8 月 6 日,毛泽东视察河南新乡县刚刚成立的七里营人民公社,称赞“人民公社名字好”。并且说,看来人民公社是个好名字,包括工农兵学商,管理生产,管理生活,管理政权。同时指出,人民公社的特点,一是大,二是公。由此,人民公社的名字传遍全国,不少省区市都在推进农村人民公社化。

毛泽东对人民公社化运动很感满意。他在北戴河会议上讲话说:“人民公社这个事情是人民群众自发搞起来的,不是我们提出来的。因为我们提倡不断革命,破除迷信,敢想敢说敢做,群众就干起来了。不仅南宁会议没有料到,成都会议也没有料到,八大二次会议也没有料到。”“我们的人民在农业合作社的基础上搞起来的人民公社,不是空想的”,“但是把这个问题条理化,说清道理,那就需要我们,需要中央”。①

1958 年 8 月,北戴河会议通过了《中共中央关于在农村建立人民公社问题的决议》。《决议》认为,把规模较小的农业生产合作社改变为规模较大的、工农兵学商的、政社合一的、集体化程度更高的人民公社,是目前农村生产飞跃发展、农民觉悟迅速提高的必然趋势,“是指导农民加速社会主义建设,提前建成社会主义并逐步过渡到共产主义所必须采取的基本方针”。

人民公社的优越性被概括为“一大二公”。所谓“大”,就是规模大。全国原有 74 万多个农业生产合作社,每社平均有一二百家农户,一般是一村一社。而人民公社则有农户四五千户到一两万户,基本上是一乡一社。所谓“公”,就是公有化程度高。将原来每个合作社的土地、耕畜、农具等生产资料合并在一起,全部转归公社,由公社统一核算和分配。同时,还把农民的自留地、自养牲畜、自有林木和生产工具归集体所有。这样,就在全国刮起了一股势不可挡的“共产风”,集体共了个人的产,穷社共了富社的产。

人民公社实行政社合一的体制。它既是一个经济组织,也是政权组织。公社内部分若干生产大队,大队又划分若干生产小队,实行三级管理。

---

① 参见《毛泽东传》(上),中央文献出版社 2003 年版,第 450 页。

人民公社实行按需分配和按劳分配相结合的分配制度。公社大办食堂,“吃饭不要钱”,这是按需分配;社员劳动计工分,按工分多少分得粮食或现金,这是按劳分配。河北省徐水县曾经取消按劳分配制度,在全县范围内实行包下社员的一切生活需要的供给制,认为这是向共产主义“各尽所能,各取所需”过渡的分配制度。

人民公社还大力推行“组织军事化、行动战斗化、生活集体化”的劳动组织方式和生活方式。同时,大力办公共食堂、托儿所、敬老院、缝纫组等公共福利事业,以便解放妇女,节省劳动力,并培养公社成员的集体观念和共产主义精神。

在“社会主义建设总路线”的推动下,在党中央和毛泽东的倡导下,“大跃进”运动和“人民公社”运动迅速席卷中国大地。在 1958 年春、夏、秋、冬的几个月内,这两大运动暴露出很多弊端,造成了很大的混乱。这种情况引起毛泽东高度警觉。10 月中旬到 11 月初,毛泽东到河北、天津等地调查,广泛听取意见,实地了解情况。他听说徐水县存在着严重的浮夸风和共产风,比如,一亩白薯产量不过 2000 斤,却虚报成 8000 斤;在宣布“全民所有制”的同时,所有个人财产和私人债务统统“共产”,分配上完全实行供给制。他当即提出严肃的批评,要求大家必须实事求是,不能讲假话;把劳动人民所得拿来“共产”,是一种“侵略”。他强调不能搞平均主义,要坚持多劳多得的社会主义原则。①

毛泽东自己调查的同时,还指派陈伯达、田家英等人组织人力到全国一些典型地区进行调查,并召开多次党内会议进行讨论,研究纠正错误的办法,主要是把经济上的高指标降下来,并且坚决刹住危害极大的“共产风”。

1958 年 11 月,党的八届六次全会在武昌召开。全会决定把 1959 年钢产指标从 3000 万吨下调至 1800 万吨。其他经济指标也大大降低,这就使“大跃进”的狂热慢慢冷静下来。更重要的是全会通过了《关于人民公社若干问题的决议》。这个《决议》是毛泽东主持起草的,其中提出的许多政策和理论问题,很大程度上有利于纠正当时盛行的“左”的错误思想和错误做法。

《决议》规定,人民公社仍然是集体所有制的经济组织。农业合作社变为人民公社,不等于由集体所有制变为全民所有制,更不等于由社会主义变为共产主义。生产关系一定要适合生产力的性质。无论由社会主义的集体所有制向社会主义

---

① 参见《毛泽东传》(下),中央文献出版社 2003 年版,第 886 页。

的全民所有制过渡，还是由社会主义向共产主义过渡，都必须以一定程度的生产力的发展为基础。我们既然热心于共产主义事业，就必须首先热心于发展我们的生产力，大力实现工业化，而不应当无根据地宣布人民公社“立即实行全民所有制”，甚至“立即进入共产主义”。那样做只能使共产主义理想受到歪曲，助长小资产阶级的平均主义倾向，而不利于社会主义建设的发展。

《决议》强调，在今后一个必要的历史时期内，人民公社仍继续保持按劳分配制度。人民公社的商品生产，以及国家和公社、公社和公社之间的商品交换，必须有一个很大的发展。企图过早地否定按劳分配的原则而代之以按需分配的原则，企图在条件不成熟的时候勉强进入共产主义社会，无疑是空想。

《决议》规定，社员个人所有的生活资料（包括房屋、衣被、家具等）和存款，在公社化以后，仍然归社员所有，而且永远归社员所有。社员可以保留宅旁的树木、小农具、小家畜和家禽等，也可以在不妨碍参加集体劳动的情况下，继续经营一些家庭小副业。

《决议》通过后，毛泽东认真推动了对人民公社的整顿工作，确定了遏制“共产风”的基本政策：“统一领导，队为基础；分级管理，权力下放；三级核算，各计盈亏；分配计划，由社决定；适当积累，合理调剂；物资劳动，等价交换；按劳分配，承认差别。”在这些政策中，最关键的是“队为基础”，就是把所有制从脱离实际的“一大二公”退回到原来合作社的水平，即以生产队（原来的农业合作社）为基本核算单位。

确定了以生产队为基本核算单位，那么成立人民公社时被“共产”的合作社的资产要不要清算，要不要退还？很多干部不主张清算和退还。毛泽东明确表明：“我是站在算账派这一面的。”他这样说是因为他知道群众都希望清算和退还，而且他从解决一个具体的社会矛盾中看到了建设社会主义必须遵循的一个客观规律。他说，算账才能实现那个客观存在的价值法则。价值法则是一个伟大的学校，只有利用它，才有可能教会我们的几千万干部和几万万人民，才有可能建设我们的社会主义和共产主义。否则，一切都不可能。

长期以来，社会上有这样一些人，他们把“总路线”“大跃进”“人民公社”看成是头脑发热的荒唐事，看成纯粹是毛泽东个人意志的表现，并且把所有的错误都归于毛泽东个人。

这样的看法是不公平的，也是不符合事实的。有这种看法的人完全不理解探索社会主义建设道路有多么艰难，他们也不能理解“三面红旗”在中国模式形成过程中的特殊作用。

必须肯定，“总路线”“大跃进”和“人民公社”的提出和实施，是中国共产党和中国人民探索社会主义建设道路中一个重要的阶段和一场重大的实践。毛泽东作为党的领袖在其中发挥了主导作用，但所有有关方针、政策的制定都经过党的领导集体反复的讨论，都经过党的会议正式作出决定。我们在前面已经指出，对于“大跃进”中可能会出些乱子，毛泽东是预料到了的，并且在党的会议上向领导干部打了招呼。他随时关注事态的进展，一经发现“浮夸风”“共产风”，立即进行深入调查，研究纠正错误的办法。中国共产党的伟大不在于他不犯错误，而在于他能发现错误，能严肃对待错误，能自我改正错误。毛泽东在整个过程中承担了责任，作了自我批评。

毛泽东主导推出“三面红旗”，是为了尽快改变国家贫穷落后的面貌，建设一个繁荣富强的社会主义国家，这是当时广大干部群众共同的愿望。但无论是领袖还是群众都太急于求成了，以至做出许多违背规律的事情，严重损害了社会主义事业。这种情况实际上是难以避免的，正如邓小平所说：“我们都是搞革命的，搞革命的人最容易犯急性病。我们的用心是好的，想早一点进入共产主义。这往往使我们不能冷静地分析主客观方面的情况，从而违反客观世界发展的规律。”①

我们应当特别关注的是，“总路线”“大跃进”“人民公社”的实践情况，以及党中央和毛泽东纠正错误、研究政策的过程，为探索社会主义建设道路提供了非常生动、非常深刻的经验和教训。

可以这样说，“总路线”“大跃进”“人民公社”运动中看起来有些荒唐和混乱的举动，事实上触及了社会主义建设中一些根本性的大问题。

例如，领导社会主义建设的共产党，急需由善于学习和运用革命规律并善于发动群众的革命党，转变为善于学习和运用建设规律并善于组织群众的执政党。中国共产党是一个伟大的革命党，她最善于驾驭革命规律并发动轰轰烈烈的群众运动去达成革命的目的，最善于指挥士气高昂的革命军队去战胜比自己强大得多的敌人。在革命运动中，革命者崇高的精神，包括革命领袖和革命军统帅坚定的意志和高超的指挥有时具有决定性的意义。但是，要按照这样的办法来领导建设，以为把群众发动起来就可以使钢铁产量一年翻一倍乃至几倍，以为把生产关

① 《邓小平文选》第3卷，人民出版社1993年，第139－140页。

系搞成“一大二公”就可以实现跨越社会发展阶段的大跃进，那就非但达不到目的，反而会对社会主义事业造成极大的破坏。建设和革命完全不同，领导建设和领导革命是两回事，因为革命和建设有各自的规律，这就是执政党和革命党的区别。“大跃进”“人民公社”的深刻教训表明，中国共产党还没有从善于开展群众运动的革命党转变为善于领导群众建设社会主义的执政党。

例如，什么是社会主义，建设社会主义要不要发展商品生产？鉴于“大跃进”“人民公社”运动中愈演愈烈的“共产风”，这个问题变得极其尖锐。当时，甚至党内著名的理论家陈伯达都提出，人民公社可以实行统一调拨，建议取消商品、货币，这种“左”的观点当即遭到毛泽东的严肃批评。他说，现在，我们有些人大有要消灭商品生产之势。他们向往共产主义，一提商品生产就发愁，觉得这是资本主义的东西，没有分清社会主义商品生产和资本主义商品生产的区别，不懂得在社会主义条件下利用商品生产的作用的重要性。毛泽东还说：“商品生产不能与资本主义混为一谈。为什么怕商品生产？无非是怕资本主义。现在是国家同人民公社做生意，早已排除资本主义，怕商品生产做什么，不要怕，我看要大大发展商品生产。”“商品生产，要看它是同什么经济制度相联系，同资本主义制度联系就是资本主义的商品生产，同社会主义制度相联系就是社会主义的商品生产。”①毛泽东认为，社会主义要不要商品生产的问题是一个重大的理论和实践问题，不弄清楚这个问题，就不能纠正“大跃进”和“人民公社”运动中发生的各种错误，更不能很好地建设社会主义。1958 年 11 月，毛泽东要求时任中共中央总书记的邓小平主持讨论什么是社会主义，怎样建设社会主义，以及社会主义与共产主义的区别等问题，以便更好地解决人民公社的性质和体制问题。同年 11 月 7 日，邓小平主持的讨论会在郑州举行，刘少奇、陈云、谭震林、杨尚昆等参加了讨论。这些问题的研究，不仅为党中央当年通过《关于人民公社若干问题的决议》打下了基础，也为 20 世纪 70 年代末开始改革开放、创立社会主义市场经济作了思想和理论的准备。

例如，什么是社会主义社会，怎样建设社会主义社会的农村基层组织？建立人民公社，就是为了回答这个问题。这个答案并不正确，但不能完全否定它。毛泽东说，人民公社是群众创造出来的，这个是事实。农村要发展，不搞农田水利建

① 《毛泽东文集》第 7 卷，人民出版社 1999 年版，第 439 页。

设是不行的。搞农田水利建设，必须进行社会协作，农村基层组织的规模就需要扩大，小的农业生产合作社自然会演变为大的农业合作社，这条路确实是广大农民和乡村干部走出来的。毛泽东等共产党的领导者从中看到了社会主义农村基层组织的发展方向，大力加以提倡，并定名为“人民公社”。建立有社会协作能力的农村基层组织，这个方向是正确的。把这样的社会组织称为“人民公社”，也没有什么不可以。但一味地追求“一大二公”，急于向“按需分配”的共产主义过渡，又刮“共产风”，则完全错了。党中央和毛泽东总结教训，纠正错误，确定“队为基础”，才使局面稳定下来。改革开放后，人民公社不存在了，但作为人民公社的“基础”的生产队还是存在的，而且是作为中国农村社会主义的基层组织存在的。在人民公社存在时期，在广大农村，有久远历史而又阻碍社会进步的一切封建宗法关系都被彻底扫荡了，所有农村居民都被按照建设新社会的目标组织起来，接受集体劳动和社会生活的训练。这种情况，在世界历史上绝无仅有。人们可以从不同角度研究其中的利弊得失，但有一点可以而且必须肯定，这对于培养亿万中国农民的集体观念和社会主义精神是意义深远的。

四、创造现代化奇迹

创造社会主义现代化的发展模式，这是前无古人的伟大事业，错误和挫折是难免的。可贵之处在于中国模式本身内蕴有自我纠错的机制，这其实就是对中国共产党为了人民的利益而坚持批评和自我批评的作风进行发展，并使之机制化。对于“总路线”“大跃进”“人民公社”运动中发生的错误，中国共产党是认真进行纠正的。在著名的“七千人大会”上，毛泽东作了自我批评，刘少奇、周恩来等其他中央领导人也作了自我批评。后来，中国共产党决定实行改革开放政策，实质上也是一种纠错行为，就是对“三面红旗”和“文化大革命”时期各种“左”的错误进行更彻底、更有效的纠正。

英国历史学家阿诺德·汤因比曾在他最后一部著作《人类与大地母亲》中这样写道：“如果中国人真正从中国的历史错误中吸取教训，如果他们成功地从这种错误的循环中解脱出来，那他们就完成了一项伟业，这不仅对于他们自己的国家，而且对于处在深浅莫测的人类历史长河关键阶段的全人类来说，都是一项伟业。”

汤因比说得好啊！中国人真正从自己的历史错误中吸取了教训，并从这种错误的循环中解脱出来，把中国社会主义发展模式打造得更有生机，更加强大，从而实现了一项伟业，这不仅造福于中国人民，也有利于世界人民。

俗话说，磨刀不误砍柴工。在探寻现代化道路的过程中，砍柴就是发展生产力，磨刀就是完善生产关系。完善生产关系是一个很复杂、很庞大的工程，完善社会主义的生产关系更是前人从未做过的很复杂、很庞大的工程。对于在这个探索过程中发生的各种错误，人们可以总结经验、吸取教训，但不应贬损一个伟大政党、一个伟大民族在创造历史的艰难历程中所尝试过的各项伟大实践。即使像“大跃进”“总路线”“人民公社”“文化大革命”这样一些常被人们诟病的群众运动，也包含着极为丰富的经验和教训，都在探索中国社会主义发展道路中占有特殊的位置，发挥了特殊的作用。都有益于磨好“完善社会主义生产关系”这把刀，以便砍好“发展中国生产力”这捆柴。事实上，正是在过去一个甲子中这样的寻寻觅觅、曲曲折折，才终于走出了一条最为宽广的现代化之路，创造了人类历史上无与伦比的发展奇迹。

中国现代化起步之时，真是一穷二白，落后之极。同欧美日发达国家的差距在百年以上，社会发展的很多方面甚至不如印度等发展中国家。在960万平方公里的国土上，有些地方还处于“刀耕火种”的原始状态，还有些地方残存着奴隶制或封建农奴制。即使在比较先进的地区，文盲人口也占80%以上，很少现代化的学校，没有现代化的工业。共和国主席毛泽东不禁感叹道：“我们除了能造桌子椅子，能造茶壶茶碗，连一辆汽车、一辆拖拉机都不能造。”刚刚过去的60年，中国人民就是在如此可怜的基础上创造了一个现代化的伟大强国。

60年，弹指一挥间。然而，中国人民就是在如此短暂的时期内把上面提到的这一切都放到历史博物馆里去了，全人类亲眼见证了中国非凡的建设成就。

让我们先看看宏观的发展态势。

现代化的核心是工业现代化。新中国成立以来，我国逐步建立起独立的、完整的、规模宏大的和有较高技术水平的现代工业体系，实现了从农业国到工业国的历史大跨越。

一是门类齐全。联合国产业分类中所列的全部工业门类我国都有，其中包括39个大类、191个中类、525个小类。传统的工业部门如钢铁、有色金属、电力、煤炭、石油、化工、机械、建材、轻纺、食品、医药等不断发展壮大，新兴的工业部门如航空航天、电子信息、生物工程、新能源新材料等也从无到有，蓬勃发展。

二是发展速度很快。从1952年到2010年，工业增加值从119.8亿元增加到160030亿元，扣除物价因素，增长544倍，年均增长11.5%；工业企业实现利润总额从28.3亿元，增加到38828亿元，增长1371倍。形象地说，2010年一天创造的工业增加值比1952年全年工业增加值还多2倍，2010年一天实现的利润总额比1952年利润总额还多2.8倍。

许多重要工业产品，都是上千倍的增长。例如，汽车产量从年产零辆发展到年产1827万辆，增长1800多倍。钢产量从年产15.8万吨发展到年产62696万吨，增长300多倍。发电量从年产43亿千瓦时发展到年产42065亿千瓦时，增长了近1000倍！

三是中国工业产品的竞争力很强，国际地位大幅提高。中国如今是名符其实的世界工业大国，到2010年，中国工业品产量居世界第一的有200多种。根据联合国工业发展组织资料，按照国际标准分类的22个工业大类中，中国制造业在7个大类中居第一，在15个大类中居前3名。其中，钢铁产量占世界钢产量的44.3%，煤炭产量占世界产量的45%，水泥产量占世界的60%以上。值得强调的是中国已是世界最大工业品出口国。2010年，中国出口产品中，工业制成品占94.8%，其中大部分是高技术产业产品。早在2009年，中国计算机产量占全球60.9%，彩电占48.3%，手机占49.9%，数码相机占80%，激光视盘占85%，电子通讯产品出口额占全球15%。

现代化的基础是农业现代化。农业是安国之大业，几十亿人口的吃穿都依赖于它。

社会主义建设60多年来，中国农业在不断探索和制度创新中快速发展。从土地改革到农业合作化，从人民公社到家庭承包经营，每一步的探索和改革，都提高了中国农民的素质，带动中国农村发生了历史性的深刻变化。

党的十一届三中全会以来，以家庭联产承包责任制为特征的农村制度创新，极大地调动了农民的生产积极性，同时带动了农业技术创新，促进了主要农产品产量大幅增长，保证了十几亿中国人民生活水平的不断改善。

农业经济快速发展的同时，农业产业结构也逐步优化，实现了以种植业为主的传统农业向农、林、牧、渔业全面发展的现代农业转变，实现了一家一户的小农自然经济向社会主义市场经济的转变。在这个转变过程中，国民经济从农业支持工业过渡到工业反哺农业、城市带动农村发展的全新阶段。工农关系实现历史性转变，标志着崭新的现代化农业时代的到来。

同工业的快速发展一样，中国农业的综合生产能力也大大超过了世界平均的增长速度。2010年，全国粮食总产量达到54648万吨，比1949年增长3.8倍，创造了用占世界10%的耕地，养活了占世界20%的人口的奇迹。其他经济作物和多种经营也快速发展。2010年，全国棉花产量达到596万吨，比1949年增长12.4倍；油料产量达到3230万吨，比1949年增长11.6倍；水果产量达到21401万吨，比1949年增长177倍。

工业的快速增长，农业的快速增长，国民经济一切行业的快速增长，使中国以不可阻挡的态势向世界经济大国迈进。

1978年，中国GDP居世界第11位。但随后几年，一路超越意大利、法国、英国、德国和日本，于 2010 年跃居世界第二位。而且快速发展的势头不减，使美国这个头号经济大国深感压力。

一滴水可以反映一个宇宙。我们已经从宏观上观察了中国社会主义建设的发展态势。现在要从微观上，从一个产业的跃升中，去观察中国社会主义建设的发展态势。

我们这里要说的是铁路，是高速铁路。

为什么要选择铁路、选择高速铁路？

因为铁路是现代文明的尺度，铁路通到哪里，现代文明就延伸到哪里。世界上第一条铁路在英国诞生之后，这个国家也在世界上第一个实现了城市化和工业化，成为全球第一强国，谱写了现代文明的第一篇章。

因为铁路正如马克思所说，是现代“实业之冠”。铁路对整个国民经济的牵引作用是无限大的。19 世纪初，美国建成贯通东西的大铁路，把西部阿巴拉契亚山一带丰富的煤炭等资源运送到东部纽约、费城、匹兹堡等大城市，使美国的工业迅速崛起，超过英国，跃居世界首位。20 世纪中期，日本建成时速达 210 公里的新干线，带动日本成为世界第二经济大国。

我们选择铁路，还因为铁路是经济、社会、科技的综合体，它对一种发展模式的检验是最全面、最直接的。中国高速铁路后来居上，一跃而为世界的领先者，最生动地反映了中国模式具有无比的优越性，确实是能创造发展奇迹的好模式。

高速铁路，是当今中国名副其实的“实业之冠”。

全世界都看到了，像风一样飞驰在神州大地上的“和谐号”高速列车，跑出了令人震惊的“中国速度”：高速铁路在中国从无到有，再到世界最高水平，仅仅用了 6 年时间！

中国做任何事情，都是从国情出发的。中国是幅员辽阔、人口众多的大国，交通的重要性怎么估计都不为过。

现代化的交通方式主要有四种：航空、公路、水运和铁路。四种方式中，综合优势最明显的是铁路，因为它具有高速度、长距离、大运量的特点，而且有利于节约土地、能源，有利于保护环境。

铁路要发挥综合优势，就必须走“高速铁路”。

现在看来，中国发展高速铁路，不仅是要发挥它的综合效益，而且是为了推动中国现代化和文明化的伟大进程。

高速铁路节省了时间。

鲁迅说得好，节约时间就等于延长了人的生命。

按照爱因斯坦相对论，时间和空间是有机联系着的，速度越快，时间越慢。提高了速度，节约了时间，也就延长了生命。高速铁路的辩证法是对相对论最生动的解析。

城市之间的交通，以前需要几小时几天，现在则进入“分钟时代”。例如，北京到天津，30 分钟；上海到杭州，45 分钟；合肥到南京，54 分钟；南京到上海，73 分钟；郑州到西安，118 分钟；武汉到广州，196 分钟……在“分钟时代”，人们的生活状态同以往完全不同了，北京成了天津的购物街，而天津是北京的后花园。一个人可以在广州西关喝早茶，长沙火神庙吃午饭，晚上到武汉逛汉正街……速度带来的时空变化，是美好的生活，也是生命的延长。

高速铁路推动了许多产业的优化升级。高铁的生产制造，需要大量采用冶金、机械、建筑、橡胶、电力、信息、计算机、精密仪器等高新技术产品，对这些产业的发展有强劲的带动作用。例如，新一代高速列车零部件数量近 10 万个，独立成子系统的有 140 多个。生产这些部件涉及的核心企业近 100 家，相关企业 500 余家，覆盖全国 20 多个省区市，形成了一条庞大的高新技术研发制造产业链。按铁路投资与相关产业拉动效应 1∶10 比例计算，2010 年，全国铁路建设投资 1000 亿元，对相关产业形成 1 万亿元的拉动效应；京沪高铁头两年建设拉动内需高达 1.2 万亿元。

高速铁路释放了货运和客运的巨大运力。武广高铁开通后，京广线武广段增加 33 对货车，折合日均 3960 车 24 万吨，年货运能力增加了 8760 万吨；沪宁高铁开通后，京沪线沪宁段，货运能力年增加 8395 万吨；经测算，仅京津、胶济、武广、郑西、沪杭五条高铁运营释放的既有线路货运能力，每年可达 2.3 亿吨。

高速铁路有利于形成世界上最大的国内市场。

我国以“四纵四横”为主骨架的高速铁路网，将把环渤海、长三角、珠三角这个我国经济的“黄金走廊”同正在蓬勃发展的华中、西北、西南几大经济区连成一气，贯通 50 万以上人口的所有城市，覆盖全国 90%以上的人口，实现无阻碍的人流、物流和信息流，我们就可以在世界的东方，建成一个全球最大的国内市场。

高速铁路已经成为“中国制造”的闪亮形象。

进入 2010 年的世界，人们谈论高速铁路，总要围绕着中国，因为横空出世的中国高铁给世界的震动是巨大的。中国在引进和掌握先进技术的基础上，统一搭建了高速铁路的技术平台，走出了一条又快又好的铁路自主创新之路。我国高速铁路的工程建造技术、高速列车技术、列车控制技术、客站建设技术、系统集成技术、运营维护技术，都达到了世界先进水平，形成了拥有自主知识产权的完整先进的高速铁路技术体系。100 多年来，中国人终于在一个特别重要的行业上能够整体领先世界。

“后来居上”，是中国高速铁路发展的生动写照。

2010 年 12 月 3 日，在京沪高铁枣庄至蚌埠间的先导段，国产“和谐号”380A 新一代高速动车组跑出了 486.1 公里的时速，刷新了世界铁路运营试验最高速。这个速度超过了波音飞机的起飞速度，也超过了磁悬浮列车的最高时速，成为人类历史上地面运行最快的交通工具。

这样高的速度，是同列车的经济性、节能性、舒适性和安全性融为一体的，已经当之无愧成为世界铁路的领先者。仅就列车的气密强度这项指标，中国的机车装备制造业就领先日本和欧洲至少 10 年。

而在 5 年前，中国高铁技术还比日本和欧洲至少落后 30 年！

如此大的反差是如何实现的，中国的 5 年怎样超过了发达国家的 30 年？

因为我们运用了社会主义制度的优越性，走了中国特色的创新之路。

我们立足自主创造，又虚心向发达国家学习。铁道部将全国铁路市场集中，作为与外方谈判的筹码，既避免了企业分散谈判而相互抬价、恶性竞争、自毁优势，又保证了引进的是占据产业制高点的关键技术。

与此同时，科技部和铁道部共同实施了《中国高速铁路自主创新计划》，计划整合了全国铁路科技资源，打破了部门、行业、院校、企业的体制壁垒，把与计划相关的 25 所高等院校、10 多个重点科研院所，50 多个国家工程中心和重点实验室、三大整车厂和 500 多家零部件企业都集聚起来，68 名院士和上万名科技人员投身其中，形成一支宏大的高速铁路科研队伍，集中力量突破关键，协调各方集成系统，不但降低了创新的风险与成本，而且使基础研发到产业化生产的时间缩短了十几倍。

75 岁的卢强是中国科学院院士，是空气动力学家，参与了时速 350 公里“和谐号”高速动车组空气动力学特性项目研发全过程。他是这样看待自己的工作的：“我们的祖先曾经高举了‘四大发明’的智慧火炬，照亮过人类前进的道路。今天，我们不能永远躺在老祖宗的功劳簿上做强国的梦想，我们必须用最新的高科技向世界证明，中国人有能力进行高科技创新！我们的能力和技术不仅要造福中国，也要为世界文明进步作出新的努力。”

孙斌斌是一名普通的电焊工，她苦练一年，完全掌握了高铁车辆的铝合金电焊技术，拿到了国际焊接技师证书，成为全球获此资格的第一位女性。当中央电视台《焦点访谈》记者采访时，孙斌斌说出了自己心里的话：“我们的命运与高铁的命运是紧紧连在一起的。”

正是这些把命运同高铁连在一起的人们，创造了中国高铁“后来居上”的奇迹。

中国铁路发展规划已经确定，到2020年，全国铁路营运里程达到12万公里，主要繁忙干线实现客货两线，建设高速铁路1.6万公里以上。

高速铁路以“四纵四横”为骨架，形成快速、便捷、大能力通行之交通网。

同时，在经济发达和人口稠密的重点地区，将建设许多城际高速铁路，把区内主要城镇连为一体。

如此大规模的高铁建设，资金从何而来，会不会产生泡沫，能不能有好的经济效益，能不能保证高铁生产的持续发展？这些问题是世人非常关心的。

筹措高铁建设资金，主要有这样一些办法：一是中央和地方政府的支持；二是铁路自身的资金积累；三是投融资体制改革，全面推进合资建路和既有铁路股份制改造上市，吸引大量社会资金投资铁路建设。近5年来约有122家民间资本投资了68个铁路项目，总投资额达1600亿元；四是铁路系统加强管理、优化结构、提高效率、降低成本，并创新融资方式，进行低成本融资。

如此大规模的高铁建设，会不会形成难以承担的债务？对此问题，答案是否定的。

我们可以看这样几笔账：

一笔是铁路整体债务水平。到2010年底，铁路企业资产负债率为58%，处于安全、合理、可控水平，铁路经营性净资金流完全能够满足还本付息的要求。

一笔是高铁项目初期财务结构。由于每条高铁的资本金比例不低于总投资的50%，而且在期限结构上也充分考虑了未来现金流的平衡，可以保证项目的可持续发展。

一笔是高铁的收益预期。从已开通运营的高铁来看，其运量和收入均呈稳步快速增长的态势。我国高铁已安全运送旅客6亿多人次，目前日均开行高铁列车已达1200列左右，上座率达到100%。随着逐步形成高铁路网，相关配套设施完善，客运量和运输收入将保持快速增长的趋势，潜力巨大，收入稳定可靠，具有良好的收益预期。以沪宁高铁为例，2011年客运超过亿人，车票收入超300亿，而总投资仅300亿。

一笔是高铁的综合效益。铁路运输中，货运比客运赚钱。有了高铁客运，既有线路的货运能力大举释放，综合效益显著提高，而且会越来越好。

总而言之，仅就铁路自身算账，高铁网的建设也是一个可以良性发展的新兴大产业。

如今，中国是高速铁路系统技术最全、集成能力最强、运营里程最长、运营速度最高、在建规模最大的国家，是名符其实的世界高速铁路集大成者。

2010年底，以“高速铁路承载绿色交通新使命”为主题的世界高速铁路大会在北京召开，当来自100多个国家的客人乘坐的“和谐号”动车组闪电般掠过华夏大地时，许多人不禁惊讶、羡慕和叹服。

国际铁路联盟高速铁路总监伊格纳西奥·巴伦感叹道：“中国正成为全球领跑者，世界铁路的未来在中国。”

美国总统奥巴马在发表《国情咨文》时宣称：“我们没有理由让欧洲和中国拥有最快的铁路。”

世界银行发表报告说：“技术及知识转移，再加上累积兴建及营运数千公里高速铁路的经验，中国拥有了最先进的铁道产业。在其他国家引进高速铁路时，中国具有很强的国际竞争力。”

目前，中国铁路相关企业在境外承揽的铁路项目遍及世界50多个国家和地区，合同金额达260亿美元。铁路技术装备已出口亚洲、欧洲、澳洲、美洲30多个国家。

完全可以预期，中国高速铁路网建成后，不仅将改变中国的面貌，也将改变世界运输大格局。

我们已经看到，中国高铁的突破，打开了一个全新的产业概念，这是一种领风气之新的突破，它第一次使中国站到了一个产业标准缔造者的地位。

国际舆论对于中国率先跨进“高铁时代”非常关注。2011年京沪高铁开通运营，世界媒体的反应就非常热烈。

《爱尔兰时报》记者写到，时尚美观的白色高速列车从北京开往上海，以 300 公里的时速穿越山峦和稻田，沿途既有蓝色屋顶的新式厂房，又有明朝以来的古老村庄。100 年前，从北京去上海要花三个星期，还不要说沿途的艰辛与危险。现在的子弹头列车穿越华东秀丽山川只需 4 小时 48 分钟，想想这是什么劲头！

德国《柏林晨报》报道说，当记者乘坐京沪高铁时，餐车中正播放着影星成龙最新功夫片。事实上，中国高铁本身也是一部功夫片，让西方看得目不暇接。这是中国“红色铁路战略”的成功起点。就像中国的高速经济一样，中国共产党要把中国带入高铁时代。

法新社报道说，京沪高铁可能对塑造未来中国沿海地区经济发展有着重大转型意义，沿线许多城市也都将受益于此。京沪航空运输线可能遭遇“毁灭性”打击，但同时带来积极影响——促进航班的正点率。

美国《华尔街日报》说，京沪高铁常被比做美国的“阿波罗”登月计划，中国人值得为此骄傲。这种骄傲不经意地表现在列车员身上。当列车抵达上海时，一名实习列车员问一名美国记者：“美国有高铁吗？”这名记者回答说，基本没有。列车员沉默了一会说：“哦，真的吗？”脸上露出难以掩饰的笑容。

美国《主考者》网站还提出这样的疑问：“中国做到了，为什么我们没有做到？”有人还提到，中美对高铁的投入存在着“天壤之别”——白宫 2012 财年计划对高铁项目投入 80 亿美元，而中国今后 5 年则将为高铁投入 4000 亿美元。

英国《独立报》说，京沪高铁成为中国崛起为世界超级大国的最新象征。中国的高铁将扩大为一条“钢铁丝绸之路”。如果一切顺利，2025 年你就可以从哈尔滨登上列车，开始史诗般的旅程，经俄罗斯进入东欧和南欧，最终抵达伦敦。

韩联社评论称，京沪高铁将给中国人的生活带来巨大变化，高速的人流和物流相当于中国经济的大动脉串成了一条龙。这一天，真切地感受到可以和美国媲美的“中国速度”。

印度拉底夫网站赞叹道，以一种令人眼花缭乱的速度，北京努力实现了拥有一个现代、速度超快、贯穿整个国家的高铁网络。中国的高铁工程，是人类历史上最大的交通基本实施计划，将极大地推进中国现代化进程。

高速铁路像航天航空一样，在飞速前进时也会发生事故，只要认真研究改进就行了，不应过分苛责高铁建设者。作为创新型的国家，创新型的社会，要像爱护眼睛一样呵护一切创新成果，使之健康成长，不断壮大。

五、两个三十年 一个新中国

新中国成长的过程，中国现代化发展过程，就是实现中国梦的过程。

已经过去的60年，以“文化大革命”结束和改革开放开始为界，客观上形成“两个三十年”。时代有差异，政策亦不同。研究者实事求是地分析前后30年的联系和区别，总结不同发展阶段的经验教训是有价值的，是很正常的。不正常的是国内外都有那么一些人，把新中国前30年和后30年对立起来，或者全盘否定前30年，或者全盘否定后30年，最终把整个社会主义中国都否定了。

后30年的辉煌正在人们眼前闪耀，没有人能够否定它。本书的大量篇幅也在描述它。

前30年的辉煌已经过去，不但外国人不清楚，中国许多年轻人也有些模糊。我们在此略作记述、稍加强调应该是必要的。

首先，前30年创造了人民民主的政治制度。

新中国创造了人民民主制度，建设了社会主义社会。正是在这样的社会制度下，受尽屈辱的中国人民几千年来第一次感到了身心的解放，中华民族在百年苦难之后终于在世界民族之林中自由地站起来了。同时，人民民主的政治制度具有无与伦比的社会治理能力和民族凝聚能力。所有这一切，为后来的改革开放提供了根本的社会基础和制度保障。

其次，前30年建立了完整的经济体系。

许多人只记得“文化大革命”后期，国民经济走到崩溃的边缘，而抹杀了新中国成立后取得的经济建设的伟大成就。

新中国诞生之后仅用三年时间，就在国内扫清各种武装叛乱和在国外进行抗美援朝战争的困难情况下，恢复了国民经济的增长，实现了财政收支的平衡。在此基础上，开始进行大规模的现代化建设，并取得了非凡的成就。

1949年，国民生产总值仅有275亿美元，1978年增长到2760亿美元。

1949年到1978年,新中国基建投资达6000亿元,新增固定资产57.3倍;开通80多万公里公路和2万多公里铁路;建成5万多座水库,其中20亿立方米的特大型水库30座。

工业领域中,钢产量增长34.4倍,煤增长10倍,石油增长325倍,发电量增长42.8倍,机床增加33.9倍。

农业领域中,粮食增长1.7倍,棉花增长3.9倍。

非常重要的是,品类齐全、结构完整、规模宏大的现代工业体系和国民经济体系已经建立起来。某些重要产业的技术水平和开发能力已跃居世界前列,这样的物质技术基础,不但其他发展中国家所不及,甚至一些发达国家也不完全具备。

新中国前30年经济增长速度达8.34%,这样的发展速度在世界大小国家中都是出类拔萃的。

还有,前30年形成了奋发有为的精神文化。

一个人没有精气神,他就是行尸走肉。一个社会、一个民族、一个国家没有精气神,就没有资格立在天地之间。新中国的初期发展阶段,国家和人民都很贫穷,但是人穷志不短。整个国家,全体人民,都有一种奋发有为的精神气概。正是有这样的精神气概,只有小米加步枪的志愿军,才能在朝鲜战场上压倒手握飞机大炮的美英等国百万侵略军。正是有这样的精神气概,才能在一穷二白的地基上,快速建设社会主义经济大厦。正是有这样的精神气概,新中国受到世界各国的尊重,即使是美国、苏联这样的超级大国也要礼让三分,形成中美苏"大三角"格局。

再有,前30年培养了宏大的创业大军。

在新中国,从国家领导人到普通工人农民,心中都装着一个神圣的任务:加快社会主义现代化建设,早日进入共产主义社会。必须承认,当时的一些想法和做法,带有乌托邦的色彩,在实践中造成过重大损失。但是,当时有一个哲学理念深入人心。认为加快现代化必须提高生产力,而生产力的核心元素是劳动者。因此,培养社会主义劳动者成为一个重大主题。教育经费投入最高时占国民总收入的5%,很短时间内建立起宏大而完整的教育体系。学校教育强调培养德智体全面发展的社会主义劳动者,在工人农民中开展各种职业技术培训,科研战线尊崇钱学森那样忠于党和人民的科学家。在全社会弘扬为人民服务的精神。当改革开放时代到来时,世界上最宏大而又有一定创业能力和创业精神的劳动大军,便立即为创造奇迹而大展身手。

再有，前 30 年提供了弥足珍贵的经验教训。

新中国的前 30 年是社会主义的开创和探索时期，经验之丰富，教训之深刻都是人类历史上罕见的，弥足珍贵。只有走社会主义道路，才能实现国家现代化，才能保障人民当家作主，这样的经验是刻骨铭心的；共产党执政后，继续坚持以阶级斗争为纲，反复发动政治运动，经常打破经济和社会生活进程，这样的教训也是刻骨铭心的。发挥公有制的作用，适当集中人力、财力、物力、尽快壮大国家战略产业，有计划、按比例地发展国民经济，这样的经验是珍贵的；否定私有和市场的应有作用，完全由政府垄断生产活动，扼杀企业和劳动者的创造性，这样的教训也是珍贵的。……正是这样的经验教训，成为后 30 年改革开放中得到运用的精神财富。

再有，前 30 年创造了和平的国内条件和国际环境。

改革开放之初，邓小平提出，我们的工作要以经济建设为中心。邓小平作出这样的决断，是以我们的国家在相当长时间内不会遭受外敌侵犯为前提的。

我们永远不要忘记，从鸦片战争以来的 100 多年中，大大小小的帝国主义国家都侵略过中国，中国人民始终处在战争灾难之中。是共产党执政的新中国从根本上改变了中华民族的悲惨命运。在共产党的领导下，中国人民对旧社会、旧制度的变革是全面和彻底的；对旧社会、旧制度残渣余孽的扫荡也是全面和彻底的，这就为新中国长期保持国内和平打下了坚实的基础。在共产党领导下，中国军队在抗美援朝战争中打败了以美军为主的西方国家侵略军，在珍宝岛之战中粉碎了苏联军队的进攻，在边界战争中击溃了印度军队。全世界从此知道，中国的主权和领土是神圣不可侵犯的。这就为改革开放赢得了长期的国际和平环境。

邓小平曾经对前 30 年作出过非常中肯的评价，他指出，“我们尽管犯过一些错误，但我们还是在三十年间取得了旧中国几百年、几千年所没有取得过的进步。我们的经济建设曾经有过较快的发展。”①

应当肯定，前 30 年创立了社会主义基本制度，奠定了现代化发展的重要基础。但是，前 30 年内的有些错误危及根本，是致命性的。比如，坚持以阶段斗争为纲和无产阶级专政下继续革命，直接破坏了以和谐为基础的社会主义文明。又比如，彻底否定私人所有制和市场的作用则压制了生产者的积极性，阻碍了社会

---

① 中共中央书记处研究室、中共中央文献研究室编《坚持四项基本原则 反对资产阶级自由化》，人民出版社 1987 年版，第 13 页。

生产力的发展;再比如,封闭的指令性计划体制完全无法适应现代科技革命和人类生产方式的深刻变化。如果不克服这些错误,没有后 30 年的改革开放,很难保证苏联的结局不在中国重演。

中国能够避免苏联的悲剧,从根本上说是不走否定社会主义之邪路,而是走完善社会主义的正路。

社会主义是贯穿新中国两个 30 年的根本之道。把这两个 30 年割裂开来、对立起来,以后 30 年否定前 30 年,或者以前 30 年否定后 30 年,都是在糟踏中国的发展道路。

中国人民是新中国的伟大主人,前 30 年的非凡成就是中国人民创造的,后 30 年的辉煌成就也是中国人民创造的。让前 30 年和后 30 年彼此对立和互相否定,都是在伤害中国人民。

中国共产党是新中国的执政党,前 30 年建设社会主义的探索过程是共产党领导的,后 30 年完善社会主义的改革过程也是共产党领导的。如果让前 30 年和后 30 年彼此对立和相互否定,哪里还有共产党的光辉之身和伟大之魂呢,哪里还有共产党团结的基础呢!

中国古人有言:“灭人之国,必先去其史。”

毛泽东也曾这样警告过那些搞历史虚无主义的人:历史上不管中国外国,凡是不应该否定一切的而否定一切,凡是这么做了的,结果统统毁了他们自己。

有鉴于此,我们才在这里强调新中国历史的整体性,结论是“两个 30 年,一个新中国”。

第四章 政治文明建设

中国梦的实现过程，是与中国作为一个社会主义大国在世界的东方兴起密不可分的。

在人类历史长河中，大国的兴衰是人们司空见惯的事情。但是，一个大国的兴起代表着一种崭新的人类文明生成了，发展了，这种情况是不多的。

今日中国的兴起，绝不是世界大国之间力量消长的偶然变化，而是同资本主义文明被社会主义文明的必然代替有关，是开创了一种社会发展的崭新模式。

任何一种具有强大生命力和广阔发展空间的社会模式，一方面一定包含着某个国家所特有的文化、传统、环境、资源、人口等条件所形成的特殊性，另一方面也一定包含着在应对人类生存和社会进步问题时所具有的普遍性。中国模式，正是这种特殊性和普遍性的具体统一体，因而能够创造奇迹，并深刻地影响世界。

中国模式的出现，是中国历史发展规律决定的，也反映了世界的发展潮流，这些都是客观必然性的表现。但中国模式的出现又不是自发的，而是中国共产党和中国各族人民在自觉的实践中创造出来的，是主观能动性的结晶。

中国模式，是世界上人口最多、历史最悠久、革命最彻底、发展潜力最大的国家创造出来的。它对人类社会最大的贡献是创造了一种崭新的政治文明、经济文明、精神文明、社会文明和生态文明。

一、被美化的西方政治文明

从茫荒野蛮状态进入初步的文明社会，是人类发展的一个重大飞跃。一旦实现了这个飞跃，所有的民族、所有的国家都希望创造适合自己的政治文明。政治文明，不是什么玄妙的东西，说到底，政治文明就是某种社会治理方式。只要存在着国家、存在着社会，就会出现适应其需要的社会治理方式，就会形成某种政治文明。在已经逝去的几千年文明史中，人类大家庭创造的政治文明是丰富多彩的。

丰富多彩的人类政治文明，可以大体上分为两个类型：东方政治文明，西方政治文明。

东方政治文明发育比较早，但发展缓慢。进入封建社会之后，曾经长期停滞不前。

西方政治文明发育比较晚，但发展快。尤其是进入资本主义社会之后，创造了形制完整的政治文明，对人类社会的发展进步作出了重要贡献。

西方政治文明是以民主为核心的，可称为“西方民主制”。

西方民主制符合欧美一些资本主义国家的国情，有力地推进了这些国家的现代化进程，创造了人类政治文明的重要形式，这是应当充分肯定的。但近百年来，这些国家的统治者因其国力强大，头脑膨胀，滋生了“救世主”的狂想，把仅适应于欧美国家的社会治理方式美化为“普世价值”，向全世界强力推销，甚至不惜为此发动侵略战争，给世界许多地方带来灾难和痛苦。这种近乎疯狂的作为迫使人们冷静下来，去揭开“普世价值”的画皮，还其本来的面目。

西方民主制源自古希腊的雅典城邦。

雅典的民主制其实是很粗糙、很畸形的。即使在这么小的一个城邦，占人口绝大多数的妇女和奴隶都没有人权，更没有选举权和被选举权。只是由男性公民组成公民大会，在城邦空地上通过大声呼喊或是投票决定宣战与媾和以及法庭终审等重大事宜。

雅典城邦的男性公民良莠不齐、贫富悬殊,但都有平等的投票权。由这样一帮人投票决定的大事有时候是相当荒唐的。例如,伟大的思想家和教育家苏格拉底竟被他们认为有"腐蚀青年思想"之罪,判了死刑。

苏格拉底的学生柏拉图对此愤愤不平,认为雅典城邦的民主制是"暴民政治"。

柏拉图是比孔子晚出生124年的大思想家。他认为,人的智力、品行和能力是有差异的,而古希腊的民主制否认这种差异,让所有男人一人一票决定问题。这样的民主,只能导致像摧残苏格拉底那样的暴民统治。

后世的思想家也对希腊式的民主提出过许多质疑。提出"主权在民"思想的法国思想家卢梭,在《社会契约论》一书中有这样一个分析:假设一个国家有一万公民,按主权在民的思想,每个公民可以享受到主权的万分之一;如果是10万公民的国家,每个公民只能享受到主权的10万分之一。依此类推,国家越大,人口越多,每个公民享受的主权就越少,民主效果就越差。

卢梭本人没有找到解决国家越大、公民主权越少、民主效果越差的办法。无奈之下,他得出了悲观的结论,说是只有在人口少、贫富差距不大的国家,才能建立理想的民主社会。

哈耶克可以算是西方自由主义理论的大师。他把民主严格界定为一种决策程序、一种政治手段,而不是终极的价值。他说,只有人的自由,才是终极价值。

哈耶克反对民主多数的滥用,认为即使是多数人的决定,也不一定具有合法性。比方说,大多数人决定要分掉少数人的合法财产,这样的民主就是要不得的。

哈耶克在《通往奴役之路》一书中写道:"我们无意创造一种民主拜物教,我们这一代人可能过多地谈论和考虑民主,而没有足够地重视民主所要服务的价值。"

此类关于民主的思考是重要的,但更重要的是民主的实践。

资产阶级革命之后,雅典城邦那种粗糙的畸形的民主制逐步得到改进,欧美各国制定了宪法,形成了投票选举议员和统治者,多党在竞争中轮流执政以及立法、行政、监督三权制衡的社会治理方式。这样的设计表面看起来是合理而精致的,在欧美各国的实际运行也是大体有效的。正是基于这样的情况,欧美国家的统治阶级及其御用文人才不知天高地厚地当起了"民主的教师爷",并且形成了

“西方民主”的“原教旨主义者”。

西方民主,或者说是西方政治文明是有价值的,是有生命力的,任何人都不应否认这一点。我们要强调的是不能过度美化这种政治文明,要实事求是地看到西方民主的弊病及其局限性。

我们现在说的西方民主,实际上是西方发达国家的社会治理模式。而这些国家是清一色的资本主义国家,这就决定了这种西方民主是由资本母体孕育出来的,它的生命也完全是靠资本的母汁滋养的。换句话说,当今的西方民主,是资本主导的民主,是大金融财团控制的民主。

比如,民主的前提是人的平等,而人的平等是要有人的独立性。资产阶级革命打破封建等级制,主张人的独立性,这是很好的。问题是资本主义社会的大多数人真的有独立性吗?马克思曾经一针见血地指出,在资本主义社会,人的独立性是“以物的依赖性为基础的”。也就是说,如果社会上的大多数人没有生产资料,没有足够的可以自由支配的金钱,他们实际上就没有独立性,他们就会被拥有生产资料和大量金钱的人所支配。在这样的社会中,金钱才是决定一切的。金钱决定政治,金钱决定民主。

再比如,民主的本意是“人民做主”,但西方发达国家现行的民主制,从投票选举、组成政府,到制定和执行法律政策,都同“人民做主”的精神背道而行。

在西方社会,组成政党,只是为了选举。按规定,参选总统、州长和议员的人,首先要缴“保证金”。如果在选举中得不到一定的支持率,保证金要被没收掉。芸芸众生肯定是拿不出保证金的,因此他们连登记参选的资格都没有。拿得出相当数额的选举保证金,而且不愁被没收掉的人,只能是富人。当然,如果是某政党成员,其参选得到党的支持,政党会给一定的补助。问题是一个国家有很多选区,政党给每个参选人的补助虽然不是很大,但全国加起来就不得了。例如,英国有600多个选区,某个政党要提名600多个参选人,假设每人仅补贴1万英镑,就是600多万英镑。这是一个十分庞大的数字。除了工党和保守党之外,其他小党无力问津。美国也是一样,只有共和党和民主党有能力在全国逐鹿,小党根本没有机会。可见,仅仅是选举保证金这个小小的关口,就可以把千百万平民百姓阻挡在组党从政的大门之外。换句话说,在这种“民主社会”中,只能产生资本家的政党,真正工人的政党、人民的政党是无法生存的。

在西方民主国家，选举过程都很长。特别是美国，两党都实行漫长的初选，其目的是尊重选民吗？非也。漫长的选举过程要消耗巨大的选举费用，它同缴保证金一样，就是要把没有钱的政党，把千百万人民大众排除在争夺权力的政党政治之外，就是要保证资本家阶级把选举过程掌握起来乃至完全垄断在自己的手中。

美国漫长的初选，实际上只是为了产生候选人。谁能成为候选人呢？只能是那些可以缴得出足额的保证金，并且能够在漫长的初选过程支付得起庞大选举费用的人。这样的人只有两类。一类是大财团的首脑人物，如肯尼迪兄弟、布什父子和罗斯福等；另一类是虽然本人不太富有，但得到大政党和大财团支持的政客，如艾森豪威尔等。总统如此，参众两院议员也如此。1969 年，美国众议院 435 名议员中，90 人与大银行关系密切，61 人在石油、天然气、无线电企业和广播影视集团中拥有大股份，另外 56 人是大牌律师。10 年之后，这种情况稍微有点变化。在 1979 年的美国众议院中，企业主和银行家 82 人，农场主 14 人，律师 213 人，来自工会团体的仅 6 人。

对于大财团来说，选举过程实际上是投资过程。风险肯定是存在的，但回报会很丰厚。某个大政党的候选人一旦竞选成功，当上总统，就会立即回报他的金主恩人。最直接的手段是政权分配，按政治献金的多少，把大小官位分配给各个财团。在美国，从 1953 年至 1980 年九届政府中，担任过国务卿、财政部长、国防部长等重要职务的有 23 人，其中有 18 人都是大公司的董事长、总经理或是高级董事，其他 5 人是大牌律师。杜鲁门当总统时，两年间任命的 120 名高官中，49 位是银行家和实业家，其他人也都与大财团关系密切。艾森豪威尔首届政府中，共有 272 名高级官员，主要来自 86 家大公司。

议员当选也要报恩，民主国家的议会运作机制就是为了方便议员报恩设计的。以美国为例，议案要进入议会议程，首先要经过议院的常设委员会。有利于财团的议案会优先得到审议和通过，不利于财团而有利于人民大众的提案则会被无限期推延。这种常设委员会的组成人员不是选举产生，而是根据各政党的实力，也就是根据各大财团的实力进行分配。有了这样的机制，不利于大财团的提案就很难进入议院的议政大厅。

各国议会对提案审议和通过的时间往往设有期限，也是为了阻碍不利于某个大财团的提案获得通过。大财团之间是有利益冲突的，这种利益冲突就自然反映在议员们的争斗之中。万一不利于某个集团的提案冲破了常设委员会的关口，被提到议院大会上进行审议怎么办呢？这个大财团的御用议员会使用辩论演讲的办法来阻挠。按他们的议会规则，议员的演讲不受限制，但议案的审议时间是有限制的，于是就出现了一次又一次马拉松演讲的奇迹。

1908 年，美国参议员拉福特为了阻碍不利于财团的法案通过，连续演讲 18 个小时，他的另外一个同党议员连续演讲 12 个小时。

1933 年，为了反对“将私刑拷打黑人的案件归联邦法院审判”的法案，代表南方奴隶主集团的参议员爱兰德尔竟然连续演讲了 5 天。据说，他在演讲过程中来回走了 75 公里，做了 1 万个手势，吃了 300 个肉面包，喝了 48 升汽水。

这类为反对法案通过而拖延时间的巧计各国议会花样翻新。日本议员曾经创造一种“牛步投票法”。日本国会有投票截止时间，但没有规定议员投票用多少时间。有的议员为了反对一个议案，把投票的脚步放得奇慢。在投票时，一个小时走一步，硬是以此法导致议案流产。

如果报答财团的议案不能通过，资产阶级政府就会动用极残暴的专制力量来推行他们极端虚伪的民主。

1960 年 5 月，日本岸信介政府与美国修订《日美安保条约》，遭到日本人民的抗议和反对党的强烈反对。日本政府即指挥执政的自民党议员挑起议员间的冲突，然后出动 500 名警察，强行把反对派议员赶出议会，由清一色的自民党议员审议，仅用 15 分钟就通过了《日美安保条约》。

曾经帮助威廉·麦金利赢得 1896 年美国总统大选的马克·汉纳深知金钱民主制的要义，他说：“要赢得选举，需要两个东西。第一是金钱，第二我就不知道了。”

从 1789 年担任首届美国总统的乔治·华盛顿，到 2004 年上台的第 55 任美国总统乔治·布什，所有担任美国总统的人都是富豪。在美国，当总统是富豪的“专利”。

被传记作家们标榜为“平民总统”的人，没有一个是穷人。例如，有人把华盛顿描述为出生卑微的农民。其实，华盛顿的父亲是大庄园主，拥有 40.5 平方公里的土地和 49 个奴隶。华盛顿在位期间，就被《福布斯》杂志列为“美国 400 富豪”之一。

安德鲁·杰克逊曾被认为是美国历史上第一位“平民总统”,实际上也是出身于南卡罗来纳州的一处拥有许多奴隶的大庄园。

第16任总统亚伯拉罕·林肯经常说自己年轻时曾经穷困潦倒,但他父亲是肯塔基地区最富有的农场主之一,拥有占地600英亩的农场和许多城区土地,还有大量的家畜。

有人做过这样的统计,从1860年到2004年,美国“民主”“共和”两党先后进行了39次总统竞选,几乎每一次都是竞选经费占优的一方获胜。例如,1860年大选,共和党人筹得的竞选经费是10万美元,民主党人筹得的竞选经费是5万美元,结果是经费多的共和党人林肯获胜。奥巴马和麦凯恩竞选这一次,奥巴马一方筹得创纪录的6.41亿美元,而麦凯恩一方只筹得3亿多美元,自然是奥巴马胜出,成为美国历史上第一位黑人总统。

随着历史的前进,美国的选举日益成为比赛奢华的政治游戏,竞选经费不断创造新的纪录。1980年总统竞选资金仅为1.62亿美元,到1988年翻了一番,达到3.24亿美元。到2000年,竞选费用猛增到5.29亿美元。2004年再创新高,达到8.81亿美元。2008年的美国总统选举,足足花了24亿美元。

人们不妨冷静地思考一下,就算在美国,到底有多少人玩得起如此奢华的选举游戏?可以说,即使是单个的富豪,也玩不起如此奢华的选举游戏。

实际上,美国的选举,已经成为大金融财团的手中玩物。

总统竞选人是谁来确定的呢?是共和党和民主党确定的。支撑共和党的,传统上是军工、石油、装备制造的大财团;支撑民主党的,传统上是金融、电信、传媒等大财团。在眼花缭乱的初选过程中,大财团们经过钩心斗角的谈判和妥协,钦定他们喜欢的候选人,推出来让选民们投票。

拥有一人一票的选民们怎样行使他们的“天赋人权”呢?大财团强加给他们的候选人,无论是代表共和党的还是代表民主党的,他们都不了解。把票投给谁呢?不要紧,有一只“看不见的手”在领导选民们,这就是金钱之手。大财团们早就用金钱豢养了无数的记者、编辑和评论家,让他们在自己控制的报纸、杂志、广播、电视和网络上抬高自己的候选人,贬低对方的候选人。谁的竞选经费多,谁的传媒力量的影响就大,就越能诱导和控制并不知情的选民。

爱因斯坦曾经在《为什么要社会主义?》这篇文章中揭露过金钱控制民主、传媒诱导选民的情景,他说:“私人资本趋向于集中到少数人的手里……这样发展的结果造成私人资本的寡头政治,它的巨大权力甚至连民主组织起来的国家也无法有效的加以控制。事实的确如此,因为立法机构的成员是由政党选出的,而这些政党要不是大部分经费是由私人资本家提供的,也是在其他方面受他们影响的,他们实际上就把立法机构和选民隔离开来了。结果是,人民的代表事实上不能保护人民中无特权的那一部分人的利益。此外,在目前的条件下,私人资本家还必然直接或间接地控制情报和知识的主要来源(报纸、广播电台、教育)。因此,一个公民要达到客观的结论,并且理智的运用他的政治权利,那是极其困难的,在大多数场合下实在也完全不可能。”爱因斯坦分析得非常透彻,美国盛行的私人资本主义只能导致寡头政治,政党及其提名的候选人直接受私人资本来控制,作为资讯和知识来源的报纸、广播电台、教育等等也被私人资本直接或间接控制,普通选民要想做出客观的结论,要想理智地运用他的选举权非常困难,在大多数情况下是完全不可能的。在这个意义上,我们可以说,金钱控制的民主实在是丑恶的民主。

尼克松曾经竞选过众议员、参议员、州长和总统,深知通过选举来表演的美国民主就是丑恶的民主。在其《领导者》一书中,曾转引丘吉尔对资本主义政治生态的描述,说资本主义国家的竞选非常黑暗,各个环节都是“粗野而肮脏的”。这种粗野而肮脏的竞选活动突出表现是暗杀。人们想必都记得,1968 年,罗伯特·肯尼迪参选总统,被暗杀身亡。1972 年,乔治·华莱士参选,被暗杀致残。1974 年,杰拉尔德·福特参选也曾遭到暗杀。

西方民主的辩护者夸口说,经过一人一票选举出来的政府具有真正的合法性。这种说法有一定的道理,得到全国大部分选民支持的政府有其合法性。问题在于这样一个事实:赢得竞选不一定就是赢得全国大多数人民的支持。

1960 年美国总统选举中,只有 62.8%的选民参与投票。到 1964 年,参选率为 61.9%,1968 年为 60.8%,1972 年为 55.2%,1976 年为 53.6%,1980 年为 52.6%,1988 年为 50.2%,1996 年为 49.1%。总体来看,参与投票的选民越来越少,一般维持在 50%左右。这就是说,只有一半的国民投票,获胜者只有得到这一半投票者的一部分人支持,实际上他的支持者只是国民的少部分,而不是大多数。这样得出来的选举结果能真正反映美国民意吗?

2004 年,美国总统选举投票率比较高,达到 60%,布什获得 51%的选票,连任总统。但投给布什支持票的人，只占全部选民的30%。美国的选举体制是“胜者通吃”，因此，在这30%的支持票中，还包含着对方的不少反对票。由如此少的选民支持的当选总统，他的合法性在哪里呢？

西方民主的一个重要特征是多党竞选，轮流执政。竞选胜利的党上台执政，竞选失败的党在台下做反对党，对执政党进行监督和制衡。执政党有执政党的压力，因为政策错误就有可能被赶下台，丧失执政的好处；在野党有在野的动力，因为它只要强化自己，就有可能争取胜选，获得执政的利益。这样的政治设计是有优越性的，在欧美国家实际也是有效的。

然而，即使在欧美国家，多党竞选、轮流执政也暴露出很多难以克服的困难和问题，主要表现在以下几个方面：

首先是执政者只代表部分财团的利益，它的政策必定要倾向于这个财团，因而会激化整个社会的矛盾。

其次是竞争成为政党关系的主轴，导致整个社会缺少合作，丧失凝聚力，而分裂和对抗则成为常态。

再次是制衡和监督的恶质化。制衡和监督本来是民主的必要条件，但西方民主的制衡监督是建立在政党竞争的基础上，因而带有很大的政治偏见，往往失去对事物判断的客观性和公正性。不论是非曲直，“凡是你赞成的我就反对，凡是你反对的我就赞成”，即使面对危机、时间紧迫，也还要争论不休，无法达成共识，从而丧失了做出正确决策、进行有效行动的时机。这种很难作出合理决策，又很难实行决策的社会治理方式实际上正在阻碍社会的进步，正在损害社会上大多数人民的利益。

当前世界非常不幸，仅在少数欧美国家勉强可行的西方民主，却被当做最好的政治文明，强加给了社会情况千差万别的发展中国家，由此造成的战乱和困难比解决的问题大了无数倍。质言之，欧美国家强行输出“民主”，是当代世界最大的乱源。

美国卡托研究所专家伊恩·瓦斯克斯认为，海地是美国“输出民主”失败的一个典型案例。

美国干涉海地事务已有100多年的历史，美国政府一直在那里推行“民主国家”的建设，但成果如何呢？

海地人根本就不尊重政府，海地人民长期以来根本无法依靠正规的法律法规生活。经济生活更是混乱，地下经济非常庞大，政府无法征税、无法监管，也无法计入国民生产总值之中。

社会治安完全依靠驻扎在该地的 2 万名联合国维和部队的士兵来维持，只要离开维和部队活动区域，那就是黑帮武装团伙的天下了。

2010 年 1 月 12 日，海地发生大地震，被称为“加勒比白宫”的海地总统府也倒塌了。地震之后一年，总统府依然保持着地震后的破烂模样，灾民们仍然住在外国救助的帐篷中。即使在首都地区，一望无际的帐篷区和地震废墟一年过后也不见丝毫变化，灾后重建完全是一个梦想。这就是美国输出民主的后果。

有人说，实行美国式的民主制度，就可以有效地防止腐败。这是骗人的鬼话。意大利曾出现三任总理和 361 个内阁成员全部是腐败分子的情况。在最“民主”的美国，前几年因党派之争，把美国国会山上游说集团涉及到政府腐败内幕的冰山一角暴露出来。如果追究下去可能伤及到美国政体乃至国体，刚刚开始的相互揭露便戛然而止。台湾地区民进党以反对国民党贪腐的名义上台，结果以陈水扁为代表的民进党统治集团的贪腐更甚于国民党。

有人说，实行美国式的民主制度，贫穷国家的经济可以得到大发展。这也是骗人的鬼话。美国经济学家瑟罗曾对 128 个国家 1870－1988 年经济发展作出过统计，得出结论是，按人均 GDP 计算，全世界前 20 名最富裕国家排名几乎没有任何变化。实行“西方民主”的贫穷国家仍然陷在贫穷的泥坑中。

美国宾州大学教授爱德华·曼兹菲尔德和哥伦比亚大学教授杰克·史奈德出版了一本讲发展中国家搞民主的书，题为《选举到战争：为什么正在出现的民主国家走向战争》。基本观点是：发展中国家按西方民主模式，最容易引起内部冲突和外部战争，因为政客们只要打“民粹”牌就容易得到选票。

人们只要尊重事实就可以看到，许多国家的内部冲突，许多地区的残酷战争，都是强行推动西方民主制过程中造成的罪恶。

整个 20 世纪 90 年代，许多国家举行自由选举后，立刻陷入战争：亚美尼亚和阿塞拜疆打起来，厄瓜多尔和秘鲁打起来，埃塞俄比亚和厄立特里打起来，还有布隆迪和卢旺达的战争、南斯拉夫的战争。布隆迪和卢旺达的战争导致 100 多万人丧生。在南斯拉夫冲突中，光是波斯尼亚战争就死了 10 多万人，成为第二次世界大战后欧洲死亡人数最多的战争。美国搞“大中东民主计划”，打了阿富汗，打了伊拉克，打了利比亚，花了多少钱，死了多少人，除了给这些国家人民带来大灾难，给这个地区带来大动荡，给整个世界带来大混乱，还有一点好的结果吗？

第三世界国家的民众，尤其是伊斯兰国家的民众怎样看待西方民主呢？哈立德·阿马耶雷题为《西方民主的另一张面孔》的文章回答了这个问题。这篇文章写得简短而深刻，全文转载于下：

第三世界国家的民众，特别是来自伊斯兰国家的人对西方民主越来越感到失望。事实上，我们很难对这种情绪加以指责。

就在几年以前，很多人都相信“美国方式”将服务于大众，并有助于建立一个自由和公正的社会，也许最终将带来经济繁荣。但是，在看到阿富汗、伊拉克、关塔那摩，当然还有巴基斯坦的民主行动后，所有这些人很快发现自己上当受骗了。

一方面，西方领导人对民主和人权加大宣传，另一方面，他们自己却制造出各种丑闻，说一套做一套，加快了民众对民主幻想的破灭。

在开始第二任期的就职演说中，布什总统长篇谈论的都是“民主”对其政府外交政策的重大意义。然而，所有人看到的事实却是他没有支持民主建设，并帮助摧毁独裁政权，而是完全相反，布什在世界上很多地方打击民主，而且帮助了独裁政权。

在中东大部分国家，特别是阿拉伯国家中，对人权和公民权的践踏比布什刚刚就任总统时还要严重。

目前，中东地区的所有政权都已经是美国的盟友。当公民试图行使一点点的自由和民权时都会遭到迫害，要么被监禁，要么遭受酷刑，或者失去工作。

在一些国家，成百上千的人受到像畜生一样的对待，大批人被关押在监狱，以防止他们参加地方和议会选举。这一切都发生在西方民主国家仍然对别国的人权和民主指手画脚的时候。

在被占领的巴勒斯坦，布什仍然在表现着他的伪善。2006年，巴勒斯坦人在布什的催促下举行了议会选举。但是，在巴勒斯坦人选出了一个既非布什，也非沙龙喜欢的政党后，特洛伊木马出动了，巴勒斯坦民众被迫遭遇了前所未见的严厉封锁。

而当加沙的儿童死于饥饿或在炮火中丧生时，美国国务卿赖斯女士却对以色列外长齐皮·利夫尼的封锁政策所取得的“巨大成功”表示祝贺,称“封锁正在奏效,我们要为此庆祝”。

是的,也许在无知的状态下,这个世界上有很多人都认为西方民主是道德的、公正的和人性化的,但事实上它展现给我们的却是不道德、不公正、缺乏人性和罪恶的一面。

当然,布什总统并非唯一卑鄙的人。西欧的大部分“民主国家”在巴勒斯坦、伊拉克和阿富汗的屠杀战争中都发挥了令人羞愧的作用,而所有这些国家无一例外的都是以维护民主和人权的名义干下了所有这些勾当。

最近,我们目睹了德国、意大利、法国和英国的领导人是如何支持以色列的纳粹政府的,也见证了英国首相布朗近来描述清除巴勒斯坦人和在其领土上建立一个恐怖主义的国家行动是“21 世纪最重要事情”。

现在,西方民主国家正在通过资助警察国家机器的方式,忙于在被占巴勒斯坦的领土上进行“民主和人权”建设。在这里,政治积极分子被绑架,并遭受酷刑,甚至被暗杀;记者和大学老师被关进监狱,被无知、年轻的安全人员拷打。

这就是西方向我们输出的所谓“民主”。很遗憾,你们的民主正在害死我们,而我们并不想要拥有它。①

美国外交学会研究员乔舒亚·柯兰齐克 2010 年 3 月在《新闻周刊》上发表文章认为,近年来,西方式民主在非洲、拉美、中东和前苏联地区急剧衰落,因为它没有给民众带来福祉。随着经济危机使人们的收入减少,许多人认为经济陷入低迷在一定程度上是民主造成的。在 2008 年拉丁美洲领导人峰会上,多米尼加总统费尔南德斯声称:“对这个地区民主前景的期待让人幻灭,因为民主未能促进经济繁荣。”

作者引用美国自由之家的报告说,举行选举的民主国家的数量跌到了 116 个,是 1995 年以来数量最少的。

文章的结论是:“在几乎所有的大洲,民主都在逐渐消亡。”这个结论很有偏颇。民主是不会消亡的。但某种形式的民主,如长时间以来被过度美化的西方民主,其影响力确是每况愈下。

---

① (西班牙)《起义报》,《西方民主令第三世界失望》,2008 年 9 月 6 日。

西方民主的黄金时期是同这些国家在世界上的霸权地位相联系的。在此前的一两百年历史时期中，欧美发达国家有傲视全球的强大经济实力和军事实力，还有独占的文化舆论话语权，它们几乎可以随心所欲地塑造世界的秩序。这种强势地位使这些霸权国家的统治阶级可以攫取世界财富，垄断地球资源，可以从超额利润中拿出一小部分笼络国内民众，打造福利社会，美化议会制民主，并将其推向世界，以获取主导人类发展的永恒权利。

这几乎是一种梦幻，这个梦幻之外的现实世界变化得太大、太深、太快了。放眼全球，要求平等发展的新兴国家在亚洲、非洲和拉丁美洲广阔地面上竞相崛起，西方发达国家的霸权已是支离破碎。一旦他们不能像以往那样在海外捞取超额利润，麻烦就大了。支撑“西方民主”的财富根基在许多地方已经崩塌。实体经济已经“空心化”，政府和国民都沉醉在虚拟经济中。休闲美食的福利一样不能少，流汗辛苦的活儿绝对不想干。为了骗取选票，政客们的空头许诺花样翻新，把选民的胃口吊得越来越高。胜选执政是要兑现许诺的，没有钱怎么办？印钞票，借国债。这叫饮鸩止渴。欧美国家普遍陷入债务危机，这不仅是金融危机，也是经济危机、社会危机，是西方民主制的危机。

西方民主制的危机因政党恶斗而火上浇油，愈演愈烈。

在西方式民主中，盛行着“对手支持我就反对”的政党政治。任何一个急待解决的政治、经济和社会问题，都要经过激烈的辩论，每一方的观点都会变得扩大化、极端化，无法调和。正如美国《时代》周刊所说，“在美国，绝对不缺少新思维，也不缺少辩论和愤慨情绪的宣泄，最缺少的是如何解决问题的一致性”。

政府的存在，是为了解决社会面临的各种问题，使社会得以正常地前进。但在现在的西方世界，政府决策无力，不能有效解决重大问题已经成为一种通病。

以美国为例，医改法案总算通过了，但争吵还在继续，有的地方法院判它违反宪法，根本无法实行，还有人说，“美国被分裂了”。最近，奥巴马政府提出的预算案两党争得一塌糊涂，短期内难以通过，美国联邦政府一度面临停止运转的困境。

欧洲和日本情况比美国还严重。经济停滞，政府欠债，已经到了不堪负担，难以为继的地步。然而，若想改革，不仅会引起上层打架，而且会激起工人罢工、群众示威。

西方国家的这种病症已经传染到所有效仿西方民主的国家，将严重阻碍人类社会的发展进步。

2010 年以来，美国先是“茶党运动”勃兴，其理念与共和党有契合之点，但又保持着很大的距离；其后是“占领华尔街运动”勃兴，而且声势更大，其理念与民主党有契合之处，但同样保持着很大距离。

这两个运动异曲同工，都是对社会制度不满、对 1％的人独占大部分社会财富的资本主义社会不满、对依附于金融财团的美国政党和美国政府不满。盖洛普最近发布的民意调查说，美国民众中仅有 13％的人支持美国国会。这就表明，被捧到天上的美国两党民主制在绝大多数民众心目中是没有价值的。

看到这一切，无限美化西方民主的人们真该清醒清醒了。

二、被丑化的东方政治文明

世界文明史告诉我们,人类文明起源于东方,人类政治文明也是东方发育得最早,东方国家和东方各民族创造了丰富多彩的政治文明。

但在"西方中心主义"盛行的时代里,东方的政治文明完全被丑化了。东方各国的社会治理方式被贴上"落后""独裁""专制"的标签,被认为一无是处,没有前途,最好的命运是全盘西化,老老实实地实行西方民主制度。

"西方中心主义者"丑化东方政治文明,主要对象定格在中国身上。鸦片战争之后,西方列强对中国实行了最大规模、最长时间的武力侵略和文化侵略,其中一个重要方面就是贬损和丑化已延续几千年的中国古代政治文明。当中国人民把帝国主义赶出中国大陆,建立起中华人民共和国之后,刚刚创建的崭新的社会主义政治文明,更被丑化到了极点。

今天看来,"西方中心主义者"对中国政治文明的丑化,一半是出于资本主义对社会主义的天然仇视,一半是对西方民主能否统治世界缺乏自信,甚至可以说有些心虚。

实际上,站在有 5000 年历史的中国政治文明面前,任何西方国家都会有些心虚。

2000 多年前,当欧洲国家还处于粗糙的草创时期,美国甚至还不存在的时候,中国就已经建立起相当完善的中央集权制国家了。周朝的时候,中央政府设天、地、春、夏、秋、冬"六官",后来演变为吏、户、礼、兵、刑、工"六部",形成了完整的行政组织体系、官吏选拔体系和监察督责体系,并配之以严密的法规体系。

中国封建社会的政府体制中,最消极的是君权神授、皇帝专制这些东西,但也有许多积极的、属于政治文明的因素。例如,中国很早就确立了"民惟邦本"的社会治理思想。据《尚书》记载，大禹的治国思想是这样的："皇祖有训，民可近，不可下。民惟邦本，本固邦宁"。孟子在《离类章句》中说："桀纣之失天下也，失其民也；失其民者，失其心也。得天下有道：得其民，斯得天下矣；得其民有道：得其心，斯得民矣；得其心有道：所欲与之聚之，所恶勿施尔也。"所有这些都表明，在中国传统的治国理念中，人民处于根本的地位。

在中国古代的政治文明中，通过科举考试选拔公务员是一大亮点。科举考试起源很早，到公元8世纪的唐代得以完善。国家规定，以一视同仁的人文考试录取行政人才，取士标准是被试者的知识才能、性情修养，而不是社会出身门第阶级，做到考试面前人人平等，参政机会面前人人平等。这种以德才为标准的公开考试选拔公务员制度，是中国古代行政实践对世界政治文明的巨大贡献。

新中国的政治文明不是无源之水、无本之木，而是对几千年的政治文明进行社会主义改造升华起来的。它根基深厚、理念先进、体制优越，在社会实践中显示出强大的生命力。

新中国的政治文明，核心是民主，是人民民主。

众所周知，无论东方的政治文明，还是西方的政治文明，核心都是民主，是人民当家做主。但民主的基础和前提是人的平等地位和人的独立性。如果没有人的平等地位，没有人的独立性，所谓民主，就只是形式上的，而不是实际上的。就是只有民主之名，而无民主之实。

马克思有一句话是西方民主的原教旨主义者很不愿意听的。马克思说，在资本主义社会，人的独立性是："以物的依赖性为基础的。"事实难道不是这样吗？在美国，占人口1%的富豪们垄断了全国40%以上的财富，而99%的普通民众只有很少的财产或者完全没有财产，他们的衣食住行、生老病死，都要依赖于资本。在这种情况下，他们的平等地位，他们的独立性像空气一样很难抓住。充其量就是选举总统、选举议员时可以"平等"地投出一票。但选举日的这种"平等"转瞬即逝，这样的"平等"同"当家做主"实在相差十万八千里。"占领华尔街运动"的示威者们声称"代表99%"，或许言过其实。但美国老百姓痛恨金钱操弄民主、痛恨资本统治国家则是完全可以肯定的。

实现中国梦政治方面的一个着力点就是奠定人民民主的前提和基础。

前面说过，民主的前提和基础是人的平等，是人的独立性。在帝国主义、封建主义和官僚资本主义压迫下的旧中国，根本没有人的平等和独立性。孙中山领导的辛亥革命虽然把皇帝推下台，但压在中国人民头上的“三座大山”并未动摇，中国社会中人的平等和独立性仍然只是一种奢望。

中国共产党是彻底的革命政党。从1921年到1949年，中国共产党团结全国各族人民坚持了28年艰苦卓绝的革命战争，推翻了帝国主义、封建主义和官僚资本主义的黑暗统治，建立了中华人民共和国，世界上人口最多的国家从此走上了人民民主的道路，由此激发的亿万人民的解放感，形成了创造历史的伟大力量。

坚持彻底革命的中国共产党并不满足于人民在政治上的解放，而是要实现人民在社会上的解放。就是说，要让人民不仅有政治上的平等和独立性，而且要有社会上的平等和独立性。

全世界都看到，在新中国建立以后的60多年中，中国社会一直是变动不息的。中国社会改革的范围之广、程度之深、效果之好是人类历史上前所未有的。每一步的社会改革，都增强了人民的平等和独立性。

在革命战争还在进行时，许多解放区就进行了土地改革。新中国建立以后，土地改革在中国大陆上全面展开。土地改革的成功，彻底废除了地主土地私有制，真正实现了“耕者有其田”的社会理想。中国农民从此成为土地的主人，成为拥有土地的自由劳动者，他们的平等权和独立性由此有了坚实的基础。

革命战争胜利后，帝国主义势力和官僚资本家的资产被转变为国有资产。随着大规模经济建设的展开，国有资产不断壮大。1953年以后，经过对手工业和工商业的社会主义改造，中国确立了公有制为主的基本经济制度，全国人民都是国有资产平等的主人。

在中国，土地、水流和地下资源、中央银行和国有商业银行、公共基础设施、国有大中型企业都是社会资产，为全国人民所共有。任何一个中国人，作为社会主义国家的公民，不仅有多少不等的私有财产，而且是占主体地位的社会资产的平等主人，这种平等权和独立性是资本主义国家无法比拟的。

中国共产党和中国人民不满足于初步的政治平等和社会平等，不愿长期停滞在社会主义初级阶段。为了不断推进社会主义自我完善,为了不断增强社会主义社会人的平等地位和独立性,中国共产党和中国人民于20世纪末期开始了改革开放的壮丽长征,10几亿人民的主动性和创造力像火山一样爆发出来,一切阻碍进步的教条和观念都被破除了,一切创造美好生活的元素都被激发出来了,人民的生活、社会的面貌、国家的形象都在日新月异地改善,这不是人民当家做主的伟大的日出吗!那些西方民主的原教旨主义者还有什么资格和理由继续丑化东方的政治文明呢!

三、人民民主的国体

中国政治文明的显著特点是确定了人民民主专政的国体，使中国成为一个伟大的社会主义国家。

国体就是国家的阶级本质。

中国的国体是人民民主专政的社会主义国家，是以工人阶级为领导、工农联盟为基础、全体人民为主人的国家。

人民民主专政的国体，就是要保障人民的民主权利，要对危害人民利益、危害社会安宁、危害国家统一的人实行专政。

人民民主专政的国体要由一个根本制度来体现，这就是人民代表大会制度。

为了建立人民民主专政的国体和人民代表大会制度，中国的志士仁人探索和奋斗了 100 多年。

最初的时候，中国人很想效仿西方国家的做法。

清朝末年，以康有为为代表的维新派希望像英国那样搞“君主立宪”，发动了戊戌维新运动，但他们的改革仅仅存在 103 天就失败了。

孙中山领导辛亥革命，推翻了清朝统治，使中国两千多年的封建制度走向终结。革命党人建立了共和国，很想推行西方民主制度，也搞了多党竞选，结果怎么样呢？中国顿时陷入长期的军阀战争，摧残了民族的精神，耗尽了残存的国力，以致大大小小的西方国家都可以在中国头上拉屎拉尿，连岛国日本也敢于大举进攻中国，霸占中国土地，残害中国人民。这段悲惨的历史，已经深深地刻印在中国各族人民的心里。那些把西方民主制奉为“普世价值”，并企图以此来改造中国社会的人，出发点可能各自不同，但结果是一样的，只会使世界上最大的国家陷入最大的混乱。

混乱的中国，走下去就是衰败的中国、分裂的中国、被西方列强殖民的中国。这就是西方国家那些极端伪善的“道德卫士”、“民主卫士”、“人权卫士”所追求的目的。

新中国开国领袖们决定实行人民代表大会制的国体、沿着社会主义的方向前进，不是任何人的心血来潮，而是客观历史的必然决定。所有致力于中华振兴的革命者都已经看到，自鸦片战争以来，西方列强带给中国人民的只是一次比一次更加深重的灾难，中国革命胜利后如果没有制度上的重大突破创新，只是东施效颦式地照搬西方的民主制，中国社会就永无出头之日。

1949 年新中国成立的时候，国家实在太穷了，人均收入只有 66 元，预期寿命 35 岁，这一年全国钢产量仅有 15.8 万吨，不要说同美国相差十万八千里，甚至达不到印度的八分之一。中国革命胜利了，获得了政治上的解放和独立，但如果没有繁荣经济的支撑，不实现工业化和现代化，政治上的解放和独立性就难以持久。贫穷落后的新中国，实际上处在已经工业化和现代化的资本主义世界包围之中。如此险恶的环境决定了中国的现代化不能循规蹈矩，必须走出一条真正的创新之路，实现跨越式的发展。

中国特殊的社会历史条件和所处的国际环境决定了中国的制度创新必须满足以下两项要求，第一是要切实保障人民的权利和自由，充分调动人民的积极性和创造性，实现最有效的社会动员；第二是要把有限的人力、财力、资源力汇聚起来，集中投向关系国计民生的战略性领域，以实现超越常规的发展。人民代表大会制因为完美地满足了这两项要求，因而在几十年的实践中显示出旺盛的生命力。

本书作者曾是第九届、第十届全国人大代表，也曾是北京市和云南省的地方人大代表，亲身感受到人民代表大会制确实是人民当家做主的好国体、好制度。

人民代表大会的代表具有实质的广泛性和代表性。在中国，年满 18 周岁的公民，不分民族、种族、性别、职业、家庭出身、宗教信仰、教育程度、财产状况、居住期限，都有选举权和被选举权。按照选举法的规定，无论是县乡人民代表大会，省区市人民代表大会，乃至全国人民代表大会，所选出的代表，都要涵盖不同界别、不同阶层的社会群体，使社会各方面的利益和诉求都在国家最高权力机关中得到体现。

人民代表大会的代表除具有与会权、审议权、表决权和选举权之外，还享有提名权、建议权、批评权、质询权、视察权。人民代表在大会期间各种会议上的发言和表决完全自主，不受追究。在人民代表大会期间，非经大会主席团许可，在代表大会闭会期间，非经本级人大常委会许可，人民代表不受逮捕或刑事审判。人民代表大会的代表，必须按照宪法和法律的要求，认真履行代表的责任和义务，必须对选民和选举单位负责，并自觉接受选民和原选举单位的监督。

全国人民代表大会的代表要能够代表全国人民，就必须在全国人民中产生，各地区、各民族、各社会领域，包括工人、农民、知识分子、解放军、国家公务员都有适当比例的代表，人口最少的民族也至少有一名代表。

代表都是选举出来的，分直接选举和间接选举两种情况。县乡两级人大代表，按选区由选民直接选举产生。县级以上的人大代表，由下一级人民代表大会间接选举产生。选举出来的人民代表，按照选举单位组成代表团参加上一级代表大会。

全国人民代表大会，是最高国家权力机构，主要职责是起草或修改宪法，选举国家领导人，制定法律，决定经济发展方针和国家预算，监督国务院、最高人民法院和最高人民检察院的工作，行使宪法规定的其他权利。

全国人民代表大会按照民主集中制的原则行使权利。需要决定国家大政方针时，代表们在大会或分组会上充分发表意见，国家领导人也作为普通代表参与讨论。经过充分讨论，形成一定的共识，即交付代表大会表决，得到半数以上代表的支持即获通过。

中国的人大代表不是脱离实际、脱离群众的政客，他们工作和生活在人民中间，同人民群众有着密切的联系，对人民群众的生活和愿望感受最直接。国家大政方针是否符合大多数人民群众的利益，他们最有发言权。因此，全国人民代表大会的决定，集中了全国人民的智慧，能够把人民群众的现实利益和长远利益恰当地结合起来，能够动员各族人民为实现自己的利益努力奋斗。

人民代表大会制度，也是最有效率的民主制度。

经济建设要讲效率，政治建设也要讲效率。人民当家作主的社会主义国家，必须以最低的权力运行成本，获得最大的权力运行效率。我国的人民代表大会制度，是世界上最有效率的民主制度。邓小平说过：我们的制度是人民代表大会制度，共产党领导的人民民主制度，不能搞西方那一套。社会主义国家有一个最大的优越性，就是干一件事情，一下决心，一做决定，就立即执行，不受牵扯，我们说搞经济体制改革，全国就能立即执行，我们决定建立经济特区就可以立即执行，没有那么多牵扯，议而不决，决而不行。就这个范围来说，我们的效率是高的，我讲的是总体效率。

四、人民民主的政体

中国政治文明的又一大特色是确立了人民民主的政体，实行共产党领导的多党合作和政治协商制度、民族区域自治和基层民主自治。

中国共产党领导的多党合作和政治协商制度

当代世界是政党众多的世界。无论大国小国，都有政党，而且往往是政党林立。政党关系已经成为政治文明的重要标志。

从历史和现实情况归纳，世界各国的政党关系大概有以下三种类型。

第一种，多党斗争型

在革命时期，敌对阶级的政党之间存在着你死我活的斗争关系。资产阶级革命时期，革命党和保皇党之间斗争非常尖锐；无产阶级革命时期，革命党和统治阶级的政党之间也存在着尖锐复杂的斗争关系。革命时期的政党斗争往往表现为大规模的国内战争。斗争型的政党关系是不可调和的，不是你战胜我，就是我打倒你。在这种情况下，战争中间和革命之后，一般会出现短暂的一党专政或一党独裁的政治局面。

第二种，多党竞争型

资产阶级革命最早在欧美地区发生，革命胜利后，这些国家逐渐形成了多党竞争的政治格局。其中，英国和美国基本上是两党竞争，法国等国则是多党竞争。这种多党竞争是与政权直接关联的，经过复杂的竞选过程，获胜一方掌握政权，成为执政党，其他政党则成为反对党。

欧美国家的多党竞争，是社会民主化的一种方式，对于人类追求的政治文明进程作出了应有的贡献。但是,多党竞争制也有很大的历史局限性。

局限性之一是超出原生地国家就会严重失灵。例如,20 世纪 90 年代以来,原苏联加盟共和国和东欧国家普遍采用了多党竞争制,亚洲、非洲、拉丁美洲很多国家也自愿或被迫实行了多党制,结果造成这些国家长期社会动荡,有的甚至陷入战乱之中,严重阻碍了经济社会的发展。

局限性之二是对原生地国家的危害也逐步显露出来。欧美国家的多党竞争制是在资本主义社会的发展过程中形成起来的,深深地刻上了私人资本唯利是图的印记。不同的财团操纵不同的政党,为它们的利益展开钩心斗角的斗争。各个政党都把自己的特殊利益放在高于一切的地位,而把社会的整体利益、人民大众的利益放在一边。

第三种,多党合作型

中国共产党领导的多党合作和政治协商制度是人类民主政治的一大创造,值得中国人民倍加珍惜,也会引起世界人民的关注和尊重。

这一制度不是水面上飘动的政治浮萍,而是植根于中华文明深厚土壤中的政治大树。中华文明的特质之一是"和为贵",主张处理人与人、派别与派别、阶层与阶层的关系要"和为贵"。政党关系,是人与人、派别与派别、阶层与阶层关系的综合表现。能建立"和为贵"的政党关系,是政党政治的文明形态,也是现代政治的最高境界。

这一制度,不是出于人们主观的政治设计,而是中国近代以来政党活动的经验总结。辛亥革命之后,中国曾经效仿西方国家,实行多党竞争制,由于经济基础与社会环境与西方国家完全不同,多党竞争制只导致军阀混战、外敌入侵,人民陷入最黑暗、最痛苦的灾难之中。

多党竞争制彻底破产,蒋介石领导的国民党反其道而行之,搞一党独裁,宣称只要"一个主义、一个政党、一个领袖"。宣布共产党和其他政党为非法组织,实行残酷的政治压迫和军事围剿。实行一党独裁的国民党把自己完全孤立起来,最后为人民所唾弃,彻底丧失了在中国社会的生存根基。

多党竞争制破产了,一党独裁制也破产了,出路何在呢?

人类社会的奇妙之处在于这样一种情况:当一个社会难题出现时,解决这个难题的社会条件也出现了。

近代中国社会，是典型的半封建半殖民地社会。帝国主义同中华民族的矛盾，封建主义与人民大众的矛盾，是近代中国社会的基本矛盾。正是这个基本矛盾催生了中国的各个政党，激发了中国的人民民主革命。谁能找到解决这个基本矛盾的正确道路，谁能带领人民大众推翻帝国主义和封建主义的压迫，实现民族的独立和人民的解放，谁就必将成为建设新社会的领导核心。

中国的民主革命，从旧的民主革命到新的民主革命，经历了百年时间，期间充满着激烈的、大规模的政治斗争和军事斗争。在百年风雨、百年考验、百年比较中，中国人民郑重地选择了1921年成立的共产党，因为它有科学的理论武装，它有为人民服务的崇高精神，它集合了中华民族的先进分子，它有最强的战斗意志和最大的牺牲精神，一句话，它代表着中国社会的前进方向。

同中国共产党并肩战斗的，有民主同盟等一批政党，他们是中国民族资产阶级、城市小资产阶级和不同的知识分子群体的政治代表。这些社会阶层不能忍受帝国主义和封建主义的压迫，有着强烈的革命要求。但是，由于他们具有先天的脆弱性、摇摆性，不可能形成强大、独立的政治力量，不可能承担起领导革命的重任，而只能成为中国共产党的同盟者、合作者。

在民族民主革命的紧要关头，中国共产党和各民主党派的团结合作经受住了斗争的考验。一方面，中国共产党认识到反帝反封建的任务极为艰巨，中国任何阶级、任何政党都不可能单独完成，必须团结一切可以团结的力量，因而确定了争取团结民主党派的方针，与他们亲密合作、共同奋斗。另一方面，各民主党派也彻底丢掉了在共产党和国民党之间走“第三条道路”的幻想，坚定了只有同中国共产党合作才能实现人民民主的政治信念。八年抗日战争，民主党派为打败日本法西斯奔走呼号；三年解放战争，民主党派积极配合人民解放事业；新中国成立前夕，民主党派热烈响应中国共产党的号召，参加新政协，参与制定《共同纲领》，参加中央和地方各级人民政权建设。中国共产党领导的多党合作和政治协商制度已经在伟大的民族民主革命中诞生了。

中国多党合作制的先进性和优越性是显而易见的。

首先，多党合作有利于发扬社会主义民主。

中国共产党领导的多党合作制汇聚了中国所有政党和社会各界的力量，在社会基础、组织构成上具有很强的广泛性和代表性，能够把不同的社会关系元素纳入到现有的政治体制中。多党合作的政治结构是“中国人民政治协商会议”，它同“全国人民代表大会”一样，是中国最重要的国家机构之一，从中央到地方，共有三个层级。这样的政治体制有利于广开言路、广求良策、广谋善举，充分发扬社会主义民主，实现全社会有序的政治参与。

其次，多党合作制有利于共产党决策的民主化、科学化。

早在民主革命时期，中国共产党就非常重视民主党派和党外人士的建议。著名的民主人士李鼎铭曾经建议共产党要注意“精兵简政”，在革命根据地的政权建设中，共产党完全采纳了李鼎铭的建议。

改革开放以来，为了实现决策的民主化和科学化，共产党在作出重大决策前，都要认真听取民主党派领导人和无党派代表人士的意见，共商国家大事。据统计，1990 年到 2006 年年底，中共中央、国务院系统召开的协商会、座谈会、情况通报会共有 230 多次。其中，由中共中央总书记主持召开的座谈会就有 74 次。各民主党派、无党派人士围绕三峡工程、西部大开发、振兴东北地区等老工业基地、控制非典、完善宏观调控、建设社会主义新农村、应对国际金融危机冲击等一系列具有全局性、战略性、前瞻性的重大问题，提出了许多建设性的意见和建议，使党中央和国务院的决策更科学、更有效。

第三，有利于维护安定团结的政治局面。

旧中国是一盘散沙，四分五裂，战乱不息，人民长期遭受灾难的折磨。共产党领导的多党合作制一改这种局面，从根本上消除了政党之间的钩心斗角，避免了政权的频繁更迭和社会的急剧动荡，最大限度地减少了人民之间的内耗，民族的元气得以弘扬，国家的资源得到合理利用，人民大众可以在安定团结的社会中创造自己美好的生活。

最后，有利于共产党坚持为人民服务的宗旨。

共产党在中国社会中处于领导的地位，有超乎寻常的凝聚力和执政力。但是，一个政党长期执政往往会导致故步自封和腐化堕落，遭到人民和社会的唾弃。中国共产党对此有着清醒的认识，每时每刻都在加强自身的建设。但是这还不够，必须自觉地接受人民大众和所有参政党的批评和监督。新中国开国领袖毛泽东说过：“一个党同一个人一样，耳边很需要听到不同的声音。”

中国共产党同民主党派相处的方针是：长期共存，互相监督，肝胆相照，荣辱与共。这里讲“互相监督”，在实践中主要是请各个政党监督共产党。进入新世纪，中国共产党郑重聘请一批民主党派人员和党外人员担任特约监督员，参加党风廉政建设检查，把监督工作落到实处。有了不同党派的监督，共产党可以听到不同人群的呼声和诉求，及时改正工作中的错误，克服官僚主义，防止腐败现象，永远坚持为人民服务的宗旨。

总起来说，中国的政党制度不同于西方的多党竞争制，也不同于一些社会主义国家曾经实行的共产党一党制，而是实行共产党领导的多党合作制。这种政党制具有伟大的独创性和优越性。

中国共产党领导的多党合作制中，共产党是执政党，民主党派是参政党。各民主党派的“参政”不是虚的，而是实的；不是临时的，而是长期的。

在全国政协十一届一次会议上，非中共人士担任政协委员的有1345人，占委员总数的60.1%；担任政协常委的有195人，占常委总数的65.4%；担任全国政协副主席的有13人，占副主席总数的52%。

第十一次全国人大一次会议以来，各民主党派、无党派人士共有18.7万人当选各级人大代表。截至2010年底，在全国担任县处级以上领导职务的民主党派成员、无党派人士共有3.2万人。其中，在最高人民法院、最高人民检察院和国务院各部委办局领导班子中，有19人来自各参政党派。在省、自治区、直辖市领导班子中，有207人来自各参政党派。他们对分管的工作享有行政管理的指挥权、处理问题的决定权和人事任免的建议权。

合作型政党制度体现了中华文明中“和谐”的社会伦理和政治思维，非常有利于整合全社会的积极力量去推动社会经济健康有序的发展。在我国的社会实践中，中国共产党在决策时充分听取各民主党派的意见，保证了国家治理的民主性和政治决策的科学性，这种优越性是竞争型政党制度无法比拟的。

民族区域自治制度

重视民族关系，实行民族区域自治，发展平等、团结、互助的社会主义民族关系，实现各民族共同繁荣，是中国政治文明的突出表现。

世界上大多数国家都是多民族国家。民族问题是人类面临的最困难的问题之一。许多国家的动乱和战争,往往是民族矛盾引起的;许多国家由统一走向分裂,往往是民族冲突造成的。

中国是世界上最大的多民族国家之一,除了汉族之外,还有55个少数民族。虽然称“少数民族”,其实许多民族人口很多,有的民族有几十万人,有的民族有几百万人,有的民族则有一千多万人。如此众多的民族,能够长期共同生活在一个统一的国家之中,并共同铸造和追逐同一个神奇的中国梦,这本身就是世界政治中的一大奇迹。

中国是怎样创造这个奇迹的呢?

早在新中国成立之前,领导中国革命的中国共产党就研究了中国的民族情况,分析了东西方国家处理民族问题的经验教训,为从根本上解决中国民族问题,规定了一套政治原则,确定了一项政治制度。

一套政治原则就是坚持各民族平等、团结、互助和实现各民族共同繁荣。

一项政治制度就是实行民族区域自治。

民族平等是基本原则。全国56个民族都是中国的缔造者,都是国家的主人。无论是有十几亿人口的汉族,还是只有几千人的鄂伦春族,政治上都是平等的。国家保障各民族的平等权利,坚决反对民族压迫。宪法规定,在国家最高权力机关——全国人民代表大会中,所有民族都要有自己的代表,有权参与讨论和决定国家法律和大政方针。

民族团结和互助,既是一种政治原则,也是一种道德规范。中国各民族的团结和互助不是凭空产生的,也不是外力强加的,是在历史上几千年的共同生活中形成的,是在近代反帝反封建的革命斗争中凝结而成的,是在创建社会主义新生活的伟大实践中巩固的。各民族要团结,要互助,是中国家庭教育、学校教育、社会教育的重要内容。在现实生活中,破坏民族团结互助的言行会被唾弃,维护民族团结互助的言行则会得到支持,受到表彰。省区市县乃至全国,定期召开民族团结进步大会,隆重表彰为民族团结进步事业作出贡献的个人和集体。各民族的人们自觉地维护民族之间的团结和互助,已经在中国形成宝贵的社会风尚,这是在世界其他地方很难见到的。

共同繁荣,是中国各民族共同的、崇高的目标。从中华人民共和国成立之日起,人民政府致力于各民族政治、经济和文化的进步,以实现共同繁荣。每个民族的文字、语言、宗教和习俗，都受到尊重和保护。国家还为有语言而没有文字的民族创制了文字。在西藏，布达拉宫、大昭寺等宗教寺庙，都由国家拨出巨额经费和大量金银材料多次进行修缮，其他各民族的文物古迹同样得到保护和修缮，甚至比历史上创建时期更辉煌。

中国各民族共同繁荣的起点是深刻而又和平的社会改革。一直到20世纪50年代初期，中国许多少数民族还生活在较低的社会发展阶段。有的处在原始社会末期，有的处在奴隶社会或农奴社会，比欧洲中世纪还落后，还黑暗。不改变这些落后的社会制度，各民族的人民大众就不能脱离苦难，不能走上现代化的道路。于是，中国共产党领导各族人民进行了一次别开生面的民主改革。改革是和平进行的，对各民族内部的统治者，实际带有赎买的性质。对各种落后社会制度的上层统治者，只要他们赞同改革，可以保留他们非剥削的财产，还给予他们与旧时相当的、甚至更高的社会地位。广大的农奴或奴隶，则打碎各种人身依附关系，成为完全自主的劳动者，并获得一定的土地和财产。从50年代初期到后期，在不到10年的短时期内，这场人类历史上前所未有的民主改革就顺利实现了，中国各少数民族从此迈开大步，开始向现代化进军。

共同繁荣的基础是经济发展。从新中国建立开始，各级人民政府就特别关注所在区域的少数民族的生产生活困难，采用切实的措施帮助他们发展经济，但成就有限。到上世纪90年代，中国共产党确定“西部大开发”的战略方针，举全国之力，加快少数民族聚居的西部地区大规模的基础设施建设。铁路修上“世界屋脊”，交流的通道在西部到处打开，有特色的新兴产业在西部大地上蓬勃兴起。几千年来，中国西部少数民族地区第一次成为吸引世界的创业热土，进一步打牢了各民族共同繁荣的物质纽带和经济基础。

平等、团结、互助和各民族共同繁荣的政治原则，在中国是由法律和制度来保障的。

《中华人民共和国宪法》专设一章规定民族区域自治的基本原则，把民族区域自治规定为国家的一项基本政治制度。全国人民代表大会制定专门的《中华人民共和国民族区域自治法》，各自治区人民代表大会制定各自的《民族区域自治条例》，在中国大地上，由此形成了保障民族区域自治的完整的法律体系。

新中国把民族区域自治作为一项基本政治制度，是基于对中国国情和民族关系的正确把握。从公元前221年建立秦朝帝国开始,统一的多民族国家在中国存在了几千年,这是实行民族区域自治的历史基础;56个民族交错分布在全国范围内,基本格局是大杂居、小聚居,这是把民族自治和区域自治统一起来,实行民族区域自治的现实基础;近代以来,由各民族的先进分子组成的中国共产党,团结各族人民进行艰苦卓绝的民族民主革命,共同缔造了中华人民共和国,这是实行民族区域自治的政治基础。

1947年5月,内蒙古自治区成立。

1955年10月,新疆维吾尔自治区成立。

1958年3月,广西壮族自治区成立。

1958年10月,宁夏回族自治区成立。

1965年9月,西藏自治区成立。

截至2008年底,我国共建立155个民族自治地方,其中包括5个自治区、30个自治州、120个自治县(旗)。

民族区域自治制度怎样从根本上改变了中国的民族关系,保障各少数民族走上现代化的发展道路,只要看看内蒙古鄂伦春自治旗成立60年的变化就清楚了。

鄂伦春族是中国人口最少的民族之一。鄂伦春自治旗成立于1951年10月1日,是新中国第一个县级少数民族自治地方。

自治旗建立之初,全旗人口只有778人,鄂伦春族人775人。他们在深山老林里过着游猎生活,住在木头支撑的毛皮帐篷里,现代的经济、教育、文化和社会事业几乎为零,实际上处于原始社会民族部落阶段。

自治旗成立后,国家拨出大笔资金,为所有的鄂伦春人建筑新房,使他们实现了定居生活。为了保护生态,全旗禁猎,政府引导猎民放下猎枪,开展多元生产。如今的鄂伦春人成为养鹿、养猪、养牛、养蜂和木耳、香菌种植的能手。本来是全民文盲的鄂伦春人,已经普及了中小学教育,培养出一批大学生。现在的鄂伦春自治旗,四通八达的公路两边到处可见绿树成荫的新村和城镇。旗长莫日根布库非常感慨地说,鄂伦春民族经历了社会形态、生活方式、生产方式的根本变化,从落后走向进步,实现了从原始游猎到现代文明的千年跨越。

民族区域自治制度不仅帮助鄂伦春人发展起来,也使中国其他所有少数民族发展起来,它带给各族人民的政治、经济、文化好处是说不尽道不完的。正如成吉思汗34代嫡孙、最后一位蒙古王爷奇忠义所说:“党的民族区域自治政策保障了少数民族的权益。这一政策是任何民族历史上没有过的,是中国共产党带领56个民族的共同创举!”

基层民主自治制度

基层民众实行自治制度,是中国人民民主的重要方面。基层民众自治在城市是居民自治,在农村是村民自治。

村民自治起源于革命根据地时期。有一幅著名的版画叫《豆选》,描绘的是革命年代根据地人民进行民主选举的动人场面:每位候选人背后放着一只碗,选民们把手中的豆子投进自己中意的候选人背后的碗里。

当时还有一首歌谣是这样唱的:“金豆豆,银豆豆,豆豆不能随便投。选好人,做好人,投在好人碗里头。”

村民自治是中国农民的一项民主政治创举。

广西壮族自治区宜洲市屏南乡合寨村是新中国成立后最早实行村民自治的村子之一。据该村村民韦焕能回忆,1979年实行包产到户之后,村民的劳动积极性调动起来了,但因为生产队成了空架子,村里的事务没有人管了,社会矛盾多了起来,耕牛被盗,山林被砍,争水争地不断,还有赌博打架,社会治安相当混乱。村民们心里很急,许多人想,村里的事总得有人来管啊。我们为什么不能成立一个村委会呢?

1980年1月的一天,饭后,几个村民坐在村头老樟树下的石凳上,商量由村民群众选出自己的村委会,自己管理村里的事务。

2月5日,合寨村召开了村民代表会,全村125户,有85户派了代表,超过半数,会议决定有效。代表们一致同意搞无记名投票,谁的票多谁当选。投票结果,韦焕能票最高,当选为村委会主任。

30多年来,合寨村进行了九届村委会换届选举,都很顺利。村民选出的村委会认真负责,努力解决村里的生产生活问题,还解决了用水用电、建设学校、硬化道路、维修灌溉设施等等的问题。

农民创造的村民自治和市民创造的居民自治最后上升为社会主义中国的基

层民众自治制度，并由国家法律固定下来。

《中华人民共和国宪法》明确规定，城市和农村按居住地分别设立居民委员会和村民委员会，作为基层群众的自治组织，由群众自己管理本地区的公共事务和公益事业。

根据宪法规定的精神，全国人民代表大会分别制定了《中华人民共和国村民委员会组织法》和《中华人民共和国城市居民委员会组织法》。这两部组织法对村委会和居委会成员的选举和罢免程序，对两委会的民主议事、民主管理、民主监督制度都作了规范，突出了法律的时代性、科学性和可操作性。

已经实行10多年的中国农村村民自治制度，涉及8亿农村居民，可以说是世界上参与人数最多的“自治制度”。

截至2007年12月，全国共有村委会61.3万个，村民小组466.9万个，村委会成员241.1万名。

村民自治的执行机构是村委会，村委会委员都是有选举权的村民直接选出来的。按照村委会组织法的规定，召开村民大会选举村委会委员和决定村里的大事，同时还成立村民理财小组、村务公开监督小组，协助村委会工作。

村民自治在实践过程中创造了“八步工作法”，就是村委会在处理修路、兴水、建校、征地补偿等涉及村民利益的问题时，要经过以下的程序：第一，深入调查收集民意；第二，召开会议初定方案；第三，宣传发动统一思想；第四，民主讨论确定方案；第五，户户签字进行公决；第六，分解工程落实到户；第七，村民小组组织实施；第八，竣工结算张榜公布。“八步工作法”就是村民自己决定、自己管理、自己监督的方法，被称为村民自治的“秘诀”。

村民自治制度真正保障了基层群众自主决定自己事务的权利，问题好解决，效果也好。有一年，湖南临澧县拨给龙池村15万元，让他们兴建新村部，村民会议也同意建设新村部。但村委会主任蔡碧蓉发现村民会议上有些妇女欲言又止，她便找这些妇女座谈，了解她们的想法。她们说，建设村部花费太大，可能要欠下55万元的债，而且工期长，拆迁难度大，不如在旧村部上进行改造。村委会再次召开村民大会讨论，大家一致赞成改造旧村部的方案。

到2008年年底，中国60多万个村委会进行了7次换届选举，98%以上的村制定了村民自治章程。

与农村的村民自治同时发展起来的，是城市的居民自治。

城市社区是社会构成的基本单位，社区自治是社会自治的一个组成部分，社会自治是马克思主义民主政治思想中关于民主政体所需用的特定形式之一。在我国，社区自治是城市居民依法行使民主权利，参与公共事务，实现自我管理和自我服务的平台和方式。在新形势下，积极探寻城市社区自治活动和组织形式创新和发展，是完善和科学发展我国政治民主的重要环节。

五、人民民主的法制

共产党领导、人民当家做主、依法治国，这三者统一起来，就是中国的民主，就是中国的社会主义民主。

共产党领导，人民当家做主，都是依法实现的。因此，构建中国的社会主义法律体系具有十分重大的意义。

2011 年 3 月，十一届全国人大四次会议在北京举行。大会庄严宣布，中国特色社会主义法律体系已经形成。这是一个里程碑式的大事件，因为它标志着世界上形成了一种崭新的法律体系，即社会主义法律体系。

人类历史上出现过奴隶社会的法律体系，封建社会的法律体系。这些法律体系都是压迫人民保护统治阶级利益的。从欧洲国家最早进行工业革命和资本主义革命以来，又逐渐形成了资本主义法律体系。当今世界，占统治地位的是资本主义法律体系。资本主义法律体系比以往的法律体系进步，特别是对市场经济的规范意义很大。同时，这些法律标榜的自由、民主、平等、人权等政治概念具有创建美好社会的号召力。尽管如此，资本主义法律体系的本质仍然是维护资本的自由和资产阶级的统治的。

中国的社会主义法律体系吸取了历史上各种法律体系中追求公平正义和文明进步的成分，摒弃了维护剥削阶级利益的各种法律糟粕，全力维护人民的根本利益，保证实现人民当家做主的最大权利，从而成为人类历史上前所未有的崭新的法律体系。

本书作者曾为这个法律体系的形成贡献过微薄之力。20 世纪 80 年代初，当时的国家副主席乌兰夫和国务院副总理杨静仁主持《中华人民共和国民族区域自治法》起草工作。刚在北京一所大学获得法学硕士学位的我，有幸成为这个起草小组的一员。这个起草小组在全国人大常务委员会的安排下，除了起草民族区域自治法，还参与修改宪法中关于民族区域自治的条文。后来，我在中央机关和地方党委担任领导工作，被选为九届、十届全国人大代表和全国人大法律委员会委员，有机会参与国家的立法工作和政策法规、地方条例的制定工作，从而对我国社会主义法律体系的形成有一些亲身的体会。

中国社会主义法律体系是一个不同于其他法律体系的崭新的法律体系。那么它新在哪里，它与其他法律体系不同的主要特征是什么呢？

以社会主义理论为灵魂的法律体系

法律和法律体系不是各种条文的简单拼合，而是一种社会精神的展现。奴隶社会的法律是奴隶主精神的展现，封建社会的法律是封建主精神的展现，资本主义社会的法律是资本家精神的展现。

社会主义法律是人民精神的展现。在当代中国，千百万人民的精神集中体现为中国化的马克思主义，即毛泽东思想、邓小平理论、“三个代表”重要思想和科学发展观。实际上，马克思主义、毛泽东思想、邓小平理论、“三个代表”重要思想和科学发展观名称不同，但本质为一，都是人民精神的体现，可以把它们合为一个概念：社会主义理论。本书往后的论述当中，一般将不再分别提马克思主义和不同名称的中国化的马克思主义理论，而是把它们统称为“社会主义理论”。

社会主义理论的核心价值是人民当家做主，建设公平正义的美好社会。中国的法律体系，从宪法、法律，到法规和条例，都以社会主义理论为灵魂，都体现着人民的利益和精神。现已制定并有效实施的法律有236件、行政法规690多件、地方性法规和条例8600多件，都以社会主义理论为灵魂，都体现着人民的利益和精神。

坚持中国道路的法律体系

当今的中国社会，是社会主义社会，这就决定了我国法律体系的性质，它必须保障社会主义事业的巩固和发展。

我们讲的社会主义，不是一般的抽象的社会主义，而是中国特色的社会主义。已经形成的法律体系，就是坚持中国道路的法律体系。正如全国人大常委会原委员长吴邦国所说："中国特色社会主义法律体系，是以宪法和法律的形式，确立了国家的根本制度和根本任务，确立了共产党的领导地位，确立了马克思主义、毛泽东思想、邓小平理论和'三个代表'重要思想的指导地位，确立了工人阶级领导的、以工农联盟为基础的人民民主专政的国体，确立了人民代表大会制度的政体，确立了国家一切权力属于人民、公民依法享有广泛的权利和自由，确立了中国共产党领导的多党合作和政治协商制度、民族区域自治制度以及基层群众自治制度，确立了公有制为主体、多种所有制经济共同发展的基本经济制度和按劳分配、多种分配方式并存的分配制度。"以上八个"确立"，归结为一句话，就是确立了中国特色的社会主义道路。

社会主义制度的确立，是中国人民百年革命的成果，是新中国几十年建设的成果。全世界都见证了中国选择的社会主义道路无限宽广，中国确立的社会主义制度美好而优越。中国依靠社会主义创造了人间奇迹，并且将实现中华民族的伟大复兴。

当中国以外的人们研究中国现行法律体系时，他们肯定找不到多党轮流执政、三权分立、私有化这些东西，因为这些东西不适合中国国情。不仅如此，如果中国搞这些东西，有可能丧失已经取得的伟大成就。我们在前面指出过，早在上个世纪初，中国已经实行过这一类的制度，有多党竞选、有三权分立、有私有化等等，结果是军阀混战、人民贫苦、社会动荡、外敌入侵、山河破碎，伟大的中华民族陷入灾难的深渊。值得注意的是，反对中国人民走社会主义道路，千方百计诱使中国搞西式民主的人，正是"八国联军"的后裔子孙。

人民自主创制的法律体系

以往的法律体系是怎样形成的呢？一是少数立法者创制法律。比如，美国的议员提出的议案在国会通过就可以成为法律，人民大众无权参与法律的制定；二是没有统一的立法规划，碰到什么问题立什么法，逐渐形成法律体系，时间长达百年以上。

社会主义中国则不然。我们的法律体系是根据社会主义现代化建设实践的需要,有目标有计划地从无到有地创制出来的。现在,涵盖社会关系各个方面的法律部门已经齐全,各法律部门中基本的、主要的法律已经制定,相应的行政法规比较完全。要知道,形成如此完备而又和谐统一的法律体系,仅仅用了 60 年时间。人民大众直接参与了法律的制定工作。所有法律法规都需经人民代表大会审定,中国的人民代表,从国家到省、市、县,共有几十万人,如此众多的人民代表参加法律的制定,人类历史上没有其他的国家、其他的社会能够做到。不仅如此,不是人民代表的广大群众,也在不同程度上参与了法律的制定,因为人民代表大会通过的法律法规要在社会上广泛征求意见。以 2011 年 2 月通过的车船税法为例,该法草案在人大网全文公布征求意见,引起社会广泛参与,收集修改意见近 10 万条。

实践为先的法律体系

社会实践是法律的基础,法律是实践经验的总结。中国人民几十年来坚持不懈地进行社会主义现代化建设,这是人类历史上前所未有的伟大实践。把人民群众丰富的实践经验加以总结、提炼,通过既定的立法程序,使之成为普遍适用的法律文件,以规范人们的行为,指导人们的实践。这里有两个互相联系的关键点:一是实践为先,先有实践经验,后有法律规范;二是实践为重,法律条文必须在规范社会关系、指导人们实践时能施行、很管用。法律体系的这种实践性既有宏观的方面,也有微观的方面。宏观的方面是指法律体系要同我国经济、政治和社会发展需要相适应,国家的各项管理制度要做到法制化,各种公共权力要依法而立、依法而行、违法必究。微观方面是指公民各项权力的行使和保护都基于法律的规定。

我们构建统一而多层次的法律体系也是实践的需要。中国是统一的社会主义国家,法制当然要统一,法律必须维护国家的统一。但是中国又是多民族的国家,各民族都有自己的特殊性;同时,中国土地辽阔,各地方情况千差万别。这一基本国情决定了国家必须实行统一而又分层次的立法体制,形成统一而又分层次的法律体系。全国人大及其常务委员会集中行使国家立法权,同时赋予国务院制定行政法规的权限，赋予省级人大及其常委会和较大市及其常委会制定地方性法规的权限，赋予民族自治地方制定自治条例和单行条例的权限，还赋予经济特区制定经济特区法规的权限。这样做，既维护了社会主义法制的统一，又妥善照顾到各地区、各民族的特点。如此形成的法律体系符合实际，利于实践。

与时俱进的法律体系

中国是社会主义国家，但还处在社会主义初级阶段，这就决定了已经形成的法律体系不可能是静止的、封闭的、固定的，而是动态的、开放的、发展的。

我国社会正处在深刻而广泛的变革之中，人民群众的实践日新月异，新的创造、新的经验层出不穷。在刚刚过去的中华人民共和国一个甲子年期间，从起宪法作用的《中国人民政治协商会议共同纲领》到《中华人民共和国宪法》和其他的法律法规，都是随着社会实践的发展而不断完善的，宪法经历了多次修改，其他法律也根据实践的需要而创立和修改。整个法律体系过去是与时俱进的，以后更需要与时俱进。中国法律体现的与时俱进，正反映了中国社会主义事业蓬勃发展的生命力。

六、人民民主的干部选拔制

国体、政体和法制，都是因人而动、靠人运作的。把一个国家的国体、政体和法制推动起来、运作起来，需要一支宏大的人才队伍，其中发挥关键作用的是一支梯次结构的官员队伍。一个国家官员队伍的形成机制最能反映这个国家政治文明的发展程度。

在社会主义中国，官员习惯上称为“干部”。因此，官员选拔制也称为“干部选拔制”。

中国是文明之国，历代王朝往往把人才的选拔视为关系国家兴衰的头等大事。汉高祖刘邦在战胜骁勇善战的楚霸王项羽而夺得天下时说，我所以取得天下，是由于“人杰者，吾所用之”。唐朝出现“贞观之治”，也是因为唐太宗李世民能够“选天下之才，为天下之务”。

新中国比任何时代更重视人才的培养和选拔。人民共和国第一任国家主席毛泽东就说：“政治路线确定之后，干部就是决定的因素。”

中国拥有世界上最大规模的教育体系，拥有最为宏大的有文化的劳动大军，拥有人数最多的科技人才。深厚的土壤，能够长出高大的树木。高素质的人民大众，一定会选拔出德才兼备的领导人才。这里说的领导人才，是由以下三支队伍组成的，即科技家队伍、企业家队伍和政治家队伍。

我们此节所讲的，主要是政治家队伍的培养和选拔。

中国政治家队伍的选拔成长过程是相当严格的。一个年轻人，经过完整的国民教育，大学毕业了，有了基本科学文化知识，必须到农村、企业、学校或军队去接受锻炼，了解基层社会，学习基本技能。有了一定的实践经验，经过严格的考试和考察，能力和人品优秀者，可以成为公务员，进入党政机关工作。这样，他就有了成为干部、进入政治家队伍的第一个平台。

党政干部是怎样向上升迁呢？按照《党政干部选拔任用工作条例》、《深化干部人事制度改革纲要》和《公务员法》的规定，党政干部要竞争上岗、公开选拔、会议选举。比如，有一位乡长空缺了，先由县级组织部门在合格的党政干部中组织考试，经过笔试、面试，挑出成绩最好的三名或两名作为考察对象。成立考察专家组，到考察对象工作的地方了解他们的文化素养、道德品质和工作能力。县委组织部门把考察情况综合起来，上报县委，县委召开县委全会，投票表决，确定拟担任出缺乡长的候选人。这样的候选人一般会有两名。最后，召开全乡人民代表大会，由代表们从几名候选人中投票选出乡长。

乡长要再向上升迁，需经过范围更大、层次更高的选拔选举过程。中国的政治家队伍，从乡长到国家主席，从支部书记到党中央总书记，都是一级一级地按严格的程序选拔选举出来的。

中国政治家队伍的选拔，不仅考察个人的素质，而且考虑领导集体的素质。因为我们的国体和政体决定了国家根本的运作方式是民主集中制，只有领导集体结构合理，才能发挥民主集中制的最大成效。以一个县政府班子为例，要有合理的年龄结构，老、中、青比例要适当；要有合理的知识结构，学理工的、学文的、学管理的、学法律的要有配合；要有合理的专业结构，有的精通工业，有的擅长农业等等。如果能够做到班子成员气质互补，那就更好。如有的沉着冷静；有的果敢善断；有的性格外向，充满激情；有的大度宽容，善于协调。

中国政治家队伍同西方国家的政客有两条重大差别。第一条，西方政客是为了集团利益服务，中国政治家是为全国人民服务；第二条，西方政客是通过政党竞争、集团投票选出来的；中国政治家是由不分集团的人民代表选出来的。

这两条差别，根源于中国社会结构和国体政体同西方国家的社会结构和国体政体完全不一样。经过彻底的民族民主革命的中国，长期致力于建设社会主义的中国，社会的平等度和流动性非常高，不像西方社会分化成固定的阶级和强大的利益集团。在中国，人们最普遍的意识是社会需要建立一个公正廉明、强大高效的政府，这样的政府是为全中国人民服务的。人民政府的组成人员，无论他是来自共产党、来自民主联盟，还是来自其他民主党派，都不代表某个社会集团的利益，而是代表全国各族人民共同的利益。他们是被选举出来的，因此他们需要竞争，但无需像西方国家政客那样去竞选。他们需要竞争的是增强为人民服务的意识，提高为人民服务的能力。

社会主义中国的“干部选拔制”，整个设计都是为了选拔出为人民服务的政治家队伍。这种选拔，不是只限于选举那一天，而是贯穿到干部任职的全过程。干部选举任职之后，他除了完成本职工作，有关法规条例还要求他要学习和提高自己。除了平时自学，还要参加集体学习，定期到党校和行政学院深造。学习的宗旨只有一个，那就是要更好地为人民服务。

杨善洲就是一个坚持终生为人民服务的好干部。

毛泽东说过：“一个人做点好事并不难，难的是一辈子做好事，不做坏事。”这样的人世上有吗？当然有，杨善洲就是一辈子做好事的人。

杨善洲家在云南省施甸县，笔者家在云县，两个县是相邻的。杨善洲当过保山地委书记，笔者当过楚雄州委书记，这两个地方也是相邻的。

杨善洲的事迹早有耳闻，我心里很敬佩这位老共产党员，只是我们没有见过面。

我听说过他的许多作为，给我印象最深的是以下几件事：

一天，施甸街上一位赶马人遇到点麻烦事，马蹄铁掉了要重新钉上，但这需要两个人才能操作。赶马人看到一位农民模样的人过来，立刻上前招呼：“兄弟，请你帮个忙，我要钉马掌。”这位农民模样的人二话没说，双腿前弓后蹬，用手托起马脚，用膝盖撑住。赶马人又割又钉，忙活约半个小时，马掌钉好了，那人拍拍手上和裤子上的灰尘走了。旁边卖水果的妇女告诉赶马人：“你可知道帮你钉马掌的人是哪个?！他是我们的县委书记!”赶马人望着杨善洲的背影，张着嘴，半天说不出话来。

1985 年，保山地委建盖办公大楼，刚建起一层楼，碰上昌宁县发生洪灾，杨善洲立刻前往抗灾。当他看到灾情很重，灾民生活困难，就召开会议，决定停建办公楼，把资金调到救灾第一线。有的干部想不通，杨善洲就告诉他们：“如果眼看着人民群众在受苦，我们却忙建办公楼，改善办公条件，将来能不心里有愧吗?”

1988 年，杨善洲退休了。对他来说，作为公务员是休息了，作为共产党员是不能休息的，他要用另外一种方式为人民服务。他给自己找了个很苦很累的活——绿化荒山。

施甸县有座海拔 2619 米的大亮山，杨善洲的家就在山下。小时候，父亲去世，母亲曾带着他上山挖野菜、采药，拿到集市上卖钱，贴补家用。可惜，由于长期的乱砍滥伐，大亮山荒秃了，真的成了不长树的“荒山”。杨善洲决定用愚公移山的精神，把秃山变成绿山。

从退休的第五天，杨善洲就卷着铺盖上山，年年月月吃在山上，住在山上，种树不止。多少年过去，杨善洲创办的亮山林场形成一个近 6 万亩的大林海。

有关部门测算过，全林场 1120 万棵树，按最低价值算也有 3 亿元，它形成的生态效益和社会效益更无法估量。

看到亲手创造的巨大财富，年老多病的杨善洲笑了。

2009 年 4 月，84 岁的老共产党员杨善洲决定把大亮山林场经营权无偿移交给国家。

施甸县委、县政府奖励他 10 万元，他谢绝了。他说：“我早就说过，自己办林场是尽义务，不要报酬。”

保山市委、市政府给他 20 万元特别贡献奖，他转身捐给保山第一中学 10 万元，捐给林场瞭望哨 3 万元，捐给山下群众 3 万元，留下 4 万元给一生务农的老伴作养老金。

有人会说，杨善洲不足为训，因为中国官员中贪腐之人并不少。不错，贪腐的官员过去有，现在有，将来还会有。社会主义中国的“官制”现在还没有杜绝发生贪腐之人的能力，但却有着打击和清除贪腐之人的能力。我们可以说，像中国这样建立起完备的反腐倡廉的法规制度的大国，世界上是绝无仅有的。

实际上，中国政治体制改革的一个重要内容恰恰是完善党风廉政建设的制度和法规。

中国反腐倡廉的法规建设已经取得重大进展，早已颁布实施的法规是：《关于实行党风廉政建设责任制的规定》《中国共产党纪律处分条例》《中国共产党巡视工作条例》《行政机关公务员处分条例》《关于实行党政领导干部问责制的暂行规定》和《党政领导干部选拔任用责任追究办法》等。

制定这些规章制度，不是摆样子，图好看，而是为了从严治党治政。通过坚持不懈的惩治腐败，加强廉政建设，才能使党的组织和政权组织有很高的领导水平和执政能力，有很强的创造力、凝聚力、战斗力，才能使我们的党、我们的政府始终走在时代的前列，实现为人民服务的庄严承诺，完成建设社会主义伟大国家的历史使命。

这些规章制度不是随意编制出来的，而是实践经验的科学总结，也是人民愿望的集中体现。以新修订的《关于实行党风廉政建设责任制的规定》为例，它操作性很强，做到了责任明确、考核到位、追究有力。

《规定》不但明确了领导班子、领导干部在党风廉政建设中的职责和任务分工，而且规定了各级党委要建立健全决策权、执行权、监督权既相互制约又相互协调的权力运行机制，还列举了实施责任追究的七种具体情形，主要包括：对党风廉政建设工作领导不力；对上级交办事项不贯彻落实；对严重违纪违法行为隐瞒不报、压案不查；对班子成员和下属疏于监督管理致使发生严重违纪违法问题；违反规定选拔任用干部或者用人失察失误；对下属人员违法行为放任、包庇、纵容，以及其他违反规定行为。

责任追究有两种方式，一是针对领导班子集体，二是针对领导成员个人。对领导班子集体违反党风廉政建设责任制的，根据情节轻重，责令作出书面检查、给予通报批评和进行调整处理；对领导成员个人违反党风廉政建设责任制的处分则包括批评教育、责令检查、责令辞职、降职、免职等党纪政纪处分。

对领导班子、领导干部违反党风廉政建设责任进行追究时，调查和处理的主体是纪检监察机关和组织人事部门。其中，需要追究党纪责任的，由组织人事部门按照有关权限和程序办理。规定责任追究不因领导干部岗位或职务变动而免予追究，并根据不同的责任追究方式设定了不同的影响期，在影响期内不得提拔使用。

制定反腐倡廉的规章制度很重要，依法打击贪污犯罪更重要。以2010年为例，全国纪检监察机关立案近14万件，处分县处级以上干部5098人，挽回经济损失89.7亿元。从查案数据看，2010年受党纪政纪处分的人数占党员总人数的比例为1.5%。

新中国建立60多年的实践已经证明，人民民主的“干部选拔制”能够培养出像杨善洲那样成千上万全心全意为人民服务的好干部，也能清除任何损害人民利益的贪腐变质者，使中国政治家队伍能始终保持治国理政的超强能力。

中国政治文明如此伟大的创新一直为西方民主的原教旨主义者所忽视，甚至贬低和歪曲。但人们只要看看汶川大地震中的抢险救灾和家园重建，看看应对金融海啸的中国典范，看看北京奥运会、上海世博会和60周年国庆大典的出色组织，就不能不承认，作为中国社会中流砥柱的政治家队伍，无论是眼光、情怀和执行力都是世界一流的。

对此，有些不带偏见的外国企业家，当他们在实际生活中同能力很强的中下层中国官员打交道时，甚至会感到震惊。例如，韩国三星中国公司社长朴根熙与三星工厂所在地一名中国官员接触后大吃一惊，因为该官员能记住外国企业的详细数目，对大部分工厂了如指掌，并对电视机生产具有相当程度的专业知识。朴根熙说："同中国地方城市四十出头的副市长或局级官员见面后，你就会明白中国竞争力强大的原因，这点甚至让我感到畏惧。"

LG电子中国本部社长禹南均也说，中国官员"有着极强的能力和使命感"。

禹南均表示："中国共产党经过充分讨论后才作出决策，虽然看起来有些拖沓，但一旦做出决定就会有效运作。与中国人成为朋友后，他们会真心帮助我们，这也是中国人的优点。我见到的中国精英官员几乎没有人喝酒，对自己要求非常严格。虽然人们先入为主地认为在中国可以靠行贿解决问题，但这一招在这些精英官员身上不管用。"①

① （韩国）《东亚日报》，2009年4月13日李铉镇文章。

七、人民民主的优越性

民主的本意是人民当家做主，这需要一定的政治制度、政治程序来实现。

一人一票的选举等于民主，这是西方国家根深蒂固的政治偏见。且不说选举过程被少数金融寡头所操纵，即使是完全公平公正的选举，人民的权利也仅是在投票的时刻一闪而过。投票之后，真正关系人民利益的政治决策，人民就无权参与了。中国的社会主义民主与之根本不同，它不但重视选举，也注重决策，而且是更注重决策贯彻执行。人民要参与决策，决策的结果必须符合人民的利益。

概括来说，中国社会主义民主是选举与协商相统一。

在中国，共产党的最高权力机关是党的全国代表大会及其中央委员会，国家最高权力机关是全国人民代表大会及其常务委员会。

党和国家最高权力机关实行民主集中制，这是选举和协商相统一的先进而有效的民主制度。按照国家法律和党的章程，党和国家领导人的产生，党的重大政策的确定，国家重要法律的制定，经济和社会发展规划的决定，首先要在社会上进行调研和协商，充分尊重社会各阶层各方面的意见，然后在最高权力机关内部进行充分的讨论和协商，基本形成共识后，依法进行少数服从多数的投票表决。一旦形成决策，全党共同遵守，全国共同推进。

经过如此政治机制确定的法律和发展规划，实施效果都比较好。但随着实践的发展、社会情况的变化，会暴露出它的缺陷和不足，这就需要改进和完善。中国社会主义民主的生机与活力这时就会更加充分显示出来，因为它尊重事实，尊重人民的创造精神。第一线的实践者会及时提出他们的意见，相关的领导机构会重视他们的意见，并派出专家进行调查研究，形成初步的改进方案。这些改进方案如果是涉及全局性的重大问题，就会进入最高层的民主决策程序，通过民主集中制，修改和完善相关的法律和规划。最近 30 年内，我国宪法已经过多次修改，每一次修改，都使中国的社会主义建设进到一个新的境界。

我们在前面已经指出，中国的政治文明一直被“西方民主”的原教旨主义者所丑化。除了西方民主，他们不承认有任何别的民主，他们还不遗余力地把中国的人民民主妖魔化。

过去的60多年里，西方许多媒体经常把中国描述成一个国家政权同人民群众对立的国家。宣称中国政府是专制政府，是压迫性的，总是抱住权力不放，而民众则是在异见人士的领导下进行着追求民主自由的抗争。他们相信，前苏联和东欧国家的“颜色革命”也迟早会在中国爆发。

这种根深蒂固的观念指导着他们对中国发展的预测。他们曾经公开宣称：

1989年天安门风波后中国将会崩溃；

苏联解体后，中国也会分崩离析；

邓小平去世前后，中国会发生大动荡；

香港将会因回归中国而变成死港；

加入世贸组织后，中国经济将要崩溃；

2008年金融危机将导致中国社会大乱；

……

中国崩溃论者实际上就是那些不遗余力地美化西方民主、丑化中国民主的人。令他们悲哀的是，历史事实一次又一次地打了他们的嘴巴。更让他们想不通的是，欧美国家的人民大众也使劲地打了他们的嘴巴。

2011年1月26日，世界五大公关公司之一爱德曼发布《2011年度调查报告》，中国政府以88%的民众信任度高居全球各国榜首。与此同时，美国《时代》周刊民意调查显示，81%的美国人认为他们的国家正走在错误的道路上。

这些年来，越来越多的西方国家人士反对丑化中国政治制度，一些西方思想家甚至开始客观地评价中国政治文明的优越性。

美国未来学家约翰·奈斯比特已经81岁了，这位见识广、阅历深的思想家对中国的民主模式有独到的观察和分析。

约翰·奈斯比特在《中国大趋势》一书中写道：“支撑中国新社会长治久安最重要、最微妙也是最关键的支柱就是自上而下与自下而上力量的平衡。这是中国稳定的关键，也是理解中国独特的政治理念的关键。”

奈斯比特认为,中国政府自上而下的指令、组织动员与中国人民自下而上的参与所形成的新政治模式,可以称之为“纵向民主”。而西方人心中的民主实际上是“横向民主”。当西方人想到一个自由、民主的社会时,脑海中出现的是一个横向结构,由无数个“选民”“平等地投票选出自己的领导”。

在奈斯比特看来,“纵向民主”的一个优势是可以把政治家从选举思维中解放出来,以便制定长期的战略计划,并加以实施。如果中国搞西方的“横向民主”,那就会把大量的精力都浪费到竞选的争斗之中。只要认真思考一下便会明白,在中国,除了实行“纵向民主”,“似乎没有更好的办法领导一个如此庞大复杂的国家走出贫穷,实现现代化了”。

奈斯比特的结论是,中国模式将以令人难以置信的力量影响世界。“对别的国家来说,改革越多,中国模式越有效”。

法国作家魏柳南向来反对西方对中国的偏见,他所著《中国威胁?》一书,就是对西方偏见的反驳。

魏柳南说:“西方某些领导人对中国的部分攻击,其目的或是为了掩盖他们现在的行为,或是为了让人们忘记他们的历史。至于欧洲政府,他们指责中国在非洲不保护环境,不尊重劳动者权利。更令人震惊的是,他们指责中国掠夺非洲的自然资源,此举企图让人忘记他们在非洲犯下的历史罪行、可耻的失败和斑斑劣迹。”

“还有人挑剔中国没有做到自由的民主政治,我要申辩的是,这仅仅是因为它特殊的历史背景。与之相反,苏联倒是彻底学习了‘自由民主’,但是给它带来的只有快速解体。中国则抛弃了这些政治集团的条条框框,也不照搬西方社会的体制,它建立了自己独特的和历史背景及文化传统相关的体制,这种体制与西方国家有很大的差异,而这种差异正是激励中国发展的催化剂。”

魏柳南指出,实际上,在欧洲也有反对诽谤中国体制的声音存在。“事实上,欧洲国家和中国不是敌对的,在过去的那些年里,媒体和议会都没有这么强烈地反对中国。很长一段时间里,欧洲人都为中国古老而悠久的文化所深深吸引,也非常钦佩中国过去 30 年中通过无限的活力和勤奋刻苦所取得的经济飞跃。欧洲人讥讽美国人的文化时通常会说:他们能称霸因为年轻。中国则不同,它和欧洲一样,拥有深厚的文化底蕴,在二者之间,一定能够找到彼此政治和经济的融合点。”

日本《经济学人》周刊认为，中国能够率先走出 2008 年爆发的全球危机，一个原因是中国共产党的政治体制发挥了重要作用。

该刊文章说：“《中华人民共和国宪法》中规定了共产党的领导地位，党的意志被直接体现在政策中。政府和党的最高命题就是捍卫社会主义国家。在全球性经济危机肆虐的背景下，无论采取什么政策，最重要的课题就是促进经济迅速复苏。

“在达成这个目标的过程中，一党制发挥了重要作用。党提出的政策基本上能够快速得到执行。此外这种将政策贯彻到底的意识已经深深植根于党员干部和未来将要成为干部的人心中。而以政绩好坏决定党内位次的评价体系才是其原动力。此次中央政府的经济刺激政策刚一出台，作为执行主体的中央政府机构和地方政府便争先恐后提出了自己的方案。经济复苏这个目标是明确的，个人的认识又很难出现动摇，可能这也是导致政令畅通的一个原因。”①

英国作家理查德·麦格雷戈在美国《外交》杂志上发表文章说，西方关于中国共产党的许多论调都是错误的。

比如，“中国只是名义上的共产主义”，这种说法是“错”的。“只要看看这个党的结构就会发现，中国的政治体系仍然保持着共产主义和列宁主义”。中国共产党在改革经济体制、解放经济的同时，“很小心地掌握着政治上的领导权，方法是牢牢把握三个方面：人事、宣传和人民解放军”。

又比如，“共产党不可能永远统治下去”。“不，它能够统治下去，至少在未来可预见的一段时间内是这样”。有人以为中国也会像一些邻国那样搞西方式的民主，这是不可能的。“原因是显而易见的。中国的几个亚洲邻国是在不同时期不同环境下成为民主国家的。但它们都是美国的保护国，美国在推进它们的民主变革和体制化过程中发挥了重要作用。比如，韩国在 1988 年汉城奥运会之前宣布进行大选就是美国直接施压的结果。日本和韩国都相对较小，属单一民族国家，不像中国幅员辽阔，有着众多的民族。而且，日本和韩国也都没有经历过以赶走帝国主义侵略为使命的共产主义革命。”

① （日本）《经济学人》周刊，2009 年 4 月 28 日一期文章：《中国单级经济》。

"关于中国有一天会成为民主国家的想法只是西方的一厢情愿,是从我们的政治体制演化理论中发展起来的。然而,迄今为止的所有证据都表明这些理论是错误的。中国共产党说得很清楚:它不让中国成为西方式的民主国家——而且看起来它也有所需的一切条件来确保中国不会走上那条路。"

英国《每日电讯报》评论说:"活力、生机、丰富的消费产品、时尚和享乐……我们无法把这些跟共产党统治联系起来,但在中国城市,这些东西都触目皆是。从摩天大楼到繁忙的餐厅和拥挤的商店,比我们的更大、更便宜。今天,中国人比60年里任何时候都享有更多自由,一种真正的法制体系初露端倪。头一次你能感到人之精神的解放。"

2008年由美国引爆的全球金融危机,实质上是金融资本主义的大危机,中国成功应对这场世界性的危机已引起全球关注。提出"历史终结论"的美国学者弗兰西斯·福山说,中国之所以成功地应对金融危机,是基于它的政治体制能力,能够迅速作出重大的、复杂的决策,并有效地实施决策,至少在经济政策领域是如此。相比较而言,美国却不具有应对危机的体制能力,它变得更加僵化。福山在2009年接受日本媒体专访时还说:"近30年来,中国经济令人惊异的快速发展体现了'中国模式'的有效性。一般认为有望再保持30年的增长。客观事实证明,西方自由民主可能并非人类历史进化的终点。随着中国崛起,所谓'历史终结论'有待进一步推敲和完善。人类思想宝库需为中国传统留有一席之地。"

第五章 经济文明建设

一种崭新的社会形态，如果没有创造出优越于其他社会的新型经济，它的根基是不牢固的，发展前景也不会光明。本书作者在《文化经济学》一书中专门论述过，中国正在形成一种崭新的经济，这就是“以人民为本、以文化为主导”的新型经济。它同盛行于西方世界的“以商品为本、以金钱为主导”的旧式经济是不同的。1997 年亚洲金融危机时，中国的新型经济顶住了重大的冲击；2008 年全球金融危机时，中国的新型经济经受了非常严峻的考验；近几十年来，中国经济增长速度不但远超于世界经济平均增长速度，更是西方发达国家望尘莫及的；今天的中国，当之无愧是全球经济增长的火车头。面对如此生动的现实，谁能否认中国创造了社会主义经济文明呢？

一、创立崭新的经济体制

中国经济近几十年来惊人的发展壮大得益于中国构建了自己独特的经济体制,创造了新的经济文明。

经济体制是经济文明的核心,因此,经济体制的创新成为中国经济能够持续快速发展的原动力。

中国经济体制创新的参照物不是旧中国的经济体制,因为那是落后无效的代名词;也不是其他发展中国家的经济体制,因为那里还没有出现成型的先进的经济体制。

中国经济体制创新的参照物实际上是西方发达国家的经济体制,因为这种经济体制帮助这些国家实现了现代化,被视为迄今人类最先进的经济体制。说到这里,请读者不要误解,以为中国经济文明的创新就是要学习和模仿西方的经济体制。实际上,中国经济文明的创新恰恰是要超越西方发达国家的资本主义生产方式。

中国经济文明对资本主义生产方式的超越,体制上看主要集中在以下两个方面:第一,把公有和私有结合起来,创立以公有制为主体、多种所有制经济共同发展的经济体制;第二,把计划和市场结合起来,完善宏观调控和市场运作相互促进的经济体制,这就是社会主义市场经济。

中国经济文明对资本主义生产方式的超越,根本上是"以人民为本、以文化为主导"的经济形态代替"以商品为本、以金钱为主导"的经济形态。

改革市场经济

把公有制和私有制结合起来,创立以公有制为主体、多种所有制经济共同发展的经济体制，是中国经济改革的必然选择。

新中国的缔造者，都是用科学的革命理论武装起来的共产主义战士，他们在长期的战争中出生入死，坚持革命，心怀远大而崇高的目标：要创建人民当家做主的新社会。他们都读过马克思的著作，马克思对“以商品为本、以金钱为主导”的资本主义经济体制的批判，他们深表赞同。因此，人民共和国建立之初，就摒弃了西方的、以资本家为主的经济体制。

现在回过头来看，这种对自由资本主义的摒弃意义十分深远。美国的自由资本主义，长期以来是以资本家为主的西方经济体制的主流和典范。很显然，这种自由虽然也打着民有、民享的旗号，但完全不是人民的自由，而只是资本的自由。一个资本家掌控的资本与财富越多，他就越自由。

两百多年来，资本主义经济在矛盾和危机中曲折发展，适应了各种内外冲突，表现出强大的生命力。经济学家们说是资本主义有良好的自组织机制，其特点是巨大破坏的同时，也能形成极大的生产力，熊彼得美其名曰“创造性破坏”。

危机和破坏都被说成是“创造性的”，多么优雅而轻松！要知道危机和破坏的后果都是深重的灾难。而破坏性的后果是要有人来承担的。谁来承担呢？在资本主义国家的霸权体制下，破坏性后果被转嫁到广大发展中国家，由这些国家的人民来承受苦难，而发达国家的少数人则尽情享受创造性破坏的好处。只是在这样的历史时代，资产阶级经济学家才能轻松而优雅地谈论“创造性破坏”。

今天，世道已经大变，在全球化、信息化的浪潮中，长期承受破坏性后果的国家觉醒了，新兴国家崛起了，西方列强越来越难以向外转嫁危机，只能由自己国内民众来承受创造性破坏的代价，从而激化了国内社会矛盾。

美国的自由资本主义将“创造性破坏”推向了极致，人民大众分享“自由之名”，少数资本富豪独享“自由之实”。虽然社会蛋糕越做越大，但大众所得越来越少，最弱的群体只能分得一点蛋糕屑而已。有经济学者计算，若以 2000 年 1 月 100 为基数，美国家庭实际收入的中位数今天只有 89.4。也就是说，美国中等家庭的收入较十年前减少一成以上。与此同时，1%的少数富豪收入在同一时期增加了 18%，占有全美国社会财富的 40%。

今日美国的真实图景是这样的：一边是占总人口 1%的自由而幸福的超级富豪，另一边是占总人口 99%的日子越来越难过的那些人。反映美国贫富差距的统计数据非常确凿：目前，400 个最富的美国人占有的财富超过 1.5 亿底层美国人占有的财富总和。

2011 年秋天，美国掀起一个名为“占领华尔街”的群众运动。示威活动席卷美国所有的大城市，参加示威的人们声称：“我们是占总人口 99%的那部分人。”

“占领华尔街”的运动将会怎样发展，人们还在观察和热议。但有一点是肯定的，2008 年爆发的金融危机擦亮了美国大众的眼睛，他们发觉真实的美国是一个“1%所有、1%所治、1%所享”的资产者国家，99%大众的“美国梦”已经破碎了。

与此同时，欧洲许多国家也陷入了债务危机和群众愤怒的漩涡中。

历史已经得出结论，正如马克思当年预言过的，资本家为主导的经济体制已经没有前途。

中国经济文明的创新，就是要摒弃以资本家为主导的经济体制，建立以文化为主导的经济体制。

建立人民为主的经济体制，必然要经历一个复杂的探索过程，错误和挫折是很难避免的，但社会主义中国的建设者们始终充满着必胜的信心。

建立崭新的经济体制，不能违背经济运行的规律。无论什么社会发展阶段，经济运行的规律都是在生产关系和生产力的对立统一中表现出来的。生产关系的本质是所有制，究竟是资本家为主还是人民为主，是由所有制体现出来的。在现代社会生产条件下，私有制为主，就是资本主义经济，就是资本家为主的经济；公有制为主，就是社会主义经济，就是人民为主的经济。

一个社会究竟实行什么样的所有制好，各个历史时期、各种社会内部都有争论。所有制最基本的是两种：公有、私有。有的人说，公有比私有好，主张搞纯而又纯的公有制。中国在“文化大革命”期间就是这样做的，把公有与社会主义等同起来，把私有同资本主义等同起来。为了坚持“一大二公”的社会主义，把农民在“自留地”上种菜养鸡都要当做“资本主义的尾巴”割掉。这种做法挫伤了人民群众的积极性，阻碍了社会生产力的发展，国民经济陷入极大的困难，教训太深刻了。实践证明，搞单一公有制行不通。

还有人强调，私有比公有好，主张推行私有化。苏联和东欧国家在戈尔巴乔夫“新思维”的引领下，在西方国家的诱导下，搞“休克疗法”，把国有和其他公有财产全部化为个人资产，导致社会生产力全面倒退，人民生活水平迅速降低，国家经济停滞不前。实践证明,搞全盘私有化对社会有害无益。

中国的改革打破了把公有和私有对立起来的一切教条。公有和私有之间,有矛盾,但也有统一,它们不是互不相容的,而是可以相辅相成的。中国的改革,关键的一点就是从理论上和实践上找到了一条公有私有相辅相成的道路,形成了公有制为主体、多种所有制经济共同发展的新型所有制结构。在这种结构内,多种所有制经济发展起来了,它们相互竞争,提高了各自的经济运行效率,调动了一切积极因素,充分应用各种资源,使我国经济能够又好又快地发展。

公有制经济为主体同单一公有制经济不同。它只是要求,在全社会的总资产中公有资产要占优势。同时,社会上还有私有经济的广泛存在。

公有制经济既包括国有经济和集体经济,也包括混合所有制经济中的国有成分和集体部分。在我国社会中,公有制经济和私有制经济并不是互相对立的,而是相辅相成,共同发展的。

在社会主义市场经济条件下,公有经济和私有经济可以在竞争中发挥各自优势,得到全面的发展。作为独立平等的市场参与者,公有经济和私有经济竞相为社会提供质优价廉的商品和服务,并不断改进技术和提高生产效率,共同促进社会进步和人民生活改善。在这个过程中,公有经济和私有经济既竞争,又合作,甚至相互融合,一起壮大。

改革开放30年的实践显示,无论是公有经济还是私有经济,都得到了极大的发展。虽然公有经济在经济总体中的比例有所降低,但总量越来越大,优质资产越来越多,竞争力也越来越强。同时,也没有因为公有经济的强大而压制了私有经济的发展,而且从发展趋势看,公有经济和私有经济的融合度日益明显,混合所有制经济的比重越来越高。

中国创造的人民为主的经济体制,最基本的特征是人民占有社会的主要资产,经济的发展有利于社会的整体利益,有利于全国人民,而不是少数人占有社会的主要资产,经济的发展只有利于少数资本所有者。

举世皆知,中华人民共和国境内全部土地、水体、资源,这是无限庞大的资产,都不是私有,而是公有,都属于全体人民所共有。全部国有企业,包括中央银行和主要商业银行,都属于全体人民所共有。全部集体资产,都是公有的,属于社会集体单位的成员所共有。正因为中国人民拥有如此庞大的社会资产,他才能成为社会的真正主人，才能拥有大地上最坚实的独立性，才能创造人民为主的经济文明。

人民为主的经济体制，不仅是主要的社会资产由人民占有，而且是公有经济，特别是国有经济要占主导地位。首先，市场存在缺陷，市场失灵是经常发生的，我国还处于社会主义初级阶段，市场机制不成熟，市场失灵的情况更为严重，只能依靠国有经济从人民的整体利益出发，在按市场运作的同时，尽量保证公共产品的生产和供给，以满足社会的需要；其次，我国工业化任务很重，社会资本的积累过程比较长，民间资本的力量有限，利用国际资本又有条件限制，而主要依靠和凭借国家财力生成的国有经济，可以较快形成大规模的国有资产，进行一些关系国计民生的重要项目的建设，以保证和加快工业化；再有，国有经济参与投资规模大、投资时间长和投资风险高的高新技术开发，有利于发展高科技战略产业，以优化经济结构，提高社会经济效益。

中国国有经济包括“中央企业”和“地方企业”两类。截至 2010 年，共有 122 家“中央企业”，它们拥有“共和国长子”的美誉，因为它们大多是伴随着人民共和国诞生的。

中国的国有企业，是一个强大的企业群体，它们过去、现在和将来都发挥着社会经济发展顶梁柱的作用。

我们通过以下一组数字可以看到“中央企业”在中国经济中的特殊地位。

——到 2010 年底，全部 122 家中央企业资产总额达到 24.3 万亿元，净资产 9.5 万亿元，净利润 8489.8 亿元，上交税金 1.4 万亿元，超过全国税收的六分之一。

——中央企业目前超过 80%的资产集中在石油石化、电力、国防和通讯等关系国计民生的关键领域以及运输、矿业、冶金和机械等支柱产业。

——中央企业承担着全国几乎全部的原油、天然气和乙烯生产，提供了全部的基础电信服务和大部分增值服务，民航运输总周转约占全国 80%，高附加值钢结构约占全国 60%，发电量约占全国 50%……

国有企业的关键作用，平时人们习以为常。一到危急时刻，就会强烈地凸现出来。

2006 年到 2008 年上半年，国际粮价大幅上涨，形成了席卷全球的粮食危机；随后受金融危机冲击，全球粮价又大幅下跌。在国际粮价的“惊涛骇浪”中，中国粮价始终保持平稳。这是为什么呢？就是我们有粮食国家队——中储粮总公司。这家中央企业想政府之所想，急人民之所急，坚决执行国家最低收购价，跨省移库，运用多种调控手段，有效抑制了粮食市场的波动。

在中国社会中，122家中央企业和地方国有企业形成的国企大军推动了生产力发展，改善了人民生活，支撑着国民经济，增强了社会主义经济制度，维护了国家的长治久安。完全可以说，"国有企业，国之根基"。

在以公有制为主体，多种所有制经济共同发展的社会环境中，中央企业得到不断壮大。2005—2010年，中央企业发展质量和经济效益都有大幅度提高。资产总额由10.5万亿元增长到24.3万亿元，年均增长18.2%；营业收入由6.79万亿元增加到16.7万亿元，年均增长19.7%；实现净利润由4642.7亿元增加到8489.8亿元，年均增长12.8%；上缴税金由5779.9亿元增加到1.3万亿元，年均增长17.6%。2010年财富全球500强中，国资委监管的中央企业有30家，比2005年增加20家。

从2006年开始，中央企业累计上缴国有资本收益1686亿元。截至2009年底，已有1561.26亿元国有股权转让收入规划社保基金，占全部社保基金财政性收入的41%。

计划经济时期，国有企业利润全部上缴，企业需要用钱由政府拨款补贴，称作"收支两条线"。1994年调整政策，企业利润不上缴，亏损政府也不补。2007年政策又作了调整，确定资源类的中央企业按10%、一般企业按5%上缴净利润。2010年则将上述比例提高到15%和10%，军工和科研企业为5%.

中央企业的净利润主要是通过投资形成新的净资产。"十一五"期间，中央企业净资产平均每年增长15.6%。包括中央企业在内的国有企业的资产属于全社会所有，是全国人民共有的资产。

国有企业能否同市场体制相结合，是一个历史性的难题。中国通过企业制度创新和改善国有产权制解决了这个难题，具体做法是既使国家对国有资产保持最终所有，又使国家投资和拥有股份的企业成为各自独立的市场主体，实现国有经济与市场体制的有效融合。这是社会主义市场经济理论的重大突破，是向建立社会主义市场经济体制迈出的具有决定意义的一步。

现代企业制度的主要特征是"产权清晰、权责明确、政企分开、管理科学"。与此同时，要重新明确政府—市场—企业三者的关系。在市场经济中，政府的重要责任是创造有效率的市场；企业在市场竞争中自主决策、自主经营、自负盈亏；市场则基于供需关系，通过价格信号影响企业经营决策，从而实现资源的有效配置。

经过30多年的经济改革，中国国有企业的面貌发生了很大的变化，许多国有企业已经适应了市场经济的大环境，竞争力大为增强，对各类人才的吸引力也越来越大。

在公有制为主、多种所有制经济共同发展的社会环境中，民营经济迎来了发展的春天。2000年，全国有170多万户民营企业，吸纳了2000万人就业。到2011年，发展到近2000家，吸纳了2亿人就业。

全国有个体工商户2576万家，户均资金2.53万元；这些个体户涉及家庭人口7500万人，其中多数人过上了小康生活。

总体上看，民营企业大多属于劳动密集型企业，每年创造就业岗位在1000万个以上。同时，由于民营企业灵活性强，创造力强，已经在国内外市场中显示出相当强的竞争力。到2010年，民营经济已占全国GDP的65%左右，占经济增量的70%—80%，已成为经济发展的最大动力来源，是解决中国社会就业问题的主体。

2005年，《国务院关于鼓励支持和引导个体私营等非公经济发展的若干意见》，即“非公经济36条”发布，非公经济发展的社会环境进一步完善，发展空间更大。

2010年9月，全国工商联公布“中国民营企业500强”名单。入围的500强业绩不错，2009年的净利润总和达到2179.52亿元。但与国企比较，差距还很大。中国石油和中国移动两家国企2009年的利润有2185.53亿元，超过了民企500强的总和。

在以公有制为主体、多种所有制经济共同发展的社会环境中，外商投资企业也找到了自己发展的新天地。

截至2010年7月，中国累计设立外商投资企业69.8万家，实际使用外资达1.05万亿美元，连续18年位居发展中国家利用外资之首。

金融危机爆发后，这种格局没有改变。联合国贸发会议发布《2010—2012世界投资前景调查报告》，对236家全球最大的跨国公司和116个国家的投资促进机构的调查表明，世界前15个最具吸引力的投资目的地中，有9个是发展中国家,中国位居第一,是跨国公司首选的投资目的地。

现在,中国注重的不是引进外资的数量,而是关心外资的结构和质量。按照国家相关政策的要求,我国高端技术和高附加值产业、服务业将呈现快速发展的态势。中国引进外资的方式和形式也会从原先的大量集中于加工制造业转向设计研发和服务营销领域。

据中国美国商会发布的《2010 年商务环境调查报告》,2009 年,71%的在华美国企业实现盈利,82%的在华美国企业对业务前景表示乐观,91%的企业对未来 5 年的发展前景表示乐观。

联合国贸发会议和科尔尼公司进行的外国直接投资信心指数调查和对众多大型跨国公司的调查显示,中国是全球最具吸引力的投资东道国。

改革计划经济

把计划和市场结合起来,完善宏观调控和市场机制相互促进的经济体制,也是必然的选择。

建立以人民为主的经济体制,归根到底,是要促进社会生产力的发展,要提高人民的生活水平,这就需要找到效率很高的现代经济运行机制。近代以来,人们逐渐找到了两种效率较高的经济运行机制,一种是市场经济,一种是计划经济。

市场经济是现代经济运行的一种普遍方式。市场经济是资本主义国家创立的。

最初的市场经济是自由放任的市场经济。按照亚当·斯密提出的理论,由市场自由竞争形成的价格机制,可以调节产品的供需平衡,可以实现社会经济资源的最优配置。市场出现的供需不平衡,是暂时的,依靠市场价格机制的作用可以恢复平衡。在这种情况下,国家对经济的干预不仅是不必要的,而且会打破产品供需平衡。

自由放任的市场经济,在促进资本主义社会生产力发展方面起过重要的积极作用,创造了超过以往任何历史时代的巨大的社会财富。然而,自由放任的市场经济在资本主义私有制的主导下,必然造成各种危机。从 19 世纪 20 年代起,资本主义经济大约每隔十年左右的时间就发生一次生产过剩危机,特别是 1929—

1933 年资本主义世界发生的大危机,从根本上震撼了整个资本主义制度。

深刻的危机暴露出自由放任的市场经济实际上重病在身。著名经济学家凯恩斯提出了治病的方法,那就是对市场经济实行国家干预。

凯恩斯理论认为,产品供需失衡和失业问题不是偶然的、暂时的现象,而是市场经济的常态。其原因是有效需求不足。克服供需失衡和失业问题,不能单靠市场机制的自动调节,必须由国家对经济生活实行干预。

二次大战后,西方国家普遍推行了国家干预的市场经济,见到一定的成效。但因为克服不了资本主义生产方式的内在矛盾,凯恩斯主义只能治标不能治本,困难还是越来越多。20 世纪 70 年代之后,以美国为首的西方国家重新乞灵于自由主义,推行“新自由主义”经济,实际上是放任资本的自由,无限制地吹大虚拟经济的泡沫。2008 年,华尔街大金融泡沫破灭,掀起了席卷全球的金融海啸,所有的资本主义国家都跌进了债务危机的深渊。

严酷的现实告诉世人:市场经济虽好,如果没有改革,如果不脱离资本主义生产方式,它是没有前途的。

计划经济是现代经济运行的又一种重要方式。计划经济是社会主义国家创立的。

无论在苏联,在中国,计划经济都是以单一的公有制为基础,实行高度集中的、以行政指令为主的、排斥市场机制的计划。这种行政指令计划是配置社会经济资源的主要方式。

计划经济在社会主义国家历史上发挥过非常重要的作用。苏联通过几个五年计划的发展,很快建立起强大的工业体系,使曾经非常落后的国家成功发展为世界第二大经济体,为二次大战时打败德国法西斯奠定了雄厚的物质基础。

新中国成立后即开始实施计划经济。虽然以美国为首的资本主义世界对中国实施包围和封锁,虽然我们是在旧中国财政经济总崩溃的一片废墟上开始发展经济,但是中国人民自力更生、艰苦奋斗,运用计划经济可以集中人力、物力、财力办大事的优势,还是取得了重大的成就。

1978 年同 1949 年相比:国内生产总值从 466 亿元提高到 3624 亿元,增长 7.78 倍;工业总产值从 140 亿元提高到 4230 亿元,增长 30.21 倍;农业总产值从 326 亿元提高到 1397 亿元,增长 4.29 倍;粮食产量从 1.13 亿吨提高到 3 亿吨,增长2.69倍；棉花产量从44.4万吨提高到216.7万吨，增长4.88倍；钢产量从16万吨提高到3178万吨，增长198.63倍；煤产量从3200万吨提高到6.18亿吨，增长19.31倍；发电量从43亿度提高到2566亿度，增长59.67倍。

这期间，国民经济平均增长速度为8.34%，远远高于同一时期世界平均增长速度。

更为重要的是，新中国在最初30年间极大地发展了重工业、农业和轻工业，形成了比较完整的国民经济体系，为后来的大发展打下了坚实的基础。

毛泽东当年感叹的什么都不能造的状况完全改变了，不但煤炭、电力、石油、钢铁、有色金属、基本化工有了重要的成就，机床、电机、汽车、飞机、船舶、兵器等机械制造业也从无到有，从小到大地发展起来，甚至有重大突破，“两弹一星”的成功就震惊了世界。

计划经济在新中国发展初期能够发挥如此重大而积极的作用，是因为有许多特殊的社会条件。例如，当时国家需要集中力量重点发展重工业和进行外延的扩大再生产，而且当时党和国家的宏观经济决策是正确的，干部队伍作风正派，党和政府威信很高，人民群众有很高的政治激情。正是在这些条件下，计划经济的优势得到充分发挥，而其内在的弊端则暂时被掩盖了。

随着社会情况的变化，计划经济的弊端就逐步显露出来了。例如，在工业化和现代化生产条件下，企业作为社会生产的基本单位，在发展社会生产力中起着极为重要的作用。但在计划经济体制下，把企业供产销和人财物等方面的权利均集中在政府手中，这就从根本上抹杀了企业的独立经济利益，否定了企业的经营自主权。政府实际上很难准确、及时、全面地掌握企业经营管理中的信息，很可能作出错误的决策，使企业无所适从，必然严重挫伤企业管理层、科技人员和广大企业职工的积极性和创造性。没有企业的积极性，没有科技人员的积极性，没有企业员工的积极性，就不会有社会生产力发展的源头活水。再比如，计划经济体制的本性，要求在全社会范围内实行国有制。在我国从1958年到1976年计划经济体制强化时期，不仅把残存的非公有制经济扫荡无遗，而且对集体所有制生产的主体部分也实行指令性计划，还有一部分集体所有制直接过渡到了国有制。这样一来，计划经济体制就从根本上否定了非公有制经济，也在很大程度上否定了集体所有制经济的作用，由此就扼杀了各种所有制企业之间的竞争，也使国有经济丧失了活力,阻碍了整个社会的经济发展。

在中国,计划经济体制对社会生产力发展的积极作用是递减的,而消极作用是递增的。1953 年到 1957 年,国内生产总值年均增长率高达 9.2%,但 1958 年到 1978 年,就降到 5.4%。

苏联计划经济的弊端比中国表现得更严重,经济发展长期停滞不前,人民生活日益困难,这是苏联最终崩溃的重要原因。

历史已经表明,以单一公有制为基础的计划经济必须实行改革,否则是没有前途的。

创立社会主义市场经济

我们已经看到,自由市场经济陷入周期性的危机,只好进行改革,改革的方向是加一点计划性,国家实行一些调控措施,即实行"凯恩斯主义"。但因为这种改革没有触动私人资本主义,治标不治本,结果是旧病复发,新自由主义市场经济泛滥,近年来,西方各大国普遍陷入金融危机。

我们也看到,社会主义国家初期实行的计划经济体制在发展进程中也暴露出越来越多的毛病,必须进行改革,改革的方向是引进市场机制,把计划与市场结合起来,创造社会主义市场经济体制。

中国 20 世纪 80 年代初全面开展的改革已经取得一个伟大的成就,这就是创造了一个人类历史上从来没有过的现代经济运行模式,即社会主义市场经济。

社会主义市场经济有两大突出的优点。

第一个优点是它把公有和私有结合起来,实行公有为主、多种所有制经济共同发展。在国有经济主导的前提下,实现最大的包容,让中央企业、地方企业、民营企业和外资企业在一个日益完善的市场环境中自由发展、平等竞争、相互促进、共同繁荣。

第二个优点是把计划和市场结合起来,既发挥计划和市场的各自优势,又限制它们的消极作用,显示出一加一大于二的神奇威力。

在整个改革进程中,最难的不是把计划与市场结合起来,因为无论是社会主义国家还是西方国家,此前都做过一些探索,也有一定成效。最难的是怎样把公有制同市场经济结合起来。

公有制与市场经济的结合既有理论的障碍，也有实际的困难。

中国共产党人是信奉马克思主义的。马克思说："在一个集体的、以生产资料公有为基础的社会中，生产者不交换自己的产品；用在产品上的劳动，在这里也不表现为这些产品的价值，不表现为这些产品所具有的某种物的属性，因为这时，同资本主义社会相反，个人的劳动不再经过迂回曲折的道路，而是直接作为总劳动的组成部分存在着。"①恩格斯也说："一旦社会占有了生产资料，商品生产就将被消除，而产品对生产者的统治也将随之消除。社会生产内部的无政府状态将为有计划的自觉的组织所代替。"②

列宁更为明确地讲道："只要还存在着市场经济，只要还保存着货币权力和资本力量，世界上任何法律都无法消灭不平等和剥削。只有建立起大规模的社会化的计划经济，一切土地、工厂、工具都转归工人阶级所有，才可能消灭一切剥削。"③在这里，列宁把计划经济同市场经济作为两个对立的概念提了出来，而且把它们分别同社会主义和资本主义联系起来。第一个社会主义国家苏联是按照这样的思想开始发展经济的，这样的思想在共产党人中影响广泛而深刻。要打破这样的理论障碍是不容易的。

世界历史上存在着这样一个客观的情况：市场经济是伴随资本主义私有制经济的建立、发展而形成和发展的，而计划经济是伴随社会主义公有制的建立、发展而形成和发展起来的。在经济学家的教条中，在普通民众的观感中，都是把市场经济等同于资本主义，把计划经济等同于社会主义。这是实践上的障碍。

任何不符合客观规律和社会实际的障碍都必须打破，但这需要智慧，更需要勇气。毛泽东和邓小平就有超凡的智慧和勇气。把公有制和市场经济统一起来的伟大探索始于毛泽东，成于邓小平。

1958 年秋天，毛泽东发现"大跃进"和"人民公社"运动中存在严重问题，这些问题都跟否定社会主义社会存在商品生产和商品交换有关。他明确指出："只要存在两种所有制，商品生产和商品交换就是极其必要极其有用的。"④

---

① 《马克思恩格斯选集》第 3 卷，人民出版社 1995 年版，第 303 页。
② 《马克思恩格斯选集》第 3 卷，人民出版社 1995 年版，第 633 页。
③ 《列宁全集》第 13 卷，人民出版社 1987 年版，第 124 页。
④ 《毛泽东文集》第 7 卷，人民出版社 1999 年版，第 440 页。

毛泽东敏锐地意识到，党内一些同志急于取消商品生产和商品交换，是混淆了社会主义同共产主义的区别，混淆了社会主义不发达阶段和发达阶段的区别。他指出："社会主义这个阶段，又可能分为两个阶段，第一个阶段是不发达的社会主义，第二个阶段是比较发达的社会主义。后一阶段可能比第一阶段需要更长的时间。经过后一个阶段，到了物质产品、精神财富都极为丰富和人们的共产主义觉悟极大提高的时候，就可以进入共产主义社会了。"①

毛泽东认为，中国还处于社会主义不发达阶段，生产水平不高，物资不丰富，而且存在着全民所有制和集体所有制这样两种所有制，很需要一个发展商品生产的阶段。在这个阶段，价值法则还要发挥重要的作用。"这个法则是一个伟大的学校，只有利用它，才有可能教会我们的几千万干部和几万万人民，才有可能建设我们的社会主义和共产主义。否则一切都不可能。"②

很显然，毛泽东是希望中国几千万干部和几万万人民都进入商品生产和价值法则这个大学校。在他看来，商品生产和价值法则是发展社会生产力的工具，资本主义社会可以用，社会主义社会也可以用。针对有些人把商品生产同资本主义联系起来，因而害怕发展商品生产的情况，毛泽东指出，现在我们有些同志怕商品生产，无非是怕资本主义。怕商品干什么？不要怕。我们可以发展商品生产为社会主义建设服务。"商品生产，要看它是同什么经济制度相联系，同资本主义制度相联系就是资本主义的商品生产，同社会主义制度相联系就是社会主义的商品生产。"③

毛泽东在1958年提出社会主义社会要发展商品经济的思想无疑是很伟大的，但只能说是伟大的思想火花，因为毛泽东本人在后来指导社会实践时偏离了这个思想。万幸的是当时毛泽东曾指示邓小平要深入研究这些问题，并组织党内高层就此认真讨论。邓小平牢记在心，他细心观察世界大势，反复比较国内外的发展经验，经过长期的沉思，终于画出了中国现代化建设的宏伟蓝图，提出了建设社会主义市场经济的光辉思想。

邓小平沿着毛泽东当年关于中国还处于社会主义不发达阶段和社会主义也

① 《毛泽东文集》第8卷，人民出版社1999年版，第116页。
② 《毛泽东文集》第8卷，人民出版社1999年版，第34页。
③ 《毛泽东文集》第7卷，人民出版社1999年版，第439页。

需要发展商品生产的思想，明确指出："中国社会主义是处在一个什么阶段，就是处在初级阶段，是初级阶段的社会主义。社会主义本身是共产主义的初级阶段，而我们中国又处在社会主义的初级阶段，就是不发达的阶段。一切都要从这个实际出发，根据这个实际来制订规划。"①邓小平关于我国处在社会主义初级阶段这个重要论断有两层基本涵义：第一，我国社会已经是社会主义社会，我们必须坚持而不能偏离社会主义。第二，我国的社会主义还处在初级阶段。我们制定方针政策和发展规划，都必须从这个实际出发，而不能超越这个阶段。这就是我国的基本国情。这样的基本国情，在很长的时期内，甚至从现在开始100年之内，都是不会改变的。

社会主义初级阶段的显著特征是人民不富裕，社会不发达。为了改变这种状况，必须集中力量发展社会生产力，这就需要发挥公有制的主导作用，也要发挥其他所有制经济的积极作用；既要发挥计划的优势，又要发挥市场的优势，这就必须大胆地打破前述的理论障碍和实践障碍。

1979年，邓小平指出："说市场经济只存在于资本主义社会，只有资本主义的市场经济，这肯定是不正确的。社会主义为什么不可以搞市场经济，这个不能说是资本主义。我们是计划经济为主，也结合市场经济，但这是社会主义的市场经济。"②1992年，邓小平在视察南方地区谈话时又强调说："计划多一点还是市场多一点，不是社会主义与资本主义的本质区别。计划经济不等于社会主义，资本主义也有计划；市场经济不等于资本主义，社会主义也有市场。计划和市场都是经济手段。"③这就是邓小平的大智慧！这就是邓小平理论的特点，几句非常简明的话就抓住了本质，把经济学家们写了多少本大书，争论了多少年的问题，一下子说清楚了，而且可以在实践中获得成功。我国通过改革发展了市场经济，并把市场经济与社会主义基本经济制度结合起来，既为经济发展注入强大的活力，又能有效地发挥社会主义制度的优越性。

全世界都已经看到，中国共产党和中国人民把公有和私有、计划和市场结合起来，建立社会主义经济体制，是经济文明的伟大创新。

---

① 《毛泽东文集》第3卷，人民出版社1999年版，第252页。
② 《邓小平文选》第2卷，人民出版社1994年版，第236页。
③ 《邓小平文选》第3卷，人民出版社1993年版，第373页。

二、中国经济生机无限

中国创立的社会主义市场经济是社会主义基本制度与市场经济的统一，也可以说是中国前30年社会主义革命与后30年社会主义改革的统一。中国这种经济模式是人类历史上从未有过的，虽然现在还在初创时期，许多方面有待于发展和完善，但已显示出蓬勃的生机。

一种经济模式好还是不好，有优越性还是没有优越性，不在于人们的主观评判，而在于客观的实践效果。仅仅过了半个多世纪，中国第一产业、第二产业、第三产业就发生了令人惊异的变化，可以说明一切。

第一产业脱胎换骨

所谓“第一产业”，就是历史非常悠久的农业。

今天，美国农民的数量非常少，农、林、渔等部门的就业人数只占总就业人口的0.7%，农业年产值也只占美国国内生产总值的1%。看起来，在世界第一经济大国，农民成了被边缘化的劳动群体，农业也成了被边缘化的产业。

但这只是表面现象。实际上，农业在美国经济中仍然占有非常重要的地位，美国政府对农业的保护不遗余力，对农民的补贴也非常巨大。

不仅美国如此，世界上许多国家也都非常重视农业问题。道理很简单，任何人每天都要吃饭，不重视农业问题，不能解决人民吃饭问题的国家是难以在地球上继续生存下去的。

社会主义中国的领导者，从毛泽东到邓小平、江泽民、胡锦涛和习近平，无不把农民、农村、农业放到他们治理国家视野的至高处,都一脉相承地不断完善“三农工作”的宏伟蓝图。

中国历史上一直是农业大国。我们的祖先是很了不起的,他们曾经创造了世界上同时代最先进的农业耕作技术、农田水利设施等等,至今让我们为之自豪。

但是,近代以来,中国的农业是远远落后了。新中国成立时,农业生产还处在人拉肩扛的状态,虽然绝大多数人口都在种地,但人均粮食占有量仅有200公斤,农民的生活很苦,农村面貌破败不堪。

在中国,农业问题的极端重要性是显而易见的。“民以食为天”,13亿人的吃饭问题,不能靠天,不能靠地,不能靠其他国家,只能靠中国人自己。中国的农业如果出现危机,13亿人没有饭吃,那就会天下大乱,接近“世界末日”了。

从吃饭这个最实在的问题出发,我们可以透视更深层次的问题。

人类文明最初的源点就是农耕生活。人所共知的巴比伦文明、埃及文明、印度文明,核心都是农耕文明。发明最早、延续时间最长、至今还灿烂辉煌的中华文明,实质上也是农耕文明。只要稍加观察即可发现,中国人的风俗习惯、思想感情、文化创造等等最深刻、最广大的背景就是万年相传的农耕生活。当眼前晃动着21世纪的各种奇妙图景时,深沉而智慧的中国人一定要有一个清醒的意识:无微不至地呵护农业,就是尊崇中华祖宗之魂,就是在培植我们的文明之根。

当代中国社会,是与历史上各朝各代都完全不同的崭新的社会,这是经历过最伟大的人民革命之后才建立起来的新社会。我们不要忘记,这场大革命的基础是“土地革命”,革命的主力军是共产党领导的农民,革命的道路是建立农村根据地,农村包围城市,最后夺取城市,建立中华人民共和国。无论从任何角度看,中国革命的伟大胜利都是同农民分不开的。

在过去几千年的历史中,中国农民一直是推动社会前进的革命力量,所有黑暗而腐败的帝国和王朝,都会被他们扫进历史的垃圾堆。他们追求的目标,有时模糊,有时清晰,但贯穿始终的一直是这样一个理念:建立“均贫富、等贵贱”的社会,从“小康”走向“大同”。这个理念是美好的、崇高的,但在没有必要的社会历史条件时,它也是虚幻的。只有当新的社会方式已经出现,与农民有着天然联系的工人阶级成为先进生产力的代表,并且形成了以科学理论为武装的共产党作为坚强的领导核心，创建了以工农两大阶级的同盟为基础的中华人民共和国，农民们千年追求的崇高目标才会固化为社会主义社会这一崭新的社会。这样的历史和现实一直在警示社会主义国家的执政党，政权能否巩固，社会是否长安，决定于工农联盟的基础是不是牢固。从这个意义上说，重视农民、建设农村、呵护农业，是社会主义社会的生存之道。

中国共产党作为执政党，一直是以最大的精力来处理"三农"问题。长期以来，中国共产党指导全国工作的时候，每年的"一号文件"，都是规定有关"三农"的政策措施。从"一号文件"的形式，"三农"政策的制定，人们可以很生动地观察到，中国模式怎样推动第一产业的发展。

现以 2010 年一号文件的形成为例。

早在 2009 年夏天，党内高层、党内智库、党的农村工作部门就开始研究 2010 年的"三农"工作问题。大家形成了这样的共识：要有效应对国际金融危机的冲击，农业决不能出问题；要有效扩大国内市场，农民就必须有较强的购买力；要有效保持整个社会的稳定，广大农村地区就不能乱。

根据以上共识，2009 年 7 月，党中央决定着手起草 2010 年一号文件。

2009 年 8 月—9 月，中央农村工作领导小组办公室分别在湖北和江苏召开调研会，组织 20 多个省区党委农村工作部门的负责人一边考察农村，一边座谈研究。

2009 年 10 月 13 日，党中央决定成立文件起草组，中共中央政治局委员、国务院副总理回良玉主持文件起草工作。来自中央和国家机关 23 个部委的 50 多人开始集中办公。这些参加文件起草的人，既有来自中央部门的，也有来自地方基层的，既有经验丰富的领导干部，也有德高望重的老专家，还有思维活跃的年轻学者。

在起草组酝酿文件的框架和内容期间，又在北京、杭州和哈尔滨召开了三次大型座谈会，请省区市分管农业的领导同志、中央国家机关有关部门的负责人、部分全国人大代表和政协委员、长期从事农业工作的离退休同志，还有专家学者和农业企业家参加座谈，让他们畅所欲言，各抒己见。

经过这样从设想到实际，从实际到认识的多次反复，党内的智慧、民间的智慧都汇集起来,确定了文件的主题是统筹城乡发展和夯实农业基础这样两个方面。围绕主题,制定相关的政策措施,形成文件草稿。

总书记胡锦涛和总理温家宝听取了文件起草情况的汇报,并提出了重要的修改意见。

文件起草的同时,中央办公厅就所涉及的政策措施同有关的地方和部门进行协调,以保证这些政策措施得到顺利实施。

2009 年 10 月 26 日,中央农村工作领导小组召开会议,对文件的送审稿进行审议和修改。

2009 年 12 月 9 日,国务院常务会议对修改后的送审稿进行审议,并提出修改意见。

2009 年 12 月 10 日,中央政治局常委会审议送审稿,并提出修改意见。

2009 年 12 月 28 日,中央农村工作会议召开,代表们对文件的讨论稿进行热烈讨论,决定上报党中央、国务院。

2009 年 12 月 31 日,党中央、国务院审定同意,新的一号文件由此诞生。这个文件承载着亿万农民的新期待,奏响了加快推进城乡统筹、全面建设小康社会的号角,已经对中国应对国际金融危机的冲击发挥重要的支撑作用。

中国共产党指导中国"三农"工作所取得的伟大成就,就是通过改革开放,调动了亿万农民无限的创造力,形成了适合中国国情和社会生产力发展要求的农村经济体制,走出了中国农业现代化的广阔道路。

中国现在农村的经济体制,可以用一句话来概括:以家庭承包经营为基础,实行统分结合的双层经营体制。这样的经济体制,以农村土地集体所有制为基础,符合农业生产的特点,适应社会主义市场经济发展的要求,显示出很大的优越性。

有人把农业现代化同大规模、高效益等同起来,小看家庭经营,这是一种误解。从世界范围看,农业的规模有大有小,但基本的经营主体都是农户家庭。中国农业人口庞大,人均耕地很少,稳定农户的经营主体地位,不仅对稳定农业和农村有利,而且对稳定整个社会有利。事情很清楚,在人均耕地只有一亩左右的情况下,把农村土地集中起来搞规模经营,那么大部分农民都会失去土地。在不能把他们转移到其他产业的情况下,这就会造成数以亿计的无所依着的"流民",这是任何社会都无法承受的。

家庭联产承包责任制不能动，但是要继续改革，使之有利于农业产业化的发展，提高家庭经营效益，把小农户同大市场联系起来，增强农业的竞争力。

以农户为主体的家庭经营和整个产业的规模发展并不矛盾，两者应该也完全能够统一起来。在一些具备条件的地方，农民之间进行土地流转，发展各种大户、农场的规模经营，效益是很好的。在另外一些地方，一家制糖、制烟、制酒的龙头企业，扶持和引导千家万户以科学方式种蔗、种烟、种葡萄，并且把蔗田、烟田、葡萄园作为企业的"第一车间"进行管理，龙头企业和广大农户形成利益共同体，效益也是很好的。另外，由政府引导和推动的有效的农业合作组织、科技的创新和推广、完善的社会化服务，也可以把农户经营和规模发展统一起来。例如，山东安丘盛产蔬菜，通过规模化的社会服务，从引导农民种什么到培训农民怎么种，制定了 33 个生产规程和 200 多个国际生产标准，发展 50 万亩蔬菜基地，产品源源不断走向世界。

"三农"工作的核心和基础是实现农业现代化。

中国农业现代化道路怎么走，这是一个世界性的难题，因为它关系到地球上五分之一的农村和农民，又没有任何先例可循。

欧美国家的农业已经实现现代化，但他们都是人少地多、工业发达的国家，搞农业机械化，把信息技术和生物技术运用到农业上比较方便。

中国情况和欧美国家完全不同，农村特别广大，农业人口特别众多，人均耕地特别稀少。农业的命脉是土和水，这两样我们都特别缺少。人均耕地 1.38 亩，仅为世界平均水平的 40%。人均水资源更少，不到世界平均水平 30%。而且水土资源还很不匹配，譬如水多的贵州地少，地多的甘肃缺水。再说，中国国土的东西跨度和南北跨度都超过 5000 公里，涵盖五大气候带，农业生产条件千差万别，发展水平也很不一样。东西部人均国内生产总值相差 2.1 万元，农民人均纯收入差距也在万元左右。

中国国土辽阔，地形地貌等自然条件如此不同，经济发展情况千差万别，决定了我国农业现代化根本不能搞一个模式，必须因地制宜，多元化创造。

实际上，我们在中国的田野上已经可以看到不同的农业现代化模式。

秋收时节，在黑龙江三江垦区，联合收割机在一片金黄中来回穿梭，显示出现代大农业的气势。在这里，572万亩耕地，15个装备精良的现代化农场，田间综合机械化率达到97%，每年为国家生产近百亿斤粮食。黑龙江省地广人稀，可耕地多，在稳定家庭承包责任制的基础上，发展各类专业合作社和农业产业组织，实现适度规模经营，并依靠农垦、森工、矿区推进城乡一体化，初步走出了具有东北特色的农业现代化道路。

江苏南部地区是另一番景色。这里经济发达，但人多地少，迫使人们只能走精细化农业之路。农民建起一座座大棚，番茄刚拉秧，丝瓜苗藤就爬上来了，瓜秧下又种上莴笋；玻璃温室中培育多彩多姿的鲜切花，一年收几茬。人和地都不闲着，搞农业就像织造“苏绣”。

河南是中原粮仓，人均耕地只有1.2亩，亩均水资源是全国平均量的六分之一，但种小麦全用良种，生产实现全程机械化，粮食单产记录不断刷新，贡献了全国粮食的十分之一。同时，大力发展农产品加工，麦粒变成面粉、味精、啤酒，转化成了猪肉、鸡肉，生产出全国三分之一的方便面和二分之一的火腿肠。

地处西北的宁夏回族自治区，沙化、荒漠化土地超过一半，水资源严重匮乏，但昼夜温差大，日照条件好，适于发展特色农业。宁夏人在沙漠里建温室大棚，种出各种鲜美瓜菜，又在坡地上覆膜保墒，间作瓜枣，既改善了生态环境，又使农民收入成倍提高。如今，宁夏特色优势产业集中达到70%以上，优势产业产值占农业总产值80%以上，打开了沙漠地区农业现代化的希望之路。

农业发展的根本出路在科技进步。我国顺应世界科技发展潮流，着眼于建设现代化农业，大力推进农业科技自主创新，加强原始创新、集成创新和引进消化吸收再创新，不断促进农业技术集成化、劳动过程机械化、生产经营信息化。多年来，国家加大农业科技投入，建立农业科技创新基金，支持农业基础性、前沿性科学研究，在不少关键领域和核心技术上有了突破。

在中国农业科技中，杂交水稻是最突出的一项。2010年，在湖南省邵阳市隆回县雷锋村，由袁隆平院士指导的超级稻亩产超过900公斤，创造了世界纪录。杂交水稻的研究为大幅提高粮食产量、解决众多人口吃饭问题提供了一条切实可行的途径。

中国首创的水稻杂交技术不但造福于中国人民，也造福于世界人民。

为了在全球推广杂交水稻，联合国粮农组织聘请袁隆平为首席科学顾问，还聘请 10 多位中国农业科学家为技术顾问。中国专家多次赴印度、巴基斯坦、越南、缅甸和孟加拉国等国家指导发展杂交水稻。与此同时，还在中国长沙举办了 40 多期杂交水稻国际培训班，培训了来自东南亚、南亚和非洲等 30 多个国家 1000 多名农业技术人员。

目前，全世界种植水稻的国家有 110 多个，除中国外，全球水稻种植面积有 1.1 亿公顷。如果继续推广杂交水稻，到 2020 年，中国以外杂交水稻种植面积将达到 5000 万公顷，仅此一项，全球每年将增收稻谷 7000 万到 8000 万吨，可多养活 2 亿人。

中国杂交水稻技术走向世界，增强了世界人民克服粮食危机的信心，显示了中国农业创新对人类文明的重大贡献。

新中国成立 60 年来，农业现代化已取得伟大的成就。特别是进入新世纪以来，中国已进入工业反哺农业、城市带动乡村的时代，农业现代化加快了前进的步伐。

农产品生产能力保证了世界上人口第一大国的需要。以粮食为例，粮食产量先后登上 7000 亿斤、8000 亿斤、9000 亿斤和 10000 亿斤四大台阶。最近 5 年，在遭受各种重大自然灾害的困难条件下，仍然连续取得 10000 亿斤以上的粮食产量。

粮食产量的巨大增长保证了 13 亿中国人把饭碗牢牢地端在自己的手中，粉碎了美国人关于“谁来养活中国人”这样耸人听闻的叫嚣，而且为几亿农村人口的脱贫奠定了基础，使联合国的“千年发展目标”在中国得以实现。

农业装备水平已经大幅提高。如今，几千年来用木犁、铁锄、镰刀搞饭吃的中国农民早已“鸟枪换炮”，用上先进的农业机械了。截至 2011 年，全国耕种收割综合机械化水平达到 52%以上，小麦机械化耕种水平达 86%。每到收获时节，农机手们组成的收获大军转战南北，场面极为壮观。

农业结构不断优化，优势产业带逐步形成，产业集中度不断提高。东北的玉米、河南的小麦、新疆的棉花、陕西的苹果、云南的鲜花、山东寿光的蔬菜、宁夏中卫的枸杞……都是大面积区域化种植，既能有效配置农业资源，又方便提供社会化服务。

现代化的农产品加工业方兴未艾，龙头企业越来越强。加工禽肉的诸城外贸、广东温氏，加工猪肉的江苏雨润、河南双汇，加工牛肉的吉林皓月，加工食用油的山东鲁花加工果汁的汇源……这样的农产品加工企业遍布全国，技术越来越精，产业越做越大，推动农业产值不断跃上新的台阶。

农村新面貌，农民新生活。在全国960万平方公里的土地上，正在涌现数以万计的现代化城市，广大农村的面貌也在发生日新月异的变化。农民开心的事儿越来越多：即使是边远山寨，水、电、路都通了；负担了几千年的田赋农税全都免除了，这对中国农民意义非常重大；国家给农民的各项补贴不断增加，到2009年，已经达到1230.8亿元；2004年以来，农民人均纯收入增长连续6年保持在6%以上，目前已达到5153元；农村免费义务教育全面实现，新型农村合作医疗实现全面覆盖，参合人数达8.33亿人；农村最低生活保障制度全面建立，真正实现了古人所追求的“废疾鳏寡孤独者皆有所养”的人类理想。

总起来看，中国第一产业确实已经发生脱胎换骨的大变化、大发展。但我们还要清醒地认识到，我国农业与发达国家还有不小差距，我国农业现代化的道路还很漫长。

中国农业现代化与发达国家相比，差在哪些地方呢？

首先是农业科技创新亟待改善。中国同发达国家相比，农业科技创新水平整体上落后10年到15年。农业科技成果转化率在发达国家已达70%以上，而中国还不到50%。农民文化素质低，掌握先进农业技术存在许多困难。

其次是农业基础设施脆弱，经营方式比较粗放。我国开展大规模水利建设几十年，大江大河的治理成就巨大，修建水库8.72万个，大中型泵站5万多处，大中型灌区8299处，还有坝塘、机井、水窖等种类农田水利工程2000多万处，初步形成了世界上规模最大的抗御水旱灾害的农田水利工程。但配套不完备，效果不能很好地发挥出来。尤其是中小河流、小型水利设施险情不断，遇到旱涝交加的年月，社会哀叹我们的农业基础设施竟会如此脆弱！许多农田不是灌不上，就是排不出，还有一半的耕地要靠天吃饭。

第三是农业服务体系不健全。世界上许多国家都有成熟的农业合作组织，可以给农民提供产前、产中、产后各种服务。而我国农民的生产组织化程度很低，生猪、大蒜、绿豆等产品的生产和价格经常如“过山车”，让农民苦不堪言。发达国家农产品加工在90%以上，而中国还不到30%。农产品加工的龙头企业数量不少，但规模不大，没有形成农产品产业链条的连接机制，严重制约着农业产值增长的过程。

还有，食品安全事件频发，严重影响产业的竞争力和长远发展。

另外，中国式的小农生产同全国、全球大市场的顺畅连接存在着许多障碍。中国农业已有一只脚迈进到现代农业的新境界，一只脚还踏在传统农业的泥土中，总是走不稳、走不快。

第二产业突飞猛进

发展第二产业就是要实现国家的工业化。

中国实现工业化的标准同世界其他国家是一样的。一是提高工业产值在国民经济中所占比重，使工业成为国民经济的主导部门；二是提高农业劳动生产率，促进农业剩余劳动力向非农产业转移，使在非农产业就业的劳动力超过农业劳动力；三是推进工业结构的转换和升级，逐步提高资本密集、技术密集型工业在工业构成中的比重；四是提高工业自身的物质技术装备水平，并用其来改造和武装国民经济其他部门，使这些部门同样能够享受到工业化的成果；五是要大幅度地提高人均收入水平。

中国工业化是在生产力发展水平很低和商品经济很不发达的条件下起步的。新中国成立时，在工农业总产值的构成中，农业产值占90%，包括手工业在内的工业产值只占10%，农村人口占全国总人口的90%。工业生产的落后正像毛泽东说的，“一辆汽车、一架飞机、一辆坦克、一架拖拉机都不能制造”。不仅同发达国家无法相比，甚至比一些发展中国家还落后。

中国工业化起步时的国际环境相当险恶。当时正处于战后东西方尖锐对立的冷战时期，西方资本主义大国对社会主义中国实行经济封锁和军事围堵的政策，中国被剥夺了实行对外开放以发挥比较优势参与国际交换的可能性。与其他发展中国家相比，中国工业化的任务更为艰巨，面临的挑战和压力也更为严峻。

中国的工业化之路，既不同于西方国家走过的路，也和其他发展中国家不一样，而只能走一条全新的工业化之路。

我们已经知道，中国最初是用计划经济的手段，把发展的资源集中起来，努力建成几百个基础性的骨干项目，在重工业的建设上实现突破，抓纲带领，以最快的速度形成独立而比较完整的工业体系和国民经济体系。

这样的发展战略取得了历史性的成就，但也造成了一些负面效应，主要是国民经济比例严重失调，重工业过度超前发展，轻纺工业严重滞后，许多建设项目投入高产出低，人民生活水平提高缓慢，特别是农业长期处于落后状态，形成了一种典型的二元结构。

20 世纪后半期，国际环境发生重大变化，全球化的浪潮汹涌澎湃。为抓住国际产业结构调整和现代科技革命带来的机遇，为完善社会主义经济制度，中国共产党和中国人民开始了目标远大而又步骤谨慎的改革，创立了社会主义市场经济体制，走出了一条以信息化为龙头，以城镇化为基础，以创新为翅膀的工业腾飞之路。

各区域工业发展将更加均衡

国家对工业和制造业有多重视？关于“十三五”时期经济社会发展的主要目标这段话中可以体现出来——“经济保持中高速增长。在提高发展平衡性、包容性、可持续性的基础上，到 2020 年国内生产总值和城乡居民人均收入比 2010 年翻一番。主要经济指标平衡协调，发展空间格局得到优化，投资效率和企业效率明显上升，工业化和信息化融合发展水平进一步提高，产业迈向中高端水平，先进制造业加快发展，新产业新业态不断成长，服务业比重进一步上升，消费对经济增长贡献明显加大。户籍人口城镇化率加快提高。农业现代化取得明显进展。迈进创新型国家和人才强国行列。”

规划对工业的要求是和信息化融合发展水平进一步提高，我们可以对此解读为是为“互联网+”在做铺垫；对制造业的要求是先进制造业加快发展，布局“中国制造 2025”，并意味着国家对制造业进行了一分为二的看待，落后、夕阳制造业需要逐步淘汰，先进、朝阳产业在现阶段需要大力扶植发展。

从我国工业整体布局来看，东北地区在 20 世纪 90 年代以前一度成为我国经济发达的地区，同时也是我国最重要的工业基地。随着改革开放的进程，经济发展重心向沿海地带开始转移，东北地区的经济发展速度逐渐落后于沿海地区，国家也因此提出了东北地区等老工业基地振兴战略。

2015 年 3 月 9 日，习近平总书记在参加吉林代表团审议时强调，东北老工业基地振兴发展，不能再唱工业“一柱擎天”、结构单一的“二人转”，要做好“加减乘除”。2015 年 7 月 17 日，习近平总书记在吉林省考察期间，又听取了振兴东北地区等老工业基地和“十三五”时期经济社会发展的意见和建议，他强调，无论从东北地区来看，还是从全国发展来看，实现东北老工业基地振兴都具有重要意义。2015 年 10 月 29 日，习近平总书记在钓鱼台国宾馆会见德国总理默克尔，双方积极评价中德关系发展，同意进一步加强两国各领域务实合作，其中还包括中方欢迎德方参与中国中西部地区发展和东北老工业基地改造。

国家领导人一年多次谈到振兴、改造东北老工业基地，其寓意不言而喻。“十三五”规划中也指出，“推动东北地区等老工业基地振兴，促进中部地区崛起，加大国家支持力度，加快市场取向改革。支持东部地区率先发展，更好辐射带动其他地区。”这表示在第十三个五年计划中国家将加大对东北工业区域的扶持，但这并不意味国家会轻视对其它区域如沿海工业的发展。

改革开放以来，由于进出口贸易主要依赖于港口，工业企业迅速进入了具备地理优势的沿海地区并实现了快速的发展，还导致了大量的资源从老工业地区向沿海地区转移，导致我国工业发展失衡，不利于我国整体工业的均衡发展。国家着力改造东北老工业基地，为老工业基地注入活力，是在尽最大力度实现全国各区域工业发展的均衡。

整体而言，我国工业基础能力经过数年的发展依然薄弱，难以支撑整个工业创新发展、转型升级。创新能力不足、工业产品质量低劣、竞争力发展进入瓶颈、工业转型升级陷入僵局，长期支撑我国工业快速发展的低成本优势趋于减弱。

工业的发展需要均衡各个区域的协调发展，制造业的发展需要构建产业新体系。“十三五”规划指出，“加快建设制造强国，实施中国制造 2025。引导制造业朝着分工细化、协作紧密方向发展，促进信息技术向市场、设计、生产等环节渗透，推动生产方式向柔性、智能、精细转变。”这句话的背景非常清晰，由于我国制造业已经从相对短缺转向相对过剩，制造业未来的发展也需要从粗放型经济向集约型经济继续转变，从劳动密集型转向资本密集型和技术密集型产业，从而实现经济保持中高速的增长。

工业发展需配合各个行业

国家一方面要协调均衡各区域工业化的发展，并使之带动周边地区的经济增长，另一方面还需要协调工业化与其它行业的发展。“十三五”规划提出，“协调是持续健康发展的内在要求。必须牢牢把握中国特色社会主义事业总体布局，正确处理发展中的重大关系，重点促进城乡区域协调发展，促进经济社会协调发展，促进新型工业化、信息化、城镇化、农业现代化同步发展，在增强国家硬实力的同时注重提升国家软实力，不断增强发展整体性。”

工业该如何协调？“十三五”规划同样给出了建议，“实施工业强基工程，开展质量品牌提升行动，支持企业瞄准国际同行业标杆推进技术改造，全面提高产品技术、工艺装备、能效环保等水平”，“坚持工业反哺农业、城市支持农村，健全城乡发展一体化体制机制，推进城乡要素平等交换、合理配置和基本公共服务均等化”，“深化国防科技工业体制改革，建立国防科技协同创新机制”，“坚持最严格的节约用地制度，调整建设用地结构，降低工业用地比例，推进城镇低效用地再开发和工矿废弃地复垦，严格控制农村集体建设用地规模”，“实施工业污染源全面达标排放计划，实现城镇生活污水垃圾处理设施全覆盖和稳定运行”。

在我国的工业化进程中，自主创新能力弱一直是制约发展的一大难题，国家对此提出了“大众创业，万众创新”，将希望给予未来。此外，我国还存在关键核心技术与高端装备对外依存度高，以企业为主体的制造业创新体系不完善的问题。尽管我国一度成为世界制造业的工厂，但实事求是来说我国产品质量和档次均不高，而具有自主知识产权的世界知名品牌少之又少；而且，我国制造业资源能源利用效率低，环境污染问题较为突出，加上产业结构不合理，高端装备制造业和生产性服务业发展滞后导致制造业整体并不发达。在互联网技术日新月异的同时，我国制造业还有信息化水平不高、与工业化融合深度不够等问题。

简而言之，就是说我国的工业发展需要在未来五年实现工业产品质量的提升，打造中国民族工业品牌，提高我国工业生产的效率，通过工业实现推动城乡的协调发展，加大军工产业的改革，控制工业对土地资源的使用，减少、降低工业污染。要实现这些目标，工业和信息产业必须融合，制造业结构必须升级。从整体上来看，想提高我国工业的健康发展需要对症下药，由于我国当前的市场秩序并不成熟，给予社会、民众们的预期往往得不到落实，尽管我们常常提到"要注重同时运用市场机制、经济手段、法治办法，加大政策引导力度，降低并化解产能过剩，并完善企业退出机制"，但起到的效果并不明显。

想让工业和制造业健康发展，"时间就是生命，效率就是金钱"依然值得我们借鉴。无论经济是否处于新常态，产品的生产时间、生产效率和产品质量，是产品价值的重要体现；同理，工业和制造业的效率与质量是我国实体经济的重要体现。我们不能为了追求质量而付出过量的时间成本，同样不能单纯追求效率而忽视产品质量。两者同时兼顾就必须要解决生产结构、核心技术、核心产品等方面的问题。

要解决生产结构、核心技术、核心产品等方面的问题，就需要结构调整、优化工业和制造业的生产产业链。我国制造业长期以来都是通过牺牲资源的方式来换取经济效应，尽管当前这种情况已经大有改善，但为了获取经济利益依然在多种如人身、环境等方面付出了极高的代价。在这种背景下，我国制造业需要对产业链进行结构优化，通过新型技术和工艺降低对不可再生资源的需求、降低对环境的污染、降低制造业风险，提升资源的使用率。由于我国产业结构在改革开放之后为了追求速度一度出现发展失衡的现象，部分行业产能严重过剩而高技术产业占制造业比重偏低，产品优质率低，在产能依然严重过剩的情况下，市场的自我调整也需要进行完善。

正因为我国工业和制造业在改革开放的起步过程中也对空气、土地、水资源造成了极大的污染，在未来十年我们必须通过自己的努力自主研发、设计、投产，覆盖整体供应链的上、中、下游，创造出"绿色"生产设备、创造出"绿色"的产品、创造出“绿色”的生产力。如果做不到这一点，所谓保持经济中高速发展就是一个巨大的泡沫，我们未来或许得在“十四五”、“十五五”等时期将治理污染作为主要的任务目标，从而影响十几年后的经济发展。

积极引导社会资本进入实体产业

“十三五”规划继续保持着对工业和制造业的重视，但由于工业和制造业创造的产品带来的经济效益不如金融、互联网产业，因此往往得不到人们的广泛关注。例如，清晖智库研究发现，央行的多次降准降息本是希望缓解中小微企业融资难的问题，但实际情况是我们看到股市上涨、楼市暴涨，中小微企业依然困在融资难的问题当中。

提高工业、制造业的盈利能力并非易事，由于我国工业基础薄弱，企业自主生产和研发的意愿不强，想改善工业环境并非一朝一夕就能实现。在我国高铁不断走出国门、我国军事设备吸引西方世界关注的背景下，我们需要意识到，工业、制造业直接关系到我国经济转型升级、国防和经济安全，因此社会更应该加大民间资本支持工业基础能力而不宜过分投机资本市场。这不仅是一种投资行为，还是一种国家责任的体现。

这也反映了一点，在造富效应下，不受管辖、约束的资金倾向流入赚钱效益明显、流动快、短期收益高的行业，这也是产业资本乐于进入那些爆红的APP、网贷平台等各种非实体产业的原因。从藏富于民的角度来看，制造业、工业的发展不能单独依靠政府的扶持，同时需要政府引导民间资本、各路资金积极进入实体产业而非金融、互联网、网商类产业。

除了引导资金进入外，政府还需要将现代服务业融入工业和制造业当中，一方面使产业匹配均衡发展，另一方面通过服务也倒逼工业和制造业快速发展，使得传统工业、制造业向专业化和价值链高端延伸，以便实现工业、制造业由生产型向生产服务型转变。

放眼全球，当今发达国家的实体产业都在迈入高端行业，世界工厂正在向劳动密集型区域、国家转移，我国制造业产业链也正逐渐向高端延伸。当实体产业真正重新站稳并推动经济增长，小康才能具备真正的意义。未来，在“十三五”规划开始实施的过程中，我们希望产业管理部门能够通过一系列政策促进我国工业、制造业向智能化、专业化、高效率、高质量、低能耗方面进行发展，以夯实我国实体产业基础。①

第三产业潜力巨大

在全社会的经济结构中，除第一产业和第二产业外，都可以归入第三产业。

当生产力发展到一定阶段时，第三产业会异军突起，不但推动第一、第二产业的发展，它自身也会迅猛发展，超过前两个产业而成为国民经济最大的产业。目前的中国，已经进入第三产业异军突起的发展阶段。

贸易和服务贸易

新中国成立以前，我国的对外贸易极不平衡且缺乏自主。新中国成立以后，特别是上世纪 70 年代以后，伴随着中国在联合国合法地位的恢复，中国与西方发达国家全面建交，对外货物贸易伙伴迅速增多，贸易规模不断扩大，外贸商品日益丰富，贸易结构逐步改善。

1950 年，我国进出口贸易总额仅为 11.3 亿美元，1973 年突破百亿美元，1978 年为 206.4 亿美元，1988 年突破千亿美元，之后贸易总额增长不断加快。特别是 2001 年加入世界贸易组织后，对外贸易增长迅速，连上新台阶，这一阶段成为我国对外贸易发展最快的时期。2001 年我国对外贸易总额突破 5000 亿美元，2004 年突破 1 万亿美元，2007 年突破 2 万亿美元，2011 年突破了 3 万亿美元。

对外贸易的快速增长，使我国从一个外汇极度紧缺的国家跃升为世界第一大外汇储备国。1978 年，我国外汇储备仅有 1.67 亿美元，1990 年、1996 年、2006 年依次突破百亿美元、千亿美元、万亿美元，2011 年突破了 3 万亿美元，为我国经济建设积累了宝贵资金。

新中国成立以前，我国在世界贸易格局中的地位微乎其微。2004 年，我国在世界贸易中的位次跃升到第 3 位。2009 年，我国对外贸易占世界贸易总额的比

① 宋清辉：《从“十三五”规划看中国制造业前景》，中国工业评论，2015 年 12 月 21 日。

重提高到8.8%。在世界贸易中的比重上升至第2位。其中出口额占世界出口总额的9.6%,出口总额跃居世界第1位,进口总额也上升至世界第2位。到2013年,进出口贸易总额超过美国,成为世界第一贸易大国。

改革开放以来,我国积极开辟贸易区域,先后办起了经济技术开发区、高新技术产业开发区、保税区、出口加工区和边境经济合作区等多种形式的贸易区域,实行特殊贸易政策,对扩大我国对外贸易规模、提升对外贸易管理水平、拓展开放领域起到了重要作用。目前,全国共有54个国家级经济技术开发区和14个边境经济合作区。2009年,54个国家级开发区创造地区生产总值17730亿元,占同期全国国内生产总值的5.2%;工业增加值12482亿美元,占全国的9.2%;出口总额1874亿美元,占全国的15.6%;进口总额1644亿美元,占16.3%;实际利用外商投资204亿美元,占全国的22.2%。

新中国成立以前,我国尚没有真正意义上的对外承包工程,只有成千上万华人劳工被剥削、被压迫的辛酸历史。1976年,我国的对外承包劳务队伍第一次走上国际舞台,之后我国对外承包工程数量逐年增多,工程规模不断扩大,涉及的领域逐年拓展。自1995年起,我国开展了对外设计咨询服务,对外经济合作领域进一步拓宽。目前我国对外经济合作业务已经遍及全球180多个国家和地区,电力、冶金、石化、轨道交通和电子通讯等资金技术密集行业成为我国对外经济合作的主要领域,其经济效益已经占到对外经济合作总营业额的一半。

2010年,我国签订对外经济合作合同24.6万份,合同金额达到1431亿美元。其中,对外承包工程合同金额由1979年的0.33亿美元增加至2010年的1344亿美元,对外劳务合作由0.18亿美元增加到87.2亿美元。我国已经拥有了一支由1000多家企业组成的门类比较齐全、具有国际竞争力的工程承包队伍。

我国已经基本形成了以旅游、运输服务为基础,以通讯、保险、金融、计算机信息服务、咨询和广告等新兴服务贸易为增长点的服务贸易全面发展格局,服务贸易已经发展成为我国对外贸易的重要组成部分。

2009年,我国服务贸易进出口总额由1982年的仅44亿美元上升到2868亿美元;占我国全部对外贸易总额的比重由9.4%上升到11.5%;服务贸易占世界服务贸易总额的比重由0.6%提高到4.5%。其中,出口由1982年的25亿美元增加到1286亿美元；进口由19亿美元增加到1582亿美元。

新中国成立以前，除留学、探亲外普通大众几乎没有出国旅游，来华旅游人数也非常少。新中国成立以来特别是改革开放以来，我国敞开国门，积极发展餐饮旅游业，接待能力和接待水平大幅度提高。在此基础上，大力挖掘旅游资源，积极吸引外国游客，来华旅游人数逐年增多，客源更加广泛，营业收入不断提高。

2010年，我国入境旅游人数达到13376万人次，国际旅游外汇收入达到458亿美元。过夜旅游者人数2010年居世界第3位；国际旅游外汇收入居世界位次2009年上升到第5位。

居民出境旅游也保持快速发展。2010年，国内居民出境人数达到5739万人次，居世界位次2007年上升到第6位。

2010年我国实际使用外资1088.2亿美元，外商直接投资1057.3亿美元；外商直接投资相当于国内生产总值的比重由1983年的0.3%提高到1.8%。

1979年至2010年，我国累计实际使用外资金额12504亿美元，其中外商直接投资10484亿美元。自1992年以来我国一直为世界吸引外资最多的发展中国家，2010年吸引外商直接投资已经跃居世界第2位。

吸收外资加速了我国高新技术产业的成长，外商投资企业已经成为我国技术引进和发展高新技术产业的主体。通过吸引外资，我国引进了一大批国外先进技术、设备和管理经验，填补了国内部分高新技术领域的空白，促进了国内的产业升级和结构调整。

新中国成立以前，我国基本上没有企业能够走出国门。随着对外开放步伐的加快，特别是加入世界贸易组织以来，我国企业对外投资进入加速发展时期。2003年，我国非金融类对外直接投资29亿美元，2010年上升到590亿美元。目前，7000多家境内投资主体在全球170多个国家和地区设立境外直接投资企业超过1万家。截至2010年底，我国累积全行业对外直接投资已达2800亿美元。

对外投资形式逐步多样化，形成了直接投资、并购、参股和境外上市等多种方式，跨国并购已经成为对外投资的重要方式。2009年，通过跨国并购实现对外直接投资175亿美元，占我国同期对外投资总额的40.4%。

电子信息和服务外包

电子信息产业是国民经济的基础产业、先导产业和支柱产业。现在，我国电子信息产业正进入空前繁荣期。

2000年，电子信息产业产值突破万亿元，2010年发展到7.8万亿元，经济规模跃居全国工业之首，总规模仅次于美国，居全球第2位。

目前，我国的微型计算机、手机和电视的产量已经稳居全球第一，并且拥有全球最大的信息通信网络。固定电话用户、移动电话用户、互联网网民和集成电路市场规模均列全球第一。

2010年，我国软件业实现了历史性的突破，业务收入超过万亿元，达到1.34万亿元。

目前，国民经济各产业的融合趋势在增强，其中IT业起到了关键的桥梁和纽带作用，而集成电路和软件则是主要支撑力量，发展空间无限。

国家对集成电路和软件业的发展非常重视，扶持政策不断完善，发展形势喜人。

10年前，我们“缺芯”“少软”，现在这种情况已经发生很大变化。我国软件产业收入由2000年的593亿元增加到2011年的1.8万亿元，年均增长35%。集成电路销售收入从2005年的702亿元增加到2010年的1424亿元。10年前，国内没有资产超过百亿元的软件公司。到2010年，我国软件前10位企业市值都超过100亿元。一大批有自主品牌并具有相当规模的中国软件企业已经成长起来。

集成电路产业是高新技术最高端、最密集的行业之一。长期以来，从制造工艺到装备，再到材料，我国都必须进口，每年为此花费千亿美元以上。“十一五”期间，我国启动了“极大规模集成电路制造装备及成套工艺”重大专项，参与研发单位共133家，资金投入总额199亿元。专项实施以来，获得了令人振奋的成果。研发的21种集成电路装备、材料产品已经进入中芯国际大生产线考核验证，23种封装装备和8种封装材料已通过长电科技和通富微电两家企业生产线验证，累计申请专利4248件。其中，中芯国际公司的65纳米成套产品工艺整体研发已经完成，并已进入批量生产阶段，45纳米成套工艺进入量产准备阶段。同时，集成电路的制造装备生产工艺、封装测试和关键材料都获得了一批具有自主知识产权的核心技术,使我国集成电路制造工艺迈入国际水平。2011 年 1 月,我国主导制定的 ID—LIE—Adraneed 被正式确立为 4G 国际标准,标志着我国在移动通讯标准制定领域走到世界前列。与此同时,一系列电子信息核心技术获得突破,产业进步神速。据统计,2011 年底,信息技术领域专利申请总量达 136.4 万件,占全部专利申请总量的 35.8%.

美国等西方国家正将物联网提到战略性新兴产业的高度。物联网就是物与物相连的互联网。在物联网中,所有的物品也像人一样有自己的 ID,从哪里来,到哪里去,都可以在网上查找,从而实现对所有物品的信息化管理。

2011 年初,我国物联网芯片研发获得突破。总部位于福州的新大陆科技集团宣布,全球首颗具有完全自主知识产权的二维码解码芯片诞生了。解码速度较软件解码提高 10 倍,识读效率提高 30 倍,而且机制简化,成本降低,可靠性强,商用前景广阔。

中国力图建立一个完整的国民经济体系,尽量把经济结构中的弱环或缺环都弥补起来,强化起来,服务外包业的发展就反映了这个过程。

服务外包是一个新兴产业,是适应全球产业升级和服务转移的需要而产生和发展起来的。服务外包是指企业为了将有限资源专注于其核心竞争力,以信息技术为依托,利用外部专业服务商的知识劳动,来完成原来由企业内部完成的工作,从而达到降低成本,提高效率,优化企业适应市场的能力的一种服务模式。

服务外包起源于上世纪 80 年代后期的美国,然后扩张到日本和欧洲等地。随着网络和信息技术的发展,随着行业内部信息的标准化和规范化,服务外包业具备了快速发展的基础条件。相对于能耗高、污染重的传统制造业,服务外包以其低污染、高附加值优势而成为一个"阳光产业"。

服务外包业发展潜力很大,2010 年全球服务外包总量达到 5105 亿美元。据麦肯锡公司预测,到 2020 年,全球服务外包市场整体收入将超过 150 万亿美元。

目前,服务外包业正从欧美发达国家向发展中国家转移。服务外包企业已经成为印度的一个经济支柱,产值占印度国内生产总值的 7%,占印度出口总额的近四成,创造的就业岗位超过 230 万个。目前,印度已承接全球 65%的离岸软件外包业务和 46%的服务外包业务。很显然,在全球服务外包产业领域,印度占有第1的位置。

服务外包在中国经济中是一个弱环。为了改变这个弱环，中国政府大力支持服务外包产业的发展。从2006年开始，商务部、信息产业部和科技部先后联合公布了11个城市为服务外包示范城市。实际上，中国发展服务外包产业有很多优势。除了政府大力推动外，中国拥有良好的基础设施，有宏大的在计算机和数学方面受过良好教育的劳动者队伍。中国知识型劳动力成本相对较低，平均IT劳务成本比印度低三至四成。跨国公司为了分散风险，往往把中国当做拓展业务外包的首选地。

近年来，我国软件外包产业发展迅猛。工信部发布的《2011中国软件与信息服务外包发展报告》显示，我国软件外包产业规模从2007年的1110亿元增长到2010年的2750亿元，2010年增速达到35.2%。

软件服务企业正迅速成长壮大，并涌现一批龙头企业，东软、文思等企业员工超万，企业收入超10亿。截至2010年9月，我国大陆通过CMM/CMMI认证的企业总数为1719家，仅次于美国，是印度的2.6倍。通过ISO20000认证的企业总数达到93家，居世界第1位。

2010年，我国软件外包从业人员总量超过73万，同比增长32.7%。

产业集聚态势已经形成，全国以21个服务外包示范城市为节点，形成了环勃海集群、长三角集群、珠三角集群、中西部集群和东北集群。2010年9月3日，南京市被授予“中国软件名城”称号，济南、成都、北京、上海、广州、深圳、重庆、杭州等城市的创建工作也在积极推进。其中，上海正在挑战印度班加罗尔世界第一外包城市的地位，而北京和大连也将进入世界外包城市的前五名。中国正在迎来软件外包的“黄金发展期”。

金融和外汇

金融是现代经济的命脉。金融业的发展使中国拥有越来越大的世界经济话语权。

金融的载体是货币。货币分铸币和纸币两类。

货币是非常有用的。货币的发明是一项伟大的发明。公元前200年左右，中国人在世界上最早发明了铸币。到公元9世纪初，最早发明铸币的中国人又最早开始使用纸币。

西方国家在货币上的创造主要是搞出各种各样的金融衍生品，把世界金融体系弄得很不稳定，弄得资本主义危机越来越深重。

曾经深刻揭示了资本主义危机本质的马克思，对克服这种危机有许多真知灼见，其中重要的一条是要实现金融的社会化，要把银行和信贷集中在国家手中。他在《共产党宣言》中建议先进国家可以采取以下措施："通过拥有国家资本和独享垄断权的国家银行，把信贷集中在国家手里。"①

社会主义中国采取了马克思提出的这项重要措施，建立了独享垄断权的国家银行，把信贷集中在国家手里。国家控制的金融体系，是为实体经济服务的，它的运行立足于人民的整体利益，而时刻警惕私人金融财团兴风作乱。

2008 年下半年以来，国际金融危机不断蔓延，影响日益加深，包括欧美国家在内，许多银行都是巨额亏损，经营出现困难，股票市值严重缩水。有些银行只能靠政府救助来渡过难关，也有不少银行因经营难以为继而破产倒闭。

中国银行业却是另外一番景象。据中国银监会发布的数据，2008 年，中国银行业金融机构实现税后净利润 5834 亿元，同比增长 30.6%。在大规模提高呆坏账准备金的情况下，资本回报率仍高达 17.1%，比全球银行业平均资本回报率高出 7 个百分点，全行业利润总额、利润增长和资本回报等指标在全球均名列第一。

在中国，国有控股商业银行担负着维护国家经济金融安全稳定的政治责任，确保国有资产保值增值的经济责任，推动经济社会发展的社会责任，不仅是国民经济的重要支柱，而且是中国共产党执政兴国的重要手段。

截至 2009 年 6 月底的数据，中国国有控股银行资产总额为 38.5 万亿元，占全国银行业资产总额的一半以上。这是党和国家可以掌控的应对重大经济金融风险的重要资源。

为了保证党和国家的金融方针政策和宏观调控措施得到贯彻落实，必须坚持党对国有控股商业银行的领导权。

在国有控股商业银行坚持党的领导权，不是在公司治理的体制之外去实现，而是在完善公司治理的全过程中发挥公司党委的核心作用。这种核心作用主要

① 《马克思恩格斯选集》第 1 卷，人民出版社 1995 年版，第 293 页。

体现为统揽全局、使用干部和协调各方。具体操作路线是公司党委和董事会主要成员“双向进入，交叉任职”。凡属公司重大问题，在董事会讨论前先召开党委会，按照民主集中制原则作出决定，通过法定程序，由进入董事会和高管层的党委成员贯彻执行党委决定，将党委决定顺利转化为董事会决议。同时，坚持党管干部、党管人才的原则，选聘优秀的经理管理人才去实现董事会的决议，使公司的物质文明建设和精神文明建设得到不断提高。

2008年，中国工行、中行和建行的市值占据了全球上市银行的前三名。工行是市值第一和存款第一的“双冠王”。韩国《朝鲜日报》就此事发表感慨，说中国“银行业业绩全球第一，中国经济‘称霸天下’”。同时还指出，中国三大银行的总市值和净利润均远远超过美国三大银行。

“十一五”期间，我国工、农、中、交、建五家大型商业银行先后完成财务重组和股份制改革，并在香港联交所和上海证交所成功上市，整体实力不断增强。

截至2010年6月底，我国银行业金融机构资产总额达到87.25亿元，比2005年底增长31.3倍；各项存款和贷款的余额已分别达到66万亿元和47.5万亿元，分别比2005年底增长1.2倍和1.3倍；不良贷款率从2005年底的8.6%下降到2010年6月底的1.3%；所有银行的资本充足率都已完全达标，抗风险能力显著提高，有力地促进了经济社会的发展。

我国金融业大发展的时机已经到来，其突破口是人民币国际化。尤其是人民币加入SDR之后，资本市场也会逐渐开放。从长远的角度来看，这是一件好事，因为中国的金融系统最终还是要国际化的，中国已经是全球第二大经济体了，将来必须面对来自整个全球金融体系的各种影响。

金融危机为人民币国际化提供了千载难逢的重大历史机遇。

美国金融危机的原因是其虚拟经济与实体经济的严重失衡，世界金融体系急切期待一个以强大的实体经济为支撑的货币加入到国际货币体系中来，中国的人民币无疑是众望所归。

中国外汇储备世界最多，已达3.2万亿美元。如此雄厚的外汇储备用处很多，最重要的一个用处是支持人民币国际化。

人民币国际化，直至成为世界最重要的储备货币之一，这正是人心所望，大势所趋。在这个过程中，发挥好庞大外汇储备的作用是极为重要的。目前，中国外汇储备不仅数量充足，而且币种和品种齐全，有现实操作性，为人民币国际化奠定了良好的基础。

人民币国际化，成为世界主要储备货币之一，是一个大趋势。但人民币国际化只能一步一步稳妥地走出去。

很多经济学家认为，人民币成为国际主要储备货币需经历很长的时间，但在亚洲地区，人民币取代美元地位并不遥远。

金融海啸爆发后，人们普遍担心受经济危机打击的美国会通过印制钞票的方式来为规模庞大的经济刺激计划筹措资金，这种做法必然使美元和美元计价的资产贬值。

在这个大背景下，人民币首先在亚洲地区崛起就是必然的。因为亚洲各国之间的贸易流量正急剧增加，而且超过了对亚洲外各大经济区的贸易量。其中，中国对亚洲金融的稳定和经济的发展发挥着越来越关键的作用。

苏格兰皇家银行的经济学家本·辛芬德费尔分析说："事实上将人民币作为亚洲货币单位的局面也许会在全球重新平衡贸易流量期间出现。""比如，随着中国国内需求的增加，某家韩国公司卖给中国买家的东西会比卖给美国买家的东西多。"

华侨银行的经济学家塞利娜·林认为，由于人们担心美元会贬值，亚洲当前的贸易形势非常不稳定。"随着亚洲内部贸易的重要性不断增加，不与某种'外部货币'绑在一起是明智之举。"换句话说，"把人民币作为亚洲储备货币是明智的。大家都希望储备货币能够反映大贸易伙伴的经济情况"。

美林公司的经济学家陆挺说，对于与中国接壤并有着密切双边贸易关系的一些国家来说，人民币实际上已经发挥着储备货币的作用。

韩国、印度尼西亚和马来西亚虽然与中国并不接壤，但它们的对外贸易已经同中国联系相当紧密。实际上，它们已同中国签署了货币互换协议。根据协议，它们可以用人民币而不是美元购买进口的中国货。

同亚洲国家，乃至同世界许多国家签署货币互换协议，是人民币国际化的重要步骤，效果也是好的，但它不能真正解决问题。因为中国出口商目前还不能开具人民币发票，外国购买中国商品时大多数情况下仍然需要以美元或其他货币支付。

不仅如此，大多数和中国签署货币互换协议的国家尚未将换得的人民币投入使用。由于人民币在中国以外无法进行交易，换得人民币的国家除了用于贸易支付，手中的人民币没有其他用途。它们不能通过抛售人民币来捍卫自己的货币，而这正是一个国家外汇储备的重要用途。就当前来说，与中国签署货币互换协议可以让这些国家省出一些美元，从而有更多美元来捍卫本币。

中国工商银行充分利用人民币区域化、国际化加速推进的有利条件，发挥最大人民币资金行的作用，通过机构申设并购等多种方式积极推进国际化经营，努力提升全球金融服务能力。

截至 2010 年，工商银行已在 27 个国家和地区设立了 194 家境外机构，与 131 个国家和地区的 1435 家银行建立了代理关系，形成了一个覆盖国际金融中心和中国主要经贸往来地区的全球化金融服务网络。

中国经济是世界经济的火车头和稳定器。以强大的中国实体经济为基础的人民币稳步实现国际化，无论对中国、对世界都会是一种福音。

中国经济模式使第一产业脱胎换骨，使第二产业突飞猛进，使第三产业潜力无限。中国人民完全可以为创造了优越的经济模式和崭新的经济文明而感到自豪。

第六章 精神文明建设

精神是与物质处于对立统一关系的一个概念。一个人如果没有精神，他就不是真正意义上的人，而只是一具物质的空壳。一个社会、一个国家，如果没有自己的精神，它很难在天地间存在下去。

中国模式，不仅有自己看得见的政治制度和经济制度，而且有自己看不见但又无处不在的精神文明。

真正的世界强国不仅是经济和军力的强大，而是作出了具有世界历史演进意义的重大创新，即在基本生产方式、社会组织方式、政治思想文化方式以及国际关系方面有世界历史性的创新。

我们在前面已经论述过社会主义中国对政治文明和经济文明的创新。本章将重点研究精神文明的创新。让我们先从中华文化的创新谈起。

一、中华文化的创新

在人类文化之林中，中华文化是一棵高耸入云的大树。几千年来，中华文化一直在东方大地上生长着、挺立着。无数的自然灾难和社会灾难曾经伤其枝叶，却不能动其根基，不能摧其主干。

任何有生命力的文化都需要进行不断地创新，中华文化更需要创新。未来的编年史将会这样记载：20 世纪 50 年代到 21 世纪 50 年代的 100 年间，是中华民族走向全面振兴的重要时期，也是中华文化大创新、大发展、大繁荣的伟大时代。

我们把 20 世纪 50 年代到 21 世纪 50 年代的 100 年确定为中华文化大创新、大发展、大繁荣的时代，依据何在呢？显而易见的是，这是中华人民共和国生命途程中的第一个 100 年。在这 100 年中，有三大时代特征影响着中华民族乃至全人类的前途和命运，规定了中华文化和人类文化发展的大方向。

第一，这是知识大爆发的时代。在这个时代，我们无论把眼光投向任何方向、任何领域，都会看到知识的无限爆发，都会看到人类认识世界、改造世界的能力无限增长，都会看到文化的力量空前强大。在这个时代，人们有了探索宇宙奥秘的空前能力，可以读懂“天之书”；人们有了探索地球奥秘的空前能力，可以读懂“地之书”；人们有了探索生命奥秘的空前能力，可以读懂“人之书”。能够读懂天之书、地之书、人之书的现代人，终于创造了实现人与自然、人与社会、人与人以及人自身和谐发展的历史条件，创造了实现人的自由而全面发展的现实可能性。

第二，这是资本主义走向衰亡的时代。天地间的任何事物都有生成、发展和衰亡的过程，资本主义社会也逃脱不了这个规律。资本主义自诞生以来，创造了超越以往历史的物质文明、精神文明和社会文明，资产阶级以自己的面貌塑造了整个世界。然而，资本主义内在的矛盾是它自身不能克服的。20 世纪 70 年代以后，金融资本主义占据了统治地位，资本主义内在矛盾更加尖锐，表面上眼花缭乱的"繁荣"掩盖不住内在的深重危机和腐朽的本质。到 2008 年，空前严重的金融危机在资本主义的大本营和心脏部位开始爆发，迅速蔓延到整个世界。如今，一种前所未有的景象展现在世人面前：所有的资本主义发达国家，几乎都陷进了经济疲弱、债台高筑、政党恶斗、民怨沸腾的困难境地。乐于在世界各地制造"颜色革命"的西方人士完全没有料到，真正的"颜色革命"已在他们自己的家园里酝酿着。他们应当明白，资本主义社会犹如一个病入膏肓的巨人，预后相当不良。

第三，这是社会主义走向胜利的时代。中华人民共和国的成立，标志着世界上人口最多的国家走上了社会主义道路，这在世界社会主义发展史上具有划时代的意义。20 世纪末期苏联瓦解、东欧变色，这只是社会主义在局部地区遇到的挫折，社会主义前进的脚步是不会停下来的。13 亿中国人民更加坚定地走自己选定的道路，开始了创新、发展、完善社会主义的壮丽长征，并取得了震惊世界的胜利。世界各国人民也以自己的方式推进着社会主义事业，越来越多的人看清了世界发展的大趋势：资本主义的消亡和社会主义的胜利同样是不可避免的；资本主义文明形态的消亡和社会主义文明形态的胜利同样是不可避免的。

中华文化的创新不仅有以上三大时代特征为背景，而且有以下五大历史条件为推动力。

首先，博大精深的中华文化蓄积了几千年，其内在的创新爆发力是无限的；其次，中国人民几十年建设社会主义所创造的实践经验无比丰富多彩，由此形成了文化创新的不竭源泉；还有，改革开放使中国与外界紧密相连，中国人吸收世界文明成果的程度空前广泛和深入，中华文化的创新也是世界文化的创新；再有，历史上的文化创新往往是少数文化人的专利，在基本扫除文盲的社会主义中国，文化创新已经成为十几亿人共同参与的伟大事业；最后，代表先进文化前进方向的中国共产党依靠广大人民、统筹社会资源、调动社会力量所推进的中华文化创新注定成为中华民族伟大振兴的胜利旗帜。

中华文化的创新，总目标是发展和完善社会主义文化。

文化是经济和政治的集中表现，是整个社会的精神和灵魂。当代中国，政治是社会主义政治，经济是社会主义经济，与之相适应的文化，只能是社会主义文化。

社会主义理想的萌芽，无论在东方社会还是西方社会，出现的时间都很早。但直到工人阶级登上历史舞台，马克思、恩格斯创立了这个先进阶级认识和改造世界的科学理论，经过各国共产党和人民群众的英勇奋斗，社会主义才从空想变成了现实。

当代世界最大的奥秘是两大进步潮流在中华大地上的互动和交融：中华民族只有走社会主义道路才能实现全面振兴，而社会主义正是在中华振兴中走向新的胜利。西方观察家在预测中国发展时总是出错，就是因为他们解不开这个最大的奥秘。

创立社会主义文化是不容易的，发展和完善社会主义文化更不容易。我们今天说的中华文化的创新，就是创立、发展和完善社会主义文化。中华民族做好这件事情，是时代的要求，并且具有历史和世界的意义。

中华文化的创新就是要推动中华文化力的大发展。

“从最广泛的意义上说，天地间的力只有两种，一种是自然力，一种是文化力。

自然力是大自然所禀赋的，如引力、电磁力等等；文化力是人类社会所特有的。

文化力的作用是无形的，无限的，永恒的。人们可以藐视一切，但是不敢藐视文化力。

人类从野蛮的荒原进入文明的胜景，从奴隶社会进入封建社会、资本主义社会和社会主义社会，是文化力推动的。

地球上从古到今的一切奇迹，从古代中国万里长城、埃及金字塔、希腊迷宫，到现代的宇宙飞船、人造卫星和现代大都市，都是文化力创造的。

在无坚不摧的文化力面前，高山要让路，大海会献宝，一切黑暗的王国都会烟消云散。

在激动人心的文化力面前，枷锁可以打烂，梦想会变成现实，人类可以创造崭新的国家和美好的社会。”①

具有如此惊人作用的文化力虽然无边、无形，但并不玄妙，是非常现实的。实际上，文化力是人们认识世界和改造世界的能力，是人们创造物质财富、精神财富

① 王天玺：《文化经济学》，云南人民出版社2010年版，第33页。

和创造人自身的能力。

有人会问:具有如此神奇作用的文化力,究竟是一种物质的力量还是一种精神的力量? 我们的回答是:文化是物质和精神的统一,文化力是物质力和精神力的统一。文化是人的本质表现,人本身就是物质和精神的完美统一。看得见的肉身和看不见的精气神融合为一才有人的存在。身体健康而又精神高尚的人会显示出非同一般的创新力量。

文化力是通过创新而发展的。中国人民把马克思主义同中国实际结合起来,创造了毛泽东思想,这是一次伟大的文化创新,由此形成的文化力推翻了帝国主义、封建主义和官僚资本主义三座大山,把世界上人口最多的一个大国建设成社会主义国家。中国人民继续创新,形成了邓小平理论、"三个代表"重要思想和科学发展观,中国的文化力更加强大,在短短的几十年中改变了中国贫穷落后的面貌,创造了现代化发展的人间奇迹。

文化力根本上是人的能力,中华文化创新的根本任务是要形成世界上最宏大的文化人才队伍,使复兴中的中华民族成为世界上最文明的民族。这支队伍不是数以万计,而是数以十万计、百万计、千万计。在这支宏大的文化人才队伍中,将会涌现出许多文化之星。思想界会有新时代的"诸子百家",科技界会有新时代的张衡,文学界会有新时代的曹雪芹,戏剧界会有新时代的关汉卿,医学界会有新时代的华佗……这些文化巨人带领的中华文化大军,定能托举起中华文化灿烂的太阳。

中华文化的创新,就是要促进社会科学的大繁荣。

现在流行于世的社会科学是在资本主义社会中形成的。它有许多好东西,它集成了以往时代的文明成果,它指引西方 10 亿人口实现了现代化,也促进了整个世界的进步。但这种社会科学也包含着许多坏东西,特别是打上了金融资本主义思想烙印的那些东西危害很大,两次世界大战的爆发,一次又一次金融和经济危机的冲击,许多发展中国家遭受的各种战乱,都与此有关。

中国人民正在创立崭新的社会科学,是中华民族社会主义现代化实践的理论概括,是 5000 年中华文明的自觉升华。它继承传统,又超越传统;它来自生活,又高于生活;它吸纳外来观念,又改造外来观念。这样的社会科学,就会成为亿万人民建设崭新的社会主义社会的思想武器。

这种崭新的社会科学，它自然带有中国社会的特点和中华文化的气派，但它又具有普遍的世界的意义。比如，中华文化讲的大道，说到底就是阴阳和谐、矛盾统一，这是人们认识世界和改造世界必须遵循的大道理。再比如，新社会科学的政治伦理可简化为以下五个字："仁、正、民、自、和"。"仁"，就是热爱人民，以人民为本，全心全意为人民服务；"正"，就是正义，就是公正，实现人人平等；"民"，就是民主；"自"，就是自由，反对压迫，反对剥削，实现每个人自由而全面的发展；"和"就是和平，就是和谐，就是和合，就是社会大同、世界大同。这样简明的五个字优于许多恢宏的理论体系，好记而实用，易于为广大人民群众所接受。再比如，以往的经济学是"以物(商品)为本、以资本为主导的经济学"，社会主义的经济学则应是"以人为本、以文化为主导的经济学"。①

质言之，在引领世界前进方向的社会科学中，中国人应当有响亮的话语权。而中国化的马克思主义就是中国在世界上最大的话语权。

中华文化的创新，就是要实现自然科学的新发展。

科学技术是文化的重要组成部分，科技创新是文化创新的重要方面。

中华民族是一个富于科技创新的民族。英国哲学家培根曾赞叹说，中国古代的印刷术、火药和指南针改变了世界事物的面貌和状态。很可惜，近现代几次科技革命爆发时，中国正处于艰难的时期，完全被边缘化了，使人至今叹息不已。进入 21 世纪，当新的、最辉煌的科技革命大潮到来之时，中国科学家将走在科技创新的前列，中华民族将赢得崇高的科技话语权。

从科技革命的周期来看，新科技革命的大潮将在今后二三十年间展现。届时，人类对宏观世界和微观世界的认识将登上更高的台阶，旧的科学理论将会改写，新的科学理论将会诞生。与此同时，以绿色、智能和可持续发展为特征的科技创新和产业革命正方兴未艾，它们将重塑世界经济和文化发展的格局，将决定全球民族和国家的命运。

试看今日之世界，举全国之力推动科技创新的国家不多，中国已占有显著的位置。

中国的科技创新事业是全方位展开的。20 世纪 90 年代以来，党和国家按

---

① 王天玺：《文化经济学》，云南人民出版社 2010 年版，第 2 页。

“自主创新，重点跨越，支撑发展，引领未来”的方针推动科技创新，并确定了到2020年建成创新型国家的宏伟目标，科技创新进入了飞跃发展时期。

当今中国，中长期科技发展规划已经制定，全民重视科技创新的氛围已经形成，超过5000万的科技人力资源举世无双，先进而齐备的科技基础设施令人羡慕，灵活而高效的科技创新机制正在形成，广大现代化企业成为创新的主体，战略性新兴产业快速发展，重大科技前沿的突破蓄势待发，中国科学技术的国际地位显著提高，中华民族对世界科技发展的影响将是前所未有的。

中华文化的创新，就是要使文化发展机制更完善。

文化是物质和精神的统一，文化力是物质力和精神力的统一，只有这样去认识文化和文化力，才能形成比较灵活有效的文化发展机制。

在很长的历史发展中，人们更多的是从精神层面去认识文化和文化力，这并没有错，因为文化确实具有很强的教化功能。恩格斯说得好：“文化上的每一进步，都是迈向自由的一步。”处在不同社会环境中的人们，都要通过文化活动来启蒙心智、认识世界、陶冶情操，获得精神的自由和人生的幸福。活跃在地球上的所有国家、民族和政党都要依靠自己的核心价值观来凝聚人心、振奋精神，去实现自己追求的崇高目标。然而，文化的精神性不能离开它的物质性。马克思主义是世界文化的精华，但马克思主义的产生离不开马克思这个物质和精神统一的人，离不开资本主义发展的物质世界，离不开为人类解放而奋斗的各国共产党和工人党，马克思主义的传播还要有《共产党宣言》、《资本论》这类实体性书籍的出版和发行。

文化本身具有精神和物质的两重性，文化的两重性决定了文化发展机制也有两重性：文化事业和文化产业。

中华文化发展的两重性自古有之。古人言：“半部《论语》治天下”，把《论语》体现的中华文化精华的作用力举上崇高的位置。当时的政府，从中央到地方强力推动的文化事业就是建孔庙，办学堂，深入而广泛地宣扬儒家思想，宣扬“仁义礼智信”的政治伦理。与此同时，社会上也形成了出版发行“四书五经”的文化产业。

国家主导的文化事业和社会运作的文化产业虽然古已有之，但它们的发展曾经是很不平衡的。在中国封建社会，出版、发行“四书五经”的文化产业，只是经学至上的文化事业的附属，形不成大气候；在西方资本主义社会，市场为大，利润至上，文化产业的膨胀，压缩和侵蚀着文化事业。只有在社会主义社会中，文化事业和文化产业才能实现相得益彰、比翼齐飞。

十六大以来，我们党在文化建设上提出文化事业和文化产业两手抓、两加强的指导方针，把握了文化发展的内在规律，形成了社会主义文化发展的灵活有效的新机制，这是中华文化创新的里程碑式的重大成果。

中华文化的创新，是要形成生机蓬勃的新文化形态，形成社会主义文化形态。

一定的文化力和文化关系构成一个社会特有的文化形态。在历史的演进中，原始社会之后，曾出现过奴隶主文化为主导的文化形态，封建文化为主导的文化形态，资本主义文化为主导的文化形态和社会主义文化为主导的文化形态。

一般来说，资本主义文化优于封建主义文化，社会主义文化优于资本主义文化，中国人民对此有着深切的感受。

中国近代走向衰落，是以 1840 年的鸦片战争为标志的。论国家实力，鸦片战争时的中国强于英国。根据《大国的兴衰》和《世界经济千年史》提供的数据，到 1870 年，中国 GDP 占全球的比例为 17.3%，高于英国的 9.1%；到 1890 年，中国军队超过 100 万，英国军队只有 42 万。鸦片战争时，双方的差距还要大得多。但是，由于腐朽落后的封建文化占据社会的主导地位，中国虽大，却像一个完全没有精气神的病人，不堪一击，一败再败。

新中国建立后，中国社会已是先进的社会主义文化占主导地位，人虽穷，志不短，由于精气神旺盛，已然成为顶天立地的东方巨人。1950 年的时候，中国是一个真正的穷国。中国钢铁产量只有几十万吨，而美国是几千万吨，双方的实力差距非常大。但当美国把战争强加到中国人民头上的时候，中国的反击是非常有力的。小米加步枪的中国军队同飞机加大炮的美国军队在朝鲜半岛对垒，中方五战五胜，把敌人从鸭绿江边一直赶到三八线附近，并迫使不可一世的超级大国在未能占到一点便宜的停战协议上签了字。

以社会主义文化为主导的国家，不仅可以在军事对抗中立于不败之地，也可以在经济竞争中创造奇迹。新中国建立仅仅半个多世纪，就在经济总量上超越了已在现代化道路上先行几百年的日、德、英、法、意等资本主义大国，就是有力的证明。

20世纪中期以来，在中华大地上形成的新文化形态，是一个生机蓬勃的文化有机体。先进的社会主义文化居于主导地位，它以“仁爱、正义、民主、自由、和谐”的精神凝聚人心、解放思想、推动创新，实现社会的和谐。在这个文化有机体中，有主流文化，也有非主流文化；有主体民族的文化，也有非主体民族的文化；有先进文化，也有落后文化；有本国文化，也有外来文化；有“阳春白雪”的精英文化，也有“下里巴人”的大众文化；有过去时代的文化遗留，也有未来时代的文化萌芽。

崭新的社会主义文化形态，把高扬主旋律和提倡多样化统一起来，把尊重传统和推动创新统一起来，把对外来文化的吸收和改造统一起来，百花齐放，百家争鸣，把中华民族十几亿人的创造性激发出来，凝聚成改天换地的伟大力量，去实现中华民族的伟大振兴，并对人类的文明进步作出更大的贡献。

二、为人民服务的精神

社会主义中国对精神文明的创新,就是在人类历史上第一次在一个大国创造了一种崭新的文明——社会主义精神文明。这种文明不是昙花一现,而是根深叶茂,生机蓬勃。

社会主义精神文明是一个完整宏大的精神体系。我们在这里只着重讲一点,即社会主义核心价值观。关于社会主义核心价值观,著作家可以写许多部大书,演讲家可以进行长篇的宣讲,实际上归纳起来就是五个大字:"为人民服务"。

1944 年 9 月 5 日,一位名叫张思德的红军战士牺牲了。毛泽东前往参加追悼会并发表演讲。演讲的题目就是《为人民服务》。

毛泽东的演讲很短,只有 810 个字,但其中有两段名言是几乎每一位中国共产党党员和许多中国老百姓都可以背诵出来的。这两段名言如下:

我们的共产党和共产党所领导的八路军、新四军,是革命的队伍。我们这个队伍完全是为着解放人民的,是彻底地为人民的利益工作的。张思德同志就是我们这个队伍中的一个同志。

人总是要死的,但是死的意义不同。中国古时候有个文学家叫做司马迁的说过:"人固有一死,或重于泰山,或轻于鸿毛。"为人民利益而死,就比泰山还重;替法西斯卖力,替剥削人民和压迫人民的人去死,就比鸿毛还轻。张思德同志是为人民利益而死的,他的死是比泰山还要重的。①

毛泽东论述的为人民服务的价值观,源自几千年中华文明的传统美德,又揭示了社会主义精神文明的本质,这与资本主义的核心价值观是完全不同的。

---

① 《毛泽东选集》第 3 卷,人民出版社 1991 年版,第 1004 页。

资本主义的核心价值观是个人至上,个人自由至上,资本利润至上。社会主义的核心价值观是人民至上,人民幸福至上,社会利益至上。有人不同意这种看法,说资本主义社会有许多人助人为乐,而且慈善事业很发达,还有许多社会福利政策等等。不能说那里是个人至上,资本利润至上。其实,资本主义社会的人民大众同社会主义社会的人民大众一样,绝大多数都有善心,也常有善举,资本主义社会也在发展社会福利事业,这些情况只是表明资本主义社会存在着社会主义因素;而且也说明,发达资本主义国家社会生产力很高,积累了大量的物质财富和精神财富,只要实行彻底的社会改革,废除少数金融寡头垄断一切权利的制度,它们就可以从危机中解脱出来。还有人说,为人民服务只是口头上讲讲而已,社会上并没有实行起来。这种说法完全歪曲了事实。

我们在前面已经论述过,中国政治体制的建立和完善,经济体制的建立和完善,各种社会政策的制定和实施,都是着眼于全国人民的根本利益,贯穿其中的主旨和精神不是别的,就是为人民服务。

为人民服务的价值观是至高至善的,但必须有好的制度来保障。不仅如此,为了提高为人民服务的水平和能力,还必须有好的认识方法和工作方法来实现。

中国共产党有一个科学而先进的思想路线,这就是实事求是。为了做到实事求是,我们找到了两个普遍适用的公式,一个是认识世界的公式,一个是改造世界的公式。

认识世界的公式是:“实践、认识、再实践、再认识,这种形式,循环往复以至无穷,而实践和认识之每一循环的内容,都比较地进到了高一级的程度。这就是辩证唯物论的全部认识论,这就是辩证唯物论的知行统一观。”①

改造世界的公式是:“凡属正确的领导,必须是从群众中来,到群众中去。这就是说,将群众的意见(分散的无系统的意见)集中起来(经过研究,化为集中的系统的意见),又到群众中去做宣传解释,化为群众的意见,使群众坚持下去,见之于行动,并在群众行动中考验这些意见是否正确。然后再从群众中集中起来,再到群众中坚持下去。如此无限循环,一次比一次地更正确、更生动、更丰富。”②

① 《毛泽东选集》第 1 卷,人民出版社 1991 年版,第 296—297 页。
② 《毛泽东选集》第 3 卷,人民出版社 1991 年版,第 899 页。

认识世界和改造世界的这两个公式,在当今中国社会中是时时处处都发挥着作用。全国人民代表大会制定法律、决定发展规划是这样做的,各级人民政府施政过程中也是这样做的。而且这不是少数领导人的个人行为,是全国各族人民都以不同的形式参与的社会行为。这就可以实现人民至上,人民幸福至上,社会利益至上。2008 年金融海啸以来,西方国家"一人一票"普选出来的政府在危机面前往往手足无措,互相指责,陷入决策无能、执行无力的窘境,就是因为在那里是个人和政党至上,大财团的利润至上,根本不可能像在中国这样,为人民的利益,按照以上所说的两个公式,正确地认识形势,正确地作出决策,全国人民和整个社会齐心协力克服各种困难,推动经济社会健康稳定地向前发展。为人民服务的真谛就在这里。

在中国社会中,为人民服务是共产党的宗旨,是各级政府的行为准则,是政治、经济和社会制度的内在精神,也是一切善良人们的道德追求。

这种道德追求在雷锋身上最生动地体现出来了。

说起雷锋,总会让人肃然起敬。从毛泽东写下"向雷锋同志学习"的题词以来,雷锋精神始终铭刻在人民心中,成为引领社会道德风尚的一面旗帜。

雷锋只是一名普通的小战士,似乎没有创造过什么丰功伟业,为什么会激起人们深深的敬仰呢?因为很单纯的雷锋身上闪耀着"善"的精神之光。这种"善"的精神,是中华民族所固有的,是中国化的马克思主义所共有的,也是我们每一个人内心潜藏着的。人们看到雷锋以人民至上为价值取向,以艰苦奋斗为人生品格,以敬业奉献为生活信条,把为人民服务当做人生最大的幸福,都会感受到动人心魄的道德温暖。

实际上,在我们社会中,雷锋式的好人真是千千万万!

74 岁的老共产党员刘卫民在极普通的岗位上把为人民服务的精神化为自觉的行动。1966 年,他把父母为他起的名"隐龙"改为"卫民",意思是保卫人民。他从单位退休后担任了徐州市民乐社区的居委会主任,这是一个无权无势而又费力不讨好的差事。他上任后碰到的第一个麻烦是社区居民同物业公司的矛盾。2004 年 7 月 30 日,物业公司声称因物业费收取率极低,即日起停止服务,并把清洁工都撤走了。刘卫民急了,亲自去找物业公司的负责人讲理。对方说,收不到钱就不开工，如果要复工，必须先交出 2000 元启动资金。刘卫民就说，社区的服务工作不能停，启动资金我先垫上。物业公司经理被刘卫民的态度感动了，表示明天就复工。

刘卫民感到，这类婆婆妈妈的事情虽小，但都关系社区居民的切身利益，应当建立一种灵活有效的机制，把矛盾消除在萌芽之时。经过他的协调努力，社区居委会、业主委员会和物业公司联合组成自治委员会，三方联合办公，资源共享，迅速及时地解决社区工作中的各种问题，使全社区居民获得安乐。

刘卫民创设的这种“三位一体”的社区管理机制效果很好，引起全国广泛关注。

郭明义是鞍钢集团的一名普通工人，是一位共产党员。他参加工作 28 年，把共产党全心全意为人民服务的宗旨完全化为自己的行动。他立足本职，爱岗敬业，在每个岗位上都取得了突出的成绩。从 1996 年担任公路管理员以来，每天提前上岗 2 小时，15 年累计做义务工 15600 小时；他艰苦朴素，一家三口住在不足 40 平方米的小屋里，却以扶危济困为己任，助人为乐，先后资助了 180 名贫困学生；他 20 年累计献血 6 万毫升，还带动身边工友献爱心，有 5800 人参加了他的爱心团队。郭明义参加工作以来的收入仅有 28 万元，他却拿出 12 万元捐给了希望工程和灾区群众。

为人民服务既是普通共产党员的行为准则，更是毛泽东、周恩来等党和国家领导人的行为准则。

毛泽东曾是集党权、政权、军权于一身的人，这是特殊历史时期的特殊现象。在世界其他地方这样的人物必定是享尽荣华富贵，自己和家人都积累了大量的财富。但请看毛泽东，除了工资和稿费，他多占了一点社会的财产吗？他自己除了废寝忘食地为国操劳，生活的简朴真是令人感动。

毛泽东是党、国家和军队的最高领导人，但一直保持着简朴的生活。一件睡衣陪伴他 20 多年，打了 73 块补丁。工作人员劝他更换，他总是语重心长地说：“我们国家还很穷，发的布票很少，你不也穿着补丁衣服吗？我看还是节省点好，不要做新的，破了再补嘛！”

毛泽东的儿女们都过着普通人的生活，没有任何特殊之处。要说有特殊，就是毛泽东对他们的要求特别严格，要他们在遵纪守法、为人民服务方面比别人做得更好；当祖国和人民需要的时候，甚至要不惜牺牲自己的生命。他的爱子毛岸英就做到了这一点。

国外一些观察家也认定毛泽东的哲学就是人民至上。1949 年 4 月 23 日，人民解放军攻克南京，美联社记者西默·托平挤进欢迎大军进城的人群中，记下了他当时看到的一幕：为了不打乱人民群众的正常生活，“他们沿人行道整齐地坐在背包上，步枪斜靠在肩。附近居民端来热水热茶，热情地倒进他们从皮带上解下来的碗和杯子里”。

60 年后，从《纽约时报》总编辑任上退下来的托平先生再访中国。这位 88 岁的老人回想起当年在南京看到的那一幕，不禁感慨道：“新旧中国的变化看起来就像一部科幻小说”，“60 年里，中国人已经实现了毛泽东那一代人的梦想，即让中国重新成为世界上举足轻重的力量之一”。

英国元帅蒙哥马利也有西默·托平一样的观感。

1960 年，蒙哥马利访问中国，回国后，他说了这样一句话：“毛泽东的哲学非常简单，就是人民起决定作用。”

人民起决定作用，人民至上，人民幸福至上，社会利益至上，这就是社会主义精神文明，这就是社会主义的核心价值观。但在现实社会中，也存在着与此格格不入的东西。

利欲熏心的贪官污吏不在少数。

坑害人民的黑心奸商不在少数。

小悦悦被汽车碾压，路人却不出手救助的情况有之。

甚至有人搞学术造假，又雇凶杀人。

……

看到这些情况，为人民服务还是我们社会的核心价值观吗？看到这些丑恶的现象，确实令人愤慨，令人痛心。然而，只要仔细分析一下就会知道，这不是我们社会的主流。中国太大了，社会太复杂了。每个人早上醒来，一天之中都可以看到和听到不少黑暗的事物。但是天还是亮的，太阳照耀着大地，更多的人在相互帮助，友好合作。这，才是我们社会的真情实景。

让我们回望一下汶川大地震吧。如此重大的灾难，是一种毁灭性的冲击，降临到哪个国家都是难以承受的，但是，中国人民挺住了。社会主义中国在人类历史上树起了抗震救灾的光辉典范。

"人民政府为人民"，不是挂在官员嘴上的一句套话，而是中国社会的一条真理。从 2008 年 5 月 12 日开始，中国政府就发挥社会主义国家可以集中力量办大事的制度优势，启动了规模浩大的抗震救灾应急机制。十几万人民解放军和武警官兵从全国各地奔赴灾区，数万吨救灾物资通过陆路、水路、空路调往灾区，成千上万医生和各类救灾专业人员来到灾区。为了抢救更多的生命，必须在最短时间内解决通路、通信、通电的难题，必须使救灾队伍突进到所有受灾的城市和农村，必须使几十万伤员及时得到医治，必须把上千万灾民安置到有吃、有住、有安全的地方，必须保持广大灾区的社会安定，必须使数十万来自国内四面八方和世界各国的救援队伍有序地开展救援工作，必须使灾区不发生次生灾害，不发生大的传染病……这里的每一项任务都是很难完成的。但是全世界都看到，所有这些任务都完成了，而且完成得很好。这是为人民服务的核心价值主导着中国社会的最生动写照。

大难临头之时，多少人宁愿舍弃自己的生命，也要挽救他人，要把生的希望留给他人。共产党员谭千秋是东方汽轮机厂子弟中学的老师。地震袭来时，他正在给学生上课。巨大的震动使教室的天花板突然断裂，向下砸来。千钧一发之际，谭老师张开双手臂，护住了 4 个学生。学生们得救了，谭老师却永远离开了人世。

绵竹市欢欢幼儿园的瞿万荣老师，用后背顶住垮塌的水泥板，身下护着一个幼小的儿童。当救援队员把他们从废墟下扒出来时，瞿老师已经停止了呼吸，被他护住的小孩却是呼吸平稳，脸色红润，只受了一点轻伤。

映秀镇小学的张亚平老师，在教室垮塌之际用双臂抱着两个小学生。小学生得救了，张老师已经逝去。他紧抱孩子的双臂僵硬了。救援人员为了救出孩子，不得不含泪锯断了他的双臂！

……

灾区之外，不能前往救援的人们，全中国从老人到儿童，无不凝神屏息地注视着抗震救灾的进展。大家有血献血，有钱捐钱，用各种方式表达自己的爱心。当是时也，全中国人民，整个中华民族都亲如一家。社会主义大爱之心，真是可以惊天地，泣鬼神。

毫无疑问，汶川抗震是为人民服务精神的集中显示。中国社会为人民服务的精神不仅表现在救灾的时候，而且是表现在重建家园的时候。

汶川地震造成的受灾面积，相当于欧洲大国西班牙的全部国土面积。重灾区面积达 10 万多平方公里，受灾人口 1986 万，相当于北欧五国的总人口。无数的城市和乡村被夷为平地，大量交通、电力、通讯、供水、供气系统被摧毁……要在这样广大的灾区，如此严重的灾情下重建家园，不仅在中国历史上，就是在世界历史上，也是极其罕见的。

全世界都见证了汶川灾区神奇的变化：

震后才 10 天，1500 多万灾民就得到应急安置；

震后才 100 天，就完成了 1200 多万过渡性住房建设；

震后才一年半，150 万户灾民房重建全部完成；

震后两年，国家拨付灾后重建基金为 1949.24 亿元。即使遇到全球金融海啸的冲击，用于民生的灾区重建基金也按时足额拨付到位。25 万户城市居民住房恢复重建全部完成，震毁的 3002 所学校全部建成，1362 个医疗卫生和康复机构的重建已完工 95%，灾区 6 条高速公路全部开工建设，88 条干线公路建成 43 条，在建 45 条，还恢复重建了农村公路 2.5 万公里。

汶川灾区重建的速度之快、质量之好，无不令人感佩。美国《国际先驱论坛报》记者露华德·弗伦奇曾经实地考察中国四川地震之后的救援和重建工作。他说，中国早在抗震初期，就规划了灾区重建的宏伟蓝图，“任何看到了上海、北京这些城市是如何建设的人都不会怀疑中国让这一梦想成为现实的意愿，而且这一切会以一种让美国新奥尔良生妒的快速度发生”。

露华德·弗伦奇同其他一些美国人常常拿中国的汶川震灾同美国的新奥尔良风灾进行对比，这是意味深长的。客观地说，新奥尔良的风灾造成的破坏比汶川地震造成的破坏小得多，灾情轻得多，但就对灾难的应急反应和家园重建，中国确实比美国更快、更有效。

美国夏威夷大学教授杰瑞德·卡托说，风灾发生后，美国政府，不管是地方的州还是联邦一级政府的反应都没有到位，各级政府在突然的灾难面前显得很慌乱。

风灾爆发时，新奥尔良社会非常混乱，甚至发生了抢劫，天灾和人祸同时折磨老百姓，但政府的行动不仅缓慢，而且效率低下。当时任奥市警察局长的W. S·利需接受美国媒体采访时愤怒地说："在灾难发生后的头三天里，我们什么也没有得到。在灾难发生48小时后，第一批国民警卫队分乘40辆装甲车开进奥尔良。然而，令我们震惊的是，他们抵达目的地后所做的第一件事居然是找地方睡觉和打牌！在整整72小时里，我们没有得到他们任何帮助。我现在终于明白，我们为什么打不赢伊拉克战争。"

正是天崩地裂的汶川大地震，让世人看到了中国社会主义制度的优越，看到了社会主义精神文明的曙光。

三、道德建设和精神文明

已经有很长时间了，人们对我国社会的道德状况深感忧虑。腐败难治、诚信缺失的同时，一些地方黄赌毒泛滥，一些人价值观、人生观扭曲，一些企业搞商业欺诈、制假贩假，还有人虐待老人、贩卖妇幼。最刺痛人心的，是以下这一幕：

2011 年 10 月中旬。

广东佛山五金城的一条小街。

两岁的小悦悦被一辆汽车碾压，又被一辆汽车碾压，气息奄奄。

监控录像显示，此时有 18 个人从这一场景中路过，无人顾及被汽车碾压的女童，扬长而去。

最后出现的是拾荒阿婆陈贤妹，她用温暖的双手抱起女童，交给了前来急找的小悦悦的母亲。

18∶1，这就是见死不救和热心救人的比例！这是一段令人揪心的视频，这是一个令中国人耻辱的数字！它撕裂了社会的道德，它践踏了民族的良心！

小悦悦被汽车碾压而路人不救的事件，把中国社会关于道德问题的讨论推到了一个高潮。人们痛心，人们愤怒，人们悲哀。痛心生命之不受尊重，愤怒路人之见死不救，悲哀道德之江河日下。

有人就此得出结论：中国人面对道德沦丧视而不见，中国社会正走向道德大滑坡时代。

笔者认为，中国社会道德沦丧的情况所在多有，这是客观事实，任何人都无法否认。但是，不能得出中国社会正处在道德大滑坡时代的结论，因为这不符合事实。

唯物史观告诉人们，道德是上层建筑的重要组成部分。归根结底，道德是受社会发展状态制约的。

中国社会正处于社会主义初级阶段，正处于社会主义道德的形成时期。在这样的社会发展阶段，在这样的道德形成时期，社会上存在着前面提到的挑战道德底线的恶行可以说是难以避免的。

社会主义初级阶段就是不发达阶段，就是它所脱胎出来的旧社会的痕迹还有很多残留的阶段。半殖民地半封建时代官场的腐败、对生命的冷漠、对国家主权和民族命运的麻木，这些劣根性本来也没有绝迹，在一定的条件下还会死灰复燃。

最近几十年，我们打开国门，拥抱世界；我们锐意改革，发展社会主义市场经济，民主、效率、开放、平等、人道等现代理念注入了人们内心，激发了社会空前活力，国家发生了巨大的变化。但是，从外部世界涌进来的物质的、精神的东西是泥沙俱下、鱼龙混杂的。就像有些生物，在它的原生环境中，是生态链中一个有益的环节，换了环境，它就可能变成一个灾难。西方国家市场经济中无处不在的欺诈行为，被某些黑心的中国人玩弄起来，就会显得特别恶劣。西方社会个人至上的观念，要是在中国泛滥开来，必然是天下大乱。

社会主义初级阶段，在某种程度上说，就是贫穷阶段。国家穷，人民也穷。甚至还有许多人食不果腹、衣不保暖、屋不挡风。这种情况必须尽快改变，全社会都要“以经济建设为中心”，全国上下都要集中精力发展生产，以改善人民生活，以增强国家实力。这样一来，在有的地方，有的时候，党的思想政治工作弱了、淡了，公民的自我修养和集体约束也弱了、淡了，社会上不道德的人和事就多了。

虽然社会上不道德的人和事所在多有，但它不能改变中国社会总体健康向上的大趋势，不能改变社会主义道德正在形成的大趋势。

试看今日之全球，哪个地方不存在不道德的人和事呢？就是在比较和平安宁、人们幸福感比较高的北欧国家，也出了罪大恶极的冷血杀手，一口气射杀了一百多位同胞还毫无负罪之感。

试看今日之全球，哪个国家能长期保持社会稳定、经济发展、文化繁荣、人民安康呢？唯有中国对此是当之无愧的。人们应当从这个事实中得出结论：中国社会总体上是健康向上的，中国人民的道德总体上也是健康向上的。

世界上一切不抱偏见的人都承认中国人民正在创造奇迹，正在创造发展的奇迹、现代化的奇迹,正在创造崭新的社会主义文明。这样伟大的人民,自身就赋有崇高的道德。

雷锋精神,就是中国人民的精神。雷锋的道德,就是中国人民的道德。

就在人们陷于道德困惑的时候,沉默的人民大众中走出来许许多多“最美的”普通人。

2012 年 5 月 8 日,黑龙江佳木斯市。

在失控大车冲向学生的时刻,28 岁的女教师张丽莉拼命把学生推到旁边,自己却被卷入车轮之下,造成全身多处骨折,双腿高位截肢。

那一瞬间,张丽莉柔弱的身体像铜墙铁壁一样挡在生死之间,使学生们得救。

2012 年 5 月 18 日,哈尔滨火车站附近。

一家面馆突发燃气泄漏并发生爆炸,在此用餐的解放军战士高铁成忍着烧伤的剧痛,三次闯进火场救人,并指挥餐馆职工关闭电闸、开窗通风,消除再次发生爆炸的危险,直累到晕倒在地。就在急救车上,他还把氧气装置让给其他的伤者。

2012 年 5 月 29 日,江苏锡宜高速公路。

一块突然飞来的铁片击中驾驶大客车的吴斌胸部,他以惊人的毅力忍着剧痛,在 76 秒的时间内连贯而规范地完成了靠边停车、拉手闸、打开双闪灯等一整套保障安全动作,及时疏散车上 24 名乘客,自己却因伤势过重而去世。

2012 年 7 月 2 日,江苏南通。

凌晨时分,通州建筑公司的宿舍楼突发火灾。28 岁的公司总经理周江疆发现火灾,一跃冲到楼下。当他发现很多公司员工还在宿舍里熟睡,立即返回楼内,冲进火海,挨个敲打房门,大声呼喊同事逃生。梦中被叫醒的公司员工脱险了,周江疆却倒在楼道里再也醒不过来。

……

请看,张丽莉是一位教师,高铁成是一位解放军战士,吴斌是一位司机,周江疆是一位企业家,他们都是中国社会中最普通的人,但他们每一个都是活着的雷锋,他们的所作所为,都闪耀着最美道德的光辉。

最美道德,就是社会主义道德。

2000 多年前,孔子注释的《易经》有言:“天行健,君子以自强不息”;“地势坤,君子以厚德载物”。

70多年前，鲁迅非常自豪地说：“我们从古以来就有埋头苦干的人，有拼命硬干的人，有为民请命的人，有舍身求法的人……”

《易经》讲的，鲁迅讲的，都是中华文明的道德精神，社会主义道德就是以此为根源、为基础的。

中国人民是世界人民的一部分，中华民族同世界各民族建立了紧密的关系，中国的社会主义道德也吸纳了人类文明的美好元素。

历史已经进到21世纪，人类的生产生活方式正在发生深刻而广泛的变化，中国社会主义道德以为人民服务为根本原则，突出了创新、和谐的时代精神。

历来的道德论者，往往以“人”为立论的基点，很容易陷进抽象而空泛的困境。社会主义道德论则以“人民”为立论的基点，凡是有利于人民的行为都是善的、道德的，凡是有害于人民的行为都是恶的、不道德的。

“人民”既是社会大多数的集体指称，又是每个国民的具体指称，因而表现为个人与集体的辩证统一。通常情况下，有利于集体，也就有利于个人。例如，国家的惠民政策，是着眼于全体农民的，但又落实到每个具体农民的身上。但有的时候，虽然对人民有利，但对某个人，或对少数人可能有害。例如，修建三峡电站，是有利于全国人民的，但它损害到搬迁者的利益，他们需要放弃自己的家园。当然，国家会给予适当的补偿，会安排好移民的生产生活。在这种情况下，少数人以自己牺牲来维护全体人民的利益，本身就是社会主义道德的生动体现。

中国人民的先进分子，包括雷锋、焦裕禄、王进喜、杨善洲、郭明义，还有最近刚刚成为共产党员的“最美女教师”张丽莉等，都在用自己的行为诠释着社会主义道德的真意义。人们都还记得，在美苏两霸压制中国的困难时期，为了研制“两弹一星”，许多科学家、工程技术人员、工人、战士，牺牲了个人和家庭的利益而无怨无悔。有一位科学家，带着核试验方案回北京汇报工作，因飞机失事而牺牲。危急关头，这位科学家和警卫员考虑的不是自己的生死，而是怎样保护国家机密。他们把实验方案放在胸间，两个人紧紧地抱在一起。虽然最后是机毁人亡，但抱在两人胸间的实验方案是完好无损的！

几十年来，建设社会主义道德的努力在中国从未间断，即使在改革开放的情况下也没有放松。邓小平曾经指出,建设社会主义国家,要物质文明和精神文明两手抓,而且两手都要硬。他提出,社会主义社会要培养“有理想、有文化、有道德、有纪律”的人才。党中央1996年作出《关于加强社会主义精神文明建设若干重要问题的决议》,2001年发布《公民道德建设实施纲要》,2006年作出《关于构建社会主义和谐社会若干重大问题的决定》。党中央还专门作出了未成年人和大学生思想道德建设的若干决定。2007年以来,道德模范评选表彰活动在全国展开。仅2010年,共有300多个城市举办了11600多场向道德模范学习活动,有近千万群众热情参与。这是中国人民移风俗、改造社会的伟大创造,是广大群众在共产党领导下建设社会主义道德的生动实践。

建设社会主义社会是前所未有的伟大事业。形成社会主义道德,更是前所未有的伟大事业。许多人对当前我国社会中不道德的人和事感到愤慨,从网络到社会都同声谴责,这表明人们对道德危机有高度警觉,表明我国社会是健康向上的力量占主导地位。一位网友在比较了同时展现出来的善行和恶行之后写道:“站在时代的十字路口,我们会被不同的价值观困扰,会对怎么做感到困惑,舆论场里经常弥漫着一股消极浮躁的气氛,但看到这些最美的人,听到这些最美的事,我感觉我们的社会依然是向上向善的,我们的民族依然是朴素真诚的,我们的国家依然是前途光明的。”

建设社会主义道德,不是明天的事,而是今天的事;不是别人的事,而是每个人自己的事。正像有人说的:“你所站立的那个地方,正是你的中国。你怎么样,中国便怎么样。你是什么,中国便是什么。你有光明,中国就不会黑暗。”情况确实是如此。每一位自豪的中国人,都应是中华美德的化身。

四、互联网和精神文明

互联网是一个伟大的发明。在人类历史上,还没有其他的发明像互联网那样,在很短的时间内,使人类的生产生活方式、文化交流方式发生如此深刻、如此广泛的变化。

互联网是人类精神文明的产物,也是创造新的精神文明的强大力量。当今时代,没有任何国家、任何人会忽视互联网的广泛影响和强大力量。建设社会主义精神文明,也要发挥互联网的特殊作用和强大力量。

互联网的功效

互联网对经济建设功效非常大。互联网首先是一个物质实体,是一个战略性、基础性、先导性的产业,是一个大国的重要支柱产业。

互联网产业在中国具有特别的地位,不仅拥有全球最多的电话用户、互联网用户,而且拥有全球最大的宽带信息网。

由于中国自主研制的 TD—SCDMA 获得成功,中国网络信息产业终于结束了“空芯”状态,在百年通信史上首次有了由中国提出国际认可的 3G 国际标准,打破了由欧美国家主导通信标准的格局,提升了我国网络信息产业的自主创新能力和核心竞争力。

目前,中国提出的 TD—LTE 增强技术已被国际电联接纳为 4G 候选国际标准之一。国际主流芯片设备、手机制造商都明确将 TD—LTE 纳入到其整个生产标准中,并有十几家国际运营商明确表示计划采用 TD—LTE 部署下一代网络。

随着 TD—SCDMA 网络的建设和运营，由中国自主创新的 3G 网络已正式投入使用，一条巨大的 3G 产业链也由此启动。以中国市场为大本营，中兴、华为等中国设备制造商已经成功走向国际市场，成为全球通信产业的领导者。我们应当继续努力，把中国的互联网产业做得更大，做得更强。

互联网又是一个精神和文化的海洋，它把人类历史上创造的一切精神的文化的东西汇聚在一起，又把人类在现实中创造的一切精神的文化的东西沟通起来。它涉及人类一切生产生活的领域。它使人类第一次得以即时共享发明的喜悦、创造的快乐和思想的闪光。

值得欣喜的是，中国正在成为世界上规模最大的网络文化之国。

根据数码研究公司 ComScore 公布的数字，到 2009 年 1 月，全球网民人数突破了 10 亿大关，即平均 6.79 人中，就有 1 人经常上网。

网民突破 10 亿，意味着全球社会联系更加紧密，信息活动更加频繁，这在人类历史上是前所未有的。

彭博社认为，全球互联网中心逐渐向中国转移。

该社引述博达克咨询公司董事长邓肯·克拉克的话说："互联网的中心正在逐渐向中国转移。中国的网民数量几乎是美国的两倍。这种网民密集意义重大。"

调查数据显示，截至 2010 年 12 月，QQ 在中国即时通讯市场占有 77%的份额，而微软公司的 MSN 只占 4.2%。淘宝网成立仅 3 年，业务量就超过了总部设在加利福尼亚的易贝公司。

中国互联网络信息中心于 2012 年 1 月 16 日在北京发布《第 29 次中国互联网络发展状况统计报告》：截至 2011 年底，中国网民规模达到 5.13 亿。其中，手机网民规模达到 3.56 亿。

中国的网民突破 5 亿，这相当于一个大洲的人口。规模如此庞大的中国人把工作和生活的更多内容转移到互联网上，其社会意义十分重大。另外，2011 年上半年，中国微博用户达到 300%的增长，微博已成为人们交流信息的重要渠道。人们不仅接受信息，而且也创造信息，成为信息源。

我国正在快速推进的三网融合形成了文化和信息交流的崭新形态，促进了文化产业的繁荣。

网民表达意愿和参与意识持续高涨。据国务院新闻办 2010 年 6 月发布的《中国互联网状况》显示，每天人们通过论坛、新闻评论、博客多渠道发表的言论达 300 多万条，超过 66%的中国网民经常在网上发表言论，就各种话题进行讨论，充分表达各种观点和利益诉求。

互联网是人们已经掌握在手中的一种神奇的科技力量，中国理应把它塑造成推动社会主义事业发展的强大力量。换句话说，中国要建设一个为人民服务的伟大的互联网。

回顾全球信息化的源头，第一代互联网的研制和开发完全由美国主导，从各种基础硬件如路由器、服务器，到各种协议、软件，也全部由美国掌控，其他国家在信息革命中完全没有与美国抗衡的能力。

但是，互联网技术发展是很快的，在新一代互联网的开发中，中国必须抢占先机。新一代互联网地址资源更加丰富，速度更快，安全可信，而且节能环保，对经济、政治、社会、科技、教育、军事和国防都将产生极为重要的影响。

现有互联网升级为新一代互联网，所有配套的软硬件产业都将重新洗牌，势必打破目前的网络经济格局。我国对此规划早、动手快、争得了主动权。自 2003 年正式启动下一代互联网示范工程以来，我国自主建设的下一代互联网关键技术有了重大突破，用户规模很大，赢得了制订新国际标准的话语权，发展势头很好。

2011 年，堪称是中国互联网产业全面升格之年：互联网领军企业市值突破 500 亿美元，成为名符其实的世界级企业；网民总数突破 5 亿，几乎相当于美日英法德五个网络大国网民总和，确立了市场规模的绝对优势；互联网收入 2000 亿美元，互联网产业市值突破 2000 亿美元。互联网产业正在成为造福于人民大众的一个先导性产业。

互联网在我国政治建设、文化建设、社会建设中发挥着越来越大的作用。网民的社会影响力日益增强，是中国民主政治发展的重要标志。

党和政府在进行决策时，应当高度重视网络民意表达，建立网络民意的收集机制，提高对网络民意进行分析、判断梳理的水平，使有价值的网络民意在公共决策和政策执行过程中有效展现出来。这是人民参与决策和决策执行的新形式，是社会主义民主的新途径，而且可以提高社会主义国家的执政能力。

党和政府还要善于运用“网络排气阀”。网络民意是原生态民意，人民对各种社会问题的不满情绪会在网络上直接表达出来，这是网民的一种发泄，是他们表达自我的一种方式，也是他们减轻自身压力和痛苦的途径。是否善用这种“网络排气阀”，是新时期党和政府提高执政能力的重大考验。

近年来，随着网络普及率的不断提高，网民数量的迅猛增加，社会公众参与社会监督的意愿与能力都在大幅度提高。许多网民通过网络提供腐败线索，揭露和批判腐败现象。只要进行正确的引导，网络在促进反腐倡廉建设中的积极作用将会越来越大。

总体看，互联网是中国民主建设的一种新方式，这是一种积极的社会力量。互联网使中国的官员与民众的关系有所转型。网民问政是中国民主文化进程可贵的推动力。

互联网是文化传播的一次重大革命，它可以通过电子技术将各个计算机终端连接为一个系统整体，同时将现实世界中的存在转移到互联网之中，在虚拟世界为现实制造一个映像。网络还可以使处于每个计算机终端中的文化信息在瞬间传输到网络的每一个角落。数字技术的进步还可以将现实世界中的影视作品、书籍以及建筑等实物制作成电子产品。这些电子产品与互联网的匹配和兼容，令其自身快捷和便利地在虚拟世界中广泛传播。事实证明，互联网创造新的文化形态，成为文化传输的新渠道和文化方式的新生产者。互联网对传播或繁荣一个国家的文化发挥着越来越大的作用。

互联网管理

互联网对经济全球化、对世界金融体系的发展都起到了非常重要而有益的作用。有了互联网，任何人只要开设一个网上交易账户，就能成为全球投资者。他们可以随心所欲地投资从标准普尔 500 种股票到棕榈油期货等任何东西。

美联储前主席格林斯潘是金融网络化的强有力支持者。在他看来，互联网和计算机是将抵押贷款分成小份，重新打包，并分流给全世界投资者的最佳途径。

世界上任何事物都具有两重性，有一利必有一弊。互联网就是这样，它把世界缩小成了一个地球村，在大庭广众之下发生的任何事情都无处藏身。所有的投资者都可以从互联网上查到他需要的信息，他可以自由地决定自己的投资方向。然而，海量的信息，庞大的数据迷雾，又让投资者看花了眼，扰乱了神经。此时，现代金融投机家就可以大显神通了。他们把网络技术运用到极致，早已制定了随时跟踪、分析和选择各种金融信息和衍生产品的手段。他们获得了更低廉的成本和更便捷的交易方式，由此创造了一个影子银行系统，一个缺少规范、没有监管的借贷网络。在这个网络中，抵押贷款的所有者对中间复杂的运行程序一无所知，与远端的债券购买者更没有任何联系。把普通投资者搞得头昏眼花的网络数据迷雾却帮助华尔街的金融投机者像玩游戏一样轻易劫持了全球经济，制造了前所未有的金融海啸，给世界带来深重的灾难。

经济领域如此，新闻舆论领域更加复杂。

网络媒体是理想的新闻传播工具，具有即时性、自由开放性、互动性、信息海量以及声音、文字和图像相融合等优势，无论是民众、政府和社会组织都不能不予以高度重视。

社会上常有人运用低成本的网络工具，搞造谣生事的恶作剧，甚至利用网络贩毒、卖淫诈骗等等。这种情况在中国有，在美国和其他国家也普遍存在。

2011 年 7 月 4 日凌晨，美国福布斯新闻台的推特(TWitter)微博账号发布了多条美国总统奥巴马的“死讯”。其中一条说：“奥巴马刚去世。总统死了。真是悲哀的 7 月 4 日独立日。奥巴马腰下及脖子各中一枪，血流得满地都是。祝贺副总统拜登接任总统职务。”

英国《卫报》网站 4 日称，福布斯新闻台的推特账号@foxnewspolitics 被黑客劫持，发布了一连串有关美国总统奥巴马被暗杀的消息。福布斯新闻台是美国主流新闻媒体之一，奥巴马死讯一经发布，被全世界网友迅速传播，很多网友还发送“确认”微博，祝贺拜登成为美国总统。

一家名为 Scriptkiddies 的黑客组织宣称对事件负责。该组织负责人表示：“之所以这么做，就是要告诉外界，福布斯新闻台的节目和它的安保能力一样可笑。”

美国网络媒体上发布本国总统死亡这种虚假信息突出表明，互联网的管理是一个国际性的紧迫课题。互联网管理的困难之处是因为它具有开放性和虚拟性的特质。在网络的虚拟世界中，每一个拥有计算机输出和输入终端的行为体均可以在互联网中发布和获取信息。由于计算机系统是一个无中心或者中心无限多的信息交换系统，对其中以电子流运动的信息确实很难掌控。

然而天下既有矛就有盾，既有虚就有实，互联网不仅必须管理，而且也完全能够管理。

半个世纪前，信息革命开始时，诺伯特·维纳有一本影响广泛的专著《控制论》。他将人类对新挑战的反应分为两种："个体发生"与"系统发生"。个体发生的反应是有组织的，是通过集中设计的制度执行的。系统发生的反应则是演化的，就像细胞在没有受到有组织监控的情况下的互动情况。

在维纳的眼中，互联网信息的互动犹如"系统发生"，信息网络的管理犹如"个体发生"。这两个概念的名称不一定很恰当，但互联网的运动确实存在着制度化的组织管理和自由互动两者之间对立统一的情况。

网络被称作虚拟空间、虚拟社会，但它是许多人通过网站传播，依靠计算机来浏览的。人、网站、计算机都是实实在在的，不是虚拟的存在。存在着的人和物都要受到社会法律的维护和约束，网络管理实际上就是把现实社会的管理自然延伸到网络空间。当然，因为互联网有自身的特性，应当制定适应其特性的网络管理法规。

现阶段网络信息的技术管理手段主要是：

制订包含有害信息词汇的"黑名单"，如若网民的发言中包含一个或几个"黑名单词汇"，帖子就无法在网上出现。

论坛采取人工过滤方式，由论坛管理员和版主删除不良帖子。

单机使用"护花使者"新软件过滤信息。

网络间运用安全网进行防护，在局域网和广域网之间竖起防火墙，除了按规则进行屏蔽之外，还阻断来自外部网络的入侵和攻击，同时可以对上网的详细情况进行监控和记录。

依托网络舆论监测机构，对网民进行舆论调查，由系统自动搜录高频敏感词，并记录和分析，及时发现问题，制订调控策略。同时保存档案，以利日后查证分析，总结规律。

对表达各种不满的网络民意，既不能被其所束缚、所挟持，也不能轻易删帖、屏蔽，更不能对举报人打击报复或互相打击报复，而是要对网络民意进行科学甄别，以不同方式区别对待。首先是要正视存在的社会热点问题，引导网民理性地、多维度地看待这些问题，吸引网民共同探讨解决问题的办法；对有谣言嫌疑的内容，要及时查清真相；如是谣言，要在第一时间辟谣，及时发布真实信息，澄清不实传言和恶意猜测，取信于民；对非理性的网民情绪，要旗帜鲜明地进行正确引导，使之得到合理释放。最重要的是要坚持不懈地做工作，不断提高中国网民的文化素养，使之具有识别谣言、理性分析问题的能力。

主流媒体在加强自身传播能力的同时，要积极向互联网延伸，开拓新兴媒体领域，扩大覆盖面，增强影响力。出现情绪化的网络声势时，要充分利用传统传媒的公信力和感召力，及时发现、及时疏导网上的疑惑和怨气。毕竟，情绪化的网民只是网民中的一小部分，更是全体人民中的一小部分。主流媒体在任何时候都要唱响主旋律，成为社会舆论的主导力量。

网络媒体中应当注意发挥“意见领袖”的作用。

“意见领袖”是指在信息传递过程中少数影响力比较大的人，他们在网络上发挥着举足轻重的作用。

这种“意见领袖”，少数是别有用心的“持不同政见者”，大部分是爱国、拥护共产党领导的公民。有关部门应当注重同他们沟通，发挥他们的舆论引导作用。

互联网与国际斗争

20 世纪 70 年代以来，高性能计算机技术和互联网技术的快速发展，为人类提供了一个崭新的、虚拟的网络空间，现实国家的疆域由此形成包括陆、海、空、太空和网络空间的多维格局。

在当今国际环境中，互联网是一把“双刃剑”，国家主权可以合理扩张，也可能受到严重的侵略和压缩。互联网上的国际斗争是相当激烈的。

互联网给一个国家带来的信息流动及社会开放度，一直是西方国家关注的焦点。而对于像中国这样与西方体制不同的国家来说，他们更关注给中国政府带来的压力。十多年前，《纽约时报》资深记者纪思道曾预言："中国共产党不会在互联网进入中国后长久存在下去。"兰德公司中国问题专家毛文杰也曾撰文称："互联网能削弱中国共产党专政。"

美国有线电视新闻网(CNN)麦康瑞 2007 年回忆说："1995 年当互联网进入中国时，我们提出一个问题——现行制度怎么可能在互联网时代立于不败之地呢？ 12 年后，我们发现，在保持对网络的基本控制、使颜色革命不致发生方面，中国政府做得比任何人想象的都要出色。"麦康瑞同时承认，中国人表达意见、交流思想、获得信息的空间大大扩展了，而且许多以往不可能出现的"敏感言论"，现在都在中国互联网上出现了。

尽管迄今为止，西方通过网络在中国制造颜色革命并未成功，但他们并没有放弃。美国政府这几年大力推动"网络自由"来达其外交政策目的，就是一个很值得注意的新动向。

一段时间以来，原美国国务卿希拉里多次就"网络自由"发表讲话，而且攻击矛头直指中国。

2011 年 2 月 14 日，希拉里在乔治·华盛顿大学的演讲中，称中国、古巴、伊朗、缅甸、叙利亚和越南是"实行书报检查、限制网络自由、逮捕批评政府的博客人的国家"。她说，美国政府将支持"网上言论集会和结社自由"，并且要继续向处于"压制网络环境"的人民提供可以绕开网络检查的技术。希拉里宣布，美国政府将用 2500 万美元撬动更多的私人资本，"开发技术工具，使压制性国家的网上活跃分子、持不同政见者和一般公众能够绕过网络检查"，实现"毫无控制的网络进入"。美国国务卿在启动阿拉伯文和波斯文"推特"之后，还要启动中文、俄文、印度文的社会网络及微博客服务。

希拉里的讲话表明，美国已将"毫无控制的网络进入"作为美国外交政策的优先目标，这是绕过国家主权壁垒，巧妙推进西方民主的关键一环。也可以说，美国已开始发动一场无国界的网络战争。

美国发动的网络战争来势汹汹，我们应当沉着应战。

第一,对中国人民和中国模式要有充分的信心。

希拉里之流梦寐以求的是中国被互联网输入美式民主理念而发生“颜色革命”,这可能吗?乍一看中国的互联网,很容易被大量非理性情绪吓着,因为网上确实有不少对现实不满的言论。想想看,中国有5亿多网民,哪怕是1%的网民发点牢骚,那也是一个不得了的声音。但是发牢骚的网民有多少是怀着搞“颜色革命”企图的?不要说99%的网民是爱国的,就是发牢骚的1%的网民中大多数也是爱国的,更不要说还有不上网的8亿中国老百姓,他们对上网炒作没有兴趣,只是默默地全神贯注地以自己的辛苦和智慧创造着人类历史上最伟大的发展奇迹。

发生颜色革命的国家,都是现实社会搞得不好,经济困难,青年人没有工作,国家失去了前进的方向,西方国家通过互联网一煽动,就闹起来了。中国则是另一番景象,社会安定,经济快速发展,文化日益繁荣,人民生活蒸蒸日上,政府和人民紧密互动,国家和民族的美好明天激励着广大人民奋发向前。对于社会主义中国,如果有人以为像在西亚北非那样,利用非政府组织的公开和地下活动,靠躲在国外某个角落的人发些煽动性的帖子,就可以掀起社会动荡,那真是白日做梦!

第二,联合世界各国,创建公平的互联网世界。

现在的互联网充斥着美国的霸权,这是很不公平、很不正常的。人们打开电脑的那一刻起,从电脑的英特尔芯片到微软的操作系统,从思科的路由器到域名管理系统,互联网产业链上每个关键环节,基本上都由美国的公司主宰着。更让许多国家担心的是,负责控制互联网流量的13台根服务器中有10台都在美国。日本《选择》月刊称,互联网“秉承着基于个人同意的自治思想,却挂靠并受制于美国政府”。俄罗斯ICANN通讯社评论员诺维克夫也指出,“互联网这条信息高速公路给全球参与者都带来了好处,而美国利用自己的技术和市场优势当起公路警察,企图只让符合美国价值的东西上路,还成立网络司令部‘来武装保护’,不禁让人想起19世纪西方殖民帝国在世界争夺扩张铁路权时的场景”。

实际上,美国凭借在互联网中的主导地位和英语“网络第一语言”身份,成为实际上的“信息宗主国”。据统计,在2010年之前,在国际互联网的信息流量中,有超过三分之二来自美国,排在第2位的日本仅占5%。至于中国,虽然网民人数比美国总人口还多，但在国际互联网信息输入流量中仅占0.1%，输出流量甚至仅有0.05%！

由于第一代互联网的网络域名和地址监管由美国掌控，那些美国不喜欢的国家就会受到国际互联网歧视。伊拉克战争期间，在美国政府的授意下，伊拉克顶级域名“iq”的申请和解析工作被终止，所有网址以“iq”为后缀的网站全部从互联网蒸发，在互联网的地图中无法找到伊拉克的影子。利比亚也有同样的遭遇，利比亚顶级域名“ly”被全面瘫痪，利比亚在互联网上消失了一段时间。

美国的互联网霸权在国际上很不得人心。印度和美国的关系虽然很热络，但印度也很不满美国在互联网上的作为。印度尼赫鲁大学一位教授说，“美国政治学家肯尼思·华尔兹给大国下了一个通俗易懂的定义，当一国对别国的影响大于别国对自己的影响时，该国才是大国”。“在信息社会，如果一国不能对信息进行控制，它不仅不是大国，甚至连一个主权国家都算不上。互联网的控制权操纵在美国人手里，印度的国家信息毫无安全可言。印度要成为一个真正的大国，必须把信息主权掌握在自己手里，否则永远听命于人”。

多年来，许多国家提出改革互联网管理模式，中国应当推动办好这件世界大事。中国有最多的网民，有最大的网络市场，并在新一代互联网研究开发上走在世界前列，可以联合世界上大多数国家，打破美国的垄断地位，建立一个公平而健康的国际互联网。

第三，建设强大的中国互联网

互联网在中国的迅速发展，有力增进了官民互动，改善了民主质量，丰富了民众生活，推动了经济发展，繁荣了社会文化。十几亿中国人接纳了互联网，学会运用互联网，并且积极主动参与到全球互联网规划建设中，互联网时代的中国社会变得更加包容，更有活力，这本身就是具有世界意义的大事。

我们已经建设起一个既对外开放又独立自主的互联网体系。我们应当继续努力，建设一个威力强大的中国互联网。

最近，美国前情报人员斯诺登指控美国政府广泛窃听国家机构和私人信息，激起全球公愤，美帝国打造“信息霸权”的恶行被暴露在光天化日之下。在举世汹汹之际，被美国重点坑害的中国却神闲气定，这是为什么呢？原因大致有三：其一，美国自暴其丑，命该如此；其二，推进建立公平合理的世界信息管理机制，此其时也；其三，最重要的是中国不但拥有自己的互联网发展战略，而且在能防窃听的量子通信技术上已获得重大突破，已经建成世界上规模最大的量子通讯网络。从理论上说，量子秘钥是无法被破解的，当中国的量子通讯系统完善起来之后，美国庞大的监听机器就会变成难以消化的废物。

在中国千年小镇乌镇召开的第二届世界互联网大会 2015 年 12 月 18 日圆满闭幕，8 个国家领导人、50 位外国部长、五大洲 120 个国家和地区 2000 多名嘉宾代表共聚在这个 7000 年文明史中国小镇，探讨人类网络空间命运共同体的美好未来。中国国家主席习近平发表主旨演讲，明确提出共同构建网络空间命运共同体的主张，引起与会国际代表、专家关注和共鸣。

本届大会，与会各方坦诚交流，共商互联网发展大计，共话互联网治理之道，有关互联网企业、机构组织签署了一大批合作协议，并发布了《乌镇倡议》，互联网金融发展报告，“互联网＋扶贫”联合倡议，“数字丝路”建设合作宣言，海峡两岸及香港、澳门互联网发展倡议等 20 多项成果。这些累累硕果必将对今后全球互联网发展产生巨大而深远的重要影响。特别是本次大会发表的《乌镇倡议》，集中反映了有关各方推动网络空间建设、发展和治理制度创新、管理创新、技术创新的愿望和责任，进一步增强了国际社会对加强网络空间互联互通、共享共治的信心和决心，成为国际互联网发展和治理领域的重要成果，无疑是互联网历史上的重要里程碑，必将为推动全球互联网深入发展、更好造福人类注入新动力、作出新贡献。

第七章 社会文明建设

社会文明是中国梦的基本要求。

按2010年第六次全国人口普查数据，中国总人口是13.7亿人，占全世界70亿人的五分之一。

中国人口世界第一，由13.7亿人组成的社会是世界上最宏大的社会，中国的社会文明对人类社会的发展进步将会产生广泛而深远的影响。

一、保障社会安宁

一个社会是否文明,第一标准是有无和平安宁。如果中国社会陷入混乱,不仅13亿中国人要受难,整个国际社会也将陷入动荡之中。

新中国建立60多年了,中国人民一直生活在和平安宁的社会中。这是中国社会文明建设的最大成就之一。虽然上个世纪60年代发生过“文化大革命”那样的动荡情况,但那是中国社会主义社会发展中的一个特殊阶段,是由党和国家领导层发动,人民大众自觉或不自觉参与的群众运动,整个运动还是在国家力量掌控之中的。

中国社会为什么会保持长时期的和平安宁呢?

最重要的是我们建立了社会主义国家,实行人民民主专政,并且找到了正确处理人民内部矛盾的方法。

1957年3月27日,毛泽东在最高国务会议上发表《关于正确处理人民内部矛盾问题》的讲演。所有想探寻中国社会何以长期保持和平安宁的人,都应当好好研读这篇演讲,它对人民民主专政的实质、对正确处理人民内部矛盾的问题,讲得很透彻,很深刻,不仅具有很高的理论价值,而且在实践中发挥了很强的指导作用。

我们应当记住,当代中国的国体是实行人民民主专政的社会主义国家。这些年很多人都讲民主是好东西,却很少有人讲专政也是好东西。在人民民主专政的国体中,民主和专政是同等重要的。没有民主不行,没有专政也不行。不把民主和专政处理好,就将天下大乱,国无宁日。

让我们先说专政。专政是干什么的呢?毛泽东说:“专政的第一个作用,就是压迫国家内部的反动阶级、反动派和反抗社会主义革命的剥削者,压迫那些对于社会主义建设的破坏者,就是为了解决国内敌我之间的矛盾。”“专政还有第二个作用,就是防御国家外部敌人的颠覆活动和可能的侵略。在这种情况出现的时候,专政就担负着对外解决敌我之间的矛盾的任务。"简单说,专政的作用第一是保障国内的和平,第二是维护世界的和平。

谁来行使专政呢?当然是人民行使专政,是以工人阶级为领导、以工农联盟为基础的全国人民行使专政。

在国内社会中,专政的对象有这样几类:一类是企图推翻人民政府和社会主义制度的人,这类人得到国外敌对势力的支持,他们伺机兴风作乱,企图趁乱夺权变天;一类是"藏独""疆独"等民族分裂主义分子,这类人同样得到国外敌对势力的支持,他们破坏民族团结,破坏国家统一,企图让伟大的中国分崩离析;还有一类是破坏社会秩序和损害人民利益的各种犯罪分子,包括盗窃犯、诈骗犯、杀人放火投毒者,还有欺行霸市的黑恶势力等等。对于犯罪分子和黑恶势力的打击,人民是拍手称快的。对于反革命势力和民族分裂分子的打击也得到人民的衷心支持。这些恐怖活动,如果不在萌芽状态就镇压下去,如果让他们同国外敌对势力勾结起来掀起大浪,那就很可能演变为牵涉许多民族、许多国家的激烈战争,不仅祸害中国人民,也祸害世界人民。南斯拉夫的科索沃分裂活动导致世纪末的战争,这是人们记忆犹新的。我国强大的专政力量对这类分裂恐怖活动始终保持着高度的警觉,随时准备给予毁灭性的打击。分裂分子曾经在拉萨、乌鲁木齐等地杀人放火,制造恐怖活动,结果一露头就镇压下去了。正是社会主义中国对反革命分子、民族分裂势力、各种犯罪分子和黑恶势力保持高压态势,进行坚决打击,才使十几亿中国人民得以在和平安宁的社会环境中建设自己美好的新生活,这是人民民主专政的伟大功勋。

当今世界,小国弱国被霸权国家欺侮、压迫和侵略的惨剧经常上演,中国历史上也被大大小小的恶霸国家欺侮过、压迫过、侵略过。这样的历史屈辱我们不能忘记,这样的残酷现实我们看在眼里。人民民主专政反颠覆、反侵略的作用只能加强,不能削弱。

中国人民是爱好和平的,但也不害怕战争。朋友来了有好酒,豺狼来了有猎枪。想当年,美国乘世界大战胜利者的余威,携十几个国家的军队侵略我们的台湾岛,侵略我们的好邻居,想把刚刚站起来的新中国吓死和打垮。中国人民天不怕,地不怕,还怕美国鬼子!人不犯我,我不犯人;人若犯我,我必犯人。该亮剑时就亮剑，中国军队哪怕只有小米加步枪，也要跟拿着飞机加大炮的美国军队在战场上拼个你死我活。中国军队这一战打得太好了！真正在世界上打出了军威，打出了国威，在屈辱心酸中苦熬了一两百年的中国人终于长长地出了一口恶气。

此后，中印边境之战、珍宝岛之战、西沙群岛之战、中越边境之战，中国都是堂堂正正的胜利者，中国的领土主权得到了有效地维护。

现在人类已进入全球化时代。按说，在各国经济利益错综复杂地联成一体的时代，世界大战很难打起来。但是，只要存在着帝国主义、存在着领土主权和重大经济利益的纷争，世界就不会安宁，战争就很难避免。在和平环境中生活久了的中国人必须记住：天下多乱，忘战必危！我们无意凭强大的国力同任何人搞军备竞赛，但必须建设起能够打败任何强敌的国防力量，必须握有能致敌于死命的刹手锏。更重要的是中国人民要永远保有国歌中所唱的那种血性，那种意志：用我们的血肉，筑成我们新的长城，冒着敌人的炮火，前进！中国军人要永远像红军战士那样，理想崇高，信念坚定，敢战、善战，不仅能够保障祖国的安宁，而且能够为维护世界的和平作出重大的贡献。

中国社会能长期保持和平安宁，如前所说，有赖于新中国对敌人实行专政。但更重要的是，新中国实行人民民主，正确处理人民内部矛盾。

正确处理人民内部矛盾，需要有一个好的方法，这就是民主的方法。提出这个问题有一个前提，就是在中国这样的社会主义社会中，人民中的不同阶层、不同群体，在社会生活的某些领域，会有不同的利益，会有不同的观点，这就会发生矛盾。但是全国人民的根本利益、长远利益是一致的。比如，我们的人民政府是真正代表人民利益的政府，是为人民服务的政府，但是它同人民群众之间也有一定的矛盾。这种矛盾包括国家利益、集体利益同个人利益之间的矛盾，民主同集中的矛盾，领导同被领导的矛盾，国家机关某些工作人员的官僚主义作风同群众的矛盾。解决这类人民内部矛盾的民主的方法，已经化为一个公式，叫做“团结—批评—团结”，即从团结的愿望出发，经过分清是非，进行批评和自我批评，从而在新的基础上达到新的团结。这种解决内部矛盾的民主方法，是中国共产党在长期的革命斗争中提炼出来的，效果很好。建立新中国以后，就把它推广到全国人民中间，用以解决人民内部的各种矛盾。

正确处理人民内部矛盾，还需要一个好的制度，这就是民主集中制。

在中国社会中，人民有民主和自由的权利。但正如毛泽东所说："这个自由是有领导的自由，这个民主是集中指导下的民主。民主自由都是相对的，不是绝对的，都是在历史上发生和发展的。在人民内部，民主是对集中而言，自由是对纪律而言。这些都是一个统一体的两个矛盾着的侧面，它们是矛盾的，又是统一的，我们不应当片面地强调某一个侧面而否定另一个侧面。在人民内部，不可以没有自由，也不可以没有纪律；不可以没有民主，也不可以没有集中。这种民主和集中的统一，自由和纪律的统一，就是我们的民主集中制。在这个制度下，人民享受着广泛的民主和自由；同时又必须用社会主义的纪律约束自己。"①

民主集中制的最大优势是把民主和集中统一起来了，在民主基础上的集中，在集中指导下发扬民主，既能激发民众热情，凝聚集体智慧，又能形成共同意志，可以形成科学统筹部署，最大限度减少不必要的内耗，有效避免议而不决、决而不行，可以集中力量办大事，提高效率办成事。

中国的重大决策已实现民主化、科学化和制度化。以制定"十二五"规划为例，历时两年半，大体经历了 11 个步骤，先民主，后集中；再民主，再集中，直至达成全国人民的共识，由国家最高权力机关——全国人民代表大会审议通过。

中国实行的民主集中制，既使全国人民享受着广泛的自由和民主，又使社会规范有序，并使国家能确定符合人民根本利益和长远利益的前进方向，保证我们的社会主义事业从一个胜利走向另一个胜利。

有些西方人士看不惯中国创造的民主集中制，总是固守着已经过时的西方民主，结果是逐渐陷入社会混乱、经济乏力、民众分裂的不良状况。无奈之余，另有些西方人士开始了冷静的思考和认真的检讨，慢慢看到了中国民主集中制的价值。

美国《基督教科学箴言报》2010 年 1 月 27 日的文章检讨了美国式的民主。文章写道："所有人都看到，加利福尼亚州的直接民主导致了灾难。加利福尼亚州的危机揭示了健怡可乐文明的骗局：既要甜味，又不要卡路里；既要消费，又不想储蓄；既要现代化的基础设施和优质学校，又不想纳税。加利福尼亚州陷入瘫痪，其实反映的是整个美国政坛的状况。"

---

① 《毛泽东文集》第 7 卷，人民出版社 1999 年版，第 208—209 页。

文章还认为，在西方国家，尤其是在美国，人们生活的环境不再属于工业型民主，而属于消费型民主。在这种民主环境中，政界、媒体和市场的反馈信号都促使公众要求即刻获得满足，完全不具备长远思维、科学规划和持续管理的政治能力。

2008 年 1 月，美国《外交事务》杂志第一期发表题为《中国民主的前景》一文，作者是美国布鲁金斯学会主席约翰·桑顿。桑顿认为，中国所讲的民主与西方民主的定义有所不同，他们坚持允许公民个人和团体在决策过程中发表意见、参与讨论比多党公开竞争权力对社会更有利。中国在地方选举、司法系统改革和加强监督机制方面的尝试，都是在向一种更加基于规则的政治体制发展。

法国《世界报》2008 年 8 月 15 日发表的《西方民主，前途未卜》的文章说，没有任何迹象表明，醉心于现代化的新兴国家，同时想以西方模式为榜样；倒是越来越多的西方人开始心生疑问：我们是否生活在政治体制最好的国家，因为放弃民主并不一定阻碍发展，甚至可充当现代化进程的加速器。对于另外一些社会来说，中国模式甚至有可能成为比西方模式更具魅力的模式，而傲慢的西方模式现在给人感觉是过时了。

时任美国诺丁汉大学教授的郑永年 2008 年 1 月 15 日在《环球时报》发表文章说，民主政治具有多种形式，发展民主政治的途径也是多样化的，这就是为什么中国一向拒绝西方民主，但同时又努力根据实际情况来发展中国民主的原因。中国不拒绝民主，但也不要输入的民主，这是中国有序民主的希望。

二、推动繁荣进步

一个社会是否文明进步，要看它是否致力于经济的发展和文化的繁荣。

社会主义中国执政者的哲学是唯物的。他们很清楚，要解决世界上人口最多国家的吃的问题、穿的问题、住的问题、行的问题和用的问题，来不得半点的虚情假意。唯一的出路是团结全国人民，集中精力，踏踏实实地搞经济建设，实现又好又快的发展，去创造日益丰富的物质财富。

社会主义中国执政者的哲学不是唯心的，但他们高度重视精神的力量。他们很清楚，要建设美好的社会主义社会，必须团结全国人民，重视教育，培养人才，繁荣文化，去创造日益丰富的精神财富。

我们可以肯定地说，当今中国社会的主旋律就是经济的发展、文化的繁荣。从政府到人民，从机关到企业，所思、所讲、所行，根本上都离不开这个主旋律，整个社会都按这个主旋律在唱、在跳、在前进，这就是中国社会有活力的根源所在。

观察人类历史可以知道，无论在任何社会，经济的发展、文化的繁荣，都是在生产力和生产关系、经济基础和上层建筑的对立统一中展开的。几十年来，中国共产党人和全国人民不停地探索，就是想找到一种先进的生产关系，可以促进社会生产力又好又快地发展起来；就是要建设一种优越的上层建筑，可以很好地维护已经发展壮大的经济基础。在情况非常复杂、基础十分薄弱的东方大国中进行这样史无前例的探索，难度可想而知，遇到各种各样的挫折也是很自然的。幸运的是我们的探索获得了初步的成功，我们建立并不断完善着社会主义民主政治，建立并不断完善着社会主义市场经济。正是社会主义民主政治和社会主义市场经济有力地推进着中国经济的发展和文化的繁荣,这是全世界有目共睹的客观现实。

中国社会以发展繁荣为主旋律的情况,同世界许多国家是不一样的。只要看看21世纪头10年中美两国发展的主轴,情况就会很清楚了。

最近10年,中美两国各经过两次大选。中国大选时选全国人大代表,通过人大代表选举国家主席和政府总理;美国大选时选议会议员,选举总统。

在中国进行人民代表的选举时,只有在经济和文化建设中作出突出贡献的人,才会得到群众支持,才能当选人大代表。这样的大选,是群众挑选真正能够为人民服务的优秀人才,被选出来的人不但要有才干,而且人品也要好。这样的大选增强了社会的团结,提振了健康向上的风气,促进了社会的发展和繁荣。

美国的大选几乎和经济文化建设无关。参选者演讲也会涉及社会政策,但往往是用于抬高自己,压低对手,而不是想真正去施行。这种竞选,把集团和党派的利益放到国家和人民的利益之上,他们竞相使用最刻毒的语言,最阴险的计谋来打击对方,把人性中最黑暗的方面展示出来,不是使人们向上,而是使社会沉沦;不是使人们和谐,而是使社会分裂。

最近10年,中国是眼睛向内,集中精力解决自身的发展问题。怎样深化改革以完善发展机制,怎样调整结构以提高发展质量,怎样培养人才以增强发展后劲,怎样推进创新以激发发展活力……总之,一定要抓住、用好、延长难得的历史机遇期,快速增强综合国力,为实现中华民族的伟大复兴,为实现社会主义的伟大胜利打下坚实的基础。

最近10年,就单纯讲经济发展,中国和美国也走着不同的路子。美国人民是有巨大创造力的,他们创造了世界头号制造业大国,创造了雄厚的农业基础,创造了发达的科技产业和文化产业。但是,进入金融资本主义时代之后,尤其是最近10年间,一切都发生了变化,最大的变化是实体经济虚拟化,真正创造物质财富的实体经济受到了冷落,从社会的高层人士到底层群众,都热衷于玩弄债券、股票和各种金融衍生品。以金融业为核心的服务业占据了国民经济的70%以上,实体经济则降到30%以下,而且竞争力越来越弱。对于一个世界经济大国来说,国民经济虚拟化是很危险的。

情况还不仅如此，国民经济虚拟化和虚拟经济泡沫化在美国几乎是同步发展的。华尔街的金融大亨们比赛进行金融创新，五花八门的金融衍生品像雪片一样从华尔街飞向全世界，制造了一个又一个金融泡沫。早在2008年，美国市场上流通的金融衍生品价值超过300万亿美元，是美国经济总值的几十倍。如此巨大的金融泡沫一旦破灭，对美国经济和世界经济的冲击将是灾难性的。不幸的是这种灾难确实发生了，人们至今还在为摆脱灾难而苦苦挣扎着。

三、维护基本人权

一个社会是否文明进步，要看这个社会是否尊重人的自由，是否保障人的平等权利。

在这个问题上，西方国家对中国一直抱着很大的偏见。

多年来中国和西方国家之间，在人权问题上一直存在着尖锐、复杂的斗争。

一般说来，人权斗争的挑动者都是西方国家，中国只是在忍无可忍的情况下给予适当的回击。

中国和西方国家之间在人权问题上的斗争实质上是西方的霸权和中国反霸权的斗争，是西方模式和中国模式、资本主义道路同社会主义道路的斗争。

斗争的焦点，不是人权本身，不是要不要维护人权的问题，而是什么是人权，怎样更好地维护人权的问题。换句话说，中国和西方国家之间，在人权应当得到尊重和维护的问题上是一致的，但人权政策上有分歧，在什么是人权、怎样维护人权的问题上则存在着很大的分歧。这种分歧主要表现在以下五个方面：

第一，人权是否只是政治和公民权利？

联合国界定的人权，主要指政治、公民权利和经济、社会、文化权利。中国的人权观同联合国的界定是完全一致的，而西方国家则背离了联合国的人权界定，它们眼中只有人的政治和公民权利，而完全忽视人的经济、社会和文化权利。政治和公民权利当然是很重要的人权，但经济、社会和文化权利更是重要的、基本的人权。

第二，人权是否仅是法律问题？

西方国家喜欢从法律上讨论人权问题，认为只有法庭可以受理的政治和公民权利问题才是人权问题。实际上，最重要、最基本的人权是人的生存权，它涉及政治、经济、社会、文化等广泛的方面，不是单靠法律就能解决问题。比如，每天威胁着数以千万、亿万人生存的贫困问题，是不是人权问题呢？中国和广大发展中国家都认为这是最现实、最紧迫的人权问题。社会主义中国几十年如一日，举全国之力来解决贫困问题，使数以亿计的贫困人口过上小康生活，超额实现了联合国确定的“千年目标”，为世界扶贫事业，也为推进人权事业作出了世界公认的伟大贡献。而欧洲人至今还在争论贫困是不是人权问题，美国则干脆否认贫困是人权问题。可见欧美国家在人权问题上是多么虚伪！

第三，人权是否仅是个人权利？

对于西方国家来说，人权讲的就是个人权利，不涉及集体权利和国家主权。中国和世界上大多数国家认为，人权包括个人权利和集体权利，也包括国家主权。个人的正当权利要得到尊重和维护，集体权利和国家主权也不能受到侵害。

近代历史上，包括中国在内，许多亚洲、非洲和拉丁美洲国家主权没有了，帝国主义的军队任意开进这些国家，杀人、抢掠、奸淫，无恶不作。日本军人甚至在中国搞杀人比赛！这些帝国主义者的徒子徒孙们，今日把人权放到主权之上，就是想像他们的祖辈、父辈一样，可以打着保护人权的旗号，继续侵略弱小国家。当今世界上经常上演这样的惨剧：西方一些国家以保护个人人权为幌子，任意侵害发展中国家的集体人权和国家主权，这是造成天下不安宁的一个祸根。

第四，是否只有西方民主制才能保障人权？

这在西方人权活动分子心中是不言而喻的问题。对他们来说，政治和公民权利是压倒一切的，人权就是选举权，就是西方民主制。不实行西方民主制，就没有人权。基于此，他们成了民主原教旨主义者，在全世界强迫推广西方民主制，甚至以发动战争来强迫贫困国家实行西方民主制，由此造成的灾难真是罄竹难书。

实际上，要同时全面保障政治、公民权利和经济、社会、文化权利，西方民主制做不到，其他社会制度也做不到。实践证明，实现人权应该有正确的优先顺序，社会主义中国把以人为本，消除贫困，推动现代化事业，建设小康社会作为核心人权来优先推动，是人权事业的伟大成功。

第五，什么是人权领域的普世价值？

人的某些权利是任何时候、任何情况下都不能被侵犯的，比方说，禁止酷刑、禁止奴役制度、人有思想的自由、人不能被任意逮捕等，都可以说是人权领域的普世价值。在这些普世价值的认定上，中国和西方的主流观点是一致的。美国对关塔那摩监狱的犯人实行酷刑，遭到世界的指责，是因为美国破坏了人权问题上的普世价值，因为美国的做法触犯了人类文明的共同底线。

在人权问题上，中国同西方国家对普世价值的分歧点是它们把普世价值界定得太宽，比方说，禁止死刑、保护同性恋等等也算普世价值。

社会主义中国对人民权利的保障，不是停留在口号上，也不满足于法律条文的完善，而是在社会实践中像联合国界定的那样，切实保障政治、公民权利以及社会和文化权利。

我们已经知道，中国先前经历彻底的民族民主革命，人民获得了政治上的自由和解放。之后又经历了胜利的社会主义革命，建立了公有制为主体、多种所有制经济共同发展的经济制度。从国家主席到普通群众，都是国有资产平等的所有者，这就从经济上奠定了公民平等的坚实基础。这样的平等基础在资本主义社会中是不存在的。

前面已经论述过，社会主义民主政治保障了公民平等参与管理国家事务的权利，社会主义市场经济体制保障了公民平等的发展权利。

人们还应当看到，进入信息化时代以来，中国建设了世界上规模最大的互联网体系，发展了世界上人数最多的网民队伍。比美国总人口还多的中国网民自由地表达各种诉求，平等地参与讨论国家的大政方针和各种社会问题，公开揭露和批评损害人民权利的现象，这也是中国人权事业发展的重要成就。

中国是一个发展中国家，我们的资源有限，人口很多，各方面的具体制度还处于发育期，在社会的某些方面、某些环节上肯定会存在不尊重人权的情况，但这是我们的社会主义根本制度所不允许的，一经发现，就会得到纠正。中国定期发布人权白皮书，就是为了向世人公告本国的人权事业发展情况，请世人批评和监督，并愿意同世界各国共同努力，推进世界人权事业。

进入 21 世纪以来，尽管西方国家还有人对中国的人权状态进行歪曲和攻击，但也有一些观察家在了解实际情况之后作出比较客观的评价。

西班牙人凡胡尔在中国当过商务参赞，亲眼看到中国人民享受着自由和人权。他说："很多人简单地认为，中国在经济大变革的同时，政治体制和自由程度并没有发生任何变化。

"实际上，在每年的改革过程中，中国人民的个人自由条件得到了大幅度提高。近年来,互联网和整个通信行业的发展大大推动了民间社会的发展,虽然改革本身并不意味着将民主带入中国,但改革使中国人民不再生活在大跃进和政治斗争的恐惧中。如今除了政治色彩淡化以外,政治对社会生活的干预也减少了,中国人民从社会气氛的放松中获益匪浅。"①

2005年,闻岱博开始担任荷兰驻华大使。在他的脑海里,中国是一个与苏联类似的、人们不敢自由表达思想的封闭国度。令他吃惊的是,中国社会非常开放,人们可以自由谈论各种话题,包括批评政府。

闻岱博说:"我没有想到中国这么开放、透明,许多事情都可以公开讨论,特别是当人们在餐馆里天马行空地神侃时。在中国,几乎没有秘密。"

"初次来到中国的荷兰人通常都会对中国的开放程度大吃一惊,觉得与书本和报道中所写的完全不一样。究其根源,还是我们习惯了以冷战思维看待一切与'共产主义'有关的东西,秉持着冷战时期那种敌对心理。用这种方式来评判当今中国发生的一切,当然是大错特错。"

闻岱博已经完成他的大使任期,回国受聘担任代尔夫特理工大学的校董会主席。他上述观点是接受《参考消息》驻布鲁塞尔记者刘黎专访时讲的,很值得西方那些仍然用冷战思维看待中国的人士读一读,想一想。

---

① 《参考消息》,2011年2月14日。

四、人的全面发展

一个社会是否文明进步，要看它是否致力于人的全面发展。

一个文明进步的社会，一定会努力保障自己公民的政治权利、经济权利和文化权利，会努力改善社会大众的生存条件和发展环境，而且更会注重人的全面发展。

实现人的全面发展，要经历一个长远的进步过程。处在社会主义初级阶段的中国，只能根据现时的国情，从现在有条件办到的事情做起，由低到高、由少到多，为人的全面发展创造越来越好的条件。

人的全面发展，必须有充足的资源保证，但人口多而资源少的矛盾一直困扰着全人类，特别是困扰着中国这样的发展中国家。

人口多虽然蕴藏着发展的潜力，但也会对人类赖以为生的自然资源和社会资源形成难以承受的压力。

中国提出计划生育政策就是成功应对这种压力的大政策。人类从来都是对生育采取自然主义的态度，还把生多生少视为“上帝的旨意”。只有不信神的中国共产党不理会“上帝的旨意”，强调人类自身的生产要有科学的计划。这个政策于20世纪70年代后期开始实行，30年来，使中国少生了约4亿人，也使世界70亿人口日整整推迟了5年。

中国的计划生育政策使人口过快增长的势头得到有效遏制，大大减缓了对资源和环境的压力，为经济社会发展提供了30年左右人口抚养负担相对比较轻的黄金时期，增强了国家可持续发展能力，优化了社会发展环境，改善了人民生活，也有利于世界的发展。

中国实行计划生育政策到2010年就是30年了。西方国家一直在攻击这一政策，认为它侵犯了人权。国内也一直有不同意见，争论从未间断。有一点可以肯定，中国会长期坚持计划生育政策，但具体规定将因时因地制宜，不断加以完善。

很显然，这一政策的实施是人类历史上最大胆的一项社会实验。要知道，在30年内，差不多有4亿人少生出来。这能说是残忍吗？不，对大多数中国人来说，这是福音，因为他们的负担减轻了，生活更好了。30年前，中国人口多、资源少、发展慢是最尖锐的矛盾，是压倒一切的大困难。恰恰是这之后的30年，中国创造了人类历史上前所未有的发展奇迹，中国人的生活水平达到空前的高度。

中国的计划生育政策也深刻地影响了世界。如果中国当年没有制定这一政策，或政策执行不坚决，那么中国人口很快就到20亿了，而且还会快速地增长下去，小小的地球承载得了吗？

人生出来之后，要给他创造好的生活条件、医疗条件等等，这是不言而喻的。但更重要的是要使他接受良好的教育，不断提高科学文化素质和思想品德修养，使他成为一个全面发展的人。

正因为如此，社会主义中国把计划生育当做国策，把发展教育当做国策。

国运兴衰，系于教育。一个重视教育的国家，必是人才辈出、前途光明的国家；一个教育体制优良的社会，必是引领世界潮流的社会。

社会主义中国，是高度重视教育，并且创造了教育发展奇迹的国家。

新中国刚成立的时候，中国整体教育状况是非常可怜的，至少比发达国家落后两百年。

资料显示，1949年，中国受过学校教育的人，只有200万左右，仅占人口总数的0.37%。也就是说，当时99.63%的中国人都是没有受到过学校教育、没有文化的人。1949年的儿童入学率为20%，仅相当于日本1890年的水平。

就是在如此惨淡的基础上，一个大病初愈的东方民族，跨出了创造现代化教育体系的非凡之路。

社会主义中国办事从来讲“认真”二字，从中央到基层，开展了大规模的扫盲运动，有计划有步骤地推进国家义务教育。仅仅过了60年，世界上人口最多的国家扫除了青壮年文盲，实现了九年义务教育，儿童入学率达到99.54%。15岁以上人口平均受教育年限超过 8.5 年，比世界平均水平高一年。

高等教育发展更快。如今中国普通高等学校达到 2263 所，教育总规模超过 3000 万人，位居世界第一。随着“211 工程”、“985 工程”的实施，高等教育的质量也在稳步提高，中国一流大学同世界一流大学的差距已经明显缩小，中国每年培养出来的优秀人才数量之庞大已给欧美发达国家很大的压力。

回顾过去的 60 年，社会主义中国建成了世界最大规模的教育体系，保障了各族人民受教育的平等权利。各级政府和全社会的教育投入大幅增长，初级、中级和高等教育的办学条件越来越好，城乡免费义务教育全面实施，职业教育快速发展，高等教育进入大众化阶段。教育的发展极大提高了全民族素质，中国已经实现了从人口大国向人力资源大国的历史性转变。

成就辉煌，但问题也不少，我国教育还有很多地方不能令人满意。比如教育观念相对落后，教学的内容和方法比较陈旧，素质教育成效不大；学生毕业后创业能力较弱，实用型、复合型、创新型人才不多；教育体制机制改革滞后，学校办学活力不足；教育资源分布不合理，教育发展不平衡，民族地区、贫困地区发展教育仍然面临诸多困难。

21 世纪前半期将是世界发生最深刻变革的时期，也是中华民族实现伟大复兴的时期。任务艰巨，时间紧迫，我们必须更加重视教育，全面提高民族素质，培养宏大的人才队伍。

《国家中长期教育改革和发展规划纲要》确定了今后教育发展的战略目标：到 2020 年，中国将实现教育现代化，建成学习型社会，成为人力资源强国。

实现这个战略目标，首先必须扎扎实实地推进普及教育。要在全国范围内普及学前教育，要巩固和提高九年义务教育，要普及高中教育，要使高等教育毛入学率达到 40%。新增劳动力平均受教育年限要从现在的 12.4 年提高到 13.5 年；主要劳动年龄人口平均受教育年限要从现在的 9.5 年提高到 11.2 年，其中受过高等教育的比例要达到 20%。具有高等教育文化程度的人数要比 2009 年翻一番。

实现这个战略目标，要做好以下几项重要工作：

一是坚持教育优先。经济社会发展规划优先安排教育发展，公共资源优先满足教育和人力资源开发需要,财政资金优先保障教育投入。国家财政性教育经费支出占国内生产总值比例从2012年之后不低于4%,按增值税、营业税、消费税的3%足额征收教育费附加,专项用于教育事业。

二是坚持教育公平。要保障公民依法享有受教育的权利,重点是合理配置教育资源,使之向农村地区、边远贫困地区和民族地区倾斜,努力缩小教育差距。

三是坚持教育改革。要通过改革,创新人才培养体制、办学体制、教育管理体制以及质量评价和考试招生体制,增强教育的生机活力,推动教育事业持续健康发展。

四是坚持德育为重。教育者和受教育者都是社会主义的建设者,他们应当具有正确的世界观、人生观和价值观,具有爱国为民、开拓创新、诚实守信、团结合作的良好品质,能够担当起实现中华振兴、推进人类进步的历史使命。

五是坚持全面发展。全面加强和改进德育、智育、体育、美育,坚持文化知识学习和思想品德修养的统一、理论学习和社会实践的统一、全面发展与个性展现的统一,促进德育、智育、体育、美育有机融合,提高受教育者的综合素质,使之成为德智体美全面发展的优秀人才。

一个人从幼儿园、小学、中学到大学,即使他完整地接受完国民教育,也只是成为人才的起点,只是走向全面发展的起点。

为了推进人的全面发展,社会主义中国实施了“人才强国战略”。

当今世界上,正在实施人才强国战略,并且制定了中长期人才发展规划的国家只有一个,那就是中国。

什么是人才?凡是具有一定的专业知识或专门技能,能够进行创造性劳动并对社会发展作出贡献的人,都是人才。人才的作用是非常巨大的。当年钱学森领军推进“两弹一星”研制工作时,毛泽东同志曾经感叹道,一个钱学森,可顶5个师的军力。

古往今来,人才是社会文明进步、人民富裕幸福、国家繁荣昌盛的创造者、推动者和支撑者。当今世界正在经历深刻的变革,人类已经进入文化经济时代,具有一定文化素质的人才队伍成为综合国力竞争的决定性因素。从这个意义上说,只有真正的人才强国,才能占据战略竞争的制高点,才能引领未来世界的发展潮流。

《国家中长期人才发展规划纲要》规定，到 2020 年，我国要培养和造就规模宏大、结构优化、布局合理、素质优良的人才队伍，确立国家人才竞争比较优势，成为世界人才强国，为实现中华民族的伟大复兴奠定人才基础。

中国规模宏大的人才队伍将由以下几大方面军组成。

第一，党政军干部队伍

中国革命能够胜利，新中国能够成长壮大，同中国拥有毛泽东、周恩来、邓小平等为代表的杰出党政军干部队伍分不开。他们的崇高品德和他们的大智大勇足以凝聚人心、振奋精神、克服困难、战胜敌人、夺取胜利，把一个任列强践踏的衰败国家转变为顶天立地的社会主义强国。

现在和将来，党政军干部队伍的培养都是我国人才事业的关键所在。要按照加强党的执政能力建设和先进性建设的要求，以提高领导水平和执政能力为核心，以中高级干部为重点，造就一批善于治国理政的领导人才，建设一支具有中国化马克思主义理论修养、政治坚定、勇于创新、勤政廉洁、求真务实、奋发有为的高素质的党政军人才队伍。

第二，科技人才队伍

中华民族是有非凡智慧和强大创造力的民族，而这种非凡智慧和强大创造力集中体现在不同时代的科技人才身上。从古代的四大发明，到当代的“两弹一星”和航天探月工程等等，都是科学家在牵头，科技人才在创造。围绕提高自主创新能力，建设创新型国家，以高层次创新型科技人才为重点，努力造就一批世界水平的科学家、科技领军人才、工程师和高水平创新团队，建设宏大的创新型科技人才队伍。到 2020 年，研发人员总量达到 380 万人，高层次创新型科技人才总量达到 4 万人左右。

为积极应对国际科技竞争，提高自主创新能力，着眼于培养造就一批世界水平的科学家，在我国具有相对优势的科研领域设立 100 个科学家工作室；瞄准世界科技前沿和战略性新兴产业，每年重点支持和培养一批具有发展潜力的中青年科技创新领军人才；着眼于推动企业成为技术创新主体，每年重点扶持 1000 名科技创新创业人才；依托一批国家重大科研项目、国家重点工程和重大建设项目，建设若干重点领域创新团队；以高等学校、科研院所和高等技术产业开发区为基础，建设300个创新人才培养示范基地。

第三，企业家队伍

国家的经济大厦是无数的企业撑起来的。企业越强，中国的经济大厦就越宏伟、越坚实。

企业的兴衰成败，在同样的外部环境下，完全决定于企业家的智慧和创造力。

世界经济形态正在发生大变化，旧的经济形态是以商品为本，以金钱为主导的商品经济，商品经济是同资本主义社会相适应的；新的经济形态是以人民为本、以文化为主导的文化经济，文化经济是同社会主义社会相适应的。

社会主义中国的企业家不仅要有本事同其他的企业家在旧的经济形态中展开竞争并争取优势，更要成为新经济形态即文化经济的推动者、创造者和引领者。

只要形成一支新型企业家的宏大队伍，中国经济就会蓬勃兴旺、活力四射。

按照国家的规划，到2015年，企业经营管理人才总量达到3500万人。到2020年企业经营管理人才总量达到4200万人，培养造就100名左右能够引领中国企业跻身世界500强的战略企业家；国有及国有控股企业国际化人才总量达到4万人左右；国有企业领导人员通过竞争性方式选聘比例达到50%左右。

第四，高技能人才队伍

现代经济的一切领域离开了高技能人才就寸步难行。为了适应新型工业化发展和产业结构优化升级的要求，要以提升企业素质和职业技能为核心，以技师和高级技师为重点，形成一支门类齐全、技艺精湛的高技能人才队伍。到2015年，高技能人才总量达到3400万人。到2020年，高技能人才总量达到3900万人，其中，技师、高级技师达到1000万人左右。每年培训100万名高层次而紧缺急需的骨干专业技术人才，到2020年，在全国建成一批技能大师工作室，1200个高技能人才培训基地，培养100万名高级技师。

与此同时，2015年，农村实用人才总量达到1300万人。到2020年，农村适用人才总量达到1800万人。这些农村适用人才要有一定的科学文化素质，有一两项职业技能，有经营管理能力，逐渐形成农村现代化建设的中坚力量。

到2020年，要选拔一批农业科研杰出人才，给予科研经费支持；支持1万名有突出贡献的农业技术推广人才，开展技术交流活动；选拔 3 万名农业产业化龙头企业负责人和专业合作组织负责人、10 万名生产能手和农村经济人才等优秀生产经营人才，给予重点支持。

第五，社会工作人才队伍

社会的文明进步，社会的和谐安宁，在很大程度上有赖于社会工作者的数量和质量。中国社会急需一支职业化、专业化的社会工作者队伍，到 2015 年，这支队伍总量要在 200 万人以上。到 2020 年，这支队伍总量要在 300 万人以上。

中国无疑是世界首屈一指的人才资源大国，现在的人才资源总量是 1.41 亿人，到 2020 年，人才资源总量将达到 1.8 亿人，增长 58%。拥有如此宏大的人才队伍，中国经济和社会就能实现持续健康的发展。

五、实现民族平等

在一个多民族国家,平等、团结、互助的民族关系是社会文明的很高境界。

放眼世界,没有一个多民族国家不存在民族矛盾和民族冲突。大英帝国境内,英格兰人、苏格兰人、爱尔兰人之间存在着错综复杂的矛盾,有时还演变为战争。俄罗斯继承了沙皇帝国扩张的后果,民族冲突此伏彼起,车臣战争的影响至今可见。在西班牙境内,巴斯克人一直在进行抗争。土耳其是一个古老而又新兴的国家,但突厥民族和库尔德民族的矛盾总是伴随着相当激烈的武装冲突。中国的邻邦缅甸是佛教盛行的国家,但缅族同佤族、禅族、克钦族之间经常兵戎相见。在非洲大陆上,许多国家正经历着残酷而血腥的民族战争。

美国是多民族大国之一,人口百万以上的民族有 18 个,百万以下的民族更多。美国的民族政策有一个演变过程。众所周知,殖民主义者对美国印第安人曾经实行大规模的驱赶和屠杀政策。住在东部地区的易洛魁和阿尔金岗两大部落人数在 20 万以上,几乎被屠杀一光。到独立战争前夕,阿巴拉契亚山以东的印第安人,不是被赶跑了,就是被屠杀了。到美国殖民的欧洲人的口号很简单:“要印第安人的土地,但不要印第安人”;“只有死了的印第安人,才是好印第安人”。

美国独立战争后,不敢再施行赤裸裸的屠杀政策,取而代之的是民族隔离政策,就是把没有杀光的 100 多万印第安人圈在 260 多个保留地内,未经允许,不得离开保留地。这些保留地都是非常贫瘠的地方,民族压迫政策使印第安人成为美国最贫困的族群。

长期以来,美国对待印第安人、黑人和其他民族还实行同化政策,企图借助强大的欧洲殖民者的文化吞噬其他族群的文化,使之全部化为“美国人”。19 世纪末,曾有人预言,不出 50 年,印第安人就会被完全同化。然而,令这些预言家大失所望的是，民族文化具有超强的生命力，100年都过去了，印第安人仍然顽强地保持着自己的民族文化，其他民族同样顽强地保持着自己的民族文化。

民族同化政策失败之后，美国推出了“多元文化政策”，就是在一定程度上，承认印第安人和其他民族保持本民族文化的合法性，这是有进步意义的。1968年，美国还通过民权法令，设立了“反对歧视委员会”，如果少数民族受到歧视，可以向法庭控告。另外，对生活贫困的印第安人，国家给一些资金或实物补贴。

美国的民族政策虽然有进步，但都是治标不治本，只要存在着资本剥削制度，美国少数民族被压迫、受歧视的情况就不会得到根本改善。例如，印第安人的命运仍然是非常悲惨的，平均失业率比全国高10倍，传染病发病率比全国高近20倍，平均寿命只有全国平均寿命的三分之一。尼克松担任总统期间就公开承认，“印第安人是我们国家里没有权利、最被孤立的少数民族集团”。

中国无疑是世界最大的多民族国家。中国现行的民族政策，继承了中国几千年历史上的成功之处，借鉴了现代其他国家的有效之举，又进行了意义深远的重大创新，形成了中国模式中关于社会文明的一大亮点。

中国现行的民族政策，全面体现了社会主义精神。

社会主义理论认定，阶级剥削、阶级压迫制度的存在是民族不平等的总根源。为了挖除这个总根源，中国共产党领导全国各族人民办了两件大事：第一件大事是通过新民主主义革命，使全中国所有的民族都从帝国主义、封建主义和官僚资本主义的压迫下解放出来；第二件大事是通过社会主义革命和与之同时进行的少数民族地区的民主改革，在全国范围内消除了阶级压迫制度，使各族人民获得了政治上和法律上的平等。

社会主义精神追求不分民族的共同利益，这个崇高精神有利于维护国家的统一。

笔者曾在另一本书里这样写道：“在世界的东方，在太平洋西岸，屹立着一个伟大的民族群体——中华民族。她的生命力之盛，凝聚力之强，举世罕见。一千年连着一千年，她都唱着统一的歌。无论自然界的灾祸，还是人世间的困苦，都破坏不了中华民族团结统一的历史进程。”①

---

① 王天玺：《变革时代的行与思》，人民出版社1987年版，第426页。

但是，世界上总是有一些人在谋划怎样分裂中国。社会主义的苏联瓦解了，社会主义的南斯拉夫瓦解了，社会主义的捷克斯洛伐克瓦解了，他们非常期望，下一步就是社会主义中国的瓦解。连李登辉都公然宣称，中国将会分裂为七块。

分裂中国，这当然只是一种妄想。中国的民族情况与前述苏联、南斯拉夫、捷克斯洛伐克完全不同。第一，中国的主体民族是汉族，其非常庞大的人口不但集中于国家的重心地带，而且辐射散居于国之全境；第二，汉族内部，融合了许多少数民族成分，少数民族之中，也融进了许多汉族成分，汉族和少数民族，以及少数民族互相之间，有着分不开的血缘亲情；第三，由于几千年来在统一国家内的共同生活，中华各民族之间政治、经济、文化联系之网非常强固；第四，中华人民共和国不是一个民族或几个民族的国家，而是中国各族人民共同奋斗、共同缔造的伟大国家；第五，中国共产党集中了中国所有民族最有影响的领袖人物和社会骨干，是当代中国各民族大团结、大统一的坚强核心。

企图分裂中国的人们，不认识、也不愿意认识这些有利于中国统一的根本因素，总是把希望寄托在达赖和热比娅这些流亡者身上。要知道，达赖及其支持者在藏族之中只是极少数，热比娅及其支持者在维吾尔族之中也是极少数。他们在中华大地上是没有根的。当他们从事分裂祖国的活动时，祖国人民已经把他们钉在历史的耻辱柱上。伟大的中华民族，正行进在全面振兴的广阔大道上，达赖和热比娅之流的分裂叫嚣，恰似灭绝猿猴的哀鸣。历史老人给那些分化中国者的提示是：尔曹身与名俱灭，不废江河万古流。

中国的民族结构是大杂居小聚居，在这种情况下，国家统一符合各族人民的根本利益，国家分裂则损害各族人民的根本利益，这是一个铁的定律。只要破坏这个定律，战乱立刻发生，天地间就会燃起仇杀的火焰，各族人民就会陷入灾难的深渊。这里无需讲深奥的大道理，事情简单而明白：统一等于文明和幸福，分裂等于野蛮和苦难。西方国家一些人挥舞人权旗帜，策动达赖和热比娅之流分裂祖国，足见他们举止之伪善，心灵之歹毒。

社会主义中国维护国家统一，可以说是民族问题上实行的大仁政。

这个大仁政，有几个展示社会文明的重大特征。

第一个特征是实行民族区域自治。

民族区域自治从国家政治体制上解决了国家统一和民族平等的协调问题，这个问题我们在第三章中论述过了。

第二个特征是实现民族间事实上的平等。

民族平等是民主政治的必然要求，任何一个现代的多民族国家，宪法中都会有关于“民族平等”的条文。但宪法规定是一回事，真正实行是另外一回事。当今世界，有那么多国家发生民族冲突，正表明那些地方并没有实现事实上的民族平等。

中国民族政策最伟大、最成功之处，就是不仅坚持政治上、法律上的民族平等，而且努力实现社会上和事实上的民族平等。

中国共产党和人民政府很早就注意到这样一种情况，在社会主义中国，各民族在政治上和法律上是完全平等的。但是，由于历史上遗留下来的落后性，使一些少数民族在享受平等权利时受到很大的限制。换句话说，由于历史上的原因，落后民族不能像先进民族那样充分享受革命给予他们的权利，这就是民族间事实上的不平等。这种事实上的不平等在实际生活中随处可见。即使是最先进的资本主义国家，都不会重视这种事实上不平等的问题，只有社会主义国家才能够提出消灭民族间事实上不平等的历史任务。

1953年，在毛泽东主持下，中国共产党中央委员会制定了党的民族工作总任务，其中规定:逐步地发展各民族的政治、经济、文化(包括稳步的和必要的社会改革在内)，消灭历史上遗留下来的各民族间事实上的不平等，使落后民族得以跻身于先进民族的行列，过渡到社会主义社会。

在中国社会中，提出消灭民族间事实上不平等的历史任务，集中表现了社会主义社会的优越性，表现了中华文明的优越性，表现了汉族对各少数民族的兄弟情怀。几十年来，以“西部大开发”为标志，国家为发展少数民族地区的经济文化而投入的人力、财力、物力之巨大，持续时间之长久，取得的成效之好，都是人类历史上从未有过的。从雪域高原到海南椰林，从内蒙古草原到新疆戈壁，所有民族地区都沐浴着现代化的春风，各族人民都过上了几千年历史上从未有过的小康生活。那些把国内社会问题搞得一团乱糟的“西方民主国家”，有什么资格在中国少数民族人权问题上哼一声呢?

第三个特征是实现中华民族大团结。

中国模式成功的重要标志是实现了中华民族的大团结，而中华民族的大团结又使中国模式生命力之根源更加坚固和深厚。

放眼今日之寰球，实现了国内民族团结的国家真是寥寥无几。此中先机，已经由中国占尽。

中华民族的大团结不是一个抽象的概念，而是渗透在各民族群众的日常生活中。

在新疆阿勒泰地区清河县，有一个"民族团结大家庭"，维吾尔族老妈妈阿尼帕和她丈夫阿比包先后收养了 3 个哈萨克族孤儿、4 个回族孤儿和 3 个汉族孤儿，他们在一个大锅里吃饭，在一个屋檐下同甘共苦地生活。他们的故事，在天山南北传为佳话。

1963 年的冬天，阿尼帕的邻居、哈萨克族人牙和甫夫妇因病去世，留下 3 个孩子无人照顾，阿尼帕夫妇就把这 3 个孤儿当做自己的孩子抚养。1977 年 10 月，又是一个寒冷的冬天，阿尼帕又收养了流浪在外、贫病交加的回族女孩王淑珍，给她治好了病，还把她流浪的弟妹也找来抚养。1989 年，汉族孤儿金海、金花和金雪莲又进了阿尼帕的家。就这样，几十年间，阿尼帕妈妈先后抚养了 10 个不同民族的孤儿，他们之间充满着人世间最纯真的亲情。阿尼帕经常说，"在家里，我从不讲哪个孩子是什么民族。我们都是一家人。我最大的愿望，就是这一家人能永远和和睦睦地生活在一起。即使我不在了，他们也能是一家人。"

大连理工大学有一个民族预科班，学生都是少数民族，班主任老师邵春亮则是汉族。他们之间既有普通的师生关系，又有特殊的民族感情。同学们来自边疆各地，在大连市没有家，邵老师和他的夫人就把自己的家当作学生们的家，给他们以家庭的关爱。家里备有很多碗筷，还有清真灶。每逢古尔邦节、开斋节，邵老师夫妇就会洗净碗筷，做大盘鸡、炒羊肉等清真饭菜，请班里的同学们轮流来撮上一顿。周末休息，师生们一块爬山，参观博物馆，其乐融融。邵老师年纪老了，学生们对他的称谓也变了。早年的同学称他为"老爹"，现在的学生称他为"爷爷"。称谓变了，但亲情依旧。学生们毕业后成为各个领域的骨干，但都牵挂着他们的"邵老师"。每到年节，家里电话铃声不断，都是同学们热情的问候。邵老师不禁感慨地说:“我真的感觉得到的回馈和厚爱无法衡量!”

云南省可以说是中华民族大团结的一个缩影。笔者出身于云南的一个彝族村寨,又在当地州市一级和省一级党委中担任过重要领导职务,对云南各民族的亲密团结有真情感触。

云南是中国民族最多的省份,有 26 个世居民族,其中云南独有的是 15 个民族。在这里,汉族和其他 25 个少数民族杂居在全省范围内。每一个州市,每一个乡镇,每一个村寨都是多民族的,甚至许多家庭也是多民族的。各民族人民就像一个大家庭,在和平安宁中建设美好的新生活。

为了社会主义事业的胜利,为了国家的统一,云南各民族形成了平等、团结、互助的良好关系。人数比较多、发展比较快的民族都能给人数比较少、发展比较慢的民族以兄弟般的照顾。在一些地方,由于人数很少的民族得到国家特殊的扶持,他们的发展同当地汉族的发展基本上是同步的。当云南的人民看到世界上许多地方的民众因民族冲突而受苦受难时,无不为中国创造了文明的民族关系而自豪。

六、妇女顶起半边天

男女平等的实现程度是衡量社会文明进步的主要标志;坚持男女平等是建设和谐社会的战略措施。

毛泽东说:“妇女能顶半边天。”中国妇女是社会主义的伟大建设者,是社会和谐的伟大塑造者。中国妇女的这种非凡作用,不仅在国内是有目共睹的,就是外国人也注意到了。

英国《金融时报》认为,“在中国经济崛起中有未被发现的一面:它就是女性成功的故事。在中华人民共和国,女人比她们的西方同伴更雄心勃勃,在顶尖领导层中更频繁出现。”德国《明镜》周刊也说,中国女性只有一个孩子,很多人接受过良好教育,以及社会上努力工作的文化,造就了中国成功女性。

2010 年 10 日,胡润百富榜正式出炉。在全球白手起家的 20 名最富有女人中,中国占了 11 人,她们的平均资产为 26 亿美元。其中,玖龙纸业创始人张茵居首,其个人财富达 56 亿美元。

另外 9 位女富豪有 3 位来自美国,3 位来自英国,剩下 3 位分别是意大利、俄罗斯和西班牙人。

本书作者曾在地方党委和中央机关担任过领导职务,对当代中国妇女的卓越才能、工作责任心和团结友爱精神一直感佩至深。每逢要选派她们中的优秀者去担任一个领导职务,去主持一项重要工作,我总是很放心。

前些年,社会上流行“阴盛阳衰”之说。笔者曾经同周围的同志半开玩笑地说,“阴盛阳衰”是符合历史发展规律的:原始经济时代,主要生产方式是男人打猎,女人采集。打猎有危险,收获无保障;采集的收获则比较稳定可靠。这种生产方式决定了当时妇女地位高,社会上有女权主义倾向。农耕时代以来,耕田、打仗都需要力气,生理上一般力气大的男人垄断了主要的生产活动和社会活动,妇女地位自然降低，男权主义开始盛行。现在又进入一个重大的转折时期，由工业时代进入文化经济时代，文化的力量和信息的力量决定着生产者的价值。在这种生产方式下，需要的是智慧、精细、灵巧和创造力，这是男人和女人都一样具备的，甚至女人还略胜一筹。“阴盛阳衰”就是自然的事了。

听了以上议论之后，在场的人不像我想象中大笑起来，反而是静默不语，沉思之后方说：“嗯，是这么个道理，男女平等的时代真正到来了。”

男女平等的问题，社会学家们讲的很多，但它的真正实现是很不容易的。英美发达国家大革命之后几十年、上百年，妇女才获得投票权，但至今还大量存在着同工不同酬的情况。

新中国一成立就确定了男女平等的国策，一直致力于维护妇女权益，促进妇女发展，实现妇女解放。但直到现在，受社会主义初级阶段生产力发展水平和社会文明程度的制约，妇女发展仍然面临着许多问题和挑战。就业性别歧视仍未消除，妇女在资源占有和收入方面与男性存在一定差距；妇女参与决策和管理的水平仍然很低；妇女受教育程度与男性还有差距，这在某些农村地区比较明显；妇女的健康需求有待进一步满足；妇女发展的环境有待进一步优化；妇女的社会保障水平有待进一步提高。

为了应对妇女工作中的这些问题和挑战，为了推进妇女解放事业，中国政府专门制定了《中国妇女发展纲要》。纲要规定，国家实行男女平等基本国策，保障妇女合法权益，优化妇女发展环境，提高妇女社会地位，推动妇女平等依法行使民主权利，平等参与经济社会发展，平等享有改革发展成果。

到2020年前必须实现的目标也很明确、很具体。比如，教育上的男女平等要在各级各类教育课程标准及教学过程中得到充分体现，初级教育达到95%，高中阶段入学率达到90%，高等教育入学率达到40%，女性青壮年文盲控制在20%以下；就业上的男女平等也必须获得充分体现，县以上政府领导班子中要有一名以上女干部，企业董事会及管理层中的女性比例要提高，村委会成员中妇女要占30%以上，居委会成员中妇女要达到50%左右，高级专业技术人员中妇女比例要达到35%……

当今世界上，有其他哪一个国家制定过如此周全的妇女发展纲要吗？有其他哪一个社会如此认真地推进男女平等、妇女解放吗？可以预期，当中国妇女真正顶起半边天的时候，就是中国建成和谐社会的时候，就是中华民族实现全面振兴的时候。

七、致力社会和谐

和谐社会建设是中国社会文明的集中表现。

“和谐”包含着道德上的友好互让,也要求政治上的协调合作。孔子说的“和为贵”,是道德的要求。《尚书》讲的“协合万邦”,是政治的运作。这二者统一起来,才有和谐的完整价值。我们要建设的和谐社会,就是道德上友好互让、政治上协调合作的社会。

我们在前面讲的“政治文明”,是建设和谐社会的前提,“经济文明”是和谐社会的基础,此节讲的则是建设和谐社会的具体操作。

关爱残疾人

和谐的真精神就是仁爱,没有仁爱的社会是不可能和谐的。关爱残疾人是中国建设和谐社会的生动体现。

中国残疾人口达 8296 万,这相当于世界上一个大国的人口。中国政府和整个社会高度重视残疾人事业,在各方面的共同努力下,逐步形成了有中国特色的残疾人事业发展模式。这个模式致力于保障残疾人以均等的机会,充分地参与社会生活,共享社会物质文化成果。

中国残疾人事业的重要特点是:弘扬人道主义,秉持以人为本的理念;将残疾人权益保障和事业推进纳入法制化轨道;建立政府主导、社会各界参与的工作机制,推动残疾人事业与经济社会协调发展;广泛运用社会化的工作方法,动员社会力量,挖掘社会资源,共同推进残疾人事业;鼓励残疾人发挥特长,自立自强。

撒向人间都是爱。中国有越来越多的人参与和支持残疾人事业。

在社会主义中国，残疾人受到全社会的关爱，并且形成了完整的法律保障体系。这个法律体系以《残疾人保障法》为主导，以《残疾人教育条例》、《残疾人就业条例》等行政法规为辅助，以优惠和扶助残疾人的地方法规为补充。除此而外，在以宪法为核心的整个社会主义法律体系中，有 50 多部法律都有直接涉及残疾人权利保护的内容。

中国残疾人工作总的精神是，让关爱的阳光照亮每一个残疾人的心灵。

残疾人工作的重点是建设两个体系，一个是残疾人社会保障体系，另一个是残疾人社会服务体系。

为了加快建设这两个体系，最近 5 年中央财政投入 57 亿元，是前 5 年的 2.75 倍。中央投入带动地方投入，5 年平均增长率达 30%。

残疾人的教育是国家很重视的。截至 2009 年底，全国已有特殊教育学校 1672 所，在校残疾儿童达 42.8 万人。此外，全国还设有高等和中等特殊教育机构 280 多所，设有残疾人就业服务机构 3043 个，使 496 万残疾人得到职业教育和培训。

残疾人的社会保险事业发展良好，重点是农村医保，农村残疾人参加新型农村合作医疗比例已经达到 94.4%，他们看病吃药免费，还能每月领到残疾人生活特别救助金。

残疾人的精神文化生活日益丰富，残疾人融入社会的程度不断加深。全国 300 多家市级公共图书馆建设了盲人阅览室，以及公共文化、体育设施和机构，普遍对残疾人开放并提供优惠服务。全国 31 个省(区市)开展残疾人文艺演出。中国残疾人艺术团受到全国人民和世界人民的欢迎。2008 年 9 月 6 日，第十三届残奥会在北京举行，全世界不同国家、不同肤色、不同语言、不同种族的残疾人共同分享残奥运动带来的欢乐，也见证了中国残奥事业的蓬勃发展。

2006 年 12 月，在中国等国家的积极推动下，联合国大会通过了《残疾人权利公约》，中国迅速签署了公约，并向联合国提交了履约报告。中国为世界残疾人事业作出了重要贡献。

构建世界上规模最大的社会保障体系

社会保障是社会的稳定器和安全阀，是建设和谐社会的助推器。

20世纪30年代之后,西方发达国家把社会保障制作为缓解社会矛盾的措施来建设。1937年,美国规定雇主和雇员双方合缴雇员工资的2%作为社保税。50年代之后,美欧等发达国家都建立了社保制度,并基本上实现了全覆盖。社会稳定和经济发展相得益彰,成为西方发展的“黄金时期”。

20世纪90年代以来,西方国家经济增长缓慢,人口老龄化加速,失业率上升,社保资金入不敷出,陷入危机。

在发展中国家,至今仅有14个国家将农业劳动者放进养老保险覆盖范围内。在印度,目前全国9100万60岁以上老人,只有1300万人有养老金。实际上,在印度,只有公务员、银行等国营单位员工和大中型私人企业管理者才能享受养老金保障,一般的小型私营企业甚至大公司雇佣的司机、保安、文秘等,均没有养老保险。城市贫民和农村居民更不可能有养老金。汇丰的全球调查说,有78%的印度人认为退休后生活会比父辈好,高于中国的75%,但仅有3%的受访者表示国家养老金会成为退休后收入最大来源,说明绝大多数印度人对国家社会保障制度没有信心。

建设社会保障体系对处于深刻变革之中的社会主义中国来说,意义特别重大。

“十一五”期间,社会保障体系建设取得了重大进展。

新医改方案出台后,全国城乡超过13亿人民已经纳入基本医疗保险制度。新医改方案努力解决看病难、看病贵的问题,在中国建设起一个人人享有基本医疗服务的社会。

中国正在实现养老保险和医疗保险的社会全覆盖,虽然养老保险的底线仅为每月55元,靠这点钱远做不到养老无忧。但考虑到中国有13亿人,占世界人口的五分之一,即使这样一点钱也需要世界上最大的财力来支撑。何况这毕竟是一个从“无”到“有”的过程,全覆盖本身的意义是革命性的,基数可以逐渐提高,细节可以不断完善,但一个伟大的民生工程正在中华大地上建立起来,这是社会主义的伟大胜利,也是中华民族走向全面振兴的又一个里程碑。

中国经济发展的一个突出问题是高投资、低消费,原因之一是人们对未来、对社会保障体系不信任,不敢消费,只能以高储蓄来防病、防老。完善的社会保障能够培养人们对国家、对社会的信任感和依赖感,增强对未来的安全感,使人们敢于消费,愿意投资未来。身体健康是一个人全面发展的基础,也是一个国家、一个民族的重要财富。世界银行的报告曾经赞誉说,“中国用最低廉的成本保护了世界最多人口的健康”。

新中国成立才60多年,已经建立了较为完善的医疗服务体系,织起了覆盖13亿人的世界上最大的医保网。孕产妇死亡率从1949年的1500/10万下降到2010年的30/10万,婴儿死亡率从1949年的200‰下降到2010年的13.1‰,而人均预期寿命则从1949年的35岁提高到75岁。标志一个国家人民健康水平的以上三项指标,中国已达到世界中高收入国家的平均水平,中国的进步是世界上最快的。

在中国,我们正在建设的是包括医保在内的覆盖全民的基本医疗卫生制度,这是人类历史上规模空前的社会福利事业。中国可以利用制度优势和文化优势,创造出低成本、全覆盖、可持续的医疗卫生模式。

英国著名医学杂志《柳叶刀》刊文评论说,中国全民医疗保障制度是“地球上覆盖最广大的医保项目”,“世界上没有哪个国家能够在这么短的几年里达到这种成就”。

中国构建和谐社会,不仅在制度和政策方面对老人、病人和残疾人实行各方面的优惠,更鼓励和倡导助人为乐的“雷锋精神”。许多孤寡老人和病残者往往会得到雷锋式志愿者的照顾。这种关爱甚至比亲人还温暖。中国人中这种集体主义的价值观同西方个人至上的价值观是不同的。

西方价值观的核心是自由,这并没有错。但把个人放在社会之上,让个人自由与社会和谐对立起来就不对了。

个人自由是价值追求,个人权利则是制度规定。个人权利是防卫性的,它所捍卫的是个人“领地”,实际上把个人变成一个堡垒。在个人自由和个人权力至上的地方,就会出现人人互为堡垒,互相划清界限的情况,这就是“现代孤独病”。

在一些国家,许多老人都是独自居住,他们冷暖病饿,乃至死亡,都无人管顾。例如,有一年巴黎的夏天特别酷热,死了许多老人,都没有人过问。恶臭散到街上,才引起社会注意,情况非常悲惨。

美国社会非常强调子女的独立性,这里就包含着明确的个人权利。

有个美国男人失业了,经济陷入困难,交不起房租,很想在住房宽大的岳父家借住几天。岳父大人一口拒绝,同时拿出一把硬币说道:孩子,我爱你们。这些钱够你们打电话去找工作和旅馆了。

在加拿大,一位华人同一位白人比邻而居。那位白人经济状况不佳,常借华人的汽车办事。有一次,这位华人的汽车出了毛病,有急事要外出,就向那位白人邻居借车,对方居然不借,并且讲了这样一番道理:我经常向你借车,那是你自己愿意的,因此我并不欠你什么。我现在不愿意把车借给你,这是我的权利。这位华人无话可说。

第八章 生态文明建设

中国经济社会发展碰到的最大障碍，中华民族碰到的最大生存危机，就是生态环境的恶化。2011 年 4 月 21 日发表的中国环境宏观战略研究成果表明，我国环境状况局部有所改善，总体恶化的趋势尚未得到遏制，形势依然严峻，压力继续加大。可以这样说，中国在世界各大国中，环境压力是最大的，环境资源问题最突出，解决起来也最困难。

无论从人类文明发展的历史进程，还是从我国转变经济发展方式的迫切需要来看，我们都急需探索一种新的发展模式，走出一条不同于以往的发展道路。这条新道路的核心，就是要在工业文明的基础上，推进新的发展理念、发展方式和消费模式，实现人与自然和谐、发展与环境双赢的科学发展，跨入人类生态文明的新时代。现实昭告世人，实现中国梦的一个重要任务就是实现绿色发展，建设美丽中国，努力推进生态文明建设。换句话说，中国人民已经开始谱写气壮山河的中华绿色赋。

一、绿色困境

天地之间,养护生命的一切,都可以统称为“绿色”。

浩瀚宇宙中,只是地球有绿色,地球因此成为最美丽的星球。

浩瀚宇宙中,只是地球有生命,地球因此成为最生动的星球。

浩瀚宇宙中,只是地球有人类,地球因此成为最文明的星球。

地球东方的中华大地,生活着 56 个民族 13 亿人口。

中华民族生活的这个区域,是神奇的东方宝地。

它背靠雄浑的欧亚大陆,面向跃出朝日的太平洋。

青藏高原耸起地球之巅,长江黄河润泽丰饶农田。

纬度有高有低,温度有热有凉。季风十分发达,气候复杂多样。阳光伴着雨露,大地孕育万物。

这就是养护中华民族的伟大的绿色之母。

我们伟大的绿色之母,是那样的辛苦!她不停地劳作着:江河不停地奔流,树草不停地生长,庄稼不停地结实,微生物和动物也不停地制造着各种营养物质……

我们伟大的绿色之母,是那样的无私!她把一切宝藏都奉献给自己的中华儿女,让他们去生长、去发育,去创造光辉灿烂的中华文明。

我们伟大的绿色之母,是那样的坚强!不管千百万年劳作的疲惫,不顾气血耗尽的危险,继续支撑 13 亿儿女去完成社会主义现代化的壮丽长征。

现在,13 亿儿女终于有了一个为时稍晚的觉悟:我们在绿色之母身上任性作为太久了,我们正在快步走进绿色的困境。

人活着,就靠一口气。人从生到死,没有一刻可以离开空气。

今天,生活在首都北京的人,每天都吸进什么样的空气呢?

北京三环外马甸桥北有一座高塔，这是中国科学院大气物理研究所的空气质量监测塔。

监测 PM2.5 的设备就安放在这座高塔内。

PM2.5 是大气中直径小于或等于 2.5 微米的颗粒物，也称为可入肺颗粒物。这种微小颗粒物主要来自工业排放和汽车尾气，含有大量有毒有害物质，在大气中停留时间长，输送距离远，严重污染大气环境，对人体健康危害相当大。

2012 年除夕的鞭炮，一夜之间使北京的 PM2.5 数值升高了 1500。

实际上，在中国许多城市，平常的空气中就含有超量的 PM2.5 和其他有害物质。在我们许多城市和农村，空气质量根本不达标，千千万万的人们每天都在呼吸这种有害健康的空气。

水是生命之源。没有水，人类的家园就会变成死寂的世界。

中国目前 60%以上的土地都严重缺水，三分之二以上的城市都是缺水城市。国际公认的缺水警戒线是人均 1000 立方米，而北京市人均水资源量仅有 100 立方米！

比缺水更为严重的是水质的污染。2010 年，国家重点监测的 395 个城市饮水源地，竟有 24%的水质达不到Ⅲ类水的标准。更有上亿农村居民还在饮用受到污染的水。

中华大地承载着五分之一的人类，负担太重了！在这里，人类活动对自然环境的影响之大，超过了地球上的所有其他大国。放眼全国，荒漠化的土地到处可见，一半以上的草地已经退化，1000 多个天然湖泊消失了，湿地面积严重萎缩。更危险的是，大片良田被占用，13 亿人口赖以吃饭的 18 亿亩耕地红线正不断遭到突破。

空气、水流、土地，都是人类和动物最基本的生存条件，这些生存条件的恶化不能再继续下去了！

各种能源和资源推动了经济和社会的发展，但能源和资源的有限性约束着经济社会的发展。不管你愿意还是不愿意，我们的社会都已经进入了资源约束性增强的时代。

阜新是一座典型的资源枯竭型城市。

100 多年前，一个放羊人在科尔沁大草原的边缘发现了一种可以燃烧的石头，于是诞生了这座著名的煤城。

几十年，阜新一直在消耗不可再生资源，这样的生产方式是不可持续的。

在疯狂采挖了半个世纪之后，这座年龄并不算大的城市宛如一个重病的老人：资源枯竭，地面塌陷，生态环境严重恶化。

资源枯竭有三种类型，一种是主体资源生产能力下降形成产能型枯竭，一种是主体资源产品价值下降形成经济型枯竭，一种是资源开发破坏生态环境形成环境型枯竭。

像阜新这样的资源枯竭型城市，不是一个两个，是几十个、上百个，而且还在不断增加着。

我们熟知的有大庆、伊春、白银、铜陵等等。其中煤炭城 63 座，有色金属城 12 座，黑色冶金城 8 座，石油城 9 座，影响到 1.54 亿人口。

中国发展受到资源短缺的强制约束是全面性的，邓小平对此早有洞见。他在 1989 年同外宾谈话时就说：中国地多还不如说是山多，可耕地面积并不多。另一方面实际上是个小国，是不发达国家或叫发展中国家。

研究资料显示，我国人均矿产资源占有量相当于世界水平的 58%，人均水资源是世界水平的四分之一，耕地面积是世界水平的三分之一，森林面积是世界人均的 21%，煤炭是世界人均的 69%，石油是世界人均的 6.2%，天然气是世界人均的 6.7%。

总而言之，从人均资源量来看，正如邓小平所说，中国“实际上是个小国”。

真正的困境是这样一种情况，一方面，人均资源量很少，并日渐枯竭；另一方面，资源的浪费又十分惊人。

研究资料显示：我国单位 GDP 能耗是美国的 4 倍，是日本的 6 倍，甚至是印度的 1.3 倍。我国综合能源效率约为 33%，比发达国家低 10 个百分点。煤炭消费比重比世界平均水平高出 40 个百分点。水电、核电、风电等清洁能源占一次能源消费为 8%，远低于国际平均水平。

真正的困境还有这样一种情况：在国内资源保障程度下降的同时，消费的需求却是迅速增长，使我们对国外资源的依赖度不断加大。

石油的对外依存度已经超过50%，铁矿石对外依存度超过40%，铜和钾的对外依存度达到70%。虽然中国是煤炭大国，但现在已沦为煤炭进口国。

且不说资源依赖他国存在着多大的风险，问题是整个世界都已经进入了资源和环境强制约束的时代。

西方发达国家早就遇到了资源枯竭和环境污染的困境。

西方发达国家赖以成长的资本主义生产生活方式，是造成全世界资源浪费和环境污染的罪魁祸首。

最早发展资本主义生产的英国，也是疯狂浪费资源和严重污染环境的国家。

在19世纪中期，英国中部的山谷间，有1.4万个烟囱在释放烟雾，把城市和乡村的空气都毒化了。

英国著名作家狄更斯写了一本小说叫《荒凉的小屋》。小说这样描绘当时伦敦的阴暗图景："处处弥漫着雾。雾飘进格林威治退休老人的眼睛里和咽喉里，使他们在炉旁不断地喘息。"

1845年，恩格斯到曼彻斯特考察工人阶级状况，这是一座靠烧煤发展起来的工业城市。恩格斯站在伊尔河的迪西桥上，对桥下的河水作了这样的描述："一条狭窄的煤一样黑的恶臭河流。即使在离水面四五十英尺的桥上都无法忍受。"

酸雨、黑雾和各种工业污染，害得曼彻斯特的人们透不过气来。据统计，工人阶级的子女有60%活不到5岁。

继英国之后，美国成为最大的资本主义强国。

美国最初是靠燃烧石油膨胀起来的。

1865年，美国在宾夕法尼亚州发现了石油。石油的发现，改变了美国的面貌，也改变了世界的面貌。

第二次世界大战之后，借助中东石油的廉价供应，美国和其他西方国家经历了一段持续25年的繁荣。

新颖多样的广告刺激了消费者的享受欲望。这些享受欲望巨浪般地吞没了无限多的资源和能量。

仅仅美国一国，就消耗了世界三分之一的资源，其他发达国家消耗了另外三分之一，留给第三世界国家的资源已经不到四分之一。这就是世界发展的强制性约束。

1969 年，一个跨国研究机构拿出了一份震惊世界的报告——《增长的极限》。

这个报告描绘了一幅令人丧气的图景：因为资源有限，发展不可能无限。

残酷的现实比报告预言的前景来得更早。

1973 年的石油危机，猛然打断了二战以来世界经济的扩张进程。

养护生命的绿色遭到破坏是全球性的，资源有限的强制性约束是全球性的，打破绿色困境寻找新发展之路的探索也是全球性的。

1987 年，在布伦特夫人主持下，许多国家的学者参与撰写了一份研究报告，题为《我们共同的未来》，明确提出可持续发展的主题。

可持续发展就是“绿色发展”。

1992 年，联合国环发大会通过了倡导绿色发展的《21 世纪议程》。

绿色发展已经成为全球经济竞争的战略制高点。

进入新世纪以来，美国提出了“绿色振兴计划”。奥巴马在总统就职演说中这样表达发展新能源的热情：“我们将利用太阳、风和土壤来为我们的汽车和工厂提供能源。”

欧盟也投资 1050 亿欧元以发展绿色经济，力图保持在绿色技术领域的世界领先地位。

前不久召开的金砖国家领导人第四次会晤和博鳌亚洲论坛，都不约而同地将绿色发展作为讨论主题。

在全球推进绿色发展的大潮流中，有一个不祥之兆。

一些发达国家以保护环境和人类健康为借口，公然推出“绿色壁垒”。

欧盟对区域内经停航班征收碳排放税，澳大利亚通过了对碳排放征税的法案。这类做法都是以保护环境为名，行贸易保护之实。

面对人类共同的气候变化危机，发达国家和发展中国家本应承担共同但是有差别的责任。但是，一些发达国家却不愿承担他们应尽的责任。

2011 年 12 月 11 日，南非德班气候变化大会，中国代表团团长面对发达国家的不断搅局，发出了愤怒的声音：“该做的我们都做了，我们已经做了，你们还没有做到，你有什么资格在这里给我讲道理？”

中国是最大的发展中国家,面对全面性、强制性的发展约束,确定了科学发展观,决心走绿色发展之路。

中国在世界上率先推出《中国21世纪议程》,摒弃先污染后治理的老旧做法,决心走消耗小、效益好、很环保的新型工业化之路。

中国坚持科学发展观,主旨是以人为本,实现全面协调可持续发展。

这是真正的绿色发展、和平发展。它将实现中华民族的伟大振兴,它将开创人类文明进步的崭新道路。

二、绿色能源

2012年初,霍尔木兹海峡战云密布。

海峡的动静,触动着世界的神经,因为全球一大部分石油的流动,都与这个海峡有关。

海峡局势的缓急,牵动着石油价格的升降,足见决定世界发展的能源支柱是多么脆弱!

综观历史,人们发现,人类文明的演进,都伴随着能源技术的转化。

以木炭为主要能源,是自然经济时代的重要特征。

来自煤炭的动力,开启了工业革命的时代。

英国的曼彻斯特、伯明翰等城市,当时都是烟囱林立、机器轰鸣的地方。

工业革命开始的时候,欧洲几乎所有的工业城市都临近煤田。缺乏煤炭的意大利和北欧国家很晚才实现工业化。

19世纪下半叶,托马斯·爱迪生建起一个发电和供电系统,将美国带入电气化时代。

几乎与爱迪生发明电的同时,德克雷上校在宾夕法尼亚发现了石油。

当人们为了点亮煤油灯而开发石油的时候,有两位眼光犀利的人物,推动了石油时代的到来。

一位是英国海军上校费希尔。

费希尔的目的是用石油改造英国海军。烧煤启动军舰,费时几个小时。而用石油启动,只需几分钟。

1904年,费希尔担任英国海军大臣,开始启动他的海军改造计划。

1914年8月,协约国和同盟国的海军在地中海厮杀。为了抢速度,烧煤的德国歌本号战列巡洋舰以24节高速行驶。4名司炉在高温中累死。所有船员轮番铲煤,甲板上到处躺着快被烤死的士兵。

第一次世界大战结束时,英国海军40%以上的军舰都以石油为燃料。

另一位开创石油前途的人,是美国人亨利·福特。他是爱迪生公司的年轻雇员。在爱迪生的支持和鼓励下,福特选择石油为汽车的燃料。

到1925年,美国生产的汽车达到1700万辆。以石油为动力的汽车,改变了美国,也改变了世界。

由于飞机、军舰、坦克都要用石油发动,各国的军事体系都离不开石油。

由于汽车、火车、轮船、机床、拖拉机都要用石油发动,各国的经济体系都离不开石油。

亨利·基辛格于是得出这样的结论:如果你控制了石油,你就控制了所有国家。

第二次世界大战以后,为了攫取世界霸权,美国采用军事干涉、美元计价、技术垄断等多种方式,牢牢掌控着中东石油探明储量的42%,任意操纵国际石油价格的涨落,人为地造成了世界经济发展的不确定性。

石油、煤炭等化石资源是有限的,人类必须尽快打破对化石能源的过度依赖。

有限的化石能源被少数国家垄断是危险的,人类必须尽快打破这种不合理的经济秩序。

开发绿色能源,实现绿色发展,是历史的必然,是时代的呼唤。

在开发绿色能源的大潮中,中华民族必须早谋划,早动手,奋力抢占先机。

中国开发绿色能源,必须实现煤炭的绿色转化

中国的实际是,在相当长的时间内,煤炭仍将是能源的绝对主力。

从现在到2050年,我国煤炭能源占总能源的比例在40%以上。40年间,至少要使用1000亿吨煤炭。

煤炭的开采和燃烧污染非常大。

每开采一吨煤,平均污染2.48吨水;每挖出一万吨煤,就会有近3000平方米的地面沉陷;每开采一吨煤,就会排放近5立方米的瓦斯;每挖一万吨煤,就需要消耗木材100立方米。

过去的半个世纪,我国采煤堆放的煤矸石达50亿吨;被污染的矿井水达790亿吨;采煤沉陷土地面积达950万亩;煤炭自燃56个火区,过火面积720平方公里。

很显然，中国开发绿色能源，最紧迫、最重要的是，必须实现煤炭的绿色转化。

实现煤炭的绿色转化，可以从提高火电厂热效率做起。

我国火电厂的热效率水平不高，平均仅有33%。

华能集团在浙江玉环电厂采用超超临界燃煤技术，热效率一举提高到45%。

如果火电厂都采用超超临界燃煤技术，全国一年即可节约原煤2亿多吨。

实现煤炭的绿色转化，应当发展“煤制油”、“煤制气”产业。

目前，在全国各地已运行着8个煤炭绿色转化示范工程。

中国神华、潞安、兖矿建成的“煤制油”、“煤制气”项目，处于世界领先水平。

实现煤炭的绿色转化，必须突破特高压输电技术。

年复一年、日复一日的北煤南运、西煤东运，既增加了交通困难，又造成重大污染。

煤炭就地转化为电能，可以改变这个困境，但这需要拥有特高压输电技术。

2011年初，山西长治到湖北武汉的特高压输电线路开通了。

我国攻克了特高压输电的世界科技难题，创造了把运煤变为输电的清洁模式。

实现煤炭的绿色转化，应当完善“煤基多联产”方式。

“煤基多联产”就是把煤炭气化、净化，在发电供热的同时，生产出多种高附加值的化工产品。

开发绿色能源，需要提高天然气、煤层气和页岩气开发技术

天然气具有转换效率高、环境代价低、投资省和周期短等诸多优势，现在和未来很长时期，都将扮演支柱能源的重要角色。

“十二五”计划期间，我国将加大鄂尔多斯、川渝、塔里木等地区的天然气开发力度，加快建设塔里木、西南、长庆三大200亿方级的气田，并将输气管道拓展到15万公里。

煤层气就是瓦斯，热值是煤的2到5倍。

美国一年的煤层气产量相当于我国一年的天然气产量。

中国拥有40万亿的煤层气储藏量，可以开发利用14万亿以上。

页岩气是从页岩层中开发采出来的非常规天然气。

美国页岩气开发有80多年的历史。2007年,美国页岩气年产量达到500亿立方米,在美国大大降低油气对外依存度中发挥了决定性的作用,这给中国以极大的启示。

2009年10月,国土资源部在重庆市綦江县开始启动页岩气资源勘查项目。

据初步勘测,我国页岩气资源量约为36万亿立方米,超过美国,是世界第一页岩气大国。发展页岩气产业,将使我国能源格局发生革命性的变化。

开发绿色能源,必须大力发展水电

我国水电资源非常丰富,可开发量超过5.4亿千瓦,居世界第一位。

到2009年底,我国水电开发利用率仅为34%,发达国家是60%,我国水电开发利用空间十分广大。

我国水电开发技术很先进,水电站水电混流式、轴流式、贯流式大机组技术迈入世界先进行列,输变电技术也世界领先。三峡、二滩、小浪底等特大型大坝的建成,标志着中国是世界水电潮流的领跑者。

开发绿色能源,必须大力发展风能产业

我国陆上和海上的风能资源都很丰富。

"十二五"期间,我国将建设6个大型陆上风电基地和2个大型海上风电基地,我国风电建设已进入"海陆并举、全面发展"的新阶段。

矗立在东海大桥附近的巨型风车,已经成为上海的新亮点。

在"春风不度玉门关"的地方,巨大的风车阵令人心头为之一震。

目前,中国风电装机容量跃居世界第一。

风电装备制造业异军突起,形成了华锐、金风、东汽、联合动力等世界级风电装备企业。

开发绿色能源,必须大力发展太阳能产业

我国太阳能资源也很丰富,可开发装机规模超过20亿千瓦。

西藏日喀则,阳光之城。

山东援建的日喀则太阳能电厂已并网发电,发电量30兆瓦。

"十二五"规划期间,我国将在西藏、内蒙古、甘肃、宁夏、青海、新疆、云南等省区,建成500万千瓦以上的太阳能电站。

目前,我国已形成完整的太阳能光伏产业链。长三角、环渤海、珠三角和中西部地区，已形成各具特色的太阳能产业集群。

中国太阳能电池产量占全球总产量的40%以上，成为全球第一太阳能电池生产大国，涌现出无锡尚德、江西赛维、天威英利等一批著名企业。

除了发电，太阳能还为工农业生产和人民生活的广大领域提供能量。

我国自主创新的高效气二相集热器已经研发成功，生产出系列产品，可以同时和交替提供80度到200度的热风和热水，具有广阔的产业化发展前景。

开发绿色能源，必须发展高效安全的核能产业

浙江三门，正在建设一座新型的核电站。

这是中美两国最大的能源合作项目，在世界上首次使用第三代先进压水堆核电技术，简称AP1000，计划2013年建成发电。

世界上正在运行的核电站，普遍采用第二代压水堆核电技术，AP1000采用的是第三代核电技术，即采用“非能动安全系统”。

在紧急情况下，“非能动安全系统”自动发挥作用，利用物质的重力、惯性以及流体的对流、扩散、蒸发和冷凝等特性，及时冷却反应堆，并带走反应堆产生的余热，不需要泵、交流电源和柴油机等外力驱动的系统，大大提高了安全保障。

我国科学家以AP1000核电站为依托，正在开发更先进的AP1400技术。这种新型压水堆装机容量达到140万千瓦，是具有中国自主知识产权的先进的非能动核能技术。

2011年春天，国务院批准了山东荣成石岛湾高温气冷堆核电站项目。这是世界上首座第四代商用示范核电站。

20世纪80年代以来，各国核能建设者有这样一个梦想，就是建设具有固有安全性的高能核反应堆。现在，这个梦想即将在中国实现。

用水冷却的核电站能提供300℃的热能，用氦气冷却的核电站能提供300℃—1000℃的高温氦气，用这种高温热能发电可以大幅度提高发电效率，还能进行热电联产，而且具有固有的安全性。

2011年7月21日，我国第一个实验快堆成功实现并网发电。

实验快堆就是快中子增殖堆，是第四代核能技术的优先堆型，可将天然铀资源的利用率从压水堆的1%提高到70%，可充分利用铀资源，对我国核电的持续发展具有重大战略意义。

截至2010年底,我国开工建设的20台机组装机容量达到2192万千瓦,在建核电机组规模位居世界第一。

在日本福岛核危机爆发前几周,从中国传出一个重要的信息,即中国科学家正推出一种更安全、更清洁、更便宜的核电技术。

这种核电技术是运用钍反应堆而不是铀反应堆。钍反应堆有惊人的安全特性,它产生的有害废料比铀反应堆少得多。在运转过程中,如果反应堆过热,一个小塞子会熔化,钍基熔盐会排入一个特制容器,不需要电脑或日本那种会被海啸破坏的电子泵。反应堆会自救,不易引发核灾难。

钍反应堆在大气压力下运转,不会发生在日本看到的那种氢气爆炸,也不会有铀射放出来。

英国《每日电讯报》就此发表文章说,“如果中国发展钍反应堆的努力取得成功,将极大地改变全世界的能源版图,并可能避免一切因亚洲的工业革命与西方固有的消费相碰撞而引发的灾难性后果”。“中国人将很快在钍技术和熔盐方面处于领先地位,祝他们好运。他们正帮人类一个大忙,我们也许可以平安度过这个世纪,不会因能源不足而彼此攻击并毁掉地球”。

开发绿色能源,还要大力发展潮汐能、沼气能、生物质能、波浪能、地热能等等

我国拥有18000公里海岸线,拥有300多万平方公里海域,蕴藏着丰富的波浪能,浙江温岭和舟山群岛岱山县的江夏潮汐实验电站正在发电。这是亚洲第一座潮流电站。潮汐能和海洋风能,开发前景无限广大。

开发绿色能源,必须完善智能电网

智能电网是智能化、信息化、互动化的电网。只有建设智能电网,才能实现可再生能源的集约化开发,远距离输送和高效率利用,才能实现各类分布式电源、储能装置、用电设施并网接入标准化和电网运行智能化。

我国电力行业在智能电网发展的基础理论、技术体系以及智能设备等领域都处于世界领先地位。

三、绿色资源

资源，是一切可被人类开发和利用的物质、能量和信息。

在我国的自然资源中，水资源、气候资源、土地资源、矿产资源、森林资源、海洋资源、石油和天然气资源以及生物物种资源等，都是国家的战略资源。

从1999年开始，我国开始了持续12年的国土资源大调查。

2011年，调查数据出来了，它传达出了这样的信息：如果不转变发展方式，如果不以绿色方式利用资源，中华民族的全面振兴是不可能的。

以绿色方式利用资源，需要重视节约用水。水是非常重要的战略资源。

2011年，中共中央一号文件非常郑重地宣告，水是生命之源，是生产之要，是生态之基。

一号文件还历史性地划了三条关于水的红线。

第一条，规定到2020年，全国年总用水量要控制在6700亿立方米以内。

第二条，规定到2015年，全国万元工业增加值的用水量要比2011年下降30%以上，农业灌溉水的有效利用系数要从2011年的0.5提高到0.53以上。

第三条，规定到2020年，全国主要江河、湖泊水功能区达标率要提高到60%以上。

此前，国务院已批复了水利部提出的《全国水资源综合规划》，对全国水资源作了科学的配置。

到2030年，配置全国经济社会用水量7113亿立方米，占全国水资源总量的25%。

城镇和农村配置水量的比例由31:69调整为37:63。

城乡生活配置水量由633亿立方米提高到1021亿立方米。

全国工业配置水量由1397亿立方米增加到1718亿立方米。

全国农业配置水量由3707亿立方米增加到4078亿立方米。

我国的用水结构,70%为农业用水。在干旱的北方地区,农业灌溉用水甚至占到90%。农业节约用水是重中之重。

新疆石河子农场,正在大面积推广棉花膜下滴灌技术。

在甘肃,广泛采用全膜双垄沟种植,既能大面积保墒,又能形成自然的集流面,使有限的降水都被沟内作物有效吸收,为旱区农作物生产创造了一个良好的人工小环境。

为了解决水资源短缺,我国实施了许多重大水利工程,最著名的有南水北调和引黄济津工程。然而,这些工程只能解决淡水资源的重新分配,并不能增加淡水总量。

海水淡化是增加淡水资源的重要途径。

青岛碱业公司是一座综合利用海水的企业。他们利用冷却纯碱设备排出的浓海水进行淡化,淡化剩下的浓海水用于提取精盐。其中,海水淡化成本约5.15元/立方米,盐的收入为4.9/立方米,总成本为0.25元/立方米。

碱业公司给青岛市增加了淡水,还从浓海水中提取钾、溴、镁、锂和精盐,效益相当好。

我国滨海地区都可以参考青岛的做法,着眼于增加淡水的战略考虑,加快海水淡化步伐。

为了使被污染的河水变清,河北省创造了"流域生态补偿机制"。

这个补偿机制要求谁排污,谁出钱;谁污染,谁治理。

子牙河是河北省的一条重要河流,流经5县49个乡镇,涉及人口2000多万,污染情况一直很严重。

2008年3月,子牙河流域生态补偿机制开始实施。

处于上游的石家庄市出境水污染超标,当月被扣缴360万元。

石家庄市把压力变为动力,依法取缔了39个污染严重的企业,对所有单位采取全程超标排放跟踪监控,标准是治理费需要多少,排污企业必须缴纳多少。这些措施非常有效,子牙河在石家庄市的出境水质逐月好转。当年9月,所有出境断面水质全部达标，子牙河的水变清了。

以绿色方式利用资源，需要重视土地的节约。土地也是重要的战略资源。

看看珠江三角洲。把 1997 年和 2003 年两幅同一地区的卫星遥感图放在一起对比，其间的巨大变化令人目瞪口呆。

珠江流域千年繁盛的鱼米之乡不见了，拔地而起的是一个庞大的三角洲城市群。

在北京师范大学环境演变重点实验室，我们看到了卫星拍摄的环渤海地区城市群的演变过程。

20 多年间，由于大城市的面状扩张，交通城市的线状延伸和小城镇的点状散布，使北方大粮仓的耕地变得越来越稀少。

仅在 1998 年到 2003 年的 5 年间，全国耕地就减少了 662.25 万公顷。

由于城市扩张多数占用了城郊的优质耕地，耕地质量的下降比面积减少更为严重。

为了约束吞噬土地的这头“怪兽”，国务院发布《全国土地利用总体规划纲要》，规定到 2020 年，全国耕地应保持在 18.05 亿亩以上。为此，必须实行最严格的节约用地制度，健全节约土地标准，加强用地节地责任和考核。单位国内生产总值用地要下降 30%。

比保住 18 亿亩耕地更为艰难的，是耕地面临的污染

重金属污染对耕地危害最大，重金属不能被生物降解，却能在食物链的生物放大作用下，成千万倍地富集，最后进入人体，毒害生命。

但重金属污染，实际上是可以治理的。

在湖南郴州市邓家塘，绿油油的草长满农田。

这是一种名为蜈蚣草的植物，它的作用是清理土地的重金属污染。

蜈蚣草吸收土壤中砷的能力，相当于普通植物的 20 万倍。通过蜈蚣草吸附作用，三到五年之内，受到污染的耕地就可以恢复健康。

蜈蚣草一类的解毒植物实际上并不少。例如，广东有东南景天，西北地区有竹柳。

以绿色方式利用资源，需要实行循环经济

美国经济学家肯尼迪·鲍尔丁很有想象力。在他看来，地球就是茫茫宇宙中一艘小小的飞船，人口和经济的无序增长迟早要耗尽飞船内有限的资源，而生产和消费时排出的废气废物将塞满飞船，毒害船内的乘客。最终飞船会坠落，人类社会将崩溃。

这样的悲剧能避免吗？当然能。条件是全人类都需要改变生产生活方式，尤其是要改变经济增长方式。

在宇宙飞船中，几乎没有废物。即使是乘客的排泄物，也是经过处理净化，转变成清洁的氧气、水和盐，再给乘客使用。如此循环不已，构成一个宇宙飞船中的绿色生态系统。

鲍尔丁提出的飞船内资源循环的理念，被命名“循环经济”，引起世界的普遍反响。

德国人是循环经济的开拓者。他们从处理垃圾起步 。

20 世纪 70 年代，德国形成了 37 万个垃圾堆放场，日益增高增大的垃圾山压得人们透不过气来。

出路何在？最好的办法是垃圾的良性利用。

1994 年，德国颁布《物质闭路循环与废物处置法》。该法的核心思想很明确，生产者必须对其产品的整个生命周期负责。从产品的设计和生产开始，包括运输、销售、售后服务，直到产品生命终结和废弃物处理，都由生产者负责。

现任德国总理默克尔，当时任环境部长，她曾这样说明“废物处置法”：“对一种产品的责任，不能以制造出来而告终，它必须包括使用和对废弃物进行与环境无害的清除，即首先是重新使用和重新利用，这样循环的圈子就会合拢了。”

从 1999 年开始，德国有一定规模的企业都必须对自己产品的生命周期负完全的责任。

丹麦的卡伦堡工业园区，被誉为世界循环经济的成功典范。

卡伦堡园区的产业主要是发电、炼油、制药和生产石膏板，五家大企业和十余家小企业之间，通过各自产生的废物形成联系链条，这个工厂的废物是那个工厂的原材料，并合拢成一个工业共生系统，实现园区污染的零排放。

循环经济可以概括为三项原则，一是减量化，二是再使用，三是再生循环利用。只要认真实行这三项原则，就可以从根本上缓解资源供给和环境污染的矛盾，实现经济的良性发展。

中国走循环经济之路，比发达国家起步晚，难度也比较大。

直到20世纪90年代，资源低效利用的情况仍然非常普遍。

赵焕章拍摄的电影《咱们的退伍兵》，生动地反映了这种情况。

为了带领乡亲们共同致富，退伍兵赵二虎苦心钻研炼焦技术。影片最后，在激动的泪水中，炼焦厂拔地而起。

当时，一位国家领导人出差夜航，飞越这部电影描写的山西大地，只见浓烟和火光连绵不断，便吃惊地问道："这是在做什么？"回答说："山西到处在炼焦。"

虽然炼焦污染环境，但炼焦的人说："战争年代流血牺牲都不怕，为了经济发展，牺牲点健康算什么！"

山西还流传着这样的笑话：活着为了啥？挖煤，生娃。生娃为了啥？挖煤，生娃。就是没想过，没有煤了还干啥？

山西挖了煤之后，留下数十亿吨的煤矸石。这些煤矸石不仅占用大量土地，有些还在自燃，不断地污染着大地，污染着空气。

值得庆幸的是，进入21世纪，我们开始摒弃这种不顾代价地损耗资源的做法，坚定地开始综合利用资源，走上了循环经济之路。

实际上，综合利用资源，是中国社会的一个传统。

毛泽东就非常重视综合利用资源。他说过，资源的循环利用好比打麻将，上家的废物，就是下家的原料。

现在，中国社会的循环经济是由三个层次构成的。

企业进行清洁生产，是第一层次的小循环。

工业园区形成共生关系，是第二层次的中循环。

社会范围内废旧物的再生利用，是第三层次的大循环。

为了推动循环经济的健康运行，国家制定了《循环经济促进法》和《清洁生产促进法》。

国家"十二五"规划《纲要》明确规定："要加快构建覆盖全社会的资源循环利

用体系。推行循环生产方式,资源产出率提高15%。"

资源循环利用,关键在技术进步。山东泉林纸业对此有着深刻体会。

草浆造纸曾经臭名昭著,一个厂就能污染一条河。

泉林纸业是草浆造纸的大型企业。2007年,环保部门给这个企业下达了硬指标:排放一升水,化学含氧量不能超过100毫克。这几乎是一份草浆造纸的死刑判决书。

泉林人卧薪尝胆,终于发明了非木纤维"置换蒸煮"的新工艺,所排放的化学需氧量仅为自然排放的千分之一,使草浆造纸起死回生。

泉林纸业围绕着麦草制浆这一工艺流程,建立了六条资源循环链,把生产过程中产生的污水、黑液、草屑、废氨液全部纳入循环,经过净化处理,重新用于生产过程。

生产废水处理后,或用于原料基地的灌溉,或再用于生产过程,一点都不浪费。

泉林纸业建成200吨秸秆综合利用项目,代替了320万吨木材,还每年为周边农民带来11亿元的收入,经济效益和社会效益都很好。

鄂尔多斯电力冶金公司则是走出了一条循环利用煤矸石的新路。

煤矸石占我国固体废物的30%以上,仅在鄂尔多斯矿区,每年抛弃的煤矸石就在3000吨以上。

这巨量的废物,实际是真正的宝藏。经过分析,鄂尔多斯煤矸石中氧化铝含量高达45%左右。鄂尔多斯电力冶金公司兴建了资源综合利用项目,每年可利用6万吨高铝煤矸石,提取高品位氧化铝,真正做到了变废为宝。

资源循环利用,需要发展拆解产业。

德国西门子富士通公司,是一个享誉世界的废旧电器回收拆解企业,拥有先进的回收拆解处理系统和技术装备。

目前,我国已建成10个大型废旧金属回收交易市场,还有15个再生金属拆解加工园区。

在渤海、长三角、珠三角地区,国家支持建设5个技术先进、管理优化、环保到位的拆解加工园区,年拆解能力达到100万吨。

与拆解产业同时发展的，是再制造产业。

再制造作为战略性新兴产业，对于发展循环经济，建设节约型社会，具有重大意义。

废旧设备，废旧机器，通过再制造，在质量、性能与新品相同的情况下，可节能60%，节材70%，节约成本50%，几乎不产生固体废物，大气污染排放量降低80%以上。

我国再制造虽比发达国家起步晚，但由于坚持自主创新，很快形成一系列独有的科技成果。发达国家的再制造，以换件修理为主要手段，通过失效部件的更换，带来装备性能的恢复。被更换下来的部件成了废弃物，仍然是一种浪费。中国工程技术人员另辟蹊径，创造性地运用表面工程技术，并同信息技术、纳米技术、生物工程技术结合起来进行再制造，可以高效地使老旧设备获得新生，性能甚至超过新品。

山东能源机械集团有一个“大族再制造有限公司”，他们再制造的刮板输送机，使用寿命比新品延长了两到三倍；他们再制造的煤炭截齿，性能普遍好于新品。

四、绿色发展

在人类历史上，以高污染为特征的发展是黑色发展，以生态美好为特征的发展是绿色发展。

在黑色发展中，人们很难呼吸到清新空气。

空气是否清新，可以看负氧离子多少。在云南一些州市的林间地头，负氧离子高达7000到1万。但在北京大街上，只有500左右。

2012年除夕的一夜鞭炮，北京城区负氧离子降到400以下，而毒害空气的颗粒物，也就是可以精确测定的PM2.5值，则猛然升高到1500。

在黑色发展中，人们很难喝到干净的水，很难吃到干净的水果、蔬菜和粮食。由于生态环境恶化，造成人的生活质量下降，身体机能衰退，民族素质弱化。这种趋势不尽快扭转，将危及中华民族的命运和前途。

我们必须摒弃黑色发展。

我们只能坚持绿色发展。

绿色发展是以人为本的发展，是以先进文化为灵魂的发展，是以良好生态为基础的发展，是实现人与社会、自然和谐的发展。

绿色发展可以从一个企业做起。

大连獐子岛渔业集团，是一个从事海洋经济的企业。他们一改传统的污染海洋的生产方式，精心建设养护海洋生态的“海洋牧场”。

他们的海洋牧场是在北海1000平方公里的长山群岛海域，建立一个立体的、多层次的海洋生态空间。他们运用不污染海水和环境的科技设施，形成适合鱼类生活的海草床和鱼礁，使底栖生物和不同海层的鱼虾互相滋养，高效繁殖，大大提高了海产的数量和品质。

我国有300万平方公里的广袤海域，如果都像獐子岛渔业集团这样坚持绿色发展，就可以建成一个造福子孙万代的海洋经济大国。

绿色发展可以从一个县域做起。

浙江安吉，原本是一个山区贫困县。经不住黑色发展大潮的拉动，曾经很想挤进工业强县的行列。结果令人失望，发展很有限，污染却很严重。

不止如此。安吉是黄浦江的源头，又是太湖的水源地，安吉被污染，危害很广很大。

安吉人最后作出困难而正确的抉择：生态立县，绿色发展。

他们种了 108 万亩竹子，大力发展竹产业。安吉竹类产值占全国竹类总产值的 20%，人民和政府的光景都好了。

安吉的白茶，成了著名的原产地保护产品。

迷人的绿色，使安吉成为长三角大都市的“后花园”，每个村庄都成了一道风景线，生态旅游奠定了休闲经济大县的地位。

绿色发展可以从一个城市做起。

云南省普洱市是一个“绿色发展”的典型。

这是集“老、少、边、穷”为一体的地方，但又是一个引领绿色发展潮流的地方，也就是中央电视台广告节目中经常出现“妙曼普洱，养生天堂”的地方。

普洱市各族人民共同确定的发展战略是“生态立市、绿色发展”。

绿色发展是以人为本的发展，是人与自然和谐的发展。在普洱市，处处都体现出绿色发展的理念。

普洱最显著的特点是怡人的绿色，最突出的优势是良好的生态。

普洱市人均有树林 18.2 亩，是全国平均数的 8.1 倍，森林覆盖率达到 70.5%。全市海拔 1000 米左右，年均气温 15℃—20℃，无霜期超过 315 天，年降水量达 1100—2780 毫米，负氧离子含量在 7000 以上，是最适于人生活、工作的地方。

从普洱城区的梅子湖宾馆看出去，城市在森林中，森林在城市中；水恋着山，山拥着水，人和山水天地融为一体。

普洱市的绿色发展，是以生态文明的高度自觉为基础的。

普洱市走“生态立市、绿色发展”之路，是坚决的、认真的。

普洱市几千平方公里的地下，蕴藏着多种多样的矿藏，为了不破坏生态环境，不干扰绿色发展，许多矿藏都没有开采，不打破它们亿万年来的沉睡状态。

普洱市不少地方的光热水土条件很好，可以发展立竿见影的橡胶产业。但是，为了保护珍贵的热带雨林，最近八年，一棵橡胶树都没有种。

从昆明到新加坡的亚洲高速公路穿过普洱市，发展城镇化的条件很优越。但普洱市避免陷入盲目的、低层次的房地产扩张，而是另走高文化设计、高品质建设的路子，每一个项目建成后都要经得住历史的检验，给后人留下的，不是废品，而是精品；不是垃圾，而是文物。普洱文化中心、普洱学院、梅子湖酒店都是鲜活的例子。

以“生态立市，绿色发展”为纲领，普洱市正在建设国家级绿色经济试验示范区。他们立足当地资源禀赋，发挥自己的特色优势，统筹考虑经济发展中各种要素的联系，对产业、土地、环境、人才等重要元素进行科学配置，精心打造利国富民的特色产业。

普洱市的一大特色产业是普洱茶。

普洱市因普洱茶得名，普洱茶因普洱市光大。

景迈山是著名的普洱茶原料基地。

这是人与自然和谐、人与人和谐的绿色发展之地。

布朗族、傣族人民在古茶树林中毗邻而居，世世代代友好相处。

这里人人喝茶，家家种茶。随着茶产业的发展，每家的收入都上万，上 10 万，生活越过越红火。

这里的茶园也是一大生态景观。茶树不是孤立生长，而是同各种伙伴树同生共长，互相支持，彼此滋养；不打农药，不施化肥，茶叶的清香是自然天成的。

茶叶好，加工提炼更要好。

普洱市改变了卖茶叶原料的做法，走上了科学制茶的新路。他们投入 8000 多万元，组织国内外 150 多位茶叶专家，对普洱茶的养成机理和生物功效进行研究，获得 30 多项专利，并引进天士力集团，借鉴药物萃取的方法，完善普洱茶制作工艺，开发新型茶产品，打响了“帝泊洱”品牌，实现传统普洱茶向数字化、标准化、功效化、品牌化、规模化和国际化的成功转型，形成上百亿产值的绿色产业。

在普洱市最大的普洱茶企业，工厂同山水融为一体，厂房都浸润着感人的茶文化，制茶工艺是传统文化同现代科技的完美结合。

与普洱茶产业壮大的同时，普洱市还立足自己的特色资源，同星巴克集团合作，打造现代化咖啡产业；同康恩贝集团合作，打造现代化的生物制药产业。这些产业都与各民族千家万户农民的利益联系在一起，形成一个基础雄厚、潜力巨大、发展快速的绿色产业集群。

绿色发展的中心是人，绿色发展的灵魂是文化，绿色发展的理念是和谐，绿色发展的基础是生态。

在普洱，人们每时每刻都呼吸着高负氧离子的清新空气。睁开眼睛就看到蓝天白云、茂林修竹；静下心来就听到小虫聒鸣，小鸟歌唱。雨林湿地相间，野花野草自长。生态之好，令人心旷神怡。野生大象都喜欢这个地方，已从 2004 年的 5 头，增加到目前的 71 头。

在普洱，人们日常生活少不了唱歌跳舞，民族文化受到保护，得到弘扬。“木鼓节”让佤族人民陶醉，“葫芦节”叫拉祜人民欢腾。还有“中老越三国丢包节”，“中老缅越四国边疆艺术节”，奏响人类友谊的交响曲。且看祖国边疆是一片多么和谐诗意的天地。

普洱正在成为以人为中心的国际养生天堂。在这里，看，有神秘森林；饮，有醉人的普洱茶；呼，有天然氧吧；吃，有山茅野菜；玩，有欢乐的民族歌舞。在信息化、快节奏的生活中倍感压力的人们，可以在普洱的绿色中融入自然，拥抱健康。著名企业家黄怒波曾经周游世界，比较了许多地方，最后选择普洱作为自己事业和人生的归宿之地，决定投资几百亿元，在普洱打造国际旅游养生天堂。

普洱市作为绿色发展的一片热土，引起了国内外的广泛关注。

普洱市和安吉县传统上都是非常贫困的地方，这样的地方能摒弃黑色发展，坚持绿色发展，其他地方更可以坚持绿色发展。

普洱市和安吉县传统上都是十分落后的地方，这样的地方都能摒弃黑色发展，坚持绿色发展，更何况其他先进的地方。

我们欣喜地看到，整个中国，正在走上绿色发展之路。

五、美丽家园

中华民族需要气势恢宏、生机盎然的绿色家园。

我们正在建设这样的绿色家园。

建设绿色家园，必须保护好中华民族的生态屏障。

青藏高原，是中华民族的第一道生态屏障。

夏季的青藏高原，放大了干旱和季风的作用，使东亚的季风在全球最为激烈，使中亚成为最显著的干旱区。

冬季的青藏高原，集中了中纬度地区最大的冻土和冰川，成为长江黄河的源头，成为我国重要的湖泊和沼泽之乡。

构建青藏高原生态屏障，要重点保护自然地理的多样性，保护独特的生态系统，发挥好涵养江河水源和调节气候的作用。

根据国家总体规划，青藏高原生态屏障建设涵盖西藏、青海、四川、云南、甘肃、新疆 6 省区的 179 个县。根据不同地区的地理特征、自然条件和资源环境承载力，分别划分为生态安全保育区、城镇环境安全维护区、农牧业环境安全保障区，还有资源区和其他预留区，并制定实施相应的建设和管理措施。

以三江源地区为例，重点是强化草地、湿地、森林和生物多样性保护，推进沙化土地和水土流失治理，加强土地整治和防治地质灾害，提高自然保护区管护水平。

国家确定的生态安全大格局，是由"两屏三带"构成的。

"两屏"，是青藏高原生态屏障和黄土高原一川滇生态屏障。

"三带"，是东北森林带，北方防沙带和南方丘陵山地带。

形成"两屏三带"生态战略格局，标志着我国生态系统的管理，从单要素管理，向多要素、全系统管理的转变。

按照规划，到 2020 年，当全国生态主体功能区布局基本形成时，我们面前，将呈现出生产空间集约高效，生活空间舒适美好，生态空间山青水碧，人口、经济、环境相互协调的绿色家园。

建设绿色家园，必须找回清洁的水

中国面临的一大困难是缺水，比缺水更严重的是水质被严重污染。

目前，严重缺水的地区占全国总面积的 60%，三分之二的城市都是缺水城市。

2011 年 5 月，北京水务局对外公布，北京市人均水资源量已降至 100 立方米，而国际公认的缺水警戒线是人均 1000 立方米。

为了缓解北方的缺水困难，国家正在实施规模宏大的“南水北调工程”。

为了改善水利功能，国家制定了《全国重要江河湖泊水功能区划》。《区划》将全国重点江河湖泊划分为 4493 个水功能区，根据不同水域的功能定位，实行分类保护和管理，确定纳污红线，严格控制排污数量。到 2020 年，全国重要江河湖泊水质达标率达 80%，到 2030 年水质基本达标。

现在，31 个省级人民政府都在推进辖区内的水功能改善工程。为维护江河湖泊的健康生命，全国人民共同撑起无比巨大的中华水源保护伞。

建设绿色家园，必须扩大森林覆盖率

在世界上，坚持全民植树的国家只有一个，那就是中国。

在世界上，实施三北防护林建设等浩大森林工程的国家只有一个，那就是中国。

“三北防护林工程”从 1978 年开始，到 2050 年完成，将历时 70 多年。建设范围东起黑龙江的江宾县，西至新疆维吾尔自治区的乌孜别里山口，全长 8000 多公里，宽 400—700 公里，占国土面积的 42%。

30 多年来，三北工程累计完成造林保存面积 2446.9 万公顷，森林覆盖率由工程建设前的 5.06%提高到 10.51%。已经栽活的树木单行排列，可以绕地球 3750 圈。造林开挖的土方量相当于构筑了 75 座万里长城。

三北防护林体系建设被誉为“世界生态工程之最”，“是改变大自然的伟大壮举”。2003 年被吉尼斯总部确认为世界上“最大的植树造林工程”。先后有 70 多个国家的元首、部长和专家前来考察，他们都深感震撼。

沿海防护林带、红树林消浪林带、荒山荒坡林带、农田防护林带的建设也都取得了重大的成就。

建设绿色家园，必须改造荒漠化土地

荒漠化在全球以每年 7 万平方公里的速度扩张，全球陆地总面积的四分之一已经荒漠化，有 10 亿多人口受到荒漠化的严重威胁。

中国是世界上荒漠化最严重的地区之一，全国荒漠化土地总面积 262.37 万平方公里，占国土总面积的 27.33％。

几十年来，中国政府和各族人民坚持进行荒漠化治理，初步遏制了荒漠化扩大的势头，取得了可喜的成就。

无论在北方，还是南方，都创造了治理荒漠化的成功经验。

亿利资源集团创造的“库布其产业化治沙模式”成效显著，引起了全世界的重视。

库布其沙漠是中国第七大沙漠，总面积有 1.86 万平方公里。

亿利集团 20 多年摸索出来的治沙经验主要有三条，即科技带动、产业驱动和生态改善民生。

亿利集团在沙漠中修起纵横交错的穿沙公路，把广袤的沙漠科学切割，化整为零，分而治之。先在公路两侧用沙柳做成网格沙障，固定沙丘。再用飞机进行大面积飞播牧草，同步种树。用同样办法，绿化一块，再绿化下一块，不断扩大战果，直至覆盖全部库布其沙漠。

库布其沙漠治理的成功，其他许多地方治沙的成功，是令人鼓舞的。过去是沙逼人退，现在是绿进沙退。联合国官员称赞说：“中国防沙治沙走在了世界的前列”。

建设绿色家园，必须保护生物多样性，建设好自然保护区

每一个生物物种，都包含着丰富的基因。一个基因，可能影响一个国家的经济，甚至关系到一个民族的兴衰。

生物资源，是国家的战略资源。生物多样性的保护水平，是衡量综合国力和可持续发展能力的重要指标。

到 2008 年底，我国已建成农作物种质资源国家长期库 2 座、中期库 25 座。建成国家级种质资源圃 32 个。建成国家牧草种质资源基因库 1 个，中期库 3 个，种质资源圃 14 个。建成畜禽种质资源基因库 6 个。国家保存的农业植物种质资源量 39 万份。此外，我国林木种质资源、药用植物种质资源、水生生物遗传资源、微生物资源、野生动植物基因等种质资源库也都建立起来，形成了相当的规模。

保护战略性生物资源、维护国家生态安全的重要途径，是建立各种类型的自然保护区。

到2008年底,我国已建立各级自然保护区2538个,总面积14894.3万公顷,占陆地国土面积的15.13%,超过世界12%的平均水平。其中,国家级自然保护区303个。这些自然保护区,保护了我国80%的陆地自然生态系统、40%的天然湿地、20%的天然林、85%的野生动植物种群、65%的高等植物群落。

建设绿色家园,必须保护草原

草原是地球上最大的陆地生态系统之一,中国是世界上第二草原大国,拥有60亿亩天然草原。

草原坚守着森林难以延伸的广阔地域,那里干旱而高寒,环境最为严酷,生态相当脆弱。草原作为面积最大的绿色屏障,在我国生态安全战略中,彰显出特殊而重要的地位。

2011年,国家启动了草原生态保护机制,范围涵盖内蒙古、新疆、西藏、青海、四川、甘肃、宁夏、云南8省区和新疆生产建设兵团。

在内蒙古、所有牧区和半牧区普遍实施草原生态保护机制,总面积10.2亿亩,5年投资总额高达275亿元。

在锡林郭勒盟,牧民齐木德一家6口人,有1.5万亩草场,牧养五六百头羊。过去多年,除去饲草料成本,齐木德一家年均收入在4万元左右。实行草原生态保护政策后,按照国家禁牧补助标准,齐木德家的草场得到恢复,每年还获得7万多元补助金,生产生活条件都改善了。

规模如此浩大,惠及无数牧民的草原保护工程,历史上前所未有,它将决定着中国草原的未来。

建设绿色家园,必须保护湿地

湿地被称为“地球之肾”,主生长、发育,生态重要性非常显著。

参照国际湿地分类,我国湿地包括海岸湿地、河流湿地、湖泊湿地、沼泽湿地、草甸湿地等五大类。这些湿地是淡水的宝库,储存着我国96%以上可利用的淡水资源。这些湿地还能调蓄洪水、净化水源、减轻侵蚀、补充地下水,是降低自然灾害风险的“缓冲器”。这些湿地还是生物多样性的生态系统,被誉为“物种基因库”。

在中国大地上,许多湿地的消失令人惊心。

在东北三江平原,从卫星图片的对比中人们可以看到,仅在最近30年间,已经有多少湿地不见了。

在长江中游的江汉平原，20 世纪 70 年代到 90 年代，许多湿地被围垦，变成了耕地。

若尔盖湿地是黄河上游的重要储水库，由于人工排水和过度放牧，沙化、盐碱化的情况非常严重。

在广东珠海，基岩海岸已经城市化。这种情况在许多沿海城市都存在，沿海滩涂湿地是消失得最快的湿地生态系统。

在中国，抢救“地球之肾”的战斗已经打响。

太湖、巢湖、滇池以及淮河、辽河、海河“三湖三河治理工程”已经开展多年。

“十二五”规划中，又加上了因重金属污染的湘江治理工程。

全国许多地方加大了湿地保护力度，湿地建设已经成为我国自然生态建设的一大热点。

建设绿色家园，需要发展森林城市

森林是城市中生命的保卫者，它吸收二氧化碳，放出氧气；它吸附粉尘，净化空气；它涵养水源，提供清水；它给人荫凉，减少噪音；它增加湿度，调节气候；它防洪固沙，保卫城市。

城市森林的建设，不仅可以提高生态文明程度，而且可以催生和壮大城市生态产业，使城乡人民收入增加，生活改善。

2004 年以来，先后有贵阳、沈阳、长沙、成都等 30 多个城市获得“国家森林城市”称号。

石河子市是从沙漠中长出来的森林城市。

石河子市地处天山北麓。原本是通古特沙漠的一部分，没有树，没有草，连鸟儿都不见。

1950 年，第一批军垦战士来到这里，开始种树种草。诗人艾青曾在石河子工作过 16 年。他在《年轻的城》中写道：“这里的一草一木，都由血汗凝成。”

现在，石河子已是一座森林城市。市区公园星罗棋布，城中森林成片成带。绿地率达到 36.7%，森林覆盖率达到 35%。

绿色孕育着生命，绿色代表着生机，绿色充满着希望，绿色张扬着活力。中华儿女在通古特沙漠中建设起石河子这样的森林城市，在全国广大地域内，也到处都在涌现天蓝、地绿、水清、月明、人和的森林城市。

第九章 中国梦与人民幸福

中国梦，说到底，是维护中国人民根本利益，让中国人民得到幸福之梦。实现中国梦，就是要创造一种能切实保障人民利益的社会发展模式。

我们看到，历史上任何一种社会模式，都曾经给社会上的某些阶级或集团带来利益。比如，封建主义发展模式给地主阶级带来利益，资本主义发展模式给资产阶级带来利益。只有社会主义社会，才给社会上的全体人民带来利益。中国模式的优越性就在这里。因为中国社会主义发展模式给13亿中国人民带来了巨大的、切实的、长远的利益，并在人类文明史上创造了一个能给社会大众带来幸福安宁的崭新的文明形态。因此，它对世界人民、对人类进步也就具有重大意义。

一、民族主权与个人尊严

中华民族是一个伟大的民族，但它曾经有过一段丧失了民族主权的不堪回首的历史。

现在60岁以下的中国人，一般情况下很难体会民族主权的重要性，很难体会民族主权与个人尊严、人民幸福的关系。但是，我们祖辈情况就大不同了，他们在丧失民族主权时代的生活是极为悲惨的。

这种悲惨时代是从鸦片战争之后开始形成的。

1840年之后，中国成了半殖民地半封建社会，就是说，中国逐步丧失了民族独立，中国的命运掌握在帝国主义者的手里。它们可以侵占中国的土地，可以抢掠中国的财富，可以践踏中国的城市和农村，可以任意杀死中国人，可以随便奸淫中国妇女，可以驱使中国当时的政府去做出卖国家利益的事情。

从鸦片战争到1949年中华人民共和国成立的100多年历史中，世界上大大小小的帝国主义国家都残酷无情地凌辱过中华民族，它们犯下的罪行比山高，比海深。其中，给中华民族造成奇耻大辱的几大罪行是中国人民永远不应忘记的。

第一大罪行是发动鸦片战争

西方帝国主义国家向中国贩卖鸦片，最早有葡萄牙和荷兰，他们以澳门为据点，向中国内地输入鸦片，但数量不多。英国政府看到贩卖鸦片利润很大，于1773年把贩卖鸦片确立为国策，由直属英国政府的东印度公司实行特许专卖。

在确立贩卖鸦片的国策前后，英国议会专门就英属印度政府的财税问题作过调研，其中一个调研报告写道："鸦片税是按成本百分之三百零一点七五的税率征收的。在目前印度财政收入的情况下，要抛弃如此重要的一种税收，看来是不适当的。鸦片税是这样一种税，它主要由外国消费者来负担。整个说来，它比之任何可能代替它的税,更不易遭人反对”。①

1833年,英国外交大臣巴麦尊给英国驻华商务监督律劳卑下达三条训令:一是开辟商埠;二是扩大鸦片贸易;三是获得海军据点,为武装进攻中国作准备。②

英国政府大规模贩毒行为遭到中国政府和人民的强烈反对。1833年12月,清政府任命林则徐为钦差大臣节制广东水师,到广州查禁鸦片。林则徐不愧为民族英雄,为了维护民族的尊严和国家的主权,他一到广州便一面整顿海防,一面收缴烟毒,缉拿大烟贩查顿、颠地等人,并于1839年6月将已收缴的数万箱鸦片在虎门销毁,给英国政府的贩毒政策以沉重打击。

英国政府知道林则徐虎门销烟即恼羞成怒,立即决定发动侵略战争。

1840年1月16日,英女王维多利亚在议会中发表演说,宣称中国禁烟使英国商人利益蒙受损失,影响英王尊严,她正予以密切的注意。

上院议员芝伦波尔的发言更加露骨无耻,他说,鸦片问题直接关系着英国政府的财政收入,所以企图将商品的观点与道德、宗教原则问题混在一起讨论,实属没有好处。③

英国外交大臣巴麦尊蛮横地叫嚣,对付中国的唯一办法,“就是先揍它一顿,然后再作解释”。④ 为了“揍中国一顿”,英国政府组建的由40多艘兵船、4000余兵将组成的“东方远征军”于1840年6月21日开始入侵中国,先后犯厦门、定海,并北上到达白河。1842年6月,英国增派百余艘兵船和两万陆军参战,先后占领上海、镇江、扬州,直达南京。六神无主的道光皇帝派钦差大臣耆英赶往南京议和。英国全权代表璞鼎查早已拟好条约文本,声明耆英必须一字不改地全部接受。8月29日,耆英和璞鼎查在英国战舰上签订了《南京条约》。英国侵略者从《南京条约》获得了巨大利益。

一、强占香港。条约第三款规定:中国准将香港一岛给予英国“常远据守主掌,务便立法治理”。

二、勒索巨款。条约第四款规定:中国赔偿鸦片费六百万银元,军费一千二百万银元,商欠三百万银元,共二千一百万银元。

---

① British Parliamentary Papers 1881—1882。卷十一,第10页。

② M. collis:Forajgn Mud。第122—124页。

③ Hansard's Debates,54。第44页。

④ D. Owen:Britsh Opium Policy in China and India,第170页。

三、协定关税。条约第十款规定：英国商人在通商口岸“应纳进口货税饷费，均宜秉公议定则例”。耆英和璞鼎查还就此发表共同声明：“中国内地关税，定例本轻，今复议明，内地各关，收纳洋货各税，一切照旧轻纳，不得加增。”中国关税主权已受到严重侵害。

四、开放五口。条约规定开放广州、福州、厦门、宁波、上海等五口为商埠，准许英国人在五口租地建屋，永久居住。

五、领事裁判权。相关条约规定：“偿遇有交涉词讼……其英人如何科罪，由英国议定章程法律，发给管事官照办。”中国司法主权已遭破坏。

六、片面最惠国待遇。相关条约规定：中国将来设“有新恩施及各国，亦应准英人一体均沾”。从此，中国只要给予其他国家任何权利，英国就可以同样享受。

《南京条约》中，虽无鸦片条款，但条约签订前，英国外交大臣巴麦尊曾告诉英方全权代表璞鼎查，要他设法使清政府承认鸦片贸易为合法。他说：“为了维持两国间永久的友好谅解，中国政府应该把鸦片贸易放在正规的、合法的基础上，这一点是极其重要的。”[①]由于事先耆英等人早已向璞鼎查保证，“不管外国商船带不带鸦片，中国不必查问，也不采取任何行动”[②]，因此双方认为无需在条约中规定鸦片贸易这种见不得人的事情。

马克思曾称巴麦尊为“独裁者”。此人从外相升任首相后，不满足于《南京条约》中得到的利益，竭力推动第二次鸦片战争。法国拿破仑政府也想利益均沾，积极参与对华侵略战争。

1856 年 10 月，第二次鸦片战争爆发。英法联军共二万五千多人，其中英军一万八千余人，法军七千余人。侵略军先后攻占广州、舟山、大连湾一带，并于 1860 年秋天攻陷大连炮台，在京东八里桥大败清军，直抵北京，占领安定门，火烧圆明园。咸丰皇帝逃往热河，派恭亲王奕䜣向侵略者求和，签订《北京条约》。

《北京条约》的主要内容有：(1)开放天津为商埠；(2)准许华工出口；(3)割让九龙司给英国；(4)交还教产给天主教堂；(5)赔偿英、法兵费各八百万两，恤金英国五十万两，法国二十万两。

英法联军抢劫和焚毁圆明园后，法国文学家雨果曾发文斥责侵略者的无耻暴

① Morse：International Relation。卷一，第 655 页。

② Morse：International Relation。卷一，第 655 页。

行。其中写道：

“有一天，两个强盗走进圆明园，一个抢了东西，一个放了火，仿佛战争得了胜利便可以从事抢劫了。在两个胜利者瓜分赃款的重要条件下，圆明园就大规模地遭到蹂躏。……把我们各大教堂的宝藏集拢在一起也抵不上东方这所庞大的辉煌的博物院的。里面不但有各式各样的艺术杰作，并且堆集着金银珠宝。是丰功伟绩，也是贼运亨通，这个胜利者把口袋装满，那个把箱箧装满，他们手拉手，笑嘻嘻地回到欧洲。这就是那两个强盗的历史。

“我们欧洲人是文明人，在我们眼中，中国人是野蛮人，可是你看文明人对野蛮人干了些什么。

“在历史面前，这两个强盗，一个叫法兰西，另一个叫英吉利。不过，我要提出抗议！为什么要抗议呢？因为治人者所犯的罪恶是与治于人者不相干的。政府有时会做强盗，但人民是永远不做强盗的。”①

第二大罪行是八国联军践踏北京

1900 年 5 月，西方各国以保护驻华使馆安全为由，调集驻大沽的八国海军 426 人，分两批到达北京作为“使馆卫队”，公然非法在中国首都驻军。

6 月，英国将军西摩在大沽组织了一支进攻北京的联合特遣舰队，由他和美军上校麦克卡拉任正副司令，俄国上校沃嘎克任参谋长，率 2000 余侵略军进攻北京，途中被义和团和清军痛击，死伤近 300 人后逃跑。

8 月，侵略者在天津组建八国联军，共约 20000 人。其中，日军约 8000 人，俄军约 4800 人，英军约 3000 人，美军约 2000 人，法军约 400 人，意、奥等国不到 100 人。此时德军尚未到达。

八国联军于 8 月 5 日攻下北仓，6 日攻下杨村，12 日占领通州，14 日占领北京。

八国联军占领北京后，“奉命在城中为所欲为 3 天，爱杀就杀，爱拿就拿，实际上抢了 8 天”。②

侵略者以在中国首都杀人为快事。法军曾把百姓逼进一个死胡同，用机枪扫

① Pierre Albouy：“Victor Hugo et La Paix.”见 la Pensee. 1952 年，1. 2 月号，第 12－13 页。

② 《义和团运动史料丝编》，第一辑，第 27 页。

射10分钟,“直到不留一人而后已”。北京“城破之日,洋兵杀人无数”。“但闻枪炮轰击声,妇稚呼救声,街上尸骸枕藉”。① 英国人记载也说,当时北京“成了真正的坟场。……到处是死人,无人掩埋,任凭野狗啃食躺着的尸体”。②

侵略者将北京城分为英、俄、日、美、德、奥等几个占领区,实行军事统治。各国还张贴布告,禁止群众反抗。俄军布告说,“遇有持枪械华人,定必即行正法;若由某房放枪,即将该房焚毁”。日军布告说,“如有不法匪徒身藏兵器者,一经查出,即照军法惩治”。

八个强盗国家的军队在践踏了北京、天津等城市、屠杀了大量中国人之后,即开始坐地分赃。1901年9月7日,中国政府与列强国家签订了《辛丑条约》。条约有12款和19个附件,是加在中国人民身上的沉重镣铐,也是清政府的卖身契。在这个空前屈辱条约上签字的中国人是奕劻和李鸿章。

《辛丑条约》的内容很多,危害最大的是以下三项。

一、赔款。中国向各国赔款白银四亿五千万两,分三十年赔清,年息四厘。

二、拆炮台。条约规定,大沽炮台及北京到海口工事“一律削平”。北京使馆区和北京到山海关铁路沿线12处驻扎外国军队6000人。

三、镇压中国人民的反帝斗争。条约要求中国政府禁止中国人成立反帝组织,违者一律处死;地方官员如镇压反帝活动不力,应予革职。这样,清政府就成了帝国主义的工具。

第三大罪行是沙皇俄国侵占了中国几百万平方公里土地

1689年,清政府与沙皇俄国曾在尼布楚举行边界谈判,当时双方地位平等,共同确定了两国的东段边界,即以额尔古纳河、格尔毕齐河和外兴安岭至海为界。

1727年,中俄两国又经过平等谈判,订立布连斯奇条约和恰克图界约,划定了双方中段边界,即以沙毕纳依岭到额尔古纳河为界,迄北为俄国,迄南为中国。并规定恰克图为双方边贸互市地点。

至于西段,中国疆界在巴尔喀什湖,而俄国则远在里海一带,两国并不接壤。

沙皇俄国是最厚颜无耻的,它不断突破两国条约的界限,一直在疯狂地侵略中国的北部疆土。1854年5月,沙俄乘英法两国发动第二次鸦片战争之机,强迫

---

① 叶易炽:《缘督庐日记》,第470—471页。
② 汤姆逊:《中国与列强》,第125页。

清政府签订《瑷珲条约》，割占了黑龙江以北、外兴安岭以南60多万平方公里土地。

马克思在评论中俄《瑷珲条约》时说，“由于进行了第二次鸦片战争，帮助俄国获得了鞑靼海峡和贝加尔湖之间最富庶的地域，俄国过去是极想把这个地域弄到手的，从沙皇阿列克塞·米哈伊洛维奇到尼古拉，一直都企图占有这个地域”。① 恩格斯也曾指出，俄国“从中国夺取了一块大小等于法德两国面积的领土和一条同多瑙河一样长的河流”。② 恩格斯还说，在第二次鸦片战争中，俄国“除了分沾英法所得的一切明显的利益以外，还得到了黑龙江沿岸地区，这个地区是它悄悄地占领的”。③

中英、中法《北京条约》签订后，俄国又于1860年11月强迫清政府签订中俄《北京条约》，不但将乌苏里江以东40万平方公里中国领土划给俄国，还侵占了巴尔喀什湖以南中国大片领土。沙俄军队还曾长期侵占伊犁地区。直到1881年中俄双方签订《伊犁条约》，才将伊犁归还中国，但强占了伊犁河以西地区和帕米尔地区约10万平方公里的中国国土。

第四大罪行是日本疯狂侵略中国

在1949年之前的100年间，日本加于中国的伤害，超过其他列强对中国伤害的总和。

八国联军进攻北京，打前锋的就是日本军队。

日本吞并琉球严重侵害了中国利益。琉球王国长期受到清朝政府的保护。1879年4月，当日本公然废除琉球王国，改为冲绳县时，琉球王国曾向清政府求援，清政府即向日本提出交涉。

1880年3月，日本向清政府提出中日瓜分琉球方案，即琉球群岛最南部的宫古列岛和八重山列岛划归中国，琉球大部分为日本所有。中日双方的谈判始终没有结果。清政府请美国居中调停，美国偏袒日本，纵容日本强行吞并了琉球王国。

吞并琉球以后，日本即开始吞并朝鲜。

朝鲜自古与中国有唇齿相依的关系。清朝时期，中国军队常驻朝鲜，朝鲜王

---

① 《马克思恩格斯全集》第12卷，人民出版社1962年版，第625—626页。

② 《马克思恩格斯全集》第12卷，人民出版社1962年版，第662页。

③ 《马克思恩格斯全集》第12卷，人民出版社1962年版，第664页。

室遇有重大内政外交问题，也征询中国方面的意见。

为了吞并朝鲜，进而侵略中国，日本精心策划了甲午之战，对中国陆海军实行突然袭击，使之大败。

1895 年 4 月 17 日，中日签订《马关条约》。其主要内容如下：

一、确认日本吞并朝鲜。

二、中国割让辽东半岛和台湾给日本。

三、中国赔款白银二亿两。

这笔巨款对日本有什么意义呢？日本外务大臣井上馨说："在这笔赔款以前，日本财政部门根本料想不到会有好几亿的日元。因为本国全部收入只有 8 千万日元。所以，一想到现在有 3 亿 5 千万日元滚滚而来，无论政府或私人都顿觉无比的富裕。"①

完全可以说，从辛丑赔款到马关赔款，日本这个疯狂的帝国是喝着中国人民的血汗膨胀起来的。

中国有句俗语，人心不足蛇吞象。人类历史上最荒唐、最残酷的一件事是，突然膨胀起来的日本帝国这条毒蛇，竟然真想吞下中国这头大象。

甲午之战后，日本没有一天停止过对中国的侵略活动，直到丧心病狂地发动全面侵华战争。从 1937 年到 1945 年的 8 年间，最野蛮的日本侵略军践踏了中国大半国土，把中国最富庶、最文明的地区糟蹋成原始状态。日本的侵华战争害得 3500 多万中国人丧失了生命，并使中国经济损失超过 6000 亿美元。日本帝国主义者对中国人民犯下的罪行是无法用语言来形容的。

以上列举的四个奇耻大辱足以证明，当我们丧失了民族独立的时候，中华民族会陷入多么悲惨的境地！

对于把如此奇耻大辱加到中华民族头上的一切帝国主义者，我们不仅不会忘记，而且要进行强烈的谴责。但是，像中华民族这样一个伟大的民族，回顾自己悲惨历史的时候，只会谴责别人是不够的，而是要从自己民族身上寻找到陷入如此悲惨境地的内在原因。

是当时中国国力太弱吗？非也。

---

① 《中日史料》，第 38 卷，第 7 页。

从历史上看，经济总量大不意味着国力就强。1820 年，中国 GDP 约为英国的 7 倍，却在 1840—1842 年的鸦片战争中被英国打败。1870 年，中国的 GDP 仍为英国的 1.8 倍，而且大于英法两国的总和，却没能阻止英法联军在 1860 年火烧圆明园。1884 年到 1885 年，中国 GDP 是法国的两倍多，却在中法战争中没有取得胜利。1890 年，中国 GDP 是日本的 5 倍，但中国军队却在甲午战争中一败涂地，被迫签订《马关条约》。其实，抗日战争爆发前的 1936 年，中国 GDP 仍然是日本的 2.8 倍左右，但国际上普遍认为日本明显强于中国。

真正的原因是中国当时的封建社会太腐朽了，官场和军队都一片腐败，从上到下充斥着私欲熏心的人，充斥着贪生怕死的人，而像林则徐、邓世昌那样有民族气节的英雄太少太少！

鸦片战争开始时，林则徐作为钦差大臣驻守广州，英国侵略军知道广州防务严密，不敢轻易进攻，便沿海边北上，寻找薄弱环节。实际当时沿海军备都非常空虚，以至英国“东方远征军”只区区 4000 余人就能在厦门、定海和长江口直到天津附近的白河，如入无人之境，吓得道光皇帝和相当于总理的首席军机大臣穆彰阿决意妥协投降。他们把敢于禁烟、勇于同侵略者对抗的林则徐撤职查办，派不长骨头的琦善、耆英、伊里布这些无耻懦夫当钦差大臣，向侵略者乞和，签订了丧权辱国的不平等条约。

甲午之战时，更显中国军政之腐朽。面临日本即将发动大规模侵略战争的危急时刻，当时主持军政的李鸿章却忙于请各国列强进行外交调停，而不作任何战备。直到中国驻朝军遭受攻击时，李鸿章才派卫汝贵、马玉昆、丰升阿、左宝贵四军入朝参战。这些军队军风极坏，尤其是军官对士兵层层剥削，“饷银领自粮台，而粮台克扣焉；领自主帅，而主帅克扣焉；交于营官，又无不依次克扣焉；……兵勇每口每日仅老米斤余，钱三十文，但能养命，不能果腹；人人伤心解体，积忿成仇”，①武器则枪炮口径不一，甚至“枪炮药子，内多和以泥蜡”，完全不堪战场使用。入朝参战的四军中，卫汝贵军是李鸿章的嫡系军队，人数最多，但军纪最坏，“平时威德不行，士卒不服，见贼即溃，遇物即掳，毫无顾忌；是该军虽有如无，尚须防其骚扰”。② 这四支军队入朝后没有统一指挥，一万余人拥挤在平壤城中，对南

① 《中日史料》，第 41 卷，第 43 页。
② 《中日史料》，第 23 卷，第 20 页。

部开阔地带毫不设防,日军一阵突击,清军即崩溃,狼狈不可收拾。平壤积储军火物资极多,"凡有大小炮四十尊,快炮并毛瑟枪万数十杆,将弁私财,军士粮饷,军资器具,公文密电,尽委之而去"。①

从清朝末年,到国民党军阀统治时期,中国的社会制度都很腐朽落后。当时中国的多数政府官员和军队将领都很腐败,他们在列强面前,骨头都很软,许多人是中华民族的败类。有这样腐朽落后的社会制度,有这样腐败无能的政府,又有那么多贪生怕死的军政官员,中华民族自然难免丧失民族独立,而且面临亡国灭种的大祸。

把所有这一切悲惨境况彻底改变过来,使中华民族的神圣尊严得到坚强捍卫的,是中国共产党领导的人民革命的伟大胜利;使中华民族的独立和主权得到精心呵护的,是共产党执政的人民共和国。

从公元 1949 年到现在,60 多年了,世界上还有哪个国家敢于触碰中华民族的民族主权吗?没有。世界上还有哪个国家敢于大举侵略中国吗?没有。

我们已经在前面讲过伟大的抗美援朝之战。新中国仅仅诞生一年,就打败了以美国为首的世界帝国主义体系的百万侵略军。这可不是鸦片战争时打开中国大门、迫使中国皇帝求和的 4 千多英国"东方远征军",也不是打垮清朝主力部队,冲进中国首都烧杀抢掠的 2 万多"八国联军",而是在第二次世界大战中打败过法西斯军队的美国主力部队,还有英国的王牌部队。朝鲜战争中双方武器装备的差距比鸦片战争和甲午战争时期的差距还要大,但是中国军队出神入化的战略战术使敌方相形见绌,而中国军人大无畏的精神更是把敌人完全压倒了。从此之后,曾经在朝鲜战场上吃过中国军队苦头的 10 多个西方强国,再也不敢对中国言战。

新中国维护民族主权的坚强意志不仅在对付帝国主义强国中表现出来,也在对付社会帝国主义中表现出来。这个社会帝国主义就是苏联。中国同苏联的斗争是十分微妙而复杂的,因为列宁和斯大林领导的苏联共产党帮助过中国革命,也帮助过新中国的发展。新中国的领导人对此是感激的,但是当苏联领导人想染指中国主权的时候,中国的反击是毫不留情的。这场惊心动魄而又胜利的斗争是众所周知的,也在本书前面章节中作了简略的叙述。

---

① 姚锡光:《东方兵事纪略·援篇第二》。

过去的半个多世纪，在维护民族主权的所有对外战争中，新中国都是胜利者，这是任何人都不能不承认的客观事实。

民族主权得到如此坚强的维护，这就是中国模式的优越性。我们只要想想前面谈到的中华民族历史上的四个奇耻大辱，就会感到这个优越性是多么珍贵。

实际上，民族主权对任何一个中华民族的成员都是非常重要、非常珍贵的。我们从 2011 年发生的几件事就可以深切地感受到这一点。

2011 年春天，北非动乱初起，利比亚即将陷入战争火海的危急时刻，有几万中国人滞留在那里。祖国惦记着他们。中国政府立即启动危机处理机制，动用强大的国力和国际影响力，在极短的时间内，从海陆空三路，把所有的同胞接回国内，令全世界为之感动。

2011 年夏天，美国国会正式通过法案，承认百年之前实施的排华法案是错误的，向当年被迫害的华人表示深切的道歉。美国国会的这个法案最清楚不过地告诉世人：当中国国力衰败，民族主权丧失的时候，中国人在美国只是苦工，只是奴隶，不被当做人看待，没有任何人权；当中国国力强大，中华民族享有崇高民族尊严的今天，中国人在美国可以挺胸抬头，可以享有平等的权益。

2011 年秋天，在泰国境内的湄公河中，有两艘中国商船遭袭，13 名中国船员被杀。这种情况如果发生在 1949 年之前，这些中国人抛尸在异国他乡，只能自认命惨，不会有谁为他们主持正义。今天不同了，祖国不允许任何人侵害我们的同胞。事件发生后，中国政府强势追究，相关国家密切配合，揪出了匪徒，捕获了犯罪头目糯糠，告慰了亡灵，并且建立了中泰缅老共同巡护湄公河的国际合作机制。

祖国的强大，民族的独立，影响到海外中国人的命运，连台湾同胞也感受到了。

有一位国民党将军，从大陆败退到台湾，因不被重用，辞职到南非做小生意。南非当时种族隔离很严重，公共汽车的前排只能由白人坐，有色人种要在后面坐。1964 年 10 月 17 日，这位老先生出门乘公交车，按习惯到后面找座位，但司机对他说，不要到后面，你可以坐前排了。老先生感觉奇怪，说“我是中国人”。司机回答说：“我知道，我看出来了。”老先生说，“我应该坐后面”。司机说：“难道你没看今天的报纸？昨天中国爆炸了原子弹。能造出原子弹的民族当然是优等民族。从今天起，中国人都可以坐前排。”老先生一下子泪流满面地说：“这车我不坐了，我要下车走路。"祖国为他争来了前排坐,争来了民族的尊严,他要在大道上在阳光下享受做堂堂正正中国人的自豪和幸福。

现在的中国,不仅有了"两弹一星",而且是发展最快的经济大国,是发展最快的航天大国,是发展最快的科技大国。中国还拥有3万多亿美元的世界上最大的外汇储备,深陷债务危机的美国和欧洲都仰赖着它、求望着它。中国发声,全世界都会倾听。

中国模式实现了民族的独立和主权,这就是中国模式的优越性。任何一位有良心的中国人,都会承认中国模式的这个优越性。

二、人民生活日益改善

中国人口有13亿多，占世界总人口的五分之一。能够用非常有限的资源，让如此众多的人民生活有大幅度的改善，只有最优良的社会制度才能办得到。

2500年前的一天，孟子同梁惠王有一段关于民本思想的对话，专门讲到改善人民生活的问题。孟子说："五亩之宅，树之以桑，五十者可以衣帛矣；鸡豚狗彘之畜，无失其时，七十者可以食肉矣；百亩之田，勿夺其时，数口之家可以无饥矣。"① 孟子希望梁惠王实现惠民政策，让他的国民拥有"五亩之宅"和"百亩之田"，而且不要打仗和劳役，让国民按时种桑耕田，喂养牲畜，这样一家人即可"无饥"，而且"七十者可以食肉"。孟子提出来的理想生活显然标准非常低，因为50岁以上的人才有丝绸棉袄穿，70岁以上的人才能吃到肉。

中国人的悲哀在于，2500年来，孟子提出的标准很低的社会理想，还仅只是理想，以至美国有一位叫艾奇逊的国务卿，在1949年发表了这样一个声明："中国人口在十八、十九两个世纪里增加了一倍，因此使土地受到不堪负担的压力。人民的吃饭问题是每个中国政府必然碰到的第一个问题。……国民政府之所以有今天的窘况，很大的一个原因是它没有使中国有足够的东西吃。中共宣传的内容，一大部分是他们决心解决土地问题的诺言。"②

毛泽东严词批驳了艾奇逊歪曲中国革命的唯心史观，并且针对中国任何政府都解决不了吃饭问题的谬论，满有信心地说道："世间一切事物中，人是第一个可宝贵的。在共产党领导下，只要有了人，什么人间奇迹也可以造出来。我们是艾奇逊反革命理论的驳斥者，我们相信革命能改变一切，一个人口众多、物产丰盛、

① 线装经典《四书》，云南教育出版社2010年版，第271页。
② 《毛泽东选集》第4卷，人民出版社1991年版，第1510页。

生活优裕、文化昌盛的新中国，不要很久就可以到来，一切悲观论调是完全没有根据的。”①

毛泽东的信心不是凭空而来的，它源于中国人民伟大的创造力，源于中国社会主义制度的优越性。毛泽东作出这个预言半个世纪后，一个“物产丰盛、生活优裕、文化昌盛的新中国”已经真真实实地站立在世界人民的面前。

中国人民生活的改善是几千年来从未有过的。今天的中国无论是同过去的中国比，还是同世界其他国家比，已经过上“小康”生活的中国人都是可以自豪的。有一位在中美两国间来往很多的作家最近著文说，今天的中国，发达地区的人口不少于3亿，与美国的总人口相当，像上海这样的大城市，现代化程度已经超过纽约。无论是机场、地铁、高铁、商业设施和城市建筑这样的硬件，还是人均预期寿命、教育、婴儿死亡率和社会治安这样的软件，上海都优于纽约。此公之言反映的确是现实情况，但这并不意味着中国人的生活要同美国人比。据统计，美国年人均石油消耗为4千克，中国为0.2千克，相差足足有20倍，其他资源的情况也很类似。如果中国人像美国人那样生活，得到宇宙中找到几个新的地球才行。社会主义中国能做的，只能是在资源非常有限的情况下，使中国人吃得比较好，用得比较好，医疗条件比较好。

收入的增加

中国经济的腾飞，为人民收入的增加创造了坚实的基础。收入的增加分两块，一块是国家收入的增加，一块是个人收入的增加。

新中国成立以来，国家财政收入年均增长超过10%，而发达国家财政收入年均增长仅有1%左右。从准确的统计数据看，中国1950年的财政收入仅有62亿元，2010年则达到8万亿元，增长近1300倍！国家有庞大的财政收入，即可推进基础设施完善等各项社会公益事业。这些年来，中国高速铁路、高速公路的发展超过欧美国家是很自然的，这是改善人民生活的一个很重要的方面。

国民收入的增加对于生活改善更为直接，这同就业的增加关系极大。1950

① 《毛泽东选集》第4卷，人民出版社1991年版，第1512页。

年时，全国就业人员为18082万人，到2009年，全国就业人员增加到77995万人。其中，第一产业从业人员从1952年的83.5%下降到38.1%，下降了45.4个百分点；第二产业从业人员从7.4%增长到27.8%，上升20.4个百分点；第三产业从业人员从9.1%上升到34.1%，上升25个百分点。

城镇居民人均可支配收入1949年不到100元，2008年增加到15781元，扣除价格因素，增长18.5倍，年均增长5.2%。农村居民人均纯收入1949年仅有44元，2008年增加到4761元。同时，居民的股票、债券等金融资产规模也不断扩大。2008年城镇居民拥有的财产性收入占全部收入的比重从无到有，上升到2.3%。

由于收入的增长，中国的储蓄也快速增加。30年前，中国仅占全球储蓄的5%，到2010年，则已占到20%以上。

中国外汇储备的增加更是非常惊人。1952年，中国外汇储备仅有非常可怜的1.39亿美元，到2011年达到3万多亿美元，超过排名第二的日本的3倍，而全球外汇储备也只有9万多亿美元。已经有许多年了，中国是当之无愧的全球第一外汇储备大国。

瑞士信贷银行在2010年底发布了《全球财产报告》。

报告说，在过去10年中，中国私人财产增加了两倍多。相比之下，美国增加了22%，日本增加了5%，德国增加了9%，爱尔兰和阿根廷则缩水30%。

报告说，2000年，所有中国人共拥有约4.7万亿美元的实物和投资资产。而到2010年，已经增至16.5万亿美元。

吃的改善

几千年来，中国人都与饥饿同行。艾奇逊所说，历史上的中国政府都未能解决国民的吃饭问题，大体上反映了实际。这种情况不是很容易改变的，新中国早期阶段，也有许多人吃不饱饭，还有饿死人的情况发生。三年困难时期，国家主席毛泽东与民同苦，曾经一年不吃肉。

中国政府和全国人民团结一心，发奋图强，几十年中坚持一贯地提高农产品的供给能力，取得了伟大的成就。1949年，我国粮食产量只有11318万吨，人均

209 公斤。1978 年,增长到 30477 万吨,人均 319 公斤。此后,国家对农业给予大力支持,农业科技不断进步,迎来了粮食产量快速增长期。1984 年超过 4 亿吨,1996 年超过 5 亿吨。从 2007 年开始,连续 5 年超过 5 亿吨,2011 年达到 57121 万斤,人均有粮食约 400 公斤。与此同时,油料、糖料和肉蛋奶、水产品、蔬菜的产量也大幅度增加,为“吃的改善”创造了优越的条件。

社会主义中国的政府是为人民服务的,一个为人民服务的政府,必须保障国家粮食安全,必须使全体国民都有饭吃。

像中国这样世界第一人口大国,粮食必须自给自足。依靠他国供应、依靠世界粮食市场是根本行不通的。比如,多年来,世界谷物年均贸易量约为 2.5 亿吨,即使中国全部买来,也只相当于我国粮食消费量的 65%左右。大米是我国重要的粮食品种,世界年贸易量不到 3000 万吨,还不足我国消费量的 20%左右。

新中国建立以来,历届人民政府的头等大事就是抓农业建设,保证人民都有饭吃。中国以仅占世界 7%的耕地,解决了占世界五分之一人口的吃饭问题,这是非常伟大的功绩,也是对全人类的重大贡献。

中国人民和中国政府不满足于这样的成就,于 2008 年制定了《国家粮食安全中长期规划纲要(2008—2020 年)》。

《规划纲要》确定的目标是:2010 年,人均粮食消费量不低于 389 公斤;2020 年,不低于 395 公斤。

为达此目标,耕地保有量不低于 18 亿亩,粮食自给率稳定在 95%以上。

为保障粮食安全主要目标和任务完成,《规划纲要》着重从强化责任、资源保护、科技支撑、政策投入、宏观调控、节约用粮及法制建设等方面提出了保障措施。在强化粮食安全责任方面,《规划纲要》提出要建立健全中央和地方粮食安全分级责任制,全面落实粮食省长负责制,并将有关工作纳入省级政府绩效考核体系。在保护生产资源方面,提出要落实省级政府耕地保护目标责任制度,确保基本农田面积不减少、用途不改变、质量有提高;加强草原等非耕地资源的保护和建设。在加强农业科技支撑方面,提出要增加国家对农业科研的投入,加快推进农业科技成果转化,完善政府要按照存量适度调整、增量重点倾斜的原则,不断加大财政支农力度;继续完善粮食补贴政策、最低收购价政策和粮食风险基金制度;加强粮食产销衔接,建立健全粮食主销区对生产区利益补偿机制;加大对粮食生产能力建设和物流设施建设的投入。在健全粮食宏观调控方面，提出要进一步健全粮食统计制度，加强粮食应急体系和行政管理体系建设；完善粮食流通产业政策，进一步完善粮食市场准入制度。针对当前我国粮食生产、流通和消费等各个环节损耗和浪费比较严重的问题，《规划纲要》强调要提高全民粮食安全意识，提倡科学用粮，抓紧研究制定鼓励节约用粮、减少损失浪费的相关政策措施。

同时，国家决定“提高一个能力、利用两种资源、完善三大体系”。

“提高一个能力”就是提高粮食综合生产能力。

“利用两种资源”就是合理利用国内非耕地资源，加强农业资源的国际合作。

“完善三个体系”就是完善粮食流通体系，完善粮食储备体系，完善粮食加工体系。

中国农业科技贡献率已达52%，从“十一五”以来，平均每年提高一个百分点，全国4380个粮食万亩高产创建示范片平均亩产656公斤，比全国平均水平高出320多公斤。农作物耕、种、收综合机械化率达到52%。

从2006年起，全面取消农业税，为农民减轻负担1345亿元。农民种粮，国家给“四补贴”，补贴资金从2004年145亿元增加到2010年的1345亿元。“十一五”期间，农民收入年均实际增长8.3%。

从2004年开始，实行重点粮食品种最低收购价，并不断提高最低收购价水平。

对产粮大县实施奖励，奖励金从2005年的55亿元增加到2010年的180亿元。

最近5年，粮食连年增长，并已连续多年超5亿吨，这是历史上前所未有的。

由于中国社会已进入工业“反哺”农业的时代，政府的惠农政策范围更广，力度更大，效果也日益显著。

中国的农业政策和农业成就已引起我们邻居的羡慕。2011年12月18日，《印度商业在线》发表文章说，中国的农业经验值得印度决策者学习。“对比印中两国，尽管中国耕地面积比印度少，灌溉地面积与印度相当，但中国的粮食产量是印度的两倍”。中国每年粮食储备有1.5亿到1.8亿吨，“由于巨大的粮食储备，食品系统对国际市场的依赖不大，这帮助中国在艰难时期遏制了食品通胀。就粮食储备基础设施而言，中国有能力储备2亿吨小麦和大米，而印度的储备能力只有8700万吨”。

现在的中国人,再也不是像孟子设想的那样,要到70岁才可以吃肉,而是要考虑怎样吃得更有利于健康。这种“吃的改善”是中国社会天翻地覆的大变化。

住的改善

鸟不能没有窝,人更不能没有屋。住的问题是人类最基本的生存问题。一个社会制度优越还是恶劣,可从其国民的住房情况观之。

唐朝,是中国历史上有名的“盛世”,住的情况怎样呢?请看杜甫所写的《茅屋为秋风所破歌》:

八月秋高风怒号,卷我屋上三重茅。茅飞渡江洒江郊,高者挂上长林梢,下者飘转沉塘坳。南村群童欺我老无力,忍能对面为盗贼。公然抱茅入竹去,唇焦口燥呼不得,归来倚杖自叹息。

俄顷风定云墨色,秋天漠漠向昏黑。布衾多年冷似铁,娇儿恶卧踏里裂。床头屋漏无干处,雨脚如麻未断绝。自经丧乱少睡眠,长夜沾湿何由彻。安得广厦千万间,大庇天下寒士俱欢颜,风雨不动安如山。呜呼!何时眼前突兀见此屋,吾庐独破受冻死亦足。

杜甫在这里是说他自己的困境吗?应该是。一位古代的大诗人,虽然级别不高,但毕竟也曾是一位政府官员,却住着茅草屋,而且是完全经不起大风吹袭的茅草屋。这就是封建时代一般国民的住房情况。已经上千年了,一直到国民政府时期,这种情况也没有很大改变。我记得现代大诗人郭沫若曾有一篇随笔,讲他上世纪二三十年代考察江南地区社会的情况。文中的内容大部分记不住了,但有一点印象很深,至今不忘。说是那个地方二十年内没有盖一座新房子。江南是我国富庶之地,那里尚且如此,其他地方就不用说了。

现在的中国大地上,从内地到边疆,到处都可以看到漂亮的新房子。

当代中国人的住房,虽然质量参差不齐,但对大多数人来说,“居者有其屋”的理想已经实现了。

到2010年,城镇居民自有住房率为89.3%,这个比例,高于许多发达国家。城镇居民住房中,11.2%为原有私房,40.1%为房改私房,38%为自购的商品房。

我国农村居民100%拥有私家房,人均住房面积由1978年的8.1平方米增加到2010年的34.1平方米。这些住房37.2%为钢筋混凝土结构,其他为传统的砖木建筑。到2010年,这些农民住房93.8%有卫生设备,43.8%有取暖设备。78%的农户有安全卫生的饮用水。

杜甫曾经大声呼吁:“安得广厦千万间,大庇天下寒士俱欢颜,风雨不动安如山。”诗人的愿望今天正在变为现实。在汶川和其他地震灾区,在青藏高原和其他民族贫困山区,风雨不动安如山的无数间广厦已经成为成千上万灾民和贫困农牧民温暖的住房。

这些年,人民政府还以极大的精力来改善城镇居民的住房困难,国务院出政策,投资金,地方政府根据不同情况组织实施。以辽宁省改造棚户区为例:从2005年开始,该省用两年时间集中投资150亿元,全面完成了城市集中连片棚户区改造住房,使46万户、150多万人喜迁新居。近年来,辽宁又开工新建30万套住房,进一步解决了城市零散棚户区、矿山和林地棚户区居民住房问题。2011年又筹资新建40万套保障性住房,超额完成了国家下达的33.79万套的建设任务,群众居住条件获得了历史性的改善。

为了推进“住的改善”,我国还在实施一个宏大的“安居工程”。其中一项是在城镇建设保障性住房,2011年开始建设1000万套,“十二五”期间总共建设3600万套。

建设保障住房,面临资金、土地、管理等诸多难题。

关于资金,中央财政资金和预算内投资支持力度不断加大,地方政府债券的使用向保障性住房倾斜,允许符合条件的地方融资平台公司发行企业债券,用于相关的建设。

关于土地,保障房的土地供应实行指标单列,由中央直接下达到地方。

关于管理,全国都非常重视,山东推行保障性住房建设责任终身制。每个项目都树立永久性标牌:注明参建单位和责任人姓名,永久接受社会监督。一旦发现质量问题,依法追究相关责任,轻者经济处罚,重者清出市场,并且追究刑事责任。

江西九江市的刘长智已经60多岁了,由于他工作过的几家企业都破产了,他退休后没有住房,一家三口住在一个车库里,阴暗、潮湿,而且没有自来水。2010

年8月，刘长智得到了一套保障房。“我们做梦也没想到这辈子能住上这么好的房子。政府给我们解决了最大的困难，这样我们就可以安享晚年了!”刘长智夫妇这样很欢喜地告诉别人。

行的改善

人生在世，除了要有吃穿住，还要行。行的改善，也就是交通的改善，关系到个人行动、企业运转和经济社会的发展。新中国成立才60余年，却进行了人类历史上最宏大的交通建设，中国人行的改善是举世瞩目的。

行，无非是用脚走，骑自行车，坐汽车、火车，乘飞机、轮船等等，这就需要大规模的基础设施建设。中国人口众多，国土辽阔，道路、桥梁和港口建设的规模也是世界上最大的。

公路。1949年，全国公路仅8.07万公里，60%是晴通雨阻的泥土路。2010年后，全国公路网总里程达到400.8万公里，其中，省道275万公里、国道16.4万公里、农村公路345.5万公里。高速公路里程达到7.4万公里，居世界第2位。

铁路。1949年，全国铁路运营里程仅2.18万公里，全部是蒸汽机车。2010年后，全国铁路运营里程达到9.1万公里，居世界第二。其中，电气化铁路比重占46.2%，达到4.2万公里，居世界第二。高速铁路投入运营里程8358公里，居世界第一。

航空。1949年，民航线路仅1.13万公里，只有12架小型飞机，30多个简易机场。2010年后，民用飞机达到597架，现代化机场175个。首都机场客运居世界第二，浦东机场货运居世界第三。

水运。旧中国水运极为落后，仅有内河航道7.36万公里。2010年底，全国规模以上港口96个，拥有码头泊位18726个，其中万吨以上泊位1611个。规模以上港口集装箱重大吞吐量达14570.9万标准箱。我国港口吞吐量居世界第一。

水运离不开各类航船，航船工业的发展，从一个侧面反映出中国人“行”的改善是多么巨大。

截至2008年，我国造船产量已从上世纪80年代的30多万载重吨增长到2800多万载重吨，造船份额从占世界0.7%上升到30%，从传统的造船模式转变为基于总装造船的现代模式，造船成本不断下降，造船效率日益提高。

目前，我国造船业正在进入数字化造船阶段，以全面数字化模块和网络化技术为支撑，在全球范围内进行资源优化集成，努力建立基于知识密集、以模块为导向的异地并行设计、异构生产组织动态联盟的造船体系。

2010 年，中国造船总吨位跃居世界第一，中国标准造船合同——"上海格式"得到广泛认可，中国造船在国际船业市场的话语权得到进一步提升。中国已稳步登上世界第一造船大国的宝座。

中国是一个发展中国家，正处在城市化的中期，城市交通的问题最为突出。常堵车，行路难，成了许多市民的一个大烦恼。应当肯定，我国城市公共交通建设发展是很大的。到 2008 年末，城市公共交通运营车达到 37.6 万辆，是 1990 年的 160 倍；每万人拥有公共交通车辆 11.1 标台，比 1990 年增加 8.9 标台；城市道路 26 万公里，是 1980 年的 8.6 倍；城市道路面积达 45.2 亿平方面，人均 12.2 平方米。但还是远远赶不上发展的需要，要真正解决行的改善，还有很长的路要走。

"医"的改善

人一辈子生老病死，都离不开"医"。新中国成立初期，我国卫生事业基础薄弱，水平低下，大多数人有病得不到很好的医治，往往听天由命。

经过 60 多年的发展，全国人民的医疗卫生条件得到很大改善。到 2008 年末，全国卫生机构 27.8 万个，比 1949 年增加 75 倍。卫生技术人员 503 万人，比 1949 年增加 9 倍。医院和卫生院床位 375 万张，比 1949 年增加 50 倍。每千人口医院、卫生院床位数 2.8 张，而 1949 年仅有 0.15 张。

覆盖全民的医疗保险体系已经建立起来，2011 年，居民医保的财政补助标准已达到人均 200 元。

为了中国人"医"的改善，中国正在进行世界上规模最大的医疗改革。

医改可能是世界上最困难的改革事项之一，中国模式的优越性在医改中也充分显示出来。

美国是西方国家中最发达的，美国人民对奥巴马政府也寄予很大的希望。这个政府上台 3 年多来，最大的"政绩"就是搞了个医改方案，内容包括投入 8000 多亿美元，让近4000万名无医保的人进入医保体系，从而达到医保覆盖人口95%的目标。这个医改方案在议会“车轱辘转”地辩论了多少次，被修改得面目全非才勉强通过，但资金无法落实，甚至有些州的法院还判奥巴马医改方案“违法”。在这个“世界上最大的民主国家”，真正关系民生的大事，总是在繁琐扯皮中无法落实。

中国的新医改几乎是与美国的医改同时进行的，所不同的是，美国的新医改方案只涉及约4000万人，中国的新医改方案则覆盖10亿人。从2009年至今，中国国务院新医改领导小组也先后开了十几次会，但这些会议不是辩论医改方案，而是完善医改方案，贯彻落实医改方案。到2011年7月，新医改方案已在全国得到实施，城镇居民参保人员达到12.7亿，覆盖全国总人口的95%。

建设全民医保网，德国用了近百年时间，美国至今未能完成，中国只用5年时间就织起世界上最大的全民医保网。德国《日报》发表评论称，中国的医疗保险就数量而言堪称人类有史以来最大的社会福利计划。

像医改这样的世界性难题，许多发达国家至今仍在为采取什么样的医保体系争论不休，而中国则采取坚决行动，几年之内就建起独具特色的“全民医保网”，充分显示了中国模式是以人为本的效率很高的社会发展模式。

三、扶贫伟业令世界感叹

贫困是世界各国和国际社会面临的重大挑战。促进发展，消除贫困，是全人类共同的伟大理想。

中国曾经是世界上贫困人口最多的国家，扶贫任务比任何国家都艰巨。中国模式有没有优越性，在很大程度上可以从扶贫工作中考验出来。

新中国的人民政府从成立之日起，就把解决人民的贫困问题当做天大的事情，几十年来没有任何时候敢于懈怠。进入 21 世纪的头一个十年，随着国力的增强，扶贫的力度空前增强，扶贫成就也十分巨大。

我国贫困人口主要在农村地区，因此，农村政策就是扶贫政策。国家已经开始实行统筹城乡经济社会发展和工业反哺农业，城市带动农村的大方略，对农村实行“多产少取放活”的方针。相继取消了牧业税、生猪屠宰税和农业特产税，特别是取消了延续 2600 多年的农业税；全面实行种粮农民直接补贴、良种补贴、农机具购置补贴和农资综合补贴；推进农村饮水、道路、电力、沼气等基础设施建设和危屋改造；推进集体林权制度改革，使农民真正拥有林地承包经营权。这些惠及千百万贫困农民的政策极大地减轻了他们的负担，增加了他们的收入，使他们脱贫致富，过上了小康生活。

为贫困人口提供基本的社会保障，是稳定解决贫困人口温饱问题的最基础手段。2007 年，国家决定在全国农村全面建立最低生活保障制度，将家庭年人均收入低于规定标准的所有农村居民纳入保障范围，稳定、持久、有效地解决农村贫困人口的温饱问题。截至 2010 年初，全国农村低保覆盖 2528.7 万户，5214 万人。国家对农村丧失劳动能力和生活没有依靠的老、弱、孤、寡、残者实行五保供养，即在吃、穿、住、医、葬方面给予生活照顾和物质帮助。到 2010 年，全国农村得到五保供养的人数为 534 万户、556.3 万人。从 2009 年起，国家推行新型农村社会养老保险，至 2011 年，已覆盖全国 60%的农村地区。新型农村社会养老保险实行个人缴费、集体补助、政府补贴相结合的方式，基础养老金和个人账户养老金结合的待遇支付方式，中央财政对西部地区按中央规定的基础养老金给予全额补助，对东部地区给予 50%的补助。

最近 10 年，国家扶贫投资增长很快，2003 年是 2144.2 亿元，2010 年达到 8579.7 亿元，年均增长 21.9%。

中国政府为保证扶贫政策的落实，建立了严明高效的责任制。按照“省负总责、县抓落实、工作到村、扶贫到户”的要求，实行扶贫开发工作责任到省、任务到省、资金到省、权力到省。在扶贫工作重点县，实行党政“一把手负责制”，把扶贫开发的效果作为考核这些地方党政领导干部的重要依据。同时，从中央到基层，建立了扶贫开发工作机构，稳定人员，改善条件，提高素质，增强扶贫开发的组织领导和协调管理能力。

全国各地怎样开展扶贫开发工作，看一下广西的情况就很清楚了。

广西是全国扶贫开发“主战场”之一。按国家现行的 2300 元扶贫标准，到 2010 年初，全区尚有农村贫困人口 388 万人，占全区农村人口的 10%。

田东县陇穷村是一个非常典型的贫困村，是扶贫开发最难啃的骨头。这个村在大石山区，它的自然条件是“九分石头一分土”。全村 184 户 759 人，人均耕地面积仅 0.3 亩。到 2008 年，绝大多数人家住的是茅草房、木板房，吃的是玉米糊，盖的是破棉絮，几乎没有什么家用电器。近几年，各级政府先后投入 2700 多万元，对陇穷村开展了通村公路、解决人畜饮水、沼气池建设、茅草房改造、校舍改造和通电等多项工程，扶贫开发取得明显成效。

如今的陇穷村真是旧貌换新颜。崭新的民居错落有致，公路蜿蜒过村，村容显得干净有序。有位叫谢志行的村民，在家门口贴着这样一副对联：“国富民乐山河呈瑞气，政通人和日月耀春晖”。谢家老两口搞养殖业，儿子和媳妇出外打工挣钱，收入年年增长，家里盖了新房，添置了各种电器，生活越过越红火。据谢志行说，现在村里的人“家家户户都变样了”。

村后山上，有两个圆柱体，村民们开玩笑说，那是他们的“水立方”。实际上，那是两个大水柜。以前，每年缺水至少 120 天，村民要到 5 公里外的龙须河取水。有了这两个大水柜，家家可以长年用上自来水。村旁建起了养殖园区，按“公司加农户"的方式运作，每家养殖肉鸡数百只，市场情况也很好。现在，陇穷村人均纯收入已经从2008年的780元增到2010的1370元，已经摆脱了千百年来的贫困生活。

近10年，中国扶贫工作的成就是实实在在的。国家根据经济社会发展水平的提高和物价指数的变化，将全国农村扶贫标准从2000年的865元人民币提高到2010年的1274元人民币。以此标准衡量的农村贫困人口数量，从2000年底的9422万人减少到2010年底的2688万人；农村贫困人口占农村人口的比重从2000年的10.2%下降到2010年的2.8%。

国际社会对中国创造的扶贫伟业评价非常高。

联合国官员认为："中国是实现千年发展目标的典范。"

阿贾伊·奇贝尔是联合国负责发展事务的助理秘书长，他在接受采访时强调，在实现千年发展目标方面，中国和联合国是很好的合作伙伴。中国自身做得非常好，以前中国需要联合国援助，现在则是帮助联合国实现发展目标。中国在落实千年发展目标方面的成功经验，还可以为其他发展中国家所借鉴。

奇贝尔说，2007年中国绝对贫困人口由2.5亿减少到1479万，按照世界银行的评估，中国减少的贫困人口占全球减贫人数的55%，占发展中国家的75%。

奇贝尔的说法是实事求是的。中国不仅自己发展得好，而且竭尽能力帮助别人。到2007年，中国为帮助贫困国家，承担了技术合作项目300多个，优惠贷款项目130多个；为68个发展中国家培训人才47800多名，派遣49支医疗队；免除349个穷国的债务，给42个最不发达国家以零关税待遇。

2012年2月29日，世界银行公布最新的研究报告称，全球发展中国家极端贫困人口的减少要特别归功于中国。1981年至2008年间，中国已经使6.6亿人摆脱了贫困。世行报告说，2008年，发展中国家极端贫困人口降至12.9亿人，而在2005年，这一数字是13.9亿人。

中国社会创造的扶贫开发成就，无论在中国历史上还是在人类历史上都是极其伟大的。自从盘古开天地，三皇五帝到于今，哪个朝代，哪个政府能够使6.6亿人摆脱贫困，过上小康生活呢？只有中国共产党领导的人民政府做到了，只有中国模式实现了。仅凭这一条，中国模式就比其他任何社会发展模式要优越。

四、国民素质不断提高

一个国家，因国民而立。国民素质高，国家强；国民素质低，国家弱。古今中外，概莫能外。

从19世纪中期到20世纪中期的100年，是中国人民不堪回首的苦难时期。不要说西方列强，就是中国古人看不上眼的“岛夷之国”—日本，都可以把中国踩在脚下。

曾经非常辉煌的中华大国，落到如此悲惨的地位，当然是中国历史和世界历史的许多原因造成的。但从根本上说来，我们不应怪天，不应怪地，只应怪我们自己，怪那个时代的制度不好，怪那个时代的国民素质太低。

当时中国公民素质低到什么程度？世人名之曰：“东亚病夫”。

鲁迅笔下的阿Q，就是当时中国公民的形象。

鲁迅的伟大，就是他对中国社会、对中国人的观察超乎寻常的深刻。活灵活现的阿Q，是一面巧夺天工的大镜子，把当时中国人的形象从里到外照得清清楚楚。腐朽的中国封建社会，只会生长出阿Q这样的人：没有文化，没有精气神，在社会的脉动和历史的变迁面前，他们盲目无知，麻木不仁。

阿Q的时代，中国人口的绝大多数都是像他那样的农民。有什么样的社会基础，就有什么样的上层建筑。当时中国社会的基础，是阿Q式的芸芸众生，那么从中长出、站在其上的皇帝和官僚，也只能是阿Q式的废物。国家和社会被他们糟蹋败坏，是命中注定的。

很清楚，要改变国家和社会的命运，根本上要改变人，要提高国民的素质，要使组成这个社会的人有文化，有精气神。

缔造中华人民共和国的开国领袖们有远大眼光，有超常智慧。他们从全面治理中国社会的第一天起，就把提高民族素质、办好教育当做义不容辞的责任。历届政府和整个社会也是坚持教育兴国不动摇，终于创造了提高民族素质的非凡成就。

中国以不足全世界3%的教育经费，支撑起全世界22%的受教育人口，并最终完成了从世界头号文盲大国到教育大国的历史性跨越。中国仅用半个世纪的时间，就走过了发达国家一两百年走过的路程，阿Q的子孙后代，在文化素养上，已经可以同发达国家的大众齐头比肩，这不能不说是创造了一个亘古未有的教育奇迹。

扫除青壮年文盲和实现九年义务教育，只是为中国的教育大业奠定一块基石，只是走出了人才强国的第一步。发展文化经济，必须有千百万能工巧匠和宏大的科技创新人才。

即使从百多年前开办京师大学堂算起，中国的高等教育，也比西方落后好几百年。1949年，新中国接收的高等学校，总共只有205所。到2008年，全国普通高等学校达2263所，高等教育总规模超过3000万人，位居世界第一。早在2002年，大学生入学率突破15%，进入大众化教育阶段。经过短短的5年，大学生入学率就达到了23.3%。现在，中国高等教育总规模占到世界总额的1/7，而在60年前，这个比例仅为1/46。

中国高等教育数量增长是惊人的，质量的提高也在稳步推进。为了缩小同国外高等教育水平的差距，我们走出一条“重点建设，带动整体发展”的路子，着重实施了“211工程”和“985工程”。

“211工程”指的是面向21世纪，确定100所大学的一批重点学科建设。从1995年开始，先后有107所大学参与建设。一期工程和二期工程已经完成，现在正在实施第三期工程。

“985工程”是我国政府为建设若干所世界一流大学而实施的建设工程，着重提高这些大学的科技创新能力和国际竞争力，走有中国特色的高水平研究型大学之路。

通过实施以上两项重大教育工程，到2008年，我国高水平研究生培养能力提高35倍，大学科研经费增长37倍，SCi论文发表数增长37倍，其中，清华大学材料科学论文发表数跃升到世界第二位……中国一流大学同世界一流大学的水平日益拉近。

实施"211 工程"的大学，承担了全国 1/2 的国家自然科学基金项目和"973"项目，承担全国 1/3 的"863"项目，获得了 1/3 的国家科技大奖。他们还为各级政府部门提供了大批有重要价值的决策咨询报告，为各行各业的发展提供了有力的技术支撑和智力支持。这些高水平大学正在成为国家科技创新的重要源泉。

职业教育是培养专业技术人才的大摇篮，但在旧中国，职业教育几乎是一张白纸。现在的中国，已迎来了职业教育的满园春色。2008 年高等职业教育和中等职业教育累计招生数达到 1100 多万人，在校生超过 3000 万人。可以说，社会主义中国正在举办世界上最大的职业教育。

为了适应经济社会发展的需要，各级政府、各类社会机构和企业，每年进行的不同层次的职业培训超过一亿人，这是中国职业教育的重要一环。

中国发展职业教育，坚持以服务为宗旨，以就业为导向，以提高质量为重点。提高质量，不仅是指提高学校的办学水平和社会服务能力，更重要的是全面提高学生的文化素质。要使他们具有良好的职业道德，必需的文化基础，熟练的职业技能，健康的身心素质。重视加强与生产劳动和社会实践紧密结合，在职业技能上做到手脑并用，精益求精。整个职业教育推行政府主导、企业行业和社会力量广泛参与的多元办学模式，积极发展民办职业教育，推进集团化办学。

教育是国计也是民生，教育寄托着民众对美好未来的期盼，肩负着实现民族复兴的理想。

根据中央统筹安排，2006 年开始在西部地区农村实施免费义务教育，2007 年扩大到中部地区农村，2008 年全面实施城市免费义务教育。

2010 年，中央召开全国教育工作会议，制定《国家中长期教育改革和发展规划纲要(2010－2020 年)》，确定了未来教育工作重点：逐步解决教育资源配置不均衡，着力改革人才培养体制，不断完善国家助学制度，建立健全教育质量保障体系，到 2020 年，基本实现教育现代化，形成学习型社会，成为世界人力资源强国。

中国现在的教育，还存在着许多困难和问题，但成就是巨大的。尤其是基础教育比较扎实，很有优势，权威的国际测评方式也表明了这一点。

2010年底，经济合作与发展组织(OECD)公布了2009年“国际学生评估项目”(简称PISA)测评报告，首次参加的上海15岁中学生在所有测评项目中都名列第一，并且比第二名的韩国学生高出17分。

PISA测评项目是经合组织成员共同开发的大型国际性教育成果比较监控项目，是当前最重要的国际教育评价项目之一。

评价对象是处于义务教育阶段末期的15岁学生，测评包括3个方面：阅读能力、数学能力和科学能力。

PISA测评在国际上具有权威性，通常测评结果一公布，参加测评的许多发达国家的教育部门都会对本国的教育状况进行评估和改进。

2009年的测评共有65个国家参加，在科学、阅读、数学三项测评中，中国学生都高居第一，而美国学生科学排第二十三名，阅读排第十七名，数学排第十二名。

有人可能会说，上海学生成绩好，是因为上海教育条件好，不能反映全国的情况。实际上，中国有9个省市参加了测评，包括贫穷的、一般的和发达地区。所有这些地区学生的表现也相当优秀。测试负责人安德烈斯·施莱克尔惊呼，中国贫穷地区学生的成绩都会令任何一个西方国家羡慕。这反映出中国教育水平的整体情况。

中国学生的优异成绩引起国际教育界的热议。美国教育部长阿恩·邓肯发表谈话说：“我们必须把这当作警钟。”《纽约时报》发表文章说，中国学生成绩远远超过美国震惊了教育界人士。还有评论说，全世界对中国的经济崛起有目共睹，但对其教育改革的成绩毫不知情，这一次表明了中国已经下定决心要在教育方面超过所有人。

中国方面对此比较低调。还有人讽刺这是中国死记硬背、填鸭式教育的胜利。上海上宁中学一个姓蔡的同学参加了测评，有人问她参加测评的感受，她回答说：“这是第一次在考前没有温习的考试，我们都说像是裸考。题目很有趣，比平时学校的考试容易，还可以用计算器。因为没有个人成绩，所以考试没有压力。

差不多3个小时下来，感觉挺轻松。”从这位蔡同学的感受看，中国学生得高分是自然的，我们应当对中国的教育有信心。

邓小平在好多年前就曾指出：“我们国家，国力的强弱，经济发展的大小，越来越取决于劳动者的素质，取决于知识分子的数量和质量。一个10亿人口的大国，教育搞上去了，人才资源的巨大优势是任何国家比不了的。”

我们已经看到，由于数十年中全党全国办教育，实施人才强国战略，中国人才资源的巨大优势日渐显示出来，确实是任何国家都比不了的。

现在的中国人，还是“东亚病夫”吗？还是没有精气神的阿Q吗？在奥运会和其他国际体育赛场上，中国男女青年与其他国家顶尖高手竞技过招，常能摘金收银；在捍卫国家主权的战场上，中国军人拥有压倒一切敌人的英雄气势；在比较社会治理和处置危机时，中国官员的执行力是世界一流的；在抢占世界科技高峰时，中国科学家的智慧和能力令人肃然起敬；就是在日常的劳动和工作中，中国普通劳动者的素质也令世人刮目相看。

英国诺丁汉大学教授姚树清认为，中国成功的秘诀就在中国人身上。亿万农民和工人一直在勤奋劳动，他们的劳动时间和强度是大多数国家的劳动者很难比拟的。中国人骨子里就有吃苦耐劳的精神，工作非常勤奋。此外，也有重视教育的传统，每家父母对孩子的教育投入都很大，这使得中国劳动者队伍素质不断提高。国家间的竞争归根结底就是人的竞争，中国既有亿万勤勤恳恳的劳动者，也涌现了一大批优秀的企业家。

美国《纽约时报》网络发表过一篇《中国崛起，将军！》的文章，认为如果让一个人来代表崛起的中国，不应该是某位国家领导人，也不是某位大企业家，而应该是一位名叫侯逸凡的小姑娘。这位小姑娘年仅16岁，就成了历史上最年轻的国际象棋世界冠军。

《纽约时报》的文章从来自一个偏僻小县的普通人家的小女孩夺得国际象棋世界冠军，看到中国崛起的根本原因是中国人的自律和勤奋工作。文章写道：在美国，有人“认为中国之所以能够崛起为世界大国，主要是因为政府操纵货币汇率和贸易规划所致，因此毫无疑问，各个领域都存在大量垄断或欺诈行为。然而，中国在为人民投资和创造机会方面也做得非常出色。此外，也许是儒家的传统，中国人热衷于教育和自我提高,同时在自律和勤奋工作——中国人称之为‘吃苦’——方面也展示出了令人赞叹的能力”。“当你被侯逸凡将死之后,你就会明白,中国全民族致力于教育机遇和吃苦的决心——那些正是我们西方人可以努力学习的品质”。

中国社会仅用半个世纪的时间,就走完了发达国家几百年的教育发展之路,使世界五分之一人口的素质得到如此大的提高,并为实现人的全面发展而奋斗,谁能说这样的社会模式不优越呢?!

五、弘扬光大中华文明

中华文明是独一无二的，它能数千年连绵不绝，生命力之强大无与伦比；它能克服一切自然和社会的磨难，创造力之伟大无与伦比；它善于吸收世界上一切文明成果，包容性的宏大无与伦比。

然而，在公元1949年之前的一两百年间，由于制度腐朽，国力衰弱，中华文明的地位降到了最低点，西方列强的“洋大人”们对中国的一切根本不屑一顾，或者干脆以落后野蛮视之。德国哲学家黑格尔因为阐述辩证法有独到之处而广受敬重，但此人却不懂并不屑研究中国哲学，他还宣称中国汉字是一种最落后的文字。

新中国建立之后，特别是中国模式的威力逐渐显示出来之后，情况为之大变。中国再也不是被人任意欺负的贫弱之国，而是站在世界中心舞台上的泱泱大国；中华文明重新焕发出来的生命力、创造力让世人眼前一亮。甚至形成了这样一种情况，高层次的国际会议，无论中国是否在场，中国话题都是不会少的；西方国家的大报小刊，如果没有中国消息，就很难吸引眼球。可以不夸张地说，当今的世界，中国的影响无处不在。

中国对世界的影响，很重要的一个方面是思想文化的影响。在这中间，孔子占有至高无上的地位。

联合国教科文组织、美国《世界名人大词典》、美国《人民年鉴手册》，都把孔子列为世界10大文化名人之首。联合国还设有“孔子教育奖”，已有印度拉贾斯坦邦扫盲办公室、摩洛哥教育部、美国“幼儿阅读推广计划”以及尼日利亚、埃塞俄比亚、南非等国的有关机构获得“孔子教育奖”。

2010年10月，美国众议院通过纪念孔子诞辰2560周年的决议案，这是美国的最高权力机构对中国的思想、智慧、道德和理想，对全球许多国家的社会与政治思想带来深远影响的一种认同。美国政要和学者对孔子的评价向来很高。里根总统曾说："孔子的高贵行为与伟大的伦理道德思想不仅影响了他的国人，也影响了全人类。孔子的学说世代相传，为全世界人民提供了丰富的为人处世原则。"哲学史家威尔·杜兰特认为，"孔子是中国文化的象征符号"。孔子接近于西方历史上的苏格拉底，因为"孔子对于高尚生活的追求都是基于世俗的动机，而不是源于超自然的思考"。还有的美国学者说，美国首任总统华盛顿的思想同孔子有相同的地方，如孔子说："己所不欲，勿施于人"，华盛顿也有类似的说法。奥巴马总统访华期间，引用了孔子"温故而知新"的语录。

孔夫子在俄罗斯的知名度相当高。俄罗斯喀山大学早在200年前就开始讲授孔子的思想。诗人普希金写下了"孔夫子，中国的圣贤，教导我们尊重青年……"的诗篇。列夫·托尔斯泰曾说，孔子和孟子"很大"，而老子则是巨大。他似乎更为佩服老子，还亲自翻译了《道德经》，但他在给友人的书信中还是引用了很多孔子的言论。

俄罗斯的知识分子中，很少有不认识孔子的。国立莫斯科大学历史系学生谢尔久科娃说："我很早就知道中国的孔子，因为在我的中学和大学的《世界史》和《世界文明史》中，都有关于孔子和儒学方面的论述，而且是必修课。"莫斯科文化学院院长安德烈·弗莱尔博士认为，很难找到能与孔子媲美的思想家，他的思想不但影响古代，而且影响当代。"西方文明不总是充满智慧，在现实生活中，并非所有西方人都能适应这种为生存而奔命的快节奏。为了寻求心理的平衡，有些人将目光投向东方。儒家的中庸、克己等学说自然成为当今国际社会商业奴隶们的一剂良药，成为西方'狂人'们的精神避风港。"

盛产哲学家的欧洲，对孔子思想的了解相当深。1996年1月18日，英国《金融时报》刊登文章说："美国长期以来把自己看做是其他国家理所当然的模范，但是这个模范的角色现在遇到了挑战，这个挑战不是来自僵硬的欧洲，而是来自东亚。美国如果鼓励美国人自愿地去采用一些孔子的教诲，其社会将会有莫大的受益。"很多英国人觉得孔子同莎士比亚一样，相信和谐、等级、社会秩序和奉行爱国主义。英国早已同中国合作，在大学里开办"孔子学院"。英国教育部还准备在公立中学建立"孔子教室"，使更多的青少年学习孔子的思想。

在巴尔干地区，学者们把孔子思想视为“东方世界观的基石”。即使在冷战时期，南斯拉夫还把《大学》《中庸》等著作放到“重要思想家丛书”中出版，使人们能够深入地研究孔子思想。贝尔格莱德孔子学院院长普西奇教授认为，孔子思想对人类的贡献是永恒的，为人处世的中庸之道和仁爱，在今天需要人们去正确理解和实践。

孔子思想对世界的影响是普遍的，但影响最深的是东亚地区。在科技和文明高度发达的今天，东亚地区的商人都以成为“儒商”为荣，军人则以成为“儒将”为荣。因为“儒商”、“儒将”即表明一个人有很强的专业能力，也表明他达到了很高的知识水平和思想境界。

在韩国，每年都举行“祭孔大典”，对孔子的推崇不亚于中国。全球第一所孔子学院就诞生在韩国。孔子在韩国是家喻户晓，其知名度超过任何一位韩国历史人物。有韩国人说，“孔子不仅是中国的，也是世界的”。韩国首都设有专门教授儒学的“成均馆大学”，地方上还有 230 多所传承儒教的“乡学”。受过教育的韩国人都能随口引用一些孔子的名言。现在韩国“书党”中最流行的是学习《论语》和《大学》，因为《论语》是修身养性的基础，而《大学》是讲“当领导的艺术和智慧”。

2500 多年前，孔子“周游列国”，还是在中华大地之内。现在，孔子“周游列国”，则是走向全世界。

2010 年底，除中国之外，全世界已有 88 个国家和地区建立了 282 所“孔子学院”和 272 个“孔子课堂”，还有 50 多个国家正在筹备建立“孔子学院”。

同“孔子热”一起，“汉语热”也在世界上兴起。进入 21 世纪以来，“汉字热”重新在日本兴起。每年年末，日本汉字检定协会都要在清水寺宣布年度汉字，2008 年选定的是“变”字。据说，参与年度评选的人，每年都有二三百万。现在，日本许多大学和中学都把汉字能力作为录取的重要依据。在国家公务员考试中，也会不时来上一段《列子・汤问》或者王安石变法一类的古文题目。

近年来，美国开设中文课程的学校快速增加，已有 4000 多所中小学开设中文课程，中小学学习汉语的人数已超过 16 万，是 6 年前的 8 倍。高等学校选修汉语的学生人数快速上升，从 2007 年始，美国大学入学考试委员会把中文列为学生入学的考试课目。奥巴马总统关于未来 4 年内选派 10 万美国学生留学中国的倡议正在组织落实。

随着中国的影响日渐扩大，中国图书、中国绘画、中国电影、中国音乐、中国舞蹈等中国文化元素已在美国社会遍地开花。一些以中国元素为题材的影片，如《功夫熊猫》《花木兰》《功夫梦》等都受到美国观众的热捧。

在墨西哥，喜爱中国文化，想来中国工作和学习的人越来越多。和世界各地的汉语热一样，墨西哥的汉语教学也方兴未艾。目前在墨西哥共有5所孔子学院，注册学生5000余人。各种汉语学习班像雨后春笋般出现，参加学习的有几万人，每年通过汉语水平考试的学生近千人。首都墨西哥城多年来连续举办中国文化节，每天参加人数都有几千人，广场上人山人海，热闹非凡。

新加坡的李光耀也热心本国人学汉字，非常推崇中国文化。他在1994年讲过这样一段话："从治理新加坡的经验，特别是1959年到1969年那段艰辛的日子，使我深深地相信，要不是新加坡大部分的人民，都受过儒家价值观的熏陶，我们是无法克服那些困难和挫折的。"

以上略举几例，说明中国模式扩大了中国文化的影响，打开了全世界重新认识中华文明的大门。这还仅是开始，大门既已开启，越来越多的人会看到几千年中华文明累积而成、十几亿中国人民创造而成的中国模式确有巨大的优越性。

第十章 中国梦与国家统一

完成国家统一,最有效地维护国家统一,是中国梦应有之义。

研究中国分分合合的历史,有一个规律是一目了然的:政治清明的时代,国势必强,统一必固;政治昏暗的时代,国势必弱,分裂必致。汉、唐、元、明、清盛时,中国都是当时世界上最强大的国家,也没有人敢随便闹分裂;两宋时期,虽然经济文化比较发达,但中央王朝十分软弱,整个国家长期处于四分五裂的状态。晚清和国民政府时期,社会陷入腐烂泥坑,国家遭受到列强分割的痛苦,中国的统一几近名存实亡。

1949 年,人民大革命胜利的炮声向全世界宣告,中国被列强分割的历史终结了,空前统一的新中国站起来了。历经分裂和战乱的中国人民,无比珍惜国家的统一和安祥的生活。社会主义中国不但在中国大陆上实现了空前的统一,并从英国和葡萄牙手中不战收回了香港和澳门,而且在面临历史遗留下来的陆疆和海疆的国际争端时,显示了维护国家统一的坚定意志和强大力量。

一、西藏问题与国家统一

地球是平的，但平坦的地球有耸入云天的最高峰，那就是喜马拉雅山。站在喜马拉雅山上，可以雄视整个地球，真是一览众山小。在大国争雄的世界上，谁都想拥有这个战略制高点。沙皇俄国来抢夺过，大英帝国来抢夺过，希特勒也派人进行过神秘的探查。

地球上这个天然的战略制高点自古以来就是属于中国的，这就是美丽而神秘的西藏。

近代以来，中国国力衰弱，许多边境领土被帝国主义列强分割出去，但西藏一直是属于中国的。辛亥革命后军阀混战时期，尽管帝国主义和西藏上层反动分子极力谋求西藏“独立”，但民国政府还是通过颁布法律、设立蒙藏委员会、派驻军队、继续册封达赖和班禅、坚决反对“西姆拉协定”等努力，维系了中央政府对西藏的主权。

1949 年新中国成立，解放军开进西藏，新的中央政府行使对西藏的主权，理所当然，势在必行。1950 年 10 月，毛泽东指出：“西藏是中国领土，西藏问题是中国内政问题。人民解放军必须进入西藏。”

为了减少战争给人民带来的损害，吸取全国其他省份和平解放的成功经验，中央制定了和平解放西藏的方针。但是，西藏上层反动分子却加紧了分裂国家的活动，他们趁国民党败亡之机，公开宣布“西藏独立”，并四处寻求“国际承认”。他们购买军火，扩大反动武装，企图阻挠解放军进入西藏。

在劝和无效的情况下，中央决定“以打促谈”。于 1950 年发动昌都战役，一举歼灭阻挠解放军进藏的藏军主力，促使西藏爱国进步力量壮大，加快了和平谈判的进程。

这一年，十四世达赖喇嘛刚满16岁。他身处帝国主义和西藏上层反动势力的包围之中，内心极度矛盾。他出走亚东，倚边境而居，观望形势变化，伺机逃往国外。终因没有一个国家敢于公开支持西藏"独立"，又受到阿沛·阿旺晋美、十世班禅等爱国人士的强力推动，达赖才派代表赴北京进行关于和平解放西藏的谈判。1951年5月23日，中央人民政府代表和西藏地方政府代表签订《关于和平解放西藏办法的协议》。协议共17条，故简称"十七条协议"。

协议签订后，达赖致电毛泽东主席，表示"西藏地方政府及藏族僧俗人民一致拥护中央人民政府，并在毛主席及中央人民政府领导下，积极协助人民解放军进藏部队，巩固国防，驱逐帝国主义势力出西藏，保护祖国领土主权的统一"。达赖宣布拥护中央人民政府，愿意"保护祖国领土主权的统一"，这是他一生作出的唯一正确选择，祖国也给了他很高的地位和荣誉。1954年他出席第一届全国人民代表大会并当选为全国人大常务委员会副委员长；1956年担任西藏自治区筹备委员会主任委员。即使是他1959年叛逃国外，中央还把他的副委员长职务一直保留到1964年，对他做到了仁至义尽。

长期以来，西藏存在一个妄图分裂中国、搞西藏"独立"的反动势力，而十四世达赖就是他们的首领。

早在1952年，西藏反动上层就在拉萨成立非法的"人民议会"，公然反对和平解放西藏的"十七条协议"，反对改革黑暗残暴的农奴制度。此后又成立"四水六岗卫教军"，发动武装叛乱，袭击驻藏人民解放军和国家机关，残害西藏民众。1957年7月，达赖公开接受叛乱分子奉献的"金宝座"，并回赠礼品、哈达，完全同叛乱势力站到了一起。

达赖利令智昏，于1959年3月鼓动西藏反动上层发动全藏区武装叛乱。3月13日，叛乱集团以"西藏独立国人民代表大会"名义，向西藏各地下达命令，凡18岁以上至60岁的男性，必须自带武器赶到拉萨，以获取西藏"独立"的胜利。3月20日凌晨，叛乱武装向驻藏的部队、机关和企事业单位发动猛烈进攻。

此种边疆地区全面武装叛乱的情况，如果出现在旧中国，局面就很难控制，后果不堪设想。但新中国则大不一样，应付这样的局面游刃有余。毛泽东接到西藏叛乱的报告后,他当即作出这样的判断:照此形势发展下去,西藏问题有被迫(这种“被迫”是很好的)早日解决的可能。

形势正像毛泽东判断的那样发展。3月20日上午10时,人民解放军驻藏部队对叛乱武装发起毁灭性的反击。仅用两天时间,就彻底粉碎了拉萨地区的叛乱,击毙和俘获叛乱武装5300多人。随后即大力追歼逃敌,到1961年底,残余叛乱武装被全部肃清。

平叛战争胜利推动了西藏民主改革顺利进行,政教合一的最黑暗残暴的农奴制度被彻底摧毁。同牲畜一样可以被买卖的百万农奴和奴隶获得了自由,有了属于自己的土地和牲畜,并开始享有充分的民主权利,这是世界屋脊上发生的最伟大的革命。以此为开端,西藏各族人民在社会主义祖国的大家园中团结互助,共同创造美好幸福的新生活。

武装叛乱失败后,达赖一伙仓皇出逃印度,甘当帝国主义反华活动的工具和卒子。

几十年来,达赖集团从来没有停止过破坏国家统一,追求西藏“独立”的罪恶活动,其中包括策划1989年3月5日的拉萨骚乱和2008年3月14日拉萨严重打砸抢烧事件。达赖亲自主持搞的所谓新版西藏宪法公然声称西藏是“与中国、印度并驾齐驱的大国”,叫嚣“中国政府武装入侵西藏,暴力镇压西藏人民”。达赖集团已经在分裂国家的道路上陷进了“捣乱,失败,再捣乱,再失败”的轮回之中,想要回头已经不可能了。

中国在西藏问题上维护国家统一,不仅要坚决打击达赖集团的分裂活动,还要反击国际反华势力的各种干扰。其中,关系最复杂的是美国和印度。

印度政府从来没有承认过“西藏独立”。1954年,印度总理尼赫鲁在人民院演讲时指出:“在以往数百年中,我就不知道在任何时候,任何一个外面的国家曾经否认过中国在西藏的主权。”

印度政府作出这样的声明很明智,很有利于中印两大国的友好合作。但印度政府热情接纳达赖叛国集团,并且划出一大块地方给达赖集团开展分裂中国的活动则很不明智,损害了中印两国人民的友好感情。

更不明智的是,达赖发动武装叛乱之后,百万农奴在民主改革中获得翻身解放的关键时刻,尼赫鲁政府竟然挑起边界战争,蚕食中国领土,破坏西藏社会稳定。

中印边界长约2000公里,分西、中、东三段,历史上从未划定,只存在一条传统习惯线。19世纪下半期,英国殖民统治者先后划过几条不同的线,其中包括所谓的"麦克马洪线",这条线把中印边界东段传统习惯线中国一侧的九万平方公里土地划给了印度。这些线都是英国殖民者单方、片面地在地图上划出来的,没有任何法律效力,中国历届政府从来没有承认过。

如此漫长的边界线没有划定,难免引起纠纷。1959年9月8日,中国总理周恩来给印度总理尼赫鲁写信,建议双方应"考虑历史的背景和当前的实际情况,根据五项原则,有准备有步骤地通过友好协商,全面解决两国边界问题"。①

中国处理中印边界问题,完全立足于维护中印友好的战略考虑。1959年5月13日,毛泽东在中国外交部致印度外交部的复函中加写了这样一段话:总的说来,印度是中国的友好国家。中国的主要注意力和斗争方针是在东方,在西太平洋地区,在凶恶的侵略的美帝国主义。印度不是我国的敌对者,而是我国的友人。中国不会这样蠢,东方树敌于美国,西方又树敌于印度。我们不能有两个重点,我们不能把友人当敌人,这是我们的国策。②

毛泽东把中国的战略思考向印度方面和盘托出,表现了中国对印度的友好和真诚。尼赫鲁的智慧没有帮助他进行正向思考,他从中国发出的这些重要信息中看到的不是中国的好意,而是中国的软弱。他多次宣称,中印边界是不可变更,不容谈判的。奇怪的是他一面说边界不可变更,一面又趁西藏发生叛乱的时机,正式向中国政府提出大片领土要求,指令印度边防军把哨所不断向中国方向推进。

1962年10月12日,尼赫鲁在一次公开讲话中宣称,他已下令把中国军队从塔格拉山脊"消除掉"。印度国防部长梅农则命令印军于11月1日前完成这一任务。

印度的军事进攻不仅是破坏西藏社会的稳定,而且是对中国领土完整和国家统一的严重挑战。这样的挑战无论它来自何方何国,都会遭到新中国毫不留情

① 《人民日报》,1959年9月10日。
② 参见《建国以来毛泽东文稿》,中央文献出版社1993年版,第八册,第268—269页。

的回击。

印军发动武装进攻之后，毛泽东和中央军委果断作出了实施自卫反击作战的决定。10 月 20 日，中国边防军奉命反击，在西段，一举扫除了印军在中国境内建立的全部据点；在东段，控制了麦克马洪线以南的大片土地。为了表示维护中印两国的长远友好和和平解决边界问题的诚意，中国政府于 11 月 21 日单方面宣布全线停火，并从 1959 年 11 月 7 日双方实际控制线单方面后撤 20 公里，并决定遣返全部被俘印军官兵，归还所有缴获的武器和军用物资。

两个大国在 2000 公里的边境线上交战，如此速战速决，胜利的一方单方面停火，单方面后撤，遣返全部战俘，归还缴获的武器和物资，这种仁义之举为世界历史上所罕见。此一仗之后，中印边界的形势获得了长期稳定。

同印度一样，在西藏问题上，美国的干扰作用也不能忽视。

美国对中国西藏的政策，虽然先后有变化，但基本原则是承认西藏是中国的一部分。2009 年 20 国集团伦敦峰会期间，胡锦涛和奥巴马第一次见面时，奥巴马明白表示，西藏是中国领土的一部分，美国不支持西藏独立。奥巴马所说，基本上符合历史情况。

我们在这里讲“基本上符合历史情况”，是因为美国的西藏政策历史上是有变化的，特别是中华人民共和国成立后，美国政府长期明里暗里支持达赖等人的分裂活动。

让我们回顾一下历史。

1893 年，曾经游历藏区的美国学者柔克义在其调查报告中说：“西藏构成中华帝国整体的一部分。”我们应当记住这个柔克义，正是他，第一次公开表达了美国人对西藏问题的观点。而且他后来曾担任助理国务卿，协助国务卿海约翰在 1899 年制定了著名的对华“门户开放”政策。1905—1909 年，柔克义担任美国驻华公使，曾多次同前来内地的达赖十三世见面，用流利的藏语对达赖说，达赖喇嘛是清朝的臣子。柔克义是著名的学者外交家，他对西藏文化有很深的研究，他对西藏问题的认识，对美国政府政策制定者有长期而深远的影响。

美国的西藏政策同英国是有明显区别的。以印度为殖民地的大英帝国，一直企图吞并西藏，而美国对此并不赞成。

1904年,英国派兵侵略西藏,当时的美国国务卿海约翰指示驻英国大使约瑟夫·乔特提醒英国政府,美国政府认为西藏是中国的一部分,十分关注中国的领土完整。并指出,英国政府通过与中国政府谈判涉及西藏的问题并签署条约,曾经在事实上承认中国对西藏的主权,而"中国从未放弃过他们的主权",美国政府不能同意英国方面所谓中国对于西藏的主权只不过是"法律上的虚构"和"政治上的矫饰"的说法。在华盛顿,海约翰国务卿还约见英国驻美大使莫蒂默·杜兰德,要求澄清英国政府对于西藏的立场。在当时的中国清朝政府非常虚弱的时候,美国政府能够站出来支持中国维护领土完整,这一点是可贵的。

辛亥革命后,中华民国派兵入藏,以恢复中央政府对西藏地方的统属关系,英国又跳出来阻挠。英国驻华公使朱文典拿出一份备忘录,以中英藏三方谈判西藏问题作为英国承认中华民国的条件。美国驻华公使馆则立即表示这样做不妥,明确表示,根据条约,没有理由认为中国军队不能进入西藏。

1913年3月,美国驻华公使馆建议国务院率先承认中华民国。并且指出:在承认中华民国问题上如果与其他列强保持一致,任凭他们提出不公正的条件,那就是在纵容其他国家的侵略企图,将会损害美国的利益。一个多月后,美国总统威尔逊致电中华民国临时大总统,承认中华民国,"欢迎新中国加入万国一家内"。在这件事情上,美国又一次明确宣示:西藏是中国领土的一部分。

美国著名学者拉铁摩尔曾经将美国的这一立场表述如下:"美国的原则是中国的完整……美国关于中国完整的观念是:西藏、蒙古和新疆都是中国的一部分"。

中华人民共和国成立之后,美国关于西藏的政策开始发生明显的转变。在相当长的时间内,所谓的中华民国还占据着联合国的席位,因此,在公开的外交场合,美国继续承认西藏是中国领土的一部分。但出于美国政府的反共政策,暗地里则竭力支持西藏的分裂势力,甚至挑动和支持西藏"独立"活动。

1949年1月8日,美国驻印大使韩德森致电国务院,要求改变承认中国对西藏拥有主权的立场。同年4月12日,美国务院远东事务司向中国事务司提交一份备忘录,建议对美国改变西藏政策的可能及影响提出预测,建议目前应避免提及中国对西藏的主权或自主权,尽可能保持美国西藏政策的灵活性。

在此期间，英美两国政府竭力阻挠西藏地方政府同中央政府谈判和平解决西藏问题，他们为此进行了大量的秘密活动。

实际上，早在 1949 年，美国谍报人员就在西藏活动了。这年的 7 月 28 日，美国国务卿艾奇逊致电驻印度大使亨德森，决定派遣一个使团秘密入藏。这个使团的主要成员是以驻乌鲁木齐副领事身份为掩护的中情局特工马克南和中情局的签约谍员白智仁。9 月 27 日，马克南等人从乌鲁木齐出发，前往西藏。第二年 4 月 29 日，这个使团进入西藏，同西藏的一群巡逻兵遭遇，马克南被杀。白智仁等人继续南行，于 1950 年 6 月 11 日到达拉萨。在拉萨，白智仁等人同达赖及其部属进行了密切接触，并参加了噶厦在布达拉宫召开的大会。这次会议的中心议题是讨论是否向美国请求军事援助。白智仁在大会上发表讲话，鼓动藏人正式向美国请求秘密军援。1950 年 9 月 1 日，白智仁到达德里的第二天，西藏地方政府请求美国军事援助的信函就被译出，并通过密码电报发往华盛顿。同年 9 月 19 日，负责远东事务的助理国务卿腊克斯决定向西藏秘密提供军事援助，并开始同中情局讨论怎么执行这个政策。

自中情局特工白智仁到达拉萨之后，美国同达赖就一直保持着密切的联系。1951 年 3 月，美国驻印度使馆制定了“洛伊计划”，鼓动达赖出逃国外。到 6 月 22 日，国务卿艾奇逊亲自给美国驻泰国使馆发出密电，请求泰国接受达赖避难。6 月底，美国政府正式给达赖写信，以军事援助和贷款为诱饵，鼓动达赖反对签订和平解放西藏的协议，让达赖或离开西藏，在外部组织力量抵抗中国，或留在西藏，从内部组织力量抵抗中国政府。其间，美国官员还为达赖设计了一条出逃方案，由达赖的姐夫从北京谈判归藏后带给达赖。

美国的这类秘密活动没有能阻碍西藏和平解放进程。如前所述，1951 年 5 月 23 日，中国中央人民政府代表和西藏地方政府代表签订了“和平解放西藏办法的协议”，西藏获得了和平解放。

美国并不甘心阻碍西藏和平解放活动的失败，而是变本加厉地挑动西藏分裂分子反对中央政府。

1959 年 3 月，西藏发生严重的武装叛乱，达赖集团仓皇出逃。美国训练的特工随时向中情局报告情况，使美国可以给叛逃的达赖集团空投食品和各种用品，直至进入印度。

1959 年 3 月 26 日，美国国务院召开第 400 次国家安全委员会，专门讨论西藏问题，决定给达赖提供大量秘密补助，支持叛乱武装发动游击战，反对中国政府。这些肮脏的活动，由美国中央情报局具体负责。

实际上，早在 1950 年，美国中情局就开始在藏人中招募特工，在境外培训之后派回藏区进行破坏活动。

达赖也希望勾结美国。1956 年 11 月，达赖的大哥土登诺布和二哥嘉乐顿珠在印度加尔各答与美国中情局官员会谈，美国答应帮助训练“游击战士”。

训练基地原来设在琉球和塞班等地，但藏人水土不服，美国就在本土建立训练营，即是科罗拉多州中部山区的赫尔营，这里海拔 3 千多米，与西藏地形相似。

赫尔营先后为达赖集团训练了 170 多名“西藏自由斗士”。训练内容包括兵器、爆破、窃听、电台及各种游击战技能。从 1957 年起，先后有八批 49 名受训者带着电台和武器被空投到拉萨、昌都、理塘等叛乱地区。其中的旺堆嘉措后来成为叛军主力“四水六岗卫教军”总司令，此人于 1974 年在中尼边境被击毙。

美国 1964 年财政拨款计划显示，当年美国给秘密培训基地的费用是 40 万美元，用于受训藏人返回的路费是 35.5 万美元，给“藏人游击组织”的费用是 50 万美元，为培训藏人的设备和交通费用是 22.5 万美元。

与此同时，美国空军对藏区叛匪进行了 30 多次空投，投下的物资多达 250 吨，包括近万支 M1 步枪、司登冲锋枪，还有无后坐力炮、高射机枪以及金钱。

美国人费尽了心机，花费了大量的钱财支持达赖集团的武装叛乱，但结局很惨。叛乱被完全镇压，中情局培训后空投回来的 49 名特工，10 人逃回印度，两人被抓获，其他 37 人都被击毙了。

1977 年尼克松访华后，美国调整了战略，中止了对“藏独”的资助。

美国同达赖集团之间完全是互相利用的关系。《冷战的孤儿》一书的作者克纳斯说，美国插手西藏事务的目的一开始就很明确：“这和帮助藏人一点关系都没有，只是要给共产党中国制造麻烦。”当年负责中情局与达赖集团联络的特工拉莫次仁说，美国之所以支持西藏的游击行动，是因为利用藏人在西藏收集情报对美国非常重要。

达赖本人对双方的这种关系也是很清楚的。他在 1990 年《自传》中写道:“美国人不希望留下援助西藏的把柄,刻意不提供美制装备。他们空投的都是粗制滥造的火箭炮及老旧的英制步枪,后者在印度及巴基斯坦都极为普遍,万一被中方掳获,也无法追踪来源。”“这不是因为美国人关心西藏的独立,而是作为他们在全世界企图破坏共产党政府稳定的一部分。”

美国人很有意思,他们在赫尔营树起了一块牌匾,题为“西藏自由斗士荣誉纪念碑匾”。2010 年 9 月 10 日专门举行揭幕仪式,出席的人包括美国议员、中情局退休官员、林务局官员和达赖组织的代表。一位美国参议员发表讲话说:“牌匾是美国和西藏人民共同努力的一个象征,同时可以使我们永久地纪念西藏自由斗士和他们的教官。”从这位参议员的西藏情结来看,美国至今还有人很想利用西藏问题来搞乱中国、分化中国。

二、台湾问题与国家统一

台湾问题非常复杂,需要有大部头的著作去专门进行论述,本书在此处不宜讲得太多。但因为台湾问题是当代中国统一问题的核心,又必须在这里有个简略的说明。

世界重心在东移,从大西洋地区移向太平洋地区。中国处在太平洋西岸的核心地位,本可以面向太平洋大展身手,成为真正的世界大国。但有一个问题困扰了我们的精力,限制了我们的手脚,极大地阻碍了中华振兴的历史进程,这就是台湾问题。

完全可以这么说,不解决台湾问题,中国的统一大业就没有完成,中华民族的全面振兴就不能实现。反过来说,台湾问题的解决,必将实现中国的完全统一和中华民族的伟大振兴。任何人,如果他胆敢把台湾从中国分割出去,他就会被中国人民钉在历史的耻辱柱上,就会成为十几亿中国人深恶痛绝的卖国贼。任何人,如果能够实现台湾与祖国大陆的统一,他就是中华民族的大功臣,他的业绩,将镌刻在中华文明的历史丰碑上。

台湾是中国的领土,这个事实不容任何人质疑。早在公元3世纪,三国吴王孙权就派上万人到台湾进行开发和管治。从此以后,历朝历代的中国政府,都对台湾行使有效的统治。

历史上,台湾曾两度被外国侵占,但都被中国人赶走了。

1642年,台湾成为荷兰的殖民地。20年后的1661年,郑成功以南明王朝招讨大将军的名义,率2.5万将士和数百艘战船进军台湾,经过激烈战斗,荷兰的台湾总督揆一被迫投降。郑成功从荷兰殖民者手中收复了中国领土台湾,成为一位伟大的民族英雄,一直受到中国人民的敬仰。

1895年，清军在甲午战争中惨败于日军，被迫签订《马关条约》，把台湾割让给日本。割让台湾之举引起"全国同愤"，台湾全省哭声震天，鸣锣罢市。驻守台湾的中国将军刘永福率军民与日本侵略军激战了半年之久，终归失败。此后，台湾被日本殖民统治50年。1945年，日本在第二次世界大战中被击败，8月15日宣布无条件投降。10月25日，侵占台湾的日本军队向中国军队投降。受降主官代表中国政府宣布：自即日起，台湾及澎湖列岛已正式重入中国版图，所有一切土地、人民、政事皆已置于中国主权之下。

国民党政府统治中国几十年，社会治理乏善可陈，唯有1937年后坚持抵抗日本侵略，并使清政府丧失的台湾光复中国是一项可以彪炳于历史的大功绩。

国民党政府虽然因台湾光复祖国有功，但又因内战失败后割据台湾有大过。

从1950年代以来，台湾问题是中国统一问题的焦点，也是中美两大国斗争的焦点。台湾问题的出现，交织着复杂的国内因素和国际因素。台湾问题，是国民党发动反人民内战的结果，其本质是中国的内政问题。但是，以美国为首的国际反华势力害怕中国强大起来，它们插手台湾问题，干涉中国内政，阻碍中国统一，千方百计挑动海峡两岸人民的敌意和冲突，以消耗中华民族的精力和智慧，企图使中华民族的伟大振兴最终成为泡影。

不难想见，正是台湾问题，考验着中华民族的大胸怀、大智慧和大战略。1958年的金门炮战和以后形成的对台政策体现了中华民族的这种大胸怀、大智慧和大战略。

1955年3月，美台"共同防御条约"生效后，美国政府不但大力军援蒋介石政权，还派遣"斗牛士式"导弹部队进驻台湾，加紧制造"两个中国"。与此同时，蒋介石政权将其总兵力的三分之一派驻金门、马祖等沿海岛屿，并加强了对大陆沿海的骚扰。面对美蒋的猖狂挑衅，新中国的领导者们决定在适当时机发动重大军事行动痛击敌人。

时机很快就出现了。1958年5月，黎巴嫩人民举行起义，要求亲西方的夏蒙政权下台。7月14日，伊拉克发生革命，推翻亲美的费萨尔王朝，成立伊拉克共和国。中东地区掀起的革命风暴震动了美国和其他西方国家，美国政府以"保卫黎巴嫩主权"为借口，派海军陆战队在贝鲁特附近登陆，空军也进入约旦，中东地区形势顿时紧张起来。

为了声援中东地区人民的革命斗争,中共中央和毛泽东决定抓住时机,炮击金门。

8月23日下午5时30分,福建前线部队奉命向金门国民党军实施大规模猛烈炮击,历时两个多小时,发射炮弹5万余发,毙伤国民党军中将以下官兵600余人,摧毁其大批军用设施。为扩大战果,次日又组织炮兵和海军舰艇,实施第二波打击,将其运输舰船击沉一艘,击伤一艘,金门岛被我炮火封锁,补给运输中断。

从9月7日起,美国政府派军舰进入金门海域,为国民党军护航。毛泽东当时发出两点指示:一,照打不误;二,只打蒋舰,不打美舰。9月8日和11日,人民解放军又实施两次大规模炮击,击沉击伤国民党军舰各一艘。护航美舰一听炮声,立即走避至外海,未发一弹。台湾问:"美国朋友呢,美国军舰呢?"金门台军回答:"什么朋友不朋友,美国军舰已经掉头跑了。"此情引得蒋军悲哀和不满。

美国国务卿杜勒斯随即发表谈话,声称美国没有保卫金门、马祖等岛屿的任何法律义务,也不想承担任何这种义务。

杜勒斯还说,如果放弃这些岛屿不会对保卫台湾产生不利影响,美国将不考虑在那里使用部队。

很显然,美国是要让蒋介石放弃金门、马祖这些岛屿,划海峡而治,做一个美国保护下的"小中国"。这种"小中国"计划是一个分裂中国的大阴谋。蒋介石公开表示不满,毛泽东更是非常警觉。他认为,我们同蒋介石有共同点,都反对两个中国。目前的情况是蒋介石无力反攻大陆,而我们在相当时期内也不可能解放台湾。如果收复金、马或让美国人迫使蒋介石从金、马撤退,我们就少了一个对付美、蒋的凭借,事实上会形成两个中国。因此,不如让蒋军留存金门为好。解决台湾问题,不能分两步走,即先收复金门、马祖,再解放台湾,而是要台、澎、金、马一揽子解决。"美国的方针是把金门、马祖两个岛交给我们,以此作为交换条件,让它继续占领台湾。这生意不好做。我们要留蒋介石在这两个岛上,要不我们就把台湾、澎湖、金门、马祖等岛全部拿回来。"①

为了扩大美、蒋矛盾,《人民日报》发表由毛泽东起草,以国防部长彭德怀名义

① 《毛泽东文集》第8卷,人民出版社1999年版,第17页。

发布的《告台湾同胞书》和《再告台湾同胞书》，宣布逢双日不打金门机场、码头和船只，以利金门诸岛得到充分的供应，并提出国共两党举行和谈解决中国内部争端的建议。由此形成了金门海域单打双停的奇妙的炮战格式。

金门炮击是中美两国围绕台湾问题展开的一场大较量，政治斗争、军事斗争、外交斗争相互交织，打是中国决定，停也是中国决定，总体上是中国主动，美国被动。

金门炮击最重大的意义是用这种奇特的炮击形式粉碎了美国制造两个中国的阻碍，维护了一个中国的格局不变。

金门炮击也催生了最终解决台湾问题的大思路，有可能争取用和平方式解决，同时要做好用非和平方式解决的充分准备。

大规模炮击停止后，毛泽东曾托人带话给蒋介石父子，只要蒋氏父子能抵制美国，我们可以同他合作；台、澎、金、马要整个回来，可以照原有方式生活，军队可以保存，继续搞三民主义。① 1963 年 1 月，周恩来把毛泽东的谈话概括为“一纲四目”传达给台湾当局。一纲是：只要台湾归回祖国，其他一切问题悉尊重台湾领导人意见妥善处理。四目是：(一)台湾回归祖国后，除外交必须统一于中央外，所有军政大权人事安排等悉由台湾领导人全权处理；(二)所有军政及建设费用，不足之数，悉由中央拨付；(三)台湾之社会改革，可以从缓，必俟条件成熟，并尊重台湾领导人意见协商决定，然后进行；(四)双方互约不派人进行破坏对方团结之事。②

上世纪 70 年代初，中美建立外交关系，改善了中国解决台湾问题的国际环境。两国建交公报宣布：“美利坚合众国承认中华人民共和国是中国的唯一合法政府。在此范围内，美国人民将同台湾人民保持文化、商务和其他非官方关系。”公报还声明：“美利坚合众国政府承认中国的立场，即只有一个中国，台湾是中国的一部分。”③

中美两国发表建交公报的同时，还发表了两国的政府声明。

中国政府声明指出：“中华人民共和国政府是中国唯一合法政府，台湾是中国

① 参见《毛泽东传》(上)，中央文献出版社 2003 年版，第 880 页。
② 参见《毛泽东传》(上)，中央文献出版社 2003 年版，第 880 页
③ 《人民日报》，1978 年 12 月 17 日。

的一部分。台湾问题曾经是阻碍中美两国关系正常化的核心问题。根据'上海公报'的精神,经过中美双方的共同努力,现在这个问题在中美两国之间得到了解决,从而使中美两国人民热切期望的关系正常化得以实现。至于解决台湾回归祖国,完成国家统一的方式,这完全是中国的内政。"

美国政府声明包含了三项内容:(一)"美利坚合众国将通知台湾,结束外交关系;"(二)"美国和中华民国之间的共同防御条约也将按照条约的规定予以终止;"(三)"在四个月内从台湾撤出美方余留的军事人员。"但美国政府声明还说,"美国继续关心台湾问题的和平解决,并期望台湾问题将由中国人自己和平地加以解决。"这就为美国干涉台湾问题留下了伏笔。

更为严重的是,中美建交之后,美国国会通过了一个侵犯中国主权的《与台湾关系法》。其中宣称:(一)"美国决定同中华人民共和国建立外交关系是基于台湾的前途将通过和平方式解决这样的期望;"(二)"美国认为以非和平方式包括抵制或禁运来决定台湾前途的任何努力,是对西太平洋地区的和平和安全的威胁,并为美国严重关切之事;"(三)美国将"向台湾提供防御性武器;"(四)美国要使台湾"保持抵御会危及台湾人民的安全或社会、经济制度的任何诉诸武力的行为或其他强制形式的能力。"①

中美建交后,对于美国不断增加售台武器侵犯中国主权的行为,中国政府进行了坚决的斗争。1982 年 8 月 17 日,两国政府发表了著名的"八一七公报"。美国政府声明,"美国非常重视它与中国的关系",并重申:"它无意侵犯中国的主权和领土完整,无意干涉中国的内政,也无意执行'两个中国'或'一中一台'的政策。"美国政府承诺:"它不寻求执行一项长期向台湾出售武器的政策,它向台湾出售的武器,在性能和数量上将不超过中美建交后近几年供应的水平,它准备逐步减少它对台湾的武器出售,并经过一段时间导致最后解决。"②

由于中国国力快速壮大,由于中国政府坚决反对任何国家干涉中国内政,美国对华政策也不断有变化,中美关系日益走向平衡和稳定,这就使我们有条件着力推进中华民族自行解决台湾问题的历史进程。

---

① 《台湾问题文献资料选编》,人民日报出版社 1994 年版,第 1034-1035 页。
② 《人民日报》,1982 年 8 月 18 日。

20 世纪 80 年代，邓小平将毛泽东、周恩来用“一纲四目”解决台湾问题的思想进一步固定为“和平统一，一国两制”的基本方针。1981 年 9 月 30 日，叶剑英把这个基本方针具体化为以下九条:(一)为了尽早结束中华民族陷于分裂的不幸局面，我们建议举行中国共产党和中国国民党两党对等谈判，实行第三次合作，共同完成祖国统一大业。双方可以派人接触，充分交换意见。(二)海峡两岸人民迫切希望互通音讯、亲人团聚、开展贸易、增进了解。我们建议双方共同为通邮、通商、通航、探亲、旅游以及开展学术、文化、体育交流提供方便，达成有关协议。(三)国家实现统一后，台湾可作为特别行政区，享有高度的自治权，并可保留军队。中央政府不干预台湾地方事务。(四)台湾现行社会制度不变，生活方式不变，同外国的经济文化关系不变。私人财产、房屋、土地、企业所有权，合法继承权和外国投资不受侵犯。(五)台湾当局和各界代表人士，可担任全国性政治机构的领导职务，参与国家管理。(六)台湾地方财政遇到困难时，可由中央政府酌情补助。(七)台湾各族人民、各界人士愿回祖国大陆定居者，保证妥善安排，不受歧视，来去自由。(八)欢迎台湾工商界人士回祖国大陆投资，兴办各种经济事业，保证其合法权益和利润。(九)统一祖国，人人有责。我们热忱欢迎台湾各族人民、各界人士、民众团体通过各种渠道，采取各种方式提供建议，共商国是。

20 世纪末期以来，虽然李登辉鼓噪过“两国论”，陈水扁搞过“一边一国”的活动，但不能阻挡中华民族统一的大趋势。

2005 年春，中国国民党主席连战、亲民党主席宋楚瑜访问大陆，中共中央总书记胡锦涛与他们举行会谈，达成了坚持“九二共识”，反对“台独”，谋求台湾和平稳定，促进两岸关系发展的重要共识，向世界展示了两岸中国人有智慧、有能力解决彼此分歧，推动两岸关系朝着和平稳定方向发展。

国民党重新在台湾执政后，台湾局势发生了积极变化，两岸和平发展的潮流正在形成，仅以 2008 年即可看出这个趋势:

5 月，中国国民党主席吴伯雄访问大陆期间，中共中央总书记胡锦涛与之会谈。双方重申:坚持“九二共识”，反对“台独”，牢牢把握两岸和平发展的大方向。

6 月，海协会与海基会在“九二共识”的基础上开始复谈。

7 月，大陆居民赴台旅游和两岸周末包机启动。

8 月，两岸人民共圆奥运百年之梦。

12 月，两岸“三通”实现。

现在，中国共产党和中国国民党的商谈已形成机制，两党的善意和共识不断累积。两岸人民大交流、大合作、经济上互补互利的态势已经形成。据被称为“日本战略之父”的大前研一观察，“目前两岸经济已经合二为一，在这个时候还在政治上敌对是不务实的”。他直截了当向两岸建议：“第三次国共合作”正当其时。[①]

实际上，1958 年炮战之后，中国共产党就一直在筹划和推动“第三次国共合作”。可以预期的是，新的国共合作将能够解决台湾问题，将能够实现祖国统一大业，将能够使中华民族顶天立地站在世界的东方。

毫无疑问，最终解决台湾问题，还是要以人为本。这个大写的“人”，就是全体中国人，包括大陆人和台湾人，就是台湾问题的解决要符合绝大多数中国人的利益。“和平统一，一国两制”是大陆 13 亿人都赞成的，这是中国人的“绝大多数”。现在台湾 80％左右的人希望维持现状，“和平统一，一国两制”能够最大限度地满足他们的愿望，也是最大限度符合他们利益的。

岛内有一部分人想搞台湾“独立”，但真正死心塌地走台湾独立的人毕竟是极少数。李登辉可算是独派的标志性人物。但此人善变，年轻时一会儿说是日本人，一会儿又说是中国人；他可以加入中国共产党，又可以叛变共产党，加入国民党；他鼓吹“两国论”，企图分裂中国，前两年又说他从来没有主张台湾独立，还想访问大陆。陈水扁同李登辉在台独政治上有“父子关系”，但他的“一边一国论”和“入联公投”活动只是掩盖他贪腐的一块遮羞布。

全世界都知道，中国有《反分裂国家法》，这部法律既充分体现了我们以最大诚意，尽最大努力争取和平统一的一贯主张，同时表明全中国人民维护国家统一的共同意志和坚定决心。本书作者有幸参与制定这部法律，深感这部法律是护国之大法，制敌之重器。谁搞“台独”，谁搞“藏独”，谁搞“疆独”，就是犯了分裂国家之大罪，必将受到国家法律的严厉惩处。

搞“台独”的人一直有一个幻想，以为美国会支持他们。陈水扁就表达过这种幻想，他在 2007 年 9 月接受英国广播公司专访时声称“若台海之间有事，美国与

① 《人民日报》，1982 年 8 月 18 日。

日本对台海任何的战端一定会给予关注，特别是美国一定会依照《与台湾关系法》来从旁协助，协防台湾”。

陈水扁之流会有如此幻想表明搞台独的人真是走到了穷途末路。谁都知道，国际法优先于国内法。中美之间有三个联合公报，即上海公报、建交公报和“八一七”公报，三个公报都规定：“只有一个中国，台湾是中国的一部分。”这三个联合公报构成了中美两国关系的政治基础，是具有法律效率的国际协定。《与台湾关系法》只是美国的国内法，在处理国际关系时是无效的。

《与台湾关系法》虽然包含许多干涉中国内政的东西，但却不敢规定美国可以出兵干涉台湾事务，只是说美国会“严重关切”以“非和平方式”解决台湾问题，说美国要保持抵御会危及台湾制度的“强制形式的能力”。还说了要卖武器给台湾。

从国际法说，既然中美建交公报已规定：“只有一个中国，台湾是中国的一部分”，那么美国再干涉台湾问题就是非法的。但问题不仅在于法律，更重要的是国际关系的变化和中美实力的消长。

读者应会记得，1958 年毛泽东和中国领导集体决定炮击金门，一定程度上，就是为了测试美国干预台湾问题的意志和能力。那个时候，美蒋之间是有防御协定的，中美两国兵力差距是非常大的。但参与金门联合护航的美国军舰一看到蒋舰被解放军大炮击沉击伤，马上掉头逃出炮战海域，急得蒋军官兵直骂“混蛋”。

请注意，现在已是 2013 年，美国虽还维持着世界第一经济大国的表象，但其实体经济已经空心化，虚拟经济已经泡沫化，政府和民众都要靠借钱过日子，整个国家已沦为世界上最大的债务国，而且一时还看不到改善债务危机的希望。另一方面，中国 30 多年来以超过美国 3 倍的年均增长速度发展经济，现已跃居世界第二位，商品出口和外汇储备都是世界第一，而且是美国最大的债权国。尤其不能忽视的是，经济全球化使中美两国的经济形成了你中有我、我中有你的紧密联系，伤害了中国，也会伤害到美国，反过来也一样。在这种情势下，如果李登辉、陈水扁之流的民族败类搞台湾独立，美国会冒险同中国开战，美国大兵会为台湾独立送死吗？

不错，美国确有一帮冷战原教旨主义者，他们以为凭借超级大国强大的军事力量，可以把中国压缩在以台湾为中间环节的所谓“第一岛链”之内，使台湾永远不能和祖国统一起来。

这也是一种幻想。

中国坚持以最大的诚意，尽最大努力实现祖国的和平统一，但也做好了不得已时通过非和平方式实现祖国统一的万全准备。在这个事关中华民族核心利益的问题上，中国有决心有能力粉碎任何外来的干涉。中国是和平发展的大国，无意与任何国家去竞争军力的大小，但为了保卫国家领土完整，为了实现台湾回归祖国，在特定的战场环境中，中国一定会保有对外来干涉者压倒性的军事优势。

美国人对此心知肚明。美国著名智库兰德公司 2007 年曾发表一个研究报告，认为中国可能使用的反介入战略包括：

迫使日本等美国盟友在冲突中限制或拒绝美国使用该国基地。

攻击或干扰信息和计算机系统，以拖延美军部署兵力的时间，或阻止美国获得有关敌方位置的信息。

扰乱美国的后勤系统，以阻止其及时提供物资，并拖延重要补给的到达时间。

攻击空军基地和港口，以防止或干扰军队和物资进入战区。

攻击航空母舰等海军力量，以限制美国在海上发动空中打击的能力。

研究报告说："这些战略将导致的最终结果是，中国实际上可以在冲突中打败美国。这并不是指传统意义上的消灭美军，而是使中国可以阻止美国实现部分或全部目标，并实现自己的军事和政治目标。"

正因为国际形势的变化和中美实力消长已今非昔比，怎样对待台湾问题已经在美国政客和学者中间引起了越来越大的争论。

美国《外交》双月刊发表乔治·华盛顿大学教授查尔斯·格拉泽的文章，题目是《中国的崛起会导致战争吗?》

格拉泽指出，鉴于美国对台湾的支持存在诸多风险，美国应该考虑撤销对这个自治岛屿的支持。

对于格拉泽的观点，赞成者不少，反对者也不少。美国企业研究所是保守主义的思想堡垒。该所网站发表题为《为什么台湾问题对美国意义重大》的文章，坚决反对美国抛弃台湾，承认"从美国的角度来说，台湾继续作为事实上的独立国家存在显然具有重大军事战略意义”。①

总体而言,美国国内现在出现的“放弃台湾论”还不是美国社会的主流之论。但一叶知秋,形势比人强,这样的清醒之论会产生潜移默化的作用。世界发展到今天,美国人要为台湾独立而与中国迎头相撞是不可想象的。

中国人要的就是这样一种大环境,只要排除了外来干涉,中华民族内部的事情是很好办的。大陆同台湾尽管尚未统一,但不是领土和主权的分裂,而是上个世纪 40 年代后期中国内战遗留并延续至今的内部政治对立,这种情况没有改变大陆同台湾同属一个中国的事实。今后实现“第三次国共合作”,不断加深两岸人民的亲情,大陆和台湾复归统一,也不是领土和主权的再造,而只是结束政治对立,合为一国一家,共创中华民族美好的明天。

① 台湾《时报周刊》,2007 年 3 月 29 日。

三、南海问题与国家统一

中国传统上是一个大陆国家,人们对国家统一的关注点也往往集中在大陆国土上。实际上,中国是太平洋西岸中枢地带的一个大国,背靠欧亚大陆,面向浩瀚的太平洋,既有广袤的大陆国土,也有浩瀚的大洋国土,在北海、东海和南海中,还有我们无数的岛礁。

总体上说,中国公民的海洋观念非常淡薄。例如我们某大城市的大学生 90% 都说,中国版图只有 960 万平方公里的陆域国土,完全没有海域国土的概念。

按照《联合国海洋法公约》,沿海国家最大可管辖以下六大海洋区域:港口、内海、领海、毗连区、专属经济区、大陆架等。据此规定,中国拥有约 300 多万平方公里的海域国土。在如此广大的海域国土中,分布着面积大于 500 平方米的海岛 6500 多个,岛屿总面积约 8 万平方公里,约占我国陆地面积的 8%。有常驻居民的岛屿 460 多个,人口近 4000 万。其中包括台湾、海南岛及港澳地区。

由于历史和现实的复杂原因,在属于我国 300 万平方公里的海域国土中,近一半发生了争议。海域被分割、岛礁被占领、资源被掠夺的情况相当严重,必须引起国人的高度关注。

在中国所有海域问题中,南海问题最为复杂。南海问题不仅触动相关国家的神经,而且牵动许多大国的神经。

南海,就是南中国海,这是一片约 360 万平方公里的广大海域,属于世界第三大海。

南海问题能牵动世界许多国家的神经是有深刻原因的。

第一是它战略地位非常重要。南海身处世界上人口最稠密、经济发展最快的地区之一,是亚洲和大洋洲、太平洋和印度洋的十字交汇区,也是连接欧、亚、非、大洋洲的交通命脉。经过这一海域的国际贸易占全球贸易量的80%左右，日本、韩国90%的石油进口要走南海航道，美国从亚洲进口的商品90%也要走南海航道。美国要在全球控制的16个海上交通咽喉中，马六甲海峡、巽他海峡和望加锡海峡都与南海相连。

第二是资源非常丰富。20世纪60年代之后，南海盆地发现大量石油和天然气资源，是世界四大储油区之一，被称为“第二个波斯湾”。

第三是南海海域岛礁众多。在东沙、西沙、中沙和南沙等四个群岛上，共分布着200多个岛屿、沙州、暗礁和暗滩。这四个群岛分布的海域，相当于16个广东省的面积。

如此广大的一块“风水宝地”，是中国拥有的最重要的战略空间。正如孙中山所言，谁握此门户，则有此堂奥，有此宝藏也，人方与我为争，我岂能付之不知不问呼！

中华民族的先人们是伟大而智慧的，他们在千百年的历史中探寻南海，开发南海，才使现代的中国人能够“握此门户，有此堂奥，有此宝藏”。

中国说南海“主权属我”，是天经地义的。一般说来，确定一个地区的领土主权有四个要素：最早发现，最早命名，最早开发和最早实施并连续不断地进行行政管理。中国南海主权诉求就是建立在这四大要素齐备的坚实基础之上。

早在秦汉时代，中国就有了大规模远洋通商和渔业生产活动，主要活动领域之一就是南海。在宋代许多历史地理著作中，人们开始以“石塘”、“长沙”等相对规范的名称来指称南海诸岛。元明时代，渔民到南海打鱼，就有一本世代相传的航海指南——《更路簿》。元代绘制的大量地图上，已经将南海诸岛纳入行政区划范围内。到了明初，海南设立了统一的地方行政机构——琼州府，琼州府下设万州，专管海南诸岛。那个时代，中国是世界上最强大的国家之一，东亚许多国家都向其称臣纳贡。中国庞大的海军舰队常在南海航道上穿梭来往，无人能与之争其峰。而越南和菲律宾的渔民，直至20世纪中期，还在使用原始的木船和竹舟，不能远离海岸，更不要说深入南海，他们说“最早发现”南海诸岛是毫无根据的。

无数考古证据和历史文献证明，南海诸岛最早发现、命名、开发和连续管辖的历史都属于中国，而且只属于中国。这个事实本来为世界各国所承认，并无争议。

100多年前，荷兰、英国、法国、美国和日本，都曾有船舰多次进南海活动，这些外国人在他们的笔记和书籍中，都承认他们在南海诸岛上看到、碰到的人都是中国渔民，许多岛上有中国渔民的小屋、小庙和坟墓。

20世纪以来，世界主要国家出版的198种地图集和权威百科全书，都明确标明或承认南沙群岛及其附近海域在中国南海的传统海疆之内。20世纪70年代越南出版的世界地图中，南海诸岛也被标注为中国领土。当时越南学校的地理课本中，在《中华人民共和国》的课文中这样写道："从南沙、西沙各岛到海南岛、台湾岛……构成了保卫中国大陆的一座长城。"

南海主权属于中国，历史上本无争议。后来发生的争议，原是帝国主义侵略中国的后遗症。

1866年，英国人薄拉他士进入南海活动，遇海浪漂流到东沙群岛，竟然将我东沙群岛改称薄拉他士岛。

1884年，德国派人到南海擅自进行测量，经清政府抗议后被迫撤离。

1885年法国将越南视为保护国后，就企图侵占我西沙群岛，不断派军舰测量海域和岛礁。1933年7月。法国侵占太平岛、中业岛和南子岛等9个小岛，引起中国政府和人民的强烈抗议，造成历史上有名的"9小岛事件"。1938年7月，法国乘中日开战之机，侵占了我西沙群岛。

第二次世界大战爆发后，日本侵占了西沙群岛和南沙群岛，并划归台湾高雄县管辖。

日本投降后，台湾和南海诸岛的主权回归到中国政府手里。

历史上，中国政府在南海有过几次大规模宣示主权的活动。

最早的一次在明朝前期，郑和率2万多人的海军舰队巡视南海。南沙群岛中有郑和群礁，另外有景宏岛，岛名来自郑和副使王景宏。还有马欢岛，岛名来自郑和的译员马欢。

第二次在清朝末年，两广总督张人骏派广东水师提督李准巡视南海。李准水师有三大舰：琛航、广金和伏波。南沙有李准滩、人俊滩，西沙有琛航岛、广金岛，名称就是由此而来。

第三次是民国政府时期。1946年11月，民国政府派高级官员分乘四艘军舰，前往西沙群岛、南沙群岛巡视，并在岛上重竖石碑。巡视人员登上太平岛后，在岛上设立“南沙群岛管理处”，留住管理人员百余名。至此，曾被帝国主义列强染指过的南海地区回到了中国政府的管辖之下。

中国 1946 年大规模宣示南海主权后，没有任何国家提出异议，整个南海在相当长时间内是平静的。

20 世纪 50 年代后期以来，南海周边一些国家开始争食南海，大概情况如下：

菲律宾

1956 年，菲律宾人托马斯·克罗马带着 40 多人，驾渔船进入南海，占领了 53 个岛礁，建立“卡拉延王国”。当即遭到中国和国际社会的反对，当时的菲律宾政府对克罗马的行动也并未表示支持。1968 年，联合国亚洲经济委员会通过海洋地质调查，在南沙群岛发现丰富的石油资源，马科斯政府立即宣布接管克罗马占有的“卡拉延群岛”，然后于 1978 年正式向南沙宣示主权。

菲律宾政府还在其中的中业岛上修建了飞机场，驻有军队，并在巴拉望西北一带开发了油气田。

越南

1974 年西沙海战失败后，南越政权立即转攻南沙群岛。当年 1 月到 2 月，南越海军进占了南子岛、景宏岛和南威岛。南北统一后，越南海军接管了以上岛屿，并抢占更多岛礁。越南政府在其中的南威岛和景宏岛上设有越南军队指挥部。

1979 年和 1982 年，越南政府正式发表白皮书，宣称中国的西沙群岛和南沙群岛是越南领土，改“南沙”为“黄河”，改“西沙”为“长沙”，将南沙群岛划归同奈省管理。

除了岛礁之外，越南还将中国传统海疆界线内 100 多万平方公里的南沙海域划入了自己的海上版图。

1975 年以来，越南对南沙海域进行招标开发，大部分招标区位于中国主张的“断续国界线”以内。

马来西亚

1983 年 6 月，马来西亚海军侵占弹丸礁，然后又侵占了南海礁、颠簸礁等。马来西亚从这些岛礁海域中开发的油气占其全国油气产量的 70%。

印度尼西亚和文莱两国没有侵占中国南海岛礁，但在中国传统疆线内的海域开采了石油和天然气。

南海诸岛由北至南分别有东沙、中沙、西沙、南沙四个群岛。西沙群岛完全在我国政府直接管辖之下，东沙群岛由台湾控制，中沙群岛中的黄岩岛被菲律宾侵占。

南海争端集中在南沙群岛，争夺的焦点是岛礁。夺岛是为了占海，占海是为了控制战略资源。在南沙230多个岛礁沙滩中，中国占据8个岛礁，其中由台湾占据的太平岛是南沙最大的岛，也是南海诸岛中唯一有淡水的海岛。越南侵占了29个岛礁，菲律宾侵占了9个岛礁，马来西亚侵占了5个岛礁。

长期以来，中国在南海问题上保持了相当克制的态度。但在遇到以下特殊情况时，也被迫动了枪炮，这就是1974年的西沙之战和1988年的赤瓜礁之战。

曾经参加西沙海战的老兵王昌太说："1974年1月的西沙自卫反击战打得太好了，中国人应该记住它。因为有了西沙海战的胜利，所以才有了收复三岛的决心，使西沙群岛全部在我国实际控制管辖之下。尽管现在有些国家还在吵吵嚷嚷，但西沙群岛属于我国已经没有争议。"西沙海战时，王昌太是282号猎潜艇的航海长。

西沙海战是同越南统一之前的南越军队打的。1974年1月间，南越海军4艘舰艇侵入我西沙永乐群岛，我海军和驻岛兵民被迫反击，打沉敌舰一艘，打伤敌舰三艘，收复了被南越军队侵占的珊瑚、甘泉、金银三岛，西沙群岛全部回到祖国的怀抱。

赤瓜礁之战是同越南统一之后的越南军队打的。1988年，中国按照联合国要求，在南沙群岛的永暑礁建立有人驻守的海洋观测站。但在建设过程中，受到越南军队的严重干扰。为了确保施工顺利进行，中国海军军舰前往永暑礁附近巡逻警戒。

3月13日，越南海军三艘舰船突然进至赤瓜礁水域，并派出42名军人，携带机枪和冲锋枪，强行登上我赤瓜礁，开枪打伤我方人员。双方短兵相接，激战骤起。整个战斗仅持续28分钟，登礁越军被击毙20余人，被俘9人，三艘越军舰船一沉两伤。战后第二天，我军官兵再次登上赤瓜礁，树起了五星红旗，建立了观察哨。随后又进驻了东门礁和渚碧礁。时任海军司令员的刘华清将军曾在《回忆录》中写道:“以往,越南当局一直把中国的克制当做软弱,肆无忌惮地侵占中国领土。现在,中国海军不再像过去那样,只能待在家门口守护近岸。赤瓜礁小小一仗,显示了中国海军的力量。”

刘华清说得好,“赤瓜礁小小一仗,显示了中国海军的力量”。所有今天在南海搅局的人,都不应当忘记赤瓜礁之仗,都应当好好回味刘华清将军的话。

南海问题已经越来越突出,成为中国维护主权和统一的主要战略领域。有人说,南海问题犹如一个“核反应堆”,面前是地区国家争夺岛屿,背后是世界大国的角力,可能引起整个亚太地区乃至世界的连锁反应。此话有些夸张,但南海问题的严重性和复杂性确实是不应低估的。

中国当之无愧是南海的主角,自然要发挥主角的作用。

中国只要注意以下几点,就能做到化危机于无形,运大局于掌中。

其一是站住道义的制高点。

国际斗争是讲得道多助失道寡助的,只有站住道义制高点,才能得到国际社会的同情和支持。现今大吵大嚷的南海风波,好像是多国共对中国,中国很被动,但这只是一个政治泡沫,是完全可以戳破的。

南海风波骤起,而且形成多国拉团施压中国的局面,是由三个因素交织而成。一是越南、菲律宾等国想让他们侵占中国南海的权益合法化、永久化;二是美国为了维持在亚洲的霸权地位,拼命利用中国同其他国家的矛盾,挑起争端,扩大混战,破坏亚洲发展环境,阻遏中国成长壮大;三是日本、印度、澳大利亚等国的反华势力也想利用南海问题,给中国制造麻烦,获取他们的战略利益。

不难发现,甚嚣尘上的南海风波,实际上是美国制造的一个国际政治泡沫。他们借以搅局南海的借口只有一个,即所谓“航行自由”。这是一个假命题,一触即破。无论过去、现在还是将来,美国、日本、澳大利亚、印度和其他任何国家在南海航道上的自由没有人干预,也不会有人干预。

上述形成南海风波的三个因素中,最基本的因素是越南、菲律宾等国与中国争南海主权,其他两个因素都依附于此。恰恰是在这里,中国站住了道义的制高点。因为历史以来,南海主权都属于中国,这不仅为国际社会所承认,而且在20

世纪70年代之前,也为越南、菲律宾政府所承认。这些国家后来利用中国的仁慈和宽容,在中国领海范围内占岛谋利,是一种背信弃义的侵略行为。

中国站住道义的制高点,不仅是为因中国历史拥有南海主权这个客观事实,而且是因为对这些小国的侵权行为保持了高度的克制。在相当长的时期中,为了南海的和平,为了照顾这些小国的利益,中国严格执行了"主权在我,搁置争议,共同开发"的方针。

在南海的是非曲直被人弄乱的今天,为了站住道义的制高点,中国有必要采取以下两项措施:

第一,将中国拥有南海主权的历史事实和法律依据,将越南、菲律宾等国侵占中国南海主权的情况,将中国为维护南海和平而宽仁大度的作为,系统、完整、全面地公诸于世,要让全中国的人都清楚,也要让全世界的人都清楚,以揭穿某些国家歪曲事实、兴风作浪的本质,在南海上空高悬一面道义照妖镜。

第二,尽快制定《中国海疆法》,确立中国岛礁、大陆架、专属经济区的地理范围、主权原则、维权机制等,使我国在南海、东海的权益得到保障,赋予我维权行动以合法性。

其二是推动实力最大化。

地缘政治学家当中流传这样一句话:"得不到实力支持的政治理想,好像没有什么存在价值"。这句话并不完全正确,但在现实的国际政治中很管用。维护国家统一和民族主权,必须要有强大的实力支撑,这是不言自明的。

最近30多年,中国坚持以经济建设为中心不动摇,只要不出现外敌入侵那种特殊情况,就一直咬住青山不放松,努力把经济建设搞上去,使国家实力壮大再壮大,应该说已经获得伟大的成功。有了这样的实力基础,我们再来解决一些历史遗留问题,就比较有底气,比较有把握。

遇到国际争端的时候,一般的国家实力必须化为具体的国家意志和军事实力。南海很大,但在我国主权管辖的任何领域,如有入侵者,不战则已,战则必胜。

中国从来不喜欢耀武扬威,但在维护我们的领海主权时,必须展示强大的国力。上个世纪40年代,中国政府就在南海划出了标志主权的"九段线",这是为国际社会承认的中国领海线。中国的执法船应绕着"九段线"进行巡视,以宣示主权，警告入侵者。中国海军则应为中国执法权提供护卫和警戒。

中国整体武装力量也要为捍卫国家统一和民族主权做好充分的军事斗争准备。

其三是抓住战略的关键点。

南海问题的战略关键之一是制约美国。世人都清楚，南海风波的最大推手是美国。美国前国务卿希拉里宣称南海问题关系美国利益，也不是完全没有道理。因为美国同亚洲的商品贸易大部分途经南海航道，这关系它的商业利益；同时，南海处于美国的第一岛链线上，这关系到它的军事利益；南海问题又可以给中国制造麻烦，这关系到美国的战略利益。而且美国是唯一的超级大国，只有它有力量把在南海各有算盘的国家鼓动起来，纠结在一起向中国发难。因此，解决南海问题的战略关键点之一是要制约美国。

中国在南海问题上制约美国是必须的，也是可行的。只要让美国添柴加油的这只手不是起劲地伸出来，南海之火就不会烧得很大。南海问题虽然关系美国的利益，但不是美国的重大战略利益，更不是它的国家核心利益，对它来说可深可浅，可重可轻。另外，美国同菲、越等国在南海问题上一时打得热乎仅是权宜之计。再说，中美之间在全球范围内有许多利益交集，在事关美国政权生存的国债问题上美国深度有求于中国。基于此，中国在南海问题上可以表示尊重美国的关切，双方多有些沟通，而在更大的问题上推进双方互利合作关系，即可实现制约美国的目的。

南海战略的另一个关键点是坚持“主权在我，搁置争议，共同开发”。这是策略，也是战略，而且还是一个战略关键点。中国同越南、菲律宾等南海主权声索国是邻国，一百年前如此，一百年后也不会改变，这个战略就是充分考虑到这样一种客观情况。这个战略的三句话中，核心是第一句，“主权在我”是基本底线，主权问题属于核心国家利益，不承认我主权，即无共同开发之可能，他方任何形式的开发皆是侵犯我主权。反过来说，他方承认我主权，应可获得共同开发之利益。何去何从，有关国家须深长思之。

其四是把握战术的机动性。

最近这些年，菲律宾等国总想在东盟峰会和东亚峰会等场合挑起南海问题，希望出现拉帮结派打群架的局面，以便从混乱中谋利。而我国则坚持，领土领海主权问题发生在国与国之间，也只能通过国与国之间的和平谈判才能得到公平合理的解决，而多边共谈只会使问题复杂化，显然这样的策略运用是完全正确的。实际上东盟好几个国家与南海问题无关，他们同中国很友好，当然不愿卷入南海风波之中。就是与南海问题有关的国家，情况也不一样，他们既跟中国有争端，他们相互之间也有争端。因此，我们策略运用的第一步是把与南海无关的东盟国家同与南海有关的东盟国家区隔开来，第二步是把与南海争端有关的几个东盟国家区隔开来，进行一对一的谈判，这对最终解决南海问题是有利的。

但是，中国也无需完全回避在国际场合谈南海问题。既然中国在此问题上占有道义的制高点，如果有人想谈，何妨因势利导，充分阐述中国的立场和主张，以正视听，争取国际社会的理解和同情，以创造解决南海问题的国际环境。

四、钓鱼岛问题与国家统一

钓鱼列岛不过只是7平方公里面积的几个无人荒岛，但却是所有中国人心中非常神圣的领土。如果日本人真想把它据为己有，那么十几亿中国人愤怒的力量会让日本列岛在大洋波涛中颠动不已。

钓鱼列岛由钓鱼岛、黄尾屿、赤尾屿、南小岛、北小岛等8个无人岛礁组成，分散在北纬25—26度和东经123—124度之间，总面积约6.344平方公里。主岛东西长约3.5公里，南北宽约1.5公里，面积约4.3平方公里。地势北部平坦，南部陡峭，中央山脉横贯东西，最高峰海拔362米，位于中部。山峰之间有四条小溪流。

钓鱼岛为台湾大屯山之延伸，地理上属于台湾之大陆架。

钓鱼岛及其附近海域，不仅蕴藏有大量石油资源，而且还有其他众多巨大的经济价值。太平洋黑潮流经这里，带来了大量鱼群，是我国东海著名的靖鱼场。在钓鱼岛和北小岛、南小岛之间，有一条宽达1000多米的“蛇岛海峡”，风平浪静，成为渔民难得的避风港湾。

大量史籍证明，钓鱼岛是中国人最早发现、命名和开发利用的，而且为历代中国政府列入版图进行管辖。明永乐元年，即1403年有《顺风相送》一书，称该岛为“钓鱼屿”。

明嘉靖十三年，即1534年，第11次琉球国王册封使陈侃著有《使琉球》。嘉靖四十一年，即1562年，浙江提督胡字宽编纂《筹海图编》。清乾隆三十二年，即1767年，钦命绘制《坤舆全图》。以上诸书都使用闽南语发言，称“钓鱼须”。台湾地区则习惯称“钓鱼台”。

清代学者钱泳的手写笔记《记事珠》中，抄录了沈复所著的《浮生六记》的第五记《海国志》，其中写道："嘉庆十三年，有旨册封琉球国王……十三日辰刻，见钓鱼台，形如笔架。遥浮黑水沟，遂叩祷于天后……十四日早，隐隐见姑米山，入琉球界矣……"沈复使琉球是清嘉庆十三年，即1808年。

显然，琉球国西部领域是从姑米山（即现在冲绳的久米岛）开始的，黑水沟是中国与琉球国的分界线，钓鱼岛在中国领土内。

光绪十九年，即1893年，慈禧太后下诏将钓鱼岛赏赐给邮传部尚书盛宣怀作为采药用地。诏书写道："盛宣怀所进药丸甚有效验。据奏，原料药材采自台湾海外钓鱼台小岛。灵药产于海上，功效殊乎中土。知悉该卿家世设药局，施诊给药，救济贫病，殊堪嘉许。即将钓鱼台、黄尾屿、赤屿三岛赏给盛宣怀为产业，供采药之用。"

1895年日本官方和民间学者出版的图书，也载明钓鱼列岛是中国的领土。

1785年，日本出版著名学者林小平所著的《三国通贤图说》。书中地图与现代绘图法一样，以颜色划分区域。其中，《琉球国全图》皆用橘黄色，邻接琉球的日本部分则用淡绿色，邻接的中国部分则用粉红色。地图上也标明了钓鱼岛、黄尾屿和赤尾屿的位置，其颜色与中国福建、浙江相同，都是粉红色。

1884年之后，日本人产生了侵占我钓鱼列岛的野心。

1884年，冲绳居民古贺到钓鱼岛采集羽毛和捕捞周围海产品，他随后即请愿开拓钓鱼岛。1885年后，冲绳县知事多次上书日本政府，要求将钓鱼岛、黄尾屿、赤尾屿归其管辖，日本官方都顾及中国政府对这些岛屿的主权主张而没有做出答复。1895年签订《马关条约》后才3个月，日本政府就作出了将上述岛屿划归冲绳县管辖的决定。

日本在二次大战后无条件投降，按照《开罗宣言》和《波茨坦公告》规定，台湾及其周围岛屿归中国所有。美国总统罗斯福有意将琉球和钓鱼岛交给中国，但蒋介石对此消极，两地成为美军靶场。

1951年9月8日，日美两国背着中国和苏联签订《旧金山合约》，将钓鱼岛同冲绳列岛交由美国托管。中国政府当时发表声明，指出该条约是非法的、无效的，中国政府是绝对不承认的。

1971年6月17日，日美两国签订"归还冲绳协定"，把钓鱼岛也划入"归还区域”。中国外交部于当年12月30日发表声明，强烈谴责美日两国把钓鱼岛划入“归还区域”是“对中国领土主权明目张胆的侵略，中国人民绝对不能容忍”。声明还指出，“美日两国在归还冲绳协定中，把我国钓鱼岛等岛屿列入‘归还区域’，完全是非法的，这丝毫不能改变中华人民共和国对钓鱼岛等岛屿的领土主权”。台湾爱国青年和海外华人发动了大规模的“保钓运动”。迫于舆论压力，美国政府表示，“把原从日本政府对这些岛屿的行政权归还给日本，毫不损害有关主权的主张。美国既不能给日本增加在它们将这些岛屿行政权移交给我们之前所拥有的法律权利，也不会因为归还给日本行政权而削弱其他要求者的权利……对此等岛屿的任何争议的要求均为当事者所应彼此解决的事项”。其后，美国国务院发言人还说，“归还冲绳的施政权，对尖阁列岛的主权问题不受影响”。直到1996年9月11日，美国政府发言人伯恩斯仍表示：“美国既不承认也不支持任何国家对钓鱼列岛的主权主张”。

1972年，中日两国举行恢复邦交谈判，双方从中日友好的大局出发，同意将钓鱼岛区域的归属问题先挂起来，留待以后条件成熟再解决。

1978年，中日谈判签署中日和平友好条约时，日本一些国会议员提出要中国承认日本对钓鱼列岛拥有主权。随后，日本政府在钓鱼岛上修建了直升机场，还向那里派出调查船和测量船，并对中国渔民进行监视和驱赶。

进入90年代之后，日本在钓鱼岛的活动更加猖狂。在日本政府允许下，右翼分子在北小岛上设置了一座灯塔，并在主岛上竖起绘有日本国旗的牌子。

综上所述，钓鱼岛问题实质上是日本侵略中国的问题，是日本破坏中国统一、侵占中国领土的问题。同时，钓鱼岛问题也是第二次世界大战遗留的对日本的清算问题。中国不但要坚决收回钓鱼列岛，而且还要按照《开罗宣言》和《波茨坦公告》的规定，继续同日本谈琉球列岛问题。

1943年12月，中、美、英《开罗宣言》规定，剥夺日本自一战以来在太平洋上所夺占的一切岛屿，务使日本将所窃取于中国的领土归还中国。日本以武力或贪欲所攫取的其他土地，亦务将日本驱逐出境。

1945年的《波茨坦公告》不仅再次确认《开罗宣言》的上述规定必将实施，而且将日本的主权“限于本州、北海道、四国及吾人所决定其他小岛之内”。

开罗会议期间，罗斯福对蒋介石说："琉球系许多岛屿组成的弧形群岛，日本当年是用不正当手段抢夺该群岛的，也应予以剥夺。我考虑琉球在地理位置上离贵国很近，历史上与贵国有很紧密的关系，贵国如想得到琉球群岛，可以交给贵国管理。"

蒋介石思考之后回答说："我觉得此群岛应由中美两国占领，然后国际托管给中美共同管理为好。"

罗斯福同蒋介石商讨琉球问题是很自然的。因为历史上是日本用不正当手段把琉球列岛从中国属国强占过去。

琉球是古代中国的藩属国。明、清时期，琉球国向中国朝廷朝贡，国王由朝廷册封。钓鱼岛位于前往琉球的航路上，使臣前往册封琉球诸王，均以这些岛屿为航海标志，使臣们所记《使琉球录》等官方文书，详细记载了途经钓鱼岛的航海经历，反复确认了中国和琉球国的边界。

1654 年，清康熙皇帝册封琉球国王为"尚质王"，定两年进贡一次。琉球国王称中国为"父国"，用大清年号。

1879 年 4 月，日本宣布废除琉球国，改为日本的冲绳县。琉球国王向清政府求援，清政府基于中国对该国有保护义务，即同日本进行交涉，反对日本并吞琉球，但两国商谈没有任何进展。

1879 年 5 月，卸任美国总统格兰特作环球旅行来到中国，次年又将去日本，清政府即委托他就琉球问题进行调停，格兰特满口答应，接受了这项委托。事后证明，日本人不接受美国人的调停。

1880 年 3 月，日本政府向清政府提出解决琉球问题的方案，表示日本愿意把琉球群岛最南端的宫古列岛及八重山列岛划归中国，中国应当承认琉球的其余部分划归日本。经过多轮谈判，双方就日方提出的方案达成初步协议。但清政府内部争议很大，认为此方案不能维护琉球独立，徒使中国利益受损，最终决定废除双方已达成的初步协议。日本千方百计想让清政府改变决定，但没有成功。1881 年初，日本驻华公使愤愤离华回国，表示决绝。

以后几年，中日两国还就琉球问题又举行过多次交涉，但没有找出妥善的解决办法。在此情况下，日本用实力巩固在琉球的地位。中日之间关于琉球的争论，归于不了了之。

中日之间关于琉球问题的争论，历史上没有过结论。但是第二次世界大战作了结论，按照《开罗宣言》和《波茨坦公告》的规定，日本主权"限于本州、北海道、四国及吾人所决定其他小岛之内"。务使日本将所窃取于中国的领土归还中国。日本以武力或贪欲所攫取的其他土地，亦务将日本驱逐出去。

中美两国元首还曾商谈过两国共管琉球群岛的问题。

第二次世界大战已经结束 60 多年了，主要对日作战并接受日本投降的中美俄（苏联）中，俄罗斯和中国都没有同日本签订和约，美日之间有《旧金山和约》，但那是背着中国和俄罗斯搞的，是非法的。美国按此和约把琉球列岛和钓鱼列岛交给日本，是一种私相授受的非法行为，中国政府早已表明绝对不予承认。为了维护亚洲和世界的和平，中、美、俄三国应同日本进行谈判，迫使日本履行战败国的义务，交出钓鱼列岛和琉球列岛等非法攫取的地方，然后与中、美、俄签订和约。

五、人民军队保卫国家统一

维护国家统一，必须有强大的军队。我们对维护国家统一过去有信心，现在有信心，将来也有信心，是因为中国有一支共产党领导的强大的人民军队。

为了有效维护伟大祖国的统一，我们必须坚持党对人民军队的绝对领导，必须坚持毛泽东军事思想，必须实现国防现代化。

坚持党对人民军队的绝对领导

有一支共产党领导的人民军队，是中国模式的重要特征，也是中国模式优越性的重要表现。

从红军时代开始，我们的建军原则就是党对军队的绝对领导和全心全意为人民服务。

在整个革命战争时期，党绝对领导军队的原则和制度一直被很好地坚持着，到了和平时期，这个原则和制度也没有动摇过。

1954 年 4 月，讨论《中国人民解放军政治工作条例(草案)》时，毛泽东亲自恢复了总则中关于中国共产党在中国人民解放军中的政治工作“是我军的生命线”的重要内容。条例以法规的形式确立了军队实行党委集体领导下的首长分工负责制。这种既有统一领导，又有分工负责的制度，是人民军队在长期革命斗争中形成的根本制度，是坚持党对军队绝对领导的一大创举。

邓小平曾经高度评价这个制度。他说，“我们这个军队有好传统。从井冈山起，毛泽东同志就为我军建立了非常好的制度，树立了非常好的作风。我们这个军队是党指挥枪，而不是枪指挥党”。“我确信，我们的军队能够始终不渝地坚持自己的性质。这个性质是,党的军队,人民的军队,社会主义国家的军队”。

共产党绝对领导军队,在革命战争年代,能够为人民的解放而作出最大的牺牲,得到人民崇高的敬仰。

当年参加解放上海大会战的将士们曾发出这样的誓言:“为了人民,我们愿作胜利前的最后一批牺牲者。”这绝不是一句动听的口号,而是对伟大生命的崇高颂歌。为了上海人民的解放,共有 7612 名官兵献出了他们年轻的生命。

这支胜利的大军是怎样走进被他们解放的这座东方大都市的呢? 1949 年 5 月的一个黎明,当上海市民打开家门时,令他们吃惊的景象就在眼前:经过一夜激战的解放军官兵怀抱钢枪,露宿在雨后湿漉漉的街头。

共产党绝对领导的人民军队,在和平建设时期,能够为人民的幸福作出最大的牺牲,受到人民衷心的爱戴。

1998 年,中国遭遇百年难见的特大洪灾,从荆江固堤、京广护路,到九江保城、湘鄂救生,每一场硬仗、恶仗,都是人民子弟兵打头阵,他们奋不顾身的英雄行为深深印在人民心里。

8 月 23 日凌晨,与洪水彻夜搏斗的海军陆战队官兵回到驻地,被眼前的景象震撼了:200 多米的巷道两旁,几万名老人和孩子拎着马灯、举着蜡烛伫立着,每个人面前都有一个篮子,里面装满了饭菜、凉茶,在静悄悄地等待着官兵的归来。

接受中国共产党的绝对领导,保持同 13 亿人民的亲密关系,这是中国人民解放军战无不胜的力量源泉。这个建军原则任何时候都不能有丝毫动摇。

坚持毛泽东军事思想

军队作战总要讲究战略战术,必须有科学的军事思想指导。中国人民解放军有一个很大的优势,就是继承了中国古代先进的军事思想,借鉴了世界各国的军事思想,形成了独一无二的人民战争军事思想——毛泽东军事思想。正是毛泽东军事思想,而且只有毛泽东军事思想,才指引人民军队战胜了日本侵略军,消灭了八百万国民党反动军队,夺取了民族民主革命的伟大胜利。正是毛泽东军事思想,而且只有毛泽东军事思想,指引人民军队在朝鲜战场上打败了百万“联合国军”,使头号超级大国从此不敢对中国轻举妄动。还在中苏边境战争中,打败了二号超级大国的军队，保卫了祖国的神圣领土。

毛泽东及其战友们都是人民战争的伟大英雄，他们总是把握着历史潮流的前进方向，无限地热爱人民、依靠人民、相信人民的力量大于天，因而能够在关键时刻作出惊天动地的战略决策。

抗美援朝是一个经典案例。按照当时中美两国的国力对比，很难有人敢与世界头号强国争其锋，但是毛泽东及其战友们这样做了。毛泽东曾经这样披露过作出这个战略决策的思考：

不错，我们急需和平建设，如果要我写出和平建设的理由，可以写出百条千条，但这百条千条的理由不能敌住六个大字：就是"不能置之不理"。现在美帝的矛头直指我国东北，假如它真的把朝鲜搞垮了，纵不过鸭绿江，我们的东北也常在它的威胁中过日子，要进行和平建设也会有困难，所以我们对朝鲜问题置之不理，美帝必然得寸进尺，走日本侵略中国的老路，甚至比日本搞得还凶，它要把三把尖刀插在中国的身上，从朝鲜一把刀插在我国的头上，从台湾一把刀插在我国的腰上，从越南一把刀插在我国的脚上，天下有变，它就从三个方面向我们发动进攻，那我们就被动了。我们抗美援朝就是不许它的如意算盘得逞，打得一拳开，免得百拳来。我们抗美援朝就是保家卫国。

珍宝岛之战也是一个经典案例。

1969 年 3 月 2 日、15 日、17 日，中苏先后在珍宝岛发生三次武装冲突。苏方被毁坦克、装甲车共 17 辆。据俄罗斯后来公布的数字，苏军死 58 人，伤 94 人。显然，苏方吃了亏。

8 月 20 日，苏驻美大使多勃雷宁奉命会见基辛格，通报了苏方准备对中国实施核打击，希望美国理解并保持中立。

美方认为，只要美国反对，苏联就不敢轻易动用核武器，同时要尽快将苏联意图通报给中方。办法是让一份不太显眼的报纸，即《华盛顿明星报》把消息透露出去。

毛泽东听取周恩来汇报后说："不就是要打核大战嘛！原子弹很厉害，但鄙人不怕。"同时毛泽东果断提出应战方针："深挖洞、广积粮、不称霸"的方针。

苏联也害怕遭中国全面报复，软化了态度。9 月 11 日，柯西金借参加吊唁胡志明逝世之机，在北京首都机场同周恩来会谈，关系稍有缓和。

美国此时还有三个动作：一是决定恢复中美大使级华沙会谈；二是通过齐奥塞斯库向中国转达美国希望与中国和解的意图；三是动用1962年在古巴导弹危机时的一个威慑操作，运用已被破译的苏联密码，向苏联本土134个城市、军事要点、交通枢纽、重工业基地发出进行准备核打击的指令。

10月15日晚10时，柯西金向勃列日涅夫报告："刚才国家安全委员会报来两个消息，一个是中国的导弹基地已经进入临战状态，所有的地面导引站都已开通，这一点我们卫星收到的信号和拍摄的照片都已经证实。另一个是美国已经明确表示中国的利益与他们有关，而且已经拟定了同我们进行核战的具体计划。因为情况十万火急，他们只是通报了消息，正式报告还要稍晚些送来。"

勃列日涅夫根本不相信，他说："美国会站到中国一边？这简直是天方夜谭，请马上拨通驻美使馆电话。"几分钟后，多勃雷宁大使报告："情况属实，两小时前我同基辛格会晤过，他明确表达了尼克松总统认为中国利益同美国利益密切相关，美国不会坐视不管。如果中国遭到核打击，他们将认为是第三次世界大战的开始，他们将首先参战。基辛格还透露，总统已签署了一份准备对我国130多个城市和军事基地进行核报复的密令。一旦我们有一枚中程导弹离开发射架，他们的报复计划便告开始。"勃听完后愤怒地喊道："美国人出卖了我们！"柯西金则相对平静，他说："也许美国的所谓核报复计划只是恐吓，但中国的反击决心是坚决的。虽然他们的核弹头不多，但我们不可能在战争一开始就剥夺他们反击能力。更何况他们在四年前就进行过导弹负载核弹头的爆炸试验，其命中目标的精度是相当惊人的。而且他们有了防备，现在几乎动员了全国所有的人都在挖洞，我们应该和中国谈判。"

10月20日，中苏边界谈判在北京举行。

从这两个经典案例中，人们可以学到足够的战略决策教益。"打得一拳开，免得百拳来"，说得多好呵！头号超级强国从朝鲜伸过来的一拳打开了，中国赢得了几十年的和平环境，而且保持了海峡两岸"一个中国"的大格局。二号超级强国从珍宝岛伸过来的一拳打开了，中国赢得了世界的尊重，中美苏三大国鼎立的战略态势就此形成。当问题涉及国家主权和领土完整的时候，如果懦懦弱弱，左怕右怕，不敢在关键的节点上"打得一拳开"，那就会百拳跟着来。不要说超级强国，就是二流三流的国家，甚至不入流的小国都会跟你叫板，使一个泱泱大国疲于应付，而且没有穷期。

对于与广大人民同心同德的军队来说，要“打得一拳开”，必须做到战略上藐视敌人和战术上重视敌人的高度统一，虽然总体的国力不如对手，但在具体的战役和直接的战场上要强于对手，并且不怕出现打核战争这种极端情况的出现。珍宝岛之战时，有人曾经设想，如果勃列日涅夫敢把原子弹扔到中国土地上，中国就应以部署在几千公里中苏边境地区的几百万解放军铁甲雄师为前峰，几千万民兵为后盾，几亿万人民相继跟进，涌进苏联广大国土，来个中华民族大搬家。在中国领导人的大智大勇面前，勃列日涅夫之流只能甘拜下风。

实现国防现代化

时间进到21世纪，要“打得一拳开”，中国军队不能停留在“小米加步枪”的水平上，必须用最现代化的武器把自己武装起来。

早在20世纪50年代中期，党中央就高瞻远瞩，审时度势，果断决定发展以原子弹、导弹、人造地球卫星为核心的国防尖端科学技术。1962年11月，党中央成立关于“两弹一星”的专门委员会，组织队伍、统筹全局、协同攻关。以钱学森为代表的一大批杰出的科学家以及成千上万的科研人员、工程技术人员、管理人员和工人，共同投身到这项国防尖端科学技术工程之中，并取得了震惊世界的伟大成就。

1964年10月16日15时，中国第一颗原子弹爆炸成功。据路透社报道，这个消息“不到几秒钟就被送交约翰逊总统了”。美联社写到，随着原子弹的爆炸，“共产党中国龙在世界的心目中长得更高大了”。

1966年10月27日，我国第一颗装有核弹头的导弹飞行爆炸成功。

1970年4月24日，我国用“长征一号”运载火箭成功发射第一颗人造卫星“东方红一号”。

法新社电讯说，“中国把它的第一个人造卫星射入轨道的这个大成就，使西方观察家们惊讶得目瞪口呆”。美联社则发表评论认为，“由于北京已经有了原子弹和氢弹，必须认为它的第一个卫星是个公告，宣布它有能力把核武器发射到地球表面的任何地方”。

邓小平说："如果六十年代以来中国没有原子弹、氢弹，没有发射卫星，中国就不能叫有重要影响的大国，就没有现在这样的国际地位。这些东西反映一个民族的能力，也是一个民族、一个国家兴旺发达的标志。"①

江泽民也说："'两弹一星'事业的发展，不仅使我国的国防实力发生了质的飞跃，而且广泛带动了我国科技事业的发展，促进了我国的社会主义建设，造就了一支能吃苦、能攻关、能创新、能协作的科技队伍，极大地增强了全国人民开拓前进、奋发图强的信心和力量。'两弹一星'的伟业，是新中国建设成就的重要象征，是中华民族的荣耀与骄傲，也是人类文明史上的一个勇攀科技高峰的空前壮举。"②

中华人民共和国成立六十年大庆的时候，我有幸站在天安门观礼台上感受世界上难得一见的盛典。

我不是军事迷，但我今天参加国庆观礼，最想观察的，是通过盛大阅兵式展示出来的强大军力。因为当今世界，和平重于一切。由于现代科技和人的素质提高，社会生产力已达到相当高的程度，只要改善财富分配方式，世界人民的生活都是可以有保障的。但是，各种灾害、恐怖活动，尤其是帝国主义发动的战争，给世界人民带来的灾难太大了。请看看被美国制造的战争折磨的伊拉克、阿富汗和巴基斯坦吧，那里的人民群众，不仅在饥饿和贫困中挣扎，而且随时都会丧失宝贵的生命。社会主义中国有一项崇高的使命，就是要维护世界和平。然而，维护世界和平不是喊口号，不是发宣言，而是要有强大的军事力量。有了这样的力量，未战之时，可以给侵略者以震慑，使其不敢轻举妄动；一旦开战，就能挥动铁拳，砸断侵略者的脊梁，把战争灾难限制在最小范围和最短时间内。我们必须明白，无论GDP后面有多少个零，如果没有能致敌于死命的战略力量，那都是保不住、守不好的虚幻数字。中国有这样的战略力量吗？答案是：中国正在继续成功地创造这样的战略力量。

新中国六十周年大庆展示的军力是非常强大的。8000多名官兵参加了天安门广场阅兵式，包括14个徒步方队，30个地面装备方队和12个空中梯队，共52种重要装备接受了检阅。这些装备100%为国产，90%为第一次公开亮相。

这些装备亮相后，世界各国是怎样评论呢？

---

① 《邓小平文选》第3卷，人民出版社1993年版，第279页。

② 《人民日报》，1999年9月19日。

《华尔街日报》10 月 1 日的报道说出了美国人的观感："中国阅兵展出的装备，对军事专家来说并不陌生，但是它们的首次公开亮相，仍然让许多人震撼得动弹不得。"使美国人震撼得动弹不得的武器显然是射程达 1 万多公里的"东风 31 甲"洲际弹道导弹和被誉为"航母杀手"的"东风－21D"精确打击导弹。隆隆驶过天安门的地面装备方队，以箭头形排在前面的主战坦克方阵是现代化陆军的核心装备，也是衡量一个国家常规兵器水平的主要标志。美国《防务新闻》和英国《简氏防务周刊》都对我国 99 式主战坦克作了重点报道。俄罗斯《独立军事评论》认为，99 式主战坦克是中国第一种足以和西方先进坦克媲美的型号，尤其是它的主动式坦克防护激光系统能发射激光，直接致盲甚至烧毁敌方光学瞄准设备和坦克炮手的眼睛。《简氏防务周刊》还披露，99 式主战坦克正在试验 140 毫米甚至 152 毫米坦克炮，不仅超过了西方坦克的 120 毫米火炮，也超过了俄罗斯的 125 毫米坦克炮。

上午 9 时 20 分，以空警—2000 领队，151 架战机组成的绵延 75 公里的空中梯队，按预警机、轰炸机、加油机、歼击轰炸机、歼击机、直升机、教练机的顺序，依次低空飞越天安门广场上空。空中梯队不仅展示了空军的飞机，还展示了海军航空兵和陆军航空兵力量，让全世界看到中国空中力量攻防兼备的强大阵容。《华尔街日报》评论说："尽管装甲车导弹等装备更为引人注目，但是，低调出现的空中预警机与通讯设备，更精准地反映出中国军力扩张给美国带来的深刻挑战，这些装备在阅兵中也许并不那么突出，但是却表现出中国的战略思维与技术日益精深。"

接受检阅的中国先进军事装备固然令人震撼，但通过天安门广场的中国军队的雄姿更有压倒一切的气概。

俄罗斯《观点报》2011 年 7 月 13 日报道，据美国国防部、中央情报局有关报告及公开军事出版物的数据，在 2011 年世界军事大国排行榜中，美国、俄罗斯、中国雄居前三位。俄军事专家赫拉姆奇辛认为，中国实际军力已超俄罗斯，可列世界第二。而在不远的将来，中国甚至将冲击美国世界头号军事强国地位。俄报说，美国 2011 年军事实力排行榜，主要依据军队人数、陆军、空军和海军武装装备数量以及军费规模 5 组基本参数，核实力不算在内。

日本《外交官》网站 2011 年 7 月 12 日报道，在已知静止目标成像方面，中国可能已经赶上美国;在未来两年内令人担心的发射计划中,中国的成像能力或将超过美国。

中国战略导弹东风31A和巨浪2得以成功,是因为解决了固体燃料问题。至今真正解决了洲际导弹固体燃料的只有美国和中国。《加拿大自由新闻网》刊登米凯·福伊尔的文章说,以前,世界上有两个军事超级大国:美国和苏联。后来,苏联崩溃了,美国成了“孤独的超级大国”。但美国占据这个位置时间不会长,几年后,中国将成为新的“孤独的超级大国”。

福伊尔的文章这样说:

“中国正在测试一种新型反舰导弹——“东风－21D”反舰弹道导弹,其射程在1300公里至1800公里之间,能携带6枚弹头。它又被称为‘航母杀手’,因为它能够穿透航母的外壳并在其内部爆炸,从而在瞬间击沉航母。

“中国现在拥有比美国更多的战舰——这是国际战略研究所在最近一份报告中得出的结论。中国在增加战舰数量,而美欧在削减其军队的规模。随着时间的流逝,双方的差距将拉大。中国或许已经研制出新的隐形潜艇——潜艇能被声呐装置检测到,因为声呐装置能确定潜艇发出的声音来自何处。隐形潜艇在海战中占有巨大优势。按目前的生产速度,中国很快将拥有比美国海军更多的潜艇。

“中国展示其军事力量——中国共产党统治中国60周年之际,中国在天安门广场展出了一系列武器,包括63种超现代化的武器。这些武器中有远程核导弹,例如‘东风’—31A洲际弹道导弹,它能打到美国的城市,而且每颗导弹都携带3枚威力高达150千吨的核弹头。展出的还有JL－2潜艇发射弹道导弹,这是陈列的108种不同导弹中的一种。他们还炫耀歼－10战斗机和JH－7歼击轰炸机。

“中国正致力于打造它的第一艘航空母舰——这仅仅是加强海军建设的部分内容。中国扩大海军和军械库的做法被认为对现在控制着太平洋的日美两国构成了威胁。

“中国拥有隐形的能力——中国海军拥有80艘高速隐形船只,每艘船都能避开雷达和红外探测。据信他们现在已经拥有隐形轰炸机。有报道将中国建造隐形轰炸机的能力归于B－2轰炸机机身的‘泄露’。看来中国黑客还在2009年从五角大楼一台服务器中获取了机密信息。中国拥有CETCY－27雷达系统。”

美国国防部长罗伯特·盖茨说:“中国正投资于网络战、反卫星战、防空武器、反舰武器以及弹道导弹。这将威胁到美国的力量以及美国对太平洋盟国的帮助。

"中国一再保证其加强军力的种种行为纯粹是为了自我保护和捍卫他们自己的国家。美国是否被中国的这种保护忽悠了,正如上世纪30年代英国被德国忽悠了一样?"①

2010年8月,中国有两颗卫星在轨道上实现自主交会,俄罗斯太空观察机构最先发现了这个情况,然后引起美国的震动。两个航天器在地面控制下完成交会已经是比较成熟的技术了,但轨道控制卫星在更多的纬度上进行会合,这的确是一个新事物。美国是已知的另外一个唯一进行过类似技术操作的国家,但美国航天局2005年展示自主交会卫星同一颗海军卫星交会时,由于导航错误导致两颗卫星相撞。美国后来是否完成了这种卫星自主交会,现在尚不清楚。

这类会合的实际应用是:清除太空垃圾,在轨道上为卫星补充燃料,或对飞行器进行维修。但军事用途更大,包括对外国卫星进行近距离侦察,或者是对敌方的太空基础设施进行直接摧毁。2010年1月11日,中国陆基中段反导拦截技术实验获得圆满成功,引起国际舆论高度关注,这是很自然的。中国此次反导拦截技术实验的集成度很高,它把感知技术、跟踪与识别技术、快速发射技术、目标定位技术、拦截毁伤技术进行了合理的集成,并且使各系统实现了完备的衔接融合。与此同时,也验证了我国拦截导弹机动能力强,飞行速度快,打击精度高。

此次试验成功标志着中国的反导技术实现了重大的突破,从而生成一定的战略威慑力,使得敌对势力对中国发展反导防御系统的能力和潜力不能不有所忌惮,他们针对中国的不轨图谋不能不有所收敛。

现在,无论是卫星导航系统,航空母舰、隐形飞机,还是电磁炮、激光武器等等,外国有的,中国也有。而且随着科学技术的进步和工艺水平的提高,中国的现代化武器日益精良。

中国军队在共产党领导下紧紧依靠13亿人民,有战无不胜的毛泽东军事思想,有现代化的精良武器,就将无敌于天下,就能最有效地保卫国家统一,保卫世界和平。

---

① (加拿大)《自由新闻》网,2009年10月19日。

第十一章 中国梦会破灭吗？

在创造现代化奇迹的过程中，中国社会主义的科学发展之路日渐显现出超越其他发展模式的巨大优越性，世界为之震撼。西方中心论的某些卫道士一时间怀着恐惧和仇视宣扬“中国崩溃论”，也就是宣扬中国梦会破灭。这完全是反历史、反现实的可怜哀叹。在中国人民筑造国家富强、民族振兴、人民幸福中国梦的伟大长征面前，各种各样的“中国崩溃论”，最终必将自行崩溃！

一、“中国崩溃论”不绝于耳

中国模式在世界上的影响越来越大,但“中国崩溃论”也不绝于耳。

早在21世纪开头几年,就有很多人在唱衰中国。美国《中国经济》季刊主编斯塔德维尔于2002年1月出版《中国梦》一书,他把中国经济比喻为“一座建立在沙滩上的大厦”,预言中国将出现大规模的政治和经济危机,警告投资者“不要把千万亿美元的投资扔进中国这个无底洞”。

美籍华人律师章家敦2001年7月出版《中国即将崩溃》一书,认为“中国四大国有银行的坏账已经高到不能维持的地步”,“与其说21世纪是中国世纪,还不如说中国正在崩溃”。

日本早稻田大学教授天儿慧认为,虽然“中国经过猛烈奔跑接连追过了一个又一个竞争对手,但现在身体状况已经达到极限,很多部位疼痛不已,甚至开始出血,情况越来越严峻。从外表来看,虽然气势还在,但实际上更像一个需要护理的马拉松选手”。还有日本人写文章说“中国是自我想象的经济大国”。

高盛(亚洲)董事总经理胡祖六在出版于2002年5月的《关于中国与世界的五大神话》中说,“中国的经济增长并非前所未有,以亚太地区的标准而言也不见得特别突出”,日本等其他一些亚洲国家甚至比中国发展得更快更好。在历史上,荷兰、英国和美国也创造过经济发展的奇迹。从很多方面来看,中国的经济发展形式和总体实力远非人们想象的那么强大,所谓“中国奇迹”,不过是媒体渲染出来的一个神话。

2008年从美国心脏地带爆发的危机席卷全球,欧美国家普遍陷入国债危机之中,中国经济却能保持稳定增长,“中国崩溃论”的声音稍微小了一点,但没过多少时间，又热炒起来了。

国际货币基金前首席经济学家肯尼思·罗戈夫、纽约投机商詹姆斯·查诺斯、日本前副财政大臣伊藤隆敏和美国长期资本管理公司的詹姆斯·里卡兹2010年初都大谈中国泡沫即将破灭。

还有一些媒体的标题也是耸人听闻：

美国《基督教科学箴言报》称，中国是一个“超级泡沫”。

《财富》杂志的大标题是：“中国令人生厌的泡沫影响美国”。

赞比亚《邮报》问道：“中国泡沫何时破灭？”

美国《福布斯》杂志2011年6月7日发表维塔利·卡策内尔松的文章，提出如此骇人听闻的问题：“中国将如何一败涂地？”文章说：“看好中国的人说，无所不能的中国政府有能力让经济软着陆。我要说，不大可能。强制性借贷是中国经济增长的核心。简而言之，有很多的债务会变为坏账。一旦贷款被切断，房价将停止上涨，可能还会暴跌，此外，工业和商业房地产领域的产能过剩问题也会浮出水面。突然之间，大家会发现，尊贵的皇帝其实一丝不挂。”

国际货币基金组织前首席经济学家、哈佛大学教授肯尼思·罗戈夫也是“中国崩溃论”的鼓吹者之一。2010年2月，罗戈夫在东京的一次会议上说，据说，经济学中最令人害怕的五个字是“这回不一样”。“如果说当今世上有一回‘这回不一样’的故事，那就是中国。”“人们说中国不会发生金融危机，因为那里是中央计划经济，因为那里的储蓄率高，因为那里的劳动力资源丰富。我要说，中国当然会有一天爆发金融危机。”“没有哪个新兴国家避免得了令增长动摇、市场暴跌的危机。一个也没有。如果中国爆发危机，也不会是全然无法料到的事。”罗戈夫提到《华尔街日报》报道的一个情况，仅中国地方政府的债务就达到1.6万亿美元，这相当于中国2009年国内生产总值的三分之一，中国外汇储备的近70%。

里昂证卷·亚洲公司首席经济学家吉姆·沃克和写过《日本：变质的体制》一书的理查德·卡茨都是著名的中国行情看跌者。正因为如此，听了这些人的分析可以使人头脑清醒。

早在2007年，沃克就预测说，明年(2008年)，随着数以千计的新工厂投产，对中国制造的各类产品需求将趋于下降,中国公司内部的利润将暴跌,国有银行堆积如山的问题贷款将暴露无遗,“这是我们曾经见过的最大的信贷危机”。

理查德·卡茨认为,“看着中国这些数字,我惊诧于它与我们上世纪80年代看到的日本的失衡是多么的相似,唯一不同的是它更为严重”。

卡茨继续展开他看衰中国的想象力,他写道,“蝴蝶效应”这个词的意义是人所共知的,在事物之间普遍联系的天地之间,一个地方的微小变化可能给其他地方造成巨大的影响,好比一只振翅飞翔的蝴蝶,可能导致远方的大气流动,甚至引起一场大的风暴。

在经济全球化的时代,蝴蝶效应更加明显。

美国华尔街几大投资银行一出问题,全世界即刮起金融海啸。

现在,全世界的目光投向了中国,作为世界经济发展的重要引擎,它能否顺利实现必需的经济转型呢?

人们为中国的前途担心是有理由的,因为目前中国的情况同20年前的日本“惊人的相似”。私人消费比例不升反降,仅有GDP的大约35%。相比之下,日本在巅峰年代的投资平均占GDP的30%,贸易顺差最高占GDP的4.5%,消费水平则从未降低到占GDP的58%以下。两国对比,似乎中国经济当前的失调情况比20年前的日本更为严重。

20年前的日本和现在的中国,都面临着同样的经济转型过程,即从出口和投资拉动型转变为内需主导型。但正如一些经济学家所说,中国的转型同日本的转型也存在着极大的不同之处。因为“日本的调整问题基本上是它自己内部的事情,可是亚洲的繁荣,甚至可能世界的繁荣现在都命悬于中国调整经济的能力上”。①

我们现在看到一个有趣的现象:在西方经济学家中,唱衰中国的声音虽然不绝于耳,但唱衰“中国崩溃论”的声浪也是一浪高过一浪。

“末日博士”以感性的方式唱衰中国,但立刻遭到其他西方学者的反驳。

鲁比尼说,“我刚到过上海,并乘坐了沪杭高铁,崭新的火车上座率只有一半,

① (美国)《新闻周刊》,2007年10月1日。

同样崭新的火车站四分之三空置着。与它平行的一条新建高速公路,看起来也有四分之三闲着。与该火车站相邻的是能飞往杭州的上海新机场”。他说,“中国以3倍而非2倍的规模复制此类基础设施,已无任何理性可言”。

情况真如鲁比尼所说的这样荒唐吗?加拿大《金融时报》2011年6月18日发表肖恩·瑞恩的文章,标题是《鲁比尼根本不了解中国》。

瑞恩指出:“鲁比尼的大部分结论都是建立在虚幻数据之上的。”“事实是,中国大部分基础设施支出在保持就业率稳定的同时极大地改善了商业效率,我每次乘坐沪杭高铁时都发现座无虚席,我保证我乘坐的次数远比鲁比尼多。鉴于沪杭人口数字庞大,这是一项可持续发展的投资。”至于鲁比尼所说的上海飞往杭州的新机场,所说事实完全是鲁比尼虚构的。“沪杭之间根本没有直航,上海有两个而非三个机场。虹桥和浦东机场一直在增加跑道和航站楼,因为都已太过拥挤——与鲁比尼所说的空空荡荡恰好相反。2010年浦东机场的客货运量增加27%,按运量计算,如今已是世界第三繁忙机场。这听起来与所谓浪费投资却未被充分利用的机场风马牛不相及。”

马丁·雅克是《当中国统治世界时:中国的崛起与西方世界的终结》一书的作者,威尔·赫顿是《不祥之兆:21世纪的中国和西方》一书的作者。以中国和西方为主题的这两本书观点对立,但都产生了一定的影响。

2009年6月23日,美国《卫报》刊出了这两位作者面对面的观点交锋。

赫顿很不看好中国的现在和未来,他坚持认为,所有非西方国家迟早都必须采纳西方的制度和价值观。这种制度和价值观存在着一损俱损、一荣俱荣的依存关系。其中的核心是民主,“民主是正义问责制、相对多数票、制约和平衡以及一切与这些相伴的过程。”“选举是民主的制高点,但民主还受到其他许多东西的保护和支撑”。

赫顿声称,“许多中国知识分子和人权活动人士希望中国拥有一个独立、公正的司法体系,拥有言论自由、拥有自由的工会、拥有自由的媒体、公民有能力向政府问责”。这些东西是“反映人类根本欲望”的,但中国现在还没有,还需要“开始一场反映人类根本欲望的启蒙运动”。一句话,中国必须“西化”。

赫顿还说:“在《不祥之兆》一书中,我承认中国在过去30年间取得的成就,但我注意到了缺陷,并认定这些缺陷必将加重。""我认为中国的经济社会模式存在机能障碍。"

马丁·雅克完全反对赫顿的观点。他说,有人认为,"世界上只有一种现代化,那就是西方的现代化。这是一种谬论。""在我看来,将一切智慧归于西方是西方人极度傲慢自大的表现。恰好相反,包括西方社会在内的所有社会都具有我们所有人都可以学习的独创性和洞见。随着我们进入一个越来越不西化的世界,这种状况会变得极为明显。"

雅克说,赫顿所欣赏的西方的主宰地位绝不是永恒的。"事实上,它相对而言是短暂的,它大约始于十八世纪末,将渐行渐弱。"随着中国和印度的崛起,"将伴随着新价值观念的上升,这些新价值观念不会被西方价值观念压倒,而且肯定会与西方的某些价值观念发生冲突"。

看到西方学者关于中国模式的争论,人们也许会问:为什么恰恰是欧美国家陷在国债危机的泥潭中不能自拔的时候,有那么多的西方政客和学者起劲地贬损中国、唱衰中国呢?原因也许是这样:这些西方模式的卫道士们不希望看到中国模式与西方模式的对比在世界上显得太强烈。

当"末日博士"鲁比尼在2011年4月预言"中国大概会在2013年遭遇一场硬着陆"时,英国《金融时报》曾评论说:"鲁比尼竟然给伟大中国的崩盘确定了一个时间,真是胆大。过去20年间,有许多人做过类似的尝试,但都遭遇惨败。"

鲁比尼真是一个算准了末日的预言家吗?法国《政坛报》揭露说,鲁比尼的"末日经济论"从本世纪初就一直在反复宣扬。2008年的危机算他说对了,但他预测错的更多。关于中国经济硬着陆的问题,从1997年以来他一直在讲,但没有一次说对了。也许某一天他会说对一次,但这跟"科学预测"完全无关。鲁比尼不仅唱衰中国,也唱衰其他新兴国家,他还唱衰欧元,预言欧元必将灭亡,欧元区必将崩溃,而这个预言他也重复了许多次。

我们看得很清楚,鲁比尼之流的危机预言符合西方的政治正确原则,他们对中国经济的"毁灭性预测"其实一直是西方政客的陈词滥调。而鲁比尼之流开出的避免硬着陆的药方是什么呢?无非是"要迅速的货币升值"。原来,鲁比尼之流那样危言耸听，正是要诱导中国跳进西方国家早已挖好的经济陷阱，逼迫中国吞下西方国家早已包裹好的经济苦果。

话说回来，我们也可以把“中国崩溃论”当做一副“良药”，当做一种难得的警示。国际经济环境的恶化，必须正视；中国经济存在的结构性矛盾，不容忽视；中国经济改革攻坚阶段遇到的阻力，不能轻视。只有集中精力把中国的事情办好，“中国崩溃论”才会自己崩溃。

二、中国政治模式不会崩溃

政治模式与政权是不一样的，政权就是政府，具体的政府是会经常发生变化的。政治模式则是政治制度、政治理念和政府形式融合为一的东西，是相对比较稳定的。比如，中国的政治模式就是社会主义政治模式，已经在中华大地上存在了60多年，但中国政府则已经换过很多届了。

政府崩溃的情况在世界上经常出现。政治模式也是会崩溃的。苏联的政治模式存在了几十年，也在20世纪90年代初瓦解了。

中国像世界上任何国家一样，在一定的社会历史条件下，都存在着崩溃的危险。

一个国家的崩溃，一般有三种情况：一种是受到外部力量毁灭性的打击，如伊拉克的萨达姆政权就是美国侵略军灭掉的；一种是被内部的力量推翻的，如埃及的穆巴拉克政权；一种是外力和内力的共同打击下垮台的，如利比亚的卡扎菲政权。

中国社会承平已久，很多人没有危机感，对“中国崩溃论”不以为意，这是相当危险的。

新中国的开国元勋们把《义勇军进行曲》定为中华人民共和国国歌是意味深长的。他们知道，新生的社会主义共和国将长期被敌对的资本主义世界所包围，随时面临着被帝国主义侵略的危险；被推翻的反动势力不会甘心他们的失败，不会停止他们的反抗；在社会进程中也会滋生各类仇视社会主义的敌对分子。因此，我们的党，我们的人民政府以及全国各族人民千万不能麻痹大意，《义勇军进行曲》要时时响起，必须竖起耳朵，睁大眼睛，清醒头脑，对国家面临的危险要随时保持高度的警觉。

当今世界并不太平，希望中国崩溃的，大有人在。他们的野心非常简单而明确:西化中国,分化中国。

达赖集团妄图把西藏从中国分裂出去。

“东突”分子妄图把新疆从中国分裂出去。

“台独”分子妄图把台湾从中国分裂出去。

从魏京生、刘晓波到今天网络上咒骂共产党和社会主义中国的人,都希望中国尽快地崩溃,实现完全西化,使中国成为现代西方国家的殖民地。

所有这些“分裂分子”、“西化分子”的背后,站着整个世界的反华势力。

对于这些反华势力,“中国崩溃论”是他们治疗严重心病的一副良药。这付良药既可让他们求得暂时的心灵安慰,又可激起他们实行强硬政策的冲动。非常敌视中国的美国军政官员特别喜爱“中国崩溃论”,敢于挑起中日对抗的日本政客则相信“中共可能在两三年内崩溃”。

中国共产党党员,中国各级政府的组成人员,如果对这种形势,对这种危险没有清醒的认识,没有坚定的立场,不准备付出牺牲去捍卫我们的社会主义祖国,那就是不合格的党员,就是不称职的政府成员。

现在是全球化的时代,各个地区、各个国家之间政治、经济、文化的联系日益紧密,交往日益广泛,但这不应模糊了我们的理想信念,不应动摇我们的政治底线。在这个问题上,西方国家是旗帜鲜明的。为什么中国外汇不能购买西方国家高技术资产,为什么中国企业难以收购西方国家濒临破产的公司,就是因为他们对社会主义中国怀有极大的戒心。

应当肯定,西方国家人民同中国人民一样,是善良的、友好的,但他们的政客、他们的社会精英就不一样了。

美国政客洪博培是中国人比较熟悉的。一般认为,洪博培当过驻中国大使,对华态度比较温和,但他在内心深处是怎样看待对华关系呢?

洪博培在 CBS 辩论节目中说了这样一段话:“我们应当联合我们的盟友和中国国内的支持者,他们是被称为互联网一代的年轻人。中国有 5 亿互联网用户,8000 万博主,他们将带来变化,类似的变化将扳倒中国。与此同时我们将获得上升机会,并找回我们的经济生产力量,这就是我作为总统要做的。”

互联网时代的确给中国带来了一些变化。洪博培的讲话表明,西方国家把互联网当做是“扳倒中国”的一种手段。在美国精英阶层中,“扳倒中国”同“美国的上升”是紧密相连的。只有“扳倒中国”,才能像当年扳倒苏联那样,使美国“上升”,成为独霸天下的超级大国。

洪博培的话讲得很清楚,美国“扳倒中国”的实现手段是互联网,是利用互联网在中国培植反政府的“同盟者”。这不是他个人的奇想,而是美国政府的真实心愿。此前,即2011年5月16日,美国政府在白宫发布了一个名为《网络空间国际策略》的报告。此报告由国务卿希拉里提交,总统奥巴马作序,联邦政府最有影响的六个部门领导人悉数出席报告发布会。很显然,“网络空间国际策略”已经成为美国的一个大阴谋,也是美国的一项大政策和大战略。

美国的这个大阴谋,这项大政策、大战略,实际上是对着中国的,其任务就是“扳倒中国”。

英国《金融时报》2011年11月6日称,美国政府的报告虽然没有点任何国家的名,但报告中的说法很容易让人联想到中国和俄罗斯。

实际上,美国人并不掩饰他们的主要打击对象,发表这份政府报告前,希拉里已经公开攻击了中国。美国《大西洋月刊》2011年5月10日刊发了独家采访希拉里的报道。希拉里在评论中东“颜色革命”时专门谈到中国,她说:“我们并不因为中国人权纪录糟糕就拒绝与其打交道……”当记者说,中国现在因中东颜色革命“非常害怕”时,希拉里肯定地说:“他们担心,他们试图阻止历史,这是在做蠢事。他们办不到,但他们要尽可能坚持长久。”

希拉里讲中国“做蠢事”,就是指中国对互联网进行必要的管理。美国政府就是要打破中国和其他国家的网络管理。英国路透社2011年11月16日报道,在白宫的互联网报告发布会上,希拉里一再强调互联网自由对于美国外交政策的重要性。她说,美国的计划就是要让世界各地的人都有言论自由,要确保人权和民主活动人士拥有不受限制的网络。美国负责人权事务的助理国务卿波斯纳证实,为了打破中国、伊朗等国的互联网监管,美国要斥资1900万美元,给人权活动分子提供高科技手段,让他们将被审查的内容用“弹弓”放回网上,让用户能找到。

世人对美国的“网络战略”绝对不可以等闲视之。

冷战时期,美国追求的战略制高点是可以瞬间毁灭敌对国家的核武器。

全球化时代,美国追求的战略制高点是可以瞬间瘫痪敌对国家的互联网。

美国前白宫反恐顾问理查德·克拉克描述这样的可怕情景:由于病毒和其他

网络武器令飞机无法起飞，并引发核爆炸，一个被攻击的国家可以在几天内退回到石器时代。这是“帝国的武功”。美国的网络计划旨在互联网上打上美国价值观的烙印，用互联网挑动敌对国家的“颜色革命”。正如美国记者赫兹加德所说：“现代美帝国殖民的是思想，而不是土地。”这是“帝国的文功”。

互联网可以同时实现“帝国的文功”和“帝国的武功”，美国自然要把它作为战略的制高点来精心打造。

美国的网络计划是有雄厚实力基础的。目前，控制着国际互联网的 13 台域名根服务器全部被美国把持，这意味着美国掌握着国际互联网的生杀大权。2004 年 4 月，“LY”的域名瘫痪导致利比亚从国际互联网上消失了 3 天。2009 年 5 月，微软公司根据美国政府的禁令，切断了古巴、朝鲜、利比亚、苏丹和伊朗 5 国的 MSN 接入服务。只要愿意，美国对其他国家也可以这样做。

除了独掌互联网核心技术外，美国已组建了文武两路“网军”。美国最早成立网络司令部，使网络空间第一次成为和陆地、海洋、空中和太空一样的人为军事领域，可以随时在网上对敌国发动军事打击。同时，美国还成立了一支“网络水军”，可以在网上以别国的身份制造有利于美国的舆论，也可以散播、挑动敌国动乱的谣言。

2011 年春天，阿拉伯世界爆发“颜色革命”，互联网在传播美国价值观，挑起社会动乱方面的作用甚至超出了美国人自己的想象。受此启发和鼓舞，美国政府迫不及待地推出了试图“扳倒中国”的“网络空间国家策略”报告。

现在人们会问，美国的“网络战略”用在中国身上灵吗？很难。作为正在快速上升的世界大国，中国当然不会被动应付，而是会制定自己攻防兼备的网络战略，并使之不断发展完善。

美国政府把希望寄托在中国反政府的网民身上是很不靠谱的。不错，中国网民中确有醉心于西方价值观的人，确有经常对中国政府、对中国社会发泄不满的人。但是，这些人都是西方“扳倒中国”的同盟者吗？未必。

在中国宣扬西方民主的人，不一定没有中国心；在网络上发泄不满的人，也可能有对中国政府心存更高期盼的情怀。

美国花旗银行高级顾问罗伯特·劳伦斯·库恩与中国打交道多，比较了解这种情况。他在《商业周刊》上发表文章，曾经讲到一位对政府不满但又很有爱国心的中国知识分子。

库恩写道:“尽管经济发展几乎是每个国家的目标,在中国却有一种超越物质利益的额外动力:中国人希望向世界展示他们的国家是一个全方位的现代化强国。如果这需要丰富的物质财富、先进的科技水平、强大的军事实力和一个世界级的航天计划,那么这些就是他们必须和必将达到的目标。”

“这种自豪感深深植根于中华民族的内心深处。”

“我第一次领教到这种自豪感之深是在上世纪九十年代之初。当时,我来到北京,认识了一位倾向于批评中国政府的教授。我不记得他曾表达过对中国政治体制的任何肯定,于是有一天在城郊一处清静的山峰上,我毫无顾虑地表达了对美国支持悉尼而非北京申办2000年奥运会的赞同。我说,美国政府希望借此惩罚中国政府。”

“当时只有我们两人,我满以为他会热情支持美国投反对票,但他的反应却令我瞠目结舌。他言辞激烈地指责我:‘你们这些愚蠢的美国佬,你们侮辱了中国,你冒犯了我!’他表情严肃地盯着我,似乎是我投了反对票,继续说:‘你们国家太愚蠢了!这对我们国家是莫大的侮辱!’”

库恩说,这位中国教授的话语我可能永远也不会忘记,它尖锐地揭示了中国人真正重视的是什么。库恩劝告西方人说,不要让中国内部的争论蒙蔽你的眼睛,不要看到有人贬损政府就以为他们的爱国主义不再强烈。

库恩继续写道:“1964年,中国西北部升起的蘑菇云震惊了世界,展现了中国核技术的飞速成长,揭示了这个国家捍卫主权和独立的决心。对中国人来说,自主开发的核能力和航天技术是在发出掷地有声的宣言:中国再也不会受到外国人的凌辱,中国将掌握自己的命运,只有一个独立自主的中国才能确保世界和平。”

“当然,中国最终赢得了奥运会主办权。2008年北京奥运会盛大的开幕,激动人心的焰火表演和精致华美的传统演出向世界展示了中国的想象力和艺术文化,它们起源于5000年的文明,象征着这一文明的再度崛起。”①

西方反华势力应当记住库恩的忠告,不要让中国内部的争论蒙蔽你的眼睛,不要看到有人贬损政府就以为他们的爱国主义不再强烈。

---

① (美国)《商业周刊》,2010年1月4日。

像刘晓波那样死心塌地以做中国人为耻，希望中国被西方殖民300年的人，也是有的，所以西方国家才抱团呵护，硬要将“诺贝尔和平奖”颁发给他。但这种人在中国只是极少数。就是洪博培宣称的美国可以联合的“互联网一代的年轻人”，也只是互联网一代中的极少数人。他们在互联网上反对政府的喧嚣，表面上看起来声势很大，其实根本不能代表民意。因为他们不能代表5亿网民中的绝大多数。何况还有不上网的8亿中国人，他们不能被“代表”。

中国互联网上的声音越来越多元，这正反映了中国社会的自由度和自信心比西方某些人想象的要高得多。我们可以告诉西方反华势力，你们想利用这种新环境，以为躲在大洋彼岸某个角落里发发帖子，便能在中国社会掀起大波澜，那只能是一个真正的白日梦。

美国政府动辄拨款数千万美元，支持研发破网工具。从它手中接单子的，常常是以颠覆中国政府为目标的组织和个人，他们会是美国《网络空间国际策略》的实际受益者。而中国政府和中国人民会对这些组织和个人保持着高度的警惕，只要他们敢于挑动中国内乱，人民民主专政的铁拳就会把他们的阴谋砸得粉碎。

饱经沧桑的中国人既不健忘，也不盲目。他们对上个世纪的“八九风波”冲击中国前途和命运的危险记忆犹新，他们对西方霸权国家搞垮苏联、演变东欧、分裂南斯拉夫、制造伊拉克、阿富汗、利比亚的灾难一一看在眼里，他们对反华势力一直在给中国制造经济陷阱、构筑军事包围网、实施网络攻击战略等等都洞若观火。今天的中华民族，已经傲然挺立在世界的东方。看着今日乱纷纷的世界，我们正有着毛泽东诗句所表达的心境：“暮色苍茫看劲松，乱云飞渡仍从容。”

中国能在乱世中保持“从容”，是因为中国有底气。底气何来？来自中国人民创造的社会主义模式。

前面所讲的应对美国网络进攻的战略，虽说是“战略”，但网络问题毕竟只是技术层面的问题。应对得再好，也难保中国不崩溃。

真正能保障中国不崩溃的，是坚持和完善中国的社会主义模式。只要中国共产党和中国政府坚持代表中国先进生产力发展要求，代表中国先进文化前进方向，代表中国最广大人民的根本利益，中国模式就坚如磐石；只要中国共产党和中国政府坚持以人为本，实现经济社会科学发展和中华民族伟大复兴，中国模式就不会崩溃。

三、中国经济不会崩溃

“中国崩溃论者”的一个主要着眼点是中国经济。他们危言耸听地渲染中国经济泡沫很大,要破裂,要硬着陆。

几十年来,“中国崩溃论”者的预言没有一次灵验,中国经济长期持续发展的事实总是掌了他们的嘴巴。

预言中国经济将崩溃的人,不乏西方世界大名鼎鼎的经济学家。为什么这些著名的经济学家在研究中国经济时总是出错呢?我们在前面曾经说过,当代中国强势崛起,是由中华民族伟大复兴、社会主义胜利前进和世界现代化进程这三大进步潮流共同推进的。这三大进步潮流在中华大地上融合为一,是当代国际政治的一大奥秘。看不透这个奥秘,对中国的观察就只能是表层的、肤浅的,得出的结论自然也是错误的。

以经济而论,西方经济学家熟悉的是资本主义市场经济,而中国实行的是社会主义市场经济。既是市场经济,当然要遵守共同的市场规律,中国经济才能同世界经济接轨,才能参与经济全球化的伟大进程。但社会主义市场经济同资本主义市场经济毕竟有着重大的区别。这种情况我们在前面已经详细论述过,现在不再重复。但有一点还需要强调一下,从经济学的角度说,社会主义经济与资本主义经济是两种类型的经济。资本主义经济是以商品为本、以金钱为主导的经济。资本主义经济是以商品为中心,人是围绕商品打转的。“以金钱为主导”就是资本的增值、资本家的利润是至高无上的。社会主义经济则与之不同,它是以人民为本、以文化为主导的经济。在社会主义社会,人民是经济活动的主体。这里说的文化,当然是社会主义文化,其核心是人民利益至上、社会利益至上的精神。社会主义经济,就国家层面说,是按人民利益至上、社会利益至上的精神运转的。社会主义经济以公有制为主体，关系国计民生的大领域，都是国有企业占着主导地位，人民政府则按照对人民有利、对社会有利的原则推动经济的发展。

社会主义经济与资本主义经济的不同，理论上讲很抽象，举一个具体例子一说就很清楚了。有的经济学家认为，美国经济有房地产泡沫，中国经济也有房地产泡沫。美国房地产泡沫已经破灭了，并且引起金融海啸，危害世界；中国房地产泡沫也将破裂，也会对世界经济造成重大冲击。这些经济学家没有看到，美国的房地产泡沫，是美国联邦政府参与吹起来的，然后就不管不顾，任其膨胀，任其破裂，也不去救助因房地产泡沫破裂而陷入灾难的人民大众，还美其名曰尊重市场规律。中国则不然，发现有房地产泡沫，立即制定一系列政策措施，重拳打击房地产投机，以行政和市场相结合的手段，挤掉泡沫，这样做当然会伤害资本家的利益，但不这样做会伤害人民大众的利益。两害相权，人民利益、社会利益至上。为了贯彻人民利益至上的精神，人民政府计划在最近几年建设3000万套保障房，让贫困的城市居民都有现代化的住房。古代诗人曾梦想“安得广厦千万间，大庇天下寒士俱欢颜”，这样美好的梦想，今天正在社会主义中国变成活生生的现实。

人民政府以人民利益至上、社会利益至上的精神推动经济发展，国家也要求各类企业在经济活动中把人民和社会的利益放在重要地位。国有企业也是这样做的。

比如，装备制造业的利润并不高，在激烈竞争的环境中，装备制造业的利润率世界平均水平仅有1%到2%，有些国家因此削弱甚至放弃了装备制造业。

沈阳是中国装备制造业比较集中的城市，该市负责人和有关企业的负责人都能从国家需要和社会利益的角度来看待微利的问题。特变电工集团董事长张新说，我们沈阳的装备制造，如燃气轮机、数控机床等，可都是国家的宝贝，牵系着国家的经济安全，我们不是只为利润生存的企业，我们肩膀上扛着国家的责任、社会的责任。我们的装备制造必须掌握核心竞争力，不断的转型升级，去打开一片价值蓝海，这当然要靠国家政策的支持，更要靠企业奋力拼搏。

再比如，中粮集团是一个社会主义企业，整个经营发展体现了“以人为本、以文化为主导”的精神。在中粮集团的管理哲学中，“人”被放在了最重要的位置，他们强调经营的起点是客户而非资金，投资的起点是股东而非项目，生产的起点是员工而非制度和流程。中粮集团一直坚持共生和谐的理念,与农户、股东、消费者和员工一起发展、一起进步。

中粮集团的企业文化是“忠良文化”。这种以人为本的文化特别注意三个环节:上游是农民,中游是员工、下游是消费者。对上游的农民,中粮提供技术、种子和金融服务,把农民当做战略合作者,并通过合同种植、订单农业、种植基地等形式,降低农民生产的风险。还通过组织农民进入农产品加工企业,使农民收入从单一务农收入向工资收入、产业收入等多元化收入转变。对中游的员工,强调“高境界做人、专业化做事”。对下游消费者,最重要的是要保证食品安全。中粮打造了从田间到餐桌的“全产业链”模式。通过“自有基地”、“订单农业”和“返租倒包”等方式,建立了完善的原料管理体系。收购和加工过程中,建立了检验检测中心、区域实验室、重点企业实验室、基层企业实验室构成的四级连环检验检测体系。对提供给消费者的食品,建立了食品安全可追溯体系,一旦发现问题,可立即追踪食品流向,及时采取补救措施,为消费者提供足够的安全保护。

尽管社会主义市场经济与资本主义市场经济是两种不同类型的经济,但作为市场经济,它们又有许多相通的地方。因此,西方经济学家们所看到的中国经济的弊病,也是客观存在的,是应当高度重视的。实际上,我们也一直在想方设法去克服这些弊病,问题在于他们无限夸大了这些弊病。

有人预言,中国影子银行体系即将爆破。据咨询公司伯恩斯坦的分析师说,2010 年底,中国表外信贷在未偿贷款总额中所占的比例为 28%。在美国,2008 年影子银行体系的规模几乎是传统银行系统的两倍。中国影子银行体系比美国小得多,更重要的是中国政府正在下决心解决这个问题,并且已经取得了成效。到 2011 年下半年,表外信贷的涨幅已大幅下降。

有人拿中国劳动力作文章,断言由于老龄化,中国劳动力日益紧张,而且工资快速上涨,竞争力已大为削弱。这些情况是有的,但并不严重,中国劳动力队伍非常庞大。至于工资上涨,这是必要的,但不是不可接受。据美国劳工统计局统计,2008 年,中国制造业的工资水平仅为美国的 4%、墨西哥的 20%。

中国投资过度的泡沫即将破裂吗?按照 2010 年的数据,投资在国内生产总值中所占份额高得令人担忧,但也只是接近 50%。实际上,中国基础设施还有很大发展空间。以铁路为例,至今中国铁路网的总里程仍只是美国的40%。

在美国,2007年底抵押贷款占到GDP的103%。中国房地产业2011年底的贷款总额只占GDP的22%。这就意味着即便房价真的下降了,家庭也不会破产,银行业也不会倒闭。

要知道,在中国,当前强力抑制房地产投资,是政府深思熟虑的一项政策,目的是主动挤掉经济发展中的水分和泡沫,使之发展得更稳健。

这样做会使房地产业崩溃吗?回答是否定的。在一个人们越来越富裕、城镇化程度不断提高的大国,对更好的新房的需求是相当强劲的,它会推动中国房地产业更健康地向前发展。

有不少西方经济学家怀疑中国经济数据的准确度,这是可以理解的。

关于中国经济数据,确有一种令人费解的现象。近几年,各省市的GDP之和,往往高出国家统计局公布之数。最低超出4.8%,最高超出19.3%。究竟是各省市的统计数据准确,还是国家的统计数据准确,这是一个很大的问题。

应当说,中国历代政府都相当重视经济数据。2000多年前的秦汉时期,就形成了行之有效的“上计”制度。天下郡国的经济数据,包括耕地、人口、税收等等,都要定期汇总到中央政府,进行统一核对。中央政府主持“上计”工作的,是最高的行政官——丞相。举凡国家赋税政策、军费开支、官员俸禄、基础建设,都要根据“上计”结果才能确定。因此,各级政府官员知道,经济数据的统计是一件很严肃的事情,在这上面吹泡泡,一捅即破,相当危险。

新中国早期,实行计划经济,犹重经济数据的统计,积累了丰富的经济数据统计经验,培养了大批统计人员,形成了完整的统计机制。虽然有过“大跃进”时期虚报浮夸的情况,但那是特殊历史时期的不正常情况,后来已作为严重的教训坚决杜绝。

改革开放之后,实行社会主义市场经济,为了正确实施宏观调控,非常重视经济统计工作,设立了国家统计局,制定了相关的统计法规。现在中国的经济统计,继承了中国经济统计的历史传统,借鉴了西方发达国家的经济统计方法,由此形成的经济统计机制是完整的、先进的。

尽管如此,也不能保证中国经济统计数据完全准确。实际上,经济统计是主观反映客观的过程，这种反映在最好的情况下也只能做到基本接近、相对准确。社会的经济活动非常复杂，而且瞬息万变，统计工作受到多种条件的限制，只能在事后统计已经固化下来的经济情况。就此而言，中国同包括发达国家在内的任何国家一样，经济统计数据的准确度都是相对的。

西方经济学家对中国经济统计数据的怀疑，并不是从这个角度上出发的。他们实际上认为，地方官员为了突出自己的政绩，有意弄虚作假，才会出现各省区市经济统计数之和大于中央公布之数的情况。这是一个非常严重的问题，人们可以由此推论，中国庞大的经济规模，是人为编造的数据堆出来的，这才是真正的泡沫，它的破灭，它的崩溃是必然的。

我们必须断然否定这样的怀疑和推论，因为13亿中国人民流血流汗创造出来的经济奇迹是不容任何人玷污的。中国的统计工作，方法是科学的，程序是严格的，并受国家法律的保护。本书作者曾在中央机关和省市两级担负领导工作，深知我国经济数据统计的严肃性。“大跃进”时期一度盛行的虚报浮夸，教训太深刻了，今天如果有人还胆敢那样做，不仅违反法律法规，而且为社会所不齿。要知道在关系到13亿人吃穿住行用的统计数据上玩花招，那真是罪莫大焉。

中国经济的这种特点，也提高了经济统计数据的可靠性。如果某些西方经济学家想从经济统计数据中找到“中国经济崩溃论”的根据，那他们一定会大失所望。

我们在实际工作中碰到的是另外一种倾向，有些企业，为了避税，有意掩瞒产量产值；有些国家级或省级的贫困县，为了更长时间享受有关的优惠政策，也会有意掩瞒当地的实际社会财富。国家统计部门关注的则是另外一种倾向，生怕各地统计数据中有水分，希望尽量挤掉这些水分。比如，某些制造业产品产值，从上游到下游的各个生产环节中，可能存在重复统计的情况；再比如，我国农业多为家庭经营，情况复杂，又极其分散，有些产品产值可能存在以平均值估算的情况。考虑到诸如此类的情况，并且为后续的复核留有余地，就会出现国家公布的统计数据小于地方数据之和的情况。

总起来说，中国经济统计数据有相当的准确性。况且，中国经济的基础核心和支柱是实体的，不是虚拟的；主要是看得见摸得着，可吃可用的物质财富，而不是可升可降、忽生忽灭的债券虚财。

2011年以来,“中国经济崩溃论”之风刮得特别猛烈。

最出风头的就是“末日博士”鲁比尼。据说,他曾准确预测了美国2008年的金融危机,因此他唱衰中国经济就让人感到不可不信。鲁比尼宣称,过度投资会导致经济硬着陆,诸多因素正推使中国在2013年出现硬着陆。鲁比尼还说,中国目前一些状况与上世纪六七十年代的苏联和1997年亚洲金融危机前的东亚很相似。

一向看衰中国的美国学者乔治·弗里德曼在其新书《未来10年》中写道:“我对中国的评价是崩溃,而不是崛起。”他称现在的中国“就像1989年的日本。日本在耀眼的增长背后,金融系统陷于崩溃”。弗里德曼还说:“中国是没有内部经济的国家。欧洲和美国不买中国的产品就无法生存。所以中国就像外部世界的人质。”

法国兴业银行全球战略分析师爱德华兹和格赖斯接受瑞士《伯尔尼日报》专访时直截了当地说,中国没有从西方的金融危机中吸取教训,中国经济已经失控,正在重蹈美国2007年的覆辙,这个泡沫的破灭会是世界经济的最大危险。

西方舆论也抱团鼓吹“中国崩溃论”。英国《金融时报》的评论文章说,中国经济即将出现拐点的论调目前非常盛行,而且看上去还不止一种拐点论。所有的拐点论都可以总结为中国的经济模式走到头了。美国《钱瞻》网站的文章说,“中国花朵不再盛开——这不是是不是的问题,而是何时的问题”。文章说,以前,看衰中国的人被称为疯子。但最近暴露出中国有问题的地方数不胜数。房地产大泡沫破裂将导致银行僵化和增长下挫——日本20年前就遭受这种事。中国的金融状况不见得比美国好,而且,中国作为全球制造业低成本基地正迅速消失,比如中国出口到加州的商品价格的优势已从22%下降到5.5%。

如果只听鲁比尼、弗里德曼等人的喧嚣和西方舆论的鼓吹,真会使人产生中国经济正面临大难临头的感觉。事情果真如此吗?

应当肯定,中国经济确实存在很多困难。例如,我国单位GDP能耗是发达国家3倍以上,基尼系数已越过0.4的警戒线,资源环境的约束强化,投资消费关系失衡,收入分配差距拉大,社会矛盾日益增多,发展中不平衡、不协调、不可持续的问题相当突出。这些问题,不是短期内可以解决的,而是会长期影响中国经济的发展进程。

上面提到的各种崩溃论没有看清这些深层次的问题,反倒抓住那些比较表面的、可控的、正在解决的问题不放,这就使他们的论调显得似是而非。

在弗里德曼等人的头脑中,中国是没有国内经济的国家,完全靠向欧美国家出口低成本商品发展,如果美国和欧洲不买中国的商品,中国就无法生存。这是十足的谬论。中国作为世界经济大国,从来坚持自力更生的路线。我们积极参与世界经济大循环,但从来不依赖外援,不依赖外贸。有人认为,中国是出口导向型经济,外贸依存度较高。实际情况如何呢?以 2010 年为例,我国 GDP 增长 10.3%,消费贡献 3.9%,投资贡献 5.6%,净出口只贡献 0.8%。金融危机以前的情况也大体如此,在 2002—2008 年 7 年中,GDP 的增速有 5 年在两位数,而净出口贡献度,只有 3 年超过两个百分点,4 年在 0.1—0.8 个百分点。由此可见,我国经济增长的主要动力在国内,而不是出口。

有人说,2010 年,我国进出口总额为 29728 亿美元,占当年 GDP 总额 50.6%,意味着对外贸的依赖度很大。其实,这两个数不能这样比,因为进出口是总值口径,GDP 是增加值口径,两者这样比较是错误的。

2009 年,我国已是世界头号出口大国,当年出口额占世界比重为 9.6%,2010 年升至 11.0%,但我国人口占世界 19.7%,人均出口额只相当于全世界水平的 55%左右,表明中国出口依然有很大空间。

危机过后,中国出口商品在海外占据的市场份额甚至还在增加。据标准渣打银行统计,2011 年 1 月,出口在连续数月取得创纪录增长之后,又上涨了 38%。目前,中国占据日本、美国和欧洲进口商品的份额达到 17%,而 10 年前仅有 5%。

经济学家们注意到,中国有很广阔的发展纵深,沿海地区许多企业把它们的生产线转到内地,既能控制成本,还可以腾出手来向高科技制造业进军。

西方人士一向小看中国人的创新能力,以为中国只会提供大量的低端产品,一旦因劳动力价格飙升等因素使中国低成本制造业陷入困境,中国经济就会停滞不前了。实际上,中国经济从低端向高端跃升的结构调整早已开始,并已现出成效。

早在2007年，我国高技术产业实现增加值1.9万亿元，占国内生产总值的7.8%。高技术产品出口总额达到3478亿美元。我国高技术制造业规模位居世界第二，国际市场份额居全球第一。

2000年到2007年，我国高技术产品出口额年均增长38%。目前，国际市场份额已接近20%，计算机、移动通信、手机、抗生素、疫苗等产品的产量位居世界第一。我国正成为世界高技术产品的重要生产基地，并正向研发制造基地转型。国际高技术制造和研发能力加速向中国转移，还有上千家跨国公司在我国设立研发机构。我国华为、中兴、联想、海尔等企业也正成为有国际影响力的高科技跨国企业。

2010年，中国出口的机电产品达9330亿美元，超过德国，跃居世界第一位。国际媒体惊呼中国已成为"世界高科技工厂"。

英国《金融时报》评论说道，最近中国经济拐点论非常盛行，一些人仅从媒体报道中的民工荒、甚至根据一根油条就可以看到"拐点"。拐点是崩溃的另一种说法。如果西方某些人从媒体报道的民工荒、甚至一根油条就可以看到拐点，那么这些人真是法眼通天的神人了。可惜的是，这些神人并不知道，中国是一个发展中的大国，中国经济发展的巨大惯性会撞碎一切拦在拐点之上的障碍物。

当前时期，美国和欧洲都陷入了严重的债务危机，并且同经济危机、社会危机交织在一起，给世界经济的发展前景投下浓重的阴影，这才是真正的问题所在。西方某些人实际上是期盼西方的危机可以造成中国的拐点，使中国也同他们一起陷入难以自拔的泥潭。

这种怪诞的期盼肯定要落空。

中国经济的弹性是其他许多国家不具备的。卡内基国际和平基金会高级研究员盖保德认为，改革开放增加了中国经济抵御外部冲击的弹性，并造就了一个注重实效和实践性的领导层和决策体系，可以比绝大多数国家更快决策并付诸实施。中国比许多市场经济体的意识形态色彩更淡，不迷恋所谓市场机制的万能，而是有强烈的认知，即一旦需要就要动用广泛的非市场政策工具维持经济稳定。这种政策弹性是中国经济改革演进中所产生的最令人受益的成果之一。

一般认为，中国经济对风险冲击的承受能力是相当强的，因为相对发达国家来说,中国城市化水平还很低,56%的人口住在农村,在未来经济增长中,每年城市化的水平至少可提高一个百分比;中国的改革开放还在不断深化,产业升级的空间很大;中国还是外国投资最多的发展中国家,这种情况在危机期间也没有变化,2008年上半年,德国企业对华投资就增长37%,德国商会调查显示,有90%的商会成员表示要扩大对华投资;内需增强的潜力也很大,有数据显示,2007年GDP增长的9%至10%来自内需,2.5%来自外贸顺差增长,今后这个趋势会越来越明显;中国已是一个开放程度高、规模宏大、部门齐全、体系完整、基础雄厚的巨大经济体,拥有广阔的扩张内需空间和庞大的消化能力,在适应全球经济进一步调整和转移的过程中,中国经济还有二三十年快速增长期。我们在下一章中将会指出,现在不是中国经济从繁荣拐向崩溃的时期,而是中国经济迎来了又好又快发展的新的战略机遇期。

四、中国社会不会崩溃

中国政治崩溃论和经济崩溃论的鼓吹者，也在起劲地鼓吹中国社会崩溃论。西方国家挑动了苏联和东欧国家的“颜色革命”，正在挑动北部非洲和阿拉伯国家的“颜色革命”，但他们最终和最大的野心是挑动中国的“颜色革命”，使中国社会四分五裂，直至完全崩溃。

中国社会崩溃论者从制造“八九风波”的那些人身上看到了希望；从少数带有反政府倾向的网民身上看到了希望；从向往西方生活方式，携巨额财富出国的“金色移民”身上看到了希望；也从在新疆、西藏搞恐怖活动的分裂分子身上看到了希望。他们相信自己的假设：中国社会没有人权，没有自由，存在着大量愤怒的人群，只要通过互联网和其他渠道把美式自由、美式民主的思想灌输进来，就可以点燃中国“颜色革命”之火，就可以使中国的社会主义社会走向崩溃。这正是希拉里和美国政府的如意算盘，正是美国政府现在大推“网络自由”的真实用心。

就人类历史发展的大趋势来说，相对于资本主义社会，社会主义是一种崭新的社会。前者的原则是个人的利益和资本的利益高于一切，后者的原则是人民的利益和社会的利益高于一切。社会主义社会虽然是一种处于更高发展阶段的崭新的社会，有明显的优越性。但现实的社会主义社会是从不发达的旧社会中脱胎出来的，不成熟，不完善，还比较脆弱，弄得不好是会崩溃的。苏联那种粗糙而且最后又异化了的社会主义社会崩溃了，东欧国家不发达的社会主义社会也崩溃了。中国社会主义社会还处于初级阶段，困难很多，毛病不少，也是可能崩溃的。

新中国建立 60 多年了，仍然是社会主义初级阶段，正处于社会矛盾高发期。不同的阶层，不同的群体，不同的个人，往往有不同的利益诉求，有多样的思想观念，当它们得不到妥善的协调时，就会发出不满甚至愤怒的声音。有时候，一个具体事项，如征地、拆迁，林场、矿场的调整等等，可能涉及多方面的利益，如果主持其事的官员不能秉公办事,甚至从中贪赃枉法,就可能引发群体性事件,造成局部地区社会的不安宁。每当发生这种情况时,互联网上就会热炒起来。某些别有用心的人就会把这类事件说成是中国社会崩溃的表象。

社会主义社会的优越性有如下突出的表现:虽然不同人群之间某些具体利益可能有冲突,但全国人民的根本利益则是一致的,执政党和执政当局是为人民的根本利益服务的。上述的群体事件发生时,当地的党委和政府就会及时调查处理,会广泛而耐心地听取相关当事者的意见。如有官员贪赃枉法,会严惩不贷;利益受到损害的群体,会得到合理的补偿;对整个事件,会作出合情合理合法的处置。不仅如此,通过深入细致的处理这类群体事件,官员和群众之间,曾经有利益冲突的不同单位之间,不但化解了矛盾,而且建立了新的友好和谐关系。当地的党委和政府部门也吸取了教训,提高了执政能力。不要小看这个做法,这是以民主的方式,正确处理人民内部矛盾的伟大实践。

让我们举 2008 年“7·19”孟连事件来说明这个问题。

云南省普洱市孟连傣族拉祜族自治县与缅甸接壤,是一个集“边、少、山、穷”为一体的地方。这里民风淳朴,13 万多各族群众谦和善良。然而,2008 年 7 月 19 日,这里爆发了一个震动全国的群体性事件,700 多名村民手持长刀、锄头、铁棒、木棍、石块、弹弓等围攻 300 余名进村抓捕“嫌疑人”的公安民警,围困当时的普洱市委书记和孟连县委书记等长达 20 多个小时。事件造成 2 名群众死亡,69 名干部群众受伤,致使当地干群关系尖锐对立,严重影响了社会稳定。

事后查明,这是一次当地干部未能正确处理人民内部矛盾而引发的群体性事件。引爆点是橡胶业发展中橡胶厂与胶农的利益分配不合理。

孟连县的橡胶产业起步于改革开放之初的 1979 年,是政府广泛动员群众投资、投劳、投粮,采取“公司+基地+农户”的模式发展起来的,一直存在着产权不清晰、管理不规范、分配不合理的问题。特别是 2005 年以来,胶乳价格不断上涨,最高成交价曾达到每吨 28900 元,比 2002 年翻了 3 倍多,而企业从胶农那里的收购价并未随之调整,胶乳价格成倍上涨以及国家免征农特税带来的利益大部分被企业老板占有。企业老板甚至封锁道路,阻止胶农到价格高的地方出售自己生产的胶乳。当时的县委、县政府考虑地方财政收入,加之个别领导干部与橡胶公司有利益关系,思想、感情、政策的天平倾向橡胶公司一边,造成了一系列的决策错误，导致干群矛盾、胶农与公司的矛盾不断积累，终至大爆发。

中共云南省委当机立断，调换了孟连县委书记，要求新上任的书记牢记为人民服务的宗旨，正确处理好人民内部矛盾。

马克思说过，"'思想'一旦离开'利益'，就一定会使自己出丑"。"7·19"事件的深刻教训，就是当时掌权的领导干部不仅不能正确地处理橡胶公司和群众的利益关系，反而是受公司恩惠，为其谋利，立场站到公司一边，损害了广大胶农的利益，造成了严重的社会冲突。调整后的孟连县委、县政府把倾斜的利益天平重新扶正，立刻打开了化解矛盾的突破口。

县委、县政府派出工作队深入各村各户开展橡胶产业的利益测算，反复求证和实地调查，同时组织公司、胶农、农户多轮协商，逐步理顺了土地权属、胶树产权和利益分配关系，胶农与橡胶公司签订橡胶树产权界定及流转协议，胶农按照协议向公司支付橡胶树部分产权转让金后拥有100%的橡胶林权。同时，政府明确规定胶乳价格随行就市，严禁价格垄断和市场封锁。这些做法符合胶农的心愿，极大地调动了他们的生产积极性。前后对比，胶农年收入平均增长了3.3倍，橡胶公司的生产经营也得到了发展。

普洱市和孟连县举一反三，从"7·19"事件的处理中总结出新时期做好群众工作的新鲜经验。他们认为，利益关系是一切社会关系的基础，抓住了利益关系，就抓住了化解矛盾的根本；统筹协调好利益关系，就把握了工作的关键。在统筹群众的利益关系的时候，要做到以下"五个到位"：

一是调查研究深入到位。坚持摸清情况，掌握主要诉求；坚持分析根源，查明事发原因；坚持统筹分析，把握动态趋向；提出处理意见，为妥善处理事件提供决策依据。

二是合理诉求解决到位。群众诉求合理合法的，坚决予以解决；合理不合法的，说明情况，表明态度，正确引导，争取部分解决；所提诉求不合理不合法，但生活困难者，实施帮助救扶。

三是思想工作细致到位。政策宣传到户，感情联系到人，关心关爱到心，与群众"面对面"、"零距离"、"心连心"，争取群众的理解和支持。

四是法律手段跟进到位。坚持事前服务到位，送法律进村入户，教育群众学法知法守法；坚持事中引导到位，引导群众按照法律理性表达利益诉求；坚持事后处置到位,对经反复说服教育仍然挑头教唆和挑衅法律底线的人员坚决依法处理,防止事态扩大。

五是后续工作完善到位。事件有效处置后,坚持工作力度不减、标准不降、力量不弱,继续巩固扩大成果,做好后续工作,做到案结事了,群众满意。

孟连县"五个到位"的群众工作法效果很好,实施几年来,全县矛盾纠纷化解率达 99%,再也没有发生过重大群体性事件。社会经济发展也很好,2010 年,全县生产总值增长 13%,投资增长 26.2%,地方财政收入增长 27.8%,农民人均纯收入增长 16.3%。更可贵的是干部和群众的关系得到了根本的改善,已经亲如一家。当年领着村民带着棍棒、拿着大刀、砍树堵路、打砸警车的芒河村民波岩胆说,我们第一个想不到党委、政府对我们那么宽容,第二个想不到工作队对我们那么真心,第三个想不到五年前我们跟干部水火不容,现在却亲如一家。"有人问过我,现在日子好过了,今后有什么想法,我说给他,'我要一心一意跟党走!'"现在,波岩胆已成为一名共产党员。

孟连"7·19"事件处理得很成功,得到党中央的肯定。总书记胡锦涛指出:"孟连的实践证明,只要我们坚持执政为民,真心实意为人民服务,就一定能得到人民的信赖,就没有克服不了的困难。中央有关部门都要注意总结类似的好做法,好经验。"

2012 年春天,本书作者特意到普洱市孟连县进行考察,亲眼目睹这个民族边疆地区社会和谐安定,经济文化繁荣发展和干部群众亲如一家的景象,心里很踏实。

国外一些带有偏见又不明真相的人,每逢听说中国某地发生群体性事件,就会认为是群众起来反对共产党、反对政府,就会把它作为中国社会即将崩溃的例证。其实,这类事件一般是由违背了共产党和人民政府为人民服务宗旨的某些干部造成的,群众反对的是这一类人的错误做法,而不是共产党和人民政府。从孟连事件的妥善处理再一次证明,共产党和中国政府是真正为人民服务的,而且是有高超的正确处理人民内部矛盾的能力的。事件处理好了,党和人民、政府和群众更加亲密无间了。

令中国社会崩溃论者大失所望的,不仅是中国社会已经形成运用民主方法解决人民内部矛盾的超强的自我修复能力,更重要的是中国社会已经形成并巩固了以共产党为核心、以工农联盟为基础的人民大团结。可以正告一切想扳倒中国的人:撼山易,撼中国人民大团结很难。

我们在此不必用长篇大论来谈以中国共产党为核心、以工农联盟为基础的中国人民大团结是怎样形成和巩固的,只想请读者听听几位不同年龄段的普通中国人对共产党的真情实感,来体悟中国人民大团结的坚强力量。

在人民网推出的庆祝建党 90 周年栏目中,截至 2011 年 6 月 29 日,网友留言近 12 万条,微博 6000 余条。我们分别摘引 1921 年、1949 年,1978 年出生者及 2011 年出生者父母的留言各一则,即可见普通的中国人对中国共产党的真实感情:

孙柱香,生于 1921 年,现居江苏镇江。"我曾是一名童养媳,没有共产党就没有我的今天。从苦难的日子到温饱的生活,再到幸福的时光,我想说,没有共产党就没有新中国,没有共产党就没有好生活,这是我 90 年来的真实感受。子孙们的未来一定会比我们更好,而这还得靠党的带领啊。"

杨烈英,生于 1949 年,现居四川绵阳。"作为共和国的同龄人,我成长在五星红旗下,见证了新中国日新月异的发展。小时候家里穷,正是有了党的关照,我才上得起学,有了工作,有了幸福的家庭。如今我们退休在家安享晚年,每月有退休金,病了还有医保。感谢党带领我们走上康庄大道,过上美好生活。"

陈刚,生于 1978 年,现居广东深圳。"祖父是名老党员、老战士,记忆中童年就是在听战斗故事中度过的。没经历血雨腥风的岁月,但我们这代人同样不乏激情,国家创造新传奇,我们也在创造自己的人生。中国共产党之所以伟大,就在于它总能把握时代脉动,为人们用智慧与汗水创造幸福生活搭好台、铺好路。"

黄宇涵,生于 2011 年,现居北京。黄宇涵的妈妈写道:"我们夫妻两个都是改革开放、祖国繁荣富强的见证者和受益者,亲身感受到了物质生活越来越富足,精神文化生活日益丰富。中国共产党引领中国人民走上幸福路,我们是幸运的,我的孩子更是幸运的。初为人母,满满的幸福感,因为我对国家的未来、孩子的明天充满期待和信心!"

次仁拉姆是一位藏族老人。她说:"我的名字意思是'长寿仙女'。但在解放前,我曾经是一个农奴,过着非常贫苦的生活。只有在共产党的领导下,在社会主义的新西藏,我才成了'长寿仙女'。

“我从 6 岁开始在领主家里当朗生,饿了没人管,冻了也找不到人诉苦。12 岁那年,我被迫到温曲庄园当奴隶,从此我再也没有和我的父母见过面。”

“西藏和平解放,我结束了 33 年的农奴生涯,获得了人身自由。1960 年,我在党的指引下,组织了一个互助组,尝到了自由劳动的甜头。那一年,我还光荣地加入了共产党,被乡亲们选为结巴乡政府委员。我永远忘不了西藏民主改革时,我分到了一间房子时的情形,那是贵族家里用来堆草料的,有六根柱子的大房子。我还分到了土地,当我们把收成从地里搬回家时,我简直不敢相信这是真的,时不时要看看粮袋子,心里才能踏实。所以,我对共产党感情非常深厚。我不相信世上有神灵,如果有,我想这个神灵就是毛主席,就是共产党。”

次仁拉姆从一个翻身农奴成为国家干部,担任过西藏自治区党委委员、自治区人大常委会副主任,1985 年退休,现在作为“长寿仙女”,在家安度晚年。

不仅是普通民众,就是广大企业家,也是团结在共产党周围的。中国的企业家,不管是民营的,还是国营的,都是社会主义的企业家,他们的命运同中国共产党和社会主义国家紧密相连,许多成功的企业家对此是深有体会的,请看他们是怎样说的:

邹建民(奥宸集团董事长):我们从小就知道,没有共产党就没有新中国。长大后,从祖辈、父辈和我们这一代的生活比较中,我们亲身感受到新中国比旧中国好,社会主义社会比旧社会进步。共产党的政策都是考虑大多数人民的利益,而且特别关怀弱势群体,重视男女平等。以前受压迫的妇女们得到了解放,像我这样的女企业家很多,还有许多优秀的妇女成为党和政府的领导者,成为科学家、教育家等等,妇女真正顶起了半边天,这是社会主义中国有旺盛生命力的重要因素。

林立东(子元集团董事长):我很庆幸自己是社会主义中国的企业家。共产党坚强而正确的领导,使这么大的一个国家社会长期保持安宁,这太不容易了。因为只有社会安宁,才能使企业家开展正常的经营活动,才能使老百姓安居乐业。反观世界上很多地方,战乱不息,社会动荡,企业破产倒闭,普通人民生死无依。什么社会模式好,什么社会模式不好,每个人心里都有一杆秤。在我接触的企业家中间,不管是国营的,还是民营的,可以说大多数人都是希望共产党的政策好,希望国家发展得好,都希望为社会进步作出贡献。

陈用胜(成盛集团董事长):中国共产党改革开放的政策改变了我们国家的面

貌，也改变了我们许多人的命运。我从公务员队伍走出来，踏上了自主创业的新天地。困难很多，挫折不少，但国家为民营经济的发展创造了越来越好的社会环境，使我从一个赤手空拳的创业者成为一个产业集团的掌门人。事业发展了，我就想怎样报答社会和人民，怎样报答引领我们走上民富国强道路的共产党。人才是我们国家的未来。这些年，我们集团先后投资几亿元，支持边疆民族地区的教育事业，为振兴中华尽一点力量。

吴黎明（金乡集团董事长）：大学毕业后，我当过几年老师。我们给学生传授科学知识，也给他们讲要有好的思想品德，要有为社会作贡献的理想。其实，这也是我自己的人生态度。在中国改革开放的大潮中，我从教师转变为一个企业家，但我的人生态度没有变。共产党领导人民建设社会主义，就是要走共同富裕的道路。作为东部地区的企业，我们总是想为国家西部大开发战略和边疆民族地区人民的幸福尽一点力，做一点贡献。这些年，我们到西部地区开办企业，为社会慈善事业捐款，都是在履行一个社会主义企业的责任。

余忠林（天行健集团董事长）：中国是一个多民族的国家，中国共产党教育和引导各民族人民要平等、团结、互助，实现各民族共同繁荣。我们的企业在各民族人民杂居的地区创业和发展，要自觉地促进各民族的平等和团结。多年来，我们企业注意多招收少数民族的职工，帮助他们的家庭脱贫。我们还出资在民族贫困地区建设教学楼和学生餐厅，以改善少数民族学生的学习和生活条件，并支持保护民族文化遗产。

欧阳应昌（黄中公司董事长）：我家祖祖辈辈都生活在云南、贵州这些边远贫困地区，是共产党的坚强领导，是社会主义道路使这些地方的面貌发生了根本的变化，从贫穷落后一步步地向文明富裕的方向前进。我自己也从一名卡车司机成长为一名企业家，事业融进国家西部大开发的潮流之中，不断发展壮大。我们有一种朴素的感情，就是希望共产党把国家领导好，以实现中华民族的伟大复兴。

……

21 世纪的中国，13 亿各族人民是紧密团结的，他们对延续几千年的中华文明，对成就辉煌的中国现实社会，对无限光明的民族前景充满了自豪，充满了向往，充满了自信。妄想这样的国家、这样的社会会崩溃的人是多么愚蠢无知啊！

五、中国金融不会崩溃

中国金融经不起风浪,地方债失控,是崩溃论者现在热炒的一个题目。这确实是一个值得重视的问题,但并非失控,更不像论者们渲染的那般可怕。

2011年6月,中国人民银行发布《2010年中国区域金融运行报告》。报告承认,由于地方政府融资平台贷款普遍额度大、期限长、用途监督有困难,存在着一定的信用风险。

调查显示,地方融资平台贷款在人民币各项贷款中占比不超过30%。截至2010年底,约为14万亿元。前期贷款多依赖地方政府信用,后期则以抵、质押方式为主,总体处在安全范围之内。

调查还显示,地方政府贷款五成以上投向公路与市政基础设施,还有一部分用于土地储备,不仅有力地推进了城市化进程,而且为今后经济发展奠定了基础,总体效果是好的。

关于债务水平,中国中央政府的债务约占GDP的20%,即便加上地方政府的债务,也只到38%,完全在国际上公认的债务警戒线以内。而美国的债务约为GDP的100%,日本为230%。考虑到中国债务几乎都是内债这个事实,中国政府的处境应是欧美和日本非常羡慕的。

"十二五"期间,我国将继续推进工业化、城镇化和农业现代化,公共事业资金需求持续快速增长与各地方政府财力相对不足的矛盾将长期存在。当前地方债问题突出起来,引起国内外关注,给我们提供了一个完善地方债管理的契机。应当对既有债务进行清理规范,有效防范系统化风险,研究地方政府发行市政债券等多种筹资方式,使地方政府债务管理的制度得以完善。

货币和金融是现代经济的核心,这是一个常识。但是,直到爆发全球金融海啸，许多人才对这个常识有深切的体认。

任何一个国家的经济，随时都会面对各种各样的风险，会遇到各种各样的问题。例如，出口增长不振，企业倒闭加剧，突发自然灾害等等。但是，只要应对得当，这类问题不会搞垮一国经济。

真正会使问题变成灾难的，是金融。如果通货膨胀控制不住，或者股市急剧下跌，银行坏账丛生，那就很危险了。

美国次贷出现拖欠现象，是在2006年。当时很多人认为这只是小事一桩。美国政府估计，次贷损失将只有500亿至1000亿美元。相对于西方银行的总资本或全球投资基金天文数字的资产而言，这点损失不过是沧海一粟。然而，没过多长时间，华尔街的一些主角，包括雷曼兄弟公司、美国国际集团等大银行宣布破产，成百上千家中小银行应声倒闭，象征美国霸权的金融大厦摇摇欲坠，整个西方世界立刻陷入深重的危机之中。

由于金融在现代经济中发挥着核心的作用，金融工具也会成为国家之间的斗争武器。以美国为首的西方霸权国家或者用铁弹炸烂他国的政权，或者用银弹摧毁他国的经济，广大发展中国家成为货币战争的牺牲者。当国际金融霸主使用银弹时，往往还把自己装扮成慈悲为怀的"救助者"。

1973年的时候，发展中国家债务仅为1300亿美元。到1982年，暴涨到6120亿美元。这期间，国际金融家们举起了"打击世界范围通货膨胀"的大旗，美国里根政府宣布美元拆借利息一下子从11.20%涨到20%，基本利率更高达21.5%。英国撒切尔政府紧跟着把借贷成本提高42%。

如此惊人的"高利贷"在和平时期史无前例，债务沉重的发展中国家只能无奈地等着被货币尖刀来宰割。发展中国家原本只有4300亿美元的债务，但在1980年到1987年，虽然支付债务本金和利息已经超过6550亿美元，但欠国际银行家的钱居然还有1.3万亿美元。

这样惊人的利滚利实在无法偿还，发展中国家被迫接受国际金融财团提出的"债务解决方案"，即是要求这些国家以跳楼价出卖大量核心资产。这样一来，许多发展中国家的自来水、电力、天然气、石油、铁路、电话、银行等最有价值的资产就全被国际金融财团抢掠而去！

有些发展中国家曾试图抵抗。墨西哥总统波提略就指责美英银行财团用提高利率和降低原材料价格这把双刃剑来宰割贫穷国家。他在联合国大会上发言时宣称:“在没有我们参与的情况下,这些债务偿还的费用已经涨了三倍,我们对此没有责任。”①仅仅两个月之后,波提略就被国际金融财团的代理人拱下台了。墨西哥货币大贬值,与美元的比价从 12∶1 贬到 2300∶1,墨西哥经济几近解体。

同样的情况发生在东亚地区。1997 年金融风暴期间印度尼西亚同其他东南亚国家一样陷入困境。在国际金融财团的逼迫下,印尼政府放弃了 2300 印尼盾兑 1 美元的价格,放弃了外国公司对印尼企业只能拥有 49%股权的限制,并接受了其他 100 多项苛刻条件。结果是印尼盾在 1998 年就从 2300 比 1 美元下跌到 15200 比 1 美元,物价上涨,社会大乱,总统苏哈托被迫下台,东帝汶也从印尼分裂出去了。

至于美国利用《广场协议》,强迫日元大幅升值,令日本经济陷入几十年停滞困境,更是人们记忆犹新的。

世界上的事情总是有两面性,货币和金融可能带来灾难,可能成为国际斗争的工具;但货币和金融又能够促进社会经济的繁荣发展,可以成为国际合作的有力手段。

创新是推动经济社会发展的重要源泉,金融也需要创新。创新本无错,关键是要处理好金融创新与金融监管的关系,既要发挥市场的作用,又要发挥政府和社会的作用,更好地按照市场规律配置资源,实现可持续发展。

由美国华尔街引发的国际金融危机,暴露出大金融财团推动的所谓金融创新存在着许多问题。

一是脱离实体经济。20 世纪 70 年代以来,随着现代科技成果在金融领域的运用,美国等西方国家掀起了金融创新的高潮。由于金融资本追求高额利润的本性,使金融创新很快走上了脱离实体经济的道路。一方面,不顾实体经济的真实需求,金融机构通过业务创新和工具创新,为实体经济提供了过度的货币供给和金融衍生品,导致实体部门的价格大幅上涨;另一方面,金融系统内部各种衍生产

① William Englangd, A Century of War: Anglo－American Oil Politics Ana The New World Order, P190

品的创新使金融业形成了自我创造需求与供给、自我循环的局面。

美国的次贷危机，实际是美国政府和大金融财团共同制造出来的。

2001 年互联网泡沫破灭后，美国政府为了刺激经济，促使美联储 13 次降低联邦基金利率，一直降到 2004 年 6 月的 1%。同时，政府推动“居者有其屋”计划，使房价上涨。这种房价持续上涨的现象让大众相信购买房屋是无风险、高利润的投资，住房需求大幅膨胀，房地产业持续火爆。金融机构争相向房地产放贷，大搞住房抵押贷款，甚至以高利率贷款给缺乏信誉的客户(次贷)。不止如此，利欲熏心的投资银行把住房抵押贷款以高杠杆打包成住房抵押债券，向公众发放。再用筹集的资金投向房地产业，造成房地产业的更大泡沫和虚假繁荣。

大投资银行是以金融创新的名义，在没有监管的情况下玩这些花样的。它们通过为上市公司推荐、担保大赚一笔，同时以持股参与的方式牢牢控制了大批上市公司，把自己的业务扩展到社会经济生活的方方面面，以攫取最大利润。

二是缺乏社会监管。金融体系表面看势大力强，其实是非常脆弱的。金融机构所经营的货币和所提供的信用，大部分源于客户的资金，并且有很高的财务杠杆率。因此，金融机构实际是高负债经营者，是高风险积聚者。应该看到金融创新既有分散风险的功能，也有放大风险的作用。如此脆弱的体系，面对瞬息万变的经济风浪，只能稳健经营，而且要有内在的和外在的严格监管。

然而，美国奉行的新自由主义经济理念放任自流，反对监管，从而酿成大祸。

长期以来，美国社会过于相信市场的自我约束和自我调整能力，主观上造成了金融监管的缺失和松懈。2005 年 5 月，面对质疑衍生品泛滥，要求美联储介入次贷监管的舆论，时任美联储主席格林斯潘认为，金融市场自我监管比政府监管更为有效，坚决反对政府加强金融监管。到 2008 年 10 月 23 日，格林斯潘在国会就金融危机作证时，不得不承认当初“假设那些自利的银行等机构，有意愿也有能力保护其投资者，银行的资产以及银行的生存”，而反对监管金融衍生品的做法存在“部分错误”，承认缺乏监管的自由市场存在缺陷。

三是丧失社会责任感。一个高风险的行业又丧失社会责任感，是金融资本主义必然自我灭亡的一个突出病症。

华尔街丧失社会责任感是非常明显的。仅从次贷危机看，金融机构明明知道次贷风险很大,它们就打包成次贷抵押债券,把风险推给社会大众。它们不但在系统内部的自我循环中获得最大利益,而且通过创新工具掩盖已有风险,并继续从中获利。更可恨的是金融机构的高管人员在给社会造成灾难的过程中领取惊人的高额薪酬。

鉴于西方国家的金融创新走了脱离实体经济,损害广大人民利益的邪路,造成了前所未有的金融和经济危机,中国就应借用前车之鉴,好好规划自己的金融创新之路。

中国人具有非凡的智慧,在货币和金融创新中从来不是落伍者。

早在公元前 2100 年时,中国人就在世界上最早发明了铸币。

到了公元 9 世纪初,中国人又在世界上最早发明了纸币。

最近几十年,在西方国家以制造各种金融衍生品来大搞金融创新的时候,中国人并没有闲着,也在搞金融创新,只是中国的金融创新走出了不同于西方的道路。

在西方国家,各种金融机构都是私有的,甚至作为一国货币和金融龙头的中央银行也是私有的。中国则另辟蹊径,主要商业银行为社会所有,作为货币和金融龙头的中央银行则是国有的。但中国的金融业并不排斥私有,而是通过改革,让公有和私有各得其所,相互协调地发展;让政府和市场各司其职、相互补充地发展。不止如此,西方国家的金融创新严重脱离实体经济,让少数金融大鳄吞吃了大多数人民的利益,中国的金融创新则是致力于更好地服务实体经济,更好地维护普通民众的利益。此外,西方国家的金融创新是尽量规避国家和社会的监管,金融家们越自由越好;中国的金融创新则是加强和改善金融监管和调控,有效促进经济发展和金融稳定。

两条金融创新之路在金融危机中一检验,立判优劣高下。2011 年,国际货币基金组织和世界银行公布了《中国金融体系稳定评估报告》和《中国金融部门评估报告》。报告认为,中国金融改革开展良好,金融机构实力不断增强,金融体系总体稳健,有效抵御了国际金融危机;金融服务和产品日益多样化,有力地支持了经济发展;在银行、证券、保险监管和支付、结算体系建设方面取得了显著成就;较好地遵守了《有效银行监管核心原则》等金融领域国际标准与准则,在构建反洗钱和反恐融资体系方面取得重大进展。

巧合的是，国际评级机构在对许多欧美大银行调降级别的同时，调升了许多中国银行的评级，也是在全球金融动荡的大环境下，认同了中国金融改革创新的成果。

我国金融创新的突出成就是银行业、证券业、保险业快速发展，资产质量显著改善，盈利状况持续向好，风险抵御能力和服务社会经济发展的能力明显增强。2011 年末，我国金融业总资产达 119 万亿元，比 2006 年末增长了 149%。其中，银行业总资产达 108 万亿元，比 2006 年末增长 146%。商业银行资本充足率 12.3%，比 2006 年末提高 5 个百分点，不良贷款率 0.9%，比 2006 年末下降 6.2 个百分点。

仅中国工商银行的储备金就有 2.5 万亿元，据说这相当于法国的全部财富。

中国外汇储备之大既体现了中国整体经济的强劲增长，也是金融创新稳健发展的突出成就。

1952 年，中国外汇储备仅有非常可怜的 1.39 亿美元。2011 年则达到 3.2 万亿美元，是全球总外汇储备 11 万亿美元的近三分之一，比第二外汇储备大国日本的 1.1 万亿美元多了整整两倍多。

中国今天持有 3.2 万亿美元的外汇储备，这是国家综合国力的重要表现，是可以实现国家利益的重要力量，问题是怎样把它运用好。

从纯粹经济学、市场学角度说，可以实现“鸡尾酒式的外汇资产投资”：既买美元，也买其他有实力的货币；既买债券，也买资产、买资源、买战略性股权；既买一定比例的长期资产，也保留一定数量的变现能力强的现金和股票资产。

3 万多亿美元的外汇储备，真正说来，也不是要买什么或者怎么用出去的问题，而是要把它作为资本储备的战略性功能用巧用活的问题。在以下几个方向上，是可以发挥巨大外汇储备的战略功能的：

庞大的外汇储备可以支持人民币成为强劲的国际货币。

中国已经是实至名归的世界经济大国，但还只是货币小国，使中国的综合国力受到很大限制。要克服这个限制，人民币必须走出去，同美元、欧元一样成为具有重大国际影响的国际货币。

人民币出境成为国际货币,是需要较大规模的外汇储备和黄金以确保其突然全部回流时的汇率稳定的。也就是说,当人民币汇率大幅下跌时,抛售外汇储备中的美元、欧元等资产或者黄金,以保证人民币汇率不会被摧垮。

西德马克国际化的历史经验值得借鉴。当年的德国就是凭借大量的美元外汇储备作为平准基金,使得前西德马克从战后占国际储备货币比例为0,发展到占国际总储备货币18%的比例。很难想象,如果没有前西德马克作为支撑,欧元怎能成为国际储备货币。因为构成欧元的其他货币,包括法国法郎、西班牙比索等,加在一起也不足国际储备货币的20%。

为了支持人民币国际化,应当提高外汇储备中的黄金比重。2009年,中国央行持有1054吨黄金,值308.5亿美元。此时,中国外汇储备为1.954亿美元,黄金只占外储的1.6%。

2008年,中国生产黄金约282吨,居世界第一位。

中国的黄金量从2002年的600吨增加到2009年的1054吨,不是购自国际市场,仅是将本国黄金产量的四分之一收归国有。

中国央行官员一向不主张增加黄金储备,因为他们认为黄金的价值不确定,市场价格非常动荡,除了制造首饰,没有太多用处,而且储藏黄金又非常昂贵。与能够带来息票收入的债券不同,黄金不会带来这种收入。

这种观点值得商榷。

2002年的金价是每盎司348美元,到2012年初,已突破1700美元。

但问题不在这里,一个需要长期保持货币稳定的经济大国,为了支持人民币成为同美元、欧元一样的国际货币,中国必须拥有雄厚的黄金储备。1000吨太少,5000吨也少,至少要在10000吨以上。美国的黄金储备就超过了8000吨。

庞大的外汇储备可以用来推动国际金融货币体系的改革。现行的国际金融货币体系非常不合理、非常不稳定,必须进行改革。美元、欧元都遇到了大危机,改革的时机也已经成熟,中国持有3万亿美元的外汇储备,有力量去积极推动造福于世界大多数国家的改革。

庞大的外汇储备也可以用来改善国际经济格局。比如,可以设立"东亚共同货币基金"、"上合组织共同货币基金"、"金砖国家共同货币基金"、"中非合作共同货币基金”、“中国拉美共同货币基金”等等。主要由中方出资建立的这些基金,可以为各成员国抵御国际金融动荡导致的风险提供必要的支持,也便利中国与各成员国加强合作。

最后,庞大的外汇储备是抵御金融侵略的重要武器。我们在前面说过,西方金融大国用金融大刀宰割发展中国家时是极为凶残的。长期以来,美国政界、经济界的大人物一直在压人民币升值,而华尔街的“大鳄”们一直叫嚷要“做空”中国经济,使之崩溃。不管他们各自打的是什么算盘,重要目的都是攻击人民币。总有一天,国际金融寡头们会倾其全力对人民币发起攻击,到那时,庞大的外汇储备就能真正派上用场。这样的斗争,很可能是决定世界的前途命运的。

无论如何,中国金融创新的道路还很长,任务还十分艰巨。

第十二章 中国共产党和中国梦

中国梦会不会破灭,决定于中国共产党;中国梦会不会实现,决定于中国共产党。只要中国共产党永葆青春活力,中国特色社会主义道路就会越来越宽广,创造现代化奇迹的中国发展模式会更加强大,神奇中国梦的实现会比人们的想象来得更早。

一、成功秘诀

1936 年 6 月，一位名叫埃德加·斯诺的美国记者，冲破层层险阻，克服各种困难，带着 80 多个疑问走进陕北，在 92 天里采访了 100 多位红军将士，写成享誉全球的杰作《红星照耀中国》，第一次以一个西方人的眼光和话语，把中国共产党和中国革命的真实情况传播给全世界。

“红星照耀中国”，这是一句充满景仰与寄托的话语。斯诺在 20 世纪 30 年代这样描绘中国，这样评价中国革命和中国共产党，表明这位美国记者不仅有崇高的情操，而且有超凡的洞察力和预见性。

斯诺说的“红星”是镶嵌在红军帽沿上的，但它象征的是共产党人解放全人类的崇高理想。这个崇高理想最初是由马克思主义科学地表达出来的，所以马克思主义就是 90 年来照耀中国的“红星”。

标志着马克思主义诞生的《共产党宣言》是 1848 年发表的，从那以后，世界上先后出现了上百个以马克思主义为旗帜的共产党，出现了十多个共产党执政的社会主义国家。但是，在历史的大浪淘沙中，有些共产党瓦解了，有些社会主义国家消亡了，唯有中国共产党，年届 90 岁仍然青春焕发；唯有社会主义中国，总是冲破压力成长，迎着困难壮大。中国共产党与众不同的秘诀究竟在哪里呢？

中国共产党最大的成功之处是努力实现“两化”，即马克思主义中国化与中国经验马克思主义化。

中国共产党人在新世纪的全部理论和全部实践可以归结为一句话：建设中国特色社会主义，实现中华民族伟大复兴。这是我们星球上最激动人心的革命和建设工程，是人类历史上创造崭新文明的最壮丽长征。

中国共产党从 1921 年创建时的几十人，到如今壮大为八千多万党员的宏大队伍，一直高举着马克思主义的理论旗帜胜利前进。

在世界上，信仰马克思主义的不只是中国共产党人，从欧美各国到大洋洲，从亚洲到非洲、拉丁美洲，到处都有马克思主义者。

在人类历史上，没有任何一种思想理论能像马克思主义那样具有如此强大的威力。从《共产党宣言》发表以来，一百五十多年中，马克思主义一直是塑造世界的主要精神力量。

马克思主义的批判精神，工人阶级和广大人民群众坚持不懈的斗争，现代科技的革命力量，迫使资本主义发生改变，从野蛮的资本主义变成现代"文明"的资本主义。

马克思主义武装的共产党人，团结广大人民，成为维护世界和平，推动人类进步的中坚力量。没有这样的中坚力量，战胜不了法西斯主义，也不会有二次大战结束以来整个世界总体上的和平。

马克思主义指引下创建的社会主义国家，使一些落后的民族实现了社会形态和生产力发展的巨大飞跃，物质生活和文化生活水平普遍提高，并且从历史发展的边缘地带走进创造人类文明的中心舞台。

马克思主义对世界的影响，不仅表现在社会形态的变化，而且更深刻地表现在人们观念的变化上。由于马克思主义理论的科学性和深刻性，现时代有文化的人再也不可能像没有马克思主义的时代那样去思考问题了。在意识形态领域，在人类思维的天地中，你可以赞成马克思，也可以反对马克思，但你绕不过马克思。马克思的观点已成为现时代深厚的思想文化背景。正如历史学家吕·费弗尔所说："任何一个历史学家，即使他从来没有读过一行马克思的著作，或者他认为除了在科学领域之外自己在各个方面都是狂热的反马克思主义者，也不可避免地要用马克思主义的哲学方法来思考，来了解事实和例证。马克思表达得那样充实的许多思想早已成为我们这一时代精神宝库的共同储蓄的一部分了。"①另一个著名政治经济学家J·A·熊彼特则这样评价马克思："大多数智力和想象的创作，经过一段时间，短的不过饭后一小时，长的达到一个世纪，就完全湮没无闻了。有些却不，它们遭受了晦蚀，但是又复活了。不是作为文化遗产中不可辨认的成分而复活，而是穿着自己的服装，带着人们看得见摸得着的自己的瘢痕而复活了。

① 陈学明：《走进马克思》，东方出版社2003年版，第550页。

这些创作，很可以称之为伟大的创作。在我看来，伟大和生命力是联结在一起的。按这个意思来说，伟大这个词无疑适用于马克思。”①

苏联东欧的社会主义实践失败之后，整个资本主义世界兴高采烈。它们的思想家，以弗朗西斯·福山为代表，大肆宣扬关于马克思主义和社会主义历史的终结。“配合着流畅的进行曲节奏，它宣称：马克思已经死了，共产主义已经灭亡……它高呼资本主义万岁，市场经济万岁，经济自由幸甚，政治自由幸甚！”②

当代资产阶级的政治家、思想家有理由庆幸他们对苏联东欧社会主义国家的“不战而胜”。但他们宣称马克思主义和共产主义也随之灭亡则显得过于肤浅。对此，历史和现实都会打他们的耳光。实际上，现实生活已经在打他们的耳光了。

苏联的加盟共和国和东欧各国并没有因为投入资本主义的怀抱而得救，至今还未完全走出危机。在发达的资本主义国家，许多根本性的矛盾一旦失去冷战大幕的掩盖，就日甚一日地暴露在光天化日之下。人们比过去看得更清楚，马克思揭示的社会发展规律并没有因为反马克思主义者的喧嚣而改变，马克思主义真理的光辉也没有因为社会主义运动的某些挫折而减弱。

20 世纪 90 年代中期以后，马克思主义研究者在世界范围内重新活跃起来。欧美国家一些享有盛誉的思想家的动向尤其引人注目。法国的德里达、美国的詹姆逊、英国的吉斯登、波兰的沙夫，都是在各自学术殿堂上有影响的学者。他们的背景和经历不同，但恰恰是在苏联东欧的社会主义国家崩溃之后，不约而同地走近马克思，满腔热情地研究马克思、宣传马克思、维护马克思。而在英国 BBC 举办的全球性评选活动中，马克思被评为“千年思想家之首”。这些发人深思的现象告诉人们：马克思活在现实世界中，也必将活在未来世界中。

马克思生前可能没有想到，在太阳升起的东方，在长江黄河奔流不息的中华大地，他的思想会找到最好的家园。马克思主义在世界上一些地方还只是一种思想家讨论的题目，但在中国，马克思主义已经是千百万人手中强大的思想武器。中国共产党人用马克思主义来认识世界，来改造世界，来创造人间奇迹，来创造人类崭新的文明形态。

社会主义中国在东方的崛起，显示了马克思主义理论的巨大威力。但这不是

---

① 陈学明：《走进马克思》，东方出版社 2003 年版，第 550 页。
② 德里达：《马克思的幽灵》，载《新左派评论》1994 年第 205 期，第 38 页。

教条式马克思主义理论的威力，而是中国化马克思主义的威力。

中国化马克思主义不是“一化”，而是“两化”，即马克思主义中国化和中国经验马克思主义化。

所谓马克思主义中国化，就是把马克思主义同时代特征和中国实际结合起来，使马克思主义的基本原理同中华民族的优秀思想和中国共产党人的实践经验结合起来，使之在其每一表现中都带着中国老百姓喜闻乐见的中国特性和中国气派。

所谓中国经验马克思主义化，就是按照马克思主义的立场、观点和方法，把中国共产党和中国人民的实践经验上升为科学的理论，从中国的革命、建设和改革的具体实践中，揭示人类社会发展规律、社会主义建设规律和共产党执政规律，不断丰富和发展马克思主义，从而为新的实践提供有力的理论指导。

中国化马克思主义的形成和发展，是中华民族由弱变强的根本枢纽。

启动这个根本枢纽的历史伟人是100多年前在湖南韶山冲诞生的毛泽东。

历史上的伟大人物都曾志其所行，亦曾行其所志。20世纪30年代后期，在红星照耀的宝塔山下，毛泽东鲜明地提出了马克思主义中国化和中国经验马克思主义化的历史任务，并且身体力行，创造了永远融入中国历史和世界历史的伟大功绩。

毛泽东用中国传统文化中的“实事求是”来揭示马克思主义活的灵魂，由此确立党的思想路线。他创作的《实践论》、《矛盾论》、《人的正确思想是从哪里来的》等经典著作，推动了马克思主义哲学的大普及、大发展，实现了马克思主义中国化的理论飞跃，重塑了中国人认识世界和改造世界的思维方式，这是中国人民能够不断创造历史奇迹的真正秘密。

毛泽东缔造了中国共产党和中国人民解放军，创造性地提出了新民主主义革命的理论，并且将武装斗争同党的建设、统一战线有机地结合起来，领导中国人民取得了新民主主义革命和社会主义革命的伟大胜利，对中国传统社会进行了根本性改造，使之成为人民当家做主的社会主义社会。

毛泽东和中国共产党，领导中国人民创建了适合中国国情的基本政治制度——人民民主专政的国体，民主集中制、人民代表大会制的政体，以及共产党领导的多党合作与政治协商、民族区域自治等基本制度，奠定了中国社会长治久安的政治基础,创造性地发展了马克思主义关于国家政权的理论和实践,极大地丰富了人类建设政治文明的理论与实践。

毛泽东和中国共产党,领导中国人民创建了社会主义基本经济制度,建立了完整的现代国民经济体系,制定了以“两弹一星”为标志的宏伟的科学发展战略,推进了“四个现代化”和中华民族伟大复兴的历史进程。

毛泽东和中国共产党,领导人民创造了社会主义的新文化。毛泽东提出,科学文化工作要“百花齐放、百家争鸣”,努力为人民服务,为社会主义服务。毛泽东还以自己创作诗词和书法精品的实践,显示了革命的现实主义和革命的浪漫主义完美结合可以创造多么辉煌的成就。

毛泽东是“全心全意为人民服务”的伟大倡导者和实践者。《纪念白求恩》、《为人民服务》、《愚公移山》等光辉著作是中国共产党人崇高精神境界的真实写照。无论在革命战争时期,还是在和平建设时期,真正的共产党人,都是以这样的世界观、人生观、价值观对待生活、对待事业、对待人民群众的,因而使我们党的队伍永远葆有充塞于天地之间的浩然正气。

毛泽东具有宏大的世界眼光。他一贯强调,中国的革命和建设不可能孤立于世界之外,我们在任何时候都要善于学习外国对我有用的东西。闭关自守、盲目排外以及任何大国主义的思想行为都是完全错误的。但是,我们对待世界上任何大国、强国和富国,都必须坚持自己的民族自尊心和自信心,决不允许有任何的奴颜婢膝、卑躬屈节的表现。毛泽东提出“三个世界”的理论,制定了独立自主的和平外交政策。他教导我们,为了维护世界和平和促进人类进步,中国人民既要有“问苍茫大地,谁主沉浮”的英雄气概,也要有使世界共享昆仑之惠,“环球同此凉热”的博大胸襟。

毛泽东是伟大的马克思主义者,是伟大的无产阶级革命家、战略家和理论家,也是伟大的诗人和书法家。他在马克思主义中国化和中国经验马克思主义化的许多领域中,都达到了令人惊叹的高峰。他在中国革命史和世界共产主义运动史上都占有不可动摇的崇高地位。

人无完人,毛泽东也犯过错误。他在 20 世纪 60 年代发动的“文化大革命”,就是一个严重的错误,中国共产党十一届六中全会通过的《关于建国以来党的若干历史问题的决议》已对此作出了结论。这个错误对党、对人民、对毛泽东本人来说，都是一场悲剧。在这个复杂的历史时期，尽管跳出了林彪、江青两个反革命集团，但在毛泽东的领导下，在党内健康力量和人民大众的努力下，社会主义基本制度的根基并没有动摇，社会主义经济建设和“两弹一星”计划还在进行，国家仍然保持统一并且在国际上发挥重要影响，形成中美苏“大三角”格局。毛泽东领导了粉碎林彪反革命集团的斗争，对江青、张春桥等人进行了重要的批评和揭露，不让他们夺取最高领导权的野心得逞。特别是在筹备四届全国人大期间，他把周恩来和邓小平一起确定为国务院的领导核心人选。这样，毛泽东在他的身后，不但给党和人民留下了马克思主义中国化和中国经验马克思主义化的理论结晶——毛泽东思想，而且创造了继续推进马克思主义“两化”的历史条件。

历史发展是按客观规律前进的，所谓“天道不爽”实际上是人民的实践决定历史的发展方向。近代以来，中国人民的实践反复证明，只有马克思主义中国化和中国经验马克思主义化，才能不断开辟中华民族伟大复兴的光明道路。今天，中国共产党人可以告慰于毛泽东的是，他所开创的马克思主义“两化”事业一直在与时俱进、蓬勃发展。

党的十一届三中全会以来，以邓小平为主要代表的中国共产党人，开辟了社会主义事业发展的新时期，形成了建设中国特色社会主义的路线、方针、政策，阐明了在中国建设社会主义、巩固和发展社会主义的基本问题，创立了邓小平理论。邓小平理论是马克思列宁主义的基本原理同当代中国实际和时代特征相结合的产物，是毛泽东思想在新的历史条件下的继承和发展，是马克思主义在中国发展的新阶段，是当代中国的马克思主义，是中国共产党集体智慧的结晶，引导着我国社会主义现代化事业不断前进。

党的十三届四中全会以来，以江泽民为主要代表的中国共产党人，在建设中国特色社会主义的伟大实践中，积累了治党治国治军新的宝贵经验，创立了“三个代表”重要思想。“三个代表”重要思想是对马克思列宁主义、毛泽东思想和邓小平理论的继承和发展，反映了当代世界和中国的发展变化对党和国家工作的新要求，是加强和改进党的建设、推进我国社会主义自我完善和发展的强大理论武器，是中国共产党集体智慧的结晶，是党必须长期坚持的指导思想。始终做到“三个代表”，是我们党的立党之本、执政之基、力量之源。

邓小平理论和“三个代表”重要思想，同毛泽东思想一样，都是马克思主义中国化和中国经验马克思主义化的伟大理论成果，是建设中国特色社会主义的根本指针。新世纪、新阶段，以胡锦涛为总书记的党中央，继往开来，开拓创新，立党为公，执政为民，坚持科学发展观，实现中国梦，正在谱写马克思主义中国化和中国经验马克思主义化的崭新篇章。

在人类历史上，不同文明彼此影响、相互交融、共同发展的情况并不鲜见，但从来没有达到马克思主义"两化"这样巨大的规模和深远的影响。马克思主义中国化和中国经验马克思主义化，以亿万人民的伟大实践为基础，实现了西方文明与中华文明的完美结合、科学理论与社会实践的完美结合，推动了中国社会的飞速发展，创造了社会文明的崭新形式，中国人民由此对人类作出了新的重大贡献。实践在不断发展，奋斗正未有穷期。中国共产党人将不断推进马克思主义中国化和中国经验马克思主义化的历史进程，为实现中华民族的伟大复兴而扎实工作，执著向前。

二、执政之基

“红星”照耀着中国，但这个红星不是悬挂在虚无缥缈的天上，中国共产党人使它生根在中华大地上。

马克思主义的生命力在于它同社会上最大多数人的利益结合起来，形成社会主义理想，发展社会主义运动，建设社会主义社会。就此而言，马克思主义就是社会主义理论。从马克思主义演化而来的列宁主义、毛泽东思想、邓小平理论等等，名称各异，但实质同一，都是社会主义理论。马克思主义是在欧洲西部形成的社会主义理论，列宁主义是俄国化的社会主义理论，毛泽东思想和邓小平理论，以及“三个代表”重要思想和科学发展观，是中国化的社会主义理论。

社会主义理论是科学世界观、社会主义理想和实现社会主义的战略战术融合为一的理论体系，这样三位一体的社会主义理论体系是统一而不容分割的。历史上的各种社会主义运动为什么有的成功有的失败，即使是同一个共产党为什么有时候成功有时候失败，关键是把三位一体的社会主义理论体系统一起来还是分割开来。曾经有人宣称“运动就是一切，目的是没有的”。丢掉了社会主义理想，运动还有什么意义呢，这类人被称为“修正主义者”。还有的社会主义者丢掉了唯物论和辩证法，把别人成功的战略战术用在时空条件完全不同的地方，结果社会主义运动遭到严重挫折，这类人被称为“教条主义者”。中国共产党很注意学习其他共产党、其他国家成功的经验，但更注重总结其他党和自身失败的教训，按照“实事求是”的精神去确定实现社会主义的战略战术。

列宁领导的“十月革命”是从城市起义开始，然后推广到农村，夺取全国胜利；毛泽东则创造性地提出从建立农村革命根据地开始，农村包围城市，最后夺取全国胜利。苏联建立社会主义社会时剥夺资本家、剥夺富农，激起了全国动乱；中国共产党则是对资本家实行赎买政策，对富农也保留其生产生活必需的田地和房产，社会主义改造运动就比较顺利。

中国共产党从苏联共产党的失败中看到了许多教训，其中非常重要的一条是从战略上要把握好，战术上要处理好改革、发展、稳定的关系。

发展是硬道理，解决中国所有问题的关键要靠自己的发展。改革是发展的动力，是我们走向现代化的必由之路。稳定是改革和发展的基本前提，没有稳定什么事情也办不成。中国共产党创造的辩证把握改革、发展、稳定三者统一的经验，不仅使中国人民受惠无穷，而且也具有世界意义。

中国共产党在制定发展战略时，也是以此前的经验教训为基础的。

1987 年举行的党的十三大，确定了中国“三步走”的经济发展战略：第一步，实现国民生产总值比 1980 年翻一番，解决人民的温饱问题；第二步，到 20 世纪末，使国民生产总值再增长一倍，人民生活达到小康水平；第三步，到 21 世纪中叶，人均国民生产总值达到中等发达国家水平，人民生活比较富裕，基本实现现代化。

这是实事求是的做法，将实现现代化的大目标分成几步来走，既着眼于满足人民群众的当前需要，也使他们对未来充满看得见的美好憧憬，而且把现代化的目标同中国关于“小康社会”的传统理想结合起来，容易形成社会的广泛共识，并且激起了亿万人民火山喷发一样的创造热情。我们党非常尊重群众的创造热情，并及时引导到社会主义市场经济的发展轨道上，从而开创了中华民族走向全面振兴的时代。

20 世纪 90 年代初，国际风云突变，苏联瓦解了，东欧变色了，柏林墙倒塌了，世界社会主义运动陷入前所未有的大危机，各国共产党面临最严峻的考验。

中国共产党处变不惊，沉着应对。乘此机会，我们党对世界发展大局进行重新审视，对共产党执政规律进行认真总结，得出了正确的结论，坚定了前进的方向。

苏联东欧的巨变，没有改变，也不会改变人类历史发展的根本规律，社会主义必然会代替资本主义，社会主义潮流必将在中国、在世界上奔腾向前。最重要的是，社会主义胜利前进的潮流已经同中华民族全面振兴的潮流在中华大地上汇合了，交结了。这种现象是历史上绝无仅有的，它蕴含着巨大的历史机遇。社会主义将因中华振兴而胜利前进，中华民族将因社会主义胜利而全面振兴。中国共产党担负起了推动社会主义胜利和中华振兴合二而一的历史重任,有可能对人类的发展进步作出重大的贡献。

中国共产党是当今世界上最大的执政党,而且是世界大国中唯一执政的共产党。在如此复杂的东方大国中长期执政,中国共产党的执政之基何在呢?中国共产党的执政之基就是坚定不移地走中国特色社会主义道路,就是坚定不移地为人民服务,就是把先进生产力、先进文化和人民的根本利益融合为一,实现全面协调可持续的科学发展。

坚持为人民服务的宗旨

印度诗人泰戈尔有一句话让人印象深刻,他说,一个民族必须展示自身之中最上乘的东西,那就是这个民族最宝贵的财富——高洁的灵魂。

我们在这里要展示中华民族最上乘的东西。"为人民服务"就是中华民族最上乘的东西。中国共产党以为人民服务为宗旨,共产党员以为人民服务为誓词,所有优秀的共产党员,都具有为人民服务的高洁灵魂。

中国共产党最初是一个工人阶级政党,逐渐发展为中国人民的先锋队和中华民族的先锋队,代表的是中国人民和整个中华民族的利益。毛泽东在革命早期就明确指出:"共产党人决不将自己的观点束缚于一阶级与一时的利益上面,而是十分热忱地关心全国全民族的利益,并且关心其永久的利益。""共产党是为民族、为人民谋利益的政党,它本身决无私利可图。"

一个政党,只代表人民的根本利益,"它本身决无私利可图"。这只是中国共产党的自我标榜吗?当然不是。

中国共产党90年的历史就是"为人民服务"的最真实的记录。

28年革命战争时期,无数共产党员为人民的解放抛头颅、洒热血,无私地奉献了一切。李大钊、彭湃、方志敏这些共产主义战士的形象永远活在人民的心里。

李大钊曾是生活优裕的大学教授,每月数百元大洋的薪金当时可以养活四五十人,但他把共产主义的真理看得高于一切。他说:"只要我们有觉悟的精神,世间的黑暗终有灭绝的一天"。他的信念是那样的坚定,"试看将来的环球,必是赤旗的世界!"他决定以自己的生命之钟,去撞响"赤旗世界"的黎明。当"世间黑暗"

的绞刑架冲着他来的时候，他神色从容地告别了亲人，高呼“共产党万岁”英勇就义。

彭湃的家里有着“鸟飞不过的田产”，可以过锦衣玉食的生活，但他却毅然加入中国共产党，随时准备为救国救民而献身。他说，“我们共产党是代表工农人民大众的”，“为了我们子子孙孙争得幸福的生活，就是献出了自己生命也在所不惜”。

方志敏在自己生命的最后时刻，平静地说道：“敌人只能砍下我们的头颅，决不能动摇我们的信仰！因为我们信仰的主义，乃是宇宙的真理！为着共产主义牺牲，为着苏维埃流血，那是我们十分情愿的啊！”

像李大钊、彭湃、方志敏这样有名可查的烈士就有 370 多万，还有更多默默奉献的无名烈士。

中国有一句古语这样说：“乐民之乐者，民亦乐其乐；忧民之忧者，民亦忧其忧。”这就叫做同心同德。古今中外，一个政党，一个政治人物，很难做到这一点。但有一个例外，中国共产党做到了，毛泽东做到了。

1947 年 3 月底到 5 月初，国民党 25 万大军在飞机大炮的掩护下进攻陕北革命根据地，而陕北共产党领导的军队只有 2.6 万人，处于绝对的劣势。敌军进占延安后，中共最高指挥部和毛泽东只带着很少的警卫部队与敌人的大军在同一个地区周旋，有时候双方相距只有几里地，但一直到战役结束，敌军就是找不到共产党的最高指挥部。最后是 2.6 万解放军打败了 25 万国民党军。这就是共产党与人民同心同德，在生死存亡的关头，人民掩护了共产党，掩护了毛泽东。

淮海战役是解放战争的一次大决战，“小米加步枪”的人民解放军只有 60 多万人，而对方是 80 多万人，多为国民党军的主力部队，又有飞机、大炮、坦克等全套美式装备。经过 66 天的激战，解放军歼灭敌军 55.5 万人，取得决定性胜利。为什么人数少而装备低劣的一方战胜了人数多而装备优良的一方呢？这完全是人心向背的问题。战争期间，有 500 多万群众推着 80 多万辆小车给解放军送粮送水和抢运伤员。共产党领导的军队与人民同心同德，当然就会战无不胜。

作为中国共产党的最高领导者，毛泽东是“为人民服务”的楷模。

著名作家韩素音认为，“到了 1935 年，毛泽东的生活和中国革命已经交融在一起了，无法分开了。毛泽东已经和他的事业结成一体，他的思想和行动就是革命,如果要把毛泽东和革命分割开来,就会使历史失去原有的雄伟壮观。革命就是他的骨肉、心血,就是他生活的意志、力量和前提”。“革命造就了毛泽东,毛泽东也造就了革命。毛泽东的一生不仅是个人的一生,而且也是中国整整一个历史时代的象征”。

毛泽东和千百万共产党员一样,他们在革命时期所思所行和全部奋斗,都不是为了给个人、给家庭、给小集团争得自私的利益,而是为了人民的解放和民族的独立。这样无私的奉献是天地日月共鉴的,因而赢得了中国人民真诚的拥戴。

中国共产党成为执政党后改变了自己的宗旨吗?没有改变。新中国建立以来,中国共产党随时警示自己不能堕落为谋取私利的特殊集团,不断鞭策自己要全心全意为人民服务。当然,情况一直是复杂而严峻的。在党的队伍中,在政府机关中,从底层到高层,不乏以权谋私者,不乏腐化堕落者,不乏违法乱纪者,但他们是共产党队伍中的败类,是人民政权中的毒虫。惩治这些败类,铲除这些毒虫,是人民大众的迫切要求,是广大共产党员的迫切要求,更是中国共产党坚定不移的执政铁律。有些西方人士往往以自己之心,度共产党之腹,以为共产党也像他们一样是为特权集团谋利益的,此实大谬。如果真是如此,中国社会将变得非常黑暗,甚至不如清朝和国民党统治时期。任何有一点现实感的人都会看到,共产党执政才几十年,中国的进步多大啊!贫穷战乱的社会变为繁荣安宁的社会,任人侵略欺辱的国家已昂首挺胸在世界强国之林。更不要说数以亿计的贫困人口过上了小康生活,延续了几千年的“皇粮国税”免除了,几千万青少年享受着义务教育,覆盖13亿人口的全世界最大的社会保障伞撑起来了……自从盘古开天地,三皇五帝到于今,哪个政党、哪个政府能在这么短的时间内实现这一切?中国共产党如果不坚持全心全意为人民服务的宗旨,怎么可能做到这一切!

坚持发展先进生产力

中国共产党代表人民的利益,为人民服务,必须坚持以经济建设为中心,着重发展先进生产力。

唯物的辩证的历史观认为,只有物质生产活动,才能解决人们“吃穿住行用”这些基本的生活问题,这是人类社会发展的基础。不论在何时何地,不能满足吃穿住行用,人民的利益何在呢?

人类的物质生产生活,是在生产力和生产关系的对立统一中展开的。在这里,起最终决定作用的是生产力,是先进生产力。一般说来,有什么样的生产力,就会有什么样的生产关系。这样的生产关系,在一定的历史时期内,会保护和促进生产力的发展。问题在于这种相互适应只是一时的状态。因为生产力非常活跃,随着科学技术的发展及其在生产中的应用,随着生产者、管理者、经营者经验的积累和技能的提高,随着劳动和生产组织形式的改善,就会形成新的生产力,就会出现先进生产力,而某种生产关系一经形成,它就会固定下来,很难自行改变,以至变成落后的生产关系。所谓生产力和生产关系的矛盾,实际上是先进生产力和落后生产关系的矛盾。

先进生产力是一个动态的概念,它只是在历史发展的一定阶段才具有先进性。在它的内部,在它的旁边,一定会有新的、先进的生产力发展出来。这样,原来先进的生产力就变成了落后的生产力。先进生产力能够提高劳动生产率,打开财富的新源泉,创造物质文明的新形态。在先进的生产力面前,各种落后的生产力将被改造、提高,或者干脆被代替。人类社会就是在先进生产力代替落后生产力的不息运动中发展起来的。

由于先进生产力在经济和社会发展中,在满足人民生活的需求中起着决定性的作用,因此,中国共产党执政的重心就是要发展先进生产力。几十年来,中国共产党坚持发展教育,提高全民族的科学文化素质,培养宏大的社会主义建设人才;制定长远科学规划,实施重大科技工程,鼓励自主创新,建设创新型国家;坚持发展装备制造业,要求在“高精尖、重特大”装备制造中力争做到“人无我有,人有我优”,都是为了发展先进生产力。如今,中国已成为响当当的世界经济大国,“中国制造”享誉全球,并且正在向“中国创造”实现历史性的飞跃。面对这些雄辩的事实,世人都会承认中国共产党代表了中国先进生产力的发展要求。

坚持发展先进文化

一个政党,只有代表先进文化前进的方向,才能成为人民的先锋队和民族的先锋队。在当今中国,先进文化的旗帜和核心是马克思主义中国化和中国经验马克思主义化所形成的社会主义理论，中国共产党就是一个高举先进文化旗帜的伟大的政党。

先进文化是人类文明之树上开出的最美的花朵，是一个民族创造历史奇迹的内在动力，是一个国家综合国力的重要标志，也是一个政党赢得万众归心的精神旗帜。

中国共产党成立的时候，只有几十个人，没有枪，没有炮，没有资金，是赤手空拳的无产者，靠什么起家？唯一能靠的就是共产主义思想。共产党就是用这种先进的思想文化去动员群众，组织群众，开展革命斗争。

在一般人的眼中，什么思想理论，什么先进文化，都只是耍嘴皮，动笔杆的玩意儿，无足轻重。但在思想家革命家看来，在一定条件下，精神武器甚至是比物质武器更强大的东西。

布热津斯基是一位强烈反共的人士，但他也不得不承认共产主义思想的强大影响力。他说："共产主义不仅仅是对人们所深切关注的问题的一种情绪激昂的回答，也不仅仅是自以为是的仇视社会的信条，它还是一种通俗易懂的思想体系，似乎对过去和将来都提供了一种独特的见解……因此，共产主义对于头脑简单和头脑复杂的人都同样具有吸引力：每一种人都会从它那里获得一种方向感，一种满意的解释和一种道义的自信。"

布热津斯基说得不错。中国共产党人就是从马克思主义中国化的过程中创造了先进文化，从中获得了社会主义的方向感，获得了对社会发展规律的满意的解释，获得了对推动社会主义胜利前进和中华民族伟大复兴的一种道义的自信。

在当代中国，先进文化就是社会主义文化，就是面向现代化、面向世界、面向未来的、民族的科学的大众的文化。

这样的先进文化是历史上没有过的，是中国人民在长期的社会主义建设中创造出来的。

这样的先进文化已经显示出强大的威力。

先进文化巨大威力之一，是它能推动先进生产力的发展，推动社会进入文化经济时代。

从本质上说，先进文化是同先进生产力相适应的，而且对先进生产力有引导和推动的巨大作用。

第一,先进文化直接转化为先进生产力。文化这个概念包含的内容相当广泛,其中既有世界观、人生观、价值观等属于意识形态的部分,也有科学技术、语言文字等非意识形态的部分。中国化马克思主义有一个重要观点:科学技术是第一生产力,是先进生产力的集中表现和重要标志。这里说的科学技术当然包括自然科学和社会科学。自然科学的发明和发现,可以大大提高劳动生产率;社会科学的发明和发现,同样可以大大推动生产力的发展。大者如社会主义改革开放政策的实施,社会主义市场经济体制的建立,小者如一个新的经济思想导致劳动组织和资本运营的优化,都可以创造巨大的社会生产力。

第二,文化和经济融合,形成先进生产力。当今时代,不仅科学技术直接转化为先进生产力,而且人文精神广泛渗进产品的设计、生产、经营全过程,出现了物质产品精神化和精神产品物质化的崭新经济形态,即文化经济形态。一个不容忽视的情况是,产品的价值决定于其中的文化含量。文化含量高的产品有强大的竞争力,文化含量低的产品则在市场上经不起竞争的风浪。

第三,先进文化塑造高素质的劳动者,推动先进生产力发展。人是生产力中最具有决定性的力量,先进生产力只能由高素质的劳动者来创造,而高素质的劳动者,是在先进文化的熏陶下成长起来的,是先进文化塑造出来的。

先进文化巨大威力之二,是它能凝聚亿万人民,振奋民族精神。

近代中国的落后,重要原因是文化的落后;中国的贫困,从深层次说也是精神的贫困。由于没有先进文化,民心凝聚不起来,民族精神振奋不起来。因此,虽然国家很大,人口很多,但完全是一盘散沙,任由帝国主义列强侵略蹂躏:甲午海战,北洋海军的装备并不比日本海军差,但居然一败涂地。所谓"八国联军",也不过是临时拼凑起来的两万多人,居然能长驱直入,到北京城里耀武扬威。现代中国的进步,首先从文化方面起步;现代中国的力量,首先是精神力量。因为有了先进文化,民心凝聚起来了,民族精神振奋起来了。朝鲜战争时期,中国国力很弱,武器装备太差,但是,勇往直前的中国军队敢于和曾经打败过法西斯军队的美军英军短兵相接,战而胜之,一直把敌人从鸭绿江边赶到 38 度线。黄继光、邱少云等英雄所表现出来的精神是惊天动地的,是威力无比的,是先进文化的灵魂。这种战争中压倒敌人、夺取胜利的精神,在和平建设中就转化为开拓创新、振兴中华的精神。中国人民以创新的政治思想,用"一国两制"的和平方式,洗刷了鸦片战争以来百年耻辱，收回了香港、澳门，推进了祖国统一大业。中国人民还以创新的经济思想，发展社会主义市场经济，发展社会主义文化经济，增强了综合国力，改善了人民生活。

先进文化巨大威力之三，是它保证我国社会沿着符合广大人民根本利益和人类文明发展趋势的正确方向前进。

社会生活是极其复杂的，是千变万化的，但它的发展也是有规律的。千百年来，想把握人类社会发展规律的人们因为往往不能如愿，便把它说成是“天道”，是“上帝的意旨”，而天机不可泄露，凡人不可得知。只有马克思主义真正把握了这个天道，并把天机泄露给天下凡人。它提出，人类社会由于生产力和生产关系、经济基础和上层建筑的矛盾运动，必定由原始社会、奴隶社会、封建社会、资本主义社会到社会主义社会向前发展。中国化的马克思主义，即毛泽东思想、邓小平理论、“三个代表”重要思想和科学发展观由于深刻把握了这个天下发展之大道，成为中国先进文化的灵魂，指引着中国社会沿着符合广大人民根本利益的正确方向胜利前进。

三、治国方略

中国共产党是世界上最大的执政党，也是连续执政时间最长的政党，有效地治理着世界上人口最多、情况最复杂的国家。

中国共产党执政的经验非常丰富，其中有两条意义非常重大，一条是依法治国，一条是以德治国。把法治与德治有机地结合起来，就会形成有力有效而优良的治国模式。

依法治国

法治是社会文明的重要标志，各国人民都希望生活在法制严明、秩序井然的文明社会中。

中华法制源远流长，为人类法制文明作出了重要贡献。但腐朽落后的封建社会使古老的中华法制弊端丛生，在新兴的西方资本主义法制面前难以自立。为了救亡图存，曾有许多志士仁人试图变法图强，将西方的法治模式移植到中国来，但严酷的历史结论是：照搬西方模式，在中国完全行不通。

中国共产党以史为鉴，开创了一条崭新的社会主义法制之路。这是一条深深植根于中国国情的法治之路，是一条迥异于西方国家的法治之路，是一条通向民富国强和中华振兴的法治之路。

蒋介石曾经咒骂中国共产党“无法无天”。这个诬蔑之词也不是没有根据，因为共产党是革命党，它必须捅破反动统治阶级的“天”，必须打烂反动统治阶级的“法”。否则，人民就不能翻身，民族就不能解放。

然而，共产党从革命的第一天起，就希望建设一个文明进步的法治社会，就决心开辟一条以人民利益为宗旨的法治之路。

宪法，是治国安邦的总章程，是公民权利的宣言书。中国共产党人的宪法追求和宪法实践，从革命根据地时期就开始了。我们要记住，中国共产党在建立第一个革命根据地时，就制定了保护人民权益的《宪法大纲》。

1931 年 11 月 7 日，江西瑞金叶坪村，中华苏维埃第一次全国代表大会在这里召开。在这次会议上，毛泽东作了《政治问题报告》，项英作了《宪法问题报告》。大会宣告了工农民主共和国成立，并通过了中国历史上第一部代表劳动人民利益，具有民主性质的宪法——《中华苏维埃共和国宪法大纲》。1934 年 1 月，中华苏维埃第二次全国代表大会对 1931 年的宪法大纲作出修改后再行通过颁布实行。

宪法大纲是土地革命战争时期工农民主政权的根本大法，共 17 条。宪法大纲规定："这个专政的目的，是在消灭一切封建残余，赶走帝国主义列强在华的势力，统一中国，有系统地限制资本主义的发展，进行国家的经济建设，提高无产阶级的团结力与觉悟程度，团结广大贫农群众在它的周围，以转变到无产阶级的专政。"

宪法大纲阐明了中华苏维埃共和国的国家性质，规定了中华苏维埃共和国的政治制度和经济制度，并规定了中华苏维埃共和国公民的权利和义务，包括政治权利、经济权利、受教育权利，保证劳动妇女的权利，以及保障少数民族自治权利。除此之外，宪法大纲还规定了中华苏维埃共和国外交政策的基本原则。

新中国成立前夕，中国共产党在指挥人民解放军大决战的时候，就在酝酿起草一部共和国的临时宪法。

1948 年 4 月 30 日，中共中央在《"五一"劳动节口号》中号召召开政治协商会议，成立民主联合政府。其中一项重要工作，就是拟定一个民主联合政府施政原则的共同纲领。周恩来自始至终主持纲领的起草工作。

共同纲领草案的修改和定稿，是民主协商的典范。九三学社代表许德珩当时说，共同纲领草案"是经过了筹备会议多次的周详讨论的，在大会开幕以前来到北平的六百多位代表也曾经分组多次的研讨……这种民主的，实事求是的精神，是值得我们佩慰的"。

1949 年 9 月 29 日，当周恩来在人民政协会议上对共同纲领草案进行说明后，没等表决，就获得了满堂的掌声。到表决时，会场上响起了雷鸣般的掌声，共同纲领草案获得一致通过。

共同纲领包括序言、7 章 60 条，其中规定，中华人民共和国是“新民主主义即人民民主主义的国家”，是工人阶级、农民阶级、小资产阶级、民族资产阶级及其他爱国民主分子的人民民主统一战线的政权。“实行工人阶级领导的，以工农联盟为基础的，团结各民主阶级和国内各民族的人民民主专政”。

共同纲领实际上就是中华人民共和国的临时宪法，它所确立的各项新民主主义的国家制度和社会制度在实际生活中得到了很好的尊重和有效运行。共同纲领为新中国的宪政建设创造了一个良好的开端。

共同纲领虽然发挥了宪法的作用，但毕竟不是真正意义上的宪法。新中国第一部宪法是 1954 年制定的。

1953 年 1 月 13 日，中央人民政府举行第二十次会议，正式作出《关于召开全国人民代表大会及地方各级人民代表大会的决议》，规定于 1953 年召开由普选方法产生的乡、县、省(市)各级人民代表大会，并在此基础上接着召开全国人民代表大会，在这次全国代表大会上将制定宪法。

毛泽东主持制定的宪法草案出来后，用 3 个月的时间交给全民讨论，共有 1.5 亿人次参加了讨论，形成了 118 万多条修改后的补充意见。

1954 年 9 月，在北京举行第一次全国人民代表大会。9 月 20 日下午 5 时 55 分，《中华人民共和国宪法》经过 1197 名代表以无记名投票的方式通过。

参与起草宪法的人士出于对人民领袖的崇敬，草案中写进了颂扬毛泽东的条文，还有人主张将新中国第一部宪法称为“毛泽东宪法”。毛泽东明确反对这样做，还坚持删掉颂扬自己的条文。傅作义发言时说，毛泽东删掉这些条文是他很谦虚，真是“愈谦虚越伟大，愈伟大愈谦虚”。毛泽东在 1954 年 6 月 14 日中央人民政府委员会第三十次会议上讲话提到这个情况时说：“有人说，宪法草案中删掉个别条文是由于有些人特别谦虚。不能这样解释。这不是谦虚，而是因为那样写不适当，不合理，不科学。在我们这样的人民民主国家里，不应当写那样不适当的条文。不是本来应当写而因为谦虚才不写。科学没有什么谦虚不谦虚的问题。

搞宪法是搞科学。”①

1954年颁布的中国第一部社会主义宪法宣布，“中华人民共和国的一切权利属于人民”。宪法还确立了中国的根本政治制度、经济制度和立法、行政、司法体制。毛泽东说，这部宪法，“使全国人民有一条清楚的明确的和正确的道路可走”。正是沿着这条道路，新中国在短短两三年时间里迅速制定颁布了近1000件法律、法令和法规，抓紧起草刑法、民法、民事诉讼等基本法律，努力构建新中国社会主义法律体系的基本框架。

随着第一部社会主义宪法的颁布实施，中华民族历史上第一个真正人民当家做主的权力机关、行政机关和司法机关得以建立。与此同时，共产党领导人民建立起了社会主义法学教育、研究机构。从1949年到1957年，新中国建立了10个全国高等政法院系，政法院校毕业生达13000多人，研究生近300人，还轮训了10多万名司法干部。这些成就为我国的法制建设和法学教育研究打下了重要基础。

“文化大革命”十年，中国处于一个特殊的政治变动时期，法制建设陷于停顿乃至遭到严重破坏。

改革开放以后，共产党领导人民在创造经济奇迹的同时，也取得了法制建设的伟大成就。

世界变化了，中国的情况也有重大变化，宪法也需要修改和完善。

1982年8月18日，邓小平在中央政治局扩大会议的讲话中就宪法的修改指出：“要使我们的宪法更加完备、周密、准确，能够切实保证人民真正享有管理国家各级组织和各项企业事业的权力，享有充分的公民权利，要使各民族真正实行民族区域自治，要改善各级人民代表大会制度，等等。关于不允许权力过分集中的原则，也将在宪法上表现出来。”

1982年宪法修改工作极其严谨，每个条文的修改都经过有关专家和实际工作者深入研究，反复修改。本书作者当时在全国人大民委工作，有幸参与了民族区域自治一章的修改工作，有的条文甚至改了十几稿。宪法修改草案拟定后，全国人大交付全国人民进行讨论，集中了全国各族人民的智慧。1982年12月，五

① 《毛泽东选集》第5卷，人民出版社1977年版，第131页。

届全国人大第五次会议通过了经过修订的宪法。

1982 年宪法是对 1954 年宪法的继承、发展和创新，是我国改革开放新时期治国安邦的总章程。此后，宪法又进行了 4 次修订。

1993 年修订时，规定“家庭联产承包为主的责任制”，取代“人民公社”；“社会主义市场经济”取代“计划经济”，并加大对公民私有经济的保护。

1999 年修订时，确立非公有制经济在社会主义市场经济中的地位。

2004 年修订时，规定国家尊重和保护人权、保护公民合法的私有财产和继承权。

宪法的几次修订，共涉及 31 个条文，都是关系到国家改革、发展和长治久安的重大问题，反映了我国社会主义制度的自我完善和发展过程，体现了我国宪法符合国情、与时俱进、不断完善的基本特征。

中国共产党在领导人民制定和完善宪法的同时，有计划有步骤地领导人民构建一个以宪法为母体的完整的社会主义法律体系。

2011 年，中国模式有了一个闪亮的里程碑——中国正式形成了一个社会主义法律体系。这件事意义非凡，因为这是人类历史上第一个完整的社会主义法律体系。

截至 2011 年度，我国已制定宪法和现行有效法律 239 件、行政法规 700 多件、地方性法规 8600 多件。由此涵盖社会关系各个方面的法律部门已经齐全，各法律部门中基本的、主要的法律已经制定，相应的行政法规和地方性法规比较完备，法律体系内部做到了科学和谐统一。

这是一个立足中国国情、吸纳人类文明成果、适应社会主义现代化建设需要的法律体系，是一个集中体现党和人民意志、保障人民当家做主的社会主义法律体系。

中国封建社会延续几千年，虽然留下一套历经修订的基本法律，但从未形成涵盖社会生活各方面的完整的法律体系。

西方国家也是经过几百年的时间，才形成资本主义法律体系。

中国共产党执政才几十年，就领导人民创建了宏大的社会主义法律体系，使国家政治文明建设、经济文明建设、精神文明建设、社会文明建设和生态文明建设能够有法可依、按章进行。这是一个伟大的历史性成就，它的意义超过了中国成为世界第二大经济体。

纵观人类社会发展史，凡是能够引领世界潮流的大国强国，必定是制度创新大国。当今的中国，就是一个社会主义的制度创新大国。中国共产党领导全国各族人民创造了社会主义的政治文明、经济文明、精神文明、社会文明和生态文明，并以完整系统的法律制度把它巩固下来，使中国模式巍然屹立于天地之间。

共产党是人民制定法律的领导者，也是宪法和法律的坚决执行者。在社会主义中国，任何政党、任何人都必须在宪法和法律规定的范围内活动。历史上曾经有过党政不分、以党代政、权力过于集中和法制缺失的沉痛教训，共产党和全国人民都记住了这个沉痛教训。因此，新修订的中国共产党章程明确规定，“党必须在宪法和法律范围内活动”。党只能依照法律来实施对国家和社会的领导，依法把自己的主张变为国家意志，依法处理与国家机构和社会组织的关系。总而言之，共产党也是依法从事一切活动。

人民民主是社会主义的生命。只有民主，才能打破国家兴衰的周期率，但民主必须有坚强的法制保障。正如邓小平所说，“为了保障人民民主，必须加强法制。必须使民主制度化，法律化，使这种制度与法律不因领导人的改变而改变，不因领导人的看法和注意力的改变而改变”。

中国共产党已经找到了长期执政的基本方式，这就是“依法治国”。

中国共产党也找到了建设社会主义政治文明的基本方式，这就是“坚持党的领导、人民当家做主和依法治国三者的有机统一”。

以德治国

以德治国和依法治国一样，是中国共产党的重大治国方略。

中国共产党坚持以德治国是社会主义的本质决定的。

社会主义社会是物质文明和精神文明全面发展的社会。正如邓小平所说，“我们为社会主义奋斗，不但是因为社会主义有条件比资本主义更快地发展生产力，而且因为只有社会主义才能消除资本主义和其他剥削制度所必然产生的种种贪婪、腐败和不公正现象。"[①]他还说,"我们要在大幅度提高社会生产力的同时,改革和完善社会主义的经济制度和政治制度,发展高度的社会主义民主和完备的社会主义法制。我们要在建设高度物质文明的同时,提高全民族的科学文化水平,发展高尚的丰富多彩的文化生活,建设高度的社会主义精神文明。"[②]"搞社会主义精神文明,主要是使我们的各族人民都成为有理想、讲道德、有文化、守纪律的人民"。[③]

中国共产党坚持以德治国也是中华文明的本质决定的。

中华文明能够几千年传承至今是举世无双的。中华文明的精髓和本质体现在《易经》的两句话中,即"天行健,君子以自强不息";"地势坤,君子以厚德载物"。自强不息和厚德载物是精神追求和道德素养的很高境界,历朝历代被称为"明君"和"贤臣"者都以此为自己的行为准则,民间的仁人志士也以此为自己的座右铭,从而形成中国社会优良的道德传统。中国被世界公认为"文明社会",很大程度上是因为千年传承着自强不息和厚德载物的道德传统。

中国共产党以德治国的着力点主要在以下几个方面:

第一,坚持代表人民的根本利益,努力为人民服务,是以德治国的最高标准。

中国共产党是来自人民、植根人民、服务人民的政党,无论在任何情况下,都坚持为了人民,依靠人民,全心全意为人民谋利益,这就是我们党执政的出发点和落脚点。为人民服务就是最大的德政,最高的德政,最根本的德政。这个问题我们在前面已经论述过了。

第二,建设以人为本、科学发展的和谐社会是以德治国的根本方向。

笔者在《文化经济学》一书中曾就人类正在创造以人为本、科学发展的和谐社会作过如下论述:

"生活在20世纪和21世纪交替时代的人们,由于能够初步读懂'天之书'、'地之书'和'生命之书',已经同以前时代的人们有了显著的区别。就好像一个人,已经脱离了童年时代、少年时代、青年时代,读完了大学,成为成年人,成为有文化的人。他们终于有能力全面回顾历史、审视现实、规划未来。当他们这样做

① 《邓小平文选》第3卷,人民出版社1993年版,第143页。
② 《邓小平文选》第2卷,人民出版社1994年版,第208页。
③ 《十二大以来重要文献选编》(下),人民出版社1988年版,第1176页。

的时候，就深切地感到，人类最大的不幸是人类自己造成的，就是他们破坏了人与自然的平衡，破坏了人与社会的平衡，破坏了人与人的平衡，破坏了人自身的平衡。在这种情况下，人类唯一正确的发展方向就是努力实现人与自然的和谐，人与社会的和谐，人与人的和谐，人自身的和谐。

“人是大自然演化出来的，人的生命，是大自然恩赐的。但从动物中分化出来的人类对大自然完全没有感恩之情，非但如此，他们把大自然当做生存斗争的对象，像动物一样去任意践踏，任意索取，任意破坏。特别是进入工业化时代，在资本主义生产方式运行的几百年间，为了追求高额利润，对大自然的破坏毒化达到了毁灭性的程度。这是一种必遭天谴的犯罪的生存方式。犯罪是要遭受惩罚的。这种惩罚，不但落在当代人的头上，而且会无比沉重地落在子孙后代的头上。扭转这种可怕趋势的时候到来了吗？到来了！在知识大爆发、文化大发展的历史时期，不是少数人，而是越来越多的人在人与自然的问题上猛然惊醒了。更为重要的是，高度发达的科学技术和生产能力，是以创造丰富的物质财富和精神财富，使人类可以从以物(商品)为主导的生产生活方式，转向更高的以文化为主导的生产生活方式，以便自觉地去实现人与自然的和谐。

“社会是人组成的，是人的社会，按其本性，人与社会应当是和谐的。但实际情况完全不是这样，人与社会的矛盾充满着迄今为止的人类历史。社会不是抽象的东西，它是很具体很实在的，它由政府、制度、法律等等要素构成。谁掌握了这些东西，他就代表了社会，成为社会的主宰者。

“在奴隶社会，由于奴隶主阶级垄断了生产生活资料，他们就掌握了国家机器，成为社会的代表，社会的主宰者。这种社会，是压迫人的社会，主宰社会的奴隶主阶级同社会大众处于敌对的关系。到了封建社会，由于历史的进步，主宰社会的地主阶级同社会大众的对立关系稍有缓和。到了资本主义社会，由于生产力的发展和社会民主的兴起，在发达国家，主宰社会的资产阶级同社会大众的对立关系比以往的历史时期有明显改善。然而，正如 2008 年爆发的世界金融海啸所显示，垄断着金融资本的阶级依然是发达国家社会的主宰者，他们的利益同人民大众是完全对立的。实际上，在知识大爆发、文化大发展的时代，核心竞争力不是土地，不是资本，而是知识，是全新意义的文化。在当今时代，文化已为人民大众所拥有，不能由某个阶级来垄断。因此，也不允许某个阶级来主宰社会，人民大众最终将成为社会的主人,人与社会才能走向和谐,这就是社会主义。

“在以物为本的资本主义生产方式下,人与人的关系是通过物(商品)与物(商品)的关系表现出来的。处在社会分工大网上的人们,是在商品的运行中相互联系在一起的。这种联系方式个人无法控制,而且充满风险。每个人都不得不唯利是图,都不惜损人利己,相互之间随时随地都会发生矛盾和冲突。到了知识大爆发、文化大发展的时代,一种崭新的生产方式,即以人为本、以文化为主导的生产方式开始兴起。在这样的社会中,人们将以文明的方式创造物质财富和精神财富,并以文明的方式对待他人,以实现人与人的和谐。

“人与自然的冲突,人与社会的冲突,人与人的冲突,都会交集到具体的人,造成人自身的冲突,使人处于心力交瘁的困境。从根本上说,这是因为在社会发展的一定历史阶段,人们认识世界、改造世界的能力很有限,满足人们生存需要的物质总是很匮乏,必须付出几乎全部的心力来应对基本的生存问题。一个人是这样,全社会也是这样。到了知识大爆发、文化大发展的时代,人们有了很高的认识世界、改造世界的能力,能够创造出前所未有的丰富多样的社会财富。人们可以用科学的方式进行创造性的劳动,既有时间工作,还有时间学习、健身和娱乐,真正得到全面的发展,实现人自身的和谐。”

人与自然和谐、人与社会和谐、人与人和谐的社会是美好而幸福的社会,中国共产党提出了这样的执政目标,并贯彻在执政的全部实践过程中,这是功德无量的事情。

第三,实现人的全面发展是以德治国的基本任务。

科学社会主义的创始者马克思、恩格斯站在人类社会发展的高度,指出未来共产主义社会需要一种全面发展的新人,认为共产主义社会就是以每个人自由而全面的发展为本质规定的社会形态。

在社会主义初级阶段,“全面发展的人”应该是什么样子呢?中国共产党认为应该是“有理想、有道德、有文化、有纪律的人”。

共产党倡导的“四有”新人,最重要的是“有理想、有道德”。

“有理想、有道德”就是要有社会主义建设者的观念和觉悟。邓小平说,“在社会主义社会中,国家、集体和个人的利益在根本上是一致的,如果有矛盾,个人的利益要服从国家和集体的利益。”①在发展社会主义市场经济过程中，需要增强人们的自立意识、竞争意识，同时也要处理好竞争与协作、个人与社会的关系，要激励人们通过合法经营和诚实劳动获得正当的经济利益，反对见利忘义、损公肥私、损人利己的思想和行为，以形成把国家和人民利益放在首位又充分尊重公民个人合法利益的社会主义利益关系。

“有理想、有道德”就是要形成全社会的社会主义道德规范。

道德本是调整人与人、人与社会、人与自然之间的关系的重要行为规范。没有社会主义道德规范，就没有社会主义社会，所以邓小平曾经尖锐地指出，“没有共产主义道德，怎么能建设社会主义？”②江泽民也强调说，“加强社会主义思想道德建设，是发展先进文化的重要内容和中心环节。必须认识到，如果只讲物质利益，只讲金钱，不讲理想，不讲道德，人们就会失去共同的奋斗目标，失去行为的正确规范。要把依法治国同以德治国结合起来，为社会保持良好的秩序和风尚，营造高尚的思想道德基础”。

凡是社会主义社会的公民，都应当有如下基本道德规范：爱国守法、明礼诚信、团结友善、勤俭自强、敬业奉献。在公民与国家的关系上要爱国守法，公民在公共关系中要明礼诚信，公民相互之间要团结友善，公民自处要勤俭自强，公民在社会岗位上要敬业奉献。每个公民都应当加强道德修养，陶冶道德情操，锻炼道德意志，完善道德人格。

第四，共产党员的党性修养是以德治国的关键环节。

共产党领导人民创建了社会主义的政治制度、经济制度、法律制度，还提出了依法治国和以德治国的方略，这些社会制度和治国方略是一些相对静止的概念，但它们的实践过程又是一个非常生动、活泼的概念。李大钊说得好，“现代的民主是一种气质，是一种精神的风习，是一种生活的大观；不仅是一个具体的政治制度，实在是一个抽象的人生哲学；不仅是一个纯粹的理性的产物，实在是濡染了很深的感情、冲动和欲求的光泽”。③ 很显然，中国共产党领导人民创建的制度、法律和治国方略是由毛泽东、周恩来、邓小平等领袖人物和广大干部的风范气质和

① 《邓小平文选》第 2 卷，人民出版社 1994 年版，第 337 页。
② 《邓小平文选》第 2 卷，人民出版社 1994 年版，第 367 页。
③ 《李大钊全集》第 4 卷，河北教育出版社 1999 年版，第 105 页。

人生哲学体现出来的。

毛泽东、周恩来、邓小平等人的风范、气质和卓越才能折服了许多外国人。苏联前驻华外交官库达舍夫认为,中国革命和建设事业能取得伟大成就,一个重要原因是将毛泽东、刘少奇、周恩来、邓小平等一大批拥有丰富革命斗争经验,受到人民广泛拥戴的领导人推上了党和国家的领导岗位。他说:“我曾多年担任苏共领导人与中共领导人会见和会谈的翻译工作,与当时的中共领导人有很多接触和近距离观察。以毛泽东为代表的中国共产党的卓越政治家,在革命和社会主义建设年代,都表现出了高超的领导艺术和卓越领导才能,正是在他们的正确领导下,打败了国民党,建立了新中国;也正是在邓小平的领导下,中国在上世纪70年代末期开始推行改革开放政策,走出了中国特色社会主义道路。”①

毛泽东、周恩来、邓小平等领袖人物的伟大人格和卓越能力赢得了中国各族人民衷心的爱戴,从而万众一心地跟着他们走社会主义道路。然而,以德治国的宏图大略不是少数领袖人物可以成就的,必须靠宏大的党员和干部队伍共同贯彻实施。因此,加强党员的党性修养,培养德才兼备的干部就成为以德治国的关键环节。

90年来党的发展历程已经表明,政治路线确定之后干部就是决定因素。选拔和培养干部,必须坚持五湖四海,用人唯贤,这是我们党的性质和宗旨决定的。我们党除了人民的利益,没有自己的特殊利益。正是坚持这个崇高的原则,就能为一切忠于人民、扎根人民、奉献人民的好干部提供施展才华的广阔舞台,就能把中华民族的优秀分子吸引到党的队伍中来。

来自社会各方面的优秀人才,必须接受革命斗争的严峻考验,必须进行严格的党性修养,才能成为合格的共产党员,才能成为德才兼备的党的干部。

共产党干部的党性修养,根本上是要树立共产主义的世界观、人生观和价值观。按照毛泽东在《纪念白求恩》一文中的要求,共产党员和党的干部要做“一个高尚的人,一个纯粹的人,一个有道德的人,一个脱离了低级趣味的人,一个有益于人民的人”。② 这些要求同中国历代仁人志士的为人是一脉相承的。重人格、重品行、重修养,是中华民族的传统美德,“修身、齐家、治国、平天下”是君子贤人

① 《参考消息》,2011年5月15日。

② 《毛泽东选集》第2卷,人民出版社1991年版,第660页。

的为官之道。我们党的绝大多数干部，都知道孔子说的“己所不欲，勿施于人”；都知道孟子说的“富贵不能淫，贫贱不能移，威武不能屈”；都知道范仲淹说的“先天下之忧而忧，后天下之乐而乐”；都知道鲁迅说的“横眉冷对千夫指，俯首甘为孺子牛”。正是因为党内有一大批既有崇高的共产主义理想信念，又继承中华民族传统美德的优秀干部，才使以德治国有了坚实的基础。

新中国成立之后，在社会主义基本制度的开创时期，从中央到基层都有大批这样的优秀干部，党风正，人心齐，社会主义事业蒸蒸日上。即使犯急性病，造成了损失，只要认错改正，人民也能原谅，不改拥戴的初衷。那时候，物质生活比较贫困，但全社会的精神风气是好的。像焦裕禄那样的县委书记，王进喜那样的英雄工人，雷锋那样的模范战士，陈永贵那样的优秀农民，到处都可以见到，他们撑起了社会主义中国的脊梁。这种以德治国的经验非常宝贵。

搞“大跃进”时，弄虚作假，浮夸风盛行；搞“文化大革命”时，扩大人民内部矛盾，上纲上线，给不同意见者以压制和打击，都严重损害了党的作风，败坏了人的道德，冲击了以德治国的底线。

改革开放时代，党中央力图恢复党的优良作风，但情况复杂，困难不小。最严重的是价值交换、唯利是图、个人至上的资本主义风习在社会上蔓延开来，严重侵袭着党的干部队伍。在国际共产主义运动遇到挫折时，有些党的领导干部放弃理想，丢掉信念，成为西方思想的应声虫。有的领导干部不重修养，不讲道德，在社会上妒贤嫉能，见危不助；在家里不孝父母，不爱亲人；在本职岗位上盛气凌人，独断专行。有的领导干部志趣低下，吹拍拉扯，媚权阿贵。有的领导干部利欲熏心，买官卖官，坑害民众，一头扎进贪污腐化的泥坑。

以上这些现象的存在确实令人忧心。但我们必须坚定地指出，这不是中国共产党的主流，也不是干部队伍的主流。无论在共产党执政的任何时期，我们党为人民谋利益的本质没有变，干部队伍为人民服务的主流没有变。

我们应当看到，在中华振兴的伟大时代，广大党的干部看清人类社会发展规律，把握世界变动大势，坚持改革开放，锐意开拓创新，正把自己的全部精力奉献给我们党正在推进的创建社会主义物质文明、精神文明、政治文明、社会文明、生态文明的宏伟大业。

我们应当看到，在那些可耻的贪污腐化分子倒下去的地方，站立着无数孔繁森、杨善洲这样无限热爱人民、全心全意为人民服务的共产党干部。

这样的干部活跃在从中央到地方直至最基层村寨的各种岗位上。

一些外国观察家也注意到中国共产党是“以德治国”的。西班牙前驻华参赞恩里克·凡胡尔发表文章说，“1949 年的胜利可以看做一支从有限基础上开始，但凭借道德榜样和党员的牺牲精神，逐渐赢得人民尊重和支持的政治力量的胜利。而共产党的干部承担起以前的官吏们行使的政府职能”。①

① 《参考消息》，2011 年 2 月 14 日。

四、自强不息

俗话说，打铁还需自身硬。中国共产党如果自己“不硬”，不先进，就不可能团结和带领中国人民去完成革命和建设的任务，就不可能实现中华民族伟大复兴的历史使命。

经过90年波澜壮阔的历史征程，中国共产党可以理直气壮地向全世界宣告：“中国共产党是中国工人阶级的先锋队，同时是中国人民和中华民族的先锋队。”

中国共产党有8700多万党员，相当于世界上一个普通大国的人口总数。如此庞大的党员，能够形成一个坚强的革命和建设的先锋队，可以说是人类历史上一个空前绝后的大奇观。

8700多万党员形成一个几十年保持如一的坚强的先锋队，虽然是历史的大奇观，但并不神秘，因为我们一直在坚持实施一个党的建设的伟大工程。

72年前，毛泽东在《共产党人》发刊词中，第一次把党的建设称为“伟大的工程”。他说，“建设一个全国范围的、广大群众性的、思想上政治上组织上完全巩固的布尔什维克化的中国共产党……建设这样一个党的主观客观条件也已经大体具备，这件伟大的工程也正在进行之中”。①

这是一个多么伟大的构想啊！当时的中国，经济文化十分落后，农民占人口的绝大多数；各个革命根据地被反动势力完全分割开。就是在这种极其困难的条件下，以毛泽东为核心的党的第一代领导集体，成功地把党建设成思想上、政治上、组织上完全巩固的马克思主义政党，在山沟沟中锻炼出中国工人阶级的先锋队、中国人民和中华民族的先锋队。正是这个“伟大工程”建设出来的先锋队、领导人民建立了新中国，取得了社会主义革命和建设的伟大胜利。

---

① 《毛泽东选集》第2卷，人民出版社1991年版，第602页。

21世纪前半期，是中华民族实现伟大复兴的重大战略机遇期。中国共产党能不能继往开来，与时俱进，抓住这个千载难逢的战略机遇期，并且维护它、延长它、用好它，以实现自己的崇高历史使命呢？换句话说，中国共产党能否坚持党的建设伟大工程，使自己保持先进性呢？

共产党的先进性就是党的生命性。一个执政的共产党，一旦丧失了先进性，就会丧失它的执政地位，就会走向衰亡，就会被历史潮流所淘汰。

共产党保持先进性的问题，是一个世界性的重大课题，是人类历史发展中必然要提出来，而且已经摆在眼前的重大课题。

世界的大格局正在向多极化演进，其具体形态是由综合国力的对比决定的。从社会政治经济制度来说，实际上还是社会主义和资本主义两极。

由于现实的社会主义国家都是在落后国家中建立起来的，所以在两极对立中，社会主义国家在经济、军事和文化等方面长期处于不利地位。以美国为首的资本主义国家，必欲把社会主义国家置之死地而后快。苏联已经被它们瓦解了，东欧国家也被它们改变了颜色，现在就轮到中国了。社会主义中国能不能把红旗继续扛下去，并最终取得胜利？决定性的因素是共产党。共产党强则社会主义兴，共产党弱则社会主义亡。而共产党要强大，就必须保持自己的先进性。

中国共产党是最大的执政党，保持先进性的问题严峻地摆在面前。

苏联解体、东欧剧变给中国共产党以极大的冲击。

列宁创建的苏联共产党曾经是中国共产党的榜样，执政时间长，国力也强大，怎么会一夜之间就瓦解了呢？很显然，苏联共产党已经丧失了先进性，它被苏联人民抛弃了。东欧各国的共产党也丧失了先进性，也被东欧各国人民抛弃了。

尼克松曾经宣称，西方资本主义国家对苏联集团是“不战而胜”。真正说来，是苏联共产党和东欧各国共产党丧失了先进性，它们“不战自败”。这是世界社会主义运动最沉痛的挫败。

1989年的政治风波对中国共产党也是极大的警示。

由于国际政治大气候和国内小气候的共同作用，这场风暴来得很猛。得到西方反华反共势力支持的反体制分子把矛头对准共产党的领导是不奇怪的，令人不安的是，在一些地方，成千上万的群众也跟着上街呐喊。当时，我国经济形势不好，商品短缺，物价很高。同时，群众对腐败之风没有得到有效遏制相当不满。所幸以邓小平为核心的第二代中央领导集体果断决策，牢牢控制住了大局。这场风波是平息了，但它所敲响的警钟将会经常在我们耳边鸣响。

“法轮功”一类邪教组织的出现也应当引起共产党人的深思。一个像李洪志那样的江湖骗子，搞出一套歪理邪说，可以蒙骗那么多的人，其中不乏老共产党员、教授、博士等等。这类邪教组织公然向党和国家挑战，到处争夺群众、争夺阵地，这种情况对共产党的先进性和执政地位也是一种考验。

在这些严峻的挑战面前，保持党的先进性是一个重大的历史课题。它带给我们的，是压力，也是动力。时代呼唤中国共产党人从理论上和实践上解决这个重大课题，开创社会主义发展的新时代。

党的第二代和第三代中央领导集体敏锐地把握着时代的脉搏，深刻地体察人民的愿望，以保持党的先进性为主轴，展开了党的建设“新的伟大工程”。

为了保持党的先进性，党的理论必须与时俱进，要创新

在人类社会的发展中，先进，首先是思想上的先进，理论上的先进。只有坚持解放思想、实事求是的思想路线，弘扬与时俱进的精神，不断推进理论创新，才能使我们党在长期执政的情况下保持先进性和创造力。苏联共产党和东欧共产党的失败，根本上是理论脱离实际，指导思想或者停滞不前，或者像戈尔巴乔夫那样搞脱轨转向的“新思维”。中国共产党的成功，最重要的是理论不断创新，指导思想与时俱进，始终保持着党的先进性。

多年来，在纷纷扰扰的世界乱局中，党中央领导集体镇定自若，始终把精力集中于以下这些关系党和国家前途命运的大问题：

一是关于“什么是社会主义，怎样建设社会主义”。改革开放时期的思想解放，关键就是在这个问题上的解放。拨乱反正，全面改革，从“以阶级斗争为纲”到以经济建设为中心，从封闭半封闭到全方位开放，从计划经济到社会主义市场经济，到提出构建社会主义和谐社会等等，都属于逐渐搞清楚这个根本问题。这实际上是一个随实践发展而不断深化的伟大觉醒过程，在这个过程中创立的邓小平理论，正确界定了我国现实社会的历史方位和主要矛盾，明确了党在社会主义初级阶段的兴国之要、立国之本和强国之路。

二是关于“建设什么样的党、怎样建设党”。从新时期一开始，我们党就启动了这方面的探索，确立了新时期党的思想路线、政治路线、组织路线，进一步明确了要把党建设成为领导社会主义物质文明和精神文明建设的马克思主义执政党。以江泽民为核心的党中央领导集体集中全党智慧创立“三个代表”重要思想，推动“党的建设新的伟大工程”，强调提高党的领导水平和执政水平，保持和发展党的先进性，创造性地明确了新时期的立党之本、执政之基和力量之源。

三是关于“实现什么样的发展、怎样发展”。党的十六大以来，以胡锦涛为总书记的党中央在继承党的三代中央领导集体关于发展的重要思想的基础上，先后提出“科学发展观”和“社会主义和谐社会”等重大战略思想，进一步明确了我国仍处于并将长期处于社会主义初级阶段而又进到新的历史起点的发展方位，并把发展问题提到体现以人为本、体现社会公平正义、体现人的全面发展和社会的全面发展以及资源环境的可持续发展的高度，既着眼于把握发展规律、创新发展理念、转变发展方式、破解发展难题，又着力于推进党的执政方式和社会治理方式的转变。在这个过程中，明确了发展之本、发展方式、发展规律等一系列根本性问题。

对于怎样建设社会主义、怎样建设党、怎样科学发展这些现实问题的研究和突破，使马克思主义中国化和中国经验马克思主义化上了一个大台阶，达到了一个崭新的境界，使中国共产党在经济全球化时代拥有创新的理论，站到了世界社会主义运动先锋队的位置。

创新的社会主义理论必须成为全体共产党员共同的思想旗帜，才能保持我们党在思想理论上的先进性。这就需要学习，使我们党成为一个学习型的政党。

一个重视学习的党，是充满希望、富有生命力的党；一个善于学习的党，是能够与时俱进、永葆先进性的党。中国共产党就是最重视学习、最善于学习的党。

毛泽东一生酷爱读书，总是从政治和战略的高度强调学习的重要性，提出了“读书是学习，使用也是学习，而且是更重要的学习”等著名论断。革命胜利了，面对建设新中国的全新任务，他告诫全党，“必须学会自己不懂的东西。我们必须向一切内行的人们(不管什么人)学经济工作。拜他们做老师，恭恭敬敬地学，老老实实地学”。

邓小平、江泽民也非常重视学习。胡锦涛担任总书记以后，坚持了中央政治局集体学习制度，平均40天左右学习一次，从不间断。

中央政治局集体学习的内容很丰富，除了必修的社会主义理论之外，凡是工作和决策所需的科学知识都会涉及。学习时，往往请该领域造诣很深的专家专题讲解，同时开展讨论。这样的集体学习，对研究和解决重大问题，推动实际工作，探索客观规律，创新社会主义理论都很有好处。

对于高层领导者来说，无论是向书本学，向专家学，还是向实践学，学习的过程本身就是一个不断统一思想，提高认识的过程，也是一个不断将实践经验升华为科学理论的过程。

中央政治局的同志都担负着党和国家重要工作，日理万机，非常繁忙，能够这样不间断地坚持集体学习，很不容易，为全党树立了一种学习的风气。

在中央政治局的倡议和带动下，从中央到地方，从党内到党外，一个建设学习型政党、学习型社会的热潮正在兴起。

党的十六大以来，省部级主要领导干部专题研讨班举办过很多期，有 54 万多名县处级以上领导干部参加了学习贯彻“三个代表”重要思想的集中轮训，有 5400 多名县委书记、县长参加了建设社会主义新农村的专题培训，有 2 亿多农村党员干部和农民积极分子接受了现代远程教育培训。

党的学习，带动了全社会的学习。人大系统、政府系统、政协系统，从中央到地方，纷纷举办学习讲座、科技讲座。创建学习型家庭、学习型社区、学习型城市已蔚然成风。

为了保持党的先进性，党的组织建设必须与时俱进，要加强

中国共产党是在一个有十几亿人口的大国执政的党，又担负着实现中华民族伟大复兴和推动社会主义胜利前进的双重使命，这就需要把全民族的优秀分子集合在党的旗帜下，以之作为核心，创造和保持全国人民和整个中华民族大团结、大联合、大统一的局面。

为达此目的，党的社会基础必须扩大。按照“三个代表”重要思想的要求，一切代表先进生产力、代表先进文化的优秀分子，只要他们愿意接受党的章程，为人民的根本利益奉献力量，都可以成为中国共产党党员。中国共产党在组织建设上的这个创新使自己真正成为三个“先锋队”的伟大政党。

基础不牢，地动山摇。党的组织建设，最重要的是基层组织建设。党的基层组织是党的全部工作和战斗力的基础；组织在基层党支部的党员是党的肌体的细胞和党的活动的主体。

1949 年 10 月新中国成立，开辟了中国历史新纪元，也展开了党的建设新的伟大工程。

这个新的伟大工程基础在基层。为适应共产党执政的需要，在农村、企业、街道、机关、学校广泛建立了党的基层组织。早在 1957 年，农村党组织覆盖率由 1949 年的 33.5%上升到 99.9%，其他领域党的基层组织也迅速建立起来。

进入改革开放时代以后，党的基层组织建设不但没有削弱，而且有很大的创新和发展。

——基层党组织设置形式更加健全。我国社会一直处于发展变化之中，尤其是建立社会主义市场经济之后，新的经济组织大量涌现，人员的流动性空前广泛，各级党组织适应经济社会的深刻变革，实行务实灵活的方式去设置基层组织，有“村村联建”、“村企联建”、“村居联建”，还有“按地域组建”，“依据行业协会组建”和“按产业链组建”，还在外出务工和经商党员集中的地方建立流动党组织，实现了基层党组织在社会各个部位的有效覆盖。截至 2011 年 7 月 1 日，全国共有党的基层组织 214 万多个。其中，城市街道 6869 个，乡镇 34000 个，社区 82000 个，建制村 594000 个。

——党员素质普遍得到提高。到 2011 年 7 月 1 日，中国共产党党员为 8026.9 万人，其中大专学历以上的占 37.1%，其余绝大多数也有中学教育水平。广大共产党员在建设社会主义的伟大实践中经风雨、见世面，接受多方面的锻炼和考验，工作能力和思想素质都得到提高。多年来，党组织全面推进党员培训工作，其中农村党支部书记培训 135.4 万人次，新党员培训 405.2 万人次，党员创业就业技能培训 1426.7 万人次，还有 5600 万党员参加邓小平理论学习班，1500 万党员参加“三个代表”重要思想学习班，7000 多万党员参加保持共产党员先进性教育活动。通过这些学习和培训，广大党员更加坚定了走社会主义道路的理想信念，更加提高了为振兴中华作贡献的实践能力。

——基层党组织领导班子更加坚强。基层党组织是否有战斗力，是否得到群众爱戴，关键在领导班子。华西村为什么成为“天下第一村”，就是因为有以吴仁宝为核心的坚强的领导班子。全党推进“新的伟大工程”,一个重点是加强对基层党组织领导班子的建设。现在,广大农村普遍采用“两推一选”的办法选举产生村党支部书记,同时推行村党支部书记和村委会主任“一肩挑”以及“两委”成员交叉任职。另外,还选派党政机关优秀年轻干部和优秀大学毕业生到农村挂职、任职,一大批德才兼备、实绩突出、群众公认的优秀人才被充实到基层党组织领导班子中。

——强化基层党组织的服务功能。党的宗旨是全心全意为人民服务,基层党组织是直接为群众服务的,一定要紧紧围绕党和国家的中心工作,积极转变工作方式,创新活动载体,增强服务功能。近年来,基层党组织通过实施“三级联创”、“凝聚力工程”、“强基固本工程”,开展“创先争优”,党员设岗定责等活动,把服务群众的工作做扎实,做到家。在农村,形成了“支部加协会”、“党群共同致富联合体”和“为民服务代理制”,促进社会主义新农村建设;在国有企业,开展“四好”领导班子建设活动,促进企业发展壮大;在城市社区,建立党员服务中心和社区服务体系,促进和谐社区建设。

——党的基层组织建设更加规范化、科学化。总结几十年党建工作的实践经验,结合新时期社会生产生活方式的变化,根据党章规定,党中央及相关部门就发展党员工作、党的基层组织选举、党员权利保障、高等学校党的基层组织工作、党和国家机关党的基层组织工作、企业事业单位党的基层组织工作和农村党的基层组织工作,颁布了一系列的条例,党员教育、管理、监督、服务制度已趋完备,基层党建工作各个环节的制度安排衔接更加紧密,党内基层民主制度不断健全。

要保持党的先进性,必须提高执政能力

我们现在讲党的建设,不是一般的概念,而是专指执政党的建设。

中国共产党执政,千条万条,根本的一条是全心全意为人民服务。要为占人类五分之一的13亿中国人民服务好,没有超强的执政能力是办不到的。

共产党执政是通过各级干部遵行法律和政策去具体实现的,因此选贤任能和培养干部就是提高党的执政能力的关键环节。

中国共产党通过全国1800所党校,1500所行政管理学校和800所社会主义

学院对干部进行在职培训是举世罕见的。正如美国乔治·华盛顿大学教授戴维·香博所说,“我多次有机会到访中央党校,并去过浦东干部学院和北京国家行政学院,这些旨在培训中国各级干部掌握行政管理知识的努力给我留下非常深刻的印象。我希望美国也能有这样的体系”。①

干部的培养,除了经过系统的国民教育和党校、行政学院的培训之外,更重要的是在社会实践中锻炼提高。

中国社会主义建设是人类历史上前所未有的最为宏伟的社会实践活动,它要使超过发达国家人口总数的中国人实现现代化,要解决几乎相当于世界五分之一的社会发展难题,要创造物质文明、精神文明、政治文明、社会文明和生态文明的崭新社会形态……它对共产党执政能力的要求和考验几乎是无限的。

60 多年的执政历史已经表明,世界上没有任何政党具有中国共产党这样强大的执政能力。从“火柴都要进口”到成为世界第一制造业大国,从被设问“谁来养活中国”到成为对全球解决贫困问题作出“最大贡献的国家”,从人均寿命只有 35 岁到超过 73 岁,从“东亚病夫”到成为北京奥运会金牌总数第一,中国共产党执政使中国社会只用 60 年就走过了欧美发达国家 300 多年的发展过程。

每遇重特大天灾人祸,更显示出中国共产党无与伦比的执政能力。1997 年爆发亚洲金融风暴,处在风暴包围之中的中国岿然不动,并且伸出援手帮助周边国家渡过难关;2008 年开始的全球经济危机使欧美发达国家都陷入困境,唯有中国能够从容应对,成为世界经济的重要发动机。汶川地震,灾害那么大,震后 10 天,就完成了 1500 多万灾民的应急安置;震后 100 天,就使 1200 万灾民住进过渡性安置房;震后两年,就基本完成广大灾区的恢复重建。更令人惊叹的是,在灾后恢复重建有条不紊顺利进行的同时,北京奥运会、残奥会等世界性的大活动取得圆满成功,神舟七号载人航天飞行出色实现,应对国际金融危机取得积极成效,国民经济实现平稳较快的增长,整个社会保持着安定团结的良好局面。

中国共产党执政能力的强大给西方国家和东方国家都留下了深刻的印象。

西方政治学家喜欢用“合法性”来衡量一个执政党的作为。这种“合法性”主要看是否经过选举上台执政,当然也要看一国人民是否认为这个执政党在为他们

① 《参考消息》,2009 年 9 月 17 日。

谋福利、保护他们的利益、鼓励他们建设一个更美好的社会。政治合法性也关系到人民是否愿意和自觉服从于一个政党和政府，而不是被要求或被强迫服从。

美国政治学家戴维·香博说，“按照这些标准，中国共产党在过去60年里表现得相当不错。……中国共产党证明了它的合法性，很好地保护了国家利益，提高了中国在世界上的地位，改善了人民的生活，发展了国家经济，而且改善了人民的文化生活”。

香博感到很遗憾的是，“美国人对中国共产党的了解非常贫乏和狭隘。大多数人只把它看作一个‘共产主义’和反民主的政党。他们不了解中国共产党近几年来的党内改革，就连许多中国问题专家对此也不了解”。①

印度经济学家莫汉·古鲁斯瓦米出版了一本书，名为《追赶中国龙》。他宣称要将此书送给印度每位议员，使他们能从中国的发展经验中得到解决印度发展问题的启示和借鉴。

古鲁斯瓦米说，人类历史上从未有过像中国这样在如此长的时间内保持这么高增长速度的国家，无论日本还是亚洲四小龙都不能相比。这是一个了不起的成就，验证了中国领导人的高瞻远瞩。同时中国的崛起是以不侵略和掠夺其他国家的资源为特点的，中国的和平崛起是这个世纪最为重要的事情，将极大地改变世界格局。

这位印度学者认为，1949年中国共产党执政以后，给中国带来了政府管理体制和思想上的重要变化，对中国经济发展的模式有重要影响。中国政府对社会的控制一直延伸到街道和村一级。同时中国共产党改变了中国民众思想中的传统观念，使人们应对问题的方式更理性化。印度很大一部分农村民众仍然从内心相信神可以解决一切问题。

古鲁斯瓦米还说，印度整体发展比中国落后20年。“印度每年应该派上千名政治家去中国，学习有效率的管理，学习如何修建道路、发展制造业、提高识字率和增加公共卫生设施”。他认为印度必须借鉴中国快速工业化的发展模式，才能真正跻身大国行列。

西方学者一直认为民主制度是印度经济发展的优势，古鲁斯瓦米则说，“事实

① 《参考消息》，2009年9月17日。

上民主制度在目前这个阶段对印度经济发展的促进作用有限，反而更多地表现出拖累发展的副作用，因为一方面民主决策速度较慢，另一方面很多政治家的精力都集中在如何在竞选中连任，而不是像中国政治领导人那样投入更多精力关注发展。"①

中国共产党能否保持自己的生机和活力，很大程度上取决于党自身的自我更新能力。这种自我更新能力主要表现在两个方面：一是老党员能否与时俱进，能否始终站在时代前沿，引领时代风尚；二是能否不断地吸收新鲜血液，吸收代表未来的年轻人加入共产党，让革命先辈开创的伟业代代相传。

全世界都看到，正是邓小平这样的老党员们开创了中国改革开放的新时代。更可喜的是"革命自有后来人"。在神舟飞船指挥中心，"70后"一代精彩亮相；在汶川抗震现场，身穿迷彩服的"80后"一代冲锋在前；在北京奥运会、上海世博会、广州亚运会，中国青年志愿者的微笑温暖着世人。

21世纪头20年，是中国共产党"代际继替"的关键时刻。在这个重大的战略机遇期，有理想、有知识、有自信的青年党员成十万、成百万、成千万地成长起来，他们在社会主义建设的所有领域承担重任，冲锋在前，创造奇迹，把振兴中华的伟大事业不断推向前进。

2011年，中国教育部公布的调查数据表明，接受调查的学生包括140所高等学校的2.5万多名学生，其中80%的大学生愿意加入中国共产党。还有89.6%的受访者相信共产党会进一步加强执政能力，带领国家走向更大的繁荣。

① 《参考消息》，2009年9月17日。

五、举世尊重

世界非常复杂，有人拥护共产党，有人反对共产党。但是，由于中国共产党具有 90 多年改天换地的传奇历史，并且开创了社会主义的发展模式，无论人们有怎样的主张，都会对中国共产党表示尊重。

2011 年 7 月 1 日是中国共产党成立 90 周年纪念日，这是中国共产党和中国人民盛大的纪念日，但它显得也是全世界的纪念日。德国《明镜》周刊报道说："本周很大程度上是属于中国的一周，中国共产党 7 月 1 日迎来 90 岁生日"。《明镜》说得不错，在这一周，世界新闻媒体的主要话题，都是中国共产党的 90 岁生日。一些媒体推出"中共建党 90 周年"的专题报道，从建党历史、执政业绩到未来发展进行系统的报道分析；另外一些媒体则发表评论和研究文章，探寻"中共长寿的秘密"。

这是一个非常重要的现象。因为苏联瓦解、东欧变色之后，世界社会主义运动遇到重大挫折，陷入低潮，有些共产党也消亡了，西方主流舆论因此把仅存的共产党和社会主义国家看作迟早会灭绝的恐龙。没有想到奇迹发生了，中国共产党取得了出人意料的成功。

德国一个周刊惊叹中国共产党是"一个成功得可怕的政党"。为什么可怕呢？因为中国打破了西方的经典法则，"恐龙学会了进化和适应环境，北京在经济上接连斩获成功"。法国的一个电视台则说，虽然世界上最大的政治组织存在欠缺民主的问题，但这个 90 高龄的"政治人"就像他们当年的领袖毛泽东晚年一样，虽然年事已高，但仍然充满活力。在中国，有很多人支持中共的政策。

2011 年 7 月 1 日，全世界有 149 个政党发来贺函、贺电庆祝中国共产党成立 90 周年。我们在此摘引几份贺电的内容即可窥见中国共产党在世界人民眼中的形象：

西班牙工人社会党国际书记瓦伦西亚诺在贺电中说："中国共产党在建设现代、充满活力、热爱和平的新社会进程中展现出的领导力令人钦佩。作为友好、真诚的朋友，西班牙工社党愿与中国共产党携手努力，共同应对当今世界和未来的挑战。"

匈牙利国会副主席乌伊海伊·伊什特万在贺函中说："世界上很少有某个政党能在90年内取得如此令人骄傲的成就，对此我们十分钦佩。中国共产党的光辉成就和中华民族的传统美德将会令中国的未来充满希望。"

西班牙共产党国际书记马伊黛·莫拉在贺电中说："中国取得的巨大进步得益于中共找到了正确的发展方向，不仅在经济建设领域取得了成功，而且建立了中国特色社会主义理论。中国共产党90年取得的成就堪称人类的典范。"

孟加拉国民族主义党主席卡莉达·齐亚在贺函中说："中国共产党成立90年来，走过了一条充满艰难险阻的漫长道路。今日的中国已成为世界上最富活力的国家之一，站在了世界舞台的中心。这一奇迹的发生源自中国共产党的正确领导、务实政策和实事求是精神。"

爱尔兰共和党领袖马丁在贺函中说："在中国共产党领导下，中国实现了跨越式发展，这是过去90年来全世界最重要的发展成就之一。中国成功解决了数亿人的温饱问题，这一成就也具有无与伦比的历史意义。爱尔兰与中国之间的对话交流不断增多，两国都从中受益匪浅，我们期待着两国关系不断得到发展和深化。"

捷克和摩拉维亚共产党主席沃伊杰赫·菲利普对中国共产党建党90周年表示祝贺。贺函说："中国共产党的历史是伟大、光荣和历经沧桑的历史，犹如一部充满智慧的著作，供一代又一代争取建立美好与公正世界的人们学习借鉴。中国共产党的历史是一部充满艰苦卓绝斗争的历史，也是一部充满巨大成就与胜利的历史。"

俄罗斯联邦共产党中央委员会主席久加诺夫在贺电中说："中国共产党的历史是一部无私忘我地为人民服务的典范史。建立中华人民共和国是当代最重要的事件，是中国共产党的历史功勋。"贺电说，中国在经济、科技、文化、体育和社会生活等领域所取得的成就举世瞩目，俄共为此感到骄傲。

保加利亚社会党主席斯塔尼舍夫在贺函中说，中国共产党带领中国人民走过了光辉历程，在中国的现代化过程中发挥了重要作用。近年来，中国在世界上的影响迅速上升，这归功于中国共产党的坚强领导，归功于中国共产党所推行的前所未有的社会主义市场经济改革。

印度共产党总书记巴尔丹在贺函中说，中国共产党在90年的发展历程中，领导包括中国工人阶级、农民在内的全体中国人民不断加强民主建设，推进有中国特色的社会主义事业。中国实现了非同寻常的经济变革，中国共产党的领导是中国实现未来经济社会发展目标的保证。

德国联盟党议会党团干事长曼弗雷德·格伦德认为，中共执政模式对西方具有竞争力。他说，“中国的执政形式、中国模式非常成功、高效，与西方议会民主制相比，政策实施更加迅速。对我们欧洲、西方民主模式来说，是一个具有竞争力的国家模式和社会模式。

“中共自身不断创新，焕发新的生机和活力，并由此给中国带来变革。过去30多年，中国在经济、社会和国际舞台上取得的成就是对中共执政能力的最好证明。中共执政以来，经历了70%的好的时期，也经历了30%的困难时期，例如‘大跃进’和‘文化大革命’。中共能够通过不断创新对社会的变化做出反应，保持自己的生存能力。中共向其他社会阶层开放，例如企业主和艺术家等。中共是务实的执政党，为所有13亿人民谋福利，而不是为少数党的精英层服务。中共不拘泥于意识形态的束缚，邓小平所说的‘抓到老鼠的猫就是好猫’就是一个印证。

“中国模式对于许多非洲和亚洲发展中国家、新兴市场国家来说很有吸引力。这些国家也在寻找适合各自国情的发展模式和治理模式。欧洲国家民主模式也不一样，例如瑞士、法国与德国的模式并不相同。

“一党执政的优势在于，一旦执政党做出了决定，可以很快在国家层面上得到落实和转化。任何一种模式都无法保证政策出台的正确性，一个国家政府是否做出正确的决定并不取决于是哪种政府治理模式。在德国，执政联盟同样无法保证做出正确决定。要尽可能做出正确决策，重要的是知道一个国家的利益在哪里，符合中国民众的利益也就符合中共的利益。另外还需要有政策工具加以执行，中国有五年社会发展规划，有开发西部战略，有大力发展铁路、公路等基础设施项目。

“中共试图向许多别的国家学习和借鉴它们的发展经验和教训，从而做出符合中国国情的正确决策。例如，中国注重学习西方的社会保障制度，努力解决农民的养老保险、医疗保险问题。”①

原东德共产党党员汉斯·勃兰特认为，中共吸引力一直在稳步增长。他说：“中国是世界上最成功的国家，在所有领域，正以一个前所未有的速度发展，人民的物质和文化生活水平稳步提高。由此看来，中共是迄今最成功的人民的政党。

“1988 年我和民主德国一个记者团在中国进行为期 3 周的学习访问。随后几年里，我经常对中共有所思考。中共从未一帆风顺，也有错误，甚至犯下了严重错误。然而中共的吸引力一直稳步增长。从 1921 年几十名党员发展到今天大约 7800 万党员，其中甚至包括一些百万富翁，这是教条主义者根本无法理解的。如今，在新形势下，中共的吸引力更强，更加多样化。

“我认为革命的胜利和中华人民共和国的成立是世界革命运动史上的杰作。中国共产党从一开始就吸引了不仅是工人阶级和农民，还有资产阶级、中产阶级出身的人，他们主张消除社会不公，实现心目中的人类理想，他们有意识地放弃了更加安稳的资产阶级职业生涯。他们在共产党身上找到了道路。

“我认为塑造党内民主是加强党的战斗力和发展在各个领域的创造性的社会主义民主的重要因素。这样，中共才能始终保持干净和透明。我看到中共非常坚定地朝着这个方向行动。中共领导层的执政方式方法、中共在党内坚决打击腐败等等，为此提供了一个典范。”②

中国共产党诞辰 90 周年之际，各国学者高度评价中国共产党。

德国著名学者英戈·南特韦克认为，“破解当代中国之谜，肯定首先要破解中国共产党之谜。西方政治界绝大多数人不太了解中国共产党的特殊性。

“(一)历史基础。中共能够成为执政党，是因为中国 90%以上的老百姓当年

① 《参考消息》，2011 年 6 月 16 日。
② 《参考消息》，2011 年 6 月 16 日。

支持中国革命。东欧社会主义国家是二战后苏联红军进入后形成的，中国共产党成为执政党则是人民做出的选择，中共是中国人民选择的，独立而非外界强加的。

“（二）执政理论。西方国家政党的理论都是为了每天政治需要的简单理论，而不像马列主义那样，是一套拥有完整的世界观和方法论的理论体系。作为执政党，中国共产党有马列主义、毛泽东思想作为思想基础和基本理论，超越了日常政治，这是与资产阶级政党的一大区别。

“（三）人民拥护。尽管犯过错误，例如‘文化大革命’和‘大跃进’，但中国共产党执政依然得到绝大多数民众的支持和拥护。这引起西方许多人的不解。原因在于，中国执政面临巨大挑战，不犯错误不可能。中国共产党在60多年的实践中，把一个一穷二白、出发点基本为零的中国，发展成为如今一个稳定的国家，一个经济、政治、军事都比较成功的国家。中国发展之路是成功的。

“中国已经成为世界经济的组成部分。资本主义经济体系必然会发生危机，是个死胡同，没有未来。现在中国可以利用（这一体系），但不要认为它会长存。

“中国每年10%的经济增长不可能永远持续下去。合理的、平等的政策目前非常重要，中国必须关注社会福利，避免社会贫富差距过大，关注工人劳动条件和安全条件，以及农民和偏远地区的生活水平。中共应该继续打击贪污腐败现象，树立执政党两袖清风、为人民谋福利的形象。

“资本主义国家是阶级社会，所谓人民性强的党，无论是德国的社民党还是基民盟，都是为某个阶级服务的政党，不是为了人民，是资产阶级执政党，人民性只是这些政党的广告宣传而已。

“中国共产党人民性很强，但应该更好地宣传，但现有的宣传方式太古老，效果不好，有待改进。例如，在一些国际上特别关注和争议的话题上，例如刘晓波事件，中国往往采取回避或者淡化方式，没有向西方做出充分的解释，没有充分展示自己的观点和主张。

“中国共产党的阶级基础是工人和农民，中国当前的领导者做了很多工作，在改善工农利益上有一些变化和进步，例如农民工待遇的改善。这个方向很好，对巩固中国共产党的人民性是最好的方法。

“中国特色的社会主义理论，是长期的、基本的理论。第一，社会主义还不是共产主义，社会主义无论在哪个国家都必须有这个国家的特色；第二，中国是第一个提出这个专有词的国家。中国所走的路线是别人没有走过的，不是东欧社会主义简单的计划经济，不是西方国家的资本主义。坚持有中国特色社会主义理论，中共就非常有前途。”①

法国学者恩里克·杜赛文：“中国共产党建党 90 周年有着全球性的意义。在这 90 年，特别是 1949 年新中国成立之后，中国共产党经历了时代的变迁以及领导人的传承。而现在的中国共产党无疑是世界上最重要的共产党，特别是看到苏联以及东欧社会主义阵营的情况，我们可以说，中国共产党是共产主义阵营的唯一‘幸存者’。可以说中国政治经济的精英们以及中国共产党本身对于国际国内形势都有着清醒的认识。与苏联以及其他共产主义政权不同的是，中国共产党能够在快速吸收外界的意见的同时，循序渐进地进行改革。一些学者使用‘过渡政策’来形容中国的某些经济、社会政策。也就是说，中共在向外部学习的同时，慢慢地改进以及完善党内机构和体制，以这样的方式实现短、中、长期的不同目标。我认为，这个概念的掌握能够帮助一个人了解中国近几十年来的变革以及了解中国共产党。

“在整个资本主义史，甚至人类史上，中国都是在改善赤贫方面做得最出色的例子。根据世界银行的资料可以看到，从上世纪 80 年代到去年为止，一共有 3.5 亿中国人脱离赤贫。中国在帮助人民脱贫方面做出的努力非常值得我们拉丁美洲国家学习。同样的，在科技发展、投资、基础建设、高等教育等领域，中国的经验也值得我们借鉴。”②

弗·伊·多布连科夫（俄罗斯社会科学院院士、莫斯科大学社会系主任）说：“我认为，现在的中国共产党是政治组织中的某种标杆和范例。因为从实践当中可以看到，这个党有自己的纲领、目标。这个目标可以给人民带来最大利益，能动员广大群众的能量来实现既定目标。任何党派都有自己的意识形态，在意识形态中含有需要实现的理想。其最主要的任务就是构建最为公平的社会。根据我的

① 《参考消息》，2011 年 6 月 16 日。
② 《参考消息》，2011 年 6 月 30 日。

了解，中国共产党为此做了很多很多，它在中国和世界都巩固了自己的威信。尽管存在很多难以避免的问题，它确实一直在努力实现国富民强的理想。而且，它总是在困境中找到出路，不拘泥于陈规，善于对自己进行改革，应对不同时期的不同挑战。这一点让世界为之震撼和惊讶。

“中国的未来、发展和所要取得的成绩，都和中国共产党紧密相连。如果作为国家稳定基础的党撼动了，那么国家就可能崩溃，苏联就是例证。像中国这样的大国，需要强有力的、富有权威的政府。西方式民主，不适合俄罗斯，也不适合中国。这不是我们要走的道路。每个人都应该明白这一点。从表面看来，西方式自由非常美丽。但对普通人来说，更需要社会秩序和法律提供的安全保障。我认为中共和中国都有非常好的未来，这也是我的希望所在。而且，中共是在正确的道路上前进。它也给俄罗斯树立了一个如何建设政党的榜样”。

“西方多党制理念，在我们这样的大国很容易造成社会动摇。一个社会、一个国家，有一个大党就可以了。这个大党有自己的纲领和建设国家的意识形态。过多的党派，代表了不同集团的利益，而不是代表大多数人的利益。这些集团要求获得特殊的利益。苏联解体后，党派林立，非常混乱，甚至还有什么啤酒党，令人匪夷所思。当然，除了共产党之外，必须有各种各样的社会组织和某些领域的职业团体，它们可以为执政党提供各种建议，并进行监督。”

沈大伟(美国乔治·华盛顿大学教授)说：“当下中国的一个事实是，美国必须要审慎考量中共政治体制。我认为，这种政治体制会在外界压力下保持坚定，慢慢地发展成自己的特色。中国政治肯定会逐渐变得更多元、更自由。许多政治体制改革，包括一些党内改革，都与外界看中国的视角不太一样，但这个政治体制正在变得更透明、更负责任、更精英化、更特殊、更有效。

“在各类国家发展规划中，比如，清洁能源、科技创新、高铁、城市公共交通、生态城市以及其他部分，美国都有许多地方需要向中国学习的地方。有人说，中国不一定是好老师，但中国的确有许多值得学习的例子。有一个很好的例子是近年来美国知识界刚发现的，就是中共政治体制有一套完整干部培训制度，中共对官员能力的培养机制特别发达，比如，有各级党校、行政学院定期对官员进行培训，但美国却没有，所以美国的地方官员、国会、州市议员在预算、社会治理上都显得很糟糕。对此,美国或许需要开始考虑一个全新问题,即中国在未来会如何塑造美国。”

汉斯·范·德·文(英国剑桥大学亚洲及中东研究所中国现代历史终身教授)说:“这是一个有着非常好的党纲,愿意为人民带来福利,帮助中国从贫穷和屈辱中站起来的了不起的政党。回望中国共产党 90 年来走过的历程,我对曾经为这个政党献出全身心力的那些共产党员们感到敬佩。

“这个世界上没有什么是十全十美的。中国共产党也是这样,我们可以看到一路走来有失有得。这其中有腐败问题,有组织内部管理问题,但它们都在不断地被纠正。对于一个拥有 90 年历史的政党来说,这非常不容易。”

意大利共产党人党全国书记迪利贝托说:“中国共产党通过精心制定的长期规划和无数次的探索试验,找到了一条符合自身实际的正确道路。如今,中国正在取得巨大的经济发展成就,已经成为世界经济强国。

“中国和中国共产党不断发展壮大,中共给世界带来积极影响。例如,中国的发展正在帮助拉丁美洲和非洲许多发展中国家走出贫困,实现经济增长。这种合作是互利双赢的,与历史上欧洲和北美国家的殖民主义政策完全不同。

“意大利共产党人党和中国共产党保持着非常密切的友好关系,两党取得了许多共识。虽然共产党人党比中国共产党小很多,相对于后者而言只是一个微型党,但双方却有着共同的基因,即两个类似的基本要素:一是坚定地坚持社会主义原则;二是在现实环境中务实地运用原则。原则从来都不是障碍,而是政治实践工作中的指导方向,中国共产党理论与实际相结合的能力向来很出色。

“新中国成立 60 多年来,取得过许多辉煌成就,当然也有过一些失误,但中国共产党总能经受住考验,获得人民的支持。在邓小平的领导下,中国结束‘文革’,走上建设四个现代化的道路。在成功克服了过去所犯的错误后,中国共产党本着为人民谋福利的宗旨,继续从容不迫、坚强有力地领导着这个国家。中国社会当前确实也存在着一些问题,但中国政府显示出极其卓越的处理问题的能力。更何况中国共产党拥有纠正自身错误的本领,这才是最强大的力量。

“1989 年柏林墙倒塌后,西方声称美国和资本主义打赢了冷战。然而 20 多年来的实践证明,在这场战争中获胜的恰恰是不想进行战争的一方——中国。”①

俄罗斯共产党中央委员会书记诺维科夫:中国共产党是中国革命和建设事业的领导核心。没有中国共产党的领导,“中国奇迹”不会自然而然地产生。中国共产党取得的成功发展经验对俄共具有重要意义。在俄罗斯有一种论调,即苏联解体是不可避免的,社会主义发展道路行不通。而中国共产党所取得的伟大成就令俄罗斯共产党坚信,这种论断是站不住脚的。中国实践充分证明,社会主义道路充满勃勃生机。

英国48家集团俱乐部主席斯蒂芬·佩里:在1949年新中国成立后,中国共产党领导中国人民加强国家建设,取得了伟大成就。诚然,中国共产党也犯错误,不犯错误就不可能进步。关键在于中国共产党能够通过总结经验教训,形成更好的政策措施,更好地为人民谋利益。毋庸置疑,中国共产党非凡的领导能力和为中国寻求独特发展道路的探索精神,受到世界的尊敬。西方很多人认为一党执政的国家总是故步自封,而中国令这些人大开眼界。目前中国面临的挑战,来自于那些害怕中国发展会威胁其他国家的人,这完全是没有根据的,中国历史上从未出现过威胁他国的传统。发展中国家对中国共产党评价很高,认为是中国共产党解救了中国最贫苦的民众,并使中国经济走上现代化道路,取得了非常了不起的成就。对此,发达国家也很钦佩。

意大利共产党人党全国书记奥利维埃罗·迪利贝托:我1994年首次访华,至今先后5次访问了中国的北京、上海、天津等地。我有机会亲眼目睹了中国社会的发展变化。中国在科学技术、经济、文化、社会各个领域均实现了快速发展,中国共产党发挥了关键作用。邓小平提出的改革开放是中共智慧的集中体现,中国共产党领导全国人民坚定不移地执行了改革开放政策,并不断摸索,大胆实践,包括从国外学习治理国家的经验,最终找到了平衡发展的道路。世界上没有固定的模式可依,每个国家只能根据自己国家的条件、自己的历史与文化、自己的经济结构,建设适合自己的社会主义,这是中国特色社会主义形成的根本原因。

保罗·埃文斯是加拿大不列颠哥伦比亚大学亚洲研究所所长,自1976年之后,每年都访问中国,目睹了中国的巨大变化,认为这些变化是在中国共产党的主

---

① 《光明日报》,2011年6月20日。

导下实现的。他说:“中国共产党主导了中国历史上一个不寻常的时期,它经历了一些黑暗的时刻,一些非常艰难的时期,战争、大跃进、文化革命,以及最近的其他一些政治动荡。总的来说,中国共产党确定了中国在世界上的权威地位,在中国实现了200年从未有过的稳定。所以,像任何重要的政治运动或政党一样,它有成功,也有失败和弱点。我认为,中国共产党最重要的一点是它指导了中国取得巨大经济成就的进程,使中国的世界影响力扩大,以及大多数中国人生活得以改善,改善到远比他们在本世纪任何时候的生活都要好的程度。”①

古巴哈瓦那大学教授胡利奥·迪亚斯·巴斯克斯说:“毫无疑问,不管自由民主的捍卫者针对中国共产党发出了多少抨击谩骂,作为世界上少数大党之一,中国共产党在过去90年中不仅无愧于它的创建者和众多党员,而且也无愧于它的人民。”

塞尔维亚共产党主席约瑟普是铁托的孙子,他说,自上世纪七八十年代以来,中国不断发展壮大,而南斯拉夫却是分裂和衰落。“今天,我们喜欢说自己是一个‘民主国家’,但民主并不是万能的药方,如果盲目地照搬别国的民主,到头来只会陷入政治混乱,甚至是无政府状态。”

约瑟普认为,中共作为一个真正的社会主义政党,能够适应世界政治经济形势的新变化。最为重要的是,中共的全部奋斗都是为了人民,而不是小集体甚至是个人的利益。中共执政的经验很丰富,值得包括塞尔维亚在内的许多国家的政党学习。②

齐达克曾在1987—1995年间担任CNN驻北京首席记者,而在此时前后,他也多次访问中国。因为亲自见证了中国巨大的发展变化,他对中国共产党的观感与其西方同行不一样,他这样告诉《参考消息》的记者:“尽管一些西方人经常批评中国共产党,但我认为它在中国实行改革开放的政策,以及所采取的有效和改革措施值得充分肯定。由于中国共产党的这些决策客观上给中国和世界带来了巨大变化,极大地改善了中国人民的生活,因此,仅凭这一点,我就要给中国共产党

① 《参考消息》,2011年6月2日。
② 《参考消息》,2011年6月27日。

打一个高分。”①

约翰·利德曼是瑞典的一位退休工人，也是一位左翼政党的成员，他认为其他国家的共产党应当向中国共产党学习。

利德曼对《环球时报》记者说，现在提“中国崛起”已经算是有些过时的概念了。最时髦的是什么？是现在的人们都在跟着中国转，比如中国领导人去了非洲，于是瑞典也开始关注非洲的问题。不过最让我感兴趣的是，20 年前就有人说中国会乱，反而越发展越好。这很值得研究。我认为，最主要的原因就是中国共产党很厉害，她给中国制定了正确的发展路线，并坚定地走了 30 年，非常值得其他国家的共产党学习。就务实、团结这些特点来说，足以成为其他国家共产党的老师。

① 《参考消息》，2008 年 10 月 16 日。

第十三章 创新托起中国梦

在21世纪的第二个10年，当中华大地上高扬实现中国梦的主旋律时，我们眼前会立刻闪现两幅互相矛盾的景象：一幅是中国梦离我们已经很近的景象，一幅是中国梦离我们还很远的景象。实际上，这两幅相互矛盾的景象都是真实的，它们合在一起，才是今天中国完整的景象。

中国现在虽然已经成为数一数二的世界经济大国，但不发达的状态还没有根本改变。人均国内生产总值和主要工农业产品人均产量大多处在世界一百位之后；部分发达地区和大多数不发达地区、贫困地区差距还在扩大；50%左右的人口在农村，广大农村地区还以手工劳动为主；产业结构不合理的状况仍然突出，部分现代化产业和大部分落后产业同时存在，整体经济的科技含量还比较低。

不发达的经济基础只能形成不完善的上层建筑。整体而论，中国今天还处在社会主义初级阶段，而且还将长期处于这个阶段。从这种情况看，实现中国梦还要走很长的路程。

路途虽长，但我们已有加快进度的好办法，这就是创新。创新将拓宽中国道路，创新将光大中国精神，创新将壮大中国力量。一句话，创新将托起中国梦。

一、社会主义理论创新

习近平指出,实现中国梦必须走中国道路。这就是中国特色社会主义道路。习近平又指出,实现中国梦必须弘扬中国精神。这就是以爱国主义为核心的民族精神。以改革创新为核心的时代精神。当代中国的民族精神和时代精神,本质上都是社会主义精神。

毫无疑问,坚持中国道路,弘扬中国精神,都是要高举社会主义旗帜,要实现社会主义理论创新。

社会主义理论要发展

社会主义理论是社会主义运动的精神和灵魂。中国梦能否实现,关键是能否创新社会主义理论。

没有马克思主义,就没有欧洲的社会主义运动;没有列宁主义,就没有俄国十月革命的胜利,没有苏维埃社会主义国家;没有毛泽东思想,就没有中国革命的胜利,没有社会主义中国;没有邓小平理论,就没有中国的改革开放,没有社会主义事业的自我完善和奇迹般发展。

马克思主义,列宁主义,毛泽东思想,邓小平理论,都是社会主义理论,或者说是社会主义理论在不同国家、不同时代的发展形态。人类社会发展到21世纪,世界将迎来社会主义运动前所未有的大发展时期,也必将出现社会主义理论新的突破和发展。由此形成的社会主义理论的新形态,是否还要像以往那样以某位理论家或革命家的名字来命名呢?这是一个值得慎重研究的问题。

社会主义是整个人类社会发展的方向,社会主义运动是千百万人民实践的成果,社会主义理论是人类文明的结晶。从这个意义上来说,科学社会主义的不同形态,与其用某个理论家或革命家的名字来命名,不如把它们归为一个统一而简明的名称:社会主义理论。随着社会主义在世界范围内的发展,必然出现反映不同特色的社会主义理论形态,就会出现许多以某人名字命名的“主义”、“思想”和“理论”,那不就会显得越来越繁杂吗!故此,本书将马克思主义、列宁主义、毛泽东思想、邓小平理论及它们的创新发展形态统一称为“社会主义理论”。

完整意义上的社会主义理论,是由三个方面组成的:首先是认识世界和改造世界的根本方法,即辩证唯物主义和历史唯物主义;其次是运用这个根本方法研究人类社会的发展规律,得出社会主义必然代替资本主义的科学结论;第三是共产党人建设社会主义社会的战略策略。

社会主义理论必须随着社会历史条件的变化而不断创新和发展。列宁主义、毛泽东思想和邓小平理论就是带有鲜明时代特色的社会主义理论。当今时代,科技革命日新月异,经济全球化浪潮汹涌澎湃,人类的生产生活方式变化的速度、广度和深度是前所未有的,这就要求社会主义理论必须有新的突破和发展。

中国已经成为当代世界社会主义运动的中心,中国共产党和中国人民为发展社会主义理论承担着特殊的责任。

中国在人类社会发展中居于如此崇高的地位是历史地形成的。

自有人类社会以来,就有社会主义的思想萌芽。无论在东方还是西方,自古就有“天下为公”的思想,这就是社会主义的思想萌芽。但从这样的思想萌芽发展为一种社会理论和社会运动,乃至建立社会主义社会,则是几千年人类文明发展的成果。

什么是社会主义社会?就是没有阶级之间的压迫和剥削、生产资料社会所有为主、社会利益高于个人利益的社会。是人民当家做主,为人民服务的社会。这样的社会,只有在形成了现代化的社会生产力,出现了与这样的社会生产力相结合的工人阶级,创立了社会主义理论,工人阶级政党取得国家政权之后才会出现。

1848 年《共产党宣言》的发表是一个极其重要的里程碑,它标志着社会主义旗帜在地球上树立起来了。旨在结束几千年阶级压迫和剥削痛苦的社会主义运动从此走上了历史舞台。

社会主义本质上是世界性的,它的生命力普遍地蕴藏在世界各国社会的机体之中，并以不同形态反应在世界各国人民的心中。但由于社会发展的不平衡性，社会主义运动在世界各国的出现会有先有后，而且社会主义运动的中心也一直处于变动之中，并呈现出由西向东依次递进的轨迹。

欧洲国家在社会主义运动历史上曾经占有非常重要的地位。在整个 19 世纪，社会主义运动中心都在欧洲国家。准确地说，是在欧洲西部的英国、法国、德国。英国有著名的工人阶级的“大宪章运动”，法国有 1848 年的巴黎工人起义和 1871 年的巴黎公社，德国则是马克思和恩格斯的故乡，正是这两位杰出的思想家，创立了科学社会主义理论，并领导了“共产主义者同盟”和“国际工人协会”。所有这一切，奠定了世界社会主义运动发展的基础。

20 世纪前期，社会主义运动的中心逐渐向东方转移。1917 年，列宁创建的俄国工人阶级政党发动十月革命，夺取了国家政权，建立了社会主义社会。社会主义就这样从理想的王国变为现实的王国，这是开辟人类历史新纪元的伟大创举。

1949 年共产党领导的中国革命取得伟大胜利，占全人类五分之一的中国人走上了社会主义道路，使世界资本主义和社会主义的力量对比发生了重大的变化。到 20 世纪 60 年代，世界社会主义已形成波澜壮阔的大气势。以科学社会主义为旗帜的共产党发展到 180 多个，党员 9000 多万；共产党执政的国家达到 15 个，占全球陆地面积的四分之一，人口的三分之一，工业产值的五分之二，国民收入的三分之一。此外，欧洲、美洲和亚洲，还有许多社会主义的思潮和流派。社会主义在 20 世纪确曾成为席卷全球的强大潮流，并且使人类的历史、世界的面貌发生了最深刻的变化。

社会主义开辟了人类进步的崭新道路。人类社会发展到 20 世纪，实现现代化已成为各个国家、各个民族共同追求的目标，成为一种世界潮流。但是，在社会主义国家出现之前，现代化只有资本主义一种模式。资本主义的本质决定了少数列强国家不允许广大发展中国家和后进民族有出头之日，只允许这些国家和民族地区成为商品倾销市场和原料供应地，作为他们捞取高额利润和转嫁危机的地方。社会主义社会的诞生完全改变了这种状况，社会进步有了一条崭新的道路，人类发展可以有不同的选择，这是工人阶级和人民大众的历史主动性所创造的辉煌成果。

社会主义使一些落后民族登上改变世界面貌的中心舞台。16 世纪以来，世界历史的主角是地中海和大西洋沿岸的资本主义强国。俄国十月革命和中国1949年革命胜利的惊雷震动了全世界,震醒了十几亿人民,他们第一次掌握自己的命运,成为社会的主人,成为新社会、新国家、新生活的伟大创造者。在短短几十年内,苏联的经济力、军事力和科技力,曾经超过许多发达国家。同样,中国的经济力、军事力和科技力也迅猛发展,跃居世界第二位,直逼美国,中华民族和俄罗斯民族都站到了现代世界先进民族之列。

社会主义是战胜法西斯主义的重要力量。20世纪人类遇到的最大灾难是法西斯主义的猖獗,社会主义则是战胜法西斯恶魔的重要力量。在欧洲,苏联决定性地击溃了希特勒的几百万大军;在亚洲,中国共产党领导的抗日民族统一战线使日本法西斯陷入了灭顶之灾。不难设想,如果没有社会主义,世界上许多国家、许多民族都会长期遭受法西斯统治的苦难。

社会主义使世界殖民主义体系完全瓦解。第一次世界大战结束之后,形成了世界殖民主义体系,少数西方大国直接和间接地统治着广大落后国家和落后民族。到20世纪中期,在社会主义国家的支持下,反对帝国主义的民族解放运动席卷全球,许多被压迫的民族获得了解放,许多殖民地国家取得了独立,亚洲、非洲和拉丁美洲站立起上百个新的独立国家,帝国主义的殖民体系彻底崩溃,世界政治格局发生了天翻地覆的变化。

社会主义迫使资本主义进行改革。20世纪中期,社会主义运动凯歌行进,民族解放战争烽火连天,工人运动波澜壮阔,成为冲击资本主义社会的三大潮流。面临重大危机的资本主义国家被迫进行改革,它们实行凯恩斯主义,通过国家计划限制经济的无政府混乱状态;它们提高工人和民众的福利待遇,并鼓励工人持股,以缓和工人阶级和资产阶级的矛盾;它们调整社会经济政策,以创造利用科技革命成果来推动经济发展的社会机制;它们调整政治制度,扩大民众参与社会管理,以加强民众对资产阶级统治合法性的认同感。其中有一些措施,直接借用了社会主义国家的做法。这些改革虽然使垂死的、腐朽的资本主义在一定的历史条件下获得了新的发展能力,但同时也为资本主义制度走向灭亡准备了更充足的条件。

社会主义社会的出现还不到100年的时间,但它取得的成就是非常伟大的,它对人类社会进步的推动是带根本性的。社会主义改变了世界,并且还将更加深刻地改变世界。

不幸的是，苏联共产党故步自封，失去了继续探索发展社会主义的兴趣，没有坚持高举社会主义旗帜，而是把世界上第一个社会主义国家逐渐转化为一个帝国主义国家，同另一个帝国主义国家——美国搞军备竞赛，争夺世界霸权，严重损害了苏联人民和其他国家人民的利益，最终被人民抛弃，被历史淘汰，在 1991 年自行瓦解了。随着苏联的消失，由苏联掌控主导权的东欧社会主义国家也完全改变了颜色。

苏联瓦解、东欧变色，是社会主义运动在 20 世纪末期遭受的重大挫败。社会主义的声誉徒然从高峰降了下来，即使是历史很久的共产党，有些也竟然解散了。有些共产党虽然还坚持着，但队伍日渐减少，光景一天不如一天。此时，如果没有中国共产党，没有社会主义中国顶住，整个世界就会变成资本主义的一统天下，那真是世界历史的大倒退。

历史没有倒退，也不会倒退。

上世纪 90 年代，当资产阶级的政治家、思想家因为苏联倒台而得意忘形，狂妄地宣称资本主义与社会主义斗争的历史已经“终结”之时，笔者就同许多朋友说，西方人士的这类鼓噪，是非常肤浅的。在专门撰写的《社会主义是人民心中的太阳》一文中，笔者满怀信心地说道：“社会主义运动在一国范围内或世界范围内潮起潮落的情况，十分正常，这种起伏历史上经常出现。而每一次挫折之后，都是社会主义更广泛、更有力的发展，并取得更大的胜利。过去是这样，将来也必定是这样。可以肯定，即将到来的 21 世纪，一定是社会主义大发展、大胜利的世纪。”

笔者当时作出这样的论断，不是出于一时的心血来潮，而是基于对世界发展大趋势的冷静分析。立足点主要在以下两个方面：一方面是资本主义已经发展到大金融财团控制一切的阶段，可以称之为“金融资本主义”。在这个阶段上，生产社会化和占有私人性之间的矛盾，以最尖锐的形式表现出来，资本主义的腐朽性以最彻底的形态展现出来，资本主义的金融危机、经济危机、政治危机和社会危机已经交织在一起，连资本主义最狂热的辩护士也深感绝望。

另一方面，中国共产党领导人民打开了改革开放的历史之门，这是社会主义自我完善的壮丽长征，是中华民族有计划地改造世界的伟大创举，它确定无疑地将把社会主义推向胜利前行的新时代。

从柏林墙被推倒以来，整整20年过去了，上面说的两个大趋势发展之快超出了人们的预想。在金融资本主义的大本营美国，危机的深重是前所未有的。特别值得注意的是兴起了一个“99%反对1%”的社会运动，只是因为工人阶级上层长期遭到腐蚀，共产党力量微弱，才使美国“99%”的人发动的运动一时不能找到社会主义方向。在曾是社会主义发祥地的欧洲，危机更为严重，成千上万，甚至几十万、上百万的民众经常举行罢工和示威，不时发出“让资本主义见鬼去吧”的怒吼，同样因为工人阶级上层长期遭到腐蚀，共产党力量微弱，才使人民群众的抗议尚未转化为有组织的社会主义运动。

经济全球化时代，金融和经济危机具有世界性的冲击力。2008年从资本主义心脏地带爆发的金融海啸震动了整个世界。2011年出现的“阿拉伯之春”，就是这种震动在不发达国家的反应。虽然各国动荡的原因并不一样，但实质都是反压迫、反剥削的群众运动。只是因为共产党的缺席，西亚、北非的人民运动或者自生自灭，或者被引入歧途，没有同社会主义联系起来。

在19世纪和20世纪的大部分时间里，欧美国家的经济和社会危机期间，总会出现强有力的社会主义运动，而东方国家的人民革命也会和社会主义联系起来。但21世纪初期的情况却有些不一样，欧美国家最深重的危机尚未催生出新的社会主义运动，西亚北非爆发的人民反抗运动也未与社会主义联系起来，这是为什么呢?

我们不能不叹息，苏联和东欧国家的失败给社会主义造成的伤害真是太惨重了！长期作为社会主义象征的苏联在同资本主义大国的竞争中一败涂地，严重打击了被压迫人民对社会主义的向往之情，也使许多国家的共产党找不到方向，脱离了群众，完全振作不起来。

不仅如此，整个资本主义世界利用柏林墙倒塌之机，对社会主义极尽诬蔑攻击之能事，规模是空前的，时间长达20年，他们妄图把社会主义从地球上连根拔掉，永远不能生长。

尽管如此，国际资本家集团并未因为对欧洲社会主义“不战而胜”就安下心来。因为他们发现，世界社会主义运动的中心早已向东方转移了，已经转移到亚洲，转移到中国了。中国社会主义的自我完善和中华民族的伟大复兴已经融为一体，展现出无限强大的生命力。国际资本家集团对于中国社会主义的强劲发展一时手足无措，直接对抗有心无力，强行遏制适得其反，最后想到一个阴招，这就是大打“丑化”战术，他们把中国实行社会主义市场经济歪曲成搞“国家资本主义”，把中国丑化成“一党专政”加“国家资本主义”的怪物，以图在中国国内离散人心，在世界上诋毁中国的社会主义形象。

由此我们看到，最近几十年，当有些共产党放下了社会主义旗帜之后，国际大金融财团却把资本主义旗帜举得比什么时候都高。他们利用超额利润养肥了本国工人阶级上层，削弱共产党的影响，同时打击和诬蔑欧洲社会主义，歪曲和丑化中国社会主义。可以说，这就是当前欧美国家深重的资本主义危机和西亚、北非国家大规范的人民运动没有同社会主义联系起来的主要原因。

当然，国际大金融财团阻碍社会主义发展的这些战略战术只能得逞于一时。因为时至 21 世纪初期，马克思在一百多年前揭示过的必然推进资本主义走向消亡的矛盾空前尖锐，资本主义社会的危机不在外表，而是在机体内部，是在心脏里面。资本主义世界诬蔑中国搞“国家资本主义”，贬损中国社会主义形象也是徒劳的，不仅 13 亿中国人民为自己走在社会主义的宽广道路上感到骄傲和自豪，越来越多的国际人士也从中国社会主义辉煌成就中看到了世界前进的方向。

不管人们主观看法如何，世界社会主义运动强劲崛起的时代正在向我们走来，世界社会主义运动的中心转移到中国已是一个客观事实。

正是在这样的历史条件下，中国高举社会主义旗帜不仅对中国模式的发展具有决定意义，而且对世界的前途也具有重要意义。

我们经常说，中华民族应当对人类进步作出较大贡献。今天，中华民族已居于世界社会主义大潮的前锋位置，高举社会主义旗帜前进，完善社会主义发展模式，打开社会主义胜利前行的广阔道路，就将对世界文明和人类进步作出最大的贡献。

世界人民看得越来越清楚，中国高举社会主义旗帜，不断完善社会主义发展模式，充分显示出社会主义的优越性。

中国建设社会主义只有 60 多年，就使一个贫穷落后的国家一跃而为世界超级经济大国，就使几亿贫困人口过上小康生活，就使超过发达国家总人口的十几亿中国人登上了快速前进的巨型现代化列车。特别引起人们关注的是，中国的社会主义发展模式对资本主义危机的不治之症显示出很强的免疫力。在经济全球化时代，中国经济同世界经济有着千丝万缕的关系，任何地方的危机对中国都会产生影响，但只是量的影响，而不是质的破坏。1997年的金融危机击倒了许多亚洲经济体，特别是2008年以来的世界金融危机重创了欧美许多经济强国，唯有中国一直保持着9%以上的高增长，而且在克服外部危机冲击的同时，大力优化自身的经济和社会结构，不断提高持续发展的后劲，成为带动世界经济复苏的强大动力。

不仅如此，中国社会在实现许多国家望尘莫及的高速发展的同时，保持了长时期的社会稳定。在世界各地因为经济危机导致社会激烈动荡的今天，中国社会的祥和景象对世界具有特别的价值。美国萨福克大学教授C·戈皮纳特在媒体上发表文章感慨地说："去北京旅行后，我最愉快的记忆之一是看过电视后内心的那份平静与安宁。这里没有谋杀、街头抗议、蓄意破坏这类在其他地方不胜枚举的各种危机。在中国，人民总是很幸福。他们出去野餐，悉心照料家中的老人。"[①]这就是中国社会主义所显示的优越性，这样的优越性是同人民的生活息息相关的，也是同世界的前途息息相关的。

中国的发展，世界的难题，同时预示着社会主义运动大发展和社会主义理论大创新的时代正在到来。

人类历史，从蛮荒时代进到文明时代以来，至少已有5000年。即使从基督教所说的耶稣诞生算起，也有了2000多年。经过如此漫长的年代之后，人类终于迎来了一个前所未有的大变革时期。这种大变革就是从人类同自然的对抗转向同自然的和谐，从阶级之间、国家之间、民族之间你死我活的冲突转向"环球同此凉热"的和谐社会、和谐世界。与此同时，因生存斗争而造成人的畸形发展转向因生产生活条件根本改善而实现人的全面发展。大变革和大难题相伴而生，时代呼唤社会主义理论的大突破、大发展，时代呼唤像马克思那样的大思想家，呼唤像列宁、毛泽东那样的大革命家，呼唤像邓小平那样的大改革家。

理论的创新和突破，中心课题仍然是：什么是社会主义？怎样建设社会主义？

这个问题在《共产党宣言》发表时就产生了。这个伟大的文献宣告社会主义运动登上了世界历史舞台，但是为什么不叫"社会主义宣言"呢？据马克思、恩格

① （印度）《商务路线》网，2012年1月15日文章。

斯后来解释，是因为当时各社会主义流派的代表人物都来自剥削阶级和小资产阶级，他们的思想核心是对旧社会的改良，这类“社会主义”实质上是为统治阶级帮忙，带有反动性，科学社会主义不愿与之同流合污，因而把自己的纲领称为《共产党宣言》。

我们知道，马克思、恩格斯后来调整了对其他社会主义派别的偏激态度，肯定了它们在社会主义发展中的历史作用。然而，在各国社会主义者中间，什么是社会主义的争论一直在热烈地进行着。马克思去世后，恩格斯对什么是社会主义争论持一种开放的态度。

1890 年，他在一封信中写道：“我认为，所谓‘社会主义社会’不是一种一成不变的东西，而应当和任何其他社会制度一样，把它看成是经常变化和改革的社会。它同现存制度的具有决定意义的差别当然在于，在实行全部生产资料公有制(先是单个国家实行)的基础上组织生产。”恩格斯在这封信中提出了两个非常重要的观点：第一，社会主义同资本主义及一切旧社会的具有决定意义的差别，是实行全部生产资料公有制，并在这个基础上组织生产。后来的社会主义国家，基本上都是这样做的。第二，社会主义社会是一个经常变化和改革的社会。在这个问题上，苏联的失败教训很深刻，先是不思改革和创新，陷入制度僵化，发展停滞的泥坑；后来戈尔巴乔夫的改革又脱离了社会主义轨道，搞得一团糟，败坏了社会主义。中国则不同，走出了社会主义自我完善的改革开放之路，取得了伟大的成就。所有这些，都是社会主义理论大突破、大发展的真实基础。

《共产党宣言》中说：“共产党人的理论原理，决不是以这个或那个世界改革家所发明或发现的思想、原则为根据的。这些原理不过是现存的阶级斗争、我们眼前的历史运动的真实关系的一般表述。”①

我们现在讲的社会主义理论的大突破、大发展，也决不是以这个或那个世界改革家所发明或发现的思想、原则为依据，而是要从研究现实历史运动的真实关系中提炼出来。苏联社会主义的失败，中国社会主义的成功，民主社会主义现象，金融资本主义危机等等，都是展现在我们眼前的现实历史运动，对这些现实历史运动的深入研究，就可以开掘出当代社会主义理论大突破、大发展的深厚源泉。

---

① 《马克思恩格斯选集》第 1 卷，人民出版社 1995 年版，第 285 页。

社会主义原则要鲜明

中国共产党人在为实现中国梦而奋斗的时候,必须高举社会主义旗帜,必须鲜明地坚持社会主义的立场和原则。

在经济全球化时代,中国人民和世界人民的联系空前深入和广泛,中国同其他国家的关系复杂和多样。我们必须不断增强中国人民同世界各国人民的友谊,必须妥善处理中国同其他国家之间的问题,尽最大的努力推进世界的和平和发展。但是,我们在同世界打成一片的时候不能忘记这样一个客观事实:中国是社会主义国家,同中国交往的有帝国主义国家,有一般资本主义国家,有发展中国家,有社会主义国家。就世界范围来看,资产阶级同工人阶级的矛盾和斗争普遍地存在着,中国在同外部世界交往的时候,往往包含着这样的矛盾和斗争。换句话说,帝国主义国家和资本主义国家同中国打交道的时候,一方面要榨取最大的利益,同时也想搞垮、搞乱中国,或者"分化"、"西化"中国。他们做梦都想着要使社会主义中国变成第二个破产的苏联。

中国坚定不移地实行改革开放政策,要同世界上一切国家、一切民族和平地交往,尽量扩大和增强双方之间的利益关系,构建不同形式、不同层次的利益共同体,中国要虚心向世界上一切国家、一切民族学习,努力吸取人类创造的一切文明成果。但是,我们在这样做的时候,都是为了完善社会主义,为了增强社会主义。

几十年来,中国力图做一个国际社会的模范成员,许多时候甚至是委曲求全。比如,美国公然卖武器给台湾,暗中支持台湾独立,实质性地损害中国核心利益,但中国除了"严正抗议"之外,并没有使出任何令美国感到痛苦的手段。

再比如,一些小国肆意侵占中国南海岛屿,盗采中国海洋资源,美国和日本为之呐喊助阵,以图使事态扩大升级,而中国为了维护和平发展的国际环境,除了声明主权,就是忍让为怀,息事宁人。但是,中国的这些良好作为获得了国际的喝彩和掌声吗?没有。非但如此,中国得到的,只是不绝于耳的指责,只是"中国威胁论"的多方唱和。这个世界为什么如此的怪诞?因为这是仍然由资本主义主导的世界,是由国际大金融集团垄断一切的世界。在这些国际资本家的眼中,社会主义国家是同它们格格不入的另类国家。我们有些同志希望摘掉意识形态的眼镜看世界,希望通过忍气吞声、委曲求全来求得国际社会的接纳和认同,这无异于缘木求鱼。国际资本家肯定是愿意与中国做生意、打交道的,但对于中方的示好,它们在冷冰冰的现金交易之外,不可能再付给你什么东西。在这样的世界里,人民中间是存在着友好情谊的,国家之间则要视情况而定。社会主义国家同资本主义国家,如中国和美国,客观上存在着许多利益交汇点,一定情况下会形成某种利益共同体。但双方又存在着国家本质上的差异,矛盾和冲突是不可避免的。不论中方怎样表示善意,美国的政客们都会对你横挑鼻子竖挑眼,只要有机会,就会对中国施压和制裁。只有在一种情况下,他们才会心生敬畏而行为规矩。例如 20 世纪 50 年代初,当美帝国主义凭借强大无比的国力军力,侵略气焰十分嚣张之时,中国坚持社会主义反侵略、保和平的立场和原则,一向毫不含糊地痛斥帝国主义的侵略行径,并发出严正警告,美帝国主义如果侵略我们的亲密邻邦朝鲜,并把战火烧到鸭绿江边,中华人民共和国决不会“坐视不管”。狂妄自大至极的美国对中国的严正警告不屑一顾,一心要灭掉朝鲜,同时派兵侵占台湾,战剑直指中国。在此危急关头,中国共产党人绝不止于有气无力的“抗议”,而是言既出,行即随,调遣精兵强将,给嚣张的美军和英法澳等随从军以沉重的打击,迫使其逃回到发动战争的出发地。

新中国的军人在朝鲜战场上敢于用小米加步枪对抗美军的飞机加大炮,展现了什么精神? 展现了社会主义精神。马克思、恩格斯代表几个觉悟的工人就敢于向整个资本主义世界宣战,就是展现了社会主义精神。毛泽东等十几名中国共产党的创始者,明白宣告要消灭压迫中国人民的帝国主义、封建主义和官僚资本主义黑暗势力,同样是展现了社会主义精神。一个国家、一个民族、一个政党,乃至一个人,没有这种顶天立地的精神,就会没有脊梁骨,就会丧失生存的意义和价值。这样的国家,这样的民族,既为敌人所轻视,也会为朋友所抛弃。新中国国虽穷,但志不短,社会主义的立场和原则非常坚定,讲得明白,做得坚决,抗美援朝一战而赢得天下百国之敬畏和尊重,也赢得了几十年的和平发展环境。

今天的中国,已是名副其实的世界经济大国,身处复杂多变的国际环境,自然要权衡各种利害关系。但义利相权时,必须义为先。我们要坚持的,不是一般的“义”,而是社会主义。他不仅包含着中国人民的根本利益,而且考虑到世界人民的共同利益。比如,当一个发展中国家遭到帝国主义列强侵略时,社会主义中国必须旗帜鲜明地加以谴责和反对，并给予被侵略者以坚定的支持。这样做，可能会使眼前的某些经济利益受到损害，也会使中国同某些大国的关系陷入紧张，但能树起主持正义的社会主义大国的伟大形象，能为社会主义赢得世界人民之心，这不是区区一点经济利益受到的损失所能比拟的。

社会主义信念要坚定

高举社会主义旗帜，就是我们几千万共产党员要有坚定的社会主义信念，要使社会主义价值观成为中华文明的核心和本质，成为全国人民的行为准则。

创作了《共产党宣言》和《资本论》的马克思，青年时代就决心选择一个最能为人类福利而奋斗的事业。他说，"如果我们选择了最能为人类福利而劳动的事业，那么，我们就不会被任何重负所压倒，因为这是为全人类所作出的牺牲；那时，我们感到的将不是一点点自私而可怜的欢乐，我们的幸福将属于千百万人"。

马克思和很多共产党员认定，资本主义的灭亡和社会主义的胜利都是不可避免的，为推翻资本主义和建设社会主义而奋斗就是最有利于人类福利的事业，就是最有利于千百万人幸福的事业。如果能为这样的事业而牺牲，那就是为全人类所作出的牺牲，人生没有比这更崇高的事。

一个民族，只要不缺少具有如此崇高精神的先锋战士，这个民族就会遇难呈祥、化危为机。中华民族非常幸运，涌现了许许多多具有如此崇高精神的先锋战士。

对于这些先锋战士来说，共产主义思想是人生的北极星，社会主义信仰是生活的太阳。在共产党初创时期，为了挽救民族的危难，怀着共产主义思想的许多热血青年，毅然抛弃富裕的生活，甚至毁家纾难，走进山林，建立革命武装。还有无数的共产党员，在战场上舍身拼杀，在刑场上大义凛然，表现出视死如归的英雄气概。对这些共产党员来说，共产主义的理想信念比天还高，比生命更重要。正如夏明翰所说：

砍头不要紧，只要主义真。
杀了夏明翰，还有后来人。

和平建设时期，同样需要理想信念坚定的先锋战士。焦裕禄、孔繁森、杨善洲就是这样的先锋战士。“铁人”王进喜和助人为乐的雷锋也是这样的先锋战士。正是这些先锋战士引领着我们社会的前进潮流，挺起了伟大祖国的钢铁脊梁。

令人担忧的是，在我们的队伍中，有一些人虽然顶着共产党员的招牌，甚至处于中高级干部的位置，却已丧失了共产主义的理想信念。以1988年为例，中国国家机关就有70多个干部叛逃到西方国家，其中有35个是外交部门的。

堡垒最容易从内部攻破。今天，世界上没有任何力量可以阻挡中国前进，但内部滋生的腐败分子却有可能将社会主义事业毁于一旦。人们从实际生活中可以看到，理想信念坚定的共产党干部，都能保持清正廉洁，都能很好地为人民服务。而那些贪赃枉法的人，根本没有理想信念。他们把妻子儿女送到国外，把贪污的钱款汇往境外。这些人最喜欢中国被“西化”，最希望中国崩溃，这样他们的罪行就不会被追究了。

由此可见，为了实现中国梦，在党的建设中，在政权建设中，我们国家骨干队伍树立坚定的共产主义理想信念是多么的紧迫和重要。

二、人民民主制度创新

习近平指出，实现中国梦必须凝聚中国力量。这就是中国各族人民团结的力量。中国梦归根到底是人民的梦，必须紧紧依靠人民来实现，必须不断为人民造福。

中国力量蕴藏在中国人民身上，这是能够创造奇迹、把梦想变为现实的伟大力量。要把如此伟大的力量激发出来、凝聚起来，需要许多历史条件的配合，但最可靠的是要建设人民当家做主的社会制度。这就是社会主义制度，人民民主制度。

历史和现实已经证明，人民民主制度优于西方民主制，用为它真正实现了人民当家做主，它能把十几亿人民的智慧和创造力凝聚起来，形成实现中国梦的伟大力量。

我们在前面章节中已经论述过中国人民民主制度的表现形式，这就是人民代表大会制度、共产党领导的多党合作和政治协商制度、民族区域自治制度和基层民主自治制度，现在将重点论述贯穿在这四大制度中人民民主制度的运作机制，即民主集中制。

民主集中制是中国共产党的根本组织原则，也是中国社会的根本组织原则。四大制度为什么具有如此巨大的威力，就是中间贯彻着民主集中制原则，完善四大制度，就是要完善社会主义民主集中制。

在国际政治中，西方国家不承认中国的社会主义民主。对于许多西方人来说，只有一人一票竞选才是民主，除此而外都是专制或别的什么东西。这种近乎偏执的主张，植根于西方中心主义和资本主义一统天下的冲动。

中国社会主义民主很在乎西方的承认吗？一点也不在乎。不仅不在乎，而且因为社会主义民主具有莫大的优越性而感到骄傲和自信。但现实情况是社会主义国家很少，资本主义国家不但数量众多，而且长期控制着国际社会的话语权，它们关于西方民主的铺天盖地的说教已经灌进了很多人的头脑之中，以至于这些人把西方民主奉为正道，而把中国社会主义民主贬为“专制”。

何谓社会主义民主？在中国，社会主义民主就是共产党领导、人民当家做主和依法治国三者的统一。

有人会说，既然共产党领导，人民就不是社会的主人，人民当家做主就成为了一句空话。这样说话的人，是把共产党同人民对立起来了，是把共产党等同于资本主义社会中各式各样的政党。

有一个事实可以肯定，当代的民主政治，无论在东方国家还是西方国家，都是取得执政权的政党控制着国家，主导着社会。资产阶级政党可以执政并主导社会，工人阶级政党同样可以执政并主导社会。

中国共产党同一切资产阶级政党都不一样。这种不一样主要表现在以下几个方面：第一，中国共产党是拥有 8700 多万党员而又组织十分严密的政党，而资产阶级政党一般人数不多而且组织松散；第二，中国共产党是代表全国人民共同利益的政党，而资产阶级政党一般只代表某个特定社会集团的利益；第三，中国共产党在 90 多年的历程中对中华民族作出了非常伟大的贡献，赢得了全中国人民衷心的拥戴，而资产阶级政党没有一个拥有这样的历史地位，很难赢得全体国民的真诚拥戴；第四，中国共产党为了人民的利益，具有不断提高自己以适应时代要求的愿望和实践，而资产阶级政党只专注于怎样骗取选票，而不去考虑怎样提高执政党为社会服务的能力和素质。

中国共产党是中国工人阶级的先锋队，也是中国人民和中华民族的先锋队，一切对国家对人民有利的政策和制度，首先在先锋队内部实行，成功了再推广到社会上去。社会主义民主建设正在经历这样一个过程。

在中国，为了完善社会主义民主，坚持和完善共产党内的民主集中制具有决定性的意义。

实行民主集中制，最重要的是处理好民主和集中的关系。民主和集中是统一的，就是在充分发扬民主的基础上实现正确的集中，使全党在思想上、政治上保持一致。只有集中没有民主，就是个人或少数人说了算，独断专行；只有民主没有集中，就是议而不决，决而不行，各行其道，就会造成无政府主义泛滥。民主是基础，是前提，把民主集中制说成是“集中制”，甚至说是“专制”，是恶意歪曲，是完全错误的。

像中国共产党这样一个有 8700 多万党员的伟大政党，靠什么组织起来并具有强大力量呢？最重要的就是创造了民主集中制，并在几十年的历史中坚持和完善民主集中制。当然，过程中既有经验，也有教训。凡是民主集中制贯彻执行好的时候，党的战斗力就特别强，党的事业就兴旺发达，遇到了困难比较容易克服，发生了错误也容易得到纠正；反之，如果民主集中制遭到破坏，党内生活就很不正常，党内就没有生机活力，党的团结统一也会丧失，发生了错误也不能及时得到纠正，党的事业就会遭受挫折。正是在这个意义上，中国共产党得出了一个非常重要的结论：党内民主是党的生命，集中统一是党的力量保证。

中国共产党创造和坚持的民主集中制，是以保障党员民主权利为根本，以加强党内基层民主为基础，切实推行党内民主，广泛凝聚全党意愿和主张，充分发挥各级党组织和广大党员的积极性、创造性，坚决维护全党团结统一的好制度。民主集中制的运行机制是民主基础上的集中和集中指导下的民主，是民主和集中的统一。

民主集中制具有以下突出的优越性：

民主集中制有利于推举卓越人才

推举国家和社会各方面的领导人，是民主的重要职责。

能否把卓越人才推举出来领导国家和社会各方面的事业，是一种民主制度有没有优越性的重要标志。

西方民主制实行一人一票的竞选，可能选出好人，也可能选出不好的人。发动了第二次世界大战的希特勒是德国人一人一票选举出来的。最根本的原因是，多党竞争制下，参与竞争的各党都只代表某一个特殊利益集团，他们推出的候选人都会突出本集团的利益，而把全社会的利益放在次要地位。同时，这种民主制投票是一次选举定乾坤，广大民众无权过问之前候选人的选拔过程，也无权对当选者的施政过程进行直接监督。这些人“一朝权在手，便把令来行”，只要符合本党特殊集团的利益需要，就敢冒天下之大不韪。更糟糕的是，代表特殊集团的领导人如果违法犯罪，会得到本党和本集团的庇护。台湾地区的陈水扁罪恶昭著，证据确凿，但民进党和绿营集团还是千方百计保护他。

社会主义社会实行的民主集中制比较容易推举出卓越人才来领导国家。最根本的原因是执政的共产党不是某个特殊利益集团的政党，而是中国工人阶级的先锋队，是中国人民和中华民族的先锋队，除了人民利益，没有自己的特殊利益。正是因为共产党有这样崇高的精神境界，就能以大视野和高标准来选拔人才，为一切忠于人民、扎根人民、奉献人民的卓越人才提供施展才华的宽广舞台，就能坚持德才兼备、以德为先的选人原则，把有真才实学、善于执政、得到民众拥戴的干部选拔到适当的领导岗位上。

领导人才的选拔不是一次投票定乾坤，而是要经历一个长期的成长考察过程。成千上万的年轻干部自觉地到艰苦地区、复杂环境、关键岗位增长才干、锤炼作风、砥砺品质，形成了世界上最大的人才宝库。经得起各种风浪考验、能应对各种复杂问题、能团结广大民众的优秀干部就是从这里涌现出来的。

优秀干部从村镇、街道、企业这些基层岗位脱颖而出，然后，又从县到省区市，再到中央，一步一步地脱颖而出。每一步的脱颖而出都是按民主集中制的程序进行的，必须经受不同范围、不同层次的测评、考察，还有不同形式的协商。最后，党组织领导人经过党委会、党代表大会差额选举产生，国家机关领导人经过人大常委会、人民代表大会差额选举产生。由此产生的党组织领导人和国家机关领导人，在施政过程中，要定期报告工作，要接受审计和监督。如有渎职乱权或贪赃枉法，都会受到相应惩处，包括开除党籍，剥夺公职和受刑服役，直至被处以死刑。有时会出现“官官相护”的情况，但在民主集中制下，当家做主的人民大众和为人民服务的共产党对此种腐败行为深恶痛绝，迟早会将其揭露出来，使之受到应得的惩治。

社会主义民主集中制比一人一票竞选的西方民主制更有利于推选卓越的领导人，虽然从推选过程的重大区别中可以观察出来，但要真正得出结论，还是要看60年来中国和西方国家社会发展的比较。西方发达国家达到现在的经济成就用了至少300年，而中国只用了60年就在经济上超越了这些发达国家，这是任何人都无法否认的奇迹。创造这个奇迹的，当然是整体的中国模式，但按民主集中制选拔领导人肯定是其中一个决定性的因素，因为正是这样推举出来的领导人，实际主导着中国社会的运行。

民主集中制有利于作出科学决策

良好的社会治理必须建立在科学决策之上。立法、行政和司法三权分立的西方民主制同中世纪封建专制比起来,是社会治理的巨大进步,闪耀着实现良好社会治理的智慧之光。但人们不应把它神化,因为这种体制既难以做到科学决策,又不能做到有效执政,导致社会治理的效率不高。

立法机构的组成是按政党划分的,在美国分为民主、共和两党,其他国家立法机构则有更多政党成分。议案一般是某个政党的一些议员提出来的,反映了一些特殊利益集团的意见,很难说它是科学的。议会辩论时,各党派议员也是从不同集团的利益出发,也很难说他们的观点是科学的。辩论结果,或者议案被否决,或者经过修改,照顾各方利益,经过各方妥协获得通过。这样做出来的决策,因为具有先天的集团利益偏向,不可能是符合民众需要的科学决策,很难真正解决社会问题。比如,美国债务上限一再突破,欧洲各国债务危机非常深重,它们作出解决问题的科学决策了吗?没有,欧美国家全都患上了“决策无力症”。难怪美国有机构 2011 年底公布民意调查报告说,超过 80%的美国民众对立法机构的工作非常不满。

中国实行的民主集中制则很有利于作出科学决策。

科学决策不是人们自以为是,而是有客观标准的。它至少要符合这样几条:一条是反映社会发展规律,一条是维护社会上广大人民的利益,一条是决定之后要能够贯彻执行。

在中国,任何一项重大政策的制定,都是一个民主集中制的运作过程。首先是充分发扬民主,党和国家的相关机构和部门到广大党员和民众中听取意见。然后进行初步的集中,分析研究各方面的意见和建议。形成初步决策建议后,邀请有造诣的专家进行深入研究,并组织不同层次的座谈讨论,反复进行推敲。最高决策层接到这样形成的决策草案后,如属重大决策,按民主集中制原则审议通过、颁布。如属非常重大的决策,必须由共产党全国代表大会或全国人民代表大会审议决定。笔者曾是多届党代表大会代表和全国人大代表,亲身经历了许多重大政策的审议过程。无论是党代表还是人大代表，都是既严肃认真，又畅所欲言。每个人自然会想到相关政策对自己所在的部门和地区的影响，但更多考虑的是全国人民的共同利益，注重的是政策实施过程中可能发生的情况，并提出自己关于完善相关政策的建议。代表们的建议会全部汇集起来交给大会主席团研究，所有建设性的建议都会得到采纳，使政策更加完善。已经由主席团修改完善的政策草案，还要返回给代表们审议，以形成最大的共识，最后进行大会投票表决通过。这就是充分发扬民主，正确集中全国人民智慧的决策过程，这就是典型的民主集中制运作过程。只有完成了这样的民主集中制运作过程，才能作出正确的、科学的决策，才能制定出符合社会发展需要和维护全国人民利益的好政策。

民主集中制有利于决策的实施

科学决策的作出，只完成了民主集中制运作过程的一半，更重要的是决策的实施。这里就显示出西方民主和社会主义民主的重大不同。

西方民主重视投票作出决策，但投票者和投票程序本身对决策的实施是无能为力的。事实上，因为三权分离，决策者和施政者不但互相分离，而且互相掣肘。在西方议会制下，决策难，施政也难。比如，美国奥巴马政府提出医疗改革案，但议会不给钱就行不通，有的州法院甚至判奥巴马医改案“违法”。

中国则完全是另外一个样子，立法、行政、司法部门既分工又合作，在为人民服务的总目标上完全一致，这就决定了决策实施过程中能形成强大的合力。因为各部门职责不同，出现相互抵触的情况也是有的，这时社会主义民主政治中的“共产党领导”就显示出重大优势。共产党处于总揽全局、协调各方的核心地位。从中央到地方，各级党委支持人大、政府、政协、司法机关和各人民团体依照法律和各自章程独立负责，协调一致地开展工作，使国家的政策得到顺利实施。

决策的实施过程也是民主集中制的运作过程。如果说决策过程更多体现的是民主基础上的集中，那么实施过程更多体现的是集中指导下的民主。一方面，决策结晶着全国人民共同的意志和愿望，大家都要以当家做主的精神实施它。另一方面，实施过程中发生预想不到的情况，也要按民主集中制的原则加以妥善解决。

按民主集中制作出科学决策，按民主集中制实现决策，这就是社会主义民主的特征。经济全球化时代，世界上出现了各种各样的危机，许多国家，包括西方发达国家，往往无力摆脱这些危机。中国则通过民主集中制作出应对危机冲突的正确决策，又通过民主集中制坚决贯彻这些决策，使经济社会保持平稳快速的发展，人民的物质文化生活不断改善，综合国力日益增强。所有这些都证明了，民主集中制是良好的社会治理方式。

民主集中制有利于纠正错误

一种社会制度的优越性，不仅在于它的政府能够作出科学的决策，对社会进行良好的治理，而且在于它的政府能够发现错误、正视错误、纠正错误。

中国社会是人民当家做主，政府是为人民服务的，社会运作是按民主集中制进行的，这就决定了它具有异乎寻常的纠错机制。

探索新路的实践中，人们很难避免错误。中国人民正在从事建设社会主义，这是前人从来没有做过的伟大事业，需要在政治、经济、文化和社会的所有领域中进行全新的探索，错误和挫折是难免的。由于坚持了民主集中制的原则，错误得到了纠正，挫折转化为推动前进的宝贵财富。

俄罗斯科学院高级研究员马马耶娃在研究中国社会的这一现象时写道："中国共产党是一个非常善于从失败和错误中总结经验教训的党。中国共产党人在革命发展的每一个阶段，都能够对自己的成败做出科学的分析和总结，并得出有益的结论指导新的革命。"

人们都曾记得，1958 年，由于希望"跑步进入共产主义社会"，中国共产党提出了"总路线"，推动了"大跃进"和"人民公社"运动，这种急于求成的做法违背了客观规律，破坏了生产力，后果是严重的。

听到党内同志和广大民众的批评之后，共产党立即开始了纠错过程。

1961 年 1 月，党的八届九中全会在北京召开，毛泽东号召全党要"大兴调查研究之风"，要坚持"实事求是"，努力改正错误的做法。

1962 年初，规模空前的中央工作会议在北京召开，全国县委书记以上 7 千多名党的领导干部参加。毛泽东在大会上主动承担了工作中的失误，他说："凡是中央犯的错误，直接的归我负责，间接的我也有份，因为我是中央主席。”刘少奇等其他中央主要负责同志也都作了自我批评。

经过批评和自我批评，以民主集中制的原则制定了“调整、巩固、充实、提高”的政策，使国民经济重新走上正常发展的轨道。

后来发生的“文化大革命”的错误，也是中国共产党自我纠正的。

民主集中制有利于反腐倡廉

腐败和廉政的矛盾斗争贯穿着整个人类历史。不说古代社会，就看当代社会，不论是资本主义发达国家、发展中国家，还是社会主义国家，都有腐败现象存在。

有人认为，西方民主国家少有腐败案件。这是一种表面现象，或者是故意造作的神话。恩格斯在一百多年前就说过：“美国人早就向欧洲世界证明，资产阶级共和国就是资本主义生意人的共和国；在那里，政治同其他任何事情一样，只不过是一种买卖。”①这就是说，在资本主义国家，政治活动中的权钱交易是司空见惯的事情，而权钱交易在任何地方都是不折不扣的腐败。以美国为例，竞选公职的人，无论他是竞选议员、市长，还是竞选总统，都要向大老板、大财团筹款。这些大老板、大财团拿钱给竞选人决不是搞社会公益事业，而是搞一种大买卖，就是让议员们提出满足他们发大财的议案，让市长、总统制定帮助他们赚取高额利润的政策，或者干脆用金钱弄个部长、大使当当，既风光，还更好捞钱。一人一票的竞选制时时处处都存在着权钱交易。这种政治上的权钱交易有些是“合法”的，有些是不合法的，但实质上都是腐败，差别只在于有些腐败是“合法”的，而有些腐败则是“不合法”的。由此可见，被吹为少有腐败案件的西方民主制，绝不是清廉的样板，而是腐败的温床。

腐败源自人的自私和贪婪，与人性相关，几乎没有任何社会能够杜绝它。资产阶级民主制不能杜绝它，社会主义民主制同样不能杜绝它。但社会主义民主集中制的反腐倡廉功能明显优于资产阶级民主制。首先，通过选举和选拔相结合，

① 《马克思恩格斯选集》第4卷，人民出版社1995年版，第717页。

以民主集中制的方式产生的党和国家各级领导干部，无需为竞选筹款，这就从政治源头上扫除了腐败的温床；其次，已经掌权的领导人，是在广大人民的监督下工作的，是按照为人民服务的原则施政的，如有贪赃枉法的事情，迟早会被揭露出来；最后，由于反腐倡廉的制度日益完善，措施非常有力，任何腐败分子，都会受到法律的惩处，都会被人民所抛弃。

中国社会的反腐倡廉功能是十分强大的。2014 年，中央纪委查处中管干部 68 人，其中涉嫌犯罪被移送司法机关处理 30 人，较 2013 年分别增加 119%、275%；全国纪检监察机关共给予党纪政纪处分 23.2 万人，涉嫌犯罪被移送司法机关处理 1.2 万人，较 2013 年分别增加 27%和 25%。数据表明的，是持续保持零容忍惩治腐败的高压态势。然而，时代强音下杂音仍在，有人认为已经查处了这么多腐败分子，新的一年会松松劲、歇歇脚；还有人觉得惩治腐败只是一阵风，风头过了就会出现拐点。对此，中央立场坚定、认识清醒——“在实现不敢腐、不能腐、不想腐上还没有取得压倒性胜利，腐败活动减少了但并没有绝迹”，“减少腐败存量、遏制腐败增量、重构政治生态的工作艰巨繁重”。中央纪委五次全会强调，保持坚强政治定力，有静气、不刮风，不搞运动、不是一阵子，对腐败问题，发现一起查处一起，发现多少查处多少，不定指标、上不封顶。这表明了中央的坚定决心，也正是党心民心所向。

一直有人说，一党执政的国家比多党竞争的国家更腐败，这种论调似是而非。在盛行政党政治的现代社会，大多数国家都是多政党社会，但即使是多党竞争的国家，也基本上是一党执政。在美国，不是共和党一党执政，就是民主党一党执政；在英国，也是工党和保守党轮流一党执政，只有当工党或保守党议员席次不够时，才联合自由党等小党执政。既然多党竞争的国家也基本上是一党执政，当代世界的普遍情况是一党执政，那么鼓吹一党执政的国家比多党竞争的国家更腐败就毫无意义。

中国虽然是共产党执政的国家，但参加执政的还有民主同盟、农工民主党等八个政党。准确地说，中国是共产党领导、多党参政的国家。中国实行的不是多党竞争制，而是多党合作制。中国共产党不是唯一的执政党，其他八个政党也不是在野党或反对党，而是共产党领导下所有政党合作执政。这种崭新的多党合作制是按照民主集中制运行的，它把恶斗不休的政党关系转变为团结协作的政党关系，无疑是对人类民主政治的大贡献。

在世界上所有政党中，中国共产党是坚决地坚持反腐败斗争的伟大政党。因为党的宗旨是为人民服务，而任何腐败行为都是损害人民利益的。不坚决清除腐败分子，共产党就面临亡党亡国的危险。因此，共产党不但领导人民制定了国家反腐倡廉的法律制度，强化了打击腐败的监察机关，而且制定了更严格的党内反腐法规，强化了党内纪律检查部门，以最严厉的手段消除祸国殃民的腐败分子。

共产党反腐败斗争是从教育开始的，在全党深入开展党性、党风、党纪教育，运用贪腐案例进行警示教育，建设廉政文化，以提高党员领导干部的反腐免疫力。同时保持惩治腐败的高压态势，严肃查处发生在领导机关和领导干部中滥用职权、贪污贿赂、腐化堕落、失职渎职案件，不断清除干部队伍中的腐败分子。以加强领导干部特别是主要领导干部为重点，建立健全决策权、执行权、监督权既相互制约又相互协调的权力结构和运行机制，推进权力运行程序化和公开透明。坚持用制度管事管人，深化重要领域和关键环节改革，完善防治腐败体制机制，提高反腐倡廉制度化、法制化水平。

反腐倡廉的制度建设，既要重视教育、预防和惩戒，也要重视改善公务员队伍的任职待遇。一方面，党和政府倡导所有公务员要全心全意为人民服务；另一方面，党和政府要保障所有公务员具有中上水平的生活，使他们能够有尊严地行使职权，无后顾之忧地为人民办事。

反腐倡廉的制度建设，是民主集中制这个根本制度的具体化。通过社会各领域的民主集中制的不断完善，社会主义终将取得反腐败斗争的胜利。

三、现代科技创新

实现中国梦，就是要在中华大地上创建政治文明、经济文明、精神文明、社会文明、生态文明“五位一体”的社会主义文明。在推进这五大文明建设的过程中，我们不但要高度关注理论创新、制度创新，而且要极力推进科技创新。

综合国力竞争的制高点

中国模式和西方模式存在着激烈的竞争关系，这是不言而喻的。有政治体制的竞争，有经济体制的竞争，还有其他很多方面的竞争。现在要问：实现中国梦的关键点在哪里，综合国力竞争的制高点在何处？我们的回答是科学技术。

我们改革政治体制，改革经济体制，改革社会体制，就是要让它们最善于运用科学技术来创造丰富的物质财富和精神财富，以满足人民的需求，改善人民的生活，建设伟大的国家和美好的社会。

实际上，在当今世界上，所有的发达国家和新兴国家都心照不宣地要抢占这个制胜的关键点和战略的制高点。

美国总统奥巴马指出：“科学对于我们的繁荣、安全、健康、环境和生活质量比以往任何时候都更加重要。”2009 年 9 月，美国出台了《美国创新战略：推动可持续增长的高质量就业》报告，提出要加大投资，恢复美国基础研究的国际领先地位，培养符合 21 世纪知识和技能要求的下一代人才和世界一流的劳动力队伍，建立先进的信息技术系统；推动竞争市场，以激励创新创业；催生在清洁能源、先进汽车、卫生保健等国家优先领域的重大突破。

奥巴马政府承诺对基础研究的资助在未来10年间翻一番，2010年美国联邦研发预算为1475亿美元，比2009年高0.3%，其中基础研究增加至308亿美元，增幅达3.4%。

在气候变化日益受到关注的背景下，低碳经济不但是未来世界经济结构调整的大方向，实际上已成为全球经济新的支柱。美国经济刺激计划规定在未来10年内投入1500亿美元进行新能源开发，投入110亿美元进行电网改造，投入20亿美元用于先进电池技术研发。2009年6月，美国众议院通过《美国清洁能源安全法案》，同意投资1900亿美元用于发展清洁能源和能效技术，力争到2020年美国电力生产中至少有15%是太阳能、风能、地热发电，另有5%通过节能措施减少能量消费。

美国是"信息高速公路"的开创者，他们决心在电子信息领域继续占据全球制高点。2010年，美国网络与信息技术研发计划从联邦政府获得39亿美元的资助，比2009年增加4400万美元。美国政府还提出要利用信息技术来实现医疗信息电子化、电网智能化，并在宽带普及率和互联网接入方面重新登上世界领先的宝座。

进入21世纪，生命科学和生物技术正在推动新一轮科技革命，生物产业已经成为全球经济新的增长点。美国政府高度重视生命科学的研发，在联邦政府的研发预算中，除国防开支以外，投入生命科学研发的经费达到民用研发总投入的50%。同时，美国政府还通过放宽对胚胎干细胞研究的限制，促进生命科学的发展。

日本也不甘落后，为支持前沿尖端技术研究，日本政府在2009年度的补充预算中增投了2700亿日元基金，3至5年内对单项研究项目的资助可达30亿至150亿日元。

日本2009年出台的《未来开拓战略》提出，日本要建成世界第一的环保节能国家，并在太阳能发电、蓄电池、燃料电池、绿色家电等低碳技术相关产业的市场上确保所占份额世界第一。具体举措包括：太阳能发电及节能世界第一计划，实现环保型汽车世界最快普及，以低碳交通为核心建设下一代城市。

俄罗斯总统梅德韦杰夫提出要亲自领导科技创新工作。2009年9月，俄政府发布了《2030年前俄罗斯经济科技长期发展预测》的部分内容,主要是俄罗斯在关键技术领域和基础技术、新技术领域抢占先机。

俄罗斯是石油和天然气大国,但俄政府非常重视新能源的研发和利用。政府确定,到2020年,可再生能源发电要占总发电量的4.5%。

韩国是世界上最重视科技发展的国家之一。2009年1月,韩国政府修订了《基础研究振兴综合计划》,提出"增强未来主导型基础研究力量,跻身全球科技七大强国"的愿景,为此,重点推出五大政策课题:加大基础研究的投入,2010年前投入45亿韩元,占政府研发预算的35%;建设以研究人员为中心的基础研究资助体系;培养及利用创意型基础研究人才;培养世界级的基础研究能力——建设世界一流的研究型大学,加大对大学本科生的科研人才培养力度;增加政府对科研机构的拨款,将政府拨款占人员工资预算的比重从2008年的31%提高到2012年的70%左右;成立基础科学研究院,扩大科技基础设施建设;加强基础研究对社会的支撑作用以及对国际基础研究设施的利用。

德国联邦政府执政协议的第一条就是要发展"教育、科研、新技术、产品和服务作为德国未来经济社会发展的力量源泉"。

生物医药是德国高技术战略计划的重要研究领域之一。2009年,德国联邦教研部共支持了21个生物医疗科研合作网络的建设,这些科研合作网络缩短了生物医药领域新产品研发和技术成果转化周期,促进了卫生医药领域的临床科研。

中国科技创新优势

西方国家政界和经济界中,有一派人宣称中国永远赶不上美国。他们的论据有两条,一条是中国政治改革滞后,没有美国那样的民主制度,另外一条是中国没有美国那样的科技创新能力。

第一条是一种偏见,并不成立,我们在前面论述过了。至于中国有没有美国那样的科技创新能力,这倒是一个很严肃的问题,值得我们认真对待。

美国科技创新能力现在比中国强,这是客观事实,必须承认。但是,中国在科技创新上能否赶上美国，那只有时间能够回答。

中国人是有信心的，因为我们知道自己有许多优势。

科技制胜的国家战略

社会主义中国一直有着科技制胜的深刻洞见和科学规划。早在1956年，毛泽东就提出要进行技术革命、文化革命，要搞科学，要革愚昧和无知的命。搞这样的革命，单靠大老粗，没有知识分子是不行的，必须在比较短的时间内造就大批的高级知识分子，还要有更多的普通知识分子。他号召全党努力学习科学知识，为迅速赶上世界科学先进水平而奋斗。

毛泽东还提出中国要制定科学技术发展规划。1956年3月，国务院成立科学规划委员会，在周恩来、陈毅、李富春、聂荣臻等人的组织下，汇集600多位科学家，历时几个月的反复论证，编撰成了《一九五六——一九六七年科学技术发展远景规划纲要》。在“重点发展、迎头赶上”方针指导下，规划纲要提出了13个方面、57项国家重要的科学技术任务，并确定了12个带有关键意义的重点项目和课题。至今令国人自豪的“两弹一星”重大科技成就得益于这个科技发展规划纲要的实施。

改革开放以后，我国又制定了一个新的科技发展战略，这就是著名的“863计划”。

“863计划”即是《高技术研究发展计划纲要》。

1983年，美国提出“星球大战”计划，力图把全国的科技力量有效地动员组织起来，促进高新技术的发展，以增强国家竞争力。

1984年，国家有关部门组织专家学者，对“星球大战”计划进行多方面的研究，得出这样的意见：从表面上看，“星球大战”计划只是一个重点针对苏联军事威胁的战略防御计划，但此计划囊括了大批新兴尖端科学技术，除了军事目的外，还有深远的政治目的。美国试图通过“星球大战”计划的实施，促进国防科技的发展，进而带动高新技术和国民经济的全面振兴，以确保美国在世界军事、政治、经济中的优势地位，最终达到抢占21世纪战略制高点的目的。

我国科学家认为，虽然我国的经济实力目前还不允许全面发展高科技，但争取在一些优势领域首先实现突破则是有可能的。1986年3月，王淦昌、陈芳允、杨嘉墀、王大珩等 4 位科学家联名上书邓小平，提出《关于跟踪研究外国战略性高技术发展的建议》。

邓小平认为科学家们抓住了一个重大的战略问题，要求国务院负责 同志主持讨论，提出意见，以供决策。强调："此事宜速决断，不可拖延。"

此后，国务院组织几万名专家调查论证，制定了《高技术研究发展计划纲要》纲要确定的方针是针对有限目标实行重点突破。选择若干对综合国力影响大的战略性项目，突出项目的预研先导性、储备性和带动性，采取军民结合、以民为主的原则加以推进。

此计划是我国的政治家和科学家在 1986 年 3 月联手提出的，简称"863 计划"。

为了强有力地推动科技制胜战略，党中央、国务院决定每年都在人民大会堂举行科学技术奖励大会，以最权威、最隆重的形式褒奖为我国科技发展作出重大贡献的单位和个人。

科技队伍十分宏大

中国拥有世界上最宏大的科技人才队伍。据 2008 年统计，我国科技人才资源总量达到 1.14 亿人。其中，科研人员有 4886 万人，有两院院士 1400 多人，有突出贡献中青年科学家 5200 多人，享受政府津贴专家 15.8 万人，人才工程国家级人选 4100 多人，博士后研究人员 7 万多人，留学归国人才 49.7 万人。

中国科技人才队伍很令他国羡慕，不仅队伍十分宏大，而且结构也很合理。既有一大批功勋卓著、造诣深厚的中老年科学大家，更有成千上万年富力强、才华横溢的青年科学家。

例如，在探月工程中，就形成了"小将往前冲，老将押后阵"的传、帮、带梯形队伍。

探月工程五大系统的主任设计师甚至总设计师，大多数是三四十岁的年轻人，平均年龄比欧美国家总体上年轻 15 岁左右。这个年轻而优秀的人才队伍，是中国航天事业宝贵的财富。

如今，我国科技资源总量、研究与开发人员数量都雄居世界第一位。

实施重大科技专项

实施科技重大专项是我国着眼长远发展，推动自主创新，实现创新驱动、内生增长的一项重大战略决策。

“十一五”期间，我国共实施了16个重大科技专项，部署了共3000多个项目和课题，共投入1500多亿元，取得了许多令人振奋的研发成果。

科技重大专项的成功实施，推动了政产学研用紧密结合，促进科技成果转化与产业化，从而使企业创新主体地位得到进一步加强。初步形成了运转高效的组织实施机制和市场经济条件下的新型举国体制。为应对国际金融危机、调整产业结构、培育战略性新兴产业和改善民生提供了强有力的科技支撑，带动了我国经济实力和科技实力的整体跃升。

在核高基专项中，新研制的飞腾1000国产中央处理器芯片(CPU)在千万亿次计算机系统“天河一号”上得到验证和应用，标志着我国超级计算机核心芯片自主研发取得重大突破。沃Phone等智能终端操作系统研发成功，对推动我国嵌入式操作系统以及移动网的发展具有重要意义。

集成电路装备专项的65纳米介质刻蚀机经多国客户近百次测试，与世界上最先进设备的芯片加工结果相比，加工质量好，单位投资产出量高35%—50%，成本降低30%—35%，2010年已销售12台，并取得国外批量订单，显著提升了我国集成电路高端制造装备产业国际竞争力，并将带动太阳能、平板显示等一系列新兴产业发展。

宽带移动通信专项的实施，加速了我国自主知识产权的时分同步码分多址(TD—SCDMA)标准的移动通信从芯片、终端、系统、仪表、软件到业务应用等完整产业链建设，用户数已突破2000万。时分长期演进技术(TD－LTE)系统在2010年上海世博会成功示范，展示了我国TD－LTE的产业化能力。我国4G标准提案已成为国际标准，大大提升了我国移动通信产业在未来全球4G标准上的话语权。

转基因新品种培育专项累积培育了36个抗虫棉新品种，3年累计推广1.67亿亩，净增效益160亿元。抗虫转基因水稻、转植酸酶基因玉米获得安全生产证书。针对公众的普遍关注，初步建立起我国转基因技术体系和安全评价技术体系。

在能源领域，油气开发专项攻克了油气勘探开发和提高采收率等一批核心关键技术。我国首个超万道级地震数据采集记录系统，已成功通过2000道工程样机实际生产考核，其高速数据传输能力比目前国际主流产品提高2至5倍。

研制成功3000米深水半潜式钻井平台，使我国油气工业生产能力实现了从水深500米到3000米的跨越式发展。

在大型核电站专项的支持下，AP1000重大共性技术和关键设备材料研究取得实质性进展，在世界上率先掌握了以非能动技术为标志的第三代核电建造技术。CAP1400完成概念设计。高温气冷堆工程化研究走在世界前列。大型核电站反应堆压力容器、蒸汽发生器大锻件等重大部件制造技术取得突破。

数控机床专项研制的重型五轴联动车铣复合机床、超重型卧式镗车床研发成功，在三代核电自主化建设中发挥了重要作用。世界最大的3.6万吨黑色金属垂直挤压机已投入生产，每年可为相关企业节约成本100亿元以上。

美国总统奥巴马宣称："在开发新能源方面处于世界领先的国家，将领导21世纪的全球经济。"金融危机后，美国雄心勃勃要占领新能源产业发展的制高点，把它作为改变世界的机遇和摆脱大萧条的捷径。然而，令美国人意外的是，中国在高效能源开发方面已经走到美国的前面。

美国《洛杉矶时报》发表文章说，在美国，信贷冻结加上石油降价，阻碍了清洁能源的发展。风能、太阳能和生物燃料项目被取消，启动资金严重匮乏，导致大量理念停在了初始阶段。在2009年第一季度，与清洁能源技术相关的风险投资在美国骤减了84%，而在中国却继续增加。

现在，中国已经成为太阳能和风能设备制造中心，并试图成为物美价廉的电动汽车的主要供应商。看来，在今后的竞争中，美国只能力求占居一席之地了。①

北京正负电子对撞重大改造工程(BFPCⅡ)的三台超导磁体联合励磁调试获得成功。这标志着我国加速器低温超导技术取得重大突破，表明我国工程技术人员已掌握了加速器低温超导技术，完全有能力自行设计、制造大型低温超导磁体。与此同时，为了加快信息、生物等高技术产业发展，培育产业核心竞争力，在核心电子器件、高端通用芯片、集成电路和软件、新一代无线网络和无线移动通信、信

① (美国)《洛杉矶时报》，2009年5月19日文章：《中国挤进高效能源产业》。

息安全、重大新药、重大疾病防治、现代中药等领域，已经建成和正在建设许多支持产业核心研发的科技设施。

实施科技创新工程

实施国家技术创新工程是建设国家科技创新体系的重要内容，力图通过构建一批产业技术创新战略联盟，建设一批产业技术创新服务平台，建设创新型企业500强等，推动企业真正成为我国产业创新的主体。

实施国家技术创新工程是为了创新科技管理，集成科技资源，引导创新要素向企业集聚，加快形成以企业为主体、市场为导向、产学研相结合的科技创新体系，以提高我国企业的创新能力和产业竞争力，为建设创新型国家打下坚实的基础。

国家技术创新工程有三大载体。

第一大载体是建设创新型企业。创新型企业是指拥有自主知识产权和自主品牌，依靠技术创新获得市场竞争优势和持续发展能力的企业。工程实施以来，已确定三批创新型试点企业共469家，已命名两批创新型企业共202家。它们中有中国航天、神华、宝钢等大型国有企业，也有华为、奇瑞、威创等著名的民营企业，还有钢研总院、农机研究院等科研院所。这些企业不仅是国家财税收入的重要来源，更是国家综合实力、经济竞争力的重要支柱。这些企业创新意识浓厚，都拥有自主知识产权和自主品牌，科研队伍强大，研发经费不少于销售收入的5%，科技竞争力很强。

第二大载体是构建产业技术创新战略联盟。这样的战略联盟是以企业的发展需求和各方的共同利益为基础，以具有法律约束力的契约为保障，由企业科研机构、高等院校等形成的联合开发、优势互补、利益共享、风险共担的新型技术创新组织。它能集成和优化科技创新资源，能引导产学研的创新方向与国家战略利益相结合，能完善产业技术创新链，有利于打造拥有核心竞争力的新兴产业集团军。

第三大载体是建设技术创新服务平台。建设技术创新服务平台，就是要在已有的重点实验室、工程中心、企业技术中心、科研仪器中心等科研资源的基础上，采取地方与部门联动的方式，通过整合资源、盘活存量、提升能力和强化服务功能，为大中小企业的技术创新提供系统服务，为重点产业和优势产业集群的结构优化和技术升级提供支撑。

建设科技创新示范园

通过局部试验示范带动全局发展，是我国改革开放的一条成功经验。提高自主创新能力，抢占科技发展制高点，建设创新型国家，也要运用这条成功的经验。国家支持建设中关村自主创新示范园区，就是运用这条成功的经验。

现在，美国硅谷、英国剑桥、法国索菲亚、印度班加罗尔等国际知名园区，都在采取多项措施吸引创新要素，积极抢占全球科技创新和高技术产业发展新的战略制高点。中关村作为我国的创新中心和高技术产业重要基地，要承担时代赋予的历史使命，必须加速创新发展步伐，成为在世界上具有强大竞争力的创新园区。

中关村是世上少有的高端创新要素聚集地。这里有30多所国家重点大学和100多所国家骨干研究所，有60多家国家重点实验室和60多家国家工程中心，有80多家跨国企业的研发机构。吸引了全国三分之一的创业投资，集聚着庞大的科研队伍，涌现出一大批新兴产业领军企业家。

中关村示范园区的建设，是以提高自主创新能力为核心，以深化体制机制改革为动力，以人才为第一资源，以营造良好的创新环境为着力点，坚持"需求拉动、机制创新、重点突破、开放合作"的原则，使园区成为全球高端创新人才的集聚区，成为国家科技金融创新中心，成为核心技术标准和技术交易中心。

中关村国家自主创新示范区的一大亮点，是实施自主创新成果产业化工程，着力打造具有国际竞争力的生物医药、电子信息、航空航天、节能环保、文化创意和新能源、新材料、新装备等八大产业化集群。

类似于中关村的科技创新园区在全国已形成星罗棋布的状态。

建设强大的科技设施

"十一五"期间，中央财政科技投入保持了20%以上的年均增速，带动全社会的科技投入高速增长。以2010年为例，我国中央财政科技投入为3860亿元，带动全社会研究与实验发展(R&D)经费6980亿元，是2005年的2.8倍，从2005年的全球第六位跃升至第三位。

由于资金充裕，科研设备研制能力大为提高，科技基础设施日益齐备。目前，中国正在建设12项重大科技基础设施，其中包括散裂中子源、强磁场装置、大型天文望远镜、海洋科学综合考察船、航空遥感系统、结冰风洞、大陆构造环境监测网络、重大工程材料服役安全研究评价设施、子午工程、地下资源与地震预测极低频、电磁探测网、农业生物安全研究设施等。已经建成国家重点实验室300个，正在组建国家科学中心30个。

精密而强大的科技研究设施对科学技术发展的推动作用是十分巨大的。进入新世纪以来，我国投入运行的重大科技设施越来越多，使我国科技人员有更好的条件去攀登科技发展的高峰。

北京正负电子对撞机是世界八大高能加速中心之一，是我国在粲物理研究领域处于国际领先地位的重要条件之一。除了引进粲能区的高能物理研究外，对撞机还可以提供真空紫外至硬X光等同步辐射光进行生物物理、材料科学、生命科学以及医学等方面研究，是大型公共实验平台。整体改造工程完成后，对撞机性能将提高100倍。

正在建设的中国散裂中子源工程，是中国迄今最大的科技基础设施之一。散裂中子源是用高能质子撞击重金属靶，产生极为短暂的高强度中子脉冲，它就像一台超级显微镜，可以研究DNA、结晶材料、聚合物等微观结构。

中微子是当代物理学研究的一个重大焦点，1988年以来，先后有6位科学家因为研究中微子而获诺贝尔奖。中国科学院高能物理所主导的大亚湾中微子研究实验室在地下100米，离核反应堆360米，有美国能源部等多国科学家参与研究，是一个重大的基础科学国际合作项目。2012年4月27日，中国科学家关于中微子第三种振荡模式的论文正式出版。论文中称，在大亚湾反应堆中微子实验中，科学家们首次发现了中微子的第三种振荡模式。这就表明，在世界五大实验项目寻找中微子第三种振荡的国际竞争中，我国科学家拔得了头筹。

2003年10月，世界顶级核聚变专家齐集合肥，对中国EAST项目进行评估。评议意见是：EAST将是一个对世界聚变研究产生重要影响的先进科学设备；它将是世界上第一个同时具有全超导磁体和主动冷却结构的托卡马克，能实现稳态运行。

中国的“EAST超导托卡马克核聚变装置”于1998年立项，建在中国科学院等离子研究所(合肥)。目标是"产生等离子体最长时间达 1000 秒,温度超过 1 亿度"。此项目投资为 1.6 亿元人民币,但同样装置在美国却要 5.7 亿美元,相当于人民币 34.1 亿。

制备非线性光学晶体,实现深紫外激光输出是一个世界难题。中国科学院陈创天院士领导的团队,经过 10 余年攻关,突破了这个难题,独创深紫外固态激光源装备。这些装备已投入前沿科学研究,表现出优异性能,处于世界领先水平。

科技创新成果巨大

经过几十年精心打造,中国科技正在迎来井喷式发展的新时期。

航天科技创新

哲学家黑格尔曾说:"一个民族有一些关注天空的人,他们才有希望;一个民族只是关注脚下的事情,那是没有未来的。"

天空并不安宁,无论现在和未来,严重的威胁是来自天上,就像今天被北约狂轰滥炸的利比亚。

天空蕴含着无数的奥秘,等待着智慧而勇敢的人们去探明。

天空蕴藏着无数的财富,等待着智慧而勤劳的人们去发掘。

人类历史进入 21 世纪,只有掌控天空,一个民族才真正拥有希望和未来。

2013 年 6 月中旬,神舟十号和天宫一号先后完美地实现自动和人工交会对接,三名航天员在太空中生活了十多天,进行了太空授课,做了大量科学实验,中国航天技术之精湛震惊了整个世界。这是一个重要的标志,全世界只有中美俄三国拥有如此高超的航天科技。

搞载人航天有什么意义? 以下三句话可以回答这个问题。

第一句是一位俄罗斯科学家齐奥尔科夫斯基在 100 多年前说的:"地球是人类的摇篮,但是人类不会永远躺在摇篮里。他在不断地扩大自己的生存空间,首先小心翼翼地穿过大气层,最终要征服整个太阳系。"这句话表达了人类进入太空的探索精神和科学预测。

第二句是前中国国家主席胡锦涛讲的。他在神舟六号成功发射庆功大会上说:“无限太空是人类共同的财富,探索太空是人类共同的追求。”这句话表达了中国人为人类太空事业作出贡献的雄心壮志。

第三句话是美国前总统乔治·布什说的:“在新世纪,谁能够有效地利用太空资源,谁就能获得额外的财富和安全。”这句话表明载人航天是当今世界综合国力竞争的制高点。

1992年9月21日,中国政府正式决定搞载人航天工程,并确定了三步走的发展战略。第一步,发射载人飞船,建成初步配套的试验性载人飞船工程,开展空间应用试验。第二步,在第一艘载人飞船发射成功后,先发射一个目标飞行器——天宫一号,突破载人飞船和空间飞行器交会对接技术、补加技术和再生式先保技术,最终建设一个空间实验室,解决有一定规模的、短期有人照料的空间应用问题。第三步,建造载人空间站,解决有较大规模的、长期有人照料的空间应用问题。

以钱学森为代表的老一辈科学家为中国载人航天工程打下了坚实的基础,新一代航天人接班很成功。他们不但继承了“特别能吃苦、特别能战斗、特别能攻关、特别能奉献”的载人航天精神,而且是一支年富力强又经验丰富的队伍,平均年龄只有31岁,而美国航天团队平均年龄是42岁,俄罗斯航天团队年龄比美国还要大。

神舟八号和天宫一号成功交会对接之后,美国人开始反思他们的对华科技政策。《纽约时报》2011年11月5日的文章说,美国国会1989年立法限制对华科技交流,禁止空间科技产品对华出口,美国国内的空间学术会议不允许中国科学家参加,有16国参与的国际空间站项目也不允许中国人加入。然而在将中国挡在空间精英俱乐部门外的20年里,中国靠本国科学家努力和政府慷慨投资追逐空间探索之梦,并不断成功。同一天的英国《每日电讯报》则引用科学家希恩的话说:“10年前,中国连像样的侦察卫星都没有,相关技术起码落后美国25年,但如今他们的侦察卫星和美国的一样好,如果势头保持下去,中国将在2040年前坐上空间强国的头把交椅。”①《纽约时报》和《每日电讯报》说得都有道理,中国航天科技的前景是无限量的。

① 《环球时报》,2011年11月7日。

北斗卫星导航系统是中国正在建设的自主发展、独立运行的全球卫星导航系统。2012 年形成区域网，2020 年形成全球网。届时，可与美国 GPS 媲美。北斗卫星导航系统是中国重大的科学基础设施工程，它将很好地服务于社会，服务于国家安全。据军事专家说，北斗网完全形成后，威力很大，人民解放军先进武器的战斗力会增加上百倍。

深海科技创新

2012 年 6 月 30 日，“蛟龙”号深潜至 7035 米的太平洋底，圆满完成大洋深潜任务。在端午节期间，蛟龙与神九遥相呼应，一个“上九天揽月”，一个“下五洋捉鳖”，共同镌刻了中国科技创新的里程碑。

马里亚纳海沟，位于西太平洋，是地球上最深的海沟。蛟龙号能深潜 7000 米，在马里亚纳海沟悬停定位，畅游自如，标志着中国海底载人科学研究和资源勘探能力升至国际领先水平，创造了世界纪录，可喜可贺。

地球绝大多数面积是海洋，海洋蕴藏着极其丰富的资源，海洋资源又集中在深海之中。国际能源机构最新统计数据表明，海洋油气资源 44%藏在大于 2000 米的深水区。至于富含铜、镍、钴、锰等元素的多金属结核，完全分布在大于 4000 米的大洋底部。

深海科技关系到国家的经济发展和国防安全，是综合国力竞争的战略要点。面向太平洋的中国，必须在深海科技中抢占先机。

中国的深海科技创新是全方位推进的。

2011 年 8 月 16 日，中国第五颗海洋卫星发射成功。中国的海洋卫星具备全天时全天候开展海洋观测能力，在海洋环境监测与预报、海洋调查与资源开发、海洋权益维护及海洋科学研究等领域具有很好的运用潜力。

早在 2001 年，中国在东太平洋获得了 7.5 万平方公里多金属结核资源勘探合同区。2011 年，中国又在印度洋国际海底区域获得了 1 万平方公里多金属硫化物资源勘探区。中国在这些资源区享有优先开发权。

2012 年 4 月，中国自主设计和建造的第六代半潜式钻井平台“海洋石油 981”正式在南海开钻，标志着中国油气开发已经可以向 3000 米深海进军。

“海洋石油 981”的开钻，表明中国深海资源开发的联合舰队正式起航。与

“海洋石油 981”相伴的，有 3000 米深水铺管起重船“海洋石油 201”，还有最先进的深水钻井隔水管装置等。

计算科学创新

高性能计算机是世界综合国力竞争的一个焦点。

人们应当记得，克林顿当美国总统时，为了阻碍中国科技的发展，凡是运算速度在 300 万次/秒以上的计算机，都严格禁止向中国出口。

美国的这种“卡”，卡出了有志气的中国科学家非凡的创造力。

2010 年 10 月 28 日，国际高性能计算机 TOP100 组织发布 2010 年度前 100 强排行榜，中国的“天河一号”超级计算机系统，以峰值性能每秒 4700 万亿次、持续性能每秒 2507 万亿次的优异表现，双双刷新了当前世界超级计算机系统运算速度记录。

国际媒体在第一时间对计算机新的世界冠军的诞生进行了报道。英国广播公司 BBC 专门采访了评审委员会负责人、美国计算机专家杰克·唐杰拉。杰克·唐杰拉说：“这千真万确。上周我在中国参观了这套超级计算机系统，与系统的中国设计专家们进行了交流，对计算结果进行了验证。”他还强调，由于中国人自主研发了独特的“互联”系统，使“天河一号”的运算能力获得了惊人的增长。实际上，“天河一号 A 比美国的‘美洲豹’要快 47%”。

美国《纽约时报》于 10 月 28 日报道此消息时指出，中国最快计算机让美国感到不安。美国一些研究人员认为，天河一号“为美国敲响了警钟，说明中国正向科学计算领域的前沿进军”。美国劳伦斯利弗摩尔国家实验室计算机专家马克·西格说：“在高性能市场里，这无疑是颠覆游戏规则的法宝，体现了经济竞争力正从西方向东方转移。”美国弗吉尼亚大学超级计算机专家冯伍春称：“这件事所造成的不安，是美国在高速计算领域的优势陷入了危机。而且，人们还会说这打击了我们未来的经济基础。”

美国人对超级计算机冠军被中国人夺去感到不安是可以理解的，因为这种超强的计算能力对一个国家科技、经济和国防力量的发展太重要了。

超级计算机可以广泛应用于石油勘探数据处理、生物医药研究、航空航天装备研制、资源勘测和卫星遥感数据处理、金融工程数据分析、气象预报、新材料开发和设计、大型土木工程设计、基础科学理论计算等许多重要的领域。比如,设计一种飞机的气动外形,原来要花三五年,如果运用“天河一号”进行“数字风洞”辅导设计,几个月就可以完成。用“天河一号”数值模拟蛋白质分子结构,可以快速研发生物医药。科学家可以在较短时间内从几十万甚至几百万种化学物中,筛选出最有效的药物成分,不仅可以节省购买实物化合物的大量资金,而且能大大缩短研制周期。借助“天河一号”,可以快速构建数字地质模型,探明地层中是否有石油,并能精确计算出储量,判断是否具有开采价值。可以说,有了“天河一号”这样超级强大的计算系统,可以使中国人认识世界和改造世界的能力获得飞跃式的发展,其他国家能做的,我们也能做;其他国家不能做的,我们也能做。

“天河一号”的研制成功还透露出中国科学技术发展的意义深刻而深远的重大信息。

首先是社会主义可以集中力量办大事的优势在科技事业中也充分展现出来了。早在我国实施第九个五年计划期间,就开始了“863”计划重点项目“国家高性能计算环境”的研究;“十五”期间,设立了“高性能计算机及其核心软件”重大专项;到“十一五”期间,科技部在“863”计划中设立了“高效能计算机及网络服务环境”重大项目。这个重大项目的总体目标是:研制成功每秒千万次浮点计算的高效能计算机,建成具有300万亿次以上聚合浮点计算能力和1000万亿字节以上存储能力的中国国家网格服务与应用环境,支撑信息化重要应用。围绕着这个重大项目,一些具有计算机系统超强研发能力的高等学校、科研院所和大企业共同组合成为冲击超级计算机桂冠的国家队,稳步而快速地登上了计算系统的巅峰。

其次是“天河一号”实施过程形成了科研院所、公司企业、超算中心优势互补的发展机制。国防科技大学、浪潮电子信息产业有限公司、国家超级计算天津中心共同承担了“天河一号”的研制任务。根据课题特点和单位自身优势,取长补短、紧密协作。国防科大承担关键技术突破;浪潮公司主攻主板设计和固件设计,保障系统技术突破和计算机生产的顺利进行;天津中心则在研制过程中大力开展应用推广和试算,并为应用单位进行技术培训,使千万亿次计算系统一落户就有大批用户上门。这种产学研用相结合的研发机制大大提高了研发效率,使研究成果最大化,使高科技既能“顶天”,又能“立地”。“顶天”是指技术上有大的突破和创新，在世界上占有领先地位。“立地”是指技术发展要满足社会的实际需要，要扎根于经济土壤，成为战略性新兴产业的引领者。

三是表现了中国科学家非凡的创新精神。美国计算科学家说“天河一号”的研制有一个“秘诀”。这个“秘诀”，就是中国科学家在国际上首创的CPU和GPU互融互联的计算结构。CPU是通用中央处理器，GPU是通用图形处理器。传统上，CPU是用来计算的，GPU是用来进行图形和视频处理的，如果将GPU用来计算，不仅编程很难，而且计算效率也很低。中国科学家有创新思维，他们采用混合语言编程技术，通过自适应动态任务划分流式数据存取，软件流水及亲和调度等技术，极大提高了GPU的计算效率，充分发挥CPU和GPU的协同计算能力，满足应用对计算资源的不同需求，最大限度提高了计算效能。美国斯坦福大学计算机系主任、NVIDIA公司首席科学家比尔·戴利说：“中国的天河计算机采取的CPU与GPU配合的结构，代表了高性能计算机的发展趋势。随着计算机规模的不断拓展，这种结构虽然不是唯一的解决方法，但目前看来是最好的。”

最后是中国超级计算机研发队伍很强大。10多年前，中国还不能研发每秒百万次的计算机。到2002年，中国才开始投资研发超级计算机。起步虽晚，但进步神速，短短几年之间，先后超越日本、欧洲。到2010年6月，中国超级计算机仅次于美国，位居世界第二。仅仅过了几个月，到2010年10月，“天河一号”就超过美国最强大的计算机“美洲豹”，登顶世界第一。2013年6月，“天河二号”又以每秒5.49亿亿次的惊人运算能力，牢牢占据超级计算机世界第一宝座。超级计算机进步的神速，是因为中国超级计算机研发队伍越来越强大。这确实是一支庞大的队伍，而且是一支生机蓬勃的队伍。直接参与“天河一号”研发的科技人员有200多人，平均年龄为36岁。他们思维敏捷，富有创新精神，敢于同世界最强者比试武功。更重要的是“天河一号”的研发队伍形成了“胸怀祖国、团结协作、志在高峰、奋勇拼搏”的银河精神。“天河一号”研制成功后，他们将攀越新的高峰。未来十年左右，他们或许会造出比“天河一号”强大1000倍的计算机。再往后，量子计算、光计算、生物计算将会替代电子计算，我们可以期望中国科学家仍将是未来超级计算的顶尖高手。

能源科技创新

中国有13亿多人,13亿人的生活需要大量的能源来满足。中国是世界最大的经济体之一,中国经济的发展需要大量的能源供应。

当今世界,由于化石能源耗竭的危险日益临近,中东海湾一带的政治冲突威胁着石油安全,全球都弥漫着一种能源短缺恐惧症。中国也不能置身事外,由于我国50%以上的石油和天然气供应依赖进口,能源危机的警钟也一直在敲响着。

其实,人们大可不必那么害怕能源危机。

宇宙是无限的浩大,自然是无限的富有,人们生产生活需要的能源随手可得。但这需要智慧,需要能力,更需要创新。

比如,中国长期被认为是没有油气资源的国家,但有智慧、有志气的中国人用科技创新摘掉了"贫油国"的帽子。

1913年,美孚石油公司组织调查团到中国许多地方调查油气资源,一无所获。1921年美国明尼苏达大学一位教授断言:"所有产油层几乎毫无例外地都是海相地层或与海相地层密切相关的淡水地层。"第二年,美国斯坦福大学教授勃拉克韦尔德教授在题为《中国和西伯利亚的石油资源》一文中说,中国没有新生代海相沉积。这些论调,后来成为"中国陆相贫油"的理论根据。

中国地质学家李四光、潘仲祥等人经过大量调查研究,于20世纪40年代提出了创新的"陆相生油论"。新中国成立后,在陆相生油论的指导下,我国发现了许多大油气田,一举甩掉了"中国是贫油国"的帽子。

正是地质学理论的创新,我国在松辽盆地、鄂尔多斯盆地、塔里木盆地、渤海盆地都发现了大油气田。到2011年,我国石油地质资源量881亿吨,天然气地质资源量52万亿方。只要坚持油气勘探技术的创新,我国油气地质资源量将会继续增加。

如今,我国石油产量达到2亿多吨,位居世界第四位;天然气产量达到近千亿立方米,位居世界第六位。按现已探明的油气资源量看,维持这样大规模的油气产量可以延至2030年之后。中国无疑是世界上油气生产大国之一。

太阳能热发电是能源开发创新的战略领域。

从根本上说,地球上的全部能量,都是太阳供给的。在中国土地上,每年到达地表的太阳能资源总量达 17000 亿吨标煤，等效发电量达 5700 亿千瓦时。而 2010 年我国发电装机 9.62 亿千瓦，发电 4141 万亿千瓦时，其中水电、核电、风电比例仅 26.5%，太阳能发电更是微乎其微。

我国光伏产业起步早，发展快，产业链渐趋完整，技术能力迅速提高。我国已是全球最大的光伏电池生产国，光伏电池产量已占全球总产量的三分之一，在全球排名前 30 位的光伏电池生产企业中，中国占了 10 家。

新能源汽车是我国战略性新兴产业之一，现在处于蓄势待发、砥砺前行的关键时期。

中国汽车年产销量超过 1800 万辆，而且还在快速发展，俨然成为世界第一汽车大国。汽车给人们的生产生活带来了许多方便，但数量庞大的汽车也会造成诸多问题。在我国，如果继续走传统的汽车发展之路，第一是没有那么多的汽油柴油供应，第二是汽车尾气对环境的污染已经不堪忍受。

怎么办？唯一可行之路是发展新能源汽车。

经过多年的研究和实践，我国发展新能源汽车的技术路线已经明确，那就是以电动汽车为主，多种新能源汽车竞相发展。

电动汽车的优势很多，主要有六条，即零排放、低噪音；能量补充费用低，仅为燃油车的五分之一；电机具有优越的力矩性能，更具驾驶乐趣；可充分发挥电机控制的优势，提高整车性能，电动车上可轻易实现在传统车上很难实现的主动安全性能；具有用电的优势，可以车载更大功率的电机系统，构建舒适的驾驶乘用环境；容易实现整车的网络化控制，可与智能交通、智能电网相结合。

中国发展电动汽车有多方面的优越条件。

第一，国家高度重视，既有长远规划，又有近期措施，并且制定了一系列政策加以促进；

第二，研发动手早，有正确的技术发展路线；

第三，我国电池资源丰富，未来电力供应充足；

第四，电动汽车可以同智能电网相结合，对电网起到削峰填谷的作用；

第五，我国锂资源储量丰富，具有成本和市场优势。

新能源汽车产业联盟的建立推动新能源汽车产业走上发展的快车道。2009

年 3 月,北京新能源汽车产业联盟宣布成立。此后,吉林、重庆、湖北、上海、广东、安徽等地也相继建立了新能源汽车产业联盟和产业基地。

这样的产业联盟包括了汽车生产企业、高等院校、研发中心、新能源汽车产业链上下游企业和用户,把整个产业链串联起来,聚力研发、合力创新、资源互利、技术共享,形成了中国新能源汽车产业发展的创新机制。

英国《每日电讯报》2009 年 5 月 3 日发表文章说,中国几乎每周都会颁布关于绿色产业的新法令,如此加大对替代能源支持力度的速度甚至令最乐观的分析人士也吃惊不小,越来越多的民众支持环保改革。中国有可能出现“第二个奇迹,即绿色奇迹”,可与过去几十年的“经济奇迹”相媲美。

文章还提到,美国进步研究中心的报告表明,2009 年和 2010 年,就在各自经济中所占百分比而言,中国在促进环保方面的开支已是美国的六倍多。

曾经获得普利策奖的美国记者托马斯·弗里德曼在一篇评论中说,中国正在成为绿色能源领跑者,中国走向环保的决定“在 21 世纪所具有的重要意义与 1957 年苏联发射地球卫星相当”。

材料科技创新

新材料有时会发挥神奇的作用,它可以促进产业升级、推动社会进步、改变人类生活方式。新材料产业已经被列为国家战略性新兴产业,而且被确定为是所有战略性新兴产业发展的基石。

新材料产业是一个典型的高科技高附加值的产业,同时也意味着高投资高风险。

前期的科研准备、工程化过程和后期的产业化过程,都需要有大量的资金投入。虽然企业应是创新体系中的主体,但初期基础研究、中期关键共性技术研究和后期产业化平台的搭建,则需要政府部门的投入和引导,并充分发挥科研院所在人才和资源上的优势作用。

经过长期的努力,中国新材料事业发展态势喜人,形成了以师昌绪院士等科学家为核心的宏大的新材料科研队伍;形成了“产、学、研、用”一体化的新材料创新体系;在微电子材料、光电子材料与器件、高温超导材料及应用等领域,获得了许多重大成果。

一批具有资源优势和技术优势的关键新材料研制取得重大突破,实现了规模化生产,形成新材料产业发展的经济增长点。

2004 年到 2009 年,我国在新材料领域的发明专利数仅次于美国和日本,居世界第三位,正在实现从材料大国向材料强国的历史性转变。

纳米材料的创新技术正催生许多新兴产业,印刷业的变革是一个显著的例子。

目前国际上流行的印刷技术路径是从两步感光的激光照排到一次感光的计算机直接制版技术,这比铅与火的印刷时代进步多了,但在感光、显影、定影、冲洗的过程中,存在着化学品污染问题。中国是世界印刷大国,印刷业总产值达到 5746.2 亿元,但印刷污染也很严重。

解决印刷污染问题,不能走现有印刷路径。因为即使是声称已经环保优化的 CIP 制版机,冲洗每平方米版材也需要化学品约 300 毫升,其中金属银浓度为 6 至 10 克/升,铝含量约为 0.5 克/升。

解决印刷污染问题,只能依靠纳米新材料。

此前,我国在纳米材料的研制中取得两项重要的技术突破:一项是制备出具有优异光电特性、良好成膜性和稳定性的高质量纳米薄膜,另一项是成功实现具有特殊浸润性(超疏水/超亲水)的二元协同纳米界面材料的构筑。这两项基础研究的成果,为制备打印流畅的纳米转印材料奠定了坚实的技术基础。

中国科学家发明的纳米材料绿色印刷制版技术,摒弃了传统的感光成像技术思路,省略了曝光、显影、冲洗等繁琐工艺,从根本上消除了感光冲洗过程带来的化学污染问题,整个制版过程绿色环保,从而使印刷制版行业最终告别污染。

中国是最早发明印刷术的国家,创造了印刷史上的辉煌时代。今天,纳米材料绿色制版技术的发明及其产业化又将在世界印刷史上引起新的大变革。

我国碳纤维产业化是科技与经济结合的成功范例。

碳纤维是高品质的复合材料,它的强度比钢大,密度比铝小,具有极好的电学、热学和力学性能,是航空航天、国防军工以及交通、纺织、医药领域大量应用的材料。

20 世纪 60 年代,我国科研单位即开始研制碳纤维,各单元技术在实验室已经成熟,一些国家重点实验室甚至试制出产品,但一直没有实现产业化,国家需要的大量碳纤维材料只能以垄断价格进口。

科研单位的成果不能产业化,根源是科研和经济脱节,缺乏产业化人才,没有资金研制相关设备,难以突破工艺难关。

鹰游纺机集团是国家级重点高新技术企业,拥有强大的纺织机械设计的技术实力和先进的制造水平。他们与相关科研单位联合,成立中复神鹰公司,集中力量推动碳纤维产业化。

中复神鹰成立仅三年,就实现了三级跳,先后建成20万吨、100万吨、1000万吨的碳纤维生产线。

中复神鹰在很短的时间内实现碳纤维产业化,说明以企业为主体开展自主创新,是实现科技成果产业化的最佳途径。

装备制造创新

百年之前,中国人看到西方国家装备制造技术之高,不禁赞叹道:"轮船电报之速,瞬息千里;军器机事之精,功力百倍。"我们的先人可能没有想到,百年之后,他们的子孙已经把中国打造成名扬四海的装备制造大国。

英国《金融时报》2011年3月13日文章称,中国已成世界头号制造业大国。

美国经济咨询机构环球通视公司报告透露,2010年,中国占世界制造业产出的19.8%,略高于美国的19.4%。中国制造业1830年还占世界的30%,以后逐步下降,1900年为6%,1990年为3%,此后又逐步上升,直到重回世界第一。

1850年以前,中国在世界制造业中一直居于首位,后来被英国超过。但英国占居世界第一仅有50年,就被美国超过。现在中国重回历史高位,标志着一个世界经济史周期的结束。

中国装备制造业登上世界第一的宝座,是中国工人阶级在非常困难的条件下创造出来的伟大奇迹。

上世纪90年代初,我国研制的新一代潜艇需要装配高效能的十二相整流发电机,这种发电机是先进潜艇的"心脏",世界上只有少数发达国家能够生产。

为了研制这种发电机,马伟明等工程技术人员出国考察相关技术。外国同行知道他们的来意后,竟冒出一句问话:"中国人也考察这个?"毫不掩饰傲慢与蔑视的神情。这一幕深深地刺痛了中国科技人员的心。

马伟明回国后,找一间20平方米的洗脸间,砸掉水槽,改装成一个简陋的实验室,开始进行十二相整流发电机的实验研究。工夫不负有心人,经过连续30多个昼夜的苦战,我国首台十二相整流发电机原理样机就诞生了。

不仅如此,马伟明及其团队还解决了十二相整流发电机的“世界难题”——“振荡现象”。当这一成果公之于世后,原先生产这种发电机的国外某大公司总裁亲自出马,将对外严密封锁的电机设计图纸交给马伟明,请他帮助修改和审查。

进入新世纪,我国研制的新型潜艇需要大容量高速发电机,而这种发电机世界上还没有一个国家搞出来。马伟明团队自告奋勇,主动承担了研制任务。经过7年攻关,跨越7大风险,成功研制出了大功率高速电机,既降低了舰船发电系统的体积重量,又减少了震动噪声,大大提升了潜艇的隐蔽性。

在中国宏大的装备制造大军中,正是有成千上万像马伟明团队这样的战斗集体,才使中国装备有了扬眉吐气的一天:外国人能做的,我们可以做得更好;外国人不能做的,我们也要做出来。

今天,中国装备制造业的条件已经比马伟明开始搞十二相整流发电机时好得太多。一般的机床厂已经看不到“黑、脏、乱”的景象,都是现代化的厂房,标准化的生产线,信息化的操作,几分钟就会有一台高档机床下线。

我国高端装备自主创新成果全方位、大面积涌现,不仅在装备中国,而且开始装备世界。

世界上第一个±800千伏特高压直流输电工程——云南至广东特高压直流输电工程已经成功实现投产,标志着我国电力技术和电力装备制造已在输变电领域攻占了世界制高点,是电力发展史上一个重要的里程碑。

2009年7月13日,我国自主研制的世界首台3.6万吨黑色金属垂直挤压机试车成功,挤压出第一根合格的厚壁无缝钢管,标志着我国大口径厚壁无缝钢管制造技术取得重大突破。

大口径厚壁无缝钢管用于大型电站及石油化工等产业。

按照传统技术,这种钢管是锻造而成。一块120吨的钢锭要经过40小时才能锻造成钢管,且产生大量铁屑,费工费时,效率很低,浪费材料。

采用挤压工艺，同样一块12吨钢锭，只要28秒就可以挤压成一根8米多长的厚壁无缝钢管，实现了自动控制，节省了材料，而且不产生铁屑。

中国正在建设国际领先的新一代国家信息基础设施，整个工程以有线电视网数字化和移动多媒体广播电视为基础，采用自主创新的“高性能宽带信息网3TNet”核心技术，力争用10年时间，建成国家高性能宽带信息网暨下一代广播电视网。

由于资金和技术积累雄厚，中国装备制造企业已在国际市场上获得非同一般的话语权，“走出去”的步伐迈得很稳健：大连机床集团并购了美国英格尔索尔公司和德国兹默曼公司，沈阳机床集团全资收购德国希斯公司，上海明精机床公司收购日本池贝公司，北京第一机床厂收购德国科堡机床厂，中联重科并购了排名世界第三的意大利CIFA公司。

上海“华锐风电”成立仅有5年，却因成功设计制造并成功运营上海东海大桥海上风电工程而令世界风电行业震惊。

据悉，2010年中国新增风力发电装机量1600万千瓦，累积装机容量达到4182.7万千瓦，超过美国，成为世界上最大的风电装机国。

中国风电产业的高速发展，得力于“华锐风电”等一批高科技风电企业的崛起。华锐现已排名世界第三，到2015年，国际风电市场占有率将达到50%，力争成为世界风电行业的龙头老大。

高端技术创新

2011年底，1000千伏晋东南—南阳—荆门特高压交流试验示范工程建成投产，单位线路输送能力达到500万千瓦，成为世界上运行电压最高、输电能力最强、技术水平最先进的交流输电工程。也就是说，中国建成了世界上第一条最高水平的电流高速公路。这项特高压交流输电工程被国际大电网组织誉为“一个伟大的技术成就”和“电力工业发展史上的一个重要里程碑”。

我国坚强智能电网技术世界领先。坚强智能电网是以特高压电网为骨架、以智能信息平台为支撑，包含发电、输电、变电、配电、用电和调度各个环节，覆盖所有电压等级，实现电力流、信息流、业务流高度配合的现代化电网，整个电网坚强可靠、经济高效、清洁环保、透明开放、互助友好。

建设坚强智能电网对我国经济和社会发展具有非常重大的意义。我国国土辽阔，一次能源分布与生产力发展很不平衡。煤炭资源集中在北方，水电资源集中在西南方，陆地风能集中在西北方，而能源消费又集中在东部和南部。另外，我们还要注意到，我国风能太阳能发电主要在沙漠、戈壁滩等边远地区，需要大容量集中开发。当地电网规模小，无法就地消纳，需要连入智能大电网。总之，只有用坚强智能电网，才能实现电力的远距离传输和大范围消纳。

不久前，国家电网公司建成了 110 千伏北川和 220 千伏青岛等 7 座智能变电站，标志着我国在智能变电站核心技术研发、关键设备研制和智能电网建设上已经实现重大突破，成为世界智能变电站技术的引领者。

“十二五”期间，国家电网将投资 5000 亿元，建成连接大型能源基地与主要负荷中心的特高压骨干网架和 13 回长距离支流输电工程，初步建成世界一流的坚强智能电网。

中国变电站“智商”领先世界。2010 年，中国在山东、四川等地建成了 7 座智能变电站，表明中国在智能变电站核心研发、关键设备研制和产品制造等领域实现重大突破，在国际上居于领先地位，成为世界智能变电站技术的引领者。

智能变电站是坚强智能电网实现能源转换和控制的核心平台，也是实现风能、太阳能等新能源接入电网的重要支撑。

长期以来，我国直流输电换流站的直流场设备大部分依赖进口，价格十分昂贵，严重制约我国直流输电技术的发展。

2007 年，中国西电集团整合相关的产学研力量，全面展开直流场设备的研发工作。经过几年的奋斗，自主开发研制的包括开关、互感器、避雷器、电容器、电抗器在内的 21 个新产品于 2010 年通过了国家鉴定，单项和总体都达到了国际先进水平，标志着我国企业已全面掌握了直流场成套设备的关键技术。

我国输变电设备制造业用短短 4 年时间，走过国外先进企业 20 年的路程，实现跨越式的发展，最根本的原因是发挥了社会主义集中力量办大事的优越性。

极大规模集成电路制造装备与成套工艺专项，简称 IC 装备专项，是为了实现 IC 制造核心装备和制造工艺的突破，支持我国 IC 产业的发展。

这个专项由北京和上海两市牵头组织实施，共有 1 万多名科技人员参与。其中，中高级研究人员占52%，专项吸引了195名具有高端产品开发经验和国际化市场运作能力的海外留学归国人员，有22位通过“千人计划”引进的海外高层次人才。

专项在“十一五”启动的58个项目中，企业牵头的项目40个，占总数的65%。累计申请专利4248项，其中发明专利3667项，已经授权发明专利384项。

专项重点针对65－45纳米技术代进行系统性布局，取得重大突破，许多装备和工艺达到世界先进水平，对于我国推进战略性新兴产业，实现产业结构调整，具有重要的促进作用。

专门制造空调的格力公司对这些有深刻的体会。上世纪90年代中期，日本就突破了变频技术，而只掌握定频技术的格力就在后面跟，非常吃力，非常辛苦。后来，格力的领导者、工程师和工人们下决心走自主创新之路。他们建起了国家制冷中心，先后组建了近400个实验室，聚集了4000多名研发人员，先后突破了1赫兹变频技术和新型高效变速压缩技术，掌握了世界领先的变频空调核心技术。他们推出的新型空调既高效又环保，很受各国消费者欢迎，格力空调的产销量连续6年高居全球第一。

1997年春，美国《财富》杂志撰文称：“微处理器改变了我们的生活方式，然而，生物芯片给人类带来的影响可能会更大。”

生物芯片被称为“灵敏的医学侦察兵”。它是由一块指甲大小的玻片、硅片、尼龙膜等材料同生物探针构成的。待检测的血液、尿液、痰液等样品与生物芯片接触后，就会产生反应信号。用计算机或其他方法对相关信号进行分析即可获得检测结果。

1997年9月，参加第八十次香山科学会议的程京博士产生了创建中国生物芯片产业的构想。

2000年9月30日，国家博奥生物工程中心成立，程京博士任中心主任和技术总监，中国生物芯片大船开始启航。

很短的时间内，博奥生物已申请专利135项，其中129项获得国内外专利授权；此外，还在《自然——生物技术》等国际权威杂志上发表SCI论文104篇，起草并获批6项临床诊断类生物芯片行业标准和5项国家标准。

博奥生物的专利商业化率达到60%。

博奥生物是我国研发生物芯片的众多机构之一,像程京一样的一大批生命科学家锐意进取,奋发创新,使中国在世界生物芯片领域后来居上。

中国科学家已实现“远距离量子态隐形传输”,这在军事上具有重大意义。从理论上说,这种信息传输不能被对方破解或截获,尤其是克服了卫星和潜艇的通讯难题。有了这种技术,潜艇无需浮出水平,不需要冒打破无线电静默暴露位置的风险即可接受到卫星传来的信息。由于取得量子级的技术飞跃,可以大大提高中国军队的作战能力。

2010年7月21日,中国自主研发的快中子反应堆——中国实验快堆(CEFR)达到首次临界。这是我国核电领域的重大科技创新成果,意味着我国第四代先进核能系统技术实现了重大突破,中国成为世界上少数掌握快堆技术的国家之一。

目前,在核电站广泛应用的轻水堆对天然铀资源的利用率只有约1%,而快堆则可将这一利用率提高到60%—70%。这样,可利用的铀资源就将增加上千倍。

企业科技创新

一个国家的综合国力,很大程度上要看拥有多少创新能力很强的现代化企业。人们很难想象,没有微软、英特尔、苹果、惠普和IBM的美国能站在世界经济发展的潮头。我国要在2020年建成创新型国家,关键是要培育一大批拥有核心技术和国际竞争力的创新型企业。

1987年,我国开始实施培育创新企业、推动高科技产业发展的“火炬计划”。邓小平当时给火炬计划的题词是:“发展高科技,实现产业化。”

“火炬计划”实施20多年,我们逐步完善高新技术开发区、孵化器、创新基金、软件园、创业风险投资等政策工具,促进联想、华为、中兴通讯、用友、东软、阿里巴巴、新浪、百度、启明星辰、尚德等创新型企业的成长,追上了全球高新技术产业发展的步伐,实现了我国高新技术产业的跨越式发展。

采取重大专项的方式推动和加快科技发展,是我国的一项成功经验。重大专项在实施过程中突出了企业的主体地位,促进创新要素向企业集聚。“十一五”期间，企业承担的专项课题共有1063项，国拨经费占总数的50%以上。

《中国创新型企业发展报告2010》数字显示，2009年，458家企业研发经费支出总额达到2434.9亿元，占全国研发经费总额的42%。

截至2009年底，创新型企业拥有的授权发明专利总量达49412件，占国内有效发明专利的23.1%。

企业界有这样一个广为流传的说法："三流企业卖产品，二流企业卖专利，一流企业卖标准"。

长期以来，国际标准的制定权一直把持在发达国家企业手中，中国企业被限制在"卖产品"的不利地位。

现在，情况已发生重大变化。我国已分别于2008年10月和2011年10月，成为世界范围内最有影响、最权威的两大国际标准化机构——ISO(国际标准化组织)和IEC(国际电工委员会)常任理事国。至目前为止，我国担任过两个机构的技术委员会主席、副主席的人已达到33个，承担秘书处的达到57个，担任工作组召集人的达到72个，我国承担的项目组达到236个。我国在两大国际标准化机构中直接参与国际标准起草的注册专家，也已经超过1300人。

近年来，由我国提出并承担起草的国际标准，已立项237项，其中109项已被正式批准发布，涉及能源、环境、健康、海洋技术、空天技术等多个领域。

中国企业主导制定第三代移动通信国际标准TD—SCDMA，走出了一条攻克核心技术，确立国际标准，实现创新成果产业化、市场化的自主创新之路。

企业创新，自然要对准产业机遇和战略导向的制高点。在当今的高科技产业领域，激烈的市场竞争背后，实质上是对关键技术与核心标准掌控权的竞争。大唐电信等企业正是瞄准移动通信高科技产业所具有的巨大升级带动作用，在国家相关部门的引导整合下，组成产业联盟，集中优势资源，利用后发优势，掌握了第三代移动通信的核心技术，为产业标准的制定取得了主动权。

通过自主创新掌握产业国际标准制定的话语权，就为控制产业制高点和高附加值提供了难得的机遇。核心技术标准本身就具有资源吸纳能力与辐射带动效应，TD—SCDMA产业联盟的成员企业已从2002年起步时的8家发展到66家，而加入产业链的相关企业已超过200家，并带动了软件、系统、终端、核心芯片、精密仪器仪表等高科技产业集群的整体发展。

在中国,企业和产业创新可以实现核心技术和低成本制造双重优势的结合。我国有宏大而高素质劳动力供给,人工成本相对较低、基础设施完善等资源禀赋,自然成为世界性的制造业中心。将这些比较优势同高科技产业的核心标准结合起来,即可实现核心技术高端引领的总体成本最优,总体竞争力最强,这正是中国企业在国际市场上迅速壮大的重要原因。

论文和专利增长很快

科技论文和专利申请的增加,可以从一个侧面反映一个国家科研活动的成果。

据汤姆森路透集团 2009 年 11 月 2 日公布的报告,中国科技论文数已跃居全球第二,仅次于美国。

报告说:"中国科技论文的相对增长幅度非常惊人,远远超过世界其他地方。"

1998 年,中国研究人员仅发表科技论文 2 万篇,到 2008 年即激增至 11.2 万篇,超过了日本、英国和德国。

同一时期,美国的科技论文从 26.5 万篇增加到 34 万篇。

报告指出,中国的研究活动大多集中在材料及技术领域,可以看出中国是想在各个行业发挥主导作用。"中国牢牢控制创新材料领域,这可能会产生深远的影响。利用这些技术的工业领域大多直接或间接地来自中国的研究成果"。

截至 2010 年底,我国商标注册累计申请量、累计注册量和有效注册量均居世界第一位;累计受理马德里商标国际注册领土延伸申请 154302 件,连续 6 年位居世界第一;受理国内申请人商标国际注册申请累计 11427 件,在发展中国家排名第一;共注册和初步审定地理标志集体商标和证明商标 1040 件,其中外国地理标志 36 件。

中国已是世界商标大国。截至 2009 年 6 月 30 日,我国商标注册申请累计总量已达 677 万件,有效注册商标总量 240 万件,已连续 7 年位居世界第一。

在发明、实用新型和外观设计三种专利中,因为发明专利的创新水平较高,所以分量最重。同时,因为发明专利需经严格的审查,权利比较稳定,保护时间长,因此更能体现一个企业、一个国家的核心竞争力。

最近10年，我国专利申请量增速惊人，其中，发明专利申请量在三种专利申请量的比重翻了一番。2009年，国内发明专利申请量同比增长17.7%，占总量的比重升至72.8%。从中可见国内创新主体的创新能力和知识产权意识已有较大提高，运用专利制度参与市场竞争的能力不断增强。

英国路透社2011年12月21日报道，据汤姆森路透报告显示，2011年，中国的专利申请量接近50万件，其后是美国近40万件和日本近30万件。

汤姆森路透的全球专利指数显示，中国专利申请量从2006年的17.1万件升至2010年的近31.4万件，年均增长16.7%。这期间，专利申请量最高的是日本，其次为美国、中国、韩国和欧洲国家。“最与众不同的是中国，它经历了最快增长”。

汤姆森路透的报告说，在中国申请的全部专利中，2010年近73%的申请来自中国国内，2006年时还不到52%，这表明，在中国蓬勃发展的专利申请方面，中国公司已超过外国公司。

世界知识产权组织2011年2月9日在日内瓦发布公告，2010年国际专利申请数量排名情况是：

美国44855件；

日本32156件；

德国17171件；

中国12339件。

中国居第四位，但增速最快，由2009年的7900件猛增至12339件，增幅达56.2%。

有两家中国企业进入全球国际专利申请榜前10位。其中，中兴通讯凭借1863件，排名由2009年的第20位跃升至第二位，华为公司则以1528件排名第四位。

根据西班牙Scimago机构2010年度报告的统计，中国科学院目前已位居全球科研机构作品产量第一位。

排名指数在前三位的是中国科学院、法国国家科学研究中心和俄罗斯科学院。具体情况是：

中国科学院,130.267;

法国科研中心,125.475;

俄罗斯科学院,87.850。

在2009年9月由汤姆森路透发布的排名中,中国位列第二。相关报告显示,2004年至2005年间,中国发表的晶体、冶金等研究文章占全球总量的31%,多学科物理实用数等领域的作品占全球总量的20%,关于混合材料、陶瓷或聚合体的论文也接近20%。

法国《解放报》评论说:“全球科技界美日欧鼎立的霸主架构将逐步瓦解,换言之,一个半世纪以来构成世界格局及国际关系的一个重要元素正在消失。”

世界惊叹中国科技发展神速

国际上非常关注中国科技创新的发展势头。

美国《大西洋月刊》的文章说,与过去10年相比,如今的产品研究和开发过程正以更快的速度发生变革。中国不满足于仅仅作为一个高效的制造机器。他们正迅速学会发明和创新技能……他们正在培养能这样做的人,他们正投资于电池、太阳能和软件的未来技术。

西班牙《世界报》说,中国正在进入创造奇迹的新阶段。不久前,中国的经济奇迹还完全建立在玩具、服装等廉价消费品的大规模生产上。但是现在,中国已开始在电信、太阳能板、高铁、电网等关键领域向欧洲和美国的竞争对手发起挑战。

2007年,德国还控制着机械出口市场,但到2009年,中国机械产品出口已经超过德国。太阳能板市场也发生了同样情况,不久前这个市场还掌握在德国人手中,但现在,中国已经控制了市场,获得了定价权。

虽然现在在不少技术领域里中国与发达国家还有差距,但最让欧洲和美国担心的是,中国的学习速度和在高技术方面上台阶的速度太快了。

中国科技创新力度之大,已引起发达国家高度警觉。英国《泰晤士报》在评价胡锦涛访美时写道:“本周的峰会可能标志着‘中国制造’一词所暗示的廉价时代的结束。美国智库环球通视有限公司预测，在 15 年内，中国制造的附加值可能 3 倍于美国。”

文章说，在新的世界现实中，中国的创新力量仍被普遍低估。上世纪 70 年代日本和 80 年代韩国的创新能力及技术发展超出竞争对手的预期，令美国和世界震惊。但以专利申请来衡量，中国的创新速度已经令日本和韩国的一切黯然失色。

北京方面定下了到 2015 年专利申请达到年均 200 万件的目标。如果这一目标实现，中国将在其超级大国的履历表上加上“具有创新精神”这项内容。

一般来说，专利数量可以衡量一个国家的创新实力。自从中国 1985 年第一部专利法实施以来，中国的专利申请取得了令人难以置信的进步。特别是 2008 年爆发金融海啸之后，世界专利申请量进入历史上的最低值，日本同比下降 1.3%，韩国下降 1.1%，美国是零增长，唯独中国增长了 18.2%。2009 年，多数国家的专利申请量继续下滑，但是中国仍然保持了 8.5%的增长率。由此不难发现，全球经济衰退后在许多领域却显示了中国意想不到的创新优势。

英国保守党议员提姆·伊欧认为，包括英国在内的西方国家在发展低碳技术上正被中国越抛越远。

这位曾经担任过环保大臣的议员说，中国在某种意义上来说是个“坏家伙”，因为中国一直给西方以“不注意环保”的印象，分散了西方的注意力，让西方在环保科技的研发上没有感到来自中国的竞争压力。

伊欧建议英国政府必须要从中国同行那里学到雷厉风行的作风，在环保科技研发上加快脚步。而且应当要求国民也向中国学习，重新选择自己的生活方式。

法国《科学与未来》月刊 2010 年 5 月号发表文章惊呼，中国正在展开强大的科技攻势，力争从根本上撼动欧美传统强国的地位，从发展的前景来看，中国的科研活力无人能比。

2011 年 1 月 26 日，英国《金融时报》发表了它们委托汤姆森路透完成的一个研究报告。报告显示，在过去 30 年里，中国在科学研究方面的发展比任何国家都要强劲，已成为全球第二大科学知识生产国。如果继续沿着这一轨道前进，那么到 2020 年，中国将会超过美国。

该研究报告说，尽管很久以来印度被认为会对美国的科学霸权地位形成最大威胁，但是现在看来，印度远远落后于中国，甚至几乎要被巴西超过。“中国近来的研究表现超过以前的最高预期，而印度却低于预期，而且也许已经失去了机会”。20年前，俄罗斯还是一个科学超级大国，比中国、印度和巴西加在一起的研究成果还要多，但到2008年，俄罗斯的科研论文数量甚至不及巴西和印度。

美国《纽约时报》说，中国力争高科技的主导地位。该报2011年12月5日文章指出，中国互联网用户已经是美国的近两倍，在IPV6的建设上也比其他国家更快。

如果说互联网的未来已经在中国，那么电脑运算的未来是不是也在中国呢？

美国许多专家说，很可能是这样。由于劳动力成本低，中国已经是全球电脑和其他消费电器的主要生产国。现在，这些专家说，中国繁荣的经济和日益发展的技术基础可能会使它在下一代计算上处于领先地位。

美国总统科学顾问、白宫科技政策办公室主任约翰·霍尔德伦对《独立报》说，在赶上美国成为科技创新第一大国的竞争中，中国处于有利地位。如果美国不能加以重视，中国将实现赶超。

霍尔德伦特别强调，在数学和科学方面，中国中小学生的表现明显优于美国中小学生。

四、经济形态创新

我们对中国梦的实现充满信心，一个重要根据是中国正在创造崭新的经济形态。

人类经历过几种不同的经济形态，如原始经济、自然经济、商品经济。大体上，这些经济形态都有与之对应的社会形态。例如，原始经济对应于原始社会，自然经济对应于封建社会，商品经济对应于资本主义社会。

人类已经在商品经济中生活很久了。商品经济因其突出的竞争性、开放性和平等性，使社会经济活动充满活力和创造精神。在商品经济进入成熟期的两三百年中，社会生产力有了空前的发展，一个地区又一个地区、一个国家又一个国家实现了现代化，社会大众的生活水平有了明显的改善。可以说，商品经济成熟时期创造的物质财富和精神财富，远远超过了此前几千年创造的总和。

如此看来，商品经济是不是唯一适合人类社会发展的经济形态呢？回答是完全否定的。

商品经济的成熟期是同资本主义的生产方式和社会制度联系在一起的，而这样的商品经济形态暴露出来的重大弊病是它自身无法克服的。

从本质上说，商品经济是以商品为本、以金钱为主导的经济形态。在这种经济形态中，社会财富是由商品堆积而成的，社会权利是以资本的金光表现出来的。本应正常的人与人之间的社会关系，却十分怪异地由物与物的关系表现出来，商品交换和资金运转成为社会的主旋律。在商品和资本的神力面前，普通劳动者不仅只是配角，而且显得十分渺小和极端脆弱。虽然商品经济内含自主性和平等性，但在资本主义制度下，只是商品和资本的拥有者才有平等权和自主性，普通劳动者的平等权和自主性只是虚幻的东西。

在以商品为本、以金钱为主导的商品经济中，社会追求的是庞大的商品堆集，是资本利润的最大化，其他一切都在所不顾。这种经济形态给人类造成的祸害深重而巨大。

资本主义商品经济造成了人与自然的冲突。短短几百年时间，就几乎把地球上的重要资源消耗殆尽，把美丽的地球家园破坏得千疮百孔，人们的生存环境面临日益严重的危机。

资本主义商品经济造成了人与社会的冲突。2008 年引爆的世界金融危机惊醒世人，资本主义商品经济发展到头，必然是金融寡头垄断一切，形成 1%的富豪和 99%的穷人严重对立的无解状况。这些年来，从发达国家到发展中国家，许多地方都出现了阶级矛盾激化、社会动荡加剧，甚至爆发内战的可悲景象。

资本主义商品经济造成了人与人的冲突。每个商品生产者都在追求利润最大化，不惜损人利己。为了争夺资源和市场，相互之间随时随地都会发生矛盾和冲突。社会伦理道德沦丧，个人主义猖獗，甚至转化为“个人恐怖主义”，许多无辜的人死于非命。

资本主义商品经济造成了人自身的冲突。人与自然的冲突，人与社会的冲突，人与人的冲突，都会交集到具体的人，造成人自身的冲突，使人处于心力交瘁的困境。

资本主义商品经济的弊病尽显，世人皆已看见。

能不能创造一种消除这些弊病的崭新经济形态呢？回答是肯定的。

商品经济是以商品为本，以金钱为主导，新的经济形态是以人民为本，以文化为主导，我们谓之“文化经济”。

文化经济是以人民为本的经济。在文化经济中，占核心地位的，是人民大众。经济活动的主体不是资本家和金融寡头，而是当家做主的人民群众。社会经济活动中贯彻着为人民服务的精神，经济活动的成果，有利于社会上大多数人民。说到底，文化经济就是适应于社会主义社会的经济。

文化经济是以文化为主导的经济，或者说是以先进文化为主导的经济。这种主导作用，一是表现为人文价值取向渗透到经济活动的方方面面，意味着人与自然、人与社会、人与人以及人自身的关系普遍趋向和谐；二是表现为文化资源的科学开发和有效利用，意味着人类把资源从有限变为无限，把需求从无限变为有限，使先进生产力、先进文化和人民的根本利益融合为一，推动社会的可持续发展；三是表现为广大劳动者文化素质的提升和社会成员精神需求的优化，推动人的全面发展和创造更高的社会文明。

新中国成立 60 多年来，中国共产党和中国人民走在社会主义道路上，通过改革开放建立社会主义市场经济体制，坚持先进生产力、先进文化和人民根本利益三者的有机统一，努力实践科学发展，一步一步地在探索和创造一种优越于传统商品经济的崭新的经济形态，这就是以人民为本、以文化为主导的文化经济，这是具有世界历史意义的经济形态的伟大创新。

这些年来，研究中国经济的学者成千上万，提出了各种各样的理论，但很难达成共识。还有一些经济学家，其中不乏诺贝尔经济学奖获得者，以各种形式宣言中国经济崩溃论，当然是被事实掌了他们的嘴巴。造成这种状况的原因不是这些经济学家缺乏知识，恰恰是他们的知识太多，但他们的知识非常陈旧，而且用错了对象。他们的知识是从亚当.斯密传下来，是传统商品经济社会中生长出来，尽是市场化、自由化和资本家利益最大化的各种僵化教条概念。这样的知识就是研究西方商品经济也无能为力，又怎么能理解已远远超越他们眼光的中国的文化经济呢？

为了创造崭新的经济形态，中国社会经历了伟大的革命，也经历了伟大的改革，现在要努力推动伟大的创新。

第十四章 中国梦与人类文明

中国是地球上最大的国家之一，中国的一举一动都会影响整个世界。同时，中国人走遍世界各个角落，同世界各国人民建立起政治、经济、文化等各种社会关系；占世界第二位的中国经济对世界经济增长的拉动作用超过其他任何国家；神奇的中国梦以及实现中国梦过程中创造的中国发展模式必然会推动人类共同建设文明世界。

一、世人眼中的中国

龙是中国的某种象征。

古语说:“神龙见首不见尾。”中国太复杂,变化又太快,观察者无论在中国内部还是在中国外部,都深感难窥全貌;塑造着中国面貌的中国梦,包括深刻的理念、生动的制度、丰富的历史、壮伟的实践和深思熟虑的战略战术,完全可以用“博大精深”四个字来形容,仁者见仁,智者见智,很难形成完全一致的看法。因此,世人对中国梦有不同的观察和多样的评论是很自然的。

中国发展之快,变化之大,在人类历史上是前所未见的。新中国成立刚刚过了一个甲子,但这是一个神奇的甲子。前 30 年,中国完成了欧洲 18 世纪中叶到 19 世纪中叶 100 年的工业化进程;后 30 年,又走完了欧美国家 19 世纪中叶到 20 世纪中叶 100 年的发展进程。

如此巨大,如此神奇的发展变化,超出了人们的想象,也超出了人们已有的知识范畴。用中国人古代的知识解释不清楚,用西方人现代的知识也解释不清楚。

但是人们总是想探寻出中国发展的真谛,总是想对中国梦以及实现中国梦的中国道路或中国模式作出自己的解释。我们看到世界各国的政治家和学者们关于中国模式的各种看法,应该是很有兴味的。

中国道路或中国模式的国际意义

2008 年金融海啸爆发以来,作为全球战略稳定的坚强柱石和推动世界经济发展的高效发动机,中国已成为世人话题的中心。

当世人感慨中国魅力时,他们更真实的想法和更迫切的愿望是想解开中国飞速发展之谜。无论是在欧美发达国家,还是在亚非拉发展中国家,无论是政府官员、专家学者,还是商界领袖,人们在感叹中国魅力之际,都会反复提到“中国模式”。

世界为何对探究“中国模式”如此感兴趣?因为世界遇到了大危机,因为中国模式蕴含着战胜危机的希望。

探讨中国模式,不能只看到特殊性,把它完全限定在中国范围之内。

中国是属于世界的,中国人是人类的一部分。从这个意义上说,中国的发展,也是世界的发展;中国的经验,也是人类的经验。

20 年前,苏联解体,东欧剧变,“历史终结论”甚嚣尘上,鼓吹马克思主义死了。那个时候,很少有人考虑需要用什么来代替资本主义,就好像即使全人类陷入生态灾难或其他灾难,自由资本主义也仍然是人类唯一的现实选择。

就是在这样的情况下,中国坚持走自己的道路,并且取得了伟大的成功。中国成功了,就意味着一条崭新的道路开辟出来了。走上这条道路,社会可以安定,经济可以发展,文化可以繁荣,生态危机和金融危机都可以减轻和挽救,这本身就是人类文明的胜利。

秘鲁总统加西亚说,“中国模式为世界提供了值得学习和借鉴的榜样。在美国次贷危机遭遇金融动荡之际,中国给世界带来希望。”

法国前总统希拉克认为:“几个世纪以来都是由欧美主导的世界局面,首次出现了改变。中国人口占世界 20%,无论是金融危机、气候变动还是能源资源等全球性问题,没有中国参与都无从谈起。”

法国《回声报》称 2008 年是“中国模式年”。

美国《华尔街日报》2009 年 2 月发表文章说:“美国经济模式遭受重创,为中国模式走向世界铺平了道路。”

哥伦比亚大学教授斯卡 · 卡普拉说:“我为中国模式而骄傲。”

卡普拉说:“我怀着激动的心情,热泪盈眶地观看完北京奥运会开幕式的电视传播,并一口气写下自己的心得。”

“今天的中国是世界上最重要的大国之一。世人清楚地看到,为应对国际金融危机，中国实施强有力的经济刺激计划取得了成功，中国持续强劲的经济增长有助于其他国家早日摆脱经济衰退。事实正在逐步证明，中国建设和谐社会，实现科学发展的发展模式具有很大的优越性。我为中国模式而骄傲。”

法国《欧洲时报》时事撰稿人宋鲁郑在新加坡《联合早报》上发表文章说，中国模式从被质疑到全球广泛共识得益于两点：一是它本身的巨大成功，二是以美国为发源地、席卷全球的经济危机使人们丧失了对资本主义的信心。

宋鲁郑认为，中国的政治制度真正与众不同的特色是有效的一党制，这才是中国经济成功的真正原因。它的优势在于：一是可以制订国家长远发展规划和保持政策的稳定性，而不受立场不同、意识形态相异政党更替的影响。二是高效率，对出现的挑战和机遇能够做出及时有效的反应，特别是在应对突发灾难事件时。三是在社会转型的特殊时期可以有效遏制腐败的泛滥。四是这是一个更负责任的政府。五是人才培养和选拔机制。六是可以真正代表全体人民。①

陶文剑梳理出“中国模式”的国际意义：(一)发展中国家看重中国高速发展的经验。(二)转型国家看重中国有效转型的经验。(三)大国看重中国和平崛起的经验。(四)社会主义国家受到中国模式的启发。苏东剧变后世界社会主义处于低潮，社会主义各国艰难探索。“中国模式”对这些国家既是鼓舞，也提供了一些经验。

卢荻认为，20 世纪 90 年代末以来，中国的社会经济发展就具有了普遍性意义。“具有中国特色的社会主义似乎是在内外条件的约束下，中国维持经济增长以及将经济增长的益处转化为实际社会发展的驱动力。国家与社会为抵制新自由主义方案付出了明显而又有效的努力。”

中国人民大学学者归纳了“中国模式”的基本意义：(一)启示了一个国家应该独立自主地走有本国特色的发展之路。(二)启示着一个国家应该在发展中大胆创新、勇于实践。(三)中国的发展是对世界现代化和人类文明作出的真正贡献。

俄罗斯科学家认为，“中国模式是人类成就的创造性集大成者”。

2010 年 9 月 30 日，俄罗斯战略文化基金会网站发表俄罗斯科学院研究员亚历山大·萨利茨基研究中国模式的文章。文章说，“中国的发展模式是一个综合

---

① (新加坡)《联合早报》，2010 年 3 月 10 日。

体，它借鉴了其他国家的经验，并将之与本国国情相结合。其中有苏联的影子，有新兴工业国家的成就，有罗斯福新政的亮点；我们既能窥见德国和法国的社会福利模式，也能感觉到北欧社会资本主义的影响。中国人将上述经验成功组合并加以总结归纳。

“中国模式，中国经济的未来在于继续博采众长。该模式在与他国的合作中逐步完善，它顺应时代所需，效率极高。一个国家倘若在工业优势的基础上实现经济奇迹，就会成为全球的榜样，其模式将被四处移植、普遍复制，并催生新的奇迹，这已成为惯例。或许，中国模式也会逐步被众多国家所消化和吸收。

“随着经济的增长，中国每个地区也走上了符合自己特色的发展道路。有些省份和城市，居民们更愿在大型国有企业谋得一份工作，而在另一些地方，人们则热衷于自己或是合伙做生意。一言以蔽之，或许中国模式的最大特点正是其设计师并未将一切绝对化。因此，各国观察家都会在中国模式中找到与本国情形类似之处。

“中国是个地理条件复杂，各地社会经济发展水平参差不齐的大国。如今，它正在努力向世界展示一种新型的多元化发展模式。中国的社会主义并非他国模式的盲目拷贝，而是人类社会众多成就的创造性集大成者。”

阿根廷战略研究所所长，著名中国问题专家豪尔赫·卡斯特罗博士在《中国：阿根廷的历史机遇》大型研讨会上发言说，中国是世界发展的希望所在。中国的国际角色在危机中更加凸显。作为主要新兴市场国家，中国发生的一切不仅仅是中国自己的事情，也对世界产生了影响。在应对目前遭遇的全球危机时，中国发挥了关键的作用。中国经济的稳定增长，对世界经济更加具有重要意义。中国政府采取扩大内需的经济政策不仅提振了全球市场的信心，也给包括阿根廷在内的发展中国家树立了良好的榜样。中国政府实行的积极财政政策，所产生的示范效应有目共睹。

哈萨克斯坦总统纳扎尔巴耶夫说：“最近几十年，中国在诸多领域实现了跨越式发展。中国的经济成就是全球经济发展的重要动力。如今，中国在许多方面都处于世界领先地位。中国取得的成就是勤劳筑就的辉煌。长期以来，哈萨克斯坦得到了中国的大力支持，对此我们表示衷心的感谢，并希望伟大的邻国在发展道路上取得更大的成就。"

瑞典经济学家林德霍尔姆有一句名言:中国是很多欧美大企业的"大恩人"。他说,中国连续多年投巨资进行基础设施建设,所起的作用比民间消费大得多,在很多欧美国家企业的眼中,中国是他们的大恩人。比如,十几年前,欧美国家很多大型矿山、水电、机械企业,因为本国基础设施建设饱和,而亚非拉多数国家又没有足够的消费能力,本来已经陷入倒闭的边缘,但随着中国三峡工程、南水北调等一个个国家级大项目上马,这些企业起死回生。设想一下,如果没有近年来中国经济的稳定快速增长,一些欧美国家的就业危机、企业破产危机恐怕早就到来了。也就是说,如果没有近年来中国经济持续高速的发展,国际金融风暴或许会提前到来,中国不但不是金融风暴的罪魁祸首,反而是维护世界经济最可靠的"稳定器"。

林德霍尔姆还说,中国的高储蓄率不但不该被批评,反而在金融危机的考验面前更显得弥足珍贵。美国的次贷危机,通俗些说就是爷爷花了孙子太多的钱,其行为就像路易十四说过的那样:"哪怕死后洪水滔天。"现在,还没有死就洪水滔天了。中国人则是在为未来储蓄,这一方面使金融危机这样的问题很难在中国出现;另一方面,在经济发展受到外来冲击时,由于多数人有一定的资金储备,便会比其他国家的人容易渡过难关。

中国模式对发展中国家的吸引力

中国是世界上最大的发展中国家,中国梦的实现,中国模式的成功,对其他发展中国家具有很强的借鉴效应。

2011 年 5 月初,第 21 届世界经济论坛非洲会议在南非开普敦举行,来自 60 多个国家的 900 多名与会者重点讨论全球经济新形势下非洲所扮演的新角色,为非洲经济全面快速发展建言献策。会议期间,"中国发展模式"成为非洲代表热议的话题。

南非总统祖马在会议上表示,包括南非在内的非洲国家十分重视并乐于与中国建立良好的伙伴关系,非洲国家与中国建立合作伙伴关系有利于自身经济的快速健康发展，非洲已从与中国的合作中获得巨大利益。他建议非洲国家借鉴中国经验加快发展步伐。

世界经济论坛首席经济学家詹妮弗·布兰科表示，非洲各国应借鉴中国发展经验，加快基础设施建设，转变经济发展方式，实现经济持续快速增长。他说，中国通过长期、高速发展，综合国力不断提升，目前经济总量排在世界第二位。中国在过去 30 年中脱贫人数占世界脱贫人数的 70%，是非洲国家学习的楷模。中国在经济发展和消灭贫困方面的巨大成就，对许多非洲国家具有吸引力，发展经济、改善民生和消除贫困是许多非洲国家的当务之急。

非洲开发银行首席经济学家姆苏利·恩库贝说："非洲希望走上一条稳定发展的道路，尤其渴望尽快消除贫困，中国在这方面的经验对非洲国家具有重要借鉴意义。"

博茨瓦纳银行行长利纳·莫霍霍认为，中国的发展模式能够启发非洲国家如何从低收入国家成为中等收入国家。他表示，非洲国家既要向日本这样的发达国家学习，更要向中国、印度这样的发展中国家学习，在现阶段尤其要把目光投向中国，因为中国的经验更具参考价值。

南非财政部长普拉温·戈尔丹表示，中国对非洲经济增长的带动作用体现在很多方面。近年来中国经济快速增长所需的众多原料，如石油、天然气、有色金属等供应不足，需要从国外进口，而非洲正是相关原材料的主要出口地。另外，中国实施的"走出去"战略极大地推动了中国企业对非洲的投资。戈尔丹表示，中国政府还鼓励和引导中国企业以成熟的成套技术及管理经验与非洲国家开展工程项目合作，帮助非洲国家提高经济建设的自主发展能力。华为、中兴和中水电等一批中国企业都在向非洲提供技术培训。中国的经济发展拓展了非洲与世界的联系渠道，增加了非洲发展的机遇。

莫霍霍说，中国对非洲国家提供的经济援助是无私的，不附加任何政治条件。中国能以更快的速度、更低的成本建造水坝、公路和桥梁，能提供更适合非洲民众消费能力的产品。中国的制造业和建筑业在非洲催生了众多中小企业，成为在当地创造就业机会的主渠道。

俄罗斯有许多人在研究中国模式，多年来，俄罗斯内部一直在争论是否以中国为榜样。俄罗斯《导报》曾发表《自由思想杂志》主编弗拉季斯拉夫·伊诺泽姆采夫的文章,题目就是《向中国学习》。文章在比较了中俄发展模式之后,作出这样的结论:“总之,俄罗斯有必要认真向中国学习。”

俄罗斯远东研究所副所长安德烈·奥斯特洛夫斯基在接受《观点报》记者采访时也说:“我们应当全面看待中国模式。中国人有我们可以学习的东西。而且应当从俄罗斯总是否认的中国改革模式学起。”

同时,反对学习中国模式的声音也很大。俄罗斯高等经济学院院长叶夫根尼·亚辛在《星火》周刊发表文章,题为《中国的并不意味着就是最好的》。文章说:“中国模式被俄罗斯许多人看作样板。可是中国模式绝对不适合俄罗斯。”原因是中俄两国文化不同、自然禀赋不同、工业化发展阶段不同、政治体制不同。

西班牙西中企业家委员会主席恩里克·凡胡尔在《北京共识:发展中国家榜样》一文中说,对于许多发展中国家来说,中国模式具有毋庸置疑的吸引力。中国一方面是一场壮观的经济革命、伟大发展以及改善民生进程的主角,另一方面总体上保证了政治和社会的稳定。中国经验有许多可借鉴的地方:循序渐进和谨慎的经济、政治改革;自由和对外开放的经济政策,积极参与国际竞争,遵守国际规则;保持强势政府,通过多种渠道有效管理国内事务。

英国作家马丁·雅克指出,中国的成功表明,中国模式注定要在全球范围内,尤其是在发展中国家发挥强大影响力。

新加坡国立大学东亚研究所所长郑永年认为,不管中国现在如何定位自己或者其他国家如何定位中国,改革开放当初发生在属于发展中国家中国的这个事实表明,中国的经验对于发展中国家更具有现实意义和价值。对很多第三世界发展中国家来说,中国模式的意义在于其到底是否能够成为有别于从前其他所有模式的一个替代模式。在二次世界大战后,世界的发展模式基本上分为苏联模式和西方模式。现在苏联模式已经解体,只剩下西方模式。西方模式主要指美国模式。尽管欧洲国家也经常在国际事务中倡导其价值和模式,但已没有很大的能量在世界舞台上推动其模式的传播。但不管是欧洲还是美国,在推行其模式方面并没有成功,很多采用西方模式的发展中国家并没有因此而得到社会经济的发展和民主政治的稳定。在这种情况下,中国模式对发展中国家具有了非常的意义。中国模式不仅是对已经证明了失败的苏联模式的否定，而且也并非是西方模式的延伸。①

新加坡《海峡时报》认为，中国模式是他国可以效仿的。

2009 年 5 月 28 日，该报发表程翔的文章，题目是《中国模式的胜利》。

文章认为，中国的成功故事和经济崛起，导致人们把中国模式赞誉为华盛顿共识的替代物——而且有很好的理由。

首先，中国年增长率之高令处于各个发展阶段的所有国家羡慕。穷国希望在经济上赶上富国和创造财富，而富国想在竞争中领先。它们都希望从中国身上发现高增长的秘密。

其次，中国成功地由一种自给自足的指令性经济转为市场经济。这对于一直在努力扭转经济下滑的前社会主义国家来说是灵感的源泉。

还有许多人认为，中国模式可以提供其他国家可效仿的、成为全球强国的另一种途径。

程翔的文章还说，中国模式究竟是什么？简而言之，它是一种把马克思主义同儒家思想相结合的国家意识形态；一种允许共产党是唯一领导力量的政体；把精英领导引入中国共产党的组织结构；在保持政治体制的同时，改革经济体制；以经济建设为中心的发展战略；把社会主义所有制（包括公有制、集体所有制和私人所有制）同自由市场相结合；把保持社会稳定作为经济发展的先决条件；把捍卫国家主权和安全同参与经济全球化结合起来；提升社会主义核心价值观来抵御资本主义价值观。

乍一看，其他国家不存在以上条件，很难效仿中国模式。但仔细研究就会发现，中国模式的主要特点在于：强有力的政府主导；渐进式改革；对内改革和对外开放相结合。这些关键因素在其他国家也是可以不同程度地形成的，中国经验的确对世界其他国家有意义。

中国模式的最大意义在于，它提供了另一种新的发展途径——而且有可能是提供了一种迂回前进的路线，即绕过源自西方经济困境的路线。

---

① 《中国模式对发展中国家具现实意义》，载 2008 年 11 月 25 日（新加坡）《联合早报》网。

《印度时报》2011 年 2 月 11 日的文章说,"中国的执行力让印度羡慕。"

文章说:"在执行力方面,中国让世界其他国家望尘莫及。"文章引用印度最大业务流程外包公司 Genpact 首席执行官帕拉蒙·哈辛的话说:"中国细心执行决策的速度是所有其他国家所不及的。要是你问中国大连市市长关于住房、基础设施、交通或宽带等问题,如果他说 3 个月内解决,肯定在规定时间内解决。"

哈辛还说:"中国人的执行力、时间观念、长期规划和协作能力让人惊叹。由于拥有供应链支持,产品装运可以在 48 小时内完成。印度尽管拥有一批最先进的技术、企业家和基础设施,但我们步履蹒跚。"

黑石集团高管梁锋松对中印两国规划执行情况进行了对比,他说,中国之所以拥有独一无二的地位,是因为该国政府有长期规划以及具体的执行力。例如,中国曾经设定目标,2020 年成为全球最大汽车市场,实际上 2010 年该目标就已实现。相反,印度通常只能完成其五年计划目标要求的 25%至 30%。第十个五年计划是最好的,也只完成目标的 50%。

阿根廷经济学家阿尔多·费雷尔撰文认为,中国模式值得拉美国家借鉴。

文章说,"中国最近几十年的非凡发展是当代世界中最重要的事件。中国不断增长的 GDP 是世界经济平均增长率的五倍,它让中国重新获得了 15 世纪欧洲列强开始兴起之前的强者地位。

"从我们拉美国家以及自身发展角度来看,中国现象为我们提出了两个问题。一是中国如何获得这么大的发展?二是中国崛起在国际环境方面产生的影响将如何影响拉美国家的经济发展?

"中国经济发展的一个关键因素是重视实体经济。西方发达经济体中,金融全球化是为投机者和统治者的利益服务的。政府和央行将金融投机利益置于首位,比如建立在通胀目标基础之上的货币政策以及因为拯救投机者而扩大公共债务之后不得不进行的财政调整。

"而中国恰恰相反,金融是国家权力为推动国内外自身利益而使用的一个工具。在中国模式中,公共政策、推动投资、私人倡议、工业化、科技发展、宏观经济平衡、主权维护、积极参与全球化等都在经济发展中发挥了重要作用。

“这些都可以作为阿根廷和拉美兄弟国家的借鉴。”①

巴基斯坦总统扎尔达里说：“巴基斯坦和中国在多个层面享有很好的战略合作伙伴关系，中国是巴基斯坦全天候和经过风云变幻考验的朋友。全世界都羡慕中国全方位的发展，作为中国长期的朋友，巴基斯坦自然热衷于学习中国的经验。

“我想着重讲一讲，中国给我印象最深的是增长和发展经验，还有中国领导人和中国人民对事业的投入、远见和敬业。我对中国的全方位发展感触颇深，并为中国人民取得的举世瞩目的成就和中国领导人的英明领导欢欣鼓舞。”

美国《华尔街日报》文章认为，“非洲推崇中国发展模式”。文章很夸张地说，从南非到埃塞俄比亚等很多国家的领导人都在吹捧中国的发展模式。“这个模式强调国家带动经济增长，认可严密的政治管制，与美国推行的自由市场民主形成了强烈的对照。在津巴布韦，就连总统穆加贝的反对者也都对中国专注于不带政治附加条件的商贸表示欢迎。在美国上过大学的副总理穆坦巴拉说，‘中国模式告诉我们，不遵行西方模式照样可以取得成功。我最喜欢中国’”。②

中国道路或中国模式的主要特征

各国学者对中国模式的主要特征进行了多角度、多层次的观察研究，提出了多种多样的看法。

俞可平从三个方面概括“中国模式”的基本特色，即“一是正确处理改革、发展与稳定的关系。二是坚持市场导向的经济改革，同时辅之以强有力的政府调控。三是推行增量的经济与政治改革，以渐进改革为主要发展策略，同时进行必要的突破性改革”。

刘宝三总结了“中国模式”的特点：一是方向正确，始终坚持社会主义不动摇。二是目标明确，始终着眼于广大人民的利益。三是基点准确，立足于国情，从中国实际出发。四是步伐稳妥，实行渐进式改革与发展，逐步推进。五是视野开阔，大

① （阿根廷）《财经日报》：《中国模式》，2011 年 7 月 14 日。

② （美国）《华尔街日报》，2011 年 9 月 3 日。

胆借鉴和学习一切有益的东西，决不封闭自守。

田春生论述了“中国模式”的制度“内生性”，认为在向市场经济过渡过程中，市场经济制度不是依靠从西方“引进的”政策和规则，而是根据自己国家的国情和改革进程中形成的政策、规则、路径和方式，逐步实现国家的新制度安排。“制度内生性不仅体现出‘中国模式’的基本特点，也是‘中国模式’的创新之所在。”

邹东涛认为中国成功的最基本经验有三点：一是强有力的政党及在党的领导下的权威政府。二是诱致性制度变迁和渐进式改革。三是坚定不移地坚持市场化的改革方向，但又高度警惕和反对市场原教旨主义。

托尼·安德烈阿尼总结了“中国模式”的基本经验。首先，中国经济惊人增长与“中国模式”不可分离。其次，中国的成功是实施整个公共政策的结果。第三，中国模式似乎已经渡过危险阶段。“现在中国模式具有较强的抵抗能力，并且随着中国在世界经济和地缘政治领域发挥的作用越来越重要，中国模式的抵御能力也会越来越强。”

张维为指出“中国模式”的六个独到之处：首先，在处理稳定、改革和发展三者的关系方面找到平衡点。第二，指导方针非常务实，即首先就是消除贫困，并取得显著成绩。第三，实事求是，一切都要经过试验，不断地进行大胆又慎重的制度创新。第四，拒绝“休克疗法”，推行渐进改革。第五，改革顺序是先易后难，先农村后城市，先沿海后内地，先经济改革为主后政治改革。第六，有选择地学习别人的长处，但“以我为主，绝不盲从。”

“中国模式”的内涵是什么？蔡拓提出其基本内涵包括：第一，积极回应和参与全球化。第二，从计划经济向市场经济转型。第三，强调经济、政治、文化、社会、生态协调发展。第四，以人的全面需求和全面发展为皈依。第五，开始关注社会功能、挖掘社会潜力、发挥社会作用。第六，坚持社会主义，强调民族特色，但同时又倡导不同社会制度和意识形态“共处竞争、对话合作”。

胡伯项认为“中国模式”有四大部分：(1)系统优化模式：发展由片面向全面转变，人的全面发展是最终目的和最高价值。(2)协调发展模式：宏观上要求人与自然协调发展，物质、政治、精神和生态文明的协调发展；中观和微观上要求城乡、区域以及阶层协调发展等。(3)可持续发展模式：建立环境友好型的资源循环经济以及公平的可持续新型适度消费模式。(4)内生增长模式:把知识积累、技术创新和人力资本增值作为持续发展的动力。

新加坡《联合早报》发表的郑永年文章分析中国模式时,有以下几个论点:

论点一:不应把中国模式同30年改革开放混为一谈,而是应当把中国模式当做中国文明的当代体现,既要看改革开放以来的30年,还要看改革开放前的30年,而且要把它同中国历史上政治经济制度联系起来进行研究,才会看得清楚。

论点之二:从历史上看,国家在经济发展中一直起着重大的作用,中国社会一直存在着强大的国有部门。国有部门承担着很多社会功能,包括公共基础设施的建设、应对突如其来的各种危机、平衡市场力量等等。与此同时,中国社会也一直存在着私有经济或民营经济。可以说,把国有经济推向极端不符合中国国情,会发生危机;完全私有化也不符合中国国情,也会发生危机。把这两者平衡好,就会形成中国独特的经济发展模式。

论点之三:中国历史上有皇权,当代中国有党权。“不难发现,传统皇权和现代党权有很多共同之处,例如皇权和党权都是中国社会的整合力量,都是中国大一统文化的政治表现。但是,党权既是现代中央集权制度的基础,也可以实现民主。”

传统皇权虽然属于皇帝,但治权是相当开放的,也是高度制度化的。党权也具有这个特征。有效的治理取决于党权的有效开放,向社会各个阶层、各种利益的开放。同时,治权的有效性,取决于制度化和专业化。

日本《富士产经商报》2010年1月27日发表文章认为,正在崛起的中国是很多发展中国家羡慕的对象,“中国模式”具有越来越大的魅力。

文章说,“中国模式与其说是被严格定义的意识形态,倒不如说是由以下各种推动力促成的。

“1.权威主义的现代化。中国模式是对没有民主化就不会有现代化的欧美思维的一种挑战。不仅如此,中国决策者还主张经济发展离不开中央集权国家体制。

“2.自发性的增长模式。中国宣称,各国应尊重国民的特性和文化,探索符合本国国情的发展道路。中国强调维护国家主权是关系国家生死存亡的大事。

“3.维持政治现状。中国政府认为,经济改革不能破坏体制的稳定和社会秩序。中国把加强共产党的领导作为最优先课题。

“4.渐进主义。变革必须慎重地实施。急躁前进不仅不利于改革,还有可能引发政治、经济和社会的混乱。

“5.国家优先。只有国家,也就是中国共产党,才具备管理现代化的资格和无私奉献的精神。这意味着党除了制定财政政策和金融政策外,还应该控制重化工业、军工产业、太空、能源、通信等战略部门。

“6.优先国有企业。中国政府尽管承认各种各样的经济活动形态,但认为国有企业在分配中应该获得最多的资源。

“7.社会改革。现代化成功与否关系到中国共产党能否得到广大民众的支持。缩小收入差距,减少失业,抑制通货膨胀,进行重视环境的可持续发展等的重要性不比国内生产总值的增长逊色。”

美国经济学家乔舒亚·雷默指出,中国发展经验有三点:艰苦努力,主动创新和大胆实验;坚决捍卫国家主权和利益;循序渐进,积累能量。创新和实验是其灵魂。这个模式不仅关注发展,也同样注重社会进步,通过发展经济,完善管理来改善社会。中国模式不仅适合中国,也适于发展中国家。

西班牙西中企业家委员会主席恩里克·凡胡尔认为,中国模式有五个组成部分:

第一,国家资本主义。这是一种国家政权对经济具有决定性影响力的经济体制,主要通过公共企业和理论上私有但与政治权力关系密切的企业合作,国家政权则通过对其进行规范和“提出建议”介入经济。国家确定经济优先发展方向和目标,引导经济体制向符合市场需求的方向发展。

第二,改革循序渐进。

第三,面向国际贸易和外国投资的开放模式。

第四,政治专制。这一点最富有争议性也最难分析和评估。中国共产党政权将在很长时间内处于无可争议的统治地位。许多分析家都认为中国模式行不通,认为如果政治改革车轮不前进,经济改革的车轮就无法前行。中国的实践证明,“两个车轮理论”并不能让人信服:中国经历了深刻的经济变革,但政治体制基础似未发生改变。

第五，面对意外情况极强的灵活应变和适应能力。这一点最不为人知，也很少被提起，却已成为中国经济取得成功的关键。[①]

美国未来学家约翰·奈斯比特在《中国大趋势》一书中谈到对中国模式的看法，他认为，中国成功有八个关键，也是中国新社会的“八大支柱”：

第一，解放思想。邓小平认为，无论是他本人，中国政府，都无法创造一个新社会，只有人民才能创造新社会。因此，改革的首要前提是解放广大人民群众的思想。

第二，纵向民主。中国社会具有垂直的结构和纵向的民主，在较为庞大的领导机构下，社会的运行主要依靠自上而下的指示和自下而上的动议之间的互动。因为保持执政地位的理由不是选举，而是政府的绩效，所以中国体制要考虑的是战略性的问题。

第三，摸着石头过河。

第四，规划“森林”与让“树木自由生长”。

在保持社会稳定的前提下，经济体制已经历大刀阔斧的改革，各种经济体可以充分增长。同时政治体制也进行了改革，“从广度和深度来说，中国公民的个人自由都在逐步扩大”。

第五，艺术和学术的繁荣。

第六，自由与公平。

第七，从奥运金牌到诺贝尔奖。

目前中国最流行的词就是创新，国家创新、社会创新和企业创新，已经成为中国社会最响亮的口号。

第八，融入世界。

马凯硕是新加坡的印度族人，曾任新国驻联合国大使，现任新加坡国立大学李光耀公共政策学院院长，所著《新亚洲半球：无法阻挡的全球力量东倾》一书曾引起东西方学者的注意。

马凯硕对中国模式的观察很有独到之处。

---

① 《北京共识：发展中国家的新榜样》，2009年8月19日《参考消息》。

首先，他认为走向现代化的各种发展模式实际上存在着相似之处。无论是中国模式、西方模式，还是亚洲四小龙和其他新兴国家的模式，都强调市场经济、发展科技、精英管理、实用主义、和平文化、法制和教育等要素的重大作用，这些都是相似的。

其次，马凯硕认为讲中国模式要把新中国建立以来的60年连贯起来看。这种发展至少经历了两个关键阶段。

第一个阶段是从1949年到1979年，这一阶段的重大成果是有了一个坚不可摧的政治团体，实现了政治团结和社会稳定。这个阶段是非常重要的，因为从1840年鸦片战争开始以来的100年里，中国一直是外国羞辱和入侵的对象。1949年，这遭受耻辱的一个世纪宣告终结。

第二个阶段是从1979年到2009年。这30年来，因为邓小平倡导的引人注目的改革，中国成为世界上增长最快的经济体，其结果是，超过4亿人摆脱了贫困。在人类历史上，还没有任何一个国家能像中国那样，把政治稳定和经济改革独特地结合起来，在60年间取得如此伟大的成就。

第三，马凯硕认为，“中国模式已经对世界产生了巨大影响”。就此他讲到这样一个情况，他说，中国模式已经影响了印度。印度有一个著名的实业家拉坦·塔塔，他告诉我，早几年，他在印度四处走动并且告诉印度人要向新加坡学习，但印度人回答说，“新加坡这么小，印度这么大，大印度能够从小新加坡那里学习到什么?”

“塔塔先生后来告诉我，自从中国在20世纪80年代开始迅速发展后，一切都发生了变化。他将会告诉印度同胞说:‘如果大中国能够发展得如此之快，为什么大印度就不能发展得快一些呢?’很显然，中国的成功启发了其他国家，中国的成功也将可能激励伊斯兰国家以及非洲国家更快地发展。”

最后，马凯硕强调说，西方许多人经常批评中国的政治制度，对中国不效仿西方模式表示忧虑。实际情况是，如果中国效仿西方模式，中国就会像苏联那样。戈尔巴乔夫效仿西方模式，导致了灾难性的结果，俄罗斯人民遭受了巨大的痛苦。

当今世界上，仅10%的人口生活在西方国家，90%的人口生活在其他地区。世界其他地区对于中国能够同时保持政治稳定和经济快速发展印象很深，甚为赞赏。

威胁到“西方模式”吗?

有些西方学者认为,中国模式的成功使西方模式受到了威胁。

澳大利亚《悉尼先驱晨报》的文章说:“中国崛起取得了如此辉煌的胜利,以至于现在受到检验的不是北京的体制,而是我们的体制。”“中国成为强有力的替代模式和一种挑战,甚至让西方国家以及我们有关民主自由怡然自得的想法相形见绌。”①

美国作家约翰·奈斯比特和多丽丝·奈斯比特共同出版了《中国大趋势》一书。在书中,两人描述了正在崛起的中国,并证明中国所展示的是一种全新的政治和社会制度。向来对中国不怀好意的德国《明镜》周刊不赞成《中国大趋势》的观点,于是有了双方以下的对话:

《明镜》周刊网站记者:两位的著作《中国大趋势》一书的核心论点是,中国形成了一种目前正与西方民主制度竞争的发展模式。这点两位是怎么看的?

多丽丝·奈斯比特:在西方多党体系下,权力是通过选举才获得合法性的。所以A党要努力让B党看上去很坏,反之也是同样。这是场持续不断的角力。在中国,决策的是政府。政府也会讨论,在那里工作的是十分聪明的人,他们有文化而且训练有素。他们确定一个目标,然后所有人都同心协力缔造一个框架,人们可以在这个框架内努力实现这个目标。它的重大优势是:在政府不能肯定某事物是否能发挥作用时,它可以设立一个特区来进行试验。

约翰·奈斯比特:这里进行的是世界上能看到的最大的试验。中国人有句极好的俗语:“摸着石头过河。”他们在尝试不同的事情,倡议是从基层发起的,十分分散。能发挥作用的就接纳,不能发挥作用的就丢弃。由下层发起、并为领导层接受、随后转变成为全国规章的例子很多。这是协商性的民主制度。

问:那么在这个过程当中什么是民主呢?

约翰·奈斯比特:民主究竟意味着什么? 人民进行统治。在中国,政府会对

① (澳大利亚)《悉尼先驱晨报》网站,2010年11月16日。

人民的需求作出反应。您肯定不相信这点。但是美国皮尤研究中心的一项调查表明,中国政府在国内的受欢迎程度高达89%。那里的自由和开放程度很高。这所释放出的能量在中国是显而易见的。

问:在西方,中国与其说是被视为“协商性的民主制度”,倒不如说被视为共产主义制度的堕落版,在这种体制下,当权者学会了将资本主义制度为自己所用。

多丽丝·奈斯比特:这的确在发生。在某些省份或许有地方执政者滥用其权力为己谋私利。但是中央政府正对其进行大力打击。我们对中国媒体进行过评估。中国媒体谈论最多的议题就是腐败和环境。中国的记者绝大多数20多岁,他们这代人看待自己的国家极具批判性。一方面他们为中国感到十分骄傲,另一方面他们具有批判性,对于问题毫不讳言,而且他们也日益被允许十分直接地去谈论问题。

尼克松研究中心研究员斯蒂芬·哈尔珀认为,“中国模式”已经形成对为西方服务了200年的价值观念的“A级威胁”。

哈尔珀说,“如今中国在世界上打出最大的广告牌,给那些希望向中国学习的发展中国家提供了一条绕开西方的道路。中国这个榜样有着迅猛的经济增长、国内局势的稳定、大多数人的生活一年比一年强,它驳回了‘西方的思想’”。

哈尔珀指出,长期以来,西方坚持的“华盛顿共识”一直认为,较小的政府、较少的管制和强大的私营部门——换言之,就是自由市场——将带来派系和多元化,最终带来民主。但这一切未能实现,许多非洲国家和拉美国家的领导人认识到,在尝试按照IMF和世界银行的规划奋斗了20年之后,国家的情况非但没有改善,反而恶化了。于是,北京得以带着另外一种方案畅行无阻。西方当前的经济困难进一步强化了这种局面。

哈尔珀提醒说,西方国家,尤其是美国没有充分认识到中国模式所构成的挑战。“中国带来的经济和军事挑战十分严峻,必须予以密切关注……到目前为止,我们没有认清或明确中国所构成的观念挑战,它的发展模式比美国的产品,也就是市场民主对第三世界政权更富有影响力……迄今为止,我们没有任何举措去反击中国对支撑着我们的民主并为西方的不断进步服务了约200年的价值观的攻击。”①

美国《洛杉矶时报》前驻京记者孟捷慕认为中国模式是对美国的威胁。他说：“我们必须从美国国家利益的角度去看中国模式，这不仅事关美国的安全和昌盛，而且事关美国的使命能不能够成功。所谓的美国使命就是建立一个政治上是开放的，人和人都可以持不同政见的世界。如果中国模式成功了，那我们美国代表的所有理念和价值是不成功的。”

澳大利亚《悉尼先驱晨报》在2010年11月16日发表的文章说，中国模式影响力与日俱增。

文章引述说，南非前总统姆贝基曾发表文章认为，中国模式适用于非洲。而马来西亚前总理马哈蒂在最近一次会议上一面赞扬北京模式“让人民过上了好日子”，一面说西方民主“是一种失败的意识形态”。

文章还提到，美国国务卿希拉里在接受该报记者采访时说了以下一段话：“有些人注意到了中国，说‘天啊，他们的年均增速有百分之九、百分之十，盖过了别人。看看美国，他们的金融发生了大崩溃，他们不能控制市场的无节制，为此付出了沉重的代价’。这种对比很明显。”

希拉里生怕这种明显的对比影响到西方民主的合法性，赶紧说道，“如果你有独裁主义心态，或者历史上存在独裁主义心态，觉得(中国的)这种状态更加舒服，那么中国模式就可能有吸引力”。但是，“如果你真的关心国家的发展，如果你希望你的人民获得长远的福祉，那么就必须让政治自由和尊重人权与经济发展相匹配”。

扩大了社会主义影响力

许多研究者认为，中国模式的成功扩大了社会主义在世界范围内的影响力。

中国模式对世界社会主义事业的胜利发展具有特别重大的意义。苏联前驻华外交官库达舍夫认为，“从全球角度看，中国的发展使世界力量对比发生了很大

---

① (美国)《华盛顿邮报》文章，2010年2月18日。

变化。更为重要的是，中国的发展，使社会主义思想在全世界范围内的影响得到扩大，社会主义思想的威望也在提高，越来越多国家都重新学习和研究社会主义思想。它们意识到，中国社会主义的一些思想和原则对自己的国家也是适合的。"①

保加利亚社会党国民议会议员亚纳基·斯托伊洛夫说，中国模式根植于博大精深的传统文化。中共有望完成人类文明史上最伟大的发明，那就是丰富的物质文明与先进的精神文明的完美结合。②

英国作家威尔·赫顿在《伟大的中国商城》一文中说，中国特色社会主义"是一个新的经济模型，它融合了资本主义的发展原理，但又受到国家的指导，而国家时刻牢记必须提高数以亿计的人民的生活水平和生活质量"，"它没有把资本主义当成目标，而是把它作为实现目标的手段。"③俄罗斯科学院院士季塔连科在《中国现代化经验的国际意义》中说，在世界社会主义处于深刻危机和战略撤退的情况下，"邓小平提出的建设中国特色社会主义理论避免了社会主义被撤出历史舞台的危险，提出了用社会主义来代替自由派的'历史末日'的模式"，"它既保持了继承性，又总结了全球化条件下进行政治改革和开放的新经验。"④德国学者罗尔夫·贝特霍尔德在《中国 2003——迈向社会主义道路》中写道，当今的资本主义越来越明显地暴露其无能，在经济发展速度不断加快的同时，它已无法解决日益严重的社会问题，如越来越多的国家发生劫难、暴力，南北之间的鸿沟加深，环境遭到破坏等，因此，国际社会越来越期望塑造一个资本主义的对立面，中国模式的重要意义正在于此。⑤

保加利亚经济学家杨科夫指出："与欧洲国家相比，中国改革的主要优势是它成功地维持和发展了国有企业并使之适应市场机制，从而避免了东欧国家往往以私有化为借口将国有财产据为己有并因此导致社会混乱的悲剧。中国奇迹使那些关于共产主义体制与提高经济效益相互矛盾之类的言论不攻自破。"⑥

① 《参考消息》，2011 年 5 月 19 日。
② 《参考消息》，2011 年 6 月 27 日。
③ （英国）《卫报》，2004 年 5 月 9 日。
④ （俄罗斯）《远东问题》杂志，2004 年 10 月 22 日。
⑤ （德国）《我们的时代》周刊，2003 年 5 月 14 日。
⑥ （罗马尼亚）《经济论坛》，1995 年 9 月 6 日。

有些评论家把中国在改革开放过程中扩大市场经济，允许非公有经济发展歪曲或误解为搞中国特色资本主义，但也有些国外评论家不赞成这种说法。法国学者托尼·安得列阿尼在《思想》杂志上发表文章问道：《中国还是社会主义国家吗？》文章自己回答说："中国的社会主义市场经济仍属社会主义性质。其理由一是中国目前正处在社会主义初级阶段，当前最主要的问题是发展生产力，摆脱'贫穷的社会主义'；二是中国的国家和集体所有制在经济中占主导地位，公有经济发挥着主导作用，土地仍然实行国家所有制，私营经济的发展受到鼓励；三是中国仍然保留了国家计划和政府宏观调控，只不过通过间接手段进行；四是中国在发展社会主义市场经济的同时，还促进了精神文明的发展，而这种文明又完全不同于西方文明。"①

《华尔街日报》2010 年 5 月 5 日发表题为《中国模式与国家资本主义》的网络文章，认为中国模式与其说是社会主义市场经济，还不如说是国家资本主义。因为中国在社会主义的框架内引入了市场经济，承认了私人产权的合法性，促使绝大多数人成为"工资劳动者"以及推行按要素分配等。这些都是资本主义的核心特征。

文章认为，中国的国家资本主义也许是为了完善社会主义公有制并最终消灭资本主义私有制。这注定是一个漫长的过程，连马克思都只勾画了蓝图而没有给出具体的路径，而且前社会主义国家的许多尝试大都失败，中国特色的社会主义最终能否走向真正的社会主义还是未知数。

---

① （法国）《思想》杂志，2005 年第 1 期。

二、重塑世界经济格局

中国模式对世界最直接、最现实的影响，就是拉动发达国家和发展中国家的经济活动，帮助他们走出金融资本主义所造成的严重危机。换句话说，中国模式正在重塑世界经济格局。

春江水暖鸭先知。中国模式正在重塑世界面貌的情况，许多学者和媒体都感受到了。

2009 年年底，美联社的年终特稿就以《中国重塑世界》为题。特稿说，在 21 世纪的头一个 10 年里，中国的崛起采用了许多方式：北京奥运会，借给美国的巨额资金，以及积极的经济增长。

这个 10 年，是一个巨大国家开始在根本和重大的方面重塑世界的时期。

中国已经成为非洲最大的投资者。中国人对豆腐的爱好导致巴西农民在亚马逊地区砍伐更多的树木以种植大豆。他们对铁矿石需求的激增促使荒僻的澳大利亚内地出现楼市泡沫，因为人们蜂拥到那里的矿场工作。他们由廉价劳动力启动的工厂从美国和欧洲的工业区吸收了千百万个工作岗位。因此，中国开始以前所未有的方式接触世界并改造世界。这引起了敬畏和尊重，也助长了忧虑和怀疑。

很多人还津津乐道于美国欠下中国巨额债务。美国从来没有欠一个国家这么多钱。中国已经成为美国的银行家，他们只要略微表示可能要抛出美元资产就可以让全球市场陷入恐慌。①

英国《金融时报》报道，2008—2010 年间，中国对外贷款金额比世界银行援助

① 美联社 2009 年 12 月 2 日电：《中国重塑世界》。

金额多100亿美元。至2010年底，中国国家开发银行的贷款已延伸到90多个国家，总贷款额达到1413亿美元。

在赞比亚，中国的投资占其国内生产总值的7.7%。在柬埔寨，中国援助金额2009年达到2.6亿美元，超过日本，成为最大援助国。

诺贝尔经济学奖得主科斯2008年7月在“中国经济制度变革30周年国际研讨会”上发言说，我们都很清楚，中国的变化对全人类而言，具有最高的重要性。中国的奋斗，就是全人类的奋斗。

英国《金融时报》文章说，“美国人一打喷嚏，全世界都得感冒。现在同样的话似乎也适用于中国，全球市场开始对中国经济发生同样的反应”。

文章指出，最近国际货币基金组织公布的一份调查显示，中国国内生产总值每减少1%，全球其他地区的国内生产总值就会相应减少0.5%左右甚至更多。中国是继美国之后的全球第二大进口国。鉴于它对能源和工业金属的巨大胃口，中国对农矿产品市场有着绝对的影响力。

《今日美国报》发表文章说，信奉自由主义的民主国家奋力挣扎之际，中国却取得了罕见的成功。

文章说，由于经济与政治的混乱，美国选民对政府和任何与它有关的人都非常排斥；在英国，选民迫不及待地把戈登·布朗从唐宁街10号扫地出门；法国最近的民调发现，近60%的受访者对萨科齐表示不信任；德国人则只给默克尔总理32%的支持率；与此同时日本首相的支持率也少得十分可怜。

到哪里才能找到一个受到民众支持的政府呢？中国。很多有趣的证据表明，中国登上国际政治和经济舞台令中国人十分自豪，很多人认为他们的政府领导有方。

文章最后说，发展中国家看到了美国的焦虑、欧洲的动荡、日本的瘫痪以及中国的增长和稳定，哪种模式更有吸引力还用说吗？

有人问马丁·雅克斯，“您写《当中国统治世界》一书是想警醒西方，还是为中国成就叫好？”雅克斯回答说：“我个人愿意为中国崛起成为世界领导力量鼓掌，因为我认为在人类过去的400年里，世界秩序一直是由人口占少数的国家在掌控。简单说，少数人不能代表大多数人的意愿和利益，甚至会损害到大部分人的利益。

中国则不同，超过13亿的人口总量，让这个国家的领导者在做出任何决定时都会意识到，这代表世界近四分之一的人口的意愿和未来，而世界其他地方也会因为中国所代表的庞大人口和市场，而对中国具有信任感。我写这本书的目的是希望更多的西方人像我一样，能够换一种思维来看待世界，乐见中国的崛起。”

“必须要说的是，这个书名是一种比喻的说法，我并不是要说中国将是未来的新霸权主宰者。在我看来，中国在可见的将来，对于世界的影响不仅仅是经济和政治上的，更多的是文化和思想上的。除了有越来越多的西方人使用中国制造的产品外，也会有更多的人学普通话，看中文书，了解中国的文化。同样的情景其实在历史上早已有过，在18世纪的西班牙海洋统治时代，19世纪的英国“日不落帝国”时代，20世纪美国的单边霸权时代，全世界都在学习这些强国所拥有的一切：语言、商业、军事、艺术以及文化，无所不包。

“我想中国在未来也将迎来这样一个时代。有些西方学者并不认同这种说法，认为我仅仅依据高盛公司的数据预测来下定论。高盛预计，到2027年，中国的经济规模将超过美国，并且到2050年将是美国的两倍。但我认为，高盛公司的数据或许会出现一些偏差，但也不过是或早或晚而已，中国的影响力在人类历史上的再次上升是必然的趋势。”①

金融危机冲击全球经济之后，世界各国一开始仍把拯救经济的希望寄托在美国等西方国家身上，因为它们在世界经济发展中一直扮演着关键和中心的角色。日本也是发达国家，但它只是配角，而且已有多年停滞不前。

现在的情况大变，带领世界经济走出困境的不是美国和日本，也不是欧洲国家，而是中国。当所有这些国家2009年的经济都是负增长的时候，只有中国是正增长，而且是超过8%的高增长。

一个显而易见的事实是，西方国家面对危机只有金融杠杆这一招，而中国拥有庞大的国有经济和雄厚的资金储蓄，不仅有金融杠杆，还有多种经济手段，再加上相应的社会政策，效果大不一样。当西方发达国家还在危机中苦苦挣扎的时候，中国不但自身经济强劲发展，还带动了周边国家走出危机。不仅如此，世界上所有与中国有紧密经济联系的国家也受到不同程度的拉动，德国、法国、日本、澳

① 《环球时报》，2009年10月30日。

大利亚的经济也得到了很大助益。如果说 1997 年金融危机时,中国的积极作用仅限于东亚地区,那么 2008 年金融危机时,中国的积极作用已影响整个世界。

世界影响了中国,中国也影响了世界,这是中国改革开放 30 年最壮观的景象。

20 世纪 80 年代初中国拉开改革开放大幕的时候,全世界用好奇的目光注视着这个东方大国的举手投足。一般说来,西方社会表示了欢迎的态度,因为他们相信,中国会向西方社会演变。他们要内外结合,在中国发动一场最大规模的颜色革命,这就是 80 年代中期以来一波又一波的学潮,直到 1989 年的大动荡。

中国政府和中国人民进行坚决的反击,完全粉碎了妄图西化和分化中国的图谋。西方国家态度立刻大变,什么制裁,什么禁运,什么遏制,只要能把中国政府搞垮,除了战争之外,一切手段无所不用其极。令人惊异的是,社会主义中国面对来势汹汹的国际压力,泰然处之,坚持改革开放不动摇,社会更加稳定,国力日益增强,反倒迫使西方国家自己改变态度,争相与中国恢复政治经济关系。

经过这样一场惊心动魄的较量,西方国家真正感到中国的崛起已成不可阻挡之势,真正看到中国的发展模式对世界的影响越来越大,真正感到强行推广西方模式的努力希望渺茫,于是,"中国威胁"的声浪甚嚣尘上。

这个事实也说明,中国对世界的影响越来越大。中国变了,世界舆论也就跟着变化。

以法国《问题》周刊为例。2008 年的时候,该周刊还对中国抱着很大的偏见,对中国的事情总是横挑鼻子竖挑眼,甚至妄言"奥运会贵宾席可能空无一人"。但仅仅过了一年,《问题》周刊态度大变。2010 年新年时,他们推出了制作精美的"中国特刊"。在总计 190 页的杂志中,讲述中国的内容就占了 80 多页。特刊用 30 篇文章从经济、文化、社会、科技、政治、军事等多个角度切入,较为客观地全面介绍了现代中国。

《问题》周刊的中国观一年内的大变化,不是偶然的,是在对中国长期发展大趋势的思考中,逐步形成的自然转弯。负责"中国特刊"的副总编辑艾蒂安·热内勒说,中国的崛起从 20 年前就已开始,但今年格外的特别,在来势汹汹的经济危机面前,西方遭受了沉重的打击,而中国依然保持着高速的增长,两者之间形成了鲜明的对比,这对我们来说简直是不可思议的事情。我们想告诉读者,现在是我们醒醒的时候了。

热内勒说,作为媒体,我们当然可以批评中国,但如果仅仅是因为她取得了成功就去对她指手画脚,这真是太愚蠢了。中国有权成功,有权脱离贫困,有权在国际上发挥更大的作用。我想,西方对于中国所有偏见,都来源于对中国的不了解,试问又有多少法国人到过中国呢,而中国的强大让他们感到恐惧,让他们感觉不舒服。作为记者,我们就是要亲自感受这个国家,把真实的情况告诉我们的读者。像《问题》周刊这样的转变,像热内勒这样地思考问题,是值得赞赏的。

中国模式的成功有利于世界的今天和未来,最突出、最直接地表现在经济层面上。中国对世界的影响,是由中国参与全球经济体系的程度决定的。

必须看到,当前的经济全球化是靠出口和进口的竞争性发展来推动的。正是中国的出口,推动了工业产品价格的大幅度下降,使世界各地的消费者能够买到物美价廉的各种消费品,这给逐渐淡出制造业的欧美国家带来很大利益。另一方面,正是中国的大量进口,推动了原材料和能源价格的上涨,这增强了资源丰富的发展中国家的经济地位,推动了它们的现代化进程。

中国在世界产值中所占的比例,按购买力平价计算,从 1980 年的 3.4%,增加到 2005 年的 15.4%,而美国一直保持在 21%左右。中国是世界最大外汇储备国和最大的债权国,是美国国债的最大买家。换句话说,中国是能够让美国突然之间丧失支付能力的国家。

多年以来,美国的需求牵动着世界经济的发展,现在这种作用正在减弱。相反,中国经济突飞猛进,人口是美国的 4 倍,需求潜力无限巨大。因此,中国已经成为世界经济的火车头。

21 世纪的第一个 10 年,中国经济保持年均 11%的增长,年平均进口 6870 亿美元商品,为相关国家和地区创造了 1400 多万个就业岗位。

日本《朝日新闻》在 2010 年 9 月 5 日发表文章说,中国是日本经济"再生大舞台"。

文章说:"为寻求新的发展空间,日本企业和个人都将目光投向中国。""日本人口呈减少趋势,国内市场发展前景暗淡。中国广阔的国内市场被日本视为实现经济飞跃和再生的大舞台。为拓宽销路和交流技术,日中企业加快了合资步伐。中国正致力于建设节能和安全的社会,日本可以为其提供技术支持。日本在扩大内需的过程中曾因政策失误导致泡沫出现,中国也希望参考其经验教训。""中国市场是一个竞争者云集的特殊市场,因'失去的10年'而停滞不前的日本企业在日益激烈的竞争中略显吃力。"

法国历史学家阿德勒在《费加罗报》上撰文称,欧洲遭遇困难时,中国并非像秃鹫一样坐视欧洲的失败,而是在情况最糟糕的时候出手收购希腊和葡萄牙的证券,对欧元施以援手,获得困境中欧元区的信任。

德国经济部长赖纳·布吕德勒在《世界报》发表文章说,中国已经成为国际核心市场。

这位部长说:"中国一直是德国经济的核心市场。在经济萧条的2009年中,20国集团只有一个国家具有高增长率:中国。一个强大的中国经济让世界受益,也让德国经济受益,特别是让德国出口受益。从2000年开始,借着中国经济奇迹,德国对中国的经济出口几乎翻倍增长。2009年,德国对其他国家的出口常常受到10位数的损失,但对华出口创二战后德国最高纪录。"

布吕德勒认为,中国超过德国成为世界第一出口大国,但这对德国并不构成威胁。德国是欧洲对华贸易最大的伙伴,也是一个最重要的外国投资者。

中国有一个巨大的国内市场,这对德国非常重要。许多德国企业因为成本问题进军中国,它们将打开巨大的中国市场。德国企业已经在汽车、机械、化工等市场上取得骄人的成绩。

布吕德勒说,目前,中国有大约2亿中产阶层人士,未来10到15年将增加到6亿或7亿,他们将消费很多外国产品,这当中很多是德国企业的潜在顾客。"中国正在走自己的路,这条路不仅大,而且强,并不断延伸着。在中国着陆的德国企业将成为未来的受益者,德国企业应当利用好这个机会。"

广大发展中国家的经济,也受惠于中国模式的成功。泰国地方行政委员会委员沃拉武认为,中国发展使整个世界受益。他说:"在经济发展过程中,中国一直把经济增长的成果与东亚分享,与世界分享。在1997年亚洲金融危机爆发后,中国向泰国注资10亿美元,并承诺人民币不贬值,给泰国及东南亚人民战胜亚洲金融危机以巨大的信心和支持。在 2008 年国际金融危机中,世界又一次看到了中国的重要作用。中国经济的复苏带动了东亚和太平洋地区经济的增长,也是全球经济反弹的重要驱动力。”

根据巴西政府 2009 年 4 月公布的外贸统计报告,中国已超过美国,成为巴西最大的出口市场。2009 年前 4 个月,巴西对美出口下降 35.3%,对欧盟出口下降 28%,而对华出口则增长了 64.7%。巴西对美国的贸易顺差已经变成逆差,对华贸易逆差则转变为顺差。

巴西《环球报》说,中国经济持续发展而美国深陷金融危机,“使其保持了 80 年的巴西最大贸易伙伴地位让给了中国,这是全球经济格局发生重大变化的早期迹象之一”。

巴西圣保罗州工业联合会主席鲁本斯·巴尔博扎表示,“巴西的贸易轴心正在从大西洋转向太平洋,这已经被外贸统计数据证实了”。

拉美国家把 2010 年和 2011 年看做是两个最好的年份。据拉美和加勒比经济委员会估计,2010 年拉美地区经济增长率达到 6%,2011 年有望达到 4.2%。

在全球经济危机期间取得这样亮丽的成绩非常不易。世界银行的研究报告认为,拉美国家具有较强的抗风险能力,很大程度上应归功于该地区对中国等亚洲新兴市场的原材料出口。美洲开发银行 2010 年 12 月发表的报告称,2010 年拉美地区的出口额增长了 29%,出口总收入达到创纪录的 8530 亿美元。

进入新世纪以来,中非关系发展迅速。据统计,目前有超过 1000 家中国企业在非洲从事经营活动,在非洲生活的中国人则接近 100 万人。

由于中国政府对非援助不像西方国家那样带有附加条件,而且非常注重改善当地的基础设施,非洲政府官员对中国的看法比较好。2009 年底,一家调查机构对 163 名非洲人就他们对中国的看法进行调查,在参加调查的 67 名政府官员中,有 63 人对中国的看法非常正面。刚果(布)建设部长克洛德·阿方斯·恩西卢说:“中国人太了不起了,他们为我们兴建了马桑巴体育馆、外交部大楼和电视台,目前正在建设英布鲁水电站和布拉柴维尔的市政供水系统。他们还给我们建机场,铺设公路等。”

世界银行经济学家哈里·布罗德曼也评价说:“如果你把目光局限在石油领

域，你就会忽略中国人在非洲做的最主要的事情。他们在许多基础领域进行投资：基础设施、电信、纺织、旅游、食品工业。这些都是自由主义经济学家梦寐以求的投资形式，因为它们具有‘乘数效应’，能提供更多的就业机会，有利于社会稳定，还能实现技术转移。”

英国经济学家卡尔·格特有一本新书，题目是《中国前进，世界也前进：中国消费者在改变一切》。

格特在书中写道，伦敦市中心邦德街的商店已经开始接受中国游客的人民币。在未来几年，如何满足中国消费者的品位和需求将成为每位成功店主进行商业考虑的首要问题。

中国人口众多，购买力巨大，在未来几年，中国游客和消费者的影响力将非常大，人民币将与英镑、欧元和美元一样，成为英国商店常用的货币。

据格特说，中国人对英国国内奢侈品的消费现在几乎占了英国整个奢侈品市场的三分之一，英国人则只占15%左右。同时，中国也已成为全球豪华汽车的最大消费国。

伦敦政治经济学院亚洲研究中心主任阿塔尔·侯赛因曾经50多次到访中国，他对中国发展怎样影响世界有很深的感触。他说：“中国经济30年的发展已经使中国变成了另外一个星球，而这个使世界五分之一人口摆脱了贫困并走向富裕的中国发展模式也正在惠及全球。”

“就中国自身而言，能够在占世界耕地面积7%的土地上养活13亿人口，并使其摆脱贫困，这本身就是世界经济发展史上一个了不起的成就。从某种角度讲，这也是改善人权的巨大成就。而近20年来，出现在世界市场上的‘中国制造’不仅使中国城市和农村人口富裕起来，也使亚洲的日本、韩国、欧洲的德国、英国以及美国等与中国有经济合作的国家获益匪浅。事实上，世界各个角落所有购买中国商品的消费者都得益于其价廉物美，有美国经济人士甚至说，‘中国制造’使美国人更加富有，这不是没有道理的。”①

---

① 《参考消息》，2008年9月11日。

三、开辟人类发展新路

中国模式怎样影响世界？我们的回答是，中国模式开辟了一条走向现代化的新道路。

实现现代化，过上现代文明生活，是世界各国人民普遍的愿望。然而，一直到20世纪末期，实现了现代化的发达国家很少，总人口只有10亿左右。

长期以来，以美国为首的西方发达国家站在世界的巅峰，以教师爷的架势告诉贫穷国家和后进民族：想要现代化吗，按我们的要求做，走我们指引的道路。否则，我们揍死你。如果不信，请看伊拉克，请看南联盟，请看阿富汗，请看利比亚……

以美国为首的西方发达国家要全世界效仿的是一条什么样的路呢？无非就是资本主义发展之路。

应当肯定，对于欧洲和北美国家来说，资本主义发展道路曾经是很不错的。这种发展道路有巨大的优越性，它帮助西方国家迅速富裕起来，完成了现代化，占据了世界历史的中心舞台。但是，资本主义的发展道路有一个致命的内在矛盾：生产的社会化和占有的私人性。在经济全球化时代，生产的社会化达到前所未有的广度和深度。由于实行金融资本主义，占有的私人性，尤其是金融寡头占有的私人性，达到了整个社会和人民大众无法忍受的程度。正是资本主义的这个基本矛盾孕育出前所未有的金融危机、经济危机和社会危机。

在金融资本主义时代，西方发达国家推行的政策是三化：自由化、全球化、私有化。

以上三化以自由化为旗帜，被统称为新自由主义。新自由主义的自由化实际上是金融寡头欺诈行为的护身符。他们以自由化为名，反对国家对市场的监管，尤其是反对对金融活动的监管。在自由化的旗号下,金融衍生品可以随意生产,虚拟经济可以无限膨胀。社会精英的聪明才智不是用来创造物质财富,而是通过投机诈骗,竞相制造各式各样的金融泡沫。正是在新自由主义的引领下,西方国家从生产型社会转轨为以金融业为中心的服务型社会。这样的社会被视为"高端"社会。然而,高则高矣,坚实的基础却下沉了,甚至消失了。一旦金融泡沫破灭,整个社会立刻感到没有着落,没有底气,找不到社会发展的后劲和潜力。

新自由主义推动全球化似乎没有错,是符合世界发展大趋势的。但全球化的发展给西方发达国家和整个世界造成的影响却相当复杂。一方面,大银行在全球各地开展业务,金融投机成为跨国界的大规模活动,高收入国家统治者拥有的国际金融资产和债务总和成天文数字增长,更多的社会财富聚集到发达国家,使其居民能够无忧无虑地高消费,同时使非发达国家的人民更加贫困。据世界银行报告,2004 年全球 60 亿人口中,发达国家的 10 亿人掌握全球 80%的财富,却使世界增加了衣食无着的两亿穷人。另一方面,全球化造成了持续不断的产业转移浪潮。发达国家先是把高耗能高污染的产业转移到发展中国家,然后把劳动密集型的产业转移到劳动力充沛的不发达地区。再后来,跨国企业为了节约成本,把自己的主要产业,甚至研发基地都转移到发展中国家。这样一来,西方发达国家的支柱产业变得越来越脆弱,而发展中国家的竞争力却越来越强了。

私有制度,古已有之。新自由主义则是把私有化推向了极端。他们认为,私有化是所有人自由的前提和保证,也是提高经济效率的真正基础。他们鼓吹,公有财产必须取消,一切企业和财产都应该属于私人,而且公共和社会开支要减少,社会的公共服务也要私有化。这样极端的私有化政策不但扰乱了社会,而且吹胀了个人主义。为了个人自由,为了追逐私利,可以突破任何社会限制,可以抛弃所有社会公德。所谓的金融"精英",就是这样不受监督地进行所谓的金融创新,制造衍生产品泡沫,陷整个世界于灾难之中,也使他们自己的金融祖国变得十分腐朽。

金融资本主义的生产生活方式,自由化、全球化、私有化的政策作为,使西方发达国家不可避免地走向衰落。这种衰落不能怪天,不能怪地,不能怪他人,是他们的制度使然,是他们自己造成的。

2008年爆发的金融危机像一次超强的大地震,把许多沉醉于资本主义美梦中的人震醒了,他们不得不对中国的发展模式刮目相看。

美国经济学家伯格斯坦说:“我认为,在经济持续发展和减贫问题上,中国取得了人类历史上最成功的业绩。过去几十年的成就让人震惊,这是历史上前所未有的。

中国的崛起对其他国家来说,既是机遇,也是挑战。中国崛起对世界来说,肯定是件非常好的事情,对美国来说也是如此。我认为中国崛起带来的最大挑战,是不可避免会对全球体系带来影响。中国正在世界经济中扮演着不可或缺的角色,这就要求中国承担起对世界经济进行建设性管理的责任。”①

美国政治家芮效俭说:“如果在发达国家看上去很糟的情况下,中国还是很好,那么中国国内人士以及外国友人均会认为中国具有更为规范化的体制,国有企业和市场经济结合得很好。中国的模式也许是一个更好的方法。”“如果中国能比发达国家状态良好地度过金融危机,人们会说中国模式更好,从而会受到许多发展中国家的支持。”②

许多人认为,“中国模式”可以提供其他国家可效仿的、成为全球强国的另一条发展道路。

新美国基金会研究员迈克尔·林德说:“我认为,金融危机明显损害了我们一直倡导的英美模式的声誉。中国模式现在可能更多地会被认为是未来的潮流。”③

事实胜于雄辩。全世界的人们都看到了,1997年亚洲金融风暴的时候,处于风暴包围中心的中国屹立不摇,还向周边国家伸出援手,帮助他们克服危机。2008年世界金融海啸虽也使中国受伤,但只是轻伤。社会主义中国在海啸的冲击中巍然挺立,并率先复苏,为昏暗的世界擎起希望的火把。

华尔街爆发金融危机的时候,很多人没有想到这对资本主义发展道路是一个致命的打击,以为只要在原有体制上修修补补,过几年一切又会恢复正常。现在

---

① 《参考消息》,2008年11月6日。
② 《环球时报》,2008年11月14日。
③ 《香港亚洲时报在线》,2008年9月26日。

已经是2013年,6年了,危机并未减轻,还有日益深化之势。

当前,欧美发达国家同患一种疾病,这就是债务危机。债务危机恰恰是自由化、私有化和一人一票民主化这种发展模式的内生之病。如果不改变这种发展模式,这就是不治之症。

欧洲正在进入新的动荡时期。

2010年初,英、法、德、西、意都有规模不同的罢工。到2月24日,约200万希腊人进行大罢工。参加罢工的除了各行各业的工人,还有50多万公务员。不仅交通运输停止了,一些政府机关,还有法院、医院也都停止了工作,整个社会都陷入了瘫痪。

罢工的导火线是欧洲人的高福利面临被削减的危险。

欧洲人向来以他们的高福利制度自傲。他们工作时间短、带薪休假时间长、工资高还享受着完美的医疗保障,甚至失业后的生活也不错。然而,如此富足悠闲的生活已经难以为继。欧洲人正在老去,能为这种舒适生活支付账单的年轻劳工越来越少。不仅如此,高福利体制正在欧洲滋生一个“懒惰阶层”,许多年轻人宁可失业也不想上班,因为上班挣的钱还不如失业补贴多。

美国《金融时报》说,欧洲人选择了一条自认为“正确的道路”,这就是“让美国成为军事超级大国,让中国成为经济超级大国,而自己成为生活方式超级大国”。

让我们到德国去看看一个普通欧洲人是怎样度过一天的。《明镜周刊》这样描述道:每天起床后花半小时泡澡或淋浴;然后开私家车去上班。每周工作4—5天,在每天工作的8小时中,有2小时午休,两个半小时咖啡时间,实际工作不足3个半小时。下班后,可以进行各种娱乐活动,分别是体育运动、去餐馆吃饭、看电影、听歌剧等。每年平均休假时间有173天,几乎相当于工作一天休息一天。德国人被认为是欧洲最勤勉的人。如果德国人差不多只有一半时间在工作,其他国家工作的时间就更少了。

虽然欧洲人工作时间少,但享受着“最美丽的城市、最上等的美食和醇酒,最丰富的历史文化、最长的假期和最棒的足球俱乐部……”。

如此舒适的生活能够享受到何时呢?

要知道,舒适生活是要用钱来买的,而欧洲各国大多已是国库空空。

希腊、爱尔兰、葡萄牙、西班牙都陷入了国债危机，德国、英国、法国等几大巨头，也是危机四伏。法国有30多年没有实现过预算平衡，德国近几年的预算赤字也早已超过欧盟定下的标准。英国财政预算赤字达到GDP的12%，以至前财政大臣利亚姆·伯恩给他的继任者大卫·劳斯留下这样一张便条："亲爱的大卫，我不得不告诉你，我们没给你留下钱，祝你好运吧。"

欧洲人舒适的生活方式已经耗尽了它的财富基础。法国《新观察家》杂志称，法国人医疗保险和健康开支占国内生产总值的30%。欧洲一些国家还规定，工人失业后，3年之内可以领取相当于工资80%的津贴。为了筹集这些资金，许多欧洲国家只好征收高额法人税和最高达80%的所得税。这样一来，许多工人宁可领失业津贴而不去工作，许多企业则到海外去逃税，欧洲经济的竞争力从基础上被毁掉了。

美国的情况甚至比欧洲更严重。

美国波士顿大学经济学教授劳伦斯·克特里考夫2006年发表《美国破产了吗?》一文指出，"当前在'婴儿潮'一代出生的人口为7800万人，这些人在彻底退休后所享有的社会保障和医疗保险福利将高于人均GDP。若按今日的货币计算，这些权利的年均成本约为4万亿美元。正是如此，尽管在20年后经济规模势必会出现增长，但也不足以让我们每年承受如此之重负。"

据劳伦斯测算，美国全部财政赤字达202万亿美元，为官方公布的债务数的15倍。差距如此之大的原因在于，美国国会将其大部分负债贴上"非官方"的标签，让它们远离账面。

2011年8月11日，劳伦斯又写了一篇文章，登在彭博网上。劳伦斯宣称：美国已经破产，市场浑然不知。

走进金融资本主义时代的欧美国家，债务危机是无解的，更无解的是贫富分化和社会对立。

既然西方模式陷入困境，预后不良，那么有其他新的发展模式吗?

实际上，中国模式就是人类文明的一条新路。

马克思认为，历史上的文明形式都是以对抗为基础的。从15世纪到当代，西方文明就是靠对内剥削工人、农民，对外则靠侵略、屠杀、掠夺殖民地人民而发展起来的。

有没有不是在对抗的基础上，而是在和谐的基础上建设的文明新路呢？有的。这就是13亿中国人民正在创造的中国模式。俄罗斯科学院院士季塔连科评论说："中国在对待现代文明的态度、实施社会政策方面的经验，客观上成为自由化思潮的有力替代者，从而推动历史发展，防止文明之间的冲突，推动其转向建设性对话，全人类共同发展。"①

德国学者罗尔夫·贝特霍尔德在《我们的时代》周刊上发表文章说："中国的发展给人们指出了一条摆脱全球资本统治的破坏性进程的道路"，"现在世界越来越急切地要求成功塑造一个资本主义的对立面。中华人民共和国的重要意义以及今天中国所发生的一切也正在于此"。

中国模式会不会对西方模式形成冲击，这是越来越多的人所关注的问题。

德国奥托沃尔夫研究所所长埃伯哈德·桑德施耐德认为，中国作为"成功的威权体制"的崛起，不但与数量不少的"有缺陷的民主国家"形成对比，也让陷入金融与经济危机的西方民主国家信心受到打击。西方国家更深刻的危机是社会危机和心理上的危机，西方人还没有做好迎接非民主国家挑战的心理准备。西方政治家和学者应该清醒地认识到，以西方为中心和出发点来为其他国家制定民主化的规范和价值标准，是过于简单的做法，是一厢情愿。② 德国社会学家哈拉尔德·韦尔策撰文认为，没有任何迹象表明，醉心于现代化的新兴国家同时想以西方模式为榜样，而越来越多的西方人开始心生疑问：他们是否生活在政治体制最好的国家。因为放弃民主并不一定阻碍发展，甚至可充当现代化进程的加速器。对于另一些社会来说，中国模式甚至有可能成为一种比西方模式更具魅力的模式，而傲慢的西方模式现在给人的感觉是过时了。③

郑永年指出，美国前国务卿赖斯在《外交》杂志上撰文讨论美国的国家利益，其中涉及中国的发展模式问题。她从西方学术界借用"权威资本主义"的概念来概括中国的发展模式。这个概念很简单，说的是像中国这样的国家在没有民主化

① 《求是内参》，第257期，2009年6月23日。
② 上海然德国际研究所：《领导阅件》，2010年6月14日。
③ （法国）《世界报》，《西方民主，前途未卜》，2008年8月15日。

的前提下，使用资本主义的方式推进了经济发展。她认为这种发展模式与美国和其他持同样民主价值的西方国家所秉持的民主发展模式背道而驰，因而会对国际秩序产生负面影响。正是这种对“权威资本主义”式的发展的担忧，促成西方国家对中国施加不断的政治压力。

冷战结束后，西方人普遍相信“历史终结论”，即认为西方的民主政治是人类历史最后的政治形式，在世界范围内推行西方民主成为西方世界，特别是美国的责任和使命。多年来，美国在西方国家支持下到处使用武力，而论证其使用武力的合法性，就是使用所谓民主自由的老套话语。

美国和西方国家的如此作为，实际结果是在发展中国家造成了所谓民主政治和社会经济发展的恶性循环。因为没有相应的文化、经济和社会根基，这些国家的民主政治往往成为暴力、混乱和腐败的代名词。而暴力、混乱和腐败又反过来严重阻碍经济社会的发展。正是在这种情况下，西方模式的影响力日渐衰落，而被称为中国模式的发展经验对发展中国家产生莫大的吸引力。①

福山还在《出乎预料》这本新书中预测：“人们将许多不平等印象归咎于美国式的资本主义，全世界对这些不平等现象的不满，可能会将注意力更多地转向中国这样的社会主义模式。”

习惯于冷战思维的人士总是对中国模式会不会威胁西方模式很有警觉，但眼光远大的人们更看重中国模式打开了一条人类文明进步的新路，并且对中国模式的优缺点进行客观的评价。

阿根廷《文摘报》近日发表文章介绍中国模式在世界上影响越来越大的情况。

文章说，在亚洲和非洲，中国模式早已是经常出现的话题，一些政治家也丝毫不掩饰自己的偏爱。尼日利亚前总统奥卢塞贡·奥巴桑乔曾表示愿意看到一个“中国领导的世界”。他说，当这种情况发生时，“我们愿意追随其后”。马达加斯加前总统马克·拉瓦卢马纳纳说：“中国是变革的典范，我们非洲应该学习中国的经验。”拉美对这一观念热情没有这么高，但也有许多支持者。一位拉美社会学家曾指出：“中国以孙子的智慧避免了动荡，在争取地缘政治地位中凭借战略坚定性和战术灵活性辩证地前进，为拉美的进步政府树立了对外政策的榜样。”

---

① 《中国模式为何让西方不安》，载《环球时报》，2008年7月4日。

《文摘报》指出，中国模式的影响力也越来越大。“有人开始将中国模式作为西方模式的替代选择也只是时间问题。”

“虽然一段时间以来，这种想法已经羞羞答答地露出头来，但其支持者现在的热情比以往任何时候都更高涨。几个月来已经有数十篇文章和多部著作提出了不同程度的效仿中国模式的建议”。“有些人只是建议我们仿效一些做法，例如加强对市场的监管，实行战略部门国有化和赋予政府在与私人部门打交道时的权力等。也有人认为，中国共产党政府的整个思想纲领都比自由主义民主更高级，也更有效。这样的声音仍然是少数，但反映出的热忱是多年以前在谈到替代模式时不可能感受到的”。①

美国《华盛顿邮报》的文章认为，中国共产党的体制灵活多变，这让西方惊恐不已。

这篇文章是评论麦格雷戈的一本新书，题为《中国共产主义统治者的秘密世界》。

麦格雷戈认为，尽管中国在过去30年中发生了令人炫目的变化，但整个社会仍然在共产党领导的体制中运转。即使在经济领域，党那看不见但具有决定性的手能够很好地促进中国的利益。例如在2008年的金融危机期间，中国大型国有银行——它们的老板几乎都是由中组部任命的党员——在党内领导层的指示下迅速采取行动，发放大量贷款。

《华盛顿邮报》最后写道：“在苏联和东欧各国共产党倒台的背景下，中国共产党取得的巨大成功使西方渴望实现‘历史终结’的良好愿望化为泡影，破坏了全世界不可阻挡之势迈向自由民主的进程。麦格雷戈指出，‘这一体制十分灵活多变，足以吸收任何养分，这令西方许多人惊恐不已。在可预见的将来，中国人渴望以自己的方式统治世界的愿望似乎将会成为现实’”。

美国政治学家弗朗西斯·福山在接受专访时就中国模式发表了一通高论，他认为，中国模式的价值内核源于延续几千年的政治传统，可概括为“负责任的权威体制”。这种政治体制达到了西方难以企及的高度：一是强大的中央集权国家，国家机器和军队由中央政府掌握，而不像欧洲那样由封建领主或教会掌握；二是高

① （阿根廷）《文摘报》，2012年1月20日。

度的行政官的体制，官员通过公正、普遍的考试制度选拔，而非西方或中东那样由世袭和门第操纵；三是政府对人民负责，体现“民本主义”，强调当政者对人民负有道义责任，而非西方那样在特权阶层内部进行权力分配。这种政治传统不仅使中国在历史上保持长期统一、稳定与先进，而且在人类现代化进程的各个阶段均体现出积极意义。二战后东亚“四小龙”及部分东南亚国家实现经济腾飞，其中有着明显的中华文明痕迹，执行了一条权威型政府主导的发展路线。

近30年来，中国经济令人惊异的快速发展体现了中国模式的有效性，一般认为有望再保持30年的增长。中国的政治传统和现实模式受到越来越多发展中国家的关注。在印度民主模式与中国权威模式之间，更多国家钟情中国，前者代表分散和拖沓，后者代表集中和高效。①

《新丝绸之路》的作者认为，阿拉伯国家都在热烈讨论“中国模式”，但这不是像某些学者幻想的，中国找到了其他发展中国家能够照搬的经济增长新模式。

“中国模式”的影响力在于榜样的力量：中国的成就表明其他发展中国家也能够找到适合自己的发展道路。

乌尔利希·贝克是当代德国最著名的社会学家。2007年他第一次访华，看到中国社会的变化感到很激动，并且引起了强烈的思想震动。他表示原来对中国的看法和一些学术观点都必须修正。

贝克说：“中国社会处在巨变之中，尤其在个人生活领域，某些传统观念正在逐渐消失。人们能明显地感觉到，在许多方面，中国人已成为自己命运的主宰。在经济和个人生活领域都是一样，我们甚至可以将这种现象视为近乎反常的现象。中国个人生活领域的自由开放，国家权力机构以及经济组织的并存和运作方式令西方人感到陌生。但这种结构似乎比我们想象的要稳定得多。我们原以为，中国私人领域解放的火花会波及公共领域，但现在看来似乎没有必要。中国私人生活的自由与解放都有其自我发展空间，也许会成为另一种现代化的组合模式。”②

巴西学者普洛科皮奥说：“中国为全世界提供了一个样本。”

---

① 《中国模式代表集中高效》，《参考消息》，2009年8月19日。

② 《德国之声》2007年10月25日文章：《德国学者点评中国社会发展》。

普洛科皮奥是巴西利亚大学教授,出版了有关中国的《鹰之眼》一书。他认为,在几千年的时间里,中国一直是这个地球上最强大的国家之一。今天西方人所使用的许多东西,都要归功于中国人,比如火药、指南针、造纸术,就连我们日常食用的面条,也都是中国人发明的。

新中国成立60年来取得了辉煌的进步和发展。中国的繁荣昌盛为全世界的发展提供了一个很好的样本。对于同样处于发展阶段的巴西来说,具有很强的借鉴意义。

普洛科皮奥说,今天的中国已经是全球第二大经济体,如果你研究一下它的历史和传统,你可以得出结论,中国具有成为全球第一大经济体的能力。

中国人善于传承古典,开拓创新,我认为中国的经验可以被其他国家所借鉴。

俄罗斯科学院主任研究员亚历山大·萨利茨基认为,“中国人与其他国家合作发展起来的综合模式会是相当有意思和被广泛采用的。这种模式肯定是富有成果的,并有利于人类未来的发展。也许,中国模式将逐渐被其他国家所采用。其他国家将通过直接与中国合作来借鉴中国模式,或间接地与中国合作来研究中国的经验”。

萨利茨基在接受《参考消息》记者采访时畅谈了他对中国模式的看法。

萨氏认为,上个世纪70年代,由于美国和英国保守势力的胜利,“发展”和“现代化”的路线性概念被抛弃,世界进入了相当模糊的时代。正是由于中国,“现代化”的概念才在全世界普及开来。在短短的时间里,中国让现代化具有了最全面和最丰富的形式。这不仅赢得发展中国家,而且还赢得发达国家的尊重,更不用说那些用羡慕的眼光看待中国改革经验的经济过渡国家了。

萨利茨基还从哲学上分析了中国模式的特点。他说,很多国家把对世界的认识黑白分明地固定起来,总是把市场与国家、把市场经济与计划经济完全对立起来,中国人,特别是邓小平,非常艺术地摒弃了这种虚幻的对立。我们看到,中国这几十年来没有把计划经济和商品生产、强大的国家和发达的市场相对立,而是使其相互依存。另一个原则也相当重要,劳动与资本雇主和雇工之间的确存在矛盾,但也存在伙伴关系。当注重伙伴关系时,矛盾就会缓解。国家也在做这方面的工作,因而这种矛盾不再危害到社会。

美国《纽约时报》发表文章认为，“中国的政治模式是优越的”。文章一开头就说，在美国，许多人把中美“两个大国之间的竞争说成是民主和专制之间的冲突。但这是错误的。美国和中国以根本不同的方式看待自己的政治制度：美国认为民主政府本身就是目的，而中国则认为，政府或政治制度，仅仅是实现更大的国家目标的手段而已”。

“因此，西方与中国目前的竞争并不是民主和专制的对峙，而是两种根本不同的政治观的冲突。现代西方把民主和人权视为人类发展的顶峰，这样的政治观以一种绝对信仰为前提”。“历史对美国的道路来说预兆不祥。事实上，基于绝对信仰的思想傲慢可能很快就会让西方民主制度坠下悬崖”。①

弗里德曼曾在《纽约时报》撰文问道：中国跟美国比，真的没有“政治优势”去迎接 21 世纪的挑战吗？

他自己回答说，在必须快速决策或需要巨大投资的问题上，相对于彼此阻挠的美国两党制，中国的一党制其实是一大优势。②

美国商会主席詹姆斯·麦格雷戈在接受美国《纽约时报》专访时说，“美国可以向中国学习的一个重要经验就是要设立目标、制订计划，全力推动整个国家向前走。中国人有五年计划，他们时刻牢记这些目标”。③

未来学家约翰·奈斯比特也有同感，他说：“国家的长远目标通过自上而下与自下而上的程序形成，政府制定优先政策和优先发展重点，而人民各尽其责，在保持和谐与秩序的同时允许多样性的存在。这就好比政府规划‘森林’，人民的树木则自由生长。”④

---

① 《纽约时报》网站，2012 年 2 月 16 日。

② （法国）《世界报》，2010 年 12 月 31 日。

③ 《美国可以向中国学习的五件事》，《参考消息》，2009 年 11 月 15 日。

④ 约翰·奈斯比特：《中国大趋势》，中国工商联合出版社 2009 年版。

四、推动世界重心东移

中国模式推动世界重心东移将对人类的未来产生深远的影响。

20 世纪末期，世界上发生了一个惊天大事变：一夜之间，苏联作为一个超级大国突然瓦解了，与之结盟的东欧国家也改变了颜色，纷纷丢掉社会主义旗帜，投入资本主义的怀抱。整个西方资本主义世界都兴高采烈，而许多东方国家则不知所措，一片茫然。

然而，本书作者同中国大多数马克思主义战士一样，仍然坚信社会主义代替资本主义是不可易移的客观规律，坚信吸取苏联教训后的中国社会主义道路会越走越宽广。不仅如此，本书作者从研究人类历史、分析世界现实中体悟到，正是西方权势达到巅峰之时，会出现重大的转折，世界重心东移的时代正在到来。当我在内部研讨会上谈出这个观点时，有的半信半疑，有的认为纯属天方夜谭。

但是，没有过多少年，世界重心东移已是客观事实。

世界重心东移实际上是一种历史的回归。

人类文明最早发源于东方。早在耶稣基督诞生之前，中国、印度、巴比伦、埃及等文明古国就创造了灿烂的古代文化。他们发明了保障人类生存发展的古代科学技术，建设了各具特色的国家政权和社会治理方式，积累了令人惊叹的物质和精神财富。

在人类历史的大部分时间里，东方国家都走在世界的前列。只是最近 300 年左右，西方才超越了东方。

西方国家依靠什么超越了东方呢？依靠三样东西：一是工业革命，二是科技革命，三是资产阶级民主革命。这三大革命全面激发了西方社会的创造精神，推动经济文化突飞猛进，政治力、军事力迅速扩张，以大西洋沿岸为中心，形成西方强国集群。而此时，东方国家则在历史惯性中得过且过，昏昏欲睡。很自然地，世界的中心从东方转移到了西方。

中国有一句描述历史循环变动的老话：三十年河东，三十年河西。为了反映世界大局的循环变动，我们需要把这句老话稍微改一下：三百年河西，三百年河东。

2008年金融海啸是一个里程碑，是一个标志着世界重心东移的里程碑。

金融海啸爆发以来，尤其是20国金融峰会召开之后，关于世界格局的大变化，或者说是世界重心东移，成了国际舆论的一个焦点，而且对大趋势的看法是基本一致的。现摘引几例：

英国《星期日独立报》发表哈米什·麦克雷的文章，认为20国集团峰会的召开，标志着全球力量正从西方发达国家转向新兴国家。发达国家的经济将萎缩、而以金砖四国为代表的新兴国家的经济将继续增长，西方竞争力的光环已遭到严重破坏。①

英国《金融时报》发表多米尼克·莫伊西文章，认为在目前的金融动荡中，西方是输家，历史的火炬似乎正从西方传给东方。东方在增长，西方在衰退；东方满怀希望，西方充满担忧。金融资本主义接近崩溃，加速了国际政治的革命。②

新加坡《联合早报》网站发表杜平的文章，认为在金融危机的冲击之下，世界政治版图正在发生裂变。美式资本主义的光辉不再，意味着原有的世界秩序失去了灵魂；美国和其他发达国家的经济衰落，意味着原有秩序失去了实力的支撑。在20国集团中，我们可以看到很多不同的发展模式，特别是中国模式。假若没有中国模式，全球经济复苏的前景就必定少了一个希望，少了一个动力。③

1995年6月9日，德国《时代》发表《亚洲——伙伴还是对手》的文章，就提出了世界重心东移的发展动向。文章引用历史学家汤因比关于历史发展轨迹的理

① 《参考消息》，2009年4月1日。
② 《参考消息》，2009年10月7日。
③ 《参考消息》，2009年4月4日。

论，认为世界重心本来在东方，后来才转移到西方。文章指出，今天，许多人预料，历史的重心将再次向东方移动，即从北美移向太平洋一亚洲地区，而在亚太地区，最突出的是中国。

美国未来学家约翰·奈斯比特在《全球自相矛盾的现象》一文中说，倘若中国大陆目前的经济活力得以持续，那么，中国大陆的经济力量可能超过今日所有富裕工业国家的总和。“世界上最后的共产党政权，将成为世界上最大的市场经济。下一个世纪再回顾此刻，可以得出如下结论：中国大陆的崛起，是决定20世纪后半期全球大势最重要的经济因素”。

美国《新闻周刊》主编在2007—2008年间发表多篇文章论述世界重心东移。他指出，对世界大多数地区而言，2008年可能会目睹中国步入世界舞台中心，奥运会将成为中国期待已久的首次亮相机会，在一个又一个问题上，中国已成为全球第二个最重要的国家。2007年，中国对全球经济增长的贡献超过美国，这至少是上个世纪30年代以来第一次有一个国家做到了这一点。中国还成了世界最大消费国，在五种基本食品中的四种食品、能源以及工业初级产品等消费领域都超过了美国。

美国前财政部长劳伦斯·萨默斯指出，工业革命期间，欧洲的平均生活标准在40年中大约提高了50%，而在中国，人均生活标准在一个人的一生中要提高100倍！中国用20年的时间经历了欧洲人用两个世纪才完成的同样程度的工业化、城市化和社会转型。

阿根廷学者胡尔·加夫列夫2008年10月6日在墨西哥《改革报》上撰文揭示世界重心东移的本质。他说，从美国开始的这场金融危机意味着世界权力从西方向东方转移过程的加快。导致这个过程的本质是世界发展动力从大西洋中心国家向亚洲国家转移：当美国和欧洲纷纷放弃积极的工业政策而满足于金融投机时，以中国和印度为首的亚洲主要经济体却在重组生产基础，加快发展技术能力，加大参与世界贸易并提高国际储备。

法国前总理德维尔潘认为，如今席卷全球的金融海啸是一场长期的结构性危机，将对世界能源、环境、粮食等基本格局产生深远影响。由于中国和印度等新兴国家的崛起，主宰世界长达五个世纪的欧美的权力秩序正在发生根本变化，美国依靠强权统治世界的时代已经结束。①

西班牙和平研究中心主任圣地亚哥·阿尔瓦雷斯·坎塔拉彼得拉说:“世界经济重心正在远离北大西洋地区,这样造成世界权力的重新分配。世界正在经历‘去西方化’,并变得越来越多极化。

“中国已经不仅仅是世界的主要工厂,而是变成了世界的主要债权国之一,从而成为西方大部分经济体的增长担保人。”②

2008 年,从某种程度上,确实是一个具有里程碑意义的年代,短暂的美国单极体系崩溃了,多极世界正式登场。

正如美国前财政部副部长罗杰·奥尔特曼在美国《外交》2009 年 1—2 期上发表文章所说,2008 年爆发的金融和经济危机是 75 年来最可怕的一次,也是美国和欧洲遭遇的重大地缘政治挫折。此次灾难为美国的自由市场资本主义模式蒙上了一层阴云,美国的全球影响力乃至美式民主的魅力不断减退。

美国和欧洲已陷入再窘迫不过的境地。经济严重衰退,国民要求把国家资源用于恢复国内经济,这些国家的政府不得不把关注焦点放在国内;财政赤字之巨大和金融体系的困难都是前所未有的,西方国家在国际上必然进入缩手缩脚时期;危机严重损害了西方的政治经济信誉,人们普遍认为美国的金融制度已经失败,美国的民主制度也是弊病丛生。

与此同时,中国等新兴国家则把危机的冲击减到最小限度,并化危为机,努力调整经济结构,创造可持续发展的良好机制,前途更加光明。东方和西方,一进一退,一起一落,这种发展趋势在 2008 年表现得非常明显。

美国的金融危机波及全世界,尤其是给欧洲列强以重大冲击,形成了“西方下沉,东方上升”的态势,难怪《印度时报》在 2009 年年终文章中得出这样的结论:“300 年里我们第一次可以说帝国主义真正开始成为记忆”。

英国《独立报》则深有感慨地说,我们最好习惯于中国和印度的思想来影响我们,我们最好习惯于重大科学研究不是来自欧洲或北美而是来自亚洲,我们最好习惯于有关家庭、福利体制,甚至民主本身的观念来自世界其他地方。这将是激

---

① (日本)《朝日新闻》,2009 年 2 月 3 日。
② (西班牙)《起义报》,2011 年 12 月 24 日。

动人心的，同时也是令人恐惧的——对于我们当中那些习惯于西方中心的人来说，意识到我们不如自己所想的那么重要，可能会感到有些丢脸。

2009年底，各国媒体在作如上的全年总结时，字里行间都跳动着中国的身影。法国《回声报》说，2009年的年度大事就是中国突然跻身世界外交和经济舞台最前沿，与美国平起平坐。中国已经成为世界的中心，但它希望按照国内的成功模式来谈判它在全球化中的地位。

美国《纽约客》杂志则表达了美国人矛盾而复杂的中国观：中国是朋友，也是敌人；中国是杰出的战术家，也是一个装模作样的莽汉。

韩国《首尔新闻》细心地观察到世界舆论的中国修饰语悄悄发生了变化，"黄祸"等修饰语开始退出，代之以"上升的帝国"、"崛起的大国"等象征力量的修饰语，表明世界正在经历沧海桑田的大变化。

2009年的哥本哈根气候变化大会让西方国家有很大的挫败感。

表面上是西方国家提出来的气候变化方案未被大会接受，更深层的是反映世界政治、经济力量对比发生了前所未有的大变化：西方力量在下沉，东方力量在上升。

西方国家第一次感觉到国际舞台大变样，主角不像以往那样只有西方大国，还有东方大国也跳上来了。更可气的是，中国、印度等东方大国居然占据了最中心的位置，并且只按自己的节奏起舞。

对于西方国家，印度尚可忍受，因为它毕竟曾是西方殖民地，是说英语的民主国家。中国则是共产党领导的社会主义国家，它们是很难接受的。因此，哥本哈根会内会外，从政界到媒体，对中国是一片叫骂之声。

英国首相戈登·布朗暗示中国"敲诈"了气候峰会。其能源和气候变化大臣米利班德则公开指责中国粗暴否决了西方的气候提案。

澳大利亚《悉尼先驱论坛报》12月27日发表文章说，欧美国家会后不得不接受这样一个世界："中国不断增长的政治力量已经成为国际政治中一个不可回避的事实……那种认为中国在各个问题上的立场可被任意左右的想法，已经成为一种落伍的幻想。2009年哥本哈根会议就是证明。"

世界重心东移的趋势越来越明显，是因为一大批发展中国家以非常强健的步伐迈进在现代化大道上。尤其是“金砖国家”对老旧的西方发达国家形成赶超之势。

当今时代，中国、俄罗斯、印度、巴西、南非等金砖国家着力维护国家稳定，走有本国特色的发展道路，成为勇立潮头的最为耀眼的新兴国家。在21世纪的第一个10年中，金砖国家整体平均经济增长率超过8%，远高于4.1%的全球平均增长率，更高于发达国家2.6%的平均增长率。

2010年，金砖国家国内生产总值占世界总量的18%，贸易额占世界总量的15%，对世界经济增长贡献率超过60%。一些经济学家得出了这样的结论：西方发达国家的经济乏善可陈，金砖国家的经济基调就是这个时代的经济主旋律。

世界重心东移是一个无处不在的过程和趋势。

经济是基础，世界重心东移最先是在经济领域展开的，这一过程实际上在上世纪中期就已经开始了。

1980年代，美国的汽车业巨头们突然感觉不对劲，他们发现来自东方的日本人在汽车业方面已经是可怕的竞争者，因为日本车的可靠性和价格都比美国车更有优势。起初，他们以为是日本政府实行特殊的产业政策给汽车企业大量补贴。后来发现情况并非如此，日本人创造了一种名为“精益制造”的新的制造体系，并进行了商业创新。

如今，类似情况正在中国、印度等东方国家到处出现。原先西方人认为这些地方只会用廉价劳动力制造廉价物品，却不知这些地方正在成为商业创新的温床。越来越多的商业精英正在成长起来，他们不停地推出新的产品和服务，这些产品和服务同西方产品和服务比起来，质量相仿，价格却便宜得多。他们改造生产和配销体系，实验新的商业模式，从供应链管理到吸引人才，现代商业经济的所有要素都在新兴市场中进行着大规模的调整和改造。

中国、印度等新兴国家的商界精英不能只把自己的活动同廉价劳动力联系在一起，而必须走创新之路，成为创新的领军者，因为他们受到雄心和恐惧的双重驱动。他们有雄心，要成为世界市场风浪中的游泳健将；他们有恐惧，因为更廉价的竞争者正在后面追赶，要超过他们。为国家，为民族，为自己，他们不得不坚持不懈地向价值链的高端攀爬。其中的佼佼者,如中国电信行业的华为公司、电池行业的比亚迪,印度的锻造公司,巴西航空工业公司等,它们可以同西方同行随意竞争而不落下风。

联合国世界投资报告说,截至2010年初,总部设在新兴国家的跨国公司约有2015家。仅从2006年到2008年的三年时间,中国、印度、巴西、俄罗斯在《金融时报》500强名单上的企业就增加了三倍多,而巴西排名前二十的跨国公司海外资产仅2006年就翻了一番多。

值得注意的是,发迹于西方国家的跨国公司往往把发展的希望寄托于东方新兴市场,它们在那里看到了经济蓬勃增长和庞大高品质智力的源泉。以美国通用汽车为例,当它在本土面临破产危机之时,却在中国市场上获得了巨额利润,使之看到重生的希望。

一些研究者预计,今后几年全世界70%的增长源于新兴市场。其中,中国和印度的贡献可能超过40%。他们看到,过去几十年,中国和印度,尤其是中国,向教育领域注入大量的人力、物力和财力,正形成成千上万的人才队伍,他们的创造力是无穷的。

被这样的大趋势所牵引,有雄心的跨国公司纷纷把研发中心转移到东方。目前,《财富》500强名单上的公司在中国设有98处研发机构,在印度有63处。

联合国贸易和发展会议的统计表明,2010年海外直接投资金额中,投向发展中国家的数额占53%,超过投向发达国家的数额。发展中国家增加了8.6%,发达国家减少了6.9%。据分析,这种趋势今后还将继续。

据经济合作与发展组织(OECD)2010年6月发布的报告,OECD加盟国与非加盟国在世界经济总量的占比2000年为60∶40,2010年变为51∶49。报告预测,到2030年,将会变为43∶57。

2010年,金砖四国股市融资额也超过欧洲和美国。

汤姆森路透集团对世界各国企业在股市募集的资金进行了统计。1至11月份,美国企业从股市募集了1659亿美元,欧洲企业募得1522亿美元,日本企业只募得551亿美元,金砖四国共募资2143亿美元。

金砖四国中,中国企业募资最多,达到1421亿美元。

从世界重心东移的大趋势上不难看出，世界经济发展的拐点似乎已经到来，一些新兴国家正在迅速成长，将在今后不长的时间内分别超过西方发达国家。

西班牙《国家报》说，高盛公司预计，从绝对数据上说，中国将在2027年成为世界第一大经济体，这意味着整个世界经济板块的大变动。2011年印度将超过日本成为世界第三大经济体；巴西超过英国跃居第八位。到2027年，西班牙将让位于韩国，加拿大将让位于印度尼西亚。经济史学家凯文·奥罗克指出："这只是预言，也许不会应验，但是趋势是十分明显的。"①

因为金砖国家强势崛起，因为广大发展中国家加快了现代化进程，世界重心东移正形成不可阻挡之势。

在这个世界大潮流中，当之无愧的中坚力量是社会主义中国。

从2010年往回看，过去10年中国快速崛起的景象令人震惊，中国经济总量居然先后超越加拿大、西班牙、意大利、英国、法国、德国。而2010年又超过了日本，仅次于美国。

中国能否超过美国？许多人持肯定态度，但何时超过则争论很大。

国际货币基金组织和美国中央情报局公布的《世界概况》都认为，在全球总额为70.1万亿美元的年度国内生产总值中，美国大约占14.2万亿美元，中国则占大约9万亿美元，两国差距在5万亿美元左右。其他研究机构提供的数据各有不同，关于中美经济总量的差距，有的更大些，有的则更小些，还有基本持平的。

这样的差距并不是太重要，因为即使在6年前，中国GDP还只相当于日本的三分之一，但2010年就超过日本了。

重要的是发展的速度。过去10年，中国国内生产总值在2000年1.1万亿美元的基础上增长了800%，而美国则在2000年8.7万亿美元的基础上只增长了60%。

2008年，美国经济濒临崩溃，至今仍依赖历史上最大规模的政府救助计划艰

① （西班牙）《国家报》，2011年4月17日。

难度日。美国政府在大衰退结束一年多后仍对经济感到不安,迫使美联储实施新一轮量化宽松政策,进一步降低利率,确保美国经济能够缓慢复苏。

与此同时,中国经济发展十分强劲,以至于政府不断提高利率并采取其他配套措施使经济不要过热。

美国是世界最大债务国,还要发行巨额国库券刺激经济并承担更多债务,中国是世界最大的外汇储备国,还手握大量美国债务。

2011年初,美国《华盛顿邮报》、《印度时报》等媒体报道了一个令人吃惊的消息:“中国成为世界头号经济体”。这是怎么回事呢?

许多经济学家按购买力评价衡量各国经济的发展状况。由于标准不一样,结果也有差别。

国际货币基金组织按购买力评价估算,2010年美国GDP为14.6万亿美元,中国为10.1万亿美元。

世界银行同样用购买力评价估算,美国为14.2万亿美元,中国为9.13万亿美元。

美国彼得森国际经济研究所以佩恩表为根据,得出如下计算结果:按照购买力评价,2010年中国的国内生产总值达14.8万亿美元,美国为14.6万亿美元。研究者认为,差额虽在误差范围之内,但考虑到中国增长太快,两国差距实际可能扩大到误差范围之外。所谓“中国成为世界头号经济体”,就是由此而来的。

中国模式威力强大,中国崛起的速度大大超出所有人的预期。即使按照现行汇率测算,西方国家关于中国经济总规模超过美国的年代也是一再往前提。

2003年,当美国高盛公司预测中国国内生产总值会在2041年超过美国时,曾经引起轩然大波。5年后,高盛公司把同样的预测提前到2027年。到2010年,美国普华永道会计师事务所提出新的预测报告,认为中国会在2020年超过美国,成为全球最大经济体。渣打银行2011年公布的研究报告也说,10年之内,按汇率计算的国内生产总值,中国会超过美国。

英国智库全国经济与社会研究所的研究显示,今后10年,中国经济年均增长为8%,而美国的年均增长为3%。预计到2019年,中国国内生产总值就会超过美国。

英国《金融时报》说，英国博彩公司甚至推出中国10年超美的博彩产品。立博集团推出一项新产品，让投资者押注于中国何时超越美国，成为全球最大经济体。立博向博彩者提供6比4的赔率，打赌中国将在2020年之前超越美国。就是说，如果你押上10英镑，而此事成真的话，除了收回自己的10英镑赌注外，你还能得到额外的15英镑。

立博公司证实，他们这样做与日本被中国超越这一事实有关，而中美两国的差距，如果考虑各国的生活成本，实际上小得多。

对于世界重心东移，对于中国经济总规模将会超过美国，西方一些人是不能接受的。

英国《卫报》2010年11月9日发表一篇文章，作者是阿迪蒂亚·查克拉博蒂，题目是《中国真是下一个超级大国吗?》

在这位作者看来，所谓"中国是下一个超级大国"的说法纯属"陈词滥调"。

作者讽刺道，"按人均水平算，'巨龙'的经济只和纳米比亚一样'繁荣'"。

作者认为，中国经济"不稳定、不平衡、不协调、不可持续"，完全"依赖美国购买它的出口产品"，因而"陷入了困境"。中国完全不能与美国相提并论，"书呆子和评论家经常把全球金融危机说成是西方衰退的催化剂，但从另一个角度看，它其实证明了美国经济至高无上的重要地位"。

从中国人的观点看，像查克拉博蒂这样的西方人士完全不必为"中国超过美国"之类的话题大动肝火。要知道，这是一个不以任何人的意志为转移的客观过程。"中国超过美国"的事情几乎每天都在发生。从创造物质财富的领域来看，有200多种主要工农业产品产量中国早已超过美国；在代表国家创新能力的高科技领域中，虽然美国还占据着许多领先地位，但中国赶超之势非常迅猛。比如，超级计算上中国超过了美国；美国最快的高速铁路，其速度还不到中国京沪高铁的一半。从经济发展速度看，中国更是远超美国。过去10年，中国经济增长了316%，美国只增长了43%，相差有7倍之多。

法国《财经周刊》报道说，金融危机改变了各大银行的世界排名。中国工商银行市值达到2570亿美元，成为全球头号上市银行。第二位是中国建设银行，第三位是中国银行。

美国花旗银行的市值则从 2008 年的 2560 亿美元缩水为 145 亿美元。世界 15 强银行的平均市值在两年内减少了 28%,约为 1080 亿美元。

德国经济网站“特别新闻”于 2010 年 6 月 28 日报道称,德勤全球制造业小组与美国竞争力委员会联合发布《2010 年全球制造业竞争力指数》报告。中国以 10 分高居榜首,印度 8.15 分、韩国 6.79 分、美国 5.84 分、巴西 5.41 分、日本 5.11 分、墨西哥 4.84 分、德国 4.80 分、新加坡 4.69 分、波兰 4.69 分。

报告说,人才问题正变得日益重要,教育已成为制造业竞争力中的首要问题。中国的优势包括:数量充足的技术人员、科学家、研究人员和工程师大大推动了以人才为主导的创新;中国政府在科学技术和制造基础设施领域的投入也提高了中国商品的技术附加值和产品创新。“以上种种因素,加之中国的价格优势,中国无疑会在现在以及不久的将来继续居于竞争力排名之首”。

世人想必已经注意到,当中国经济总规模超过英国、法国和德国的时候,中国人只是当做一条新闻听到了,知道了,就过去了,没有多少议论。中国超过日本成为全球第二大经济体时,有一些议论,但也显得很冷静。即使“中国何时超过美国成为全球第一经济大国”的话题在世界上热炒的今天,中国人仍然是相当冷静的。这究竟是为什么呢?

首先,这表现了中华民族的自信。一个有 5000 年文明积累的伟大民族,一个创造了社会主义发展模式的伟大国家,一个智慧的、勤劳的 13 亿人口组成的伟大人民,把自己赖以过幸福生活的经济搞得大大的、好好的,超过世界上其他任何国家,是一件自然之事,不值得大惊小怪。

其次,这表现了中华民族的谦虚和仁爱精神。仁爱和谦虚是中华文明的自在精神。在有教养的中国人中,很难找到那种喜欢自我炫耀的人,越是身怀绝技,越能谦虚守拙;越是功高盖世,越能静心忍让。所谓仁爱,就是将心比心,己所不欲,勿施于人。一个国家的力量超过另一个国家这种事,被超过者总会心有不爽的,中国人为什么要去大声喧嚣让人烦呢。

第三,这表现了中华民族自强不息的人生态度。《易经》有言:“天行健,君子以自强不息。”这句话道出了中华民族强大生命力千年不衰的真谛。身处逆境,必须自强不息;身处顺境,也要自强不息。我们深知,中国模式确有巨大的优越性,但还处在初创时期,还很不完善,必须继续改善创新,否则就要陷入不进则退的困境。

就以中国经济来说,虽然规模上超越了一个又一个发达国家,发展势头也很好,但也存在很多弱点和困难。

无论是资源还是工业、农业产品人均拥有量,大多在世界平均数以下。比如,石油、天然气人均储量不足世界人均水平的十分之一,主要金属储量不足世界人均水平的四分之一。人均可再生的淡水资源总量为世界平均水平的三分之一。2009 年,人均谷物产量只相当于美国的 26.5%和俄罗斯的 54%。

2009 年,我国人均国民总收入为 3650 美元,仅相当于世界平均水平的 41.8%,在世界银行统计的 213 个国家和地区中居第 125 位。

还有两个问题反映我国经济大而不强。

一个是劳动生产率低。2008 年,我国每个就业者创造的 GDP 为 5855 美元,仅相当于美国的 5.9%,日本的 7.7%,俄罗斯的 24.8%。

另一个是增长效益低。2009 年,我国 GDP 占世界的 8.6%,却消耗了世界 46.9%的煤炭和 10.4%的石油。同年美国 GDP 占世界的 24.3%,煤炭和石油消费量占 15.2%和 21.7%。日本 GDP 占 8.7%,煤炭和石油消费量占 3.3%和 5.1%。

另外,我国产业结构不合理,需求结构不协调,就业层次比较低,城镇化水平不高等问题也相当突出。企业竞争力不强,虽然已有 50 多家企业进入世界 500 强,但还没有享誉全球的中国品牌。科技教育水平还有很大差距,2010 年,我国研究与实验经费支出占 GDP 比重为 1.75%,明显低于发达国家 2%以上的水平。长期以来,我国公共教育支出占 GDP 的比重不到 3%,低于 4.5%的世界平均水平,而发达国家一般超过 5%。

更让人忧心的是贫困问题,它像一块石头压在所有人的头上。

迄今为止,中国贫困人口的数量仍然很大。按 2300 元的新标准,2009 年农村贫困人口还有 3597 万。除此之外,还有 2348 万城市居民处于最低生活保障线之下。上述两类贫困人口合计近 6000 万人,这是一个非常庞大的人群,相当于英国人口的总和。

联合国多年来使用“人类发展指数(HDI)”来衡量人的自身发展状况。这个指数表示的是健康、教育和人均国民收入三个分指数的算术平均数。根据2009年《人类发展报告》公布的2007年数据,中国人类发展指数为0.772,排名世界第92位。

如此看来,中国人必须在既定的社会主义大道上继续奋力前驱,没有任何得意忘形的余地。

五、创造东西方平衡的和谐世界

中国梦的实现对未来世界最重大的意义，就是它有利于创造一个和谐共赢的文明世界。

宇宙之间，和谐为美，畸形为丑。

我们这个世界，分为东方和西方。东西方和谐为美，东西方畸形为丑，这是确定无疑的。

远古洪荒时代，交通艰难，人们被高山大海远隔在东西两方，各自生活，独立发展自己的文明，那是一种自然的和谐，表现为朴实之美。

中古时期，东方进步得早一些，发展得快一些，形成了许多文明古国。直到18 世纪中期，中国都是当时世界上最发达的国家，中国和印度的经济总量，几乎占了世界的一半。我们应当注意到这样一个事实，古代东方文明，一般建立在自耕自食的生产生活方式之上，奉行“己所不欲，勿施于人”的哲学，反对恃强凌弱。综观历史，中国、印度这些文明古国虽然很强大，但从来没有侵略过任何一个西方国家。因此，中古时期东西方虽然并不平衡，但大的和谐没有打破，整个世界还是基本平衡的。

世界平衡被打破，要归罪于资本主义的生产生活方式。

15 世纪之后，资本主义的生产生活方式就在欧洲萌芽，然后逐步发展起来，乃至在欧洲占了统治地位。在这个历史过程中，资产阶级发挥了重大的作用。

马克思在《资本论》中详尽阐述了资产阶级的这样一个历史作用，就是把分散的细小的生产资料加以集中和扩大，使之成为现代的强有力的生产杠杆。这个过程从 15 世纪就开始了，经过了简单协作，工场手工业和大工业三个历史阶段。马克思在研究这一过程时指出，资产阶级要是不把这些有限的生产资料从个人的生产资料变为社会的，即只能社会地组织起来的一批人共同使用的生产资料，就不能把它们变成强大的生产力。同生产资料的社会化一样，生产者的个人行动也社会化了，产品也由个人的产品变成了社会的产品。马克思还指出："不断扩大产品销路的需要，驱使资产阶级奔走于全球各地。它必须到处落户，到处开发，到处建立联系。""资产阶级，由于开拓了世界市场，使一切国家的生产和消费都成为世界性的了。"

资本主义社会化的大生产提高了社会生产力，使西方国家迅速强大起来，猛然超越了东方国家；资本主义攫取超额利润的强烈冲动推使资本主义国家大举侵略东方国家，东西方的平衡被完全打破，世界变得非常丑陋。

关于西方列强如何侵略、欺凌东方国家，我们只要举出 1884 年瓜分非洲的柏林会议就非常清楚了。

1450 年，葡萄牙人开始沿着非洲海岸线进行探险，他们的成功为欧洲其他国家所效仿。到 19 世纪中期，欧洲列强在非洲海岸沿线建立起了星罗棋布的殖民据点。非洲广袤的土地、奇异的自然风光、丰富的资源和重要的战略价值使欧洲列强非常眼红。他们的激烈争夺导致一系列的武装冲突。

比利时在富饶的刚果盆地捷足先登，但国力较小，很担心非洲殖民地被其他大国侵吞。于是国王利奥波德二世成功说服法国和德国，为在非洲进行"友好贸易"进行协商。处于衰落时期的殖民帝国——葡萄牙也认为在谈判桌上划定势力范围对自己更为有利，倡议在德国召开会议，制定共同的非洲政策。

1884 年 11 月 15 日，在德国首相俾斯麦的发起和主导下，召开了瓜分非洲的柏林会议，参加会议的有德国、奥匈帝国、比利时、丹麦、法国、英国、意大利、荷兰、葡萄牙、俄国、西班牙、瑞典—挪威邦联、奥斯曼帝国和美国，共 14 国。

由于多个国家参与争夺刚果盆地，会议首先解决刚果问题。为了酬谢利奥波德二世倡议召开此次会议，盆地的一部分被皮尺和钢笔划出来，作为利奥波德二世国王的私有财产。这片土地有 200 万平方公里，是比利时国土面积的 76 倍。比利时国王后来从当地掠取大量钱财，他的残暴统治使当地半数黑人悲惨死去。

100 多年前，在没有非洲人参加的情况下，欧洲列强竟然把 200 万平方公里丰饶的非洲土地划给比利时国王作私产，这是骇人所闻的。更骇人所闻的是几个强盗国家在柏林会议上把整个非洲大陆都瓜分了。

在会议上，经过讨价还价，它们获得自己的“领地”，先用圆规和尺子在地图上划好各自领地的边界线，然后派军队沿线插上本国国旗，去进行“有效占领”。

有人做过统计，44%的非洲国家的边界是按经线或纬线划定，30%的国界是以几何方法用直线或曲线划定，仅有26%是由河流、山脉构成的自然边界线。法国和意大利对领地界线的划分非常“严谨”，他们以北回归线划界，划出来的图形比较规整，这就是后来利比亚和阿尔及利亚的分界线。

英国作家康拉德在《黑暗的心》一书中，讽刺柏林会议是“国际残暴镇压联合会”。这确实是国际关系史上最残暴、最黑暗、最臭名昭著的会议。它造成的严重后果还在毒化今天的国际关系，还在给非洲人民带来深重的灾难。

在西方国家主导一切的时代，中国和印度的命运也同非洲国家差不多，中国大片领土被列强割去了，印度干脆成了英国的殖民地。

不止如此，正是在西方完全压倒东方，西方完全主导世界事务的一两百年中，西方国家挑动了两次世界大战和数不清的侵略战争。这些战争中死亡的人数，超过了此前几千年人类战争的死亡人数。更可悲的是，世界上一些生存了几千年的弱小民族，在西方国家奉行弱肉强食的“丛林原则”下，就在这一两百年内灭绝了！

种族灭绝与奴隶贸易有很大的关系，英国和美国的许多大富豪是靠贩卖奴隶发家的。在资本原始积累时期，许多资本主义大国都是通过血与火的道路成为世界经济大国的。以大英帝国为例，他们建立殖民地、开拓世界市场，是以凶残狡诈的海盗打头阵的。约翰·霍金斯的名字在英国家喻户晓，就是这样一个闻名世界的海盗，竟然被任命为英国的海军中将。有了海军大权，霍金斯就在美国和非洲之间开展奴隶贸易，把可怜的非洲黑人卖到美国当苦工，因此而大发横财。伊丽莎白女王曾经认为奴隶贸易不道德，责备过霍金斯。但当得知奴隶贸易利润丰厚时，女王也暗中入股，成为奴隶贸易的大股东。从某种程度上可以说，金碧辉煌的白金汉宫，是由奴隶们的鲜血和白骨建造而成的。

在东西方不平衡的时代，盛行西方中心主义，国际关系一直是丑陋的野蛮的。

自从诞生现代主权国家以来，西方理念就占据了主导地位。依据这种理念确定的国际关系规则——“威斯特伐利亚规则”和“后威斯特伐利亚规则”盛行于世，东方国家是完全被迫接受的。

所谓“威斯特伐利亚原则”，是300多年前欧洲国家在“30年战争”结束后谈判确定的，其中包括国家主权、主权国家平等、不干涉别国内政等原则，带有国际民主的精神，具有进步意义。

所谓“后威斯特伐利亚原则”，是西方国家在二战以后强力推行的，是对“威斯特伐利亚原则”的否定，认为民主、自由、人权是“普世价值”，高于、优于国家主权，为了推行所谓的“普世价值”，可以任意干涉他国内政，甚至可以派兵入侵，推翻由西方国家认定的“专制政府”，实行赤裸裸的干涉主义。西方国家轰炸南斯拉夫、侵略阿富汗、伊拉克和利比亚就是实行“后威斯特伐利亚原则”的最近实例。

实质上，西方的理念是竞争，在国际关系上遵行的是弱肉强食的“丛林原则”。所谓的“威斯特伐利亚原则”，他们从来也没有实行过。正是在确立了这个原则后，西方国家侵略了世界上的大部分国家，把许多国家的主权踩在脚下，并且发动了两次世界大战和无数的局部战争，给世界人民造成了无穷的灾难。

至于所谓“后威斯特伐利亚原则”的干涉主义，更是当今世界各种乱象的总根源。

如果没有东方的崛起，世界只能在西方理念和规则的主导下日益走向混乱，不断地往下沉沦。

幸好，在沉寂了数百年之后，东方国家从苦难中吸取力量，在20世纪和21世纪交替时期开始强势崛起。准确地说这是东方的复兴。这种复兴，不仅是有形的物质力量的强大，而且是无形的精神力量的强大。

在现代国际关系中，物质力量很重要，但理念和精神更重要。经济和理念、物质力量和精神力量的交互作用，决定着和平、外交和战争，影响着人类的幸福和前途。

西方的竞争观念产生了“威斯特伐利亚”体系。

东方的和谐观念形成了和平共处五项原则。

随着世界重心东移，和谐的理念与和平共处五项原则将成为处理国际关系的基石。

西班牙《起义报》在观察世界重心东移时，甚至提出了世界的“中国化”问题。文章问道：“世界的‘中国化’会使我们在解决资本主义的全球性问题上拥有更好的条件吗？”

中国强势崛起，中国梦的实现，确实会让人想到世界的“中国化”问题，会让一些人更起劲地鼓吹“中国威胁论”。

实际上，这些都是“杞人忧天”的问题。中国的强势崛起，中国梦的实现，不仅不会威胁任何人，不会使世界中国化，而且只会使世界重新恢复平衡，有利于塑造一个和谐世界。

中华文明的核心理念是“和为贵”，它追求人与自然的和谐，人与社会的和谐，更看重人与人、民族与民族、国家与国家的和谐。

古代的中国曾经非常强大，但没有侵略过西方国家。现代的中国非常强大，但没有欺负别的国家。未来的中国一定会更加强大，将会更有力量去塑造一个真正和谐的世界。

15 世纪的时候，中国明朝是世界上最强大的国家，巡航世界的舰队总司令郑和曾在南洋小城加勒竖起一座石碑，碑上镌刻着他写给全世界的一条讯息，“希望建立一个以贸易为基础的和平世界”。汉语、波斯语、泰米尔语三种文字组成的碑铭是不寻常的，而碑铭向全世界传达的讯息更是不寻常的。

500 年之后，1960 年 5 月 27 日，毛泽东会见英国蒙哥马利元帅，两人有一段饶有趣味、发人深省的对话。

蒙：50 年以后中国的命运怎么样？那时中国会是世界上最强大的国家了。

毛：那不一定。再过 50 年，中国会壮大起来，但不会侵略别人。一百年、一万年，我们也不会侵略别人。

毛泽东通过蒙哥马利向世界传达的讯息也是非同寻常的，它同 500 年前郑和通过加勒碑铭传达的信息有异曲同工之妙。

中国梦的实现，中国模式的成功，中国的强势崛起，绝对不是要推动东方压倒西方，只是要纠正东西方严重不平衡的状态，创造一个东西方国家和平共处的美好世界。

文明相亲，世界和谐，是全人类共同的理想。

亚当·斯密创作《国富论》时，曾经预测到终有一天，东方和西方会在相互尊重中平衡发展。

地理大发现、资本势力的扩张这些事件会给世界造成什么后果呢？亚当·斯密写道："它们的后果已经很明显了，但这些发现之后，只不过经历了两三个世纪，在这样短的时期内，要看到它们的全部后果是不可能的。人们的智慧还不能预见这些事件带给人类怎样的利益和怎样的不幸。但在一定程度上，通过把世界相距最远部分联结起来，使它们能够缓解彼此的匮乏，增加彼此的愉悦，激励彼此的产业，其总体趋势似乎是有益的。但是，对于东印度和西印度两地的原住民来说，这些事件有可能产生的全部商业利益完全让它们带来的灾难抵消了……这些发现出现的时候，力量优势刚好明显地位于欧洲人一边，以至他们能在这些偏远的国家不受惩罚地胡作非为。从此以后，也许这些国家的原住民有可能变强，或者欧洲人有可能变弱，世界所有不同角落的居民有可能最终拥有同等的勇气和力量，从而激发出相互畏惧，以至足以震慑独立国家的非正义行为，使各国都能尊重彼此的权利。"

人类历史进入21世纪，亚当·斯密关于东西方会在相互尊重中平衡发展的预测正在变为现实。

世界重心东移的大趋势迫使西方人开始承认东方人跟他们一样"拥有同等的勇气和力量"，并迫使世界各国"能尊重彼此的权利"。

虽然有人一直在渲染中国模式威胁西方国家，威胁世界稳定，但更多的人看到了中国模式给世界带来了和平，带来了希望。

当然，在这个过程中，确实有一个问题很让世人纠结，那就是作为唯一的超级大国，美国会怎样对待中国的崛起？作为强势崛起的中国，将怎样处理同美国的关系。

从现实情况看，中美两国禀赋的文明不同，社会制度不同，双方的矛盾点无限多，摩擦和冲突难以避免。但双方都能顾及大局，适可而止，并在各种国际力量的制约下，达成相互可以接受的妥协。共同利益的领域不断扩大，相互合作的机制日益牢固，双方能承认差别，尊重特点，以世界和平为重，管控各种危机。

从长远的发展看，"在新的大国易位即将来临的历史转折关头，代表东方文明的中国和代表西方文明的美国，应当有智慧、勇气和力量创造前无古人后启来者的新型大国关系，理应摒弃对抗、和平合作、互利共赢，共同谱写一篇建设和谐世界的伟大史诗，以造福于中美两国人民和世界各国人民。”①

英国《卫报》一篇评论这样写道：“19 世纪，英国教会世界如何生产。20 世纪，美国教会世界如何消费。如果中国引领 21 世纪，它必须教会世界如何可持续发展。”我们要补充一句：实现国家富强、民族振兴、人民幸福伟大梦想的社会主义中国，将会引领人类创造一个全面和谐的文明世界。

毛泽东曾有一首论中国昆仑山的词：

“横空出世，莽昆仑，阅尽人间春色。飞起玉龙三百万，搅得周天寒彻。夏日消溶，江河横溢，人或为鱼鳖。千秋功罪，谁人曾与评说？　而今我谓昆仑：不要这高，不要这多雪。安得倚天抽宝剑，把汝裁为三截？一截遗欧，一截赠美，一截还东国。太平世界，环球同此凉热。”

这首词惟妙惟肖地表达了中国人追求天地和谐、世界大同的精神境界：我们不要“周天寒彻”或“江河横溢”的畸形世界，我们要亚、欧、美“同此凉热”的平等的、和谐的世界。这首词里，毛泽东成功地表达了他的思想，他把昆仑裁为三截后，“一截遗欧，一截赠美”，好使“太平世界，环球同此凉热”。读者立即知道这是“大同”理想；联系到他的事业，这大同理想还不是《礼记》里幻想的那种，而是马克思设计的那种。当然，马克思得以在中国传播、托根，很可能与《礼记》那个古老理想深入民族心灵有关，康有为曾依傍那个理想，直到近来讲“小康”，名字还从《礼记》那段里摘出来的。叫人惊异这个以流变不居著名的世界上，会有那样顽固的继承性；我也隐隐由此想到，一个学说在民众间的传播，往往不在于它论证得使人信服，而别有更深微幽隐的因素，任何时代，群众都没有从学理上了解过自己所信奉的理论。当然，词不是政治学说的论文，它也不可能向我们介绍大同理想的细节，所以，通过昆仑这个意象传达的大同理想，其实还是个两面派、具有兼容性，既适合《礼记》那个本土的型号，也适合马克思那个舶来的型号。

---

① 王天玺：《中美关系论》，云南人民出版社 2013 年版，第 505 页。

我们知道,宇宙万物是按“正、反、合”的规则演进的。原初的状态为“正”;原初状态的破坏,畸形状态的出现为“反”;经过斗争和调整,在更高阶段恢复和谐,这即是“合”。一个小的系统如此,一个大的系统也如此。人类的原始状态为正,东西方走向不平衡,西方列强唯我独尊,霸道欺人,无情压制东方世界为畸形,为“反”。中国梦的实现,世界重心东移,东西方走向新的平衡,人类创造新的和谐,宇宙间出现“环球同此凉热”的大同世界,这就是合。

由此观之,实现中国梦的世界意义大矣哉!

主要参考文献

《马克思恩格斯选集》第 1 卷,人民出版社 1995 年版

《马克思恩格斯选集》第 3 卷,人民出版社 1995 年版

《马克思恩格斯选集》第 4 卷,人民出版社 1995 年版

《马克思恩格斯全集》第 12 卷,人民出版社 1962 年版

《列宁选集》,第 3 卷,人民出版社 1972 年版

《列宁全集》第 13 卷,人民出版社 1987 年版

《毛泽东文集》第 6 卷,人民出版社 1999 年版

《毛泽东文集》第 7 卷,人民出版社 1999 年版

《毛泽东文集》第 8 卷,人民出版社 1999 年版

《毛泽东选集》第 1 卷,人民出版社 1991 年版

《毛泽东选集》第 3 卷,人民出版社 1991 年版

《毛泽东选集》第 4 卷,人民出版社 1991 年版

《毛泽东文集》第 5 卷,人民出版社 1977 年版

《建国以来毛泽东文稿》第一、二册,中央文献出版社 1988 年版

《建国以来毛泽东文稿》第八册,中央文献出版社 1993 年版

《建国以来毛泽东文稿》第十册,中央文献出版社 1996 年版

《毛泽东传》(上、下集),逄先知、金冲及主编,中央文献出版社 2003 年版

《周恩来外交文选》,人民出版社 1990 年版

《邓小平文选》第 2 卷,人民出版社 1994 年版

《邓小平文选》第 3 卷,人民出版社 1993 年版

《邓小平年谱(1975—1997)》上,中央文献出版社 2004 年版

《李大钊全集》第 4 卷,河北教育出版社 1999 年版

《十二大以来重要文献选编》(下),人民出版社 1988 年版

《中国共产党历史》第 2 卷(1949—1978)下册,中共党史出版社 2011 年版

《1957 年 11 月 14 日至 16 日在莫斯科召开的社会主义国家共产党和工人党代表会议宣言》,《人民日报》1957 年 11 月 22 日第一版

吴冷西:《忆毛主席——我亲自经历的若干重大历史事件片段》,新华出版社 1995 年版

王天玺:《文化经济学》,云南人民出版社 2010 年版

王天玺:《变革时代的行与思》,人民出版社 1987 年版

陈学明:《走进马克思》,东方出版社 2003 年版

姚锡光 李吉奎:《东方兵事纪略?援篇第二》,中华书局 2010 年版

《蒋经国自述》,团结出版社 2005 年版

《美国对华政策文件集》第 2 卷,世界知识出版社 2004 年版

张治中给陈诚的信,1963 年 1 月 4 日

〔美〕马克·克拉克:《从多瑙河到鸭绿江》,哈普公司,伦敦 1954 年版

〔美〕约翰·奈斯比特:《中国大趋势》,中国工商联合出版社 2009 年版

〔法〕德里达:《马克思的幽灵》,中国人民大学出版社 1999 年版

〔西班牙〕哈立德·阿马耶雷:《西方民主令第三世界失望》,西班牙《起义报》2008 年 9 月 6 日

〔英〕马丁·雅克:《当中国统治世界》, 中信出版社 2010 年版

《中国单级经济》,日本《经济学人》周刊,2009 年 4 月 28 日,一期